本书第一版（1989年版）1992年荣获第二届全国高校优秀教材奖

国家"双一流"建设学科辽宁大学应用经济学重点项目成果

各国金融体制比较
（第五版）

白钦先　杨秀萍　刘　刚◎著

中国金融出版社

责任编辑：张菊香
责任校对：刘　明
责任印制：丁淮宾

图书在版编目（CIP）数据

各国金融体制比较/白钦先等著 . —5 版 . —北京：中国金融出版社，2021.8
ISBN 978 - 7 - 5220 - 1260 - 5

Ⅰ. ①各…　Ⅱ. ①白…　Ⅲ. ①金融体制—对比研究—世界　Ⅳ. ①F831. 1 - 03

中国版本图书馆 CIP 数据核字（2021）第 141981 号

各国金融体制比较（第五版）
GEGUO JINRONG TIZHI BIJIAO（DI-WU BAN）

出版
发行　　中国金融出版社

社址　　北京市丰台区益泽路 2 号
市场开发部　（010）66024766，63805472，63439533（传真）
网 上 书 店　www. cfph. cn
　　　　　　（010）66024766，63372837（传真）
读者服务部　（010）66070833，62568380
邮编　　100071
经销　　新华书店
印刷　　保利达印务有限公司
尺寸　　185 毫米 ×260 毫米
印张　　25. 25
字数　　610 千
版次　　2021 年 9 月第 5 版
印次　　2021 年 9 月第 1 次印刷
定价　　78. 00 元
ISBN 978 - 7 - 5220 - 1260 - 5
如出现印装错误本社负责调换　联系电话（010）63263947
编辑部邮箱：jiaocaiyibu@ 126. com

作者简介

　　白钦先，教授，博士生导师，我国著名经济金融学家、金融教育家。2017 年度"中国金融学科终身成就奖"获得者，2012 年首届"中国金融研究杰出贡献奖"获得者。辽宁大学金融学国家重点学科首席学术带头人；辽宁大学应用经济学一级学科首席学术带头人；中国金融学会常务理事，学术委员会委员；中国国际金融学会常务理事；曾历任辽宁大学经济学院副院长，辽宁大学国际金融研究所所长；国务院学位委员会第四届、第五届应用经济学学科评议组成员，太平洋盆地国家财政金融会议国际学术委员会中方委员，亚太金融学会中国理事，中山大学岭南（大学）学院特聘教授等职；中国社会科学院研究生院、浙江大学和山东大学等十余所高校的客座教授与兼职教授；享受国务院特殊津贴；沈阳市劳动模范。

　　白钦先教授从事高等院校金融学教学与研究工作 40 年，发表论文 300 余篇、出版专著 40 余部、做专题演讲 300 余场；培养金融本科人才千余人、硕士 65 人；培养博士 100 人、博士后 7 人，为中国金融学科建设和教育事业作出了突出贡献。主持研究国家自然科学基金项目、国家社科基金重点项目、国家软科学项目和教育部社科重点项目及专项委托项目多项，著有《比较银行学》、《各国政策性金融机构比较》、《金融可持续发展研究导论》、《金融虚拟性演进及其正负功能研究》、《金融虚拟性理论与实证研究》和《传承与创新：学术文章暨讲演》等 40 余部教材和学术专著；在《求是》杂志及《经济研究》、《金融研究》、《国际金融研究》、《世界经济》、《财贸经济》等学术刊物发表 300 余篇学术文章；并多次获国家级、省部级奖项，其中《比较银行学》教材与专著由于开创性研究于 1992 年获得第二届全国高校优秀教材奖、1994 年中国金融教育发展基金会首届金晨奖一等奖，《金融虚拟性演进及其正负功能研究》学术专著、《外汇储备规模与本币国际化：日元的经验研究》学术论文先后荣获教育部第六届、第七届高等学校科学研究优秀成果奖（人文社会科学）二等奖；是辽宁省人民政府哲学社会科学领域的最高奖项——哲学社会科学成就奖获得者；三次获得辽宁大学最高奖振兴奖。

白钦先教授由于在"各国金融体制比较说"、"政策性金融说"、"以金融资源学说为基础的金融可持续发展理论与战略"及"金融结构、金融功能演进与金融发展说"四大领域有开拓性研究和原创性贡献，2011 年荣获首届非政府的、全国性、专业性、权威性最高学术成就奖——"中国金融研究杰出贡献奖"。评审委员会对其赞誉有加，颁奖词称其是以"金融体制"为研究对象的比较金融学学科体系的奠定者，中国特色的政策性金融理论的首创者和中国政策性金融实践的首倡者，以金融资源学说为基础的金融可持续发展理论与战略的开创者，发展金融学理论与学科体系建设的积极倡导者与推动者，科学研究、学科建设、人才培养与服务改革开放四位一体的卓越实践者，经济学、金融学、哲学人文关怀关爱和国家性、民族性的坚定秉持者。

2017 年 5 月 20 日，鉴于白钦先教授对中国金融学科建设、理论创新研究、中国国际话语权把握和高端人才培养方面作出的卓越贡献，经中国金融学科终身成就奖评审委员会评定，鸿儒金融教育基金会授予他 2017 年度"中国金融学科终身成就奖"。颁奖词中对白钦先教授对中国金融学科的贡献做了高度的评价，称其是"中国金融学科建设发展的卓越引领者和强力践行者"、"中国特色金融理论研究的锐意创新者和冷静思考者"，"是把握中国国际话语权的坚定捍卫者"，"是高端人才培养模式的积极探索者和终身奉献者"。

第五版前言[①]

自 2013 年本书第四版[②]发行以来，各国金融体制改革又出现了许多新的变化，主要是 2008 年国际金融危机之后，英美等发达国家及欧洲系统性风险委员会、G20 国际合作组织等率先推出的金融改革方案，特别是金融监管方案基本落地并开始实施，带动了其他国家也进一步推进了本国的金融改革。为使本专著及时反映新情况，与时俱进，紧跟世界经济金融变革的步伐，尽可能充分地比较分析各国金融体制改革与发展的新变化、新内容、新举措、新特征，并以此推进比较金融学的研究，特对本书进行了第五次修订。

本次修订的特点主要有以下几个方面。

1. 遵循了以往的切入视角和逻辑分析脉络

"各国金融体制比较学"这一学科的研究对象是金融体制。金融体制是各国金融发展与运行中的发展战略、组织形式、框架结构、业务分工、监督管理、构造方式、运行机制、运转环境和总体效应等九大金融相关要素的有机整体。本次修订仍然围绕九大要素展开，九大要素中又以"运转环境"为核心要素，突出强调"运转环境"下的各国金融体制演进与金融体制特征，以及对该国经济社会带来的正负效应。

修订中依旧秉持"调整结构、精选内容、更新数据、吸纳最新发展"的指导思想，对本书第四版做了整体回顾与审视，进行了大幅度的结构调整、删减、增添、修改、补充与扩展。修订中依旧遵循了金融体制的国别比较和分类比较的分析方法。

---

① 本书在出版版次上需要特别说明：《各国金融体制比较》的第一版，是 20 世纪 80 年代由原中国人民银行教材编写委员会组织编写、由白钦先教授主编主著并于 1989 年 4 月由河南人民出版社出版的《比较银行学》。在 2001 年 8 月出版该书的第二版时，原定书名为《比较金融学》，由于白钦先教授在经过十余年的潜心研究和教学实践中抽象出比较金融学的研究对象是各国"金融体制"，正式出版时便使用了《各国金融体制比较》作为第二版书名。因此，该书的 2001 年 8 月版实为第二版，该书的 2008 年 7 月版（第二版）实为第三版，该书的 2013 年 8 月版（第三版）实为第四版。由此，本版为第五版。

② 按照 1989 年 4 月出版的《比较银行学》为第一版的排序，2013 年 8 月出版的《各国金融体制比较（第三版）》实为第四版，本文在这里直接使用了更正过来的版本，即第四版的说法。

2. 结构体系更加合理，更加贴近已经发生变化的现实

2013 年修订第四版的时候，我们就考虑过传统意义上的"转轨型国家"大多已经走向多元化经济发展之路，从目前这些国家各自的差异化发展和世界的多极化发展来看，将它们归为同一类国别群体进行比较分析存在诸多不妥。而原来归类于发展中国家或转轨型国家中的巴西、俄罗斯、印度、中国和南非已经于 2010 年组成了"金砖国家"。"金砖国家"作为新兴经济体正在共同合作，在促进"金砖国家"自身发展、加速国际治理结构改革、推进世界多极化发展以及为发展中国家争取更大话语权、构建人类命运共同体等方面发挥着巨大作用。同时，在 20 世纪 60 年代后半期就开始经济起飞，后被经合组织（OECD）称之为"新兴工业化国家和地区"成员之一的韩国、新加坡由于其经济的快速发展已于 20 世纪 90 年代后期进入发达国家行列，相对其他国家而言，一直保持着经济的高速发展或较快增长，研究其金融改革与发展对经济起飞和持续增长的推动作用，对其金融体制演进与特征进行比较分析也具有重要的借鉴意义。因此，鉴于第四版修订中留有的遗憾和前述原因，在本次第五版修订中，我们重新调整了书中的结构体系，调整后结构体系中的"国别比较"是沿着第一章"主要发达国家金融体制比较"、第二章"'金砖国家'金融体制比较"和第三章"新兴工业化国家金融体制比较"的不同国家群体依次展开的。其中，将第四版的第一章、第二章"发达国家金融体制比较"（上、下）做了合并处理，内部结构也进行了优化，首先是对主要发达国家以银行体制、保险体制、证券体制为代表的金融体制进行了国别特征比较，然后是综合分类比较。从第四章开始是金融体制组成部分的各个"分类比较"。在该书的最后恢复了第一版《比较银行学》中的"中国金融体制改革的理论与实践"一章。修订后全书由四大部分构成，共分十章，外加附录。

第一部分是绪论。

第二部分从第一章到第三章，是不同国家群体金融体制比较，即主要发达国家金融体制比较、"金砖国家"金融体制比较和新兴工业化国家金融体制比较。

第三部分从第四章到第十章，是金融体制构成的分类比较，即各国中央银行体制比较、各国商业银行体制比较、各国政策性金融体制比较、各国非银行金融体制比较和各国金融市场体制比较，以及各国金融监管体制比较和各国存款保险制度比较。

第四部分为附录，即将第一版《比较银行学》中的"中国金融体制改革的理论与实践"一章的原文内容放在了附录部分。

3. 在内容的更新上更加全面、更加系统和更加突出重点

第五版的修订，对内容进行了极大的补充、扩展和提升。

（1）首先，在将原第四版的第一章、第二章"发达国家金融体制比较"（上、下）两章整合为一章的基础上，在第一节至第四节的"国别比较"中，直接以各国"金融体

制"演变与特征为标题进行了比较分析，整合了各国银行体制、保险体制和证券体制的演进和特征，使各发达国家金融体制比较的框架内容更清晰、更系统、更集中，并补充、增加了相应的内容。经过内容重新组合调整后，在该章第五节以"主要发达国家金融体制的综合比较"为标题，比较分析了主要发达国家银行体制的总体特征、运转环境与构造方式以及主要发达国家保险体制和证券体制的各构成内容。其次，在该版前三章的"国别比较"中，首先对各个国家的金融体系结构进行了整体梳理，并给出了较完整、全面的框架图，特别是将各国金融监管体系也融入了金融体系结构中，以期更全面更系统地反映各国金融体制改革与发展的全貌。

（2）整合了第四版的第三章和第四章内容，形成了新章节。鉴于传统意义上的发展中国家和转轨型国家在多元化和差异化发展上有了很大的变化，在或者删减、或者补充一些内容以及整合国别组合的基础上，以"金砖国家"金融体制比较、新兴工业化国家金融体制比较两章作为新的国别组合，构成第五版的第二章和第三章，并对其内容进行了较大量的新扩展、新补充。

（3）在本版的第九章"各国金融监管体制比较"中，重点补充了美国1999年《金融服务现代化法》后的金融混业经营与监管的演进、金融体制的调整与变革，特别是2008年国际金融危机后，以2010年美国《多德—弗兰克法》出台为标志，在其前后美国金融监管体制的变化与变革，研究、分析、阐述与描绘了美国在"双线多头"监管基础上，将"机构监管"与"功能监管"相结合的最新金融监管体制改革的框架构成与框架图。重点补充了英国在2008年国际金融危机后率先再度调整金融监管框架，连续4次推出新的监管法，并逐步落地，最终于2016年形成了以英格兰银行（金融政策委员会、审慎监管委员会）和金融行为监管局二元并立的"双峰式"监管模式，分别服务于宏观审慎、微观审慎和保护消费者三大监管目标的最新格局。增加了中国金融体制改革与调整中的历史演进新内容，以及2013年8月以来，特别是2017年全国金融工作会议后新设立的国务院金融稳定发展委员会，标志着我国新一轮金融监管体系改革的序幕正式拉开，并在2018年3月中国银监会和保监会合并后形成了国务院金融稳定发展委员会协调下的"一行两会"新的金融监管改革架构的最新举措。

（4）在本版的其他章节中，也有较大幅度的修改、补充和提升，比如在本版的第二章"俄罗斯金融体制的演变与特征"一节中，对其金融机构体系的构成结构与内容进行了重新概括与表述，并增加了"政策性金融机构"等内容。在本版的第四章"各国中央银行体制比较"中，源于德国的货币政策与欧洲央行的关系，增加了欧洲中央银行货币政策目标与运行机制等内容。在本版的第六章"各国政策性金融体制比较"中，也从主要发达国家、"金砖国家"和新兴工业化国家的国家组别进行了"国别比较"，进而增加了英国、德国，以及"金砖国家"的俄罗斯、中国、南非和新兴工业化国家各国的政策性金融体制演进与特征等内容，增量很大。

（5）在数据更新上，有些反映历史演进的比较久的年份和数据，还是保留了下来，因为毕竟讲述的是各国金融体制演进和特征比较，历史性的变化在年份与进程中的数据上应该有所体现。同时及时更新了各国金融体制改革和发展的动态数据。

（6）作为最早提出政策性金融概念并长期研究相关理论的学者，笔者经过对中国政策性金融近30年来实践运作的关注与考察，在新的历史阶段对政策性金融的基本特征有了全新的概括，即公共性、金融性、国家信用性与特定选择性，其中公共性是政策性金融的本质特征，并融入了本版的"各国政策性金融体制比较"一章中。

最后需要强调的是，伴随着世界经济金融的飞速发展，各国金融体制改革与发展也是日新月异，始终处在持续的改革、变革与创新中。各国金融体制的比较以金融相关"九大要素"为内涵，研究中覆盖了各国金融体制改革与发展的全貌，其内容宏大、深厚与宽广。《各国金融体制比较》一书，既是一部学术著作，也是一部教科书，一项持续30多年的科研成果，还是一部各国金融体制演进的史书，修订这样一部博大精深的史书性的文献，难度极大。本次修订跨越了3个年头，修订中始终伴随着各国金融体制的动态演进与变革。但一次性的修订毕竟不能无止境地进行下去，修订的目的是截至某一个节点推出最新研究成果为国家、为社会、为世人所用。所以，本书的修订仍然留有许多遗憾之处，待下一次修订来弥补和完善。

本版的修订，由白钦先教授负责总体策划，杨秀萍教授负责具体修订，因此，本版从结构体系到具体内容再到比较的口径、研究与思维的方法、阐释与概括等都较好地体现了前后的一贯性和一致性。秀萍博士严肃认真的治学精神和浓浓的家国情怀，令我感慨万千，更体现了代际传承与创新的担当，令我欣喜欣慰。她以奶婆之龄、体弱多病之躯、工作负荷极重之况，仍如此勇敢担当付出，实在难能可贵。

在本版的研究与写作中，我们参阅了国内外大量的著作和文献，获得了极大的帮助，在此对这些著作和文献的作者表示深深的感谢。本书的出版得到了中国人民银行总行及中国金融出版社有关领导与同志的大力支持，也在此表示衷心的感谢。本书的出版还得到了国家"双一流"建设学科——辽宁大学应用经济学重点项目建设的资助支持，在此也一并致谢。

尽管我们殚精竭虑不遗余力地研究与修订，但是，由于篇幅的宏大、时间的有限和我们能力与视野的局限，书中仍有很多不尽如人意之处，恳请各位读者、师生们提出宝贵意见，以便今后加以完善。

本书可作为金融学专业本科生、研究生教学用书或教学参考书，也可作为经济与管理类本科与研究生教学用书或参考书，以及作为金融机构管理者提升管理水平的自我学习与培训用书。

让我们用心用情用行做人做事做教育！

本书第五版作者署名尽管为白钦先、杨秀萍和刘刚三人，但我要说明的是该书是我和我的研究团队共同贡献的成果。这是一项历时三十二三年的研究课题，经历了师生两三代人研究团队的传承与创新，其间也承受了张荔博士、李士涛博士和新冠肺炎疫情期间姜伟博士接二连三的不幸突发事故——离世造成的伤痛与打击，此时此刻思来令人异常怀念与哀痛，本书的出版也告慰他们的在天之灵。他们是我的弟子、是我的孩子、是我的兄弟、是我的朋友，一个个英姿飒爽、一个个报国有方，又一个个英年早逝，悲哉痛哉，呜呼，我说不出话！

本书集教材与专著"双定位双定性"，彰显了本书服务于改革开放与金融高级人才培养这一"双重出发点与归宿"的学科学术特色，也是我本人已进入"耄耋老人"特殊阶段的一种历史交代。感谢我们的时代，感谢我们的祖国，感谢全国学者同仁和师生，也感谢我们自己，感谢我们的坚守与永不停息的创新精神。

学海茫茫、路漫漫，吾辈将上下而求索，前赴后继，视为神圣使命，视为夙愿与情怀，视为对未来者的切切期盼！

白钦先

2020 年 9 月 10 日

第四版前言[①]

自 2008 年本书第三版[②]发行以来，情况又发生了一系列历史性的巨大变化。中国的高等教育，特别是经济金融类高等教育，适应时代与改革开放事业发展的需要有了巨大的发展与提升。于是，对本书进行整体回顾与审视，大幅度修改、补充、扩展与提高的问题就紧迫地摆在作者的面前。时代的呼唤、形势发展的要求、中国改革开放新征程的需要，最终催生了本书第四版的出版发行。

这项工作历时两年，由白钦先教授主持总体策划协调，刘刚教授（金融学博士）、杨秀萍教授（金融学博士）合作负责具体修订，姜伟教授（金融学博士）也参与其中，并撰写了第七章。这项看似简单的工作，真正做起来却不那么容易，从某种意义上讲，它所付出的精力、辛劳与工作量，比新写一本教材或专著要更难、更复杂。该书的体系与框架有较多调整，章、节、目有较多的变动，涉及改动、删减、新增或补充的内容超过原书的 1/2 以上。总体有进步，有提升，比以前更为精练。可以说本书第四版的修订，是我们对过去几十年来特别是美国次贷危机以来国内外金融理论与实践、形势与矛盾的历史性回顾与反思的过程，更是我们自身不断学习、再研究和再提高的过程。

因此，我们认识到肩负的责任，更以高度严肃认真负责的态度与精神，全力做好此项工作。全书修订秉持"调整结构、精选内容、更新数据、吸纳最新发展"的指导思想，修订后由四大部分构成。

第一部分是绪论，以笔者为《比较银行学》的第二版《比较金融学》（出版时更名为《各国金融体制比较》，2001 年 8 月版）一书写的绪论代之，故称为"代绪论"。

第二部分从第一章到第四章，是不同国家群体金融体制比较，即发达国家金融体制比较（上、下）、发展中国家金融体制比较、转轨型国家金融体制比较。

第三部分从第五章到第九章，是专业分类比较，即各国中央银行体制、商业银行体制、政策性金融体制、非银行金融体制以及各国金融市场和金融衍生商品市场体制比较。

---

① 见第五版前言的脚注说明。这里的第四版前言是指 2013 年 8 月版的前言。
② 第三版是指 2008 年 7 月版。

第四部分是第十章、第十一章，是各国金融监管体制比较和存款保险制度比较。

在本书研究和写作过程中，我们参阅了国内外大量的著作和文献，获益匪浅，对此表示深深的谢意。本书的出版得到了中国人民银行总行及中国金融出版社有关领导与同志的大力支持，也在此表示衷心的感谢。

虽然我们尽心尽力，丝毫不敢懈怠，但书中仍有不尽如人意之处，恳请各位老师和同学，以及广大读者提出宝贵意见，谨此预致谢忱。

白钦先

2013 年 5 月 6 日

第三版前言^①

《各国金融体制比较》一书，自 2001 年正式公开出版以来，受到社会各界的欢迎与厚爱，多次重印，累计发行达几万册，这是对作者的极大鼓舞与厚爱，借此机会表示诚挚的谢意。

本书最初缘于中国人民银行的"九五"社科规划重点项目。笔者由于 20 世纪 80 年代最早从事与此相同或相近项目的研究，曾正式出版发行项目最终成果《比较银行学》，并先后获第二届全国高校优秀教材奖（1992 年，证书编号：国优 068）和中国金融教育发展基金会首届"金晨奖"一等奖（1994 年），所以经投标竞争而胜出。后又获国家"211 工程"项目基金的资助，更得以顺利进行。尽管其间由于中央国家机关的体制改革（机构、职能、隶属）与变动不定，项目有一段时间的停顿，但在大家的努力和各方的支持关怀下得以最终顺利完成。本书第二版由笔者总体策划、组织、协调与总纂，由郭翠荣教授协助并承担许多具体工作。此外，在项目研究或撰稿的过程中，在不同阶段，从不同角度参与部分研究、撰稿或修改的还有禹钟华、李军、薛誉华等博士，以及中国银行总行的贾天飞先生。

自本书第二版^②出版发行以来，情况已发生了一系列历史性的巨大变化。中国的高等教育，特别是经济类金融类高等教育，适应时代与改革开放事业发展的需要而有了巨大的发展与提升。但如今时过境迁，原书的部分内容或已显得陈旧。或急需补充世界各国金融发展的最新进展与最新的研究成果；或根据形势变化和需要而要求扩充新的章节与内容；或由于改革开放近三十年后，国民整体经济金融意识、知识水平与关切度的提升，而需要适度提高本书的理论性；或在学习、阅读使用中发现书中的某些缺陷或不足而需加以修正或删减。总而言之，本书也需与时俱进。于是，重新对本书进行整体回顾与审视，大幅度修改、补充、扩展与提高的问题就紧迫地摆在作者的面前。响应时代呼唤，适应形势发展的要求，服务中国改革开放新征程的需要，最终催生了本书第三版的

---

① 见第五版前言的脚注说明。这里的第三版前言是指 2008 年 7 月版的前言。
② 第二版是指 2001 年 8 月版。

出版发行。

本书第三版出版的准备工作进行了将近一年，由于情况与原参与者各自的去向、任务与职责发生了许多变化，所以这一任务就落在了我与刘刚博士身上。除了总体研究与策划之外的几乎全部具体工作皆由刘刚博士承担，姜伟博士也参与其中，并具体撰写了第八章。他们首先是努力进入角色，反复阅读全书，然后我们三人彼此交流与讨论：明确思路与基本原则，重新确定全书的整体框架，必须删减、修正、补充与扩展的重点章节与内容；国内外最新进展与最新研究成果的检索、研究、鉴别与取舍等。这一工作涉及面非常之广、内容复杂、任务艰巨而繁重，日日夜夜、魂牵梦绕、殚精竭虑，不敢有丝毫的懈怠与敷衍。在这一过程中，刘刚博士付出了很多很多。

本书遵循"大本子、小课堂"和"宽口径、厚基础、强功能"的原则，在具体学习、运用中，可以有所选择与取舍，并不要求也不应该是凡书中有的，就要都讲、学生就必须都掌握，而是抓住重点、注重融会贯通、开阔视野，学会观察、分析与比较。教师在讲授中，重点突出"特征、环境、优劣"六字，中心是"环境"，即从"特征"出发，着重分析掌握形成这些特征的特殊经济金融社会环境，以及这些特征在何种环境背景下为优，何种环境背景下为劣。

需要强调的是，这次修订不仅仅是文字的、形式上的增加或扩充，而且是追求体系、内容与质量的更为科学、规范、深化和提升。

全书修订后由四大部分构成，除绪论外，共11章。

第一部分是绪论，以笔者为《比较银行学》的第二版《比较金融学》（出版时更名为《各国金融体制比较》，2001年8月版）一书写的绪论代之，故曰"代绪论"。绪论是全书的总论或总纲，所要强调的是：（1）现代金融的性质与地位及其在各国经济与社会发展稳定中的战略重要性。（2）提出与确立这一学科的研究对象——金融体制，以及形成"金融体制"这一研究对象的九大要素。（3）研究方法和对待外国文化、外国经验的原则与态度。

第二部分从第一章到第四章，是不同国家群体（发达国家、发展中国家、转轨型国家）与主要国别银行体制或金融体制的比较。之所以有"银行体制"与"金融体制"的区别，其原因在于口径的宽窄不同。发达国家部分使用了较窄的"银行体制"，排除了证券市场与金融衍生商品市场，因为后面的专业比较以发达国家为主，会发生前后重复的问题。对发展中国家与转轨国家则是用了较宽口径的"金融体制"。

第三部分从第五章到第九章，是专业分类比较，即各国中央银行体制、商业银行体制、非银行金融体制和政策性金融体制以及各国证券市场和金融衍生品市场的比较。

第四部分是第十章、第十一章，是各国金融监管体制比较和存款保险制度比较。金融监管包括各国银行业监管、证券业监管、金融衍生产品监管和保险业监管。存款保险制度则比较特殊，既有金融监管的因素，又有非监管的专业性特殊因素。此外，为了保持某一专业问题的完整性，例如政策性金融机构监督，就在政策性金融体制比较一章集中阐述，政策性非银行金融机构监督就没有再单独讲。

这里还需要指出的是：正如前面所述，在新的形势下，本版从基本指导思想与理念到整体框架与内容，都有了大幅度的扩展与提升，并适应中国高等专业教育特别是高等金融专业教育水平的提升需要，而适当地加重了理论分析的分量与深度，尤其补充了国内外金融领域的最新发展与最新研究成果，更凸显了时代的特征以及内容的与时俱进。

例如，金融监管理论阐述中补充了契约论统一视角下的金融监管，明确强调了广义金融监管应是金融机构与市场的内部控制、行业的自律和国家外部的强制性监管三者的统一，狭义的金融监管仅指国家的外部强制性监管。区别广义和狭义的金融监管也许是必要的，但在实践中或理论上忘记、淡化或忽视其他两方面则是不恰当的和有害的。

再如，在政策性金融一章中，突出了"政策性金融与商业性金融是彼此对称、平行并列的两大族类"这一基本定性与定位。此章还针对长久以来人们错将对商业性金融机构与市场的国家外部性强制性监管同对政策性金融机构的监督相等同与混淆的情况，为从理论上澄清二者的区别，以在实践中避免许多严重后果和混乱的出现，笔者在2002年10月召开的国家开发银行国际顾问委员会第四次会议的演讲中，首次提出了各国政策性金融可持续发展必须实现的六大协调均衡及必须严格将国家从外部对商业性金融实施的居高临下的强制性金融监管，同国家对政策性金融的特殊监督及特殊监督权力结构区别开来。所以，本书特设了"各国政策性金融立法与监督机制比较"一节。

如此等等，此不赘言。

在本书研究和写作过程中，我们参阅了国内外大量的文献，获益匪浅，对此表示深深的谢意。本书的出版得到了中国人民银行及中国金融出版社有关领导与同志的大力支持，也在此表示衷心的感谢。

最后，由于条件和水平所限，错误与不当之处在所难免，真诚欢迎读者批评指正。

白钦先

2008 年 4 月于广州

第二版前言^①

一

在经济全球化、经济金融化和金融全球化、金融自由化以及知识经济初见端倪的新形势下，金融问题，首先是全球性问题，然后才是区域性、国别性问题；首先是战略性、宏观性问题，然后才是战术性、微观性问题；首先是理论性问题，然后才是政策性、行业性、技术性、操作性和实践性问题。简而言之，在这一系列的巨大变革中，金融越来越成为各国经济与社会稳定发展的一个核心性、主导性和战略性的要素，金融问题将是 21 世纪各国必须严肃处理的首要战略性问题，也将是 21 世纪大国间竞争、争夺和博弈的战略性新领域。

在刚刚过去的 20 世纪中，金融业巨大而深远的变革，是最具挑战性和最具时代特征的发展趋势。面对这一发展，人们的观察与思考、理论的抽象与变革都还非常肤浅，非常滞后。我们必须适应现实的发展，即我们必须从战略的高度，以全新的视野重新观察、审视与处理金融问题。

二

笔者致力于国际经济金融比较研究与教学工作已有 20 多年的历史。不揣冒昧地说，改革开放以来笔者在我国经济金融理论界最早从事比较研究。笔者从 1978 年开始做准备，在 1981 年首次为大学国际金融专业本科生开设了"比较银行学"这门课程，这在当时是试验性的，是铅字打印的校内印刷教材，而且是"边教边写"一章一本的单元本教材。接着是于 1984 年率先为国际金融专业硕士研究生开设了专业学位课"各国金融体制比较"，直到如今。但到 1989 年才正式出版发行的专著与教材《比较银行学》的研究与写作却前前后后经历了近十个年头，并于 1992 年因在比较研究领域的开创性研究而获得第二届全国高校优秀教材奖，1994 年获得中国金融教育发展基金会首届"金晨奖"一等奖。1993 年 9 月又公开出版了笔者从事比较研究的第二本专著，即《各国政策性金融机构比较》一书，并获 1994

---

① 见第五版前言的脚注说明。这里的第二版前言是指 2001 年 8 月版的序言并前言。

年全国高校优秀教材一等奖。至于为金融学专业博士研究生开设"比较金融学"或"金融经济学"则是从 1996 年开始的，分别在辽宁大学和中山大学讲授。

在国际经济金融比较研究领域"摸、爬、滚、打"20 多年之后，才有机会专为我国高等院校金融专业本科这一层次的教育撰写这本名为《各国金融体制比较》的教材。尽管在高等教育体系中，同硕士与博士研究生教育相比，大学本科仍是较低层次，但却是我在有了较多实践与体验、观察与思考之后，是在 21 世纪之初这一世纪转换的大变革中，受命编写这样一本有特定用途的教科书，虽令我倍感荣幸，却也觉得很难、很难，很吃力、很吃力。说来也怪，有些事，深入容易、浅显却很难，"高级"容易、"初级"却很难，理论化容易、通俗化却很难，复杂容易、简洁却很难。有时解决一个看来困难的问题容易，提出一个看似容易的问题却很难。看来凡事都不绝对，难中有易、易中有难，难也易、易也难，难难易易、易易难难，难者不会、会者不难。

请君不要小瞧这本教材，以为只是"小儿科"，焉知"麻雀虽小、五脏俱全"！这本书涉及 21 世纪金融的几乎全部领域或方面，要有最新的资料，反映最新的发展，并有最新的概括，要有新体系、新框架、新方法，还要深入浅出、通俗易懂。实在是不容易，实在是很吃力，结果也实在是不满意。好在此项工作毕竟开始了，雏形毕竟是做出来了，没有第一步，哪来第二步、第三步！

三

本书是一本高校专业教科书。教科书的内容，按它的本质与惯性，常常是滞后的，并同现实与实际保持着相当的距离。这是它的优点，却也是它的缺点。一般而言，现实的发展、实践的发展在先，理性的抽象与概括、被专著与教科书的吸纳在后。特殊而论，理论若是滞后，它又如何能发挥它特有的解释与预言的功能呢！它又如何能指导人们的实践呢！根本上、长久地滞后于现实的教科书又如何能有英雄用武之地呢！看来这是一种两难的处境和两难的选择。但人们不能永远难下去，永远不选择。由此看来，培养计划和教学大纲的修订必不可免，且须加速进行。

经过改革开放近二十几年的发展与变革，我国的金融学科建设与发展有了长足的可以说是历史性的进步。尽管如此，也仍然不能赶上客观形势的发展。但人们也在极力地追、极力地赶。君不见在改革开放前，在我国的高等金融学专业教育中是没有外国或各国银行制度一类的课程和相应教科书的。改革开放以来，陆续在本科和研究生的教学中开设了"外国银行制度"或"外国银行制度比较"的课程，进而开设了"比较银行学"或是"各国金融体制比较"的课程。

请注意，在这一系列变革中，从"无"这门课到"有"这门课，课程名称由"外国"变成了"各国"，由"银行"变成了"金融"，由"制度"变成了"体制"，由一般的知识性"介绍与传授"变成了较深层次的"比较与研究"。这五大变革同时集于本教科书一门课程之中，其变化不可谓不大，其深度也不可谓不难。然而金融是经济的核心，要面对经济全球化和金融全球化这一新形势，要面对各国各行业中人才集中、专业性极强的金融行业或领域的高要求，要面对金融安全是国家安全的一部分这一新发展，要面对金融风险与金融危机的严峻挑战，凡是要研究金融，要驾驭金融，要开发、经营、管理金融的人，就要义无反顾地下定决心，就要知难而进。

上述五大变革的具体含义是什么呢？它至少表明：（1）伴随着改革开放，中国的人才培养和教育、培养计划与教学大纲、知识结构与课程体系发生了一系列的重大变化，因而才有上述从"无"到"有"的历史性变迁。（2）由"外国"变成了"各国"，表明伴随着改革开放进程的深入，中国已经逐渐摆脱了过去那种孤立与封闭的状态，已经不再以我为中心刻意地区分中国与外国，而是将"外国"变成了"各国"，将中国融入世界各国之中，融入全球开放性的经济与金融体系之中。（3）"银行"变成了"金融"，反映了20世纪最后二三十年来这一领域巨大的历史性变革，首先是在银行体系基础上大大发展的非银行金融机构体系，商业性金融和政策性金融的分野，中间性银行业务和表外银行业务的凸显，投资银行业、资本市场业、投资基金业、金融衍生商品市场和保险市场的飞速发展，特别是传统的以国别为基础的相对封闭的证券市场演变为全球化、高度开放和高度流动性的真正全球性的资本市场，这一切巨大变革用"银行"一词已经难以囊括，必须用"金融"一词加以包容。（4）由"制度"到"体制"的变革，更多地反映了我国经济与金融体制改革进程的深化，反映了由简单的单一层次的政策方针、法律规则等"制度"要素到包含众多紧密相关要素的"体制"的变革。（5）由一般的知识性"介绍与传授"到较深层次的"比较与研究"这一变化，则更集中地反映了改革开放以来我国高等教育体制的变革，知识结构的更新与升华，人才培养规格、质量与目标的升级与换代。明白了上述五大变革的种种含义，也就不难理解这一变革的深刻性，以及在本科这一层次的教育中开设"各国金融体制比较"这一课程的难度和撰写这一教材的挑战，进而对这一进程的尝试性、不完善与某种程度的幼稚给予最大限度的理解与宽容。

前面请求给予最大限度的理解与宽容，这只是一种企盼，因为本书的作者始终处在一种惶恐与不安之中。笔者以为，这一教材的体系与框架、内容与深度是应当比过去二十多年更高、更新和更难一些，而且，教材与教学、学习与考试、强制性要求与诱导性接受是有区别的，也应该有这种区别。自1985年中国人民银行原教育司在长沙召开"全国金融专业教学大纲研讨会"以来，笔者是最坚决主张"大课本、小课堂"，"宽口径、厚基础、强功能"这一教育思想与教育原则的人们中的一员。实践表明，这一思想是正确的，并被越来越多的人所接受与贯彻，这是值得欣慰的。然而，只有欣慰是不够的。这一思想与原则在新的形势下，即在中央提出全面实施素质教育（即前面提到的功能教育）的新形势下，如何全面、具体、真正地落实还是一个大问题。具体就本教科书而言，较高的知识起点、较宽的口径、较多的内容、较深的分析可以用教学过程中教师具体的相对有限的和适度的要求来加以处理。

3

以我几十年从事教育与教学工作的经验来看，教育与教学工作的核心与主体主要不在教师而在学生，主要不在"教"而在"学"。学生首先是一个有着强烈求知欲的、智慧能动的、积极的群体，而不是被动的、单纯的知识接受者。首先是尊重他们、爱护他们，然后才是循循善诱、因势利导、严格要求与某种程度的"强制"。我曾经说过"只有不合格的教师，没有不合格的学生"这样的话，至今不悔。几十年来，我强烈呼吁并身体力行"教书育人"的原则和启发式教学方法。坚决反对只教书不育人、只见书不见人、单纯知识性传授的填鸭式教学方法。几十年来，在各种不同层次的考试中以及在不同层次的招生面试中，我坚持进行一种调查与实验，即请面对我的学生自己出一道和所学专业紧密相关的最能表现自己对这一学科学习理解程度与水平的题，自问自答，可谓宽松宽容。然而，最令我吃惊的是我们的学生，不管是南方的还是北方的，也不管是本科生还是硕士研究生，乃至于博士研究生，绝大多数学生只会答题而不会出题，我给他们的"自由"，他们难以享有，他们觉得很不自由、觉得很难，这是非常令人深思的。这一问题表现在学生身上，根子却在教师、在教育管理者，更在我国陈旧的教育体制与教育思想。基于上述思想与理念，我们实际上不是写一本特定的以知识传授为主要目的的专业教科书，我们是在构建一种最大限度地体现上述教育思想与理念的、以特定专业知识和分析框架为内容的、特殊的信息传输与交流载体。

我们希望对"各国金融体制比较"这一学科的"教"与"学"，是一种双向交流的过程，是一种积极思考和深入分析的过程，并且是一种多要素、多层次、多角度和全方位整体性分析的过程，这将大大有利于素质教育目标的实现。事实上，时代不同了，总体的文化与教育水平更高了，国家对同一人才培养层次的教材与教学水平要求也升级了。此外，本科毕业生担任较高职务、继续深造报考研究生的也不在少数。这些都决定了本科学生既要动手，也要动脑，既要知其然，也要知其所以然，既重操作，也重理论。

具体就本教材而言，我们只是在继续遵循传统要求的基础上，适当地向"宽口径、厚基础、强功能"和重理论方面倾斜。这样，对本书的"笔者"、对本门课程的"学习者"都提出了既同以往，也不同以往的要求。

"各国金融体制比较"这一学科的研究对象是金融体制。金融体制是各国金融发展与运行中的发展战略、组织形式、框架结构、业务分工、监督管理、构造方式、运行机制、运转环境和总体效应九大金融相关要素的有机整体。全书大体上围绕着九大要素展开，九大要素中又以运转环境这一要素为核心。至于研究方法，则是以系统的、大量的、多层次、多角度、纵横交错和动静态结合的比较方法为其主线与特征。

全书由四大部分构成，除绪论外，共12章44节，约28万字。

第一部分是绪论，以我为《比较银行学》的第二版原定书名《比较金融学》（出版时更名为本版的《各国金融体制比较》）一书写的绪论代之，故曰"代绪论"。绪论是全书的总论或总纲，所要强调的是：（1）现代金融的性质与地位及其在各国经济与社会发展稳定中的战略重要性。（2）提出与确立这一学科的研究对象——金融体制，以及形成"金融体制"

这一研究对象的九大要素。（3）研究方法和对待外国文化、外国经验的原则与态度。

第二部分从第一章到第四章，是不同国家群体（发达国家、发展中国家、转轨型国家）与主要国别银行体制或金融体制的比较。之所以有"银行体制"与"金融体制"的区别，其原因在于口径的宽窄不同。发达国家部分使用了较窄的"银行体制"，排除了证券市场与金融衍生商品市场，因为后面的专业比较以发达国家为主，会发生前后重复的问题。对发展中国家与转轨国家则是用了较宽口径的"金融体制"。

第三部分从第五章到第九章，是专业分类比较，即各国中央银行体制、商业银行体制、非银行金融机构体制和政策性金融机构以及各国证券市场和金融衍生商品市场的比较。

第四部分从第十章到第十二章，是各国金融监管体制比较和存款保险制度比较。金融监管包括各国银行业监管（商业银行和政策性金融机构）、非银行金融机构监管、证券业监管、金融衍生商品监管和保险业监管。存款保险制度则比较特殊，既有金融监管的因素，又有非监管的专业性特殊因素。为保持某一专业问题的完整性，例如政策性金融机构监督，就只在政策性银行机构监管一节中集中阐述，政策性非银行金融机构监管就不在各国非银行金融机构监管一章中另外讲授。

本书由白钦先教授及其博士研究生郭翠荣副教授任主编，白钦先教授负责总体策划、大纲拟定、书稿审阅与修改，郭翠荣副教授负责总体协调、总纂与修改。本书前言和代绪论由白钦先教授撰稿，第五、第七、第八、第九章由郭翠荣副教授撰稿，第一、第二、第六章由博士研究生薛誉华副教授和禹钟华博士研究生撰稿，第三、第四、第十、第十一、第十二章由白钦先教授和他的硕士研究生李军撰稿，薛誉华副教授还参与了后期的部分总体整合与修改工作，转轨型国家金融体制比较一章还承蒙中国银行总行金融机构部的贾飞天先生翻译提供了不少最新资料，并参与了这一章的撰稿。

在本书研究和写作过程中，我们参阅了国内外大量的著作和文献，获益匪浅，对此表示深深的谢意。本书的出版得到了中国人民银行有关领导与同志的大力支持，也在此表示衷心的感谢。

最后，由于条件和水平有限，错误与不当之处在所难免，真诚欢迎各位批评指正。

白钦先
2001 年 6 月 1 日

第一版序言[①]

改革已经成为当今世界不可逆转的历史潮流。社会主义中国的经济体制改革更为举世所瞩目。事业的开拓和前进，改革的扩展和深入，需要理论的深化和创新，呼唤人们踏上进行理论改革、探索改革理论的征程。这本《比较银行学》就是响应时代的召唤，经作者数年的潜心研究和写作而奉献给广大读者的一本力作。本书不仅是一本教科书，而且是一部专业性较强的著述。

银行体制改革是我国经济体制改革的一个重要组成部分。我国旧的银行体制是建立在产品经济高度集中管理的基础之上的，它不能适应社会主义初级阶段中必须大力发展有计划的商品经济这一客观要求，因此必须进行改革。这就需要对银行在商品经济条件下的运行机制、管理体制等进行全面深入的研究和探索，以便为银行体制改革的实践提供借鉴。这是作者撰写本书的基本目标和现实意义之所在。

银行的产生与发展已经走过了漫长的历程。海内外专家学者介绍和研究各国银行的著述可谓不胜枚举。然而，像这种结构和层次的比较银行学的研究及其成果尚不多见，比较银行学是一门刚刚问世的新兴学科。本书作者在多年的教学和科研中，查阅和积累了大量中外文资料，进行了去粗取精、去伪存真、由此及彼、由表及里的分析和探求，并将比较银行学的研究对象抽象为"银行体制"，这是一项富有开拓性的探索，它为确定比较银行学区别于其他金融学科的研究领域，建立比较银行学的理论体系奠定了基石。

银行体制所涉及的内容是十分庞杂的，相应的资料是浩繁的。然而，本书作者并未将有关内容及其资料简单地加以整理，泛泛地进行罗列和介绍，而是独辟蹊径，紧紧围绕银行体制这一研究对象，确定了内在联系较为紧密、结构较为合理、逻辑性较强的比较银行学的研究内容体系。在研究内容的选择上，作者将银行体制的构成要素抽象为具

---

① 见第五版前言的脚注说明。这里的第一版序言指 1989 年 4 月版由陈家盛教授为该版写的序言。陈家盛教授是我国老一代著名的资深国际金融学家，原辽宁大学教授，美国南伊利诺伊大学和丹佛大学终身教授，博士生导师，美国富布赖特访问学者。

有典型意义的九个方面，分设十一章，对其逐国别、逐阶段、分层次地进行比较研究，从中开辟了许多新的研究领域和角度。诸如银行体系的构造方式，不同的金融发展战略模式，银行体系的效应，中央银行服务性职能和调节性职能的划分，不同经济、金融和社会环境中中央银行货币政策的特征和局限性，商业银行的组织结构和业务分工，银行公会的地位和作用，银行集中垄断的程度和方式，银行、企业和政府的"三角"关系及其模式，等等。在研究内容的起点上，作者没有将笔墨和视野集中在对基础知识的一般性介绍上，而是直接站在前人的肩膀上，在更高的层次上，在更进一步的理论深度上，比较各国银行体制的特点和差异，挖掘形成这些特点和差异的经济、金融和社会环境成因，进而揭示各国银行体制产生与发展的一般规律和特殊规律，从而形成了本书在研究内容和风格上的鲜明特色，这无疑是一种大胆的尝试。

本书的研究方法也是值得提倡的。首先，各国银行体制是千差万别的。即使是在一个国家的不同历史时期中，银行体制也会发生很大的变化。因此，在对各国银行体制进行比较研究中，不能仅仅在静态中逐一加以比较，还必须在银行体制发展的历史进程中，运用静态与动态相结合的方法，进行立体交叉式的比较，这正是贯穿本书的一个基本指导思想。其次，作者根据大量史料，经过综合分析，揭示了各国银行体制发展的规律。其中，既没有专为叙述历史而叙述历史，也没有专为理论论证而论理；而是史论并重，从史引论，以论论史，突出了历史和逻辑的统一。同时，作者不仅运用较大篇幅对当前各国银行体制及其运行机制进行横向比较，而且通过对历史的回顾，对各国银行体制的演进过程及其特征进行了纵向比较，为读者勾勒出一幅各国银行体制发展的纵横交错、变化多端的画面，使读者能够从中看出各国银行体制的过去和现在，并据以预测其未来。

本书作者的研究态度是严肃认真和实事求是的。在比较研究中，作者在处理理论与实践、过去与现在及未来，外国与中国、借鉴与创新的关系上，不因循守旧、墨守成规，而是从实际出发，正视矛盾，解放思想，开辟思路，分析鉴别大胆探索，这种认真求实的态度和开拓创新的精神是难能可贵的。这不仅从一个侧面说明，我国的金融理论工作者已经从传统的理论脱离实际，理论研究公式化、概念化、政治化和简单化的谨小慎微的束缚中挣脱和解放出来，而且也使我们窥见了我国理论工作者的队伍后继有人、人才辈出的兴旺前景，令人欣慰和兴奋。

就科学的本性而言，它永远是革命的、活跃的和开放的，而不是凝固的、僵化的和封闭的，它永远不会停留在某一水平上。人类对某一客观事物的认识也是不断发展、不断深化和日趋完善的。因此，比较银行学的研究也是没有止境的。本书是我国金融理论工作者涉足比较银行学的开篇之作，是由在大学从事教学和科研工作的中青年教师进行探索性研究的成果。这一成果填补了我国关于各国银行体制比较研究领域的一项空白。

其重要的理论价值就在于为比较银行学研究的进一步深入提供了一块铺路石，启迪和帮助我们从历史和逻辑的统一、特殊和一般的统一、个性和共性的统一、理论和实际的统一、微观和宏观的统一、静态和动态的统一、回顾和展望的统一、抽象和具体的统一、中国与外国的统一、国别和全球的统一等角度，考察各国银行体制的过去、现在和未来。其客观的现实意义就在于为我国银行体制改革的实践提供某些新的思路借鉴。相信，只要我们坚持科学的态度，运用科学的方法，加深理论功底，密切关注和把握变化中的各国银行体制，就一定能够将比较银行学的研究进一步推向深入，推向繁荣，使之更加全面、更加深刻、更加丰富、更加完善。

陈家盛
1987 年 10 月 9 日

目　录 Contents

绪　论[①]

一

市场经济的高速发展，现代金融体制的形成，经济全球化、经济金融化、金融全球化、金融自由化的深化和日益广泛性，是当代世界各国社会经济生活的共同特征。有序、高效和稳定的金融体制是当代各国宏观经济调控的基础，它已成为社会经济的调节机构和国民经济的神经中枢，成为"万能的垄断者"。金融体制的巨大功能，它的精巧结构和绝妙无比的运行机制与运转方式，早已引起各国各界和国际社会的广泛关注、探索和研究。尽管世界各国的金融体制千姿百态、各具特色，但并非杂乱无章无规律可循。事实上，其在各种特殊的表现形式中显示出错落有致的特点和基本的规律性。正是这一切，构成了比较金融学的研究基础和研究对象。

各国金融体制比较是运用比较方法对不同国别、不同类型国家群体的金融体制进行系统的、多角度的、多层次的比较研究，揭示其在不同社会历史条件下、不同经济金融环境中的运行机制和演变发展的一般规律与特殊规律的新兴、综合性边缘科学。这里需要强调以下几点：（1）比较金融学研究的对象是金融体制。金融体制这一范畴，并不是若干金融相关因素的简单总和，而是这些相关因素彼此相互联系、相互制约、相互影响和相互协调适应的有机整体。（2）比较金融学的研究方法主要是比较法，但并不排斥其他方法，如归纳法和演绎法。（3）比较金融学的研究特点在于系统性、多角度、多层次、动态和静态有机结合。（4）比较金融学的研究目的在于揭示各国金融体制在不同社会历史条件下、不同经济金融环境中的运行机制和发展演变的一般规律与特殊规律。

具体来说，比较金融学的研究内容包括以下方面：（1）比较研究若干具有类型代表性的国家及国家群体金融体制的运行机制、发展演变的基本特征和制约影响这一发展演变的社会历史条件和经济金融环境。（2）比较研究各国中央银行的产生、发展、演变、组织形式、权力结构、职能特点、货币政策与政府关系的实质和类型。（3）比较研究商业银行的体制特征，在金融体系中的地位与作用以及机构设置类型、业务分工制度、集中垄断的程度和形式、兼并与收购、银行与企业及政府关系的类型和利弊优劣。（4）比较研究各国非银行金融机构的发展程度、地位作用以及机构类型、专业分类等。（5）比较研究各国政策性金融机构的宗旨功能、组织结构、资金来源、业务特征及作用。（6）比较研究各国证券市场和金融衍

---

① 本文原是为《比较银行学》的第二版《比较金融学》（出版时改为《各国金融体制比较》，见 2001 年 8 月版）写的绪论，以此作为本书的绪论。

生商品市场产生、演变、发展、市场主体和结构、商品种类、国际化和自动化程度以及在各国经济中的地位。（7）比较研究各国商业银行、专业性银行、非银行金融机构、外资银行、证券市场和金融衍生商品市场、保险市场等的监管体制，以及对各类政策性金融机构的监督机制与结构。（8）比较研究各国存款保险制度。

任何一门学科都有它特殊的研究对象和研究领域，这种矛盾的特殊性构成各学科相互独立、相互区分的基础。比较金融学自然也有它特殊的研究对象和研究领域。比较金融学的研究对象是各国的金融体制。所谓金融体制，是指各国金融发展与运行中的发展战略、组织形式、框架结构、业务分工、监督管理、构造方式、运行机制、运转环境（经济环境、金融环境、社会环境）和总体效应等相关金融要素的有机整体。这些相关要素不是彼此分离和孤立的，而是相互联系和相互制约的。本书希望强调金融体制各构成要素的整体性特征和各自多层次的个体性特征。

现将金融体制的构成要素分述如下。

1. 发展战略。就战略模式的本来意义而言，战略是指指导战争全局的计划与策略，模式是指某种标准的、系统而稳定的形式和样式。一国金融发展战略模式是指导一国金融发展或总体的标准、稳定的计划与策略形式。它由以下一些问题构成：（1）金融总体发展战略模式的制定和选择，包括金融"超前型"、"常规型"和"滞后型"三种发展战略模式的形式和选择。（2）对外金融发展战略模式的制定和选择，包括一国对外金融开放或封闭战略模式的选择，引进及利用外资战略、国际收支结构及调整战略、汇率调整战略及外汇管理战略和金融体制国际化发展战略等。（3）关于自然金融倾斜发展战略和人为金融倾斜发展战略的选择。就世界各国金融业和金融业务方式的历史发展而言，一般是先有间接金融，后有直接金融，先有短期金融业务，后有长期金融业务。而且，在间接金融与短期金融之间，直接金融与长期金融之间，有一种大体上的对应关系。这两组对应因素不仅在产生发展的时间上明显地一个在前，另一个在后，远不是平行的，而且在业务总量或市场占有率方面，也远不是均衡的，即间接金融所占的比重大大超过直接金融，即使是直接金融发达的国家也是如此。我们将间接金融与直接金融间这种不平行发展和不均衡发展称为金融倾斜。显然，这种金融倾斜不是任何人为设计或构造的结果，而是商品经济和货币信用、经济发展水平和国民储蓄量、收入分配结构和方式不断变化及发展的产物。迄今为止，绝大多数国家都顺应历史发展，听其自然，顺应和维持这种金融倾斜局面而不加人为推动或抑制，这就是自然金融倾斜发展战略。与这一发展战略相对应的是人为金融倾斜发展战略，即通过政府自觉的法律约束或政策行动积极推进或抑制直接金融的发展，从而缩小或增大间接金融与直接金融的倾斜度的一种发展战略。值得注意的是这一金融倾斜在20世纪七八十年代以后发生了历史性的逆转：首先是直接金融和长期金融的发展速度大大快于间接金融和短期金融的发展速度，接着是前者的市场占有率逐渐接近乃至超过后者，例如20世纪八九十年代美国等西方发达国家商业银行、保险公司和各类投资基金三分天下，保险和投资基金等非银行金融机构则三分天下有其二。我们将这一最新发展态势称为金融倾斜逆转。这一发展是意义重大和影响深远的。

但是，21世纪初，经笔者及郭翠荣博士和劳平博士的更进一步的研究发现，所谓"金融倾斜的逆转"远不像过去十多年来国内外大多数学者所说的那么快和那么简单，而且是严重误导的。首先，即使在主要发达国家，其"金融倾斜逆转"的出现、态势及特征也都是各不相同的。例如，日本在过去150多年的现代化历程中，统计表明，"金融倾斜逆转"也仅仅发生在20世纪80年代末与90年代初，其泡沫经济金融即将崩溃前夕的两三年，它的出现背景和极短暂的逆转期的事实是非常令人深思的。其次，研究表明"逆转"的速度与程度也与此前人们所强调的情况是大相径庭的，而且要复杂得多。所谓"金融倾斜的逆转"实际上是融资结构中的融资方式结构的历史变迁，而且即使是以美国为例，若以"企业融资"这一口径来统计，则间接融资始终是其外部融资的主体和最主要的来源，而不是所谓的市场融资主导。只是以"社会融资"这一口径来观察，才是日益更快与更甚的。而以证券与金融衍生产品交易为主体的资本市场则是社会融资的压倒性主体。日本极其短命的"金融倾斜逆转"是发人深省的，而将货币型金融资产与非货币型金融资产仅仅从统计上简单相加与类比也是非常值得怀疑的，甚至是错误的。[①]

2. 组织形式。金融体系的组织形式是指金融体系中的各类金融机构（包括中央银行、商业银行、各种专业性银行机构和非银行金融机构以及相应的政策性银行机构与政策性非银行金融机构）、各类金融市场、保险市场以及监管体系等的外部组织形式的类型、设置原则、各自的特点和优劣势。

3. 框架结构。金融体系的框架结构包括：（1）金融体系的总体框架，即各金融机构的类型构成、彼此间的关系与联系方式。（2）各类金融机构的数量和地理分布。（3）资产与负债的不同类型、特点和构成比例。（4）中央银行的权力结构、资本归属、同政府关系的实质与联系方式。（5）银行与工商企业的联系方式和依赖程度，这实质是一种产业结构。（6）政府同银行的关系与联系方式。（7）资本市场、保险市场的构成以及与各相关要素的关系。（8）相关的金融立法、制度建设与监督管理。

4. 业务分工。金融体系的业务分工是指各种金融业务在金融体系各类成员之间分离或结合的制度。其中包括：中央银行业务职能与一般商业银行业务职能的分离或结合；银行业务与非银行金融业务的分离或结合；长短期金融业务的分离或结合；间接金融业务与直接金融业务的分离或结合；政府政策性金融业务与一般商业性金融业务的分离或结合；等等。根据这些内容，可以将金融体系的业务分工大体上划分为专业化银行制度、综合化银行制度和混合型银行制度及专业化银行制度基础上的适当业务交叉。这种业务分工制度的形成，或者是由于历史的习惯和自然的演变，或者是由于法律规章制度的约束和强制。

5. 监督管理。金融监督管理制度包括：（1）一国金融监督管理当局对银行体系的监督管理体制、原则、方法与内容；（2）各种金融法律规则和政策方针的保护、强制、约束和诱导；（3）从广义的角度说还包括对金融市场和保险市场的监督管理体制、原则、方法和内容；（4）对外汇与外债的监督管理的原则、方法和内容；（5）对国际银行的监督管理及国际合作。

6. 构造方式。这里主要讲金融体系构建中的银行体系构造方式。银行体系的构造方式是指一国金融体系中各单元或细胞的产生、发展演变的基本方式和构造机制的总和。从全球和历史的观点看，各国银行体系的构造方式可以分为自然构造方式和人为构造方式两种。而每

① 白钦先. 金融结构、金融功能演进与金融发展理论的研究历程［J］. 经济评论，2005（3）：39-45.

一种构造方式又可以分为银行体系的初始构造和再构造两个层次，即自然初始构造和自然再构造与人为初始构造和人为再构造。对金融体系构造方式的研究构成比较金融学的重要研究内容。对构造方式的研究带有很强的历史性回顾色彩，具有时间和空间跨度大、纵横交错和纷繁复杂的特点。对构造方式的研究突出了一国银行体系的总体性和发展的过程性，突出了形成不同构造方式的不同社会历史条件、经济环境和金融环境，突出了银行体制与社会结构及经济体制的联系和发展的过程性，突出了金融体制与社会结构及经济体制的联系及相互作用。在广阔的视野范围和漫长的时间序列中，各国金融体制发展演变的一般规律和特殊规律表现得鲜明、强烈而稳定。在本书第一部分国别和国家群体金融体制特征的研究中，我们之所以普遍广泛地进行构造方式特点的研究，其原因概由于此。在比较金融学中，英国等发达资本主义国家是金融体制自然构造的范例，而苏联金融体制模式的构造方式则是人为构造的典型。

7. 运行机制。从根本上说，金融体系的运行机制同整个国民经济的运行机制是相同的，即均为利益驱动机制、价值规律的机制、竞争淘汰的机制，这是最基本的运行机制。除了这些经济性的运行机制外，还有国家各种行政监督管理的机制和法律的强制与保护机制。实际运行中，这三种机制是交叉作用的。

8. 运转环境。任何金融体系的产生、发展、演变与运行都必须依赖于一定的社会环境、经济环境和金融环境。银行和非银行金融机构及金融市场和保险市场的性质、职能与作用、业务种类和发展水平、机构设置和总体规模、运行机制和方式、作用强度等都同一定的运转环境密切联系。

经济环境是金融体系运行的最直接最基础的条件。它包括：（1）生产力的一般发展水平。（2）商品经济的发展水平和市场机制的发育程度。（3）经济管理体制的基本类型，即市场经济、中央计划经济或混合经济。（4）经济实体的成熟程度——经济细胞具有内在动力、外在压力和活力，是理智的、行为端正和对利益调整反应灵敏的独立经济法人。（5）竞争的一般环境和竞争实现的程度。

金融环境从广义上讲，也属于经济环境的范畴，并且是经济环境的重要构成部分。这里之所以将其从经济环境中单列出来，意在强调。金融环境大体包括：（1）一国经济的货币化程度，这是最基本的金融环境。这里强调经济的货币化程度有两方面的含义：其一是在市场经济体制下，经济的发展水平同经济的货币化程度是统一的或同步的，但仍然存在货币化程度高或低的问题。其二是指经济发展水平同经济的货币化程度不同步的情况。例如，高度集中的计划经济管理体制下，一国经济的发展水平可能很高，然而经济的货币化程度却很低。一国经济的货币化可以从量和质两个方面来描述，即货币广泛化和货币深化。一般用货币化比率的高低来表示货币广泛化的程度，用货币功能的深化来表示货币深化。从理论上和逻辑上来讲，经济的货币化比率不能超过1（包含1），这是显而易见的，但按照近年来一些作者的研究结果，货币化比率已超过2或3。正是由于经济货币化比率的这一局限，所以才有经济金融化这个概念的提出，以及相应的一些比率，例如金融相关率等更多指标的出现。（2）货币信用制度的发达程度不仅指信用形式的种类和各自的发展、运用程度，而且包括各种不同信用形式彼此相互替代和转化的可能性的大小，以及转化的成本与收益。金融体系发达程度的衡量标准包括：整个金融体系的发达程度、总规模、总能量；中央银行的专业化程度、货币政策的种类和效能、影响宏观经济的能力；商业银行、各类专业性银行和非银行金融机构各自的发展水平；各类金融市场及保险市场的发育程度；各类金融机构彼此协调适应的程度。（3）金融机制的发育程度。最根本的是金融行为对经济利益、利率等金融信号反应的灵敏度、金融杠杆的适应性和弹性及竞争程度。（4）金融市场的发达完善程度。包括金融市场的层次、结构和规模；金融资产形式的多样化及不同金融资产相互替代转换的可能性和灵活性；各种金融交易信号的反应灵敏度和传递速度。

社会环境构成金融体系运行的基本背景，它比其他条件更为持久和稳定地制约和影响金融体系的发展演变。社会环境包括复杂的众多内容：（1）一国社会发展所处的历史阶段或层次。（2）国土、资源和人口的规模、总量及结构。（3）社会历史演变特点、传统乃至风俗习惯和宗教信仰。（4）社会政治稳定状况、政治结构和政治制度、开放程度。（5）有关的法律规则和各种政策的调整、制约、保护程度和完善程度。（6）社会商品意识、金融商品意识的普及与强化程度，对经济金融风险及利益调节变化的反应灵敏程度和心理承受能力，而社会心理通常带有历史文化的承袭性、传统思维的习惯性和因人而异的主观随意性等特点。（7）交通、通信发展水平和信息搜集、分析、扩散和反馈手段的现代化程度。

金融体系的运转环境是一种复杂的、多层次的立体环境。这种环境的构成要素会形成无数种不同的排列组合，并形成了各国金融体系发展演变及其特征的多样性和民族性。不仅如此，即使是基本相同的环境，也会引出极为不同的结果。这就很值得人们深思。对金融体制发展演变及正常运行的社会、经济和金融环境的比较分析构成比较金融学的一大特点和重要内容。正是这种具体的对比、分析和研究，才使人们得以清楚地看到那些制约和影响金融体制发展演变的诸环境因素是如何透过各国不同的经济社会历史条件，从不同角度直接或间接发挥作用和影响，尤其使人们得以判断和衡量这些复杂因素制约和影响金融体制发展演变的程度和方式。只有这样，一般的抽象理论、条理化了的条件和环境才同活生生的现实相结合，理论与实际相结合的基本原则才得到事实上的贯彻。

9. 总体效应。金融体系的总体效应是指一国金融体系的总体效率和构成要素间的协调的吻合度。具体包括以下几个方面：（1）金融体系整体同社会环境相互协调适应的程度，同经济环境和金融环境相互协调适应的程度，即外部效应。（2）金融体系内部各构成要素，即中央银行同其他银行和非银行金融机构间相互协调适应的程度，金融市场、保险市场同各类金融机构相互协调适应的程度，即内部效应。（3）金融体系总体、金融市场、保险市场自身的功能、效率与效益。

二

比较金融学的研究方法仍然是马克思主义经济学研究所使用的一般研究方法，即抽象与具体相统一、逻辑与历史相统一、微观与宏观相统一、一般与特殊相统一及理论与实际相统一等辩证研究方法。例如，金融体制这个概念的提出就是运用抽象的研究方法对各有关构成要素高度抽象和综合的结果，而对各国金融体制特征的比较研究和中央银行及商业银行体制的总体横向比较研究则是对这个抽象的具体运用及结合。又如，在对银行体系构造方式的比较研究中，无论是人为构造方式还是自然构造方式，都不可避免地要对各国经济和金融的发展历程进行历史性的回顾，这种历史性的回顾和史实的运用都是作为研究阐述各国银行体系构造方式的依据而发挥作用的。银行体系的发展有一个由简单到复杂、由初级到高级和由小到大的逻辑发展进程，这就要求对银行体系的理论研究必须同客观历史的实际发展进程相吻合，即坚持逻辑和历史的统一。结果表明，只要逻辑的推理是科学的、严密的，历史的研究是实事求是的，则二者的研究结果就会是高度吻合的。而且历史研究方法的运用具有丰富多彩、生动鲜明和充满说服力的特征。不仅如此，这种逻辑和历史相统一的研究方法还使许多经济金融理论的基本原则再现在不同国家各自特定的具体环境中，从而为人们提供一种活生生的立体画面。

比较金融学独特的研究方法是比较法。比较法系统、大量地运用于国际金融体制的比较研究中。所谓比较，既在异也在同，但重在异而不在于同。如果说非常简单的事物，异同鲜明，自然不必进行特别的比较。但倘若是复杂的事物，异同错综复杂，则只有经过深入探索、详细对比研究才能得以分辨，并得出令人信服的结论。所以，比较研究的结果只能是异同并得。差异和多样性是对比的前提，比较研究强调的是特殊性和差别，但这并不是对比的目的。表面不同的事物蕴含着某些共性和一般规律，同中有异，异中有同，或小同而大异，或小异而大同。故应同中求异，异中求同，这就是比较研究的基本立足点。由于比较法是从特殊到特殊的逻辑分析过程，所以，它既能挖掘不同事物间的共性，又能鉴别不同事物的特殊性，它比归纳法、演绎法更适合于发掘不同事物之间的差异。比较法还是形象思维和抽象思维的结合，所以，它特别有利于综合运用逻辑与历史、抽象与具体、理论与实际相统一的研究方法。这个综合性比较方法的运用在中央银行体制、商业银行体制、专业性银行和非银行金融机构体制的横向比较中，在各国金融体制的总体比较中表现得最为突出。

概括地说，比较金融学既比较异同，也比较优劣；既纵向比较，也横向比较；既静态比较，也动态比较；既比较个性，也比较共性。在上述不同角度不同层次的比较研究中，阐明各国金融体制发展演变的共同规律、特点和趋势，以及这些共同规律、特点和趋势在不同国家或同一国家不同历史阶段、不同社会历史条件下、不同经济金融环境中的不同表现形式与不同作用形式，从而在揭示各国金融体制发展演变一般规律的同时，也揭示在不同国家发挥作用的特殊规律。在无限丰富和复杂的特殊性比较中揭示出各国金融体制发展的强烈共性和最一般的发展趋势。如果说普遍性和共性是直接地展现各国金融体制发展演变的一般规律和共同趋势，那么无限多样和鲜明的差异则以生动具体的特殊表现形式迂回地贯穿了各国金融体制发展演变的一般规律和共同趋势。

三

在比较金融学的研究中，始终涉及一个如何正确对待外国经验和外国文化的问题。中国要现代化，但现代化并不等于西方化或外国化。中国的现代化必须中国化、民族化。这不是一个新问题，而是一切国家和民族都面临的、传统的、共同的问题。通过对各国金融体制的比较研究，我们看到，各国经济体制、金融体制方面的相互吸收借鉴、渗透和影响是显而易见的。例如，美国银行体系中有很多方面借鉴了英国的银行体系，但美国与英国银行体制的差别是巨大的。近现代日本银行体制是明治维新后，特派伊藤博文赴美国专门考察后基本效仿美国的体制建立的，但从始至今，日本银行体制表现了自己鲜明的民族特征。例如，"反弹琵琶"的金融超前发展战略，银行对工商企业压倒性的优势和支配权，特殊银行的建立，政府系统政策性金融机构的活动和财政投资贷款，政府对金融机构的严密控制和窗口指导都是日本适应本国环境的创造，并非搬自美国。任何国家和民族都应有勇气承认别国的长处和自己的不足，这是充满自信的表现。任何国家或民族都应有能力吸收、接受和消化别国的优秀文化和先进经验，同时又保持自己的民族特性而不被同化、异化或弱化，这是强而有力的表现。对外国的文化和经验，凡健康有用者一律拿来为我所用。不分青红皂白地一概排斥、闭关锁国肯定要不得。然而不辨良莠、真伪和适用条件，全盘盲目照抄照搬，也不可取。学习和研究外国经验，切忌只有因袭而无创造，只见别人而无自己。本书正是遵循上述原则，特别着力研究和分析形成各国金融体制特征的特殊环境、特殊原因和特殊条件，以便不犯教条主义的错误。

在谈到中国金融体制改革的理论与实践时，改革的理论指导原则、若干战略模式和对策的选择都特别注意到中国特殊的国情和环境、需要和可能、理想与现实、今天与明天。在这方面应注意如下几点：（1）研究各国金融体制，掌握各国银行体制发展的一般规律和特殊规律，扩大眼界，开阔思路，从而清醒地、有预见地观察研究别国和自己。（2）深入了解本国和外国的环境、国情和民族特点，防止绝对化和简单化，实事求是地对待别国和自己。（3）研究别国和自己的历史与现实，吸取别人的经验和教训，使自己聪明起来，走捷径，少走弯路，少犯错误，不断创新和开拓，努力探索建立具有中国特色的社会主义金融新体制。

本书极力在尽可能广阔的视野范围内展开多层次和多角度的比较研究。（1）就国别范围而言，并不局限于一两个或几个发达国家银行体制的比较，而是以全球众多的各种不同类型国家，包括发达资本主义国家、发展中国家和转轨经济国家以及其他类型的国家为比较研究对象。（2）就时间范围而言，从15世纪到20世纪末，悠悠几百年，在如此长的时间跨度内展开纵横交错的对比研究，鲜明的历史感、对历史的回顾和反思贯穿其中，艰难、曲折、波动、困难和失败虽不可避免，然而总的发展趋势、成功和发展、经验和启迪始终为主线。（3）就研究内容而言，不仅研究一系列具有不同特色的典型代表性的国家的银行体制特征，而且对各国中央银行、商业银行、专业性银行、非银行金融机构和政策性金融机构，对全球性金融机构和各国金融总体进行多角度对比研究，银行体制在不同的辐射半径、不同层次的复杂面得以展开，以使人开眼界、增智慧。（4）就研究层次而言，不仅研究比较有关问题的差异和优劣，而且比较形成这些差异和优劣的社会、历史条件和经济金融环境；不仅揭示各国金融体制发展演变的一般规律和共性，而且比较特殊规律和特殊的表现形式；不仅分层次研究有关局部问题，而且重视银行体制的整体结构、整体协调和整体效应。

第一章
主要发达国家金融体制比较

学习提要

- 美国金融体系整体结构与特征；美国银行、保险、证券体制的演变与特征。
- 英国金融体制的演变与特征。
- 日本金融体系整体结构与特征；日本银行、保险、证券体制的演变与特征。
- 德国金融体制的演变与特征。
- 主要发达国家银行金融体制的总体特征、运转环境、构造方式综合比较。
- 主要发达国家保险金融体制的综合比较。
- 主要发达国家证券金融体制的综合比较。

　　金融体制是各国金融发展与运行中的发展战略、组织形式、框架结构、业务分工、监督管理、构造方式、运行机制、运转环境和总体效应九大相关金融要素的有机整体。九大相关金融要素相互联系相互制约，其中前七大金融相关要素是根据一国经济发展的要求而建立并随经济的发展（运转环境的变化）而不断演变。虽然不同国家经济发展水平、社会文化背景、国民经济管理体制、人们的风俗习惯和观念等不同导致金融体制存在很大的差异，但发达国家金融体制仍具有很多的共性。发达国家在金融体制的建立过程中所选择的方式、采取的措施以及所经历的过程虽然存在很大的差异，但最终的发展结果却是高度一致的，而且伴随着世界经济金融的变动和市场一体化程度的提高，发达国家金融机构更加提高了对金融效率的追求、对市场支配能力的掌控和大规模金融并购的展开，各国金融体系正在发生着深刻的变革。本章主要以美国、英国、日本和德国为例，对其各自金融体制的演变与特征进行国别比较，并以该四个国家为发达国家的典型代表进行整体的综合比较。

第一节　美国金融体制的演变与特征

　　金融体制是商品经济和货币信用制度发展的产物，并与二者的客观历史发展进程相适应。美国是当今世界最发达，也是较年轻的、实行联邦与各州分权制的国家，其经济和金融实力也最强，经济的集中垄断程度和竞争程度都相当高。自然，美国金融制度也最为发达，并最具有典型性。美国金融体制在其特定的民族、社会历史条件下，逐步形成了自己鲜明的个性，其金融体系不仅是其国民经济的神经中枢，社会经济的调节机构，而且也对世界经济金融形势，以及金融业务技术的发展起到巨大的作用。深入研究美国金融业发展历程，对透彻掌握美国金融体制的特征具有重要意义。

一、美国的金融体系

金融体系是一个复杂的系统，其各个组成部分的有机构成和有序运行，构成一个国家金融体制的基础。在金融体系中，最重要的主体是金融中介机构，它发挥着连接资金的供给方和需求方进而实现金融资源合理流动、有效配置和再配置的功能。中央银行和其他金融监管机构是这个体系中不可缺少的重要组成部分，它们负责制定与组织实施货币政策，规范、监督与引导金融市场稳健发展。

美国的金融体系主要由中央银行（联邦储备体系）、商业银行、银行控股公司、其他存款机构、非银行金融机构、政策性金融机构和金融监管体系构成（见图 1 - 1）。

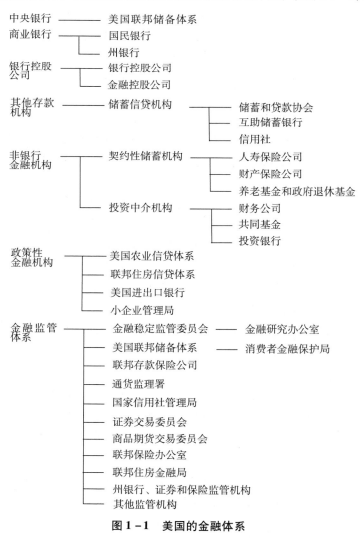

图 1 - 1　美国的金融体系

（一）美国联邦储备体系

一般而言，一个国家只有一家中央银行。美国的中央银行是根据《联邦储备法》于1914年组建的由联邦储备委员会，连同12个联邦储备银行、联邦公开市场委员会形成的一个中央银行体系。按照1913年通过的《联邦储备法》的要求，全国按经济区域划分为12个联邦储备区，每一区指定一个中心城市，并在该市设立一家联邦储备银行。根据《联邦储备法》的规定，所有在联邦政府注册的商业银行必须参加联邦储备系统，成为会员银行；而在各州政府注册的州银行是否参加或退出联邦储备系统，则可任意选择。美国联邦储备体系的核心部分是联邦储备委员会（原名联邦储备局，1935年起改为现在的名称），它是美国联邦储备体系的最高决策和领导机构，是对国会负责而与政府平行、具有部分立法权和部分行政权的独立机构。

（二）商业银行

美国的商业银行制度在世界各国中别具一格。由于受到历史上国民银行制度和"单一州原则"形成的双线银行管理制度的影响，美国商业银行包括国民银行和州银行两套不同的体系。相比较而言，国民银行大多数是规模较大、资力比较雄厚的银行，其注册审批是由财政部的通货监理署执行的。所有的国民银行都是联邦储备银行系统的会员银行，并投保于联邦存款保险公司（FDIC）。州银行一般规模不大，很多甚至是独家银行。州银行是比国民银行建立较早的银行，根据各州的法律在所属州进行登记注册、领取营业执照。州银行一般分为两类：一类是会员银行，即在州政府注册的联邦储备系统的会员银行，这类银行接受州银行管理部门和联邦储备系统的监管。另一类是非会员银行，即在州政府注册的加入联邦存款保险公司的、联邦储备系统的非会员银行，这类银行接受州银行管理部门和联邦存款保险公司的监管。

到1914年美国联邦储备体系建立时，美国国民银行和州银行的数量已经分别达到了7 518家和20 000余家，到1920年美国共有商业银行30 291家。此后，由于经济金融危机和不断的银行并购，大量的商业银行或破产或被并购，到20世纪末，美国的商业银行数量仍有9 000多家。2008年国际金融危机爆发以来，美国银行业遭到灭顶之灾。美国的银行倒闭浪潮从2008年的25家银行倒闭开始，2009年该数量跳增至140家，2010年出现的157家倒闭银行数量是自1992年存款和贷款危机以来最多的一年，2011年美国有92家银行倒闭。2012年9月30日，美国联邦存款保险公司公布的美国银行业机构数量为7 181家，比2011年末减少了176家，比2008年末减少了1 124家。

（三）银行控股公司

1. 银行控股公司。银行控股公司（BHCs）是指拥有一家或者多家商业银行至少25%股份的金融公司，尽管大部分控股公司都100%拥有这类商业银行的股份。美国银行控股公司大都诞生于20世纪早期，是银行业突破法律限制的创新产物。银行控股公司主要有三大优势：一是银行控股公司可以从事商业银行不被允许从事的业务活动。二是银行控股公司可以方便地进入资本市场，除发行股票外，还可以通过发行债务并将其作为资本注入子银行。三是成立另一个银行变得更加容易，即一个银行控股公司可以将一个银行并入其分支机构，也可以决定运营持有多家银行的银行控股公司，它甚至还能拥有另一家银行控股公司。

2. 金融控股公司。《1999 年格雷姆—里奇—比利雷法》规定，一个银行控股公司可以注册为一个金融控股公司（FHC），金融控股公司可以从事诸如证券承销和交易、保险承销等活动。一个金融控股公司既有银行分支机构，又有非银行分支机构。但是，非银行分支机构的股份必须具有单独的资本金，不能被视为银行分支机构的一部分。

联邦储备系统目前是美国所有银行控股公司包括金融控股公司的伞形监管者。银行控股公司的分支机构被一些专业职能管理机构管理，例如，专门负责商业银行、投资银行和保险公司业务的金融监管机构，但是，联邦储备系统仍然保留着后备调查的权力。

（四） 其他存款机构

在金融中介体系中，国际货币基金组织将能够创造存款货币的金融中介机构统称为存款机构（Depository Financial Institutions）或存款货币银行。该类机构是从个人和机构那里接受存款并发放贷款的金融中介机构。在美国，这些机构包括商业银行以及被称为储蓄机构（Thrift Institutions）的储蓄和贷款协会、互助储蓄银行和信用社。

1. 储蓄和贷款协会与互助储蓄银行。储蓄和贷款协会（Savings and Loan Associations, S&L）与互助储蓄银行（Mutual Savings Banks）是主要发放房地产贷款和发行储蓄产品的金融机构。随着时间的推移，储蓄机构与商业银行之间的区别已经变得越来越模糊了。许多储蓄机构具有类似于商业银行的商业贷款和交易存款业务，但是，在美国法律中，储蓄机构的商业贷款金额占总贷款金额的比例不能超过 20%，而且必须通过放贷合格测试，确保其资产的 65% 以上是住宅抵押贷款或按揭证券。这使它们特别容易受到住房市场价格波动的影响。

储蓄机构也处在金融监管部门的严格监管下。它们或者被通货监理署（OCC）监管，或者被各州的政府机构监管，这取决于它们的营业执照是全国性的还是州政府特许的。与商业银行相比，大多数储蓄机构的规模较小。不过，也有一些大型储蓄机构，与商业银行规模比较接近。最大的储蓄机构一般都处于控股公司的控制之下。在美国，储蓄和贷款协会与互助储蓄银行约有 1 225 家。

2. 信用社。信用社（Credit Unions）与商业银行较为相似，也是发放贷款并吸收存款。然而，信用社却是以一种与商业银行非常不同的方式来运行。在美国，信用社是由一些特定群体（如社区成员、工会会员、同一公司雇员等，一般称为会员）组织的小型合作性的、不以盈利为目的的金融机构。主要为会员发放消费贷款和住房抵押贷款，或者为会员提供有数量限制的商业贷款。信用社由国家信用社管理局监管，国家信用社管理局也为各信用社提供存款保险。

（五） 非银行金融机构

在美国，非银行金融机构主要为契约性储蓄机构和投资中介机构。

1. 契约性储蓄机构。契约性储蓄机构主要包括保险公司和养老基金（包括私人养老基金和政府退休基金），它们是在契约的基础上按期获得资金并投资于证券等金融资产的金融中介机构。

（1） 保险公司。保险公司是签发保险单、投资于证券和抵押贷款、在投保事件发生时予以赔付保单持有人的金融机构。人寿保险公司（Life Insurance Company）是为人们因意外事故或死亡而造成的经济损失提供保险，并且通过向退休者每年支付现金的形式销售养老保险的金融机构。财产保险公司（Property and Casualty Insurance Company）是对法人单位和家庭提供财产意外损失保险的金融机构。美国目前有 2 000 多家人寿保险公司和 3 000 多家财产保险公司。

（2）私人养老基金和政府退休基金。私人养老基金和政府退休基金（Pension Funds and Government Retirement Funds）以年金的形式向参加养老金计划的雇员提供退休后的收入。养老基金的资金来源于雇主和雇员的缴款，然后投资于债券和股票。联邦政府通过立法的形式要求建立养老金计划，或是通过税收优惠激励缴款，促进了养老基金的建立和发展。

2. 投资中介机构。投资中介机构主要包括财务公司（Finance Companies）、共同基金（Mutual Funds）和投资银行（Investment Banks）。

（1）财务公司。财务公司又称为金融公司，通过销售商业票据、发行股票或债券的形式筹集资金，然后为消费者提供耐用消费品贷款和抵押贷款等业务。

（2）共同基金。共同基金又称互助基金，通过向众多个人销售股份的形式获取资金，并把资金用于购买多样化的股票和债券。汇集众多资金并进行专业化运作，可以获得低成本交易的好处，为投资者赚取高额利润。1971 年美国诞生了共同基金的创新品种——货币市场共同基金（Money Market Mutual Funds），该基金是以销售股份的形式获取资金。与资本市场共同基金不同的是，该基金销售股份的形式类似于开立支付利息的支票存款账户，但资金投资于更为安全和更具流动性的货币市场工具。

（3）投资银行。投资银行（Investment Banks）虽然被称为银行，但投资银行并非通常意义上的银行或金融中介机构，因为它不吸收存款也不发放贷款。与其他类型的金融机构不同，投资银行是为企业证券发行提供服务的。通常的做法是：投资银行首先就企业发行证券的类型（股票或债券）提出建议；之后，按照预先确定的价格对该企业发行的证券认购承销。除此之外，投资银行还通过帮助企业收购或兼并另一家企业，并提供资金管理咨询及其他财务服务，从中收取佣金。

（六）政策性金融机构

政策性金融机构是专门为贯彻和配合政府社会和经济发展政策和意图，在某个领域内从事特定融资活动的金融机构。它是与商业性金融机构并存、互补和对称的一种金融机构。它承担着支持国家政府社会经济政策、产业政策的特殊职能，补充着商业性金融机构在整个国民经济发展中某些领域融资的不足。美国的政策性金融机构主要包括美国农业信贷体系、联邦住房信贷体系、美国进出口银行和小企业管理局四大机构体系。

1. 美国农业信贷体系。美国农业信贷体系是由美国农业信贷管理局负责监督与管理的，美国农业信贷机构由三部分组成，即 12 家联邦土地银行、12 家中期信贷银行和农业合作银行。

2. 联邦住房信贷体系。联邦住房信贷体系由 1932 年成立的联邦住房贷款银行委员会（FHLBB）和 12 个联邦住房贷款银行及其会员即储蓄和贷款协会等组成，并由联邦住房贷款银行委员会负责管理、协调整个银行体系的工作，并对成员银行提供融资便利，调剂地区银行间的资金余缺，成为该体系的"中央银行"。1937 年，政府出资成立联邦国民住房抵押贷款协会（Federal National Martgage Assocition，简称 Fannie Mae）即"房利美"。"房利美"

属于政府机构，通过发行政府债券、短期票据等形式募集资金，从经联邦住房管理局（FHA）等批准担保的金融机构处购买住房抵押贷款，为这些机构提供住房抵押贷款流动性，同时也将部分贷款打包出售给投资者。1968 年美国国会通过了《住房与城市发展法》后，政府将"房利美"拆分为新"房利美"和"吉利美"（Government National Mortgage Association，简称 Ginnie Mae）两家公司。"吉利美"是政府全资机构，专为住房抵押贷款证券化产品等提供担保，隶属于美国住房与城市发展部（Department of Housing and Urban Development，HUD），担保以美国政府信用为基础。而新"房利美"转变为上市公司，不再由政府全资拥有，但改制后的"房利美"实质上仍拥有隐性的政府信用。1970 年，美国《紧急住房融资法》授权成立了"房地美"（Federal Home Loan Mortgage Corporation，简称 Freddie Mac）。"房地美"由联邦住房贷款银行（FHL Banks）成员所有，日常经营由联邦住房贷款委员会（FHLBB）负责，并最终于 1989 年公开上市；其监管机构同样是住房与城市发展部。"房地美"与"房利美"可购买的贷款进一步放开至未经 FHA 批准担保的住房抵押贷款，两者在性质上同属政府支持企业（Government-sponsored Enterprise，GSE），承担了确保住房贷款市场稳定性、流动性、可支付能力的职能。1992 年，住房与城市发展部下设了联邦住房企业监督办公室（OFHEO），专门负责监管"房利美"和"房地美"。2008 年国际金融危机，美国政府接管"房地美"和"房利美"后，监管机构变为联邦住房金融局（FHFA）。

3. 美国进出口银行。美国进出口银行是依据行政命令创立的联邦政府所属企业的独立企业，其职能是通过提供优惠的出口信贷条件增加美国商品的竞争力，以扩大出口，同时承担私人出口商和商业性金融机构所不愿意或无力承担的风险，目的在于促进美国的进出口贸易，并通过对外援助，贯彻美国对外政策。

4. 小企业管理局。小企业管理局是专门为那些不能从其他正常渠道获得充足资金的小企业提供融资帮助的联邦政府贷款机构，总部设在华盛顿，并在各地设有 100 多个分局或地区办事处来开展业务活动。

（七）　金融监管体系

美国实行的是"双线多头"的监管体制。"双线"即联邦和州政府两级监管；"多头"即一个金融中介机构往往接受多个监管机构的监管。2008 年国际金融危机前，美国的金融监管体系由联邦储备体系（FED）、证券交易委员会（SEC）、通货监理署（OCC）、储蓄监管局（OTS）、联邦存款保险公司（FDIC）、国家信用社管理局（NCUA）、州银行和保险委员会、商品期货交易委员会（CFTC）、住房金融局（FHFA）构成。2008 年国际金融危机后，基于对金融监管不足的反思，2010 年，美国出台《多德—弗兰克法》，调整了原有的金融监管制度，新设立了由财政部牵头的、跨部门的金融稳定监管委员会（FSOC），下设金融研究办公室。在美联储下设消费者金融保护局，增设了联邦保险办公室。撤销了储蓄监管局，将其职能合并到通货监理署。新的金融监管实际上是在"双线多头"基础上的完善，是"机构监管"与"功能监管"的结合。

二、美国银行金融体制的演变与特征

（一）　美国银行金融体制的演变

银行是商品经济发展的产物，形成美国目前如此复杂的银行金融体制并非一日之功。由于历史原因，美国资本主义经济发展要比西欧各国晚很多，其银行业的产生和发展也晚于西欧各国。当1694年世界上第一个股份制银行——英格兰银行创立时，北美13个州仍然是英国的殖民地，直到1782年美国才建立了第一家银行——北美银行。1914年美国联邦储备体系的建立标志着美国银行金融体制的框架基本形成。

1. 美国近现代银行金融体制的初创。

（1）美国银行业的产生与州级银行管理体制的诞生。1776年美国独立战争爆发的时候，北美13个州还基本处于殖民地性质的农业经济状况中，虽然此时资本主义手工业已经有所发展，但总体经济发展水平严重落后。独立战争后，随着商品经济和对外贸易的初步发展以及连年战争的需要，1782年美国历史上第一家银行——北美银行成立，这是美国资本主义银行业的开始。尽管该银行仅在州政府注册，但却与当时的联邦政府有着密切的联系，联邦政府拥有该行的大部分股权。北美银行建立后不久，1784年纽约银行和波士顿的马萨诸塞银行也相继成立。所有这些银行都在各州政府注册，并接受其监督检查，开创了美国州级监督管理体制的历史。

（2）美国第一银行、第二银行的建立与联邦管理银行体制的诞生。1789年美国正式建立联邦政府。但旷日持久的战争使联邦政府在建立之初就面临严重的财政困难，同时，由于各州先后发行自己的货币，通货紊乱、货币贬值，给社会经济生活带来巨大的危害。

为了应付严重的财政困难，整顿通货，稳定国内秩序和繁荣经济，也为了保护国家的独立和安全，1790年底，联邦财政部长汉密尔顿向国会提出建立国家银行的法案。建立国家银行的目的是：提供迫切需要的、币值较稳定的纸币和保存公款的地方；便利银行业务，促进经济的发展；充当政府的财务机关以及从事公债发售等业务。1791年美国第一银行获得营业执照，在联邦政府注册，期限20年。该行总行设在费城，资本额定为1 000万美元，其中政府认购200万美元，私人投资800万美元。可见，美国第一银行是一家公私共有而主要是私人所有、公私共管而主要是公管的金融机构，并带有某些中央银行的性质。美国联邦政府拥有第一银行事实的管理权，执行稳健的货币政策，约束州银行的发行活动，促进了美国货币制度的统一。

尽管第一银行在当时的社会经济中发挥了十分积极的作用，但由于其股份中近70%左右为外国人所持有，人们担心这会影响美国经济的发展和稳定，再加之第一银行妨碍了各州银行和地方势力的利益，遭到了他们的激烈反对，第一银行遂于1811年注册期满后停业。尽管如此，美国第一银行还是开创了联邦政府监督管理银行的历史。第一银行被迫停业后，它所执行的稳健的货币政策随之被取消，州银行的数量迅猛增加，1811—1816年短短的5年时间内，州银行的数量就从88家增加到264家，由此也造成了货币的迅速贬值和货币流通的无政府状态。特别是1812年开始的英美战争更是雪上加霜。人们痛定思痛，几乎所有的人都主张重新建立一个国家银行。1816年4月10日麦德逊总统签署了关于建立第二银行的法案，1817年1月美国第二银行正式建立。第二银行的结构与第一银行基本相似，其政策和功绩超过第一银行。然而它的成功和权力的集中，又招致曾经反对过第一银行的同一势力的反对，当1836年注册期满时，第二银行转变成一家州银行继续营业。

2. 美国双线银行管理体制的确立。所谓双线银行管理体制是指美国联邦政府和各州有关当局同时都有权接受银行注册登记并监督管理银行的制度。这种管理体制很独特，具有浓厚的美国特色。但需要指出的是，美国州银行管理体制和联邦银行管理制度诞生后，其后的发展并不是一帆风顺，两种不同的管理体制一直在相互矛盾中寻求协调。简单地说，美国1782—1791年是单一的州级银行管理体制；1792—1811年是双线银行管理体制；1812—1816年是单一的州级银行管理体制；1817—1836年又恢复双线银行管理体制；1837—1863年再次恢复单一的州级银行管理体制。

（1）州银行的快速发展。1836年，第二银行转为州银行继续经营后，美国联邦政府的银行管理体制又一次受到打击。与此同时，州银行在美国得到了快速的发展，而联邦政府则放弃了对全国金融业务的监督管理，这一时期被称为美国自由银行制度时期。自由银行制度对设立银行的条件规定不严，执行中就更加宽松，而且并无准备金的要求，州银行的经营风险也就可想而知了。到1862年，美国州银行已经发展到了1 492家。

州银行的快速发展，导致州银行之间的竞争日趋激烈，各州法律纷纷规定禁止其他州银行参与本州业务，同时也禁止本州银行跨州建立分支机构，从而形成了影响美国银行业长远发展的单一州原则。此后，在单一州原则的基础上，法律又进一步明确商业银行原则上不得设立分支机构，并由此形成美国商业银行运行中的单一银行制度。随着州银行的快速发展，单一州银行存在的问题又一次暴露出来。州银行发行的各种纸币泛滥全国，它们发行的纸币根据人们对各银行的信任度以不同折扣在市场上流通，全国不同票面金额的纸币一度有7 000多种。清理如此混乱不堪的纸币已经到了刻不容缓的地步。

随着美国经济的恢复和发展，1810—1859年美国的工业总产值增长了9倍，此时的美国已经成为仅次于英国、法国的世界第三经济强国。原本经济的快速发展应该带来金融业的快速发展，但由于州银行分散于全国各地，各州对数量众多的州银行监管不力，而且许多银行的资本金不足，经常发放危机性贷款，银行券的发行和活期存款又无准备金保证，州银行的发展带有极大的不稳定性。另外，美国南北战争对刚刚复苏的美国经济也造成了沉重的打击，巨额的战争费用直接导致了联邦政府入不敷出，联邦政府面临着巨大的经济和财政压力。

（2）国民银行制度的建立。困难的经济和混乱的金融形势迫切要求建立一种新型的银行制度。为此联邦政府财政部长赛尔蒙·蔡斯于1863年向国会提出了建立国民银行制度的建议。建立国民银行制度的目的是：扭转银行券发行混乱的局面，清除不能兑现的纸币，为联邦政府的公债发行开辟市场以支援战争，并为全国提供标准的统一货币以稳定经济。1863年2月，国会通过了《国民银行法》，并于1864年和1865年进行了两次修订。《国民银行法》规定了银行最低资本额、法定准备金和贷款条件等限制，从法律上确立了联邦政府对银行业的监督和管理，为实现全国统一的金融管理体制建立了基本的框架。它负责监督、管理、检查国民银行的经营活动，实际上是中央银行制度的一次尝试。它把银行券的发行权集中到国民银行，为货币的稳定奠定了基础。

联邦政府原本希望《国民银行法》通过后有许多州银行会迅速转入国民银行，但由于《国民银行法》远比州银行法要求严格，申请加入国民银行的州银行寥寥无几。尽管如此，《国民银行法》还是有效推动了国民银行在美国的发展。经过近40年的努力，到1900年美国国民银行已经有近 3 000 家。为进一步鼓励国民银行的发展，美国国会于 1900 年再次修订了《国民银行法》，并颁布了货币法令，将设立国民银行的资本额由原来的 5 万美元降为 2.5 万美元，也放宽了对 30 000 人以下城市设立国民银行的条件。于是，规模更小的国民银行纷纷建立，1914 年美国国民银行的总量达到了 7 518 家。国民银行数量的快速增长，使美国形成了国民银行与州银行并存的局面，从而为美国双线银行制度的确立奠定了稳固的基础。

3. 美国联邦储备制度的建立。国民银行制度基本上适应了美国南北战争后资本主义最终确立和在全国范围内大发展的需要，但随着 19 世纪末自由资本主义向垄断资本主义的过渡，这种制度的矛盾也日益暴露出来。特别是 1873 年、1893 年和 1907 年金融危机的爆发，人们对国民银行制度存在的缺陷有了进一步的认识。1913 年 4 月，美国国会召开改革银行制度的特别会议，经过长时间辩论终于制定了《联邦储备法》。1913 年 12 月 27 日威尔逊总统签署了联邦储备体系的法案。1914 年，美国中央银行——联邦储备体系正式建立，标志着美国现代金融体制的形成。

美国联邦储备体系的建立反映了美国垄断资本的要求，它在联邦政府管理权和州银行管理权之间，在集中与分散之间，采取了巧妙的折中平衡方法。从此，美国历史上第一次有了一个真正负责而行之有效的中央银行制度。同时联邦储备体系的建立也完成了美国现代银行体系的构造过程，标志着美国现代银行体系的最终形成。

4. 美国银行金融体制的调整与改革。美国联邦储备体系的建立稳定了美国银行金融体制的总体格局，但它并不能给美国的金融体制带来彻底的稳定。随着 20 世纪 20 年代以后美国经济大规模的发展与繁荣，美国原有的银行金融制度也经历了多次重大的调整与改革（见表 1-1）。

表 1-1　　　　　　　　　　　　　美国银行金融体制的演变

年份	重要事件
1782	北美银行获得特许经营权
1791	美国第一银行获得特许经营权
1811	美国第一银行特许经营权被收回
1816	美国第二银行获得特许经营权
1832	美国第二银行特许经营权被收回
1863	通过《国民银行法》，建立了国民银行体系，并由通货监理署负责监管
1913	通过《联邦储备法》，成立联邦储备银行
1933	通过《格拉斯—斯蒂格尔法》成立联邦存款保险公司，实行银行、证券、保险分业经营与分业管理
1980	通过《放松管制和货币管理法》，取消了利率最高限制，允许发行带息支票，加强了金融管制，统一了准备金比率
1994	通过《州际银行法》，否定了禁止银行跨州设立分支机构和一些州限制银行设立分支机构数量的做法
1999	通过《金融服务现代化法》，银行、保险和证券可以混业经营
2010	通过《多德—弗兰克法》，强调对金融消费者权益的保护、预防系统性风险、改变金融机构"大而不能倒"的局面，以及对金融衍生品、信用评级机构、对冲基金的监管和对美联储的职责进行改革等

（1）自由银行制度的终结。第一次世界大战后，美国经济经历了 20 世纪 20 年代的短暂繁荣。在经济繁荣的背景下，美国银行业发展极为迅速，商业银行总量一度达到 30 456 家的历史最高纪录。然而，在市场恶性膨胀和银行业快速扩张的同时，一场危机正在孕育之中。1929 年 10 月 23 日，剧烈的风暴突然发生，华尔街股灾终于爆发，持续 3 年席卷全球资本主义经济的大萧条由此揭开了序幕。美国银行业成为这次经济大萧条最严重的受害者。在近 3 年的经济危机中，美国有一万多家银行破产倒闭，美国银行业终于饮下了盲目扩张酿造的苦酒。到 1933 年，美国银行总量只剩下 14 207 家，50% 以上的银行在这次危机中结束了生命。

这场大危机留给了人们许许多多的教训，人们不得不反思金融体制存在的严重问题。1933 年 3 月 4 日罗斯福总统就职后，立即宣布全国银行业休假，接着在两年内颁布了多个重要的银行法，其中最重要的就是 1933 年和 1935 年银行法。这在美国银行业发展历史上具有划时代的意义，它在相当程度上保证了银行业的稳定发展。它标志着美国自由银行制度的彻底终结，也意味着美国银行业全方位的监管体系开始形成。这两个银行法再加上美国已经运行多年的单一州原则和单一银行制度，对银行业的盲目竞争和扩张进行了严格限制。

（2）单一州原则和单一银行制度的瓦解。由于美国银行制度严格限制银行跨州经营，从 20 世纪 20 年代起就有一些大银行通过持股公司控制跨州的小银行，实行银行跨州经营。1956 年美国颁布了《银行持股公司法》，法律允许州银行建立单一的跨州经营的银行持股公司。此后，单一银行持股公司发展极为迅速。1957 年 50 家单一银行持股公司共控制了 417 家银行，1965 年美国单一银行持股公司已经增加到 400 家，到 1972 年在联邦注册的单一银行持股公司达到 1 607 家。同时，许多州政府也制定了相关法规，逐步取消了原有的单一州原则和单一银行制度的法律限制。20 世纪 60 年代，美国约有 1/3 的州仍然实行单一银行制度，有 1/3 的州允许在全州范围内设立"州范围分行"。到 1994 年，没有一个州再实行单一银行制度，而允许设置"限制性分行"和建立"州范围分行"的州分别为 15 个和 35 个。

（3）布雷顿森林体系的崩溃。布雷顿森林体系是美国利用其欧洲盟国在第二次世界大战中元气大伤的机会和当时自身首屈一指的经济地位，于 1944 年 12 月在美国新罕布什尔州的一个名叫布雷顿森林的小镇通过的在《国际货币基金组织协定》基础上建立的、反映美国经济利益的新的国际金融体系。该体系是美元与黄金挂钩、其他国家货币与美元挂钩而形成的一种固定汇率制度。此后一段时间内，美元作为一种"短缺货币"为世界各国，特别是第二次世界大战后重建的其他西方国家所期盼，从而导致了"美元荒"的出现。20 世纪 60 年代后，随着欧洲和日本经济的崛起，美国全球经济霸主的地位受到明显挑战，"美元荒"逐渐变成了"美元灾"，许多国家急于抛售手中的美元。在美元多次宣布贬值后，1972 年美国宣布停止美元与黄金的直接兑换，布雷顿森林体系宣告解体。

布雷顿森林体系的解体给美国经济金融带来了巨大的冲击，理论界竭力呼吁政府应放松对银行的过度管制。另外，金融创新导致了许多新型金融工具的出现，使政府传统管制手段屡屡陷入被动。因此，到 20 世纪 80 年代初期，美国一系列金融立法的基本立足点都是放松管制，消除银行业并购障碍，鼓励银行业进行有序的市场竞争。1980 年新银行法颁布后，美国联邦储备体系也在许多方面进行了调整。美国联邦储备委员会于 1981 年 12 月初宣布，允许美国银行在各州建立"国际银行业务设施"，美国银行可以在本土办理境外美元业务，享受海外银行分支机构的待遇。这一政策大大调动了美国银行的积极性，有效改善了美国国际收支状况，提高了纽约国际金融中心的地位。

（二） 美国银行金融体制的特征

在美国特定的民族社会和历史条件下，经过二百多年的发展，美国银行体制逐步形成了鲜明的特征。

1. 双线多头的金融管理体制。双线多头金融管理体制是美国金融监管体制的主要特征，金融机构可以在州政府注册，也可以在联邦政府注册，并分别受其监管。美国的 50 个州分别拥有各自的金融立法和监管机构，联邦级监管机构有多个（其中最主要的有 3 个：财政部通货监理署、联邦储备体系（美联储）和联邦存款保险），从而形成双线多头的金融管理体制。形成这种双线多头金融管理体制的原因主要有：首先，美国是联邦制的国家，联邦政府和地方政府的权力、利益划分严格，难以形成绝对集中的金融管理体制。其次，美国地域广阔，经济金融发展的地区差异较大，单一的管理体制难以适应。最后，美国历来对金融权力的过分集中十分警惕。可以说，双线多头的金融管理体制是在美国的历史演进过程中联邦政府和地方权力矛盾冲突的一种权衡。

2. 数量众多的商业银行。同世界各国相比，美国的商业银行是最多的。如加拿大只有七八家商业银行，日本也只有几十家，而美国在 20 世纪二三十年代曾达到 31 000 家之多，随后长期稳定在 15 000 家左右，20 世纪 90 年代以后美国商业银行有 9 000 多家，美国次贷危机后的 2011 年仍有 7 000 多家。以投保的商业银行为统计依据，截至 2014 年 6 月底，美国大约有 5 700 家商业银行。美国众多的银行是适应经济全面发展和分散的财政、经济体制的需要而建立的。美国地域广阔，人口众多，经济和财政体制比较分散，遍布全国各地的银行，特别是中小银行，适应了美国广大中小工商企业和南部、西部农业、畜牧业的发展。铁路、公路交通事业的发展，批发和零售机构的专业化，赊购和邮购制度的发展，都大大促进了遍布全国城乡的银行业的发展。此外，美国历史上曾经出现的自由银行制度、单一银行制度、单一州原则以及双线银行管理体制都是造成美国银行众多的原因。联邦通货总监和 50 个州的银行管理当局为了各自的利益，都分别大量批准银行注册，结果使注册的银行越来越多。

3. 迂回曲折的银行集中垄断。美国银行的集中垄断进行得十分缓慢，而且常以迂回和隐蔽的形式实现。为了绕过银行业集中垄断的种种限制，美国许多银行采取了银行持股公司这种隐蔽的形式。到 20 世纪 60 年代后，美国国会和联邦储备当局不得不承认并使银行集中垄断逐渐合法化。1974 年美联储又允许银行持股公司可以直接或间接从事 12 项非银行金融业务，特别是 20 世纪 80 年代末 90 年代初美国有关银行业集中垄断法律的松动，使银行业并购高潮迭起，超强联合成为一个重要特征。20 世纪 90 年代上半期，美国境内中小银行的并购热潮要高于大型银行，这一方面反映了历史原因造成的美国存在着数量巨大的中小银行的事实，另一方面也说明在日趋激烈的市场竞争条件下，中小银行是 90 年代上半期美国银行并购活动的主要对象。到 90 年代下半期，大型商业银行并购也波澜壮阔地开展起来。

4. 颇具优势的银行控股公司。银行控股公司是指直接或间接拥有及控制或掌握一个或多个银行的 25% 以上的投票股权，以任何方式控制一个或多个银行大多数董事或受托管理人的选举以及对银行的管理或政策形成控制性影响的公司。它是作为商业银行规避和突破单一银行制和职能分工制等法律限制手段而出现并发展起来的。银行控股公司由于可以在其他行业中设立与银行业务有"密切关系"的子公司，如财务公司、信用卡公司、证券经纪人、贴现公司等，因而成为商业银行规避法律有关业务范围和经营地域限制的手段，商业银行（尤其是大银行）利用控股的方法变相拥有和控制其他地区的银行，或者从事其他行业的公司，从而达到跨州经营和扩大业务范围等目的。

5. 发展迅猛的非银行金融机构。美国拥有实力雄厚、规模较大的非银行金融机构，其资产总额大大地超过了商业银行的资产总额，早在 1985 年，非银行金融机构的资产总额就已达到 45 622 亿美元，几乎是商业银行总资产的 2 倍。在美国，非银行金融机构主要包括金融公司、退休基金、保险公司、储蓄放款协会、互助储蓄银行、信贷协会、私人养老基金以及投资公司等。发展迅猛的非银行金融机构成为了美国金融业高度发达与金融日益深化的标志之一，然而，次贷危机的爆发也使其日益暴露在公众媒体的监督之下。2012 年 4 月，由美国时任财长盖特纳领导的 10 人委员会全票决定，推出"系统性重要金融机构"的构成标准，旨在加大对对冲基金、私募基金和保险公司等非银行类金融机构的监管力度。

三、美国保险金融体制的演变与特征

美国保险业的发展主要始于殖民地独立之后。在此前，多数保险是由外国保险人来经营。1792 年，北美保险公司成立，带动了海上保险公司和火灾保险公司的发展。两年后，该公司成为美国第一家承保人寿保险的商业公司。到 1800 年，美国已有 30 家保险公司成立。第二次世界大战结束后，美国保险业进入迅猛发展阶段，仅仅用了 20 年的时间，市场规模就跃居世界首位。2008 年，美国约有 6 000 家保险公司。其中产险约 3 800 家，寿险约 2 200 家。美国保险业实行分业经营，但是很多大保险公司都是集团企业，在集团公司旗下，既有产险公司，又有寿险公司。美国有 223.7 万人在保险业就业。其中产险就业人数为 61.6 万人，寿险为 93.5 万人，保险中介和服务机构为 68.6 万人。在美国，大约 107 人中就有一个人在保险业就业。

（一）美国保险金融体制的演变

1. 美国重要的保险机构。根据 2013 年世界 500 强排行榜，美国的主要保险机构包括保德信金融集团（Prudential Financial），营业收入为 848.38 亿美元，在财富 500 强中排名第 90位，在保险业排名第 4；美国国际集团（American International Group），营业收入为 701.43 亿美元；大都会保险公司（MetLife），营业收入为 682.24 亿美元；州立农业保险公司（State Farm Insurance Cos），营业收入为 652.86 亿美元。

2. 美国保险市场的合作组织。美国保险服务公司（ISO）是财产和责任险领域的主要费率拟定机构。在人寿险领域没有费率局，但是精算协会、保险精算的自愿组织会通过定期集

会和交换信息资料，不断改进保险费率。（1）公共关系组织。在美国，每一类保险，不论是财产保险、人寿保险还是责任保险都有自己的信息资料所。这些信息资料起到协助公司处理好公共关系的作用。（2）保险联合组织。美国有许多保险公司运用集团的形式进行承保，它们通过建立承保组合来承保个体保险人无力承保的风险。承保组合在美国保险市场上被称做保险联合，它们广泛存在于财产和责任险领域，例如高价值的风险相互保险公司、核能承保集团等都是美国保险市场在竞争中合作的典型。

3. 美国保险营销体制完备。美国保险营销包括保险代理人、保险经纪人、保险公司职员以及各种直销组织渠道等，顾客投保十分方便。其中，保险代理人是美国保险市场的中心角色，保险公司在不同险种领域，可使用各种不同类型的代理人。因此，保险代理制度是美国保险营销体制的一大特色，它与其他营销形式如直接销售、定点销售等相配合，构成了完备的保险营销体系。

4. 美国的寿险营销体制。美国是世界第一大寿险市场，经营人寿险业务的公司有2 000余家，年业务收入达4 948亿美元之巨。美国的寿险营销体制主要采用以专业（职业）代理人为中心的代理系统，并辅之以市场直销和经纪人推销系统。

5. 美国的财险营销体制。美国的财产保险业务为世界之最，其经营公司多达3 000家，年保费收入6 030亿美元。在财产保险营销方面，美国实行的是以代理制和经纪制为中心，辅之以直销、定点推销等方式的营销体制。在保险代理制中，包括独立代理制和专用代理制两种形式，独立代理制也称为美国代理制。

（二）美国保险金融体制的特征

1. 保险行业地位不可或缺。美国保险业成为政府的一个不可或缺的重要行业。保险业的法律制定、经营测算的修订意见及合理的请求都会得到政府的大力支持。

2. 强制保险占有一定比例。大部分州的汽车保险是强制性投保，有的州将健康医疗保险也列入强制保险范围，如夏威夷州。在美国，经纪公司有权设计保险产品，但必须报经州政府保险部批准后方能销售。

3. 保险市场规范意识强。保险从业人员必须参加全国统一的资格考试，合格后方能进入该行业供职。资格证书每年检验一次，检验内容主要是考核新出台的法规、新准则、新的保险产品。

4. 建立第三方资产管理模式。第三方资产管理模式又称外部委托投资模式，是指保险公司自己不进行投资和资产管理，而是将全部的保险资金委托给外部的资产投资公司进行管理，保险公司则按照保险资金的规模向受委托的投资公司支付管理费用。根据2002年第5期瑞士再保险的Sigma杂志报道，一家面向军方客户的美国保险公司决定将其价值高达30亿美元的几只股票资产组合委托给外部公司管理。

5. 通行董事责任保险。这个险种是以董事和高级职员向股东、债权人或其他第三者承担的赔偿责任为标的的保险。在现代市场经济条件下，董事和其他高级经营管理人员的风险、义务、责任日益加重。董事和高级职员责任保险有利于激励优秀的经营者大胆从事工商业活动，为股东谋取最大的盈利。目前，美国是全球董事和高级职员责任保险最为发达、问题也最多的国家。2003年，尽管董事和高级职员责任保险的费率平均上升了33%，但是，该责任保险市场正在出现稳定的迹象。在董事和高级职员责任保险的续保方面，续保费率逐渐下降。

6. 网络保险发展迅速。使用范围不断扩大的互联网是保险公司降低成本的有效途径。将网络作为获取信息和从事业务的工具，网络的应用愈来愈广。保险公司都有自己的网站，并在网上销售部分保险项目。利用网络，保险公司可以方便、快捷地为客户提供其背景、险种及费率等几乎所有信息。客户可以通过网络比较多家保险公司的险种和报价，作出最优选择。

四、美国证券金融体制的演变与特征

（一）美国证券金融体制的演变

美国证券业历史悠久，它萌芽于独立战争时期。第一次和第二次产业革命使股份制得到迅猛发展，企业纷纷借助证券市场筹集大量资金，1929 年经济大危机后美国政府加强了对证券市场的立法监管和控制，整个市场进入规范发展阶段，美国证券市场也因此快速地发展成为世界最大的证券市场。美国证券市场已成为国际经济的晴雨表。

1. 美国证券市场。美国证券市场投资品种十分丰富，有证券和股指（如道琼斯指数、标准普尔 500 指数等）的现货、证券和股指的期货及期权、可转换债券、信托凭证（ADRs）等品种。投资者不仅可以进行各类品种的单独投资，还可以进行它们之间的套利交易，避免因各类投资者行为趋同而造成市场单边运行，出现暴涨暴跌的局面。美国证券发行市场是国际性的市场，发行规模和容量都很大。

（1）纽约证券交易所。纽约证券交易所是美国也是世界上最大的证券交易市场，交易所内设有主厅、蓝厅、车房 3 个股票交易厅和 1 个债券交易厅，是证券经纪人聚集和互相交易的场所，共设有 16 个交易亭，每个交易亭有 16～20 个交易柜台，均配备现代化的办公设备和通信设施。交易所经营对象主要为股票，其次为各种国内外债券。除节假日外，交易时间每周 5 天，每天 5 小时。自 20 世纪 20 年代起，它一直是国际金融中心，这里股票行市的暴涨与暴跌，都会在其他国家的股票市场产生连锁反应，引起波动。

纽约证券交易所对非美国公司的上市要求有三个方面。①最低公众持股数量和业务记录：公司最少要有 2 000 名股东（每名股东拥有 100 股以上）；或 2 200 名股东（最近 6 个月月平均交易量为 10 万股）；或 500 名股东（最近 12 个月月平均交易量为 100 万股）；至少有 110 万股的股票在市面上为投资者所拥有（公众股 110 万股）。②最低市值要求：公众股市场价值为 4 000 万美元；有形资产净值为 4 000 万美元。③盈利要求：上市前两年，每年税前收益为 200 万美元，最近一年税前收益为 250 万美元；或三年必须全部盈利，税前收益总计 650 万美元，最近一年最低税前收益为 450 万美元；或最近一个会计年度市值总额不低于 5 亿美元且收入达到 2 亿美元的公司，三年调整后净收益合计 2 500 万美元（每年报告中必须是正数）。

纽约证券交易所主要面向成熟企业，采用的会计准则为美国一般公认会计原则，公司注册和业务地点无具体规定，公司经营业务信息披露规定要遵守交易所的年报、季报和中期报告制度。其他因素包括对公司的管理和操作有多项要求，需详细说明公司所属行业的相对稳定性、公司在该行业中的地位、公司产品的市场情况。

（2）全美证券交易所。全美证券交易所前身为纽约股票证券交易场外市场联盟，主要交易美国建国初期的政府债券和新成立企业的股票，后来逐渐形成了完善的交易规则。1921年，由场外交易变为场内交易。1953年，正式更名为全美证券交易所，且沿用至今。其业务包括股票业务、期权业务、交易所交易基金（ETFs）业务。全美证券交易所上市公司包括发明型科技企业到标准普尔500强公司，交易股票的行业范围包括银行金融业、通信技术、资源及能源、制造工业、批发零售业、健康产业、房地产及REITs等。全美证券交易所为个人和机构投资者、股票发行者提供包括所有行业领域的金融机会。该交易所还是世界第二大股票期权交易所。1993年，全美证券交易所首创这项金融产品，目前股票期权是世界上最受欢迎的投资品种。从2000年1月起，作为主要金融指数的全美证券交易所综合指数已经超过了纽约证券交易所综合指数以及纳斯达克综合指数。全美证券交易所交易的前25大上市公司包括英美烟草、帝国石油、美孚石油、埃克森石油、通用汽车公司、杜邦公司等跨国企业。

（3）纳斯达克市场（NASDAQ）。纳斯达克指美国全国证券商协会自动报价系统，由全美证券交易商协会（NASD）创立并负责管理，是全球第一个电子交易市场。由于吸纳了众多成长迅速的高科技企业，纳斯达克给人一种扶持创业企业的印象。纳斯达克共有两个板块：全国市场（National Market）和1992年建立的小型资本市场（Small Cap Market）。纳斯达克成立之初的目标定位是中小企业。因为企业的规模随着时代的变化而越来越大，现在纳斯达克反而将自己分成了全国市场和中小企业市场，以及以美分为交易单位的柜台买卖中心（OTCBB）和粉单交易市场（Pink Sheets，实质是垃圾股票交易的地方）。

纳斯达克拥有自己的做市商制度，它们是一些独立的股票交易商，为投资者承担某一只股票的买进和卖出。这一制度安排对于那些市值较低、交易次数较少的股票尤为重要。通过这种做市商制度使上市公司的股票能够在最优的价位成交，同时又保障投资者的利益。这些做市商由NASD的会员担任。每一只在纳斯达克上市的股票，至少要有两个以上的做市商为其股票报价；一些规模较大、交易较为活跃的股票的做市商往往能达到40～45家。这些做市商包括世界顶级的投资银行。与其他创业板相比，在纳斯达克上市的要求是最严格而复杂的，同时由于它的流动性很大，在该市场直接上市所需的准备工作也最为繁重。

（4）招示板市场。招示板市场（Over the Counter Bulletin Board，OTCBB）的全称是场外交易（或柜台交易）市场行情公告板（或电子公告板），是美国最主要的小额证券市场之一。招示板市场不是证券交易所，也不是挂牌交易系统，它只是一种实时报价服务系统，不具有自动交易执行功能。在招示板市场报价的股票包括不能满足交易所或纳斯达克上市标准的股票以及在交易所或纳斯达克退市的证券。招示板市场没有上市标准，任何股份公司的股票都可以在此报价，但是股票发行人必须按规定向美国证券交易委员会提交文件，并且公开财务季报和年报。这些条件比交易所和纳斯达克的要求相对简单。招示板市场采用做市商制度，只有经美国证券交易所注册的做市商才能为股票发行人报价。

（5）粉单交易市场（Pink Sheets）。粉单交易市场是纳斯达克最底层的报价系统。在这个系统中，市场每周对交易公司进行一次纸上报价，流动性比招示板市场更差。粉单交易市场不是一个自动报价系统，而是经纪商通过电话询问至少3个做市商的报价之后，再与最佳报价的市场做市商成交。

2. 美国证券金融体制的演变。

（1）美国证券市场的形成。美国国债最早发行于独立战争时期，为了支付战争费用，1789 年政府发行了 8 000 万美元的国债。为了方便国债的买卖，美国东北部各州成立了债券交易所。随着商品经济的迅速发展，股份公司开始显露出极大的优越性。大量股份公司的设立为美国证券市场的发展提供了现实基础和客观要求。1792 年，在如今的纽约证券交易所附近，一些股票交易者聚集在一棵梧桐树下，签订了第一份股票交易协议，被称为"梧桐树协定"。它标志着纽约历史上第一个有组织的股票交易市场的产生，这就是纽约证券交易所的前身。1863 年正式定名为纽约证券交易所，从此逐渐形成了纽约证券交易市场。

（2）美国证券市场管理制度的确立。20 世纪 30 年代的大危机以前，美国证券市场没有中央银行政府的统一管理，无专门的法律，实行的是以州《蓝天法》和交易所自律管理相结合为基础的松散的管理体制。大危机使投资者的利益受到了极大的损害，彻底摧毁了投资者对证券市场的信心。为此国会通过了一系列法律来完善证券市场，形成了现代美国证券市场管理体系的法律框架。这个管理体系的重点是充分保护投资者尤其是中小投资者的利益，稳定证券市场，并将信息公开的诚实原则贯彻到证券市场的各个环节，其严格与严密程度成为世界各国证券市场管理的典范。美国国会在相继通过了《1933 年证券法》和《1933 年银行法》后，又通过了《1934 年证券交易法》、《1935 年公用事业控股公司法》、《1938 年麦兰尼法》、《1939 年信托契约法》、《1940 年投资公司法》、《1940 年投资顾问法》和《1970 年证券投资保护法》等一系列法律，从而形成了现代美国证券市场的法律体系。这些法律使美国证券市场有了具体的、完备的法律保障，形成了证券市场政府集中管理的模式。

（3）美国证券市场的自动化、国际化发展。1971 年，纳斯达克证券市场的建立对美国证券市场产生了重大影响。纳斯达克使美国证券市场在深度、广度以及自动化和交易机制等方面都有了较大的发展，由分散走向了组织化、标准化、现代化和无形化。同时，美国的股票交易国际化形成较早，第一次世界大战后，大量欧洲资本涌入美国，纽约就已成为重要的国际金融市场。证券交易规模的扩大反过来促进了美国的经济发展。随着外国资本大量流入美国证券市场，股票发行量大幅度提高。据统计，1975 年美国 200 家销售额达 10 亿美元以上的大公司中有 80 家在国外证券市场交易所挂牌上市。同年，外国人在纽约证券交易所买卖美国股票的交易额为 260.73 亿美元。

2006 年，标普 500、纳斯达克 100 和罗素 2000 股指期货的日均交易总额达 1 100 亿美元；2006 年 1—11 月，纽约证券交易所和纳斯达克股票市场的日均交易总额高达 1 150 亿美元。2007 年 3 月底，纽约证券交易所与欧洲证券交易所合并组成纽约—泛欧交易所（NYSE Euronext），成为跨越两大洲的全球性证券交易所。2008 年，纽约证券交易所又收购了美国证券交易所（AMEX），成为世界金融交易所历史上一个重大的里程碑。

（二）　美国证券金融体制的主要特征

美国证券市场是美国经济的神经，是美国经济的晴雨表，也是世界证券市场的中心，是世界上规模最大、自动化和国际化程度最高、管理最严格、流动性最强的国际证券市场。美国证券市场具有以下特征。

1. 美国证券市场是美国经济发展的重要融资场所和实施货币政策的主要渠道。在发达国家中，美国证券市场虽然建立较晚，自纽约证券交易所建立以来仅有200多年的历史，但发展却最为迅速。同时，美国证券市场成为美国政府执行金融政策的工具和调整国民经济结构的重要杠杆。证券市场是美国经济的重要资本来源，是美国政府融资的主要场所，也是实施美国货币政策的主要渠道。美国政府充分利用公开市场业务，通过政府债券的买卖来调节货币流通和社会资金的供求关系，并且还可以通过证券市场引导投资流向，以达到调节国民经济结构的目的。

2. 美国证券发行以债券发行为主。在债券发行中，政府债券高达69%，其中又以中央政府债券最多，比例在41%左右。因此，债券是美国债券市场中最主要的交易工具。此外，美国证券市场机构投资者多样化，主要包括各种投资公司、保险公司、养老基金、互助储蓄协会和共同基金等。这些机构投资者在证券市场上非常活跃，是美国证券市场重要的交易主体。

3. 美国证券市场的发行市场严格规范。纽约证券交易所是世界上上市标准最严格的市场，也是流动性最高的证券市场。纳斯达克是世界上自动化程度最高的市场，也是世界上发展速度最快的市场。同时，美国证券市场也是创新程度最高、最快的证券市场，是世界上场外市场最发达的证券市场，场外交易的重要性已经超过了交易所集中交易，对美国经济和世界其他地方的证券交易有着深刻的影响。

4. 美国证券市场是全世界法律体系最完备的市场。美国证券市场实行联邦政府、州政府和自律组织三方结合的管理模型。纽约证券交易所具有组织结构健全、设备最完善、管理最严格，以及上市标准高等特点，上市公司主要是全世界最大的公司；全美证券交易所具有运行成熟、规范，股票和衍生证券交易突出等优势，上市条件比纽约证券交易所低，但也有上百年的历史，许多传统行业及国外公司都选择在此上市；纳斯达克证券交易所具有完全的电子证券交易市场。

5. 美国证券市场本身就是世界证券市场。在世界各国中，美国证券市场的国际化程度和开放程度最高，是全球第一大国家证券市场。其中，全国性的证券市场主要包括纽约证券交易所、全美证券交易所、纳斯达克市场和招示板市场；区域性的证券市场包括费城证券交易所、太平洋证券交易所、辛辛那提证券交易所、中西部证券交易所以及芝加哥期权交易所等。

第二节　英国金融体制的演变与特征

英国是发达国家中商品经济和货币信用发展最早、历史最悠久的国家，也是资本原始积累、工业革命和金融体制发展的典型，对世界各国金融体制的发展始终具有重要的影响。

一、英国的金融体系

英国通过立法等形式多次对金融机构的分类进行调整。从2016年至今，英国金融体系基本上是由中央银行（英格兰银行）、"英国的银行"、其他金融机构、公营金融机构和"双峰"金融监管体系等构成。其中，"英国的银行"包括一级零售性银行、二级银行和其他接受存款的金融机构；其他金融机构主要指保险公司、养老基金、投资信托公司等机构；公营金融机构主要为国民储蓄银行；"双峰"金融监管体系包括在中央银行内部设立金融政策委员会（FPC）、审慎监管局（PRA）和审慎监管委员会（PRC），在中央银行外部设立对财政部和议会负责的金融行为监管局（FCA），构成"双峰"监管模式（见图1－2）。

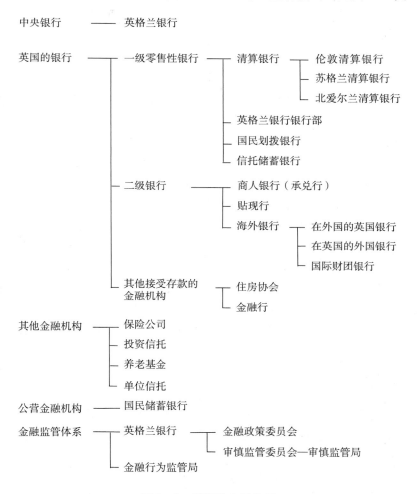

图1－2 英国的金融体系

（一）英格兰银行

英格兰银行成立于1694年7月，是由当时伦敦城1 268家商人出资合股建立的英国第一家股份制银行。尽管英格兰银行成立之初就得到了英国皇室的支持，但其作为英国中央银行的地位却是经过漫长的历史演进逐步形成的。1844年《银行特许法》加速了英格兰银行退出商业银行业务的进程，但直到1946年英格兰银行才成为英国真正意义上的中央银行。由于英格兰银行在成立之初就经政府特许获得银行券的发行权，同时还代理国库，是履行中央银行全部职能的最早的银行，再加上当时英国世界经济和金融中心的特殊地位和影响，所以人们一般称英格兰银行为近代中央银行的鼻祖。

（二）　"英国的银行"

"英国的银行"是英格兰银行在 1987 年《银行法》颁布后对英国金融体制划分时对"英国货币部门"使用的一个新名称。从银行性质上分类，"英国的银行"属于追求商业利润的商业银行。"英国的银行"主要包括一级零售性银行、二级银行和其他接受存款的金融机构等。

零售性银行是英国银行体系的主体，其客户主要是个人和中小企业，主要提供现金存取、小额贷款和资金转账等服务。零售性银行包括在英国广泛设立分支行网络的银行，或直接参加英国清算系统的银行，以及这些银行在海峡群岛和曼岛的分行。根据 1989 年的分类，零售性银行又包括清算银行（由伦敦清算银行、苏格兰清算银行、北爱尔兰清算银行组成）、英格兰银行银行部、国民划拨银行、信托储蓄银行。英国著名的零售银行包括米德兰银行、巴克莱银行、国民西敏寺银行、劳埃德银行等。

二级银行主要包括商人银行、贴现行、海外银行和其他接受存款的金融机构。

商人银行又称为承兑行，是英国和其他西欧国家特有的一种银行，是由从事国际贸易并兼营承兑业务的商人发展起来的，故称商人银行。主要包括承兑行委员会（即英国商人银行和证券协会的会员）以及这些银行在海峡群岛和曼岛的子公司。

贴现行又可称为贴现公司，是英国银行体系中的一种特殊机构，也是全球金融体系中仅有的一种机构。它是由早期的票据经纪人演变而来的，主要通过利用各种银行及金融机构的即期放款和短期存款从事票据贴现和买卖公债，其主要业务包括经营英国政府国库券、商业票据、政府债券和可转让存单等。由于支票的广泛使用，其传统业务有所下降。但贴现行积极参与国库券市场，同时又是英格兰银行从事金融调控的重要中介，在英国的金融体系中发挥着积极的作用。目前英国的贴现市场由 11 家贴现行组成。

海外银行包括所有总行设在海外的银行的分行以及这些银行在海峡群岛和曼岛的分行或营业处。为了管理方便，又进一步将其划分为美国银行、日本银行和其他海外银行三部分。其他海外银行包括所有在英国注册的其他银行机构及其在海峡群岛和曼岛的有关机构。它们主要是利用各种机遇和政策漏洞发展起来的小型金融机构，经营范围并不固定，主要致力于发展一些未被大银行垄断的业务。由于伦敦是全球重要的国际金融中心之一，全球最强的 500 家银行中的绝大部分都在伦敦设有分行或分支机构，伦敦是外国银行设立最多的国际金融中心城市，居全球首位。

国际财团银行兴起于 20 世纪 60 年代以后，是离岸银行业务的一种形式，主要包括在英国注册的由多家银行或金融机构合股组建的国际性银行机构。它要求其中没有一个股东拥有 50% 以上的股权，又必须有一个股东是海外银行。

其他接受存款的金融机构，一是住房协会，它是非营利性的金融组织，专门为个人服务，资金的大部分来源于个人储蓄，而资金多投向个人贷款，用于购买自用住房。第二次世界大战后住房协会有了较快的发展，业务逐渐多样化。二是金融行，也称租购公司或消费信贷公司，其资金依靠银行和其他金融机构的借款，也有来自工商企业、保险公司及私人的存款，主要为消费者购买汽车、耐用消费品及住房修缮提供贷款。近年来金融行也提供租赁业务。

（三）　其他金融机构

一是保险公司，英国的保险机构有人寿险和普通险两大类，法律上要求两项资金分开。二是养老基金。三是投资信托，它是公开招股的有限公司，通过发行普通股和公司债券等筹集资金并投向证券市场。投资者购买公司股份可获取股息收益，它实际上是代替个人投资者进行集体投资。四是单位信托，它是法律上的信托。

（四）　公营金融机构

英国的公营金融机构数量较少，主要是指国民储蓄银行（National Savings Bank，NSB），它是由邮政储金银行演变而来，1969 年改为国民储蓄银行，脱离邮政局，由政府的国民储蓄部控制，但仍利用英国各地的邮政分支所营业。

（五）　金融监管体系

英国原有的金融监管体系是 20 世纪 90 年代巴林银行倒闭等一系列问题爆发后建立起的以金融服务局为核心的统一混业监管模式。金融服务局（FSA）负责金融监管和审慎监管，独立于中央银行，同时设立了金融稳定委员会（TSCFS）作为中央银行、财政部和金融服务局之间的协调机构。2008 年国际金融危机促使英国再度调整金融监管框架，2013 年出台新《金融服务法》，采取了"双峰"监管模式。

英国"双峰"监管模式通过三个机构实现：在中央银行内部设立金融政策委员会（FPC），负责宏观审慎监管（关注金融系统整体的风险和稳定），识别和应对系统性风险；中央银行下设审慎监管局（PRA），负责对存款、保险和大型投资机构等的微观审慎监管（关注金融机构个体的风险，经营是否稳健）；外设金融行为监管局（FCA），负责对金融机构的行为监管（通过金融机构行为和产品准则，对金融机构进行规范监督，保护金融消费者利益）和对非存款类中小金融机构的审慎监管，金融行为监管局（FCA）直接对财政部和议会负责。2016 年英国再度加强了中央银行的审慎监管职责，将审慎监管局并入英格兰银行内部，并设审慎监管委员会（PRC）履行其职能。金融政策委员会是这个框架中最重要的角色，对审慎监管局和金融行为监管局均有指导、建议的权力，同时三个监管机构通过建立协调机制，加强沟通合作。

二、英国金融体制的演变

英国金融体制是伴随英国资本主义经济的发展，经过从 16 世纪初到 19 世纪末近 400 年的历史演变，自然地、逐渐地、缓慢地形成的。虽有政府的人为干预，但均属最低的法律规范和引导，与大多数国家金融体制发展中的政府强烈干预形成鲜明对比，反映了金融制度具有深刻的历史特征，和建立在自然初始构造方式基础上的深刻的自然演进特点。

（一）　英国商业银行制度的确立

1. 私人银行的兴起。发现新大陆的时期，正值英国工场手工业的广泛发展时期。新大陆的发现直接导致了英国传统贸易路线的改变，16 世纪末英国开始寻求国际贸易领域的霸主地位，在全球范围内开始了世界霸权的角逐。这一切大大激发了最初的原始银行业，其中之一就是伦敦的"金匠业"的快速发展。金匠是专门从事金银首饰加工的商人，他们常代人保管金银，并发给金匠券作为收据。随着其手中保管的黄金量的增加，金匠券逐渐代替了金银作为流通的工具，并在此基础上于 17 世纪中期出现了金匠本票，这就是英国初始状况下的

"银行"。

到 17 世纪中后期，这些黄金店铺演变成私人银行，即成为专门从事银行券的发行，为扩大贷款而争取存款的合伙组织。由于这些私人银行经营的是高利贷业务，侵吞了新兴资本家的大部分利润，阻碍了经济的发展，新兴资本家迫切要求建立适应资本主义发展需要的商业银行。在这种背景下，一些私人银行改变经营方式，转变成新兴的商业银行。从私人银行到商业银行的转变经历了一个漫长的过程。到 1750 年伦敦城以外的地方私人银行共有 12 家。随着 18 世纪英国工业的快速发展，私人银行的数量也迅速增加。1775 年，英国共有私人银行 150 家，到 1790 年私人银行规模发展到 350 家左右，到 1810 年私人银行又增加到 721 家。

2. 股份制银行的建立和发展。1688 年资产阶级革命胜利后，资本主义经济制度得到了根本确立，为英格兰银行的诞生创造了一个良好的国内环境。然而英法战争的爆发使英国政府财政经费严重短缺，政府急于找出一条能够快速增加战争经费的途径。此时，一位名为威廉·皮特逊的苏格兰富商建议政府建立一个可向政府提供贷款的银行。皮特逊的建议很快就被急需资金的英王威廉三世采用，1694 年 7 月由伦敦城商人出资合股建立了英格兰银行。

当时建立英格兰银行的主要目的是很具体、很有限的，概括起来不外乎：一是解决政府财政危机，二是扩大资金供应，三是打破高利贷者的货币独占和高利贷盘剥局面，四是压低利率以促进新兴工商业的发展。应该承认，英格兰银行的成立适应了英国当时经济和社会发展的客观需要，满足了政府和新兴资产阶级的双重需求，并开创了近代股份制银行发展的新纪元。英格兰银行虽然比 1656 年建立的世界上第一家股份制商业银行——瑞典第一银行稍晚，但瑞典第一银行早在 1668 年就已经停业了。

英国政府出于对英格兰银行的保护，承诺不准其他类似银行发展，因此英国股份制银行发展一度比较缓慢，1826 年英国有关法律还只允许在伦敦城 65 英里之外建立股份制银行。股份制银行的快速发展出现在 1833 年这项法律被取消之后，到 1850 年股份制银行猛增到 99 家，到 1875 年增加到 122 家。随着 19 世纪末银行业并购浪潮的出现，银行数量又迅速减少。到 1900 年英国共有股份制银行 83 家，私人银行只有 81 家。1912 年股份制银行也只有 41 家了，私人银行更是所剩无几。

（二）英国中央银行的形成

英格兰银行是英国第一家股份制银行，自成立起就与英国政府有着特殊关系，其实力和声誉远高于其他银行。1697 年英格兰银行获准增资，从而相应增加了对政府的贷款，并随之扩大了银行券的发行规模。与此同时，1708 年政府明令禁止 6 人以上的私人银行或合伙银行发行银行券，1742 年政府又以法律形式禁止新银行的建立并限制现有银行扩大规模。1833 年英格兰银行发行的银行券获得了合法货币的资格，并获准在各大城市开设分支机构，从而有效扩大了英格兰银行发行银行券的区域和规模。1844 年，英国政府颁布了《银行特许法》，即皮尔条例，要求英格兰银行分设发行部和银行部，将银行券发行业务与其他业务绝对分离，并以法律的形式确立了英格兰银行独占货币发行权的地位。银行券的发行开始与国家权力相结合，使英格兰银行初步具备了中央银行的基本职能。1928 年《通货与钞票法》在法律上明确了英格兰银行正式成为在英格兰和威尔士有权发行货币的唯一机构。1946 年《英格兰银行法》颁布后，英格兰银行被收为国有，由此英格兰银行才真正成为英国政府的一个重要组成部分，成为真正意义上的中央银行。

（三）　英国金融体制的完善

1. 英国零售性银行的调整与完善。伴随着英国银行业的自然集中与垄断，1920 年之后英国的银行业已基本被 11 家清算银行所垄断，其中"五巨头"控制了英国清算银行的绝大部分资产。到 1934 年，英国的私人银行基本消失，11 家清算银行在全国建立了 10 131 家分支机构。20 世纪 60 年代中期以后英国银行业再现并购高潮，到 70 年代英国银行业出现了人们公认的"四大金刚"：巴克莱银行、国民西敏寺银行、劳埃德银行和米德兰银行。20 世纪 70 年代以后，英国政府放松了对银行的管制，零售性银行的业务范围开始扩张，从原来的提供短期借贷逐步延伸到提供中长期贷款。有的零售性银行还专门建立分支机构从事房屋抵押贷款、租赁、保险、投资等业务，银行的经营活动逐步向综合化、全能化的方向发展。

2. 海外银行的快速发展。19 世纪后期，伴随着英国成为世界工厂和最大的殖民帝国，伦敦也开始成为国际金融中心，吸引了大批外国银行到伦敦开设分支机构。到第一次世界大战前，"伦敦汇票"已经被世界各国所接受，在国际金融领域广泛流通。两次世界大战特别是第二次世界大战建立的布雷顿森林体系曾经一度削弱了伦敦国际金融中心的地位，直到 20 世纪 60 年代中后期，随着"美元灾"时代的到来，欧洲美元市场和欧洲货币市场迅速发展和扩大，外国银行再次掀起了在伦敦建立分行的热潮。

3. 国际财团银行在英国的产生与发展。20 世纪 60 年代中期西欧经济的快速增长和欧洲货币市场的迅速发展为国际财团银行在英国的发展创造了良好的外部环境。英国最早的一家国际财团银行——米特兰国际银行股份有限公司建立于 1964 年，由米德兰银行、标准渣打银行和澳大利亚商业银行等银行合股组成。此后，日本国际银行、奥利安银行和欧洲银行股份有限公司也在英国成立。到 1979 年，英国的国际财团银行数量快速增加到了 29 家。但此后随着国际证券市场的发展和来自美、日金融业的激烈竞争，英国国际财团银行数量有所萎缩。

4. 住房贷款协会的日益银行化。住房贷款协会是为其成员提供购买住房贷款的互助型金融机构，在英国的金融体系中曾占有相当重要而特殊的地位。1962 年《住房贷款协会法》对住房贷款机构在经营范围上的严格限制，使其在面对清算银行等竞争对手时处于非常不利的地位。为改变这种不公平的状况，1986 年英国对《住房贷款协会法》进行了修改，扩大了住房贷款机构的经营范围，允许其进入金融批发市场筹集资金，并且可以改组为公众持股公司，住房贷款机构和银行之间的界限开始变得模糊。1997 年《住房贷款协会法》再次进行修改，将住房贷款机构的经营范围从原来的"规定性业务范围"改变为"许可性业务范围"，允许其在不违反该法的前提下经营任何银行业务，使其与银行的界限被进一步打破，从而引发了大规模的住房贷款协会银行化的热潮。

5. 英国金融管理体制步入立法时代。在英格兰银行建立后的 300 多年内，英国通常用"习惯法"调整银行的行为，并未建立任何有关银行定义和银行业务的法律规定。这也是由于英国的历史传统、自然的选择和自然的稳定造成的。英国银行的监督管理以非正式、灵活和彼此协调合作为特征，根据"道义劝说"和"君子协定"的典型英国式原则来实施监督管理。监督管理工作常常仅限于向各金融机构索取资料，提出建议和劝告，并通过监督官员和金融机构高级管理人员的磋商讨论，在自我约束的基础上完成监督管理。因而英国也是世界各国中银行法规最少、管理最为宽松而银行体制又相对稳定和高效率的国家。直到1979年，英国议会才通过了一部较为全面和正规的"银行法"，将英国银行管理体制带入了立法时代。

三、英国金融体制的特征

英国金融体制是经过自1694年英格兰银行成立后300多年的历史、通过自然构造方式形成的，它具有悠久的银行体制发展历史，经历了银行体制产生、发展、演变的全部过程，既没有显著的跳跃，也没有突然的中断。因此，英国银行体制具有许多其他国家所不具有的特点，自然演进、历史悠久就是其最大的一个特征，除此之外，英国金融体制还有以下几个显著特征。

（一）产生最早、独立性较高的中央银行

英格兰银行是迄今为止世界上产生最早（除瑞典第一银行外）、经营有方、兴盛不衰的第一个股份制商业银行，也是经过漫长的历史演变，成为在国家政权的支持下逐渐由既发行货币、代理国库而又经营一般商业银行业务的兼营式中央银行演变为高度专业化的现代中央银行的典型。从法律的角度讲，英格兰银行隶属于英国财政部。1946年英国国有化法案规定："财政部在与英格兰银行总裁协商之后，根据公众利益的需要，可经常对银行发布指令。"尽管有此明确规定，但这种权力似乎迄今从未行使过。这表明财政部高度相信和尊重英格兰银行的地位、决策和经验，英格兰银行也以自己长期的实践和工作业绩证明了自己的能力和价值，双方彼此尊重，协调合作得非常好。所以，英格兰银行得以事实上享有较高的独立性，也显示了自己的权威和在各国同行中的影响。

（二）自然、直接、充分的银行集中垄断

英国银行的集中垄断在很大程度上是市场机制作用的自然结果，政府既不阻拦也不特别鼓励，一般是伴随着商品经济发展的不同阶段，通过激烈竞争和淘汰，通过改组、合并和兼并而实现集中。其突出特点是股份制存款银行吞并私人独资或合伙银行，伦敦的大银行吞并地方性小银行，从而使少数几家大银行垄断了全国金融市场。如1995年12月的劳合银行与TSB合并成立了劳合TSB集团，汇丰集团兼并米兰银行，巴克莱银行与国民西敏寺银行等兼并或合并所建立的投资银行业务网等。银行之间的兼并、合并，使英国的银行数量从1988年的244家减少到1994年的128家。英国银行集中垄断的自然直接方式和高度的集中垄断程度导致了英国全国性的，甚至世界性的总分行制。英国地域的相对有限、各地区社会和经济的相对均衡发展也适宜于实行这种总分行制。英国商业银行的分支行制被其他国家广泛地采用，成为西方各国建立和发展商业银行制度的一种典型模式，被称为英国模式。

（三）由来已久、基础雄厚的银行国际化

英国特殊的历史和国情形成了与美国及西欧许多国家银行体制的不同特征，其中一个重要方面，就是英国银行体制鲜明的国际化特征。首先，英国拥有历史上最庞大的国际性银行体系。一部英国的近现代历史就是其对外侵略扩张的历史。到第一次世界大战前夕英国已成为"日不落帝国"。在此背景下，几乎在英国侵占的所有殖民地国家或地区，例如印度、马来西亚、埃及、加拿大、苏丹和中国香港，英国人都建立了自己的银行。直到第二次世界大战后，由于民族解放和殖民地国家的独立，英国在殖民地的银行或被没收，或被改组为合资银行。英国殖民地海外银行和本土银行的海外分支机构构成了英国银行体系的重要部分。其次，英国拥有在国际金融体系中占据极高地位的伦敦国际金融中心。英国的银行体制、结构、法规和政策更多地考虑到国际业务的需要和特点，其经济金融的发展更多地受到国际金融形势变化和国际银行活动这些外部因素的制约和影响。如英国银行间同业拆借利率（LIBOR）的确定和运用更多的是一种国际性调节行动。

（四）传统金融机构与现代金融机构并存

英国的金融业历史悠久，随着国际金融环境的变化和金融机构本身业务职能等方面的发展，特别是经过 20 世纪 70—80 年代的改革，英国的银行体系发生了一系列的变化，但在现行的银行体系中，仍然保留着一些传统的旧式金融机构，如早期专门从事海外贸易商业汇票承兑的商人银行（Merchant Bank）、为国内贸易办理贴现融资的贴现行（Discounting House），这些传统金融机构与现代金融机构并存于英国现代的银行体制中。如贴现所的存在，使英国的工商企业一般不直接到商业银行进行贴现，商业银行也不直接向中央银行申请贴现，而是商业银行到贴现所进行贴现，贴现所到中央银行进行再贴现。

第三节　日本金融体制的演变与特征

1868 年明治维新后，日本为了迅速发展资本主义经济，采取了"反弹琵琶"的金融发展战略，积极吸收英美国家的经验，建立了适合日本国情的金融制度。经过百余年的努力，到 20 世纪 80 年代日本已经发展成为一个经济金融大国。日本金融制度发展迅速，是世界上金融体制人为构造的典型。

一、日本的金融体系

日本金融体系由中央银行、民间金融机构、政府政策性金融机构和以金融厅为核心的监管体系等构成（见图 1-3）。

（一）日本银行

日本银行是日本的中央银行。它建立于 1882 年，1942 年进行了改组，是日本政府为了应对通货膨胀、统一货币发行权而设立的。日本银行的资本金为 1 亿日元，资本的 55% 由政府持有，其余 45% 的股份由私人持有，私股持有者唯一的权利是按法律规定每年领取 5% 的股息。日本银行的决策机构是银行政策委员会，由总裁、财务省（2001 年 4 月前为大藏省）代表、企划厅代表、城市银行及工商农代表等 7 人组成。执行机构为理事会，由总裁、副总裁、理事、参事等组成。日本银行作为中央银行，其业务活动是在财务省的领导和监督下开展的，其最高决策机构是日本银行政策委员会。日本银行对于政府具有相对独立性，它要接受政府一定的监督和指导，但在制定和实施金融政策方面具有较大的独立性。

（二）民间金融机构

日本的民间金融机构，按其办理存贷款期限的长短和交易规模的大小，分为普通银行、专业性金融机构和非存款类金融机构，它们以盈利为目的，其经营活动不受政府直接干预，但必须服从法律约束。

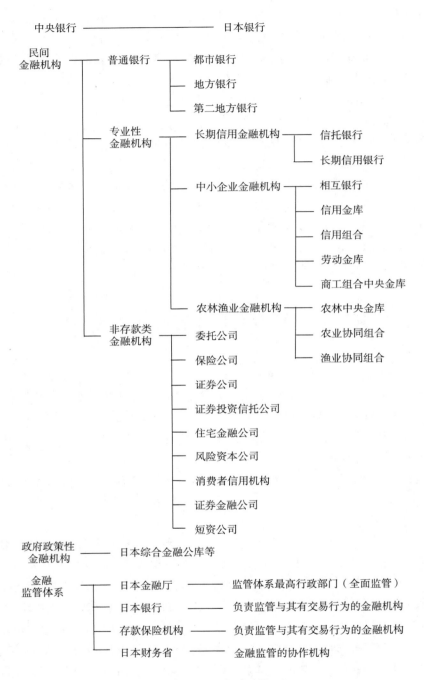

图 1 - 3　日本的金融体系

　　日本的普通银行相当于英美的商业银行，作为主要办理短期金融业务的机构发挥着作用，是商业性金融体系的主体。根据其经营规模和经营状况又可以分为都市银行、地方银行和第二地方银行。都市银行在日本金融体系中最具经营实力，主要包括第一劝业银行、富士银行、住友银行、三菱银行和三和银行等，近年来日本银行业并购主要是在都市银行间进行的，所以都市银行数量有所减少，但规模日益庞大；地方银行一般以所在的都、道、府、县为主要营业地区，大部分规模较小，其存款主要是储蓄性存款，贷款对象主要为中小企业，它们为本地区提供金融服务；第二地方银行，即原来的日本相互银行，主要从事面向个人及中小企业的金融业务。

专业性金融机构包括长期信用金融机构、中小企业金融机构和农林渔业金融机构。长期信用金融机构作为办理长期信贷业务的机构发挥作用，主要有长期信用银行和信托银行两种。长期信用银行主要有日本兴业银行、日本长期信用银行和日本债券信用银行 3 家，主要业务为发行金融债券、筹集长期资金、提供长期产业资产贷款。信托银行是办理各类信托业务的银行，主要有三菱信托、住友信托、三井信托等 7 家。中小企业金融机构和农林渔业金融机构均在特定领域内提供金融服务，其中中小企业金融机构包括相互银行、信用金库、信用组合、劳动金库和商工组合中央金库，农林渔业金融机构包括农林中央金库、农业协同组合和渔业协同组合。

非存款类金融机构是日本的非银行金融机构，包括委托公司、证券投资信托公司、保险公司、住宅金融公司、证券公司、风险资本公司、消费者信用机构、证券金融公司和短资公司等。

（三）　政府政策性金融机构

日本政策性金融机构十分发达，是日本政府根据一些特别法设立的对特定领域的经济发展进行调节的金融机构，它们在金融体系中发挥着一般商业性金融机构难以发挥的作用，其资本金一般来源于政府财政投融资，资金主要用于政府扶持的领域或行业（见图 1 - 4）。

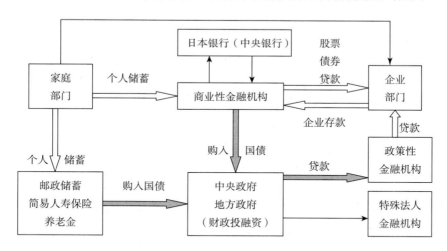

图 1 - 4　政策性金融机构在日本金融体系中的地位和作用机理

日本政策性金融的核心部分是原来的"两行九库"。"两行"是以产业开发为目的的日本开发银行和以促进贸易与投资为主的、以经济交流为目的的日本输出入银行。"九库"是支持与扶植中小企业的国民金融公库、中小企业金融公库、支持与扶持农林渔业的农林渔业金融公库、促进住宅建设的住宅金融公库、环境卫生金融公库、公营企业金融公库、北海道东北开发金融公库、商工组合中央金库、冲绳振兴开发金融公库。

20 世纪 90 年代中后期，由于国内外形势的变化，日本政府对其政策性金融机构进行了重组和整合，这无疑使其结构发生了一些新的变化。1998—2000 年由小渊内阁推行的机构改革仅停留在形式上，没有充分进行职能、人员和部门的整合，也没有达到缩减融资规模的目的，合并后的政策性金融体系规模依然庞大。小泉内阁执政后，从业务范围、融资规模和组织形态等方面进行深化改革，采取机构撤销、民营化转制和缩减业务范围等方式精简机构。即只保留其中的国民金融公库、中小企业金融公库、农林渔业金融公库、冲绳振兴开发金融公库四家机构，并合并成立一个新的政策性金融机构，其中冲绳振兴开发金融公库利用四年时间在 2012 年过渡到新的体制。改革后的政策性金融机构——日本政策性金融公库（Japan Finance Corporatino，JFC），是由日本政府全额出资的国有控股公司，于 2008 年 10 月正式设立，当时简称"政策公库"，2009 年 1 月更名为"日本公库"。日本公库隶属财务省，其支出预算由日本国会决议，经营活动必须符合公司法的规定，由政府承担有限责任。可见，该机构既保持官方性质，又采用了商业机构的管理模式（见图 1－5）。

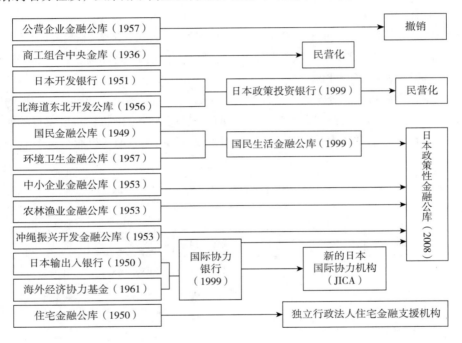

注：括号内数字为该政策性金融机构成立年份。

图 1－5 日本政策性金融体系的机构设置与组织变迁

（四）金融监管体系

1996 年以前，日本金融监管的行政部门是大藏省（后改名为财务省）。大藏省下设银行局和证券局，保险业则由"银行局"下设的"保险部"监管。1996 年 6 月，日本政府修改了《存款保险法》，增加了存款保险机构的职权、业务范围等，存款保险机构有权对参保的金融机构进行监管，存款保险机构的独立性得到增强。1998 年 4 月 1 日，新《日本银行法》开始实施，法律规定了日本银行作为中央银行的职能，强化了日本银行在货币政策委员会中的决策权。同时，日本银行有权对在其银行开户和与其有交易的金融机构进行检查。大藏省对日本银行的业务指令权和高级职员罢免权等一律废除，日本银行开始摆脱大藏省的控制，独立性大大增加。1998 年 6 月 22 日，日本国会通过《金融监督厅设置法》，成立了金融监管专门机构——金融监督厅。1999 年 12 月 15 日，根据《金融再生委员会设置法》，在金融监督厅之上成立了金融再生委员会。2001 年 7 月 1 日，日本改组金融再生委员会的下属机构金融监督厅，将其与大藏省金融企划局合并，设立金融厅。原由大藏省担负的金融制度规划设计事务改由金融厅负责。2002 年 1 月，伴随着中央政府机构调整，金融再生委员会撤销。金融厅成为内阁府的直属机构，开始承担全部金融相关的制度设计、检查监督等职能。金融机构的破产处置职能也迁移至金融厅，金融厅由此成为日本金融监管体系的最高行政部门。金融厅下设总务企划局、检查局和监督局三个职能部门，分别负责制定金融厅的总体规划和金融制度、对地方金融机构进行检查；还设有证券交易监督委员会、注册会计师监察审查会、金融审议会、企业会计审议会等六个专门委员会，分别对不同种类的金融活动进行监管。在此过程中，日本打破了银行、证券、保险的分业监管模式，实现了金融监管的统一。大藏省改名为财务省，仅负责对存款保险机构的协同监管。财务省的下属地方财务局委托交由金融厅监管。只有在处置金融破产和金融危机相关事务时，金融厅才需要与财务省共同负责。因此，日本金融监管体系经过改革和调整后，已经形成了以金融厅为核心、独立的中央银行和存款保险机构共同参与、财务省协同监管、地方财政局等受托监管的金融监管体系。

二、日本银行金融体制的演变与特征

（一）日本银行金融体制的演变

日本在 1868 年明治维新时期，欧美各国资本主义已经取得了长足的发展，为赶超欧美，日本政府突破常规，选择了一种"反弹琵琶"的发展战略，即日本在商业资本和产业资本远未得到充分发展，而客观上国内外形势也不允许有这种充分发展的条件下，没有沿袭西方国家正常发展的道路，而是优先发展银行资本。通过政权强有力的支持和扶植，反过来促进日本商业资本和产业资本的形成和发展，由此形成了日本经济和金融发展的特殊规律。这种"反弹琵琶"式的发展战略，是一种逆向战略，是一种超常战略，是一种对金融和经济进行人为构造而非自然构造的发展战略，这个战略的成功经验和历史教训都值得认真研究和吸取。

1. 日本银行金融体制的确立。从 1868 年明治维新后日本现代银行制度开始创建到 1882 年日本银行成立，日本现代金融制度的形成仅用了 10 多年。

（1）日本汇兑公司的兴衰。1868 年明治政府在东京都设立了商法司，其目的在于"联络商家、借贷资金、鼓励经商"，并兼事税收。1869 年，政府设立通商司取代了商法司。在通商司的大力支持下，由三井、小野等富商筹资陆续在东京、大阪、横滨、京都、大津、新滔和敦贺开设了 8 家汇兑公司。汇兑公司效仿西方股份公司制度，采取联合资本、联合企业的形式，以给通商司筹措资金、方便民间金融为目的。它经营存款业务、发行联合券、贷放资金并办理汇兑，显然是具有银行性质且拥有纸币发行权的金融机构。由于汇兑公司对政府过度依赖，并且管理者缺乏银行知识，不久后 7 家汇兑公司宣布解散。汇兑公司作为日本金融史上第一批具有银行性质的机构，为日本银行金融体制的形成奠定了初步的基础。

（2）日本商业银行的建立。1870 年，大藏少辅伊藤博文赴美考察银行制度、公债制度和货币制度，1872 年日本政府根据其考察报告的建议，颁布了日本《国立银行条例》，决定模仿美国国民银行制度建立日本的银行体系，并建立了日本的国立银行。到 1879 年日本共

有国立银行 151 家。这些国立银行受日本政府的支持和保护，与工业资本关系密切，大多采用股份有限公司形式，拥有货币发行权。《国立银行条例》开创了日本近代商业金融的历史，对日本商业银行制度的发展极具重要意义。1890 年以后，这些国立银行或解散，或转制为商业银行。与此同时，私立银行发展迅速，已经从 1880 年的 120 家增长到 695 家，它们由经营银行业务的公司发展而来，由于在《国立银行条例》的限制下不能称为银行，所以被称为"类似银行的公司"。私立银行的建立和快速发展直接推动了日本金融体制向前发展。

（3）日本中央银行制度的建立。伴随日本国立银行和私立银行的快速发展，日本金融制度一度出现混乱局面。为了制止通货膨胀、整顿滥设国立银行和银行券发行的现象，1882 年 6 月日本政府正式颁布了《日本银行条例》，同年 10 月建立了调节金融和巩固信用制度的中央银行——日本银行。1882 年《日本银行条例》的颁布和日本银行的建立，标志着日本现代金融制度的形成。日本银行建立后，集中了银行券的发行权，一举统一了混乱的货币发行制度，这为日本现代银行金融体制的建立奠定了坚实牢固的基础。

（4）专业银行制度的建立。从 19 世纪末到 20 世纪初，日本相继建立了一批专业银行。这类专业银行可以分为两类：一类是从事政府专业性、长期性金融开发的金融机构；另一类是经营殖民地金融业务的金融机构。这两类金融机构受到政府的特殊支持与保护，形成了政府金融机构。1887 年日本政府依据《横滨正金银行条例》建立了横滨正金银行，1898 年依据《日本劝业银行法》和《农工银行法》建立了日本劝业银行和 43 家农工银行，1899 年建立了北海道拓殖银行，1902 年建立了日本兴业银行。同年，在朝鲜和中国台湾的日本殖民地还建立了朝鲜银行和台湾银行两个"外地银行"。这些专业银行的建立完善了日本的银行体系，为政府扶持特定领域或地区的经济发展起了一定的作用。

2. 日本银行制度的完善。

（1）第一次世界大战后日本银行制度的调整。20 世纪初期，日本曾经多次出现金融危机，第一次世界大战也对日本经济造成了重大打击。1896 年和 1921 年日本先后颁布《银行合并法》和《储蓄银行法》，1923 年和 1927 年又分别颁布了《银行合并法》（修正案）和《银行法》，此后，日本开始了大量整顿合并经营不善的普通银行。1935 年以后，作为战时经济政策的一部分，日本进一步推行银行的合并。普通银行的数量到 1941 年尚剩 186 家，到 1945 年时只有 61 家。1945 年，日本储蓄银行也合并为 4 家，专业信托银行只有 7 家。

（2）第二次世界大战后日本银行金融体制的再调整。第二次世界大战结束以后，根据美军司令部的旨意，日本金融体制进行了又一次深入的调整，这是日本银行体系一次较大规模的人为再构造。其主要内容包括：①废除专业银行制度，将专业银行转为民营银行；②关闭朝鲜银行和台湾银行；③引进"政策委员会"，改革日本银行制度。这一系列的改革措施，促进了日本金融制度的条例化和体系化，为后来日本经济的增长奠定了基础，同时，还随着不断变化的国内外形势进行调整与重组。

（3）日本银行窗口指导政策的形成。窗口指导是日本政府从 1954 年开始采用的一种特殊的信用调节制度，是对私人银行的放款数量和经营方向的指导性劝说。日本银行在同各种金融机构的日常往来中，经常对银行业务方针和做法进行必要的具体指导。中央银行要求各银行按月或按季报告存贷款额和证券投资情况，并根据不同时期的金融政策对银行存贷款和证券投资活动提出要求或加以指导，指导的内容因金融形势不同而异。窗口指导的特点在于它是一种非法律强制的、以金融机构的合作和自我约束为前提的道义劝说，它只能对银行信用总量进行调节，而不能实现质的限制，但它仍是一项很有效的补充手段。这项政策几十年来已为世界许多国家所采用，成为许多国家中央银行宏观调控的工具之一。

（二）日本银行金融体制的特征

与英美等国银行金融体制发展的历史不同，日本银行金融体制是在一个较短的时间内通过政府直接推动以人为构造方式快速建立起来的。政府发行了大量的公债，并用这些公债建立了银行体系，由公债构成日本银行资本的经济基础显示了日本政府非凡的创造能力。"反弹琵琶"的金融超前发展战略使金融成为日本资本主义经济发展的启动器和发动机。日本金融地位的确立和重要作用的发挥与大多数发达国家相比都超前了，由此也造就了日本银行金融体制不同于其他国家的一系列特征。

1. 政府鼓励的银行业集中垄断。日本银行的集中垄断带有更浓的人为干预的色彩，日本政府毫无顾忌地支持、鼓励并加速了银行业的集中和垄断。日本银行的整个发展历史就是政府支持、鼓励、操纵、控制和利用银行的历史，这种情况同美国、英国形成了鲜明的对比。1896 年日本就颁布了《银行合并法》，规定了银行合并的要求和程度，表明日本政府对银行集中垄断问题的关注和支持鼓励的意向。商业银行在 1901—1913 年期间，通过破产、解散或合并，由原来的 1 867 家锐减为 374 家。1927 年日本公布的《银行法》仍然积极鼓励合并，并规定银行资本最低限额，迫使一些小规模的银行走向合并。这种强制措施，大大加速了银行资本的集中，最终确立了五大财阀系银行的垄断地位。

2. 分工严密的专业化银行制度。在世界各国银行业务分业制度模式中，绝大多数国家都建立了专业化银行制度。日本是这种专业化银行制度的典型代表。其特点主要表现为：（1）各类金融机构分业明确。从事特殊性金融业务活动的银行和从事短期性金融业务的银行相对独立。直接融资性金融机构（如证券公司）同间接融资性金融机构严格划分，单独设立。（2）部门繁多的分工体系。日本金融机构不仅定性严格，而且从事的服务种类和对象也有严格的分工。专为工业、农林渔业服务的两套金融体系相分离，民间金融机构和政府金融机构在对工商企业的贷款方面也各有侧重，各有分工。（3）二重结构的金融机构。经济的二重结构决定了金融的二重结构，二重经济结构的不同特点需要二重的金融结构对口提供服务。这种情况导致了日本专为中小企业服务的庞大金融机构体系的形成。

3. 银行对工商企业压倒性的优势和支配权。日本资本主义的发展比欧美国家晚一二百年，它后来居上，采取跳跃和优先发展金融业的方式迅速赶上了发达国家水平。这种压缩和简化了社会历史发展过程的跳跃式发展导致工商企业比金融企业发展得晚且慢，工商企业资本原始积累远不充分，企业自有资金率低，自然形成对银行的依赖。日本银行对工商企业垄断集团的控制主要通过信贷联系、持股关系和人事结合得以实现。信贷控制几乎在所有国家都是银行与企业相互联结以及保证银行垄断地位的关系。但是这种一般规律在日本的特殊表现形式在于：（1）企业自有资金率极低导致日本银行对企业的天然优势地位。（2）第二次世界大战后日本经济复兴发展所需巨额外部资金及经济形势的频繁波动变化，加深了日本企业对银行的依赖，强化了银行的核心统治地位。日本银行界对工商企业压倒性的优势和影响力特别有利于经济的发展，银行的国民经济神经中枢和"万能垄断者"的作用更为直接和明显，金融资本的统治更为突出。但是，银行资本对工商企业这种极高的垄断，即更强的金融资本政治统治，也包含法西斯极端统治和对外侵略扩张的危险倾向。此外，银行与工商企业的紧密渗透和合作极易形成二者的合谋和内部自我调节，从而对中央银行货币政策的实施带来一定的干扰与"阻抗"。

4. 独特的"铁三角"关系。在欧美自由资本主义阶段，银行还只是一种简单的中介人的角色，而在日本就大为不同。日本金融资本与产业资本相比具有明显的优势和影响力，日本产业资本对金融资本存在着特殊的依赖性。其一是金融超前发展而形成的天然优势，其二是企业先天不足的天然依赖。特殊的依赖性和银行在财团中的核心地位，都突出了银行业在国民经济中的特殊重要地位。人们称日本金融业、工商企业及政府间的紧密关系为日本"铁三角"。其中，政府在"铁三角"中处于一种相对超然的控制、协调、促进和规划的主导地位。日本银行主要通过信贷联系、持股关系和人事结合等方式实现对工商企业垄断集团的控制，并由此形成了日本独特的"主银行体制"。日本全国金融机构对大企业的持股率1951年为12.6%，1971年上升到30.9%。日本银行与企业可以公开地直接渗透、相互直接持股的模式在发达国家中是极少见的。这种"铁三角"关系曾经在第二次世界大战后日本经济快速增长中发挥过积极作用，但这也是形成日本泡沫经济的根本原因所在。

5. 银行危机的长期化与复杂化。在西方发达资本主义国家中，日本是通过金融"立"国与"强"国的典范，无论是明治维新时期所采取的"反弹琵琶"金融超前发展战略，还是第二次世界大战后至20世纪80年代中期以前所采取的以间接融资为主、直接融资为辅并自觉抑制直接金融发展的金融倾斜发展方针和80年代后期所采取的以间接融资相对为主、直接融资相对为辅并自觉促进直接金融发展的金融倾斜发展方针，其在不同的历史发展阶段基本上都有力地促进了日本经济金融的发展和综合国力的整体提升。进入20世纪90年代初，日本国内的经济形势急转直下，GDP平均增长率连续十年零增长或负增长，金融领域更是出现了许多问题：银行机构的不良债权数额巨大；破产事件屡屡发生；经营丑闻震惊世界；银行的信誉受损，其国际地位大大降低。这一切都是在日本的泡沫经济崩溃之后出现的，有学者将这一现象称为"银行风暴"或"银行危机"，考虑到此次危机在金融领域波及的深度和广度，人们有时也将其称为"金融危机"。

三、日本保险金融体制的演变与特征

相对欧美国家而言，日本保险业的起步比较晚，比英国晚了140年，比美国晚了70年，但发展速度却在全球名列前茅，目前已经成为仅次于美国的全球第二保险大国。如果从其保单人均拥有数和人均保额来计算，日本早已超过英美，位居世界第一。

（一）日本保险金融体制的演变

20世纪50年代，随着经济的复苏，日本保险业的规模已经恢复到第二次世界大战前的水平，形成了社会保险、企业年金、商业保险"三位一体"的保险体系。60年代初，日本曾流行一种说法，即"国民皆年金，国民皆保险"，这体现了当时的现实情况——日本国民都加入了国民年金保险，部分人加入了企业年金保险，绝大多数人买了商业保险。进入80年代，日本已发展成为世界保险大国，保险对于日本人而言，成为仅次于银行存款之外的第

二大投资方式，保险与人们的日常生活紧密相连。90 年代初，由于泡沫经济急剧膨胀，日本一度超过美国成为世界第一保险大国。而后随着泡沫经济的破灭，加之连续 10 多年的经济不景气，日本保险业也受到重创，保险公司纷纷出现经营危机，先后有 7 家保险公司倒闭。

进入 21 世纪后，日本保险业有所复苏。在 2012 年《财富》杂志全球 500 强入选的 42 家保险企业中，有 9 家来自日本，数量之多为全球第二。而在保险密度和保险深度方面，甚至比美国有过之而无不及。日本居民储蓄率较高，第二次世界大战后也经历了家庭小型化的演变，高储蓄率往往意味着保险行业潜力较大。保险产品，特别是储蓄类保单、分红险以及万能险，在很大程度上可以看做储蓄的替代型产品。在整个金融行业出现储蓄分流的大背景下，较高的国民储蓄率为保险行业的持续发展奠定了坚实的基础。

（二）日本保险金融体制的特征

1. 家庭投保率世界第一。日本保险业是以海上保险、火灾保险为中心发展起来的，在 20 世纪 50 年代后，日本社会老龄化和人口数量的增长，使得日本寿险业有了飞速发展。至 20 世纪 90 年代初，日本保险业达到了一个高峰。1994 年，日本保费收入总数、寿险业务量、保险密度和保险深度指标均为世界第一，保险费收入总额达 6 060 亿美元，首次超过美国，人均保费达 4 849 美元，把长期保持世界第一的瑞士抛于其后，保险深度也是第一次称雄于世界。1995 年，日本的保险费规模、寿险业务量和人均保费三项指标仍称冠于世界。虽然经历了 1997 年至 2004 年的衰退重组合并的波折，但日本仍可以称为世界上保险业最发达的国家之一。

2. 寿险是最大的保险业务。人寿保险是日本最大的保险业务，日本在世界保险市场上的超级地位很大程度上取决于其人寿保险所占的特殊地位。日本寿险业务（法定社会保险除外）主要由各家寿险公司（日本称为民间保险公司）、邮政局和农协共济会经营。日本邮政局可以同时经营邮政、邮政储蓄和简易保险。日本政府规定，日本邮政局经营的简易保险每人最高保额为 1 000 万日元。损害保险是短期（一般为 1 年期）的只具保险性质的保险业务，主要包括火灾保险、海上保险、运输工具保险、责任保险、信用保证保险、人身意外伤害保险以及新种类灾祸、其他种类保险等。人寿保险与损害保险共同构成了日本庞大的商业保险体系，商业保险的高普及率不仅能减轻意外灾难对家庭生活的冲击，而且对社会和日本的经济发展特别是对金融、资本市场的发展发挥了重要的作用。

3. 实行严格的准入制度。日本属于集中单一的监管体制，1998 年以前，大藏省是日本保险业的监管部门，下设银行局，银行局下设保险部，具体负责保险监管工作。1998 年 6 月日本成立了金融监督厅，接管了过去由大藏省对银行、保险和证券的监管工作。金融监督厅下设保险监管课，具体负责对保险业的监督管理。日本堪称世界上保险监管最严的国家，其保险业长期遵循着严格的市场准入约束。1996 年以前，外国保险公司很难进入日本保险市场，外国保险公司所占的市场份额仅为 3%。1996 年日本修订保险业法，拉开了金融自由化改革的序幕。到 2005 年，日本寿险公司数量达到 38 家（外国公司有 4 家），财产保险公司有 48 家（外国公司 22 家）。

4. 保险竞争不靠价格靠服务。日本国民保险意识很强，保险业务开展比较顺利。日本政府非常重视保险事业的发展，将保险与民众紧密联系起来，全社会都比较重视保险的普及。日本政府除对保险业法不断修订补充外，1984 年还制定了保险行业法和一般险率审定法，

1994 年制定了对外国保险公司的监督法，2008 年 5 月 30 日，日本又颁布了最新的《保险法》。除此之外，日本在汽车赔偿责任险、地震险、船东责任险、火灾共薪保险等特殊保险领域里也分别制定了单独的法规。日本国内保险公司竞争的手段不是靠无限度地降低保险费率，而是千方百计以优质服务取胜。日本国内保险公司均为日本一般险保险协会的会员，保险协会内设有保险费率审定委员会，各家保险公司的费率原则上一律采用保险协会制定的统一费率，这样各公司进行竞争时必须依靠热情周到的服务、及时赔款、为客户免费提供各种保险信息、改良或增加保险险种等方法，使保险业的发展形成了有秩序的良性循环。

5. 保险营销体制颇具特色。日本财险公司的保险营销体制主要采用的是保险代理店制度，保险商品主要通过保险代理店来销售和提供售后服务。而寿险公司的保险营销体制则主要是采用员工制度，由公司取得保险募集资格的外勤人员将商品推销给准备投保的消费者。几乎所有的寿险公司都实行员工制度。保险营销人员是公司的职员，但是其工作主要是外勤，所以又称为外务员，其与公司的关系是雇佣和被雇佣的关系，在社会保险等方面都和公司的普通职工没有区别，只是在工资待遇方面除了有底薪之外，工资的主要部分则来源于个人的业绩。全日本有一支约 40 万人的外勤事业大军活跃在寿险事业的最前线。其外勤展业制度有以下三个特点：第一，外勤人员多，外勤人员数是内勤的 37 倍；第二，外勤人员中女性多，男性少，女性占外勤人员的 90% 以上；第三，外勤人员工资差别大，他们的工资由固定的基本工资和按业务成绩计算的浮动工资两部分组成，符合多劳多得原则。

四、日本证券金融体制的演变与特征

20 世纪 70 年代以前，日本金融体系侧重发展间接金融，证券市场发展缓慢。1975 年日本政府开始大规模发行国债，证券市场因而得到迅速发展，20 世纪 80 年代的金融国际化进一步加快了这一进程。同时，由于金融自由化和金融创新的发展，新的金融工具层出不穷，如可转股债券、附认股证债券、武士债券、将军债券等先后出现。可见，日本证券市场在广度和深度上都有了很大发展。

（一）日本的证券市场

证券初级市场的主要参与者是发行人和认购者，此外还有中介人。中介人包括承销商和受托公司。证券公司和其他金融机构都可以承销政府债券、市政债券和政府担保债券，但只有证券公司可以作为企业证券的承销商。受托公司有两类：一类是认购受托公司，负责为发行者处理公司债券认购过程中的事务；另一类是担保品受托公司，负责为担保公司的债券持有人管理担保债权。认购受托公司主要由长期信用银行和信托银行担任，而担保品受托公司必须获得有关部门的许可。

与其他国家一样，证券二级（流通）市场包括交易所和场外市场两部分。股票交易以交易所为主，债券交易则以柜台交易为主，日本场外市场债券交易额占整个债券市场交易额的比重非常高，2003 年 90% 以上的债券交易是场外交易①。1979 年，日本引入了大笔交易系统

---

① 场外交易（Over The Counter，OTC），指非上市或上市的证券，不在交易所内进行交易而在场外市场进行交易的活动，是私下以高于或低于供销会上规定的价格或附有其他条件（如搭配次货、以物易物等）的价格达成的交易，又称"店头交易"或"柜台交易"。

以方便政府债券的大额交易。1985 年，东京证券交易所设立了债券期货市场。目前在场外市场交易中有两个价格指数：一个是每日指数，由交易量最大的约 20 种证券组成；另一个是每周指数，由约 230 种有代表性的债券组成，该指数每周四公布。

1. 债券市场。日本债券市场的债券种类繁多，大致可以分为公共债券、企业债券和外债三大类，每一类中又包括许多具体的债券。公共债券（Public Bond）包括日本政府债券、地方政府债券和政府保证债券等。根据发行人不同，企业债券（Corporate Bond）分为金融债和事业债两大类。

2. 股票市场。在日本股票市场上，根据发行目的可以将新股发行分为两种：一种是为筹措资金的发行（普通的新股发行）；一种是为其他目的的发行（特殊的新股发行）。与其他国家一样，日本的股票流通市场也分交易所市场和店头市场两部分。第二次世界大战后，日本为了形成公正的证券价格，原则上禁止上市股票在场外交易，于是形成了以证券交易所为中心的股票流通市场。

日本目前有 8 家证券交易所，分别位于东京、大阪、名古屋、京都、广岛、福冈、新潟和札幌。其中东京、大阪分别是全国和关西地区的中心性市场，二者的交易总额占全国交易所交易总额的 90% 以上。为了尽可能地将股票交易集中到交易所，1961 年 10 月，东京、大阪和名古屋三个证券交易所分别设立了市场第二部。市场第二部的上市条件比第一部略低。原则上新股票先在市场第二部交易，一年后如果满足第一部上市条件才进入第一部进行交易。同时在第一部上市的股票如果其条件降至一定水平以下，且在一年宽限期内仍未满足第一部的条件，就要被重新指定在第二部交易。目前除了市场第一部 250 种大宗股票仍采用公开喊价方式成交外，市场第一部其余股票和第二部的全部股票都采用电子计算机交易。东京证券交易所还将上市股票分为 3 类：1 类和 2 类为国内股票，其中 1 类股票的挂牌条件高于 2 类，3 类为外国股票。

交易所内的交易方式按交割日可划分为三种：第一种是普通交易，占总交易量的 99%，又分为现货交易和信用交易两种形式；第二种是指定日期结算交易，但最长不得超过 15 天；第三种是发行日结算交易，即在新股票发行后再办理实际交割，一般在公司向原股东配股或实行股票分割时采用。店头市场主要用于新发行股票和不满足交易所上市条件的股票的交易。由于三大证券交易所开办了市场第二部，店头市场的交易发展缓慢。1983 年 11 月，店头市场的自律组织——证券交易商协会公布了一系列新的规章制度，并于 1984 年 7 月建立了店头市场自动报价系统。1991 年，日本建立了日本证券商自动报价系统（JASDAQ），旨在提高店头市场的效率。经过上述一系列改革措施，店头市场的交易开始趋于活跃，交易量也开始增加。

日本的股价指数主要有两个：一个是日经股价平均数，包括日经 225 种股价平均数和日经 500 种股价平均数两种，都是以东京证券交易所第一部上市股票为基础编制。另一个是东证股价指数，以东京证券交易所第一部所有股票和第二部的 300 种股票为基础编制。1993 年 10 月，日本经济新闻以在东京证券交易所第一部上市的 300 家代表各行业的股票市价总额加权平均计算，创设了日经 300 股指。日经 300 的变动性在日经股价平均数和东证股价指数之间，成为日本股市的第三种股价指数。

3. 外债市场。日本的外债市场分为外国债券市场和欧洲日元债券市场两大部分。欧洲日元债券是在日本境外发行的以日元为计值货币的债券，非居民发行的称为非居民欧洲日元债券，居民发行的称为居民欧洲日元债券。欧洲日元债券与在日本发行的日元公募债券基本相同，但其管制比公募债券松很多。它只需征得大藏大臣的批准便可发行，发行时不需准备大量文件，发行费用也比公募债券少很多。

第一笔欧洲日元债券是 1977 年由欧洲投资银行发行的 100 亿日元债券，此后一些发行者也相继发行。1979 年 3 月以前，借款者仅限于国际组织，后来又允许先前发行过武士债券，且评级为 AAA 级的外国政府及政府机构发行欧洲日元债券。但由于日本政府对欧洲日元债券发行持审慎态度，担心其大量发行会对日本国际收支产生不良影响，因而一直到 1984 年以前，发行量不是很大，一般每季度只允许发行一笔，且对发行金额有严格限制。与此同时，由于日本国际收支顺差日益增大，外国对日元的需求越来越大。在这种情况下，美国通过"日元美元委员会"对日本施加压力，要求其放松对欧洲日元债券发行的限制。1984 年，日本采取了一些措施，主要包括：（1）将发行者由原来的国际机构、外国政府扩大到外国地方政府、政府机构及民间企业；（2）将公共债券的发行资格由 AAA 级降至 A 级，同时允许 A 级以上评级的民间企业发行欧洲日元债券；（3）取消对发行笔数和每笔金额的限制；（4）扩大发行主干事范围，允许外国证券机构担任主干事。

日本的外国债券主要包括武士债券、大名债券和将军债券。武士债券（Samurai Bond）是日元外国债券的别称，即非居民在日本市场上发行的以日元为债券面额货币的债券。根据外汇管理法规定，发行日元外国债券必须向日本原大藏省申请，经批准后方可发行。债券期限从 5 年到 15 年不等，而且其发行是无担保的。大名债券（Dairnyo Bond）是外国债券市场上的创新。实际是武士债券和欧洲日元债券优点的结合。第一笔大名债券是 1987 年由世界银行发行的，同年世界银行又发行了第二笔。这两笔债券都在东京发行，但在卢森堡证券交易所挂牌上市。卢森堡证券交易所对这两笔债券都不征收预扣税，而且其交易都可以通过塞德尔（Cedel）和欧洲清算系统（Euroclear）进行清算。将军债券（Shogun Bond）实际是东京外币债券，即由非居民在日本市场上公募发行的以非日元货币计值的债券。根据外汇管理法，将军债券的发行做法与武士债券相同。此外，在东京资本市场上以私募方式发行的外币债券称为艺者债券（Geisha Bonds）。

（二）日本证券金融体制的演变

与日本银行金融体制的演变一样，日本证券市场在演变过程中也表现出了自身鲜明的历史特征。

1. 早期的日本证券市场。日本证券市场产生于明治维新时期。日本政府在 1878 年颁布了《证券交易所管理条例》，随即在东京和大阪建立了证券交易所。到 1891 年日本共建立了 137 家证券交易所，它们大都是私有的营利性的股份公司。从 19 世纪 90 年代开始，证券公司开始买卖国家债券和股票。1902 年类似于现代融资公司的藤本经纪商宣告成立，后来在关西地区出现了更多的证券经纪商。

2. 第二次世界大战后证券市场的重建。1945 年 8 月 9 日，作为战败国的日本的证券交易所被停止营业，根据联合国军总司令部的命令无限期推迟恢复营业，因此证券交易只能在证券公司的办公室以及非正式市场进行。1947 年，随着财阀的瓦解和那些已经停止运作的证券机构的解散，大量的股票通过证券协调停业委员会开始发行。这就是一般所称的"证券民主化运动"。其间，个人投资者的股票持有量迅猛增加。同时，日本联合证券公司于 1964 年 1 月正式成立，日本银行以大量贷款资助其运作。另外，在日本银行的帮助下，证券公司于 1965 年 1 月也自发组建了日本证券持有者协会。债券市场直到 1966 年 2 月才随着新的长期国债的发行而恢复。由于日本政府实行了一系列措施，如通过了日本银行的特别融资政策，将证券业者开业登记制度改为许可证制度，证券市场在 1965 年探到谷底以后，随着国内经济的恢复开始出现了强劲的增长势头。

1973 年，高通货膨胀的压力和原油价格的大幅度上升，使经济形势变得雪上加霜。为遏制物价上升，抑制总需求，日本政府将官方利率从 4.25% 提高到 9%，达到战后的最高点，并紧缩信贷市场，股票市场呈现出萧条状态。但债券市场却发生了根本性的变化。公用事业部门发行了大量债券，成为市场最大净资金借入者。由于公用事业债券的急剧增加以及附回购协议的债券交易迅猛上升，债券市场的交易量大幅度增加。1975 年，日元面额的外国债券也开始发行交易。

3. 国际化证券市场的建立。1981 年，日本政府颁布了新的银行法，同时对原证券交易法也进行了修订，允许银行机构与国内外公众买卖政府债券，日本债券市场开始进入自由化和国际化时期。1987 年，当时的大藏省发布了题为"日本金融市场自由化和日元国际化的现状概览"的报告，日本证券市场的自由化和国际化进程有了很大的发展。1986 年至 1988 年，大藏省批准进入日本证券市场的外国证券公司增加到 29 家，到 1993 年底进一步增加到 49 家，66 个分支机构。1988 年全国证券委员会（TSE）的 22 家证券公司会员中，外国证券公司达到 16 个。1986 年，日本长期国债期货的交易规模超过称雄世界 10 年之久的芝加哥商品交易所，国债流通市场的交易量跃居世界第一位。1987 年，日本证券市场的股票交易额也超过了美国证券市场的股票交易额，成为当时世界上最大的证券交易市场。

1989 年以后，证券市场的自由化和国际化进一步向前推进。1989 年 1 月，3 家外资参股的公司获得了投资信托基金经营许可证。同时东京证券交易所再次扩充会员，会员数量达到 124 家（其中外国证券公司增加到 25 家）。继 1988 年股价指数期货交易开办后，1989 年又开设了指数期权交易，期货和期权市场得以发展。为增加市场透明度，日本政府又对《证券交易法》进行了相应的修改。1992 年，为保证证券交易的公平性，日本议会又通过一项法令，修订《证券交易法》以保证证券交易的公平性，并据此组建了证券交易监察委员会。1993 年日本政府又实施了一项法令，允许非证券行业金融机构参与证券市场活动，以提高证券市场的效率、公平性和竞争性。1998 年 12 月，日本政府成立金融再生委员会（Financial Reconstruction Commission，FRC），任务是整顿金融秩序、重组金融组织、对金融体系进行复兴。2001 年 1 月，FRC 撤销，待破产金融机构的处置权收归金融服务局（Financial Services Agency，FSA）所有，至此日本证券监管改革基本结束。

（三）　日本证券金融体制的特征

在发达国家中，日本证券市场是发展历史最短、崛起迅速、竞争力极强、潜力极大的资本市场，也是管制最多、国内市场保护最强、国际化步伐较晚的证券市场，其主要特征表现如下：日本证券市场是明治维新以后发展起来的，并且不断受到日本对外侵略战争的影响而中断。第二次世界大战后，日本证券市场是模仿美国模式而建立起来的。日本证券市场实行的是以大藏省为主体的严格的法律监管体制，自律作用不明显。日本证券发行以债券发行为主，在债券发行中，以政府债券和金融债券为主。日本证券市场放松管制和自由化步伐较晚，虽然法律上确立了证券市场国际化，但发展还不充分，国际化程度有待进一步提高。日本证券市场具有较强的垄断性，少数证券公司占有市场的大部分份额。尽管如此，日本证券市场在发展过程中表现出以下鲜明特征。

1. 树立证券市场理念，与国际同步发展。日本证券市场在不同的发展时期，有着不同的时代经营理念。特别是20世纪90年代以来证券市场加快了同国际接轨的步伐，重新确立了与国际发展同步的经营理念。在这种经营理念的指导下，日本大力发展计算机技术和信息网络技术，并利用科技发展的最新成果改变证券市场交易手段、交易方式和会计信息披露方法，废除了传统的交易方式，促使证券市场的观念与技术同国际证券市场发展同步。

2. 加强和完善监管机制。为了促进日本证券市场的公平、公正以及提高会计信息披露的透明度，在监管机制的改革中，主要设置了监督委员会、金融监督厅和金融再生委员会等强化自律组织；完善了有关公开收购制度及禁止了损失补偿及全权委托交易；多次修改了《证券交易法》，对发行公司和证券公司的行为规范进一步完善和具体化；加大了对操纵市场、内幕交易等违法行为的惩处力度，并作出有关具体处罚规定；提出对会计信息披露全面性、可靠性和及时性的高标准要求等。

3. 扩大交易、放宽限制。金融的自由化、国际化，促进了金融的证券化，为了应对这一变化，搞活证券市场，日本对证券市场放宽了限制。主要体现在：允许金融机构通过设立证券子公司进入证券市场，同时证券公司也可以设立银行子公司，相互渗入对方业务领域；放宽了对自有股份回购的限制，同时《证券交易法》也相应地修改了有关公开回购、收购状况等规定；引入股票期权制度，制定股份注销特例法，针对企业的违法行为，进一步完善了罚则；解除设立持股公司禁令，颁布《金融监督厅设置法》；分阶段解除了有关股权凭证业务、股价指数期货、期权交易的禁令；废除了传统的交易厅，全面采用计算机交易。

4. 防范市场风险，保护投资者利益。保护投资者的利益是日本证券市场一贯坚持的宗旨。特别是泡沫经济的出现和亚洲经济危机发生后，日本证券市场相继采取了一系列的风险防范措施和保护投资者利益的措施。如强化企业信息披露制度，要求上市公司披露信息时，必须启用"适时信息披露系统"，实现信息披露电子化；为了防止不公平的交易，新建立了顾客资产分别保管制度和投资者保护基金，并进一步完善了证券公司自我资本和交易责任准备金有关规定等，从而保护了投资者的利益，稳定了市场发展。

第四节　德国金融体制的演变与特征

德国是后起的较年轻的资本主义国家，德国近代经济金融业发展要比英国滞后100年左右。德国政府为推动经济金融发展，执行了一种介于英国与日本之间的适度金融超前发展战略，并在 19 世纪中期形成了富有德国特色的银行综合化制度。第二次世界大战后，联邦德国以卓有成效的货币政策及其在经济发展中的成功再次受到世界的关注。1989 年 10 月，"两德"统一后，德国也以原联邦德国的模式统一了金融体制。

一、德国的金融体系

德国金融体系由中央银行体系、全能银行体系、特殊目的银行、其他非银行金融机构和金融监管体系等组成（见图 1 - 6）。

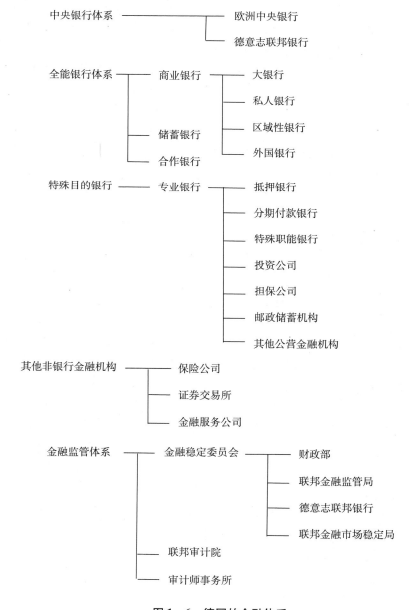

图 1 - 6　德国的金融体系

（一） 中央银行体系

德国的中央银行是德意志联邦银行，成立于 1957 年 8 月 1 日，是根据同年 7 月 20 日《德意志联邦银行法》建立起来的。德意志联邦银行的总行设在法兰克福，在原联邦德国每一个州设立一家中央银行，共建立了 11 家州中央银行，并在全国建立了 230 家分支机构。1989 年"两德"统一后，州中央银行减少到 9 家，分支机构减少到 160 家。德国中央银行具有较强的独立性，它独立于政府，对议会负责。联邦银行在行使职权时，不受联邦政府的约束或干扰。

欧盟货币一体化之后，欧洲中央银行于 1999 年 1 月 1 日成立，总部设在法兰克福，其前身是欧洲货币基金组织，由欧盟 15 个成员国的中央银行共同组成，德国是其成员国之一。欧洲中央银行的资本金为 50 亿欧元，德国是其最大的股东，拥有 24.4% 的股份。欧洲中央银行的核心任务是制定和实施欧元区的货币政策，保证欧元区支付清算体系的正常运转，发行欧元现钞、管理存款准备金，并通过理事会及其下设的 13 个专业委员会来实施，具有较强的独立性。德意志联邦银行此后虽然不再决定货币和信贷政策，主要是按照欧洲中央银行的指示和方针办事，但仍然肩负着一定的职责，拥有决定业务政策的权利，保留了参加国际货币组织的权利，并可以继续支持德国政府的经济政策，承担着银行监管、外汇储备管理、现金和非现金结算业务等职能。

（二） 全能银行体系

全能银行作为单个金融机构提供着各种各样的金融服务，包括传统的银行业务、投资和证券业务、不动产交易、组织救助陷入财务危机的企业、企业并购等。全能银行又主要分为商业银行、储蓄银行和合作银行三类。

1. 商业银行。商业银行是德国全能银行体系的主体部分，其业务权限远比美国商业银行宽泛。德国的商业银行又包括大银行、私人银行、区域性银行和外国银行。截至美国次贷危机前的 2005 年 10 月，德国共有商业银行 250 家，包括大银行 5 家、区域性银行 159 家、外国银行的分支机构 86 家。到了危机后的 2015 年，全德共有商业银行 271 家，总资产约 3 万亿欧元，商业银行仍然是德国所有银行类型中规模最大的银行体系。

（1） 大银行。大银行体系中，德意志银行是建立于 1870 年 1 月的一家私营性质的银行，是德国最大的商业银行，在 2010 年的英国《银行家》杂志全球 1 000 家大银行的排名中位居第 20。德累斯顿银行是建立于 1872 年 12 月的股份制银行，是德国第二大银行。德国商业银行是建立于 1870 年的德国第三大银行。与其他商业银行相比，大银行的经营范围最为广泛，与主要工商企业的关系也非常密切，资产规模大，是德国商业银行的主体。

（2） 私人银行。私人银行是指独资和合伙经营的商业银行，这类银行历史悠久但资本规模较小。私人银行所开展的业务各有不同，但主要经营证券业务、工业放款业务、财务管理和房地产业务，为所在地的国内企业提供银行业务。较大的私人银行有卡尔施密特银行、特灵考斯银行、奥本海默银行、梅克—芬克银行等，它们被认为是德国银行业的先驱。

（3） 区域性银行。区域性银行又称地方银行，主要从事地方性银行服务。截至 2015 年 8 月德国国内共有 160 家区域性银行，资产总规模仅次于德国商业银行。

（4） 外国银行。外国银行主要指外国银行在德国建立的分行等分支机构，截至 2015 年

8 月德国国内共有 107 家外国银行，其业务主要是面向在德国的本国居民，办理本国与德国的资金支付往来等业务。

2. 储蓄银行。德国的储蓄银行属地方性银行，比较分散，通过三层机构逐步集中：最基层机构是归地方管理的基层储蓄银行。中层机构是地区储蓄银行的清算中心和管理机构的各个州的汇划中心，主要从事地区性的放款和证券投资业务，基层储蓄银行资金中相当大的部分存入各州的汇划中心。最高一层是储蓄系统的中央机构——"德意志汇划银行"，负责储蓄系统内的资金调节。

3. 合作银行。合作银行是具有互助合作性质的金融机构。其成员是工人、职员、小商人、农场主等，银行主要在这些成员中开展贷款业务，也对中小企业发放贷款。信用合作银行在州一级为信用合作银行中心，最高一级是德意志信用合作银行，它负责调配信用合作银行中心的资金，为其办理汇划业务，并向工业、运输业和个人消费提供贷款。

（三）特殊目的银行

虽然德国是世界上银行业务综合化的典型，但仍然存在一些专业银行，它们在特定的领域里发挥着不同的作用，如抵押银行、分期付款银行、特殊职能银行、投资公司、邮政储蓄机构和其他公营金融机构等。

1. 抵押银行。抵押银行分为私营和公营两种，其大部分资金靠发行债券和长期性存款来筹集，资金主要用于工农业长期性贷款，有时也向地方政府提供长期贷款。截至 2005 年 10 月，德国的抵押银行共有 25 家。

2. 分期付款银行。这类银行的资金来源主要依靠向其他银行金融机构转借，很少一部分资金来源于储蓄存款。集聚的资金主要用来向为消费者提供分期付款的企业提供贷款和服务，有时也通过商业部门间接向生产者提供贷款。

3. 特殊职能银行。特殊职能银行有公营、私营之分。公营特殊职能银行是政府专门为特定项目或有特殊困难的集团提供资金的金融机构，私营特殊职能银行是由私营商业银行因特殊目的而联合筹资建立的银行。2005 年 10 月，在德国联邦银行的统计中，德国具有特殊任务的信用机构共有 42 家，其中建筑和贷款协会 26 家，其他专业银行 16 家。

4. 投资公司。投资公司是拥有投资基金的银行，它能够拥有股份、债券和地产等。

5. 邮政储蓄机构。它不是独立机构，隶属于联邦邮局。其中，邮政储蓄银行只经营储蓄存款，邮政汇划机构只吸收无息活期存款以进行汇划支付业务。

6. 其他公营金融机构。其他公营金融机构是政府为特殊需要而设立的金融机构，具有公营和半公营的性质。这类机构有德意志抵押债券机构、德国房地产及农业抵押银行、工业信用银行、德国平准基金银行、重建贷款机构等。

（四）其他非银行金融机构

德国金融体系以银行业为主导，但其他非银行金融机构也发挥着积极的作用。德国的非银行金融机构主要包括保险公司、证券交易所和金融服务公司。

1. 保险公司。在以银行为主导的金融体系中，德国的保险公司和全能银行密不可分，绝大多数成为银行的控股公司或者相互持股。例如位居世界前列、欧洲最大、德国第一的安联保险集团，就是德国商业银行的最大股东。保险公司在德国融资市场扮演了仅次于商业银行的重要角色。

2. 证券交易所。德国证券市场较为发达，国内有 7 家证券交易所，但间接融资始终是德国企业获得资金的主要渠道。

3. 金融服务公司。德国金融体系还有一定数量的非银行机构开立的金融服务公司，它们主要从事银行代理、保险代理、股票销售和投资咨询业务，包括由汽车公司主办的汽车银行等。

（五）金融监管体系

2008 年国际金融危机爆发后，欧盟于 2010 年建立了欧洲金融监管体系（ESFS），其中宏观审慎职能主要由新成立的欧洲系统性风险委员会（ESRB）负责。德国落实 ESRB 监管思路，与国际宏观审慎监管框架进行对接兼容，在 2012 年底通过《金融稳定法》，设立了金融稳定委员会（FSC），构建了完整统一的宏观审慎金融监管框架。该框架中，金融稳定委员会是宏观审慎监管的主体，财政部、联邦金融监管局和中央银行作为平行成员，联邦金融市场稳定局作为列席单位。德国的监管体系还包括联邦审计院和审计师事务所等审计机构。联邦审计院作为最高政府审计机关依据有关法律规定，对金融机构经营状况的合法性、经济性和效益性进行审计。审计师事务所是依据德国法律规定而存在的独立的第三方监管机构，受德国中央银行、德国金融监管局委托，或根据金融机构的要求，对金融机构的合规性和风险管理的有效性进行审计，审计结束后，不仅要将审计报告提交给被审计的金融机构，还要提交给德国金融监管局。

二、德国金融体制的演变

由于德国资本主义经济发展的特殊性，德国金融体制的发展屡遭挫折，与英美等国金融体制的发展形成了强烈的对比。第二次世界大战后，联邦德国的金融体制既是对其历史的继承，又是对其历史的调整、发展和完善。

（一）德国近代银行体系的形成

1. 德国资本主义银行的萌芽。14 世纪至 15 世纪，德国资本主义经济开始萌芽并获得一定发展。但 15 世纪末"地理大发现"后，欧洲主要国家的贸易伙伴随着新航线不断向东方和美洲延伸，德国的各城市在欧洲贸易中的地位逐渐丧失，加上国内农奴制的复活和封建割据的加强，德国封建主义向资本主义的转变中断，经济一蹶不振。大约 200 年后，德国于 1619 年建立了汉堡银行，于 1621 年成立了纽约堡银行。这两家银行主要办理转账和以设定存款的方式变相给政府提供贷款。由于上述历史转变过程的中断，德国银行业的演变十分缓慢。

2. 综合化金融制度的确立和完善。由于德国资本主义经济发展较英国起步晚，资本积累有限，国内工商企业自有资本率低和对银行的依赖性大等，德国自觉推行适度的金融超前发展战略。政府为促进经济的发展，极力鼓励创办小企业；对银行所能从事的各项业务提供方便，不加限制或很少限制；对银行同工商企业的紧密结合积极加以鼓励，从而使银行参与企业之创办、改组和合并。在 1848—1870 年，德国形成了近代银行兼营多种金融业务的综合化特征。从 1870 年开始，德国政府对股份有限公司的设立采用标准化的原则，大大促进了独资或合伙私人小银行的股份化。德国式综合银行制度及其对工商企业密切的控制依赖关系在政府的积极支持和鼓励下获得了较大的发展。

3. 德意志国家银行的建立。1871 年普法战争后，德国统一国内市场，进行币制改革，扫清了资本主义大规模发展的障碍。德国政府已不再满足于前期那种让私人银行为企业供应长期资金和充当企业保姆的角色，转而发挥更加直接的作用，国家集资设立了数家大规模的新式长期信用银行。1875 年德国产业革命完成，兼营形态的银行有了更进一步的发展。信用银行业务中存、放、汇业务与创业投资业务并驾齐驱，成为银行的两种主要业务。这是德国银行业务发展过程中的一大特征。

（二）德国现代中央银行制度的确立

1. 德国州际银行体系的建立。第二次世界大战后，联邦德国在"马歇尔计划"的援助下，开始步入发展轨道，并选择了市场经济体制。经济的逐渐恢复要求货币银行制度进行重建与整顿。1947 年开始，美占领区内各州在原帝国银行机构的基础上建立起了州中央银行。随后英法占领区也建立起相应的州中央银行。1948 年 3 月 1 日，英美双占区在法兰克福成立了德国州际银行，它是双占区的中央银行。同年 6 月 6 日，法占区的各州中央银行也加入了州际银行系统，州际银行达到 11 家。至此，联邦德国完成了州际体系的重建。

2. 德意志联邦银行的建立。为了进一步稳定通货，1948 年 3 月，双占区专门设立了"货币与信贷委员会"，开始进行货币与银行体制改革。1948 年 6 月 19 日，英美占领区正式进行币制改革，于 6 月 20 日以旧钞换新钞，6 月 21 日，帝国马克正式作废，联邦德国马克开始启用。为了配合币制改革，联邦德国政府颁布了《货币法》、《货币发行法》和《兑换法》三个法令。这些法令规定了法定货币及兑换方法和额度，明确了州际银行为货币的发行机构，对银行、保险和信贷机构整顿以及对信贷规模进行控制等。1949 年，联邦德国政府开始运行并行使职责。1957 年 7 月 26 日，联邦德国政府颁布了《德意志联邦银行法》，并在州际银行的基础上建立了德意志联邦银行。

（三）"两德"统一后银行金融体制的改革

1989 年 10 月，德意志联邦共和国与德意志民主共和国实现了统一，银行体制也随之发生了变化，主要表现在：（1）实现了货币的统一。1990 年 7 月 1 日，两德政府签订协议规定，德意志马克（即原联邦德国马克）成为民主德国地区的唯一法偿货币，德意志联邦银行成为唯一的货币当局。（2）联邦德国的金融体系引入东部地区，实现了金融体系的一体化。首先，1990 年 3 月至 7 月，民主德国以国家银行为核心的单一银行制度（国家银行既是中央银行，又是商业银行）改变为二级银行制度。随后在货币统一后，联邦德国的金融机构进入东部地区，它们与东部银行合资建立银行机构，收购原国家银行的分支机构，或直接在东部开设分行和营业处，完成对民主德国金融机构的重组。（3）实行特殊的货币政策。在西部，仍采用原有的控制手段和目标。对于东部的银行，允许以票据贴现方式获得联邦银行的融资。同时，为防止通货膨胀，联邦银行数次提高了中央银行贴现率和抵押贷款率，有效地控制了货币供应量。统一后的德国金融体系在资金融通和货币政策调控方面运行良好，顺利地实现了银行金融体制的变革。

三、德国金融体制的特征

与英国金融体制的产生发展和历史演变带有浓郁的较少人为干预的自然构造色彩相比

较，德国则有明显的不同。德国金融体制的构造方式一方面与日本有许多相同或相近之处，另一方面也有许多差异。就其金融发展战略模式而言，德国的模式介于英国和日本之间，属于适度的金融超前发展战略类型。与此发展战略相适应，德国的金融体制也表现出了鲜明的特征。

（一）高度独立的中央银行体系

20 世纪德国曾两次遭受恶性通货膨胀的打击。一次是 1929 年经济大萧条，另一次是第二次世界大战末期。德国各界牢记这一惨痛的历史教训，将稳定币值和控制通货膨胀放在与经济增长同等重要的地位，以至将稳定通货的任务载入宪法。1948 年颁布的《联邦银行法》将联邦银行的宗旨规定为："为了行使法律授予其在货币政策方面的权力，联邦银行将控制货币流通，以达到保卫货币的目的。"联邦银行实行极为严厉的货币政策，这突出地反映了德国中央银行始终如一地保卫货币的目标，而不为其他因素所左右。

德意志银行虽然在本国内享有高度的独立性，但在其发展的过程中，中央银行职能有所弱化。因为随着《欧洲同盟条约》的生效，欧共体在 1999 年 1 月 1 日起进入欧洲货币联盟第三阶段，即实行统一的货币、统一的中央银行、统一的货币政策。德国作为成员国之一，为适应发展，对《联邦银行法》进行了第六次修改。随后，在欧洲货币联盟的三年过渡期内，德国的马克发行要经过欧洲中央银行批准。过渡期完成，德国的货币政策制定权、货币发行权就全部移交欧洲中央银行，德意志银行的职责是按照欧洲中央银行的指示和方针监督本国金融市场、协调欧洲中央银行及本国金融事务。

（二）建立最早的综合化银行制度

德国综合化银行制度，区别于英美等国的专业化银行制度，是指德国银行既从事短期金融业务，也从事长期金融业务；既从事间接金融业务，也从事直接金融业务；既从事银行业务，也从事广泛的非银行金融业务的银行经营制度。这项制度在 19 世纪中期就已经形成，因而要比 20 世纪 80 年代后开始的各国银行综合化及混业经营提前 100 多年。综合化银行制度的突出特点是银行与企业相互依赖、合作程度高，这种制度极大地促进了经济社会发展，但也有资本和负债的安全性和流动性难以保证的弱点。但严格的金融监督管理措施和政府设置的各种长期信用机构能够在一定程度上克服综合化银行制度所固有的这些弱点。

（三）特殊的银企关系

德国银行制度的综合化和万能化，导致银行与工业相互依赖、关系密切。银行通过公司透支、长期贷款、发行股票债券、股份参与和人事渗透等形式对工业企业具有压倒性优势和支配权。德国和日本的银行相比，前者是企业的"保姆"，后者是企业的"保护神"。银行资本与工业资本的结合，经济金融与政权的融合，既有保证经济和金融迅速发展、整体协调及整体效益高的突出优点，也同时使经济、金融、政权形成更为牢固的"铁三角"关系。这种关系牢固而稳定，但蕴含着金融资本严密控制和极端统治的危险性。在经济相对落后和贫困的德国、日本历史中，这种危险更以地方贵族和官僚贵族同新兴资产阶级的紧密结合为补充，从而使这种潜在的危险性可能演变为法西斯极端反动统治的现实性。迄今为止，人们一直在寻求工商企业、银行、政府三者结合和控制的最佳方式，但并未完全成功。

（四）　结构完善的银行协会

19 世纪末，为保护银行集团的利益，德国建立了银行协会，第二次世界大战后虽被解散，但随着经济的复兴又逐步得到恢复，银行协会发展成为全国性的组织。目前全国性的银行协会有德国银行联邦协会、德国储蓄银行和汇划协会、德国大众银行和赖法森银行联邦协会、德国公立银行联邦协会。这些协会均为民间性质，其宗旨是保护本国金融行业利益，与外国银行协会进行联系和往来，在货币、信贷、资本市场和公共关系事务等方面为当局提出建议。

第五节　主要发达国家金融体制的综合比较

发达国家金融市场发展水平相当高，证券市场和保险市场工具种类繁多，市场参与者众多，交易非常活跃，对这些国家经济发展的贡献不断提高，极大地推动了发达国家金融体制的发展与创新，并反映了全球金融业发展的基本方向。

一、主要发达国家银行金融体制的综合比较

（一）　主要发达国家银行金融体制的总体特征

发达国家是现代银行体制的摇篮。尽管发达国家在各国银行金融体制的建立过程中所选择的方式、采取的措施以及所经历的过程存在着很大的差异，但最终的发展结果却是高度一致的，这也反映了全球银行业发展的基本方向。

1. 同质同构的现代银行体系。发达国家都有着较长的资本主义发展历史，生产力水平高，商品经济和货币信用制度发达，为其发达的银行体系奠定了良好的基础。各发达国家均形成了以中央银行或中央银行体系为核心、商业银行为主体、专业性银行为补充的性质与结构基本相同的银行体系。

（1）中央银行是各国银行体系的核心。发达国家的中央银行是一般银行的银行，是一般银行的最后贷款者。一方面，中央银行要求一般银行缴存存款准备金。另一方面，当一般银行发生资金短缺并且同业之间难以拆入时，由中央银行向一般银行提供贷款。一般银行从中央银行取得的资金数额基本上不受任何计划指标的硬性限定，主要受中央银行再贴现率的软性调节。发达国家的中央银行是一般银行的顾问，中央银行同一般银行之间不存在领导与被领导的行政关系，对一般银行的监督和管理主要是借助银行法规的外在约束和货币政策工具、道义劝说的间接指导。发达国家的中央银行大多是从商业银行的长期历史实践中发展起来的，尽管它们形成的时间、背景和经历不同，但这些国家的中央银行均具有较完善的组织形式和内部结构，能够利用自身的特点以及灵活的货币政策工具较好地完成其宏观调控、社会服务、监督管理职能，具有较高的独立性和规范性。

（2）商业银行是各国银行体系的主体。各发达国家的商业银行都具有悠久的发展历史，在各国经济和社会发展过程中均发挥了积极的作用，对社会的经济影响力巨大，是各国经济发展不可缺少的基础和动力源。在多年的市场竞争中，发达国家商业银行积累了丰富的经验，实力雄厚，资本充裕，抵御风险能力强，是各国现代银行体系的主体部分。目前，世界

前500家商业银行中绝大多数是发达国家的商业银行，其中尤以美国、日本和欧洲国家的银行为主。发达国家商业银行的综合化、网络化、国际化发展，代表了当前金融业发展的基本趋势。

（3）专业银行是各国银行体系的补充。在各发达国家的银行体系中，除了中央银行和商业银行以外，还存在着各类性质不一的专业性金融机构，其中绝大部分是以"银行"命名的。从目前发达国家专业银行的性质分析，其中一部分是商业性的专业银行，如投资银行、储蓄银行、信用合作银行等，它们以特定的领域或行业为服务对象，开展具有专业性的银行业务。另外还有相当比重是政府出资建立的政策性银行，如政府建立的专门扶持中小企业、农业等弱势群体发展，促进落后地区经济开发，推进进出口贸易的中小企业政策性银行、农业发展银行、国家开发银行、进出口银行等，这些政策性银行往往有特定的服务领域，以优惠利率向符合条件的企业或群体提供贷款。各专业银行广泛存在于发达国家，为特定领域提供有效的金融服务，它们已经成为发达国家银行体系中不可或缺的重要组成部分。

2. 各具特色的银行金融体制。在发达国家银行金融体制的演变过程中，各国所选择的构造方式并不一致，如英国、美国是自然构造的典范，日本和德国又是人为构造的典型代表，但这一切都与各国的社会、经济、金融环境密切相关。与社会经济环境密切相关是各发达国家银行金融体制形成的共同特征之一。

（1）英国银行金融体制的选择。英国作为第一个完成资产阶级革命的资本主义国家，其发展是按照资本主义经济制度的完善过程一步一步、踏踏实实地演进过来的，因此其资本原始积累丰裕，工业革命彻底，由此就决定了其银行金融体制的发展历程也呈现出缓慢、渐进的特点。英国银行制度是在没有人为干预的背景下通过自然构造的方式建立和完善起来的。

（2）日本和德国银行金融体制的选择。与英国自然构造方式形成鲜明对比的是日本和德国的银行金融体制形成模式，日本和德国之所以共同选择了与英国截然相反的人为构造方式，同样是与日本和德国社会经济发展的环境密切相关的。日本和德国都是19世纪70年代后起的资本主义国家，都未进行过较彻底的资产阶级革命，都是通过改良方式进入资本主义强国之列；两国都以银行与工商业资本的紧密结合为其特征，强调银行在其经济发展历史中的突出作用；两国都曾是具有较强封建性、军事性的帝国主义国家，发动了野蛮侵略性的世界战争，并同样不可避免地以战败与经济的崩溃而告终，在关键性历史时期十分缺乏建设资金，又都急欲使其经济飞跃发展。以上共同的社会经济环境，导致两国都选择了人为构造的金融发展战略。

（3）美国银行金融体制的选择。美国双线多头的银行管理体制，也是经过长期探索、唯一的、必然的选择。美国地域广阔、人口众多，生产力分布状况和经济部门结构等在不同的地区差别巨大，单一的管理机构很难适应这一复杂情况，至少在历史上是这样。另外，美国是联邦制国家，联邦和地方的权力和利益划分严格，这种政治体制大大阻碍和延缓了银行业的集中控制管理。同时美国历史上对金融权力过分集中的警惕大大超过对工商企业集中的注意。200余年的历史实践证明，双线多头的金融管理体制自主灵活，富有革新竞争精神，是美国银行金融体制历史的、必然的、最优的选择，大大地推动了美国社会经济的发展。

3. 协调运行的银行金融体制。各发达国家银行体系的结构呈现不同的模式，每种模式都蕴含着特定的银行运行体制。但是这些在不同经济和社会背景下形成的不同银行体系却具有许多相同之处，根本原因在于它们的银行机制始终处于自身的协调运行之中。协调运行的发达国家银行金融体制主要是通过合理协调中央银行与商业银行、商业银行与工商企业之间的关系体现的。

（1）中央银行与商业银行的关系。发达国家的商业银行绝大多数为私人企业，它们往往以追求利润最大化为经营目标，只考虑自身的微观经济效益，而置宏观经济效益和社会效益于不顾。这就要求中央银行从宏观经济效益和社会效益出发，通过一系列法律手段对商业银行进行间接管理。

发达国家中央银行与商业银行的关系主要有以下几方面：①中央银行和商业银行分别设有独立、完整的机构。中央银行的内部组织机构较为完整。一般金融机构的种类繁多，机构较为健全，体系较为完整，网络较为密集和广阔。②中央银行专门行使不以盈利为目标的现代职能，不兼营商业银行的业务。商业银行的业务领域十分广泛，经营项目灵活多样。③中央银行能够有效地运用货币政策工具，对宏观经济与商业银行进行间接调节与间接管理，形成富有弹性、活力或效能的调控机制。商业银行能够提供包罗万象的业务服务，对微观经济的各方面进行渗透，形成四通八达、运转灵活、富有凝聚力和辐射力的运营网络。④中央银行为商业银行向深度和广度发展创造了有利的金融环境。商业银行为中央银行贯彻货币政策提供了中间传导机制，并为中央银行行使其他职能提供了金融环境。⑤中央银行是商业银行的最后贷款者，两者之间货币资金的纵向流动体现了二者的借贷关系。商业银行之间货币资金的横向流动在整个银行体系的货币资金流动中占据主导地位。

（2）商业银行与工商企业之间的关系。发达国家商业银行对工商企业的渗透和支配是令人叹为观止的，这是它们被称为"万能垄断者"的重要原因。发达国家的商业银行对工商企业进行渗透主要有三种形式——提供信贷、参与投资、人事结合，这三种形式内容不同、方式迥异，但都形成了密切的银企关系。

第一，提供信贷。信贷联系是商业银行与工商企业关系的最基础形式，是商业银行与工商企业的天然基础。在德国，工商企业创建时商业银行负责提供工商企业所有的资金需求，认购风险资本，帮助工商企业发行股票，提供流动资金及长短期各种形式的贷款。商业银行贷款在企业资本中占有很大的份额。商业银行与工商企业之间保持一种长期的信用关系。

第二，参与投资。信贷联系是一种商品交易关系，远不是稳定的资本结合关系。商业银行通过持有工商企业股票，就可以达到牢牢控制和掌握工商企业的目的。德国的商业银行可以对工商企业进行投资参股和控股。法律对银行持股比例没有规定，但其控股投资一般不能超过银行自有资本的50%。事实上，在参与投资中，不仅是商业银行持有企业的股票，而且工商企业反过来也可以持有银行的股票。这形成了银行资本与工业资本更紧密的结合形式，金融资本的统治更为突出。日本既是商业银行持有工商企业股票的典型，也是工商企业持有商业银行股权的范例，这种"双向式"持股关系是日本商业银行与工商企业关系的一大特色。

第三，人事结合。由商业银行与工商企业的信贷关系和持股关系建立起来的这种控制影响关系都是实质性的利益关系。这种利益关系逻辑上要求通过人事结合而得到加强，并使之人格化。在日本，除了资本的融合而必然导致人事上的结合外，商业银行为确保贷款债权，还单方面派人到那些大量贷款的工商企业监督，协助其改善经营管理。

总之，商业银行通过对工商企业的渗透，在相当大的程度上取得了对工商企业的支配权和控制权，使它们变成为自己利益服务的工具。同时也应看到，通过这种渗透，商业银行也给工商企业带来了急需的资金，带来了经营管理经验，带来了信息，带来了市场，从而强有力地推动了工商企业的发展。

4. 步调一致的银行业发展趋势。20世纪70年代布雷顿森林体系解体后，美国在国际金融领域中的优势地位被打破，各国银行业之间直接的联系被割断了。但这并没有影响各发达国家银行业的发展步伐，恰恰相反，发达国家银行业在竞争公开化后，相互竞争愈演愈烈，直接导致和促进了各发达国家采取切实有效的措施来促进本国银行业的发展，提高本国银行业的国际竞争能力，由此也使发达国家银行业出现了几乎是步调一致的发展趋势。

（1）各国银行业集中度越来越高。随着科学技术和生产力的发展，生产的社会化和国际化程度不断提高，生产和资本的集中垄断已成为各发达国家银行业发展的一般规律和趋势。20世纪80年代后，随着发达国家经济金融化程度的加深，各国银行业在企业并购中的地位已经有了明显的提高，到90年代第5次企业并购高潮再次到来时，各发达国家银行业的并购规模已经占据了各国企业并购的主要地位。当发达国家银行业并购行为的规模越来越大、发生频率越来越高时，各国银行业的集中垄断程度也必然提高，最终结果将会是一些发达国家的银行业被几家大银行所控制，金融资本对国民经济和社会发展的影响也会越来越明显。

（2）各国银行业国际化越来越快。20世纪60—80年代，在以电子、通信和计算机等为代表的新技术革命的推动下，伴随着发达国家经济的稳定增长和国际贸易规模的进一步扩大、生产的国际化和国际分工水平的提高以及跨国公司的大量涌现和迅猛发展，发达国家的跨国银行得到了前所未有的扩张。跨国银行的快速发展及其他金融相关业务的快速国际化，已经成为当今金融业全球化的基本态势。20世纪90年代以来，各国银行机构和业务的国际化发展继续加快。

（3）各国银行业管制越来越松。为了支持本国银行业在激烈的国际竞争中取得优势地位，20世纪80年代后，各发达国家都加大了对原有银行管制制度的调整步伐，放松了自30年代经济大萧条后形成的严格的金融监管制度。各发达国家自80年代后对银行等金融机构管制制度的放松和改革被金融界称为金融自由化。银行并购高潮的掀起正是各国放松对银行业集中垄断和银行并购限制的一种结果。金融自由化的发展趋势还表现在各国放松了对银行等金融机构的机构设置、业务范围和界限等方面的管制。20世纪90年代后，许多国家都通过立法方式允许商业银行、证券公司和保险公司跨界经营，从而在全球范围内掀起了一股银行业混业经营的热潮。然而，2007年美国次贷危机引发2008年国际金融危机后，发达国家对银行业的管制相反又有所强化。

（二）主要发达国家银行金融体制的运转环境比较

任何国家银行金融体制的产生、发展、演变和运行都必须依赖于一定的社会环境、经济环境和金融环境。银行的性质、职能和作用、发展规模和发展水平都是与一定的运转环境紧密联系在一起的。

1. 银行金融体制运转环境的内容。银行金融体制的形成、运转和发展受到各种因素的影响，综合考虑各种因素，影响银行金融体制的环境主要有经济环境、社会环境和金融环境三方面。

（1）经济环境。它是一国银行金融体制存在的最直接最基本的条件。经济环境主要包括：①生产力发展的一般水平。社会生产力水平是人类自身在与自然的逐渐接触中，通过主动和被动的方式，在有意识的形态中，通过自身的努力过程，逐渐认识和把握自然的规律。②商品经济发展水平和市场机制的发达程度。一般而言，商品经济越发达，市场运行机制就越完善，货币流通规模和社会融资规模也就越大，形成银行这一货币流通中介的迫切性就越高。③市场经济主体的成熟程度。市场运行所涉及的经济主体主要包括作为微观经济主体的企业和作为宏观经济主体的政府。微观经济主体是市场运行的基础，商品社会企业应该是一个以追求利润最大化为经营目标的，具有独立决策权的自主经营、独立核算的经济实体；宏观经济主体是市场运行环境的保护者，政府的基本目标是维护合理、公平的市场竞争环境。④通信、信息等产业的发达程度。现代金融制度越来越依赖于通信和信息技术的发展，跨国银行庞大的国际运行系统必须借助于现代化的通信手段和电子计算机技术才能良好地运行。

（2）社会环境。它是一国银行体系形成和发展的基本背景。与其他环境因素相比，社会环境更加深刻地制约和影响着银行金融体制。社会环境的基本内容包括：①社会发展阶段。不同的社会发展阶段对金融和银行金融体制的要求是不同的。资本主义制度对银行等金融机构的要求就大大超过了资本主义之前的封建社会的要求，这也是发达国家银行金融体制发展迅速的一个根本原因。②政治稳定状况和开放程度。稳定的政治环境、较高的开放程度有助于经济的稳定发展，也有利于银行金融体制的建立和发展完善；不稳定的政治环境将直接导致政府财政赤字、通货膨胀，将严重冲击一国的银行金融体制；闭关自守的政治制度将大大束缚一国的经济发展速度，使金融及银行的发展受到限制。③法律法规的完善程度。完善的法律法规及管理制度，有利于促进社会、经济和金融制度的稳定，也有利于银行金融体制的稳定和发展。综观发达国家银行体制，无不建立在完善的立法基础上，这是资本主义银行制度稳定发展的重要前提条件。④市场经济意识的普及和强化程度。高度的、规范的市场经济意识便于人们按照市场经济的规则处理所遇到的经济问题，提高人们处理经济问题的道德水准，避免一些不必要的非法律途径的纠纷。

（3）金融环境。它是经济环境的重要组成部分，对银行体制具有更加直接、更加具体的影响。金融环境主要包括：①经济金融化程度。经济金融化是指社会经济生活对金融的依赖程度日益提高，金融对社会生活各方面的影响和作用日益深刻。衡量经济金融化程度的高低，一方面可以通过金融交易规模占社会交易总量的比重进行测算，另一方面也可以通过金融资产占社会总资产的比重加以衡量。经济金融化程度高的国家往往需要更多的金融机构，需要更多的金融服务部门。②货币信用制度的发育程度。货币信用制度的充分发展，是银行金融体制建立和运行的基础。发达的银行金融体制必然是建立在发达的货币信用制度之上的。③金融市场的发达程度。金融市场是一个国家商品市场的重要组成部分，是进行金融产品交易的场所。金融市场的发达程度是建立在众多经济主体参与金融市场交易的基础之上的，银行等金融机构既是金融交易场所的提供者，也是金融市场交易的主要参与者。发达的金融市场离不开银行等金融机构的积极参与，而银行等金融机构也从发达的金融市场活动中获取更多收益。

2. 银行金融体制的运转环境比较。发达国家的银行制度是伴随着资本主义经济的萌芽和快速发展逐步建立和完善的。13—14世纪，商品经济和国际贸易最早在地中海沿岸国家快速发展，意大利的热那亚、威尼斯等城市一度成为欧洲经济贸易的中心，这些城市最早组建了为商人服务的金融机构——银行，这是人类历史上最早出现的银行。此后随着欧洲贸易中心的转移，德国和荷兰等地先后也建立了一批银行。但这些银行不仅规模小，经营手段和经营能力也极其有限。直到17世纪英国等国家资产阶级革命取得胜利，解放了被封建制度所禁锢的社会生产力，资本主义得到了快速发展，真正具有现代意义的银行才得以建立和发展。

（1）英美银行金融体制的运转环境比较。第一，两国银行业金融体制形成的共同特征。英美两国的银行金融体制是建立在工业革命完成、市场经济充分发展的基础上的。其中以英国最为典型，英国是老牌的资本主义强国，最早完成工业革命，资本积累充分，其银行金融体制随着客观经济环境的实际需求而发展起来，具有明显的自然演进的特征。美国金融体制的形成在时间上晚于英国，然而其形成的历史背景总体上同英国比较相似，也是在完成工业革命、市场经济充分发展的基础上形成了独具特色的金融体制。美国通过独立战争和南北战争确立了资本主义的生产方式，实现了领土扩张，全面完成了工业革命，实现了工业化，成为资本主义世界第一大工业强国。两次世界大战不仅大大地刺激了生产力，促进了经济发展，同时也对美国金融体制的形成产生了重大影响，甚至成为中央银行产生的直接诱因，同美国第一银行、第二银行的成立直接相关。第二，两国银行体制形成的不同特征。英国是君主立宪国家，又因为其地域狭小、地区经济差别小，从而形成了典型的金融机构的总分行制。美国是联邦制国家，而且地域辽阔、人口众多，地区经济差别较大，不适于单一的集中管理，从而形成了双线多头的金融监管局面以及单一银行制度、单一州原则等。

（2）日本和德国银行金融体制的运转环境比较。第一，两国银行业金融体制形成的共同特征。日本和德国都是19世纪70年代后起的资本主义国家，两国资产阶级革命都不彻底，日本通过明治维新，德国通过普鲁士道路而迅速地跃居发达国家之列。两国都采用了金融超前发展的战略，其银行金融体制都是人为构造的结果。日本明治维新是一次不太彻底的资产阶级革命，封建幕府贵族势力相当强大，假如不能迅速地发展资本主义经济，就不能巩固明治维新的成果，也不能避免沦为西方列强殖民地的命运。在这种历史背景下，日本选择了一种"反弹琵琶"的银行业发展战略，通过政府强有力的支持和扶植而使银行业迅速发展起来，进而反过来再大大促进了日本商业资本和产业资本的形成和发展，形成了政府、银行和企业的"铁三角"关系。德国资本主义发展同样比英国晚。19世纪30年代德国开始进入工业革命，直到1875年才宣告完成。德国资本积累有限，经济发展相对落后，具有赶超列强的巨大动力和压力。这表明德国当时所处的国内环境和国际环境并不比日本乐观。在这种国内外经济金融环境之下，德国制定并推行了既与日本相似又有许多不同特点的金融适度超前发展战略。这种适度超前的金融发展战略同样对德国经济发展发挥了重大作用，促进了银行资本和产业资本的融合，也进一步形成了政府、银行和企业三者联合的"铁三角"关系。第二，两国银行金融体制形成的不同特征。尽管日本、德国银行金融体制都是人为构造的典型代表，但两国银行业务制度仍然具有很大的差异性，形成了各自鲜明的特色和风格：日本形成了专业化的银行业务制度，而德国形成了综合化的银行业务制度。造成这种状况的主要原因是其各自的社会经济环境，社会经济环境的差异使其选择了不同的银行业务制度。日本和德国的银行资本和工业资本的结合都最为突出紧密，银行资本对工商企业都具有压倒性的影响力，但是结合和影响的方式却很不相同。德国银行通过持股和各种形式的参与监护企业的组成、改组和并购，而日本银行则通过对工商企业的大量短期、中期和长期贷款控制企业并促进日本经济的发展。两国虽然都实行全国性银行分支行和地方性银行分支行并存的银行制度，两国财政部银行监督管理局都同中央银行一起对商业银行进行监督管理，但德国中央银行的独立性相当大，而日本中央银行相比之下独立性要小很多。

（3）美国和日本银行业金融体制的运转环境比较。美国和日本经济制度相同，经济发展水平相当，但银行体系的形成过程却截然不同。这种差异在一定程度上要归咎于两国对封建专制的不同认识。

从美国来看，1775—1783年的北美独立战争是一次彻底的反殖民主义、反封建主义的资产阶级革命，它对英国在北美的殖民统治和国内的封建势力予以毁灭性打击。因此，在美国确立了资本主义生产方式以后，君主至上、独裁强权等封建社会意识迅速被资产阶级的所谓自由、平等、民主等社会意识所冲淡和取代。由于资产阶级崇尚自由放任、自由竞争，反对各种人为干预，因此，美国政府对银行体系构造中所渗透的所有人为因素，都遭到了来自各州、各资产阶级阶层的强烈抵制，这迫使政府一再放弃初衷，而接受"自然的才是和谐的"这一法则。这便是美国银行体系自然构造的一个重要原因。

日本与此不同，1868年开始的明治维新是一次不彻底的资产阶级革命，是明治政府对根深蒂固、势力强大的封建阶级妥协退让的产物。因此，尽管日本确立了资本主义生产方式，但是，封建势力、封建意识却顽强地遗留下来，同资本主义社会意识混合生长，从而造就了日本的特殊国情和本民族的特殊社会意识形态，即在推崇自由、平等、民主的同时，也慑服于国家的强权和威力。受这种社会意识支配，不仅日本政府具有对银行体系构造进行人为干预的强烈欲望，并屡屡付诸行动，而且日本社会各阶层也易于接受政府的人为干预，且往往求助于政府的人为干预。这一点便成为日本银行体系人为构造的一个重要因素。

（三）　主要发达国家银行金融体制的构造方式比较

尽管各发达国家银行金融体制的形成历史存在着明显的差异，但不同社会经济环境的国家却以不同方式形成了当前同质同构的银行体系。这一事实说明，各国银行金融体制在构造方式上的差异并不会影响银行金融体制发展的最终结果。但是深入研究各发达国家在银行金融体制构造过程中的差异，对于掌握银行金融体制的基本规律却具有重要意义。

1. 银行金融体制构造方式的分类。银行金融体制的构造方式可以从不同角度进行划分。按照银行金融体制的形成与发展过程，可以将其划分为初始构造和再构造。按政府在银行金融体制构造中的作用，可以将其划分为自然构造和人为构造。

（1）初始构造和再构造。银行金融体制的初始构造是指一个国家在特定社会性质的金融机构一无所有的情况下，建立起具有一定质的规定性和量的规定性的银行金融体制。发达国家银行金融体制的初始构造是与它们资本主义生产方式的萌芽及确定的进程相适应的。在17

世纪末期，英国率先开始进行银行金融体制的初始构造，在 18 世纪和 19 世纪，法国、美国、意大利、荷兰、日本和德国等也相继建立起资本主义商业银行。从中央银行体制来看，发达国家中央银行的初始构造主要集中在 19 世纪中后期和 20 世纪初期这段时间内。其中以英国为最早，英格兰银行在 19 世纪中期便事实上取得中央银行的地位。以美国为最迟，联邦储备体系于 1914 年才确立。

银行金融体制的再构造是指一国对业已建立的银行金融体制重新进行配置和调整，从而使银行金融体制发生或全局性的、或局部性的、质的变化。在发达国家，各银行金融体制再构造的历史阶段有所不同。总体而言，美国银行金融体制的再构造可以以第一次世界大战为界线分为两个阶段；西欧和日本等国家银行金融体制的再构造则可以以第二次世界大战为界线分为两个阶段。在每个阶段内，各发达国家银行金融体制再构造的内容不尽相同。在第一阶段，美国银行金融体制的再构造是确立双线银行管理制度；日本银行金融体制的再构造是设立各种特殊银行和其他银行的兼并与集中；西欧国家银行金融体制的再构造是商业银行分支行的扩充和总行的兼并与集中。在第二阶段，各国银行金融体制再构造的内容更加复杂。就中央银行而言，它们都赋予了中央银行宏观调控的职能，并建立健全货币政策工具。就商业银行而言，它们则各具特色。美国是以商业银行的分支行和代理行制度逐渐突破单一银行制度，将专业储蓄银行转为普通银行，实行同类银行升级、异类银行合并和银行种类多样化，使非银行金融机构形成寡头；西欧国家是推进银行种类多样化、银行的集中和分支行的扩散。

（2）自然构造和人为构造。银行金融体制的自然构造是指国家不直接决定银行的设立、合并或撤销，而是适应商品经济自然发展过程及其内在要求，通过颁布相关法规限定金融机构设立、合并或撤销的基本原则和条件，粗线条划分各类金融机构的业务性需要，自然地形成、演化、发展的银行金融体制构造方式。这种发展进程并不是事先可以设计好的或有明确目标的，只有少数几个资本主义发展历史悠久的国家才具备银行体制自然构造的条件和可能，从而形成了银行金融体制演进的一般模式。

银行金融体制的人为构造是指一些国家政府采取人为办法，强行建立、合并或撤销银行及其他金融机构，通过立法方式强制建立符合该国社会经济发展要求的银行金融体制的构造方式。这种银行金融体制的发展进程可以省去自然构造所需要的漫长时间，使这些国家的银行金融体制通过人为方式在一个较短的时间内建立并运行起来。人为构造建立在银行金融体制自然构造方式的基础上，依据自然构造的最终结果直接建立起政府所需要的银行金融体制。

2. 银行金融体制构造方式的比较。比较发达国家银行业金融体制的建立和形成过程，不难发现，发达国家银行业金融体制的初始构造早在 17 世纪末期便起步了。19 世纪末 20 世纪初，随着垄断资本主义经济的发展，各国银行金融体制开始了再构造。第二次世界大战之后，各国极力发展国家垄断资本主义经济，银行金融体制再一次进行了再构造。从自然构造与人为构造角度分析，英国是银行金融体制自然构造的典范，日本是人为构造的典型，而美国则是人为构造和自然构造相结合的代表。

（1）自然构造的英国模式。英国是银行金融体制自然构造方式的典范。伴随着英国资本主义近600年的发展过程，其银行金融体制随之产生、发展，无论是股份制商业银行还是中央银行，都是在一定的客观历史条件下适应了资本主义商品经济发展的需要，按其自身固有的规律自然演进发展起来的，很少人为干预。英国的典型意义不仅在于这种自然构造方式同人为构造方式泾渭分明，而且在于这种自然构造方式的彻底性。

具体表现在：第一，银行业自然繁衍。自英格兰银行创设以来，英国银行业在不断的经济危机、20世纪30年代"大萧条"和两次世界大战的风风雨雨中，在剧烈竞争的角逐中不断兼并，不断再生，又不断派生，迄今已经形成以四大零售性银行巨头为主体，以若干其他银行为补充的银行体系。第二，各类商业银行机构能够长期共存。英国政府并不对某类商业银行机构的设立或撤销进行人为直接干预，因此，英国的商业银行自创设以来一直分为零售性银行和商人银行两类，并设立有专司票据贴现业务的贴现行。第三，商业银行的高度集中和垄断。早在19世纪末20世纪初，英国就形成了五大银行巨头，第二次世界大战后又进一步演变为四大银行巨头。第四，英格兰银行作为中央银行对各类金融机构的管理采取最为宽松、间接的方法。它没有系统的成文管理法，形式也不带强制性，而是采取主动建议、忠告方式。英国金融法规日益健全和完善，这一方面为各类金融机构的自主设立、兼并或撤销提供了法律依据，另一方面也为政府监督和管理各类金融机构提供了法律手段，避免了各种人为行政干预。

（2）人为构造的日本模式。日本政府积极涉足银行金融体制的构造，从而使它的银行金融体制构造方式鲜明地区别于其他发达国家，成为独树一帜的人为构造方式的典型。其主要特点是：第一，国家直接出资设立各种专业性银行。从20世纪初开始，日本政府就通过立法形式建立了一批专业性银行和政策性银行，使专业性银行和政策性银行在日本银行体制中占有非同一般的重要地位。第二，国家通过不断颁布和修订银行条例和法规，对私人银行的设立、合并和改组进行强有力的干预，并通过大藏省和日本银行对其实行严格的监督和管理。第三，积极改组和淘汰中小银行，政府对银行并购行为给予积极支持和鼓励。1896年日本颁布《银行合并法》，规定了银行合并的要求和程度。1911年日本大藏大臣通告各地方长官，要求合并小银行以避免相互竞争，奖励银行合并，简化合并手续。1927年日本颁布了新《银行法》积极鼓励合并，并对银行资本最低限度进行重新规定。日本政府对银行并购一直持鼓励、积极推进的态度，与欧美国家存在着明显区别。

（3）人为构造与自然构造相结合的美国模式。美国银行金融体制在世界各国中是特点鲜明而影响巨大的。从北美银行到联邦储备体系的建立，美国银行金融体制经历了一个多世纪艰难而曲折的发展演变过程。它的形成是自然构造和人为构造相互交替、相互适应、共同作用的结果。具体表现在：第一，美国建国之时，还没有现代意义的银行机构，随着经济的逐步发展和战争的需要，由美国国会财政管理官提议、经国会批准，美国第一家银行——北美银行于1782年建立，作为在州政府注册的银行，北美银行与联邦政府却保持着密切的联系，是联邦政府持有大部分股权的政府银行。在联邦政府的努力之下，经国会批准又先后建立了美国第一银行、美国第二银行，它们都是公私所有而以私人所有为主、公私共管而以公管为主的带有中央银行某些性质的全国性银行。但是，政府建立国家银行制度不符合美国崇尚自由竞争的精神，州政府对联邦政府特权日益扩大始终存有戒心，美国第一银行、第二银行在批准营业期满之后遂即停业，预示着联邦政府人为构造银行体制阶段的结束。第二，美国第一银行、第二银行停业后，自由银行制度随之诞生，开设银行只要拥有充足的资本，并按照法律规定履行义务就不必逐个审议而可以直接领取执照，从而出现了建立新银行的浪潮。国民银行制度的实施，规定了银行的最低资本额、法定准备金和贷款条件等限制因素，提高了银行的安全性和金融业的稳定性。1914 年，联邦储备体系的正式建立标志着美国现代银行金融体制的形成。

（四） 主要发达国家银行业务制度的比较

各国银行业务制度的划分标准并不一致，综合起来有以下划分方法：短期性银行业务与长期性银行业务的分离或结合；间接金融业务与直接金融业务的分离或结合；银行性业务与非银行性金融业务的分离或结合；商业性银行业务与政策性银行业务的分离或结合。一般而言，凡上述二者结合的属于综合化银行制度，分离的属于专业化银行制度，其他的属于这两种业务制度的混合、交叉或变形，也属于综合化银行制度。

1. 日本的专业化银行制度。日本是实行专业化银行制度的典型国家。日本经济的二重结构要求有一种二重的多层次专业化分工的金融机构。日本的金融机构大都是按不同的业务领域来设置。第二次世界大战后日本经济濒临崩溃，企业破产倒闭，经济结构畸形，经济急需恢复发展，急需大量资金而又严重缺少资金，这些因素要求银行体制的形成既要考虑到经济结构和形势的现状与需要，又要便于发挥集中资金的职能。日本民族社会的历史沿袭因素也是不可忽视的重要方面，专业化银行制度特别便于政府的严格控制管理，显示了多方位、分层次、分系统严格监督控制管理的特征。

专业化银行制度有利于集中资金，重点用于特定领域或行业；有利于一国经济结构的调整和改革，有利于经济的稳步发展；有利于宏观经济的控制和调节；有利于政府的监督和管理，易于达到干预经济的目的。在资金严重不足而又急需发展的国家，专业化银行制度对于财力的有效集中和重点使用，促进工业的现代化从而带动整个社会经济的发展是卓有成效的。但是专业化银行制度也存在一些问题：第一，专业化银行制度不利于专业银行自身的扩张，限制了银行的扩张能力，最终将导致专业银行竞争能力的丧失。第二，专业化银行调度资金的能力受到限制，只能从某一领域或某一行业调动资金，难以满足日益扩大的工商企业发展规模的要求。第三，专业化银行制度造成的银行林立的局面也不利于金融监管当局对银行的监管。

2. 德国的综合化银行制度。由于历史习惯和银行体制构造方式不同，或者是由于法律规章的诱导、约束和强制，发达国家在其银行体制的演进过程中形成了迥然不同的银行业务制度。尽管大多数发达国家都接受并采用了专业化银行制度，但德国早在 19 世纪中后期就形成了独特的综合化制度。100 多年后，各发达国家银行业务制度的最新发展却似乎在证明综合化银行制度更具发展前景。

综合化银行制度，即混业经营制度，是指对银行业务性质、经营范围不加限制的银行业务制度。在综合化银行制度下，银行的经营范围不受严格的法律限制，各银行可以根据自身的经营能力决定介入其他金融行业，一个银行可以同时介入短期信贷、长期信贷、投资银行、证券、保险等业务，因此综合化银行也通常被称为"全能银行制度"（Universal Banking

System）。

综合化银行制度可以满足金融机构追求利润最大化的要求，在传统银行业务利润较低时，转向其他相关行业，尤其是相近的投资银行业务。这种方式有利于金融机构分散投资风险，金融机构可以通过实行多元化经营，达到分散风险，多渠道获利的目的；有利于进行金融创新，获取超额利润。实行综合化银行制度以后，金融机构可以结合传统商业银行业务和投资银行业务进行金融创新，获得新的生机与活力，获得最大经营利润。综合化银行制度的不足之处在于：银行有可能违背存款人意愿从事高风险活动；银行有可能利用资金优势操纵股市，造成证券市场的不平等；银行经营风险加大，由于银行业涉及股市，一旦股市出现波动，银行资金安全受到挑战，银行经营安全受到威胁，有可能造成整个信用系统的混乱。

二、主要发达国家保险金融体制的综合比较

保险作为社会经济运行的"稳定器"，已成为各国国民经济的一个重要组成部分，随着社会经济的不断发展，保险业的地位将越发显得重要。因此，比较研究发达国家先进的、健全的保险市场金融体制具有重要的现实意义。前述相关内容主要以美国和日本的保险市场为代表对保险金融体制的演变与特征进行了分别阐述，以下将从发达国家保险业角度对其进行综合比较。

（一）各国保险业务类别的比较

一般而言，各国保险种类大致可以概括为寿险和非寿险两大类。

1. 寿险。寿险又称为人寿及健康保险，是以人的寿命和身体为保险标的的一种保险，包括人寿保险、健康保险、伤害保险和养老保险等。通常，上述几个险种的保险范围按以下标准划分：死亡属于人寿保险，即寿险的范围；存活一定期间属于年金、养老保险的范围；丧失能力属于伤残保险的范围；受伤或患病属于健康保险的范围。

2. 非寿险。非寿险是指人寿与健康以外的所有保险。各国的非寿险一般包括两大类：一类是财产保险，另一类是责任保险。

财产保险是以财产为保险标的的保险。各国财产保险的主要险种大体上有火灾保险、机动车保险、海上保险、航空保险、工程保险、农业保险、运输保险等。尽管各国的财产保险的险种大体相同，但每个险种的界定、承保范围和赔偿方式都有一定的差异。例如，火灾保险，国际上一般认为它是以动产和不动产为保险标的，对因火灾致使标的遭受损失予以补偿的一种保险。但英国和美国对火灾保险的解释存在很大的差异：美国对火灾的解释强调有燃烧、发热及火焰，而英国只强调点燃并有燃烧；美国火灾保险单的保险范围是火灾、雷击和闪电、爆炸和抢救（标的物因受威胁时发生移动而遭受的损失），英国只包括火灾、雷击和闪电以及爆炸而使标的物遭受的损失，不包括抢救款项。

责任保险是以被保险人的民事损害赔偿责任为标的的保险。凡是法律规定的被保险人对他人造成的损害应负的经济赔偿都属于责任保险的赔偿范围。责任保险与财产保险的性质完全不同，责任保险的标的是被保险人法律上的经济赔偿责任，而财产保险的标的是财产。各国的责任保险可以概括为三类：企业责任保险、个人责任保险和职业责任保险。

虽然各国在保险业务分类上大体相同，但在具体保险业务的名称及分类上又存在差异。①美国的保险业务分为人寿与健康（包括人身事故）保险、财产与灾害保险两大类。人寿保险可以被划分为风险保障型人寿保险和投资理财型人寿保险。风险保障型人寿保险偏重于保障人的生存或者死亡的风险。风险保障型人寿保险又可以分为定期死亡寿险、终身死亡寿险、两全保险、年金保险。投资理财型人寿保险产品侧重于投资理财，被保险人也可以获得传统寿险所具有的功能。该类型保险可以分为分红保险、投资连结保险和万能人寿保险。财产与灾害保险为个人、团体规避财产损失或第三方造成损失提供保险。财产与灾害保险包括个人和团体汽车、住房、团体财产、医疗事故和海上保险。②日本的保险业务分为生命保险（寿险）和损害保险（非寿险）。此外，还有第三领域保险（包括癌症、医疗和人身意外伤害保险）。③英国的保险业务分为寿险和财险。寿险中养老金保险发展最为显著。财险中汽车险所占比例最高。④法国的保险业务有财产险和人寿险两种。财产险包括汽车险、企业财产险、家庭财产险、一般第三者责任险、农业财产保险、海上运输保险、建筑工程保险、法律保障保险等；人寿保险业务又可分为储蓄型保险、养老金保险、团体保险、健康保险及人身意外险、健康人寿保险等。

（二）各国保险经营方式的比较

各国保险的经营方式大概有三种：代理制、经纪人制和直接推销制。

1. 代理制。代理制，即代理人经销，是美国保险公司的主要经营方式。代理制就是保险公司通过各种代理人销售其保险单的经营方式。代理制中，保险公司的业务基本上完全依靠代理人的活动。代理人根据保险公司的授权从事业务。根据授权范围和业务范围，代理人可分为总代理人、地区代理人、专业代理人、特别代理人等。代理制是各国保险业普遍采用的一种经营方式。代理制是美国、日本和韩国保险业的主要经营方式。

2. 经纪人制。经纪人制，即以经纪人为销售主体，是英国保险公司的主要经营方式。经纪人制是指保险公司依靠经纪人获得业务来源以销售其保险单的经营方式。保险经纪人是为被保险人服务并代表被保险人利益的，然后从被保险人所支付的保费中扣除其佣金。英国是世界上实行保险经纪人制度的典型国家。在劳合社市场上，被保险人的保费申请、保险契约的成立、保费的支付以及赔偿问题，都由经纪人安排。因此，英国保险业经纪人队伍庞大，经纪人制度比较健全。

3. 直接推销制。直接推销制，即直接销售，是大多数保险业不发达国家的主要经营方式。直接推销制是指由保险人亲自登门推销的经营方式。这种方式在保险业发育初期、代理制或经纪人制度不发达时较普遍采用。现在，发达国家已经很少采用这种方式，而一些发展中国家仍较多地采用直接推销制这种经营方式。

（三）各国保险资金运用的比较

在当今各国保险业中，资产与负债业务并驾齐驱已经成为各国保险业发展的一般趋势。保险公司根据保险资金的结构积极对外投资，这不仅扩大了保险公司的业务范围，而且使保险公司从传统的补偿职能向补偿职能兼金融职能的综合性金融企业发展。

1. 资金运用模式比较。各国保险业资金的运用模式大体可以分为三类。

（1）投资管理公司运作。许多规模庞大的保险公司不仅拥有一家全资的资产管理公司，还收购或控股了其他基金管理公司，有着独特的投资理念和鲜明的业务特色，拥有投资领域内出色的专业队伍。如美国国际金融集团分设了资产管理集团，其主要公司是 AIG 全球投资集团（AIG GIG），管理 AIG 资产 410 亿美元，第三方资产 350 亿美元，共计 760 亿美元，还管理着其他五家投资或控股的资产管理机构，经营不同产品以满足客户多样化的需要。

（2）投资部运作。一些保险公司在总部设立专门的投资部，负责管理公司的投资账户资产，同时对国外子公司或分公司的投资业务进行监督。这些公司按部门、险种进行资金运用，有利于公司对其资产进行直接管理和运作。美国大都会人寿保险公司，其业务遍及美国本土，同时还服务于阿根廷、巴西、印度尼西亚、墨西哥和中国香港等国家和地区。大都会在总部设立了专门的投资部，不仅从事资产经营活动，而且直接参与保险产品的开发，管理 1 500 亿美元的一般账户资产，同时对其海外公司投资业务进行监管。

（3）第三方投资管理公司运作。再保险公司、产险公司和小型寿险公司将主要资产委托给其他专业化投资机构进行管理，而提供委托管理的专业化投资机构主要是一些独立的基金公司和部分综合性资产管理公司。这种模式有利于减少资产管理中的各项成本支出，还可以充分利用专业机构的专业化优势和成熟的经验。目前，国外大型保险集团或寿险公司大多已开始放弃投资部运作模式，转而采用第三方投资管理公司进行运作。

2. 资金运用范围比较。由于各国金融制度的差异，各国保险资金的运用出现了比较大的差别。美国保险公司的资金主要投资于债券和股票市场；日本保险公司的资金近年来主要投向房地产，泡沫经济的破灭使一些保险公司遭受了巨大损失。大多数发展中国家的保险资金主要投资于银行存款和政府债券。但近年来，各国保险资金证券化的趋势在不断加强，并且保险公司持有的外国债券的比例也在不断上升。

（1）美国保险资金的运用范围。美国保险资金主要投资于债券和股票市场，但在具体的资金运用形式上，美国保险公司须按法律规定投资，包括投资项目的审批权、允许投资的项目、禁止投资的项目以及投资评估。投资项目一般由保险公司董事会批准，但有些州的法律也允许保险公司投资委员会批准，对人寿保险公司和财产责任保险公司的投资形式和数额，各州规定不同。未被明确允许的投资都是禁止的，所有投资要依据一定的评估标准，在保险公司递交的年度、季度报告中进行估价。

（2）英国保险资金的运用范围。英国对于保险公司的资金运用，除非在很严格的特别情况下，一般无具体类型的投资所占资产比例的要求，但为了避免保险公司投资风险过于集中，对货币匹配、本土化和资产价值等实行了一定的总额控制。

（3）日本保险资金的运用范围。日本保险公司可选择的资金运用形式包括购买有价证券、房地产、货币债券、黄金、货币贷款、有价证券抵押放款、银行存款或邮政存款、货币、货币债权、有价证券或房地产信托、有价证券指数等期货交易。不过，为了避免风险过于集中，对这些资金运用形式也有最高限额的规定，如国内股票投资不超过资产总额的30%，不动产投资不超过资产总额的 20% 等。

（四）各国保险经营范围的比较

随着各国经济全球化、经济金融化、金融全球化和金融自由化浪潮的兴起，各国保险业经营范围都发生了重大变化，兼营与混业经营逐渐成为新的发展趋势。大体而言，各国保险业经营范围主要可以分为以下两类。

1. 兼营比较。兼营是指保险组织可以同时经营财产保险（包括责任保险）业务与人身保险业务。因为财产保险和人身保险两者无论是承保对象、保险期限、定价费率、准备金提存、偿付能力和经济核算，还是经营管理和业务技术等都存在差异，因此，世界各国一般将二者分开经营。

（1）美国的兼营模式。美国大多数州禁止保险公司兼营寿险和非寿险，但人身意外伤害保险和医疗保险不在此限。然而，激烈的市场竞争使保险联合首先在财产险与责任险的领域内出现，而后又扩大到寿险领域。财产险与责任险公司和寿险公司分别通过设立控股公司的方式实现多种业务的交叉经营和保险经营上的联合，或者通过子公司兼营。

（2）英国的兼营模式。英国的保险组织不得同时兼营人身险业务和财产险业务，但在1982年《保险公司法》颁布前已经兼营两类业务的可以例外。兼营公司的寿险与非寿险在会计或资金上必须分离，分别维持偿付能力。意外伤害险与健康险属于损害保险公司的业务范围，但人寿保险公司可用特约方式承保这两类保险。

（3）日本的兼营模式。日本的人寿保险和损害保险在1990年以前必须独立经营，保险公司不准兼营这两种业务，但经营人身的公司可以经营人身险的再保险业务。1990年5月，日本国内迫于竞争的压力，也由保险审议会承认了通过财险母公司设立寿险子公司或寿险母公司设立财险子公司的方式实现产寿险的相互渗透，但伤害险、意外险、健康险等第三领域保险除外。产寿险的兼营采用的是专业控股公司的方式，原先通过政府和同业协会对市场进行划分的痕迹并没有消除。

2. 兼业比较。兼业指保险业可兼营保险以外的其他业务，非保险组织可兼营保险及类似保险的业务。美国20世纪30年代大危机以后，银行、证券和保险实行分业经营和分业监管，直到1999年美国通过了《金融服务现代化法》，才彻底结束了分业经营和分业监管的局面。银行、保险和证券可以通过控股公司的方式相互渗透，但不允许以子公司的方式进行业务渗透。英国的保险组织，除非是经贸工部大臣批准或在1982年《保险公司法》颁布前设立的，其余均不得兼营保险业务。英国不同于欧洲大陆国家实行全能型的银行体制，因此，在金融混业经营上进展较缓慢。不过，随着经济全球化、经济金融化和金融全球化的发展，金融机构的竞争日趋激烈，银行、保险与证券之间的界限开始被新的方式所打破，如保险和银行之间的销售联盟、合资公司、兼并收购和直接进入等。近年来，由银行、保险公司联合经营保险业务——银保（Bancassurance）已成为大多数国家销售保险合同，尤其是寿险合同的重要途径之一。

（五）各国保险经营形式的比较

各国保险业经营形式既有相同之处，如普遍建立的股份保险公司和相互保险公司，但由于各国政治、经济、金融和习俗等方面的差异又有所不同，主要表现如下：

1. 美国。美国保险组织的种类很多，有股份保险公司、相互保险公司、互惠保险社、艰苦费用协会、美国劳合社、业主自保公司等，但股份保险公司和相互保险公司是目前市场的主体。股份保险公司是为盈利而组织起来的，其特点是公司收取的保险费是根据精算的结果事先收取固定的保险费。相互保险公司是归保单持有人所有的保险组织，主要为其成员提供保险服务。它没有资本作为股份，不进行利润分配。在支付各种保险赔款和各项经营费用之后的剩余资金都返还给其成员。它不需要事先支付确定的保费，可以事先支付一部分，若需要，不足部分可在未来补足。

2. 英国。英国的保险组织包括：（1）股份保险公司，它约占80%的非寿险市场和60%的寿险市场。（2）相互保险公司，它在非寿险业务中约占10%，而在寿险业务中约占30%。（3）政府保险公司。（4）劳合社。（5）其他组织则包括相互补偿社、相互友爱社和自保公司。英国的保险市场可以分为公司市场和劳合社市场，其中，公司市场中的保险人组织形式通常采用相互保险公司、股份有限公司和相互保险社等形式，其承保力量比较雄厚。

3. 日本。日本的保险组织包括：（1）相互公司。它不以盈利为目的，最高权力机构为成员大会或成员代表大会。（2）股份保险公司。日本的保险组织主要采用股份公司，这既与日本保险业务相对其他发达国家开始较晚有关，又与日本政府的行政指导有关。

4. 德国。德国的保险组织包括：（1）股份有限公司。（2）相互保险组织，它是由所有参加保险的人按照相互原则自己设立的保险法人组织。（3）依照公司法设立的公司或其他企业机构或协会，它是依照公司法设立而对公务人员或教会职员提供专业的老年、残疾或生存利益的保险经营组织。

（六）各国保险业行业协会的比较

行业协会属于民间团体，主要职能是协调会员间的关系，监督会员的业务行为，它是政府行政监督的重要补充。而且一个国家市场体系越完善、市场经济越发达，行业协会的作用就越明显。

1. 美国的保险行业协会。美国保险管理组织除了保险管理官协会外，还设有一些专业组织协会，具体指导保险的经营活动，如精算师协会、全美保险经纪人协会、海上承保人协会、美国经济及代理人协会、全国人寿保险协会、美国特许人寿保险经销商和特许金融顾问协会、百万美元圆桌会、美国保险代理人协会、独立理赔人协会等。这些同业协会不仅通过制定一系列的行业自律条例及守则，从业务专业水平、销售职业道德、日常行为规范等方面来对从业人员加以约束，而且负责对从业资格的审查、考试的组织、佣金的管理及日常行为的监督。此外，它们还建立了保险信息档案库，对执行情况进行全面记录，并接受社会公众的查询和投诉。因此，它们是沟通政府保险监督当局与保险组织的桥梁，对于提升保险组织的整体形象，加强社会公众的信心和信任起到了很大的作用。

2. 英国的保险行业协会。英国的保险行业协会数量众多、类型广。英国保险联合会成立于1917年，是几乎所有保险公司的同业公会。此外，还有劳合社理事会、伦敦海上保险人协会、利物浦海上保险人协会、火灾协会、职业寿险公司联合会、人寿保险公司联合会、苏格兰人寿保险公司联合会、意外事故及航空协会，在国际业务上，还有航空保险人国际联合会和国际海上保险联盟。由于英国的保险管理是开放自由式的，政府对保险管理较少，因此，保险行业协会就承担了大部分的保险监管工作。

3. 日本的保险行业协会。1908年，日本成立第一个保险行业公会——生命保险协会，1917年，由几乎所有的非寿险公司成立了大日本联合火灾保险协会，订立了统一的费率协定。目前，日本生命保险协会和日本损害保险协会是最重要的日本同业公会，其主要活动有：有关保险理论的研究和宣传、相关业务的调查、提出有关保险的意见、建议；制定行业规范；有关保险的广告宣传；举办保险中介人的进修和考试等。保险界还有预算师协会、保险经纪人协会、日本公估人协会等专业协会。

三、主要发达国家证券金融体制的综合比较

证券市场是随着商品经济和信用制度的发展而产生和发展的，是商品经济发展的必然产物。由于发达国家商品经济和信用制度产生和发展的社会、政治和经济金融环境不同，因此，其证券市场体制在形成与发展中也表现出鲜明的国别特征，这方面内容已经在前面章节以美国和日本为例重点进行了分析。本部分重点对主要发达国家证券市场金融体制进行综合比较。

（一）主要发达国家证券市场结构比较

1. 主要发达国家证券市场的主要工具。证券市场的工具，即证券市场上的"商品"，也就是资金的需求者为了达到筹资目的而发行的各种有价证券，一般分为债券和股票两大类。

（1）债券。债券可分为政府债券和公司债券。政府债券又分为两大类。一类是中央政府债券，包括：①短期国库券。期限一般为90天或180天，最长可达1年。这种债券具有流通性强、安全可靠的特点，是一种非常流行的投资工具，是货币市场交易的工具。②中期债券。其期限为1~10年。这种债券的流通性不如国库券，但和国库券一样，由政府担保发行，因而非常安全可靠。③政府公债。其期限为10年以上。这种债券除了期限与上述两种不同外，其他方面的区别不是很大。另一类是地方政府债券。这种债券一般以地方政府的信用、征税权以及公用事业的收入来担保，因而具有一定程度的安全性。

公司债券是公司、企业为筹集长期资本而发行的债务凭证，其种类很多。按有无担保（抵押品）可分为抵押债券和信用债券（无抵押债券）；按能否转换为股票可分为普通公司债券和可转换公司债券；按利率能否浮动，分为固定利率债券和浮动利率债券；按募集方法，分为公募债券和私募债券；等等。

（2）股票。股票是股份公司发给股东的所有权凭证，代表了股东对企业的所有权。股票的种类有数十种。按权利内容不同，分为普通股和优先股；按票面形式不同，分为记名股票和不记名股票，面额股票和无面额股票，全股股票和半股股票等；按选举权，分为有选举权或B种股票和无选举权或A种股票；按能否上市，分为上市股票和非上市股票。

2. 主要发达国家证券市场的结构比较。由经济发展一般规律所决定的各国证券市场发展有其共同的特性。但由于各国经济结构、产业结构以及政策重点的差异，发达国家的证券市场结构呈现出鲜明的特性。

（1）以债券发行为主是发达国家证券市场的共同特征。在市场经济发达的国家中，对企业来讲，发行债券往往比股票更具吸引力。20世纪70年代以来，美国证券发行主要是以债券的发行为主。1970—1989年，美国企业债券融资占其外部融资总额的96%。1993年美国债券市值为127 000亿美元，超过股市75 000亿美元的近50%。美国债券发行中，政府债券的比例高达69%，其中，中央政府债券最多，占41%左右。截至2012年7月31日，未偿付的可流通国债达到了10.6万亿美元。其中，短期国债1.58万亿美元，占比14.91%；中期国债7.07万亿美元，占比66.67%；长期国债1.17万亿美元，占比11.03%；通胀指数国债0.78万亿美元，占比7.39%。

日本证券市场是以政府债券、金融债券为主。日本证券市场的证券结构与英美的相同之

处在于，政府债券在证券发行市场中占有主导地位，金融债券次之。不同之处在于，日本中央政府发行的债券在证券发行总额中所占的比重低于英美国家中比重，金融债券所占的比重却大大高于英美国家中比重，企业债券发行量所占比重亦低于英美国家中比重。英国的金边债券在发行市场和交易市场中都占有主导地位。自英国证券市场创建以来，政府金边债券一直是英国证券市场发行量和交易量最大的品种。金边债券发行量占整个新证券发行量的比率平均达到61%，金边债券市场对英国证券市场起到了较大的稳定作用。德国的法兰克福证券市场中，债券交易一直占有主导地位。

（2）机构投资者是发达国家证券市场中的主要交易主体。发达国家证券市场的交易主体大体可以分为两种类型：一类是以机构投资者为主；另一类是以私人投资者为主。

西方主要发达国家证券市场发育完善，市场的投资主体主要是机构投资者。20世纪90年代以来，随着金融全球化、资产证券化的发展，共同基金、养老基金、人寿保险公司等机构投资者的资产急剧增长，它们在全球进行多元化的证券投资。1980年这些国家的机构投资者投资于海外证券市场的资产总额不到5%，到20世纪90年代中期，其投资组合中海外证券资产的平均份额已上升到20%左右。

美国证券市场机构投资者的比重上升，个人投资者的比重下降。个人投资者拥有的上市公司股票的比重从1980年的70.3%下降到2006年的26.6%。美国的机构投资者主要有私人养老基金、政府养老基金、保险公司、共同基金等。机构投资者拥有的上市公司股票的比重从1990年的37.8%上升到2006年的59.7%。2006年，个人投资美国国债的比重约为3%，私人机构投资者持有美国国债的比重约为15.3%。美国政府机构以及信托投资基金包括社会保障投资基金和其他一些联邦机构，持有近40%的联邦政府债券。此外，联邦储备银行持有的美国国债总量接近10%。外国投资者，包括外国的中央银行、政府以及其他的国际投资者持有美国国债的比重近年来有明显上升，占比达到了美国联邦政府发行全部公债的25%。这些外国投资者主要集中在中国、英国和日本。个人投资公司债的比重约为7.5%；私人机构投资者持有公司债的比重约为58.8%，其中外国投资者占比29.5%，其他投资者占比3.8%。

英国证券市场的投资者主要是以保险公司和养老基金为主体的机构投资者，保险公司主要持有国内股权，养老基金主要持有国外股权。德国证券市场比较缺乏像美国市场上那样众多的机构投资者，其最大的专业投资者为保险公司。而其他的专业投资者，如互助基金等则很少。

（二）主要发达国家证券市场发行方式的比较

证券发行市场又称为一级市场或初级市场，是为证券市场发行提供服务的场所。证券发行包括股票发行和债券发行，现将对两者分别进行比较。

1. 股票发行方式的比较。各国股票发行一般有三种方式：一是在原有的股东中进行配股；二是在与公司有特定关系的机构或个人中摊股；三是公开出售发行。前两种一般采用直接发行方式，即筹资者自行承担发行任务。第三种一般采用间接发行的方式，即委托中介机构发行。

美国的股票发行一向以公开出售为主。据统计，美国新股中普通股约有88%、优先股约有95%采用此法发行。日本在20世纪60年代以前主要采用股东配股的发行方式，70年代以后，主要转向公开出售发行。这笔资金可作为资本准备金保留在本企业内部，有助于企业增加资金。80年代以后，英国股东配股的发行比例急剧上升。

2. 国债发行方式的比较。发达国家国债的发行方式以招标和拍卖两种方式为主。美国的国债主要采取拍卖发行方式。英国国债主要采取招标发行方式。招标方式是最传统的国债发行方式。德国国债发行采取的是在承购包销基础上的招标发行方式和拍卖发行方式。

（三）主要发达国家证券市场自动化程度的比较

信息经济时代，证券市场自动化程度的高低直接关系到市场的生死存亡。美国证券市场的自动化程度是当今世界上发展最早、程度最高的；英国证券市场次之；日本证券市场的信息和交易的自动化开发较晚，直到1982年CORES系统引入后，日本才开始真正地、逐步地向高度自动化的方向发展。

1. 完全自动化的美国证券市场。自动化革命使交易所的大厅失去了意义，原有的面对面交易被高效率的自动化交易系统所取代，交易所地理位置的重要性下降了。最先采用自动化交易系统者可以在市场竞争中处于主动地位。自动化以交易系统为核心展开，以充分、快速而有效的信息传输为基础。委托成交的中央处理系统是信息传输和处理的中枢，是自动化的核心，它决定着信息处理的速度和质量，最终决定着交易市场的效率。

美国证券市场主要有三个中央交易系统：一是全国市场系统（National Market System，NMS）；二是纳斯达克（National Association of Automated Quotations，NASDAQ）交易系统；三是纽约证券交易所（New York Stock Exchange，NYSE）的交易系统。NASDAQ证券市场自动化程度是世界上最先进的交易系统，在自动化程度方面NASDAQ证券市场一直走在前列。美国证券交易所（AMEX）在交易所范围内是自动化起步最早的交易所。NYSE正在加速自动化进程以争取失去的市场份额。

美国证券交易委员会（SEC）积极促成全国市场系统。1982年SEC正式设立了全国市场系统（NMS）。它是一个连接美国主要交易所和全国经纪交易商的电脑化交易网络。NMS综合各交易所市场和NASDAQ证券市场之委托，形成了统一的中央证券处理系统，解决了不同市场证券价格差异和跨市场交易的效率问题，深化了证券市场，使投资者可以在国内任何地方，购买任何一个市场的证券；使经纪商可以尽可能快速而有效地为投资者寻求全部市场中的最优价格，从而避免了因经纪商搜寻时间过长而使交易机会丧失的问题；并且使所有市场的证券价格统一公告，从而使股价决定更有效率。NMS首次直接而有效地将以NASDAQ为代表的场外交易市场（OTC）与交易所市场连接起来，这是美国证券市场上一个历史性的转折。

2. 趋向于完全自动化的英国证券市场。20世纪70年代以来，英国现代证券市场上的交易手段和交易技术逐步迈入电子化、自动化、屏幕化和信息化的时代，大大提高了交易效率。交易技术进步与交易制度相辅相成，促进了证券市场的发展。

伦敦证券交易所为保持其优势地位和国际股权市场的特色，在交易、信息、管理方面进行了一系列改进。英国证券市场的自动化是从交易所内部成交程序自动化和信息服务自动化两个方面来进行的。伦敦证券交易所虽然是在1986年才引入屏幕交易系统，但发展却极为成功。交易系统的核心是证券交易自动报价系统（Stock Exchange Automated Quotation，SEAQ）。SEAQ 系统分为国内系统和国际系统两部分，通过 TOPIC 系统提供给终端用户。这是目前世界上最先进的交易所内信息服务系统。英国证券市场的自动化系统还包括信息反馈系统、国际股权交易系统、交割清算系统。

3. 自动化起步较晚的日本证券市场。与其他方面的发展缓慢相一致，日本证券市场在信息和交易的自动化方面发展也较晚。1974 年东京证券市场（Tokyo Securities Exchange，TSE）的市场信息系统（Market Information System，MIS）投入使用，但只有信息发布功能，直到 1982 年 CORES 系统引入后日本证券市场才开始真正逐步向高度自动化的方向发展。

（四） 主要发达国家证券市场国际化程度的比较

证券市场的国际化程度是衡量一国证券市场发达与否的重要标志之一，下述内容中将首先阐述证券国际化的含义与特征，然后，再对发达国家证券市场国际化程度进行具体比较。

1. 证券市场国际化的含义与特征。

（1）证券市场国际化的含义。证券市场国际化是指以证券为媒介的国际间的资本流动，即证券在国际范围内的发行、交易和投资。从一国的角度看，证券市场的国际化大致包括两个方面的内容：一是证券筹资国际化，指外国政府、企业、金融机构以及国际性金融机构能够在本国发行证券，本国政府、企业、金融机构能够在外国及国际证券市场上发行证券。二是投资主体的国际化，指外国投资者能够购买本国的证券，本国投资者能够购买外国证券。

证券市场国际化的初期，注重证券市场筹资能否突破国界；国际化的发展期，则更注重筹资主体和投资主体的国际化，尤其是投资主体的国际化，以充分发挥证券市场配置社会资源的作用，实现资源在世界各地、各行业的合理配置。因此，证券投资主体的国际化是证券市场国际化最基本的表现。它是指国外投资者直接进入国内证券市场进行投资，国内投资者直接到国外证券市场进行投资而不受到任何法律的限制。证券市场投资主体的国际化，是衡量一国证券市场国际化程度高低的主要标志之一。

（2）证券市场国际化的特征。随着经济全球化、经济金融化、金融全球化、金融自由化和高新技术的发展，各国证券市场将更加趋于国际化。

第一，证券经营机构的国际化。发达国家一些实力雄厚的证券经营机构纷纷向国外扩张，首先在国际金融中心和一些发达国家和地区占领市场，然后进入刚刚开放的发展中国家证券市场，形成了全球网络。各主要发达国家的主要证券经营机构基本上都是这种格局。同时，发展中国家和地区的证券机构也通过独资或合资的方式逐步走向国际市场。

第二，证券交易国际化。国内或本地区证券公司向国际市场延伸网点，在把国内投资者带向国际投资领域的同时，又把国际投资者引入国内或本地区的证券市场，从而促进了二级市场证券交易的国际化。证券买卖国际化是国际资本流动的一个主要内容。在国际化潮流中，作为调整各国间贸易不均衡的国际间资本流动越来越多地采取了证券投资的方式。而世界各国放松外汇管制和对外国证券投资的限制，以及机构投资者注重分散投资的倾向，都促进了国际证券投资的发展。在纽约、伦敦等国际证券交易所上市的本地和外国公司大致各占一半。

第三，证券市场国际化。世界上主要国家证券市场的交易行情，都通过现代化的交易系统在国际间传递。发展中国家和新兴市场国家的证券市场也逐步加入国际网络。中国深圳证券交易所和上海证券交易所的股市行情也通过路透社等系统传到其他国家，实现了股价传递国际化。24 小时全球交易系统，大大缩短了国际证券投资的空间距离。任何一位投资者都可以通过其经纪人在其所在地买卖世界主要市场的有价证券。

第四，信息披露国际化。进入国际市场的上市公司及其所在的交易所，均按国际惯例编制报表及其他有关资料，并在国际媒体上予以公布。信息披露公开化的程度是影响市场吸引力的一个重要因素。

第五，市场协调国际化。市场发展离不开监管和协调，国际证监会组织（ISOCO）就是对国际证券市场起协调监督作用的组织。该组织现有 193 个会员机构，其中包括 110 个正式会员、11 个联席会员和 72 个附属会员，各成员单位互相合作，共同实施对证券市场的国际监管。

2. 主要发达国家证券市场国际化程度的比较。

（1）开放最早、国际化程度最高的美国证券市场。美国证券市场，无论从外国公司融资量、上市家数、外国债券发行量，还是本国居民持有外国证券的数量而言，都堪称世界最大的国际证券市场，其特点如下。

第一，历史悠久的国际化证券市场。美国是一个移民国家，这就决定了美国经济及证券市场的历史上、本质上和民族心理上的开放性，这些构成了美国证券市场开放的历史、文化和经济基础，这一点与日本的岛国经济所形成的严格的自我市场保护和注重短期利益的传统，与英国的保守但注重长期利益（因而就有令开放的民族都难以做到的大变革，如"大震"）的传统存在极大的差异。

第二，限制最少的证券市场。20 世纪 30 年代的大危机及第二次世界大战后，美国也出现过加强证券市场管制的倾向，但 1979 年取消外汇管制，从此加快了外国公司在美融资上市的步伐。1984 年预扣税的取消，使美国证券市场国际化的障碍基本消除，成为目前自由化程度最高的国际证券市场。

第三，发行和上市公司方式最多的证券市场。美国的证券商和交易商为了在竞争中获得更有利的位置，在法律许可的范围内，创造各种方式争取外国公司在美国证券市场发行和上市。外国公司可以首先在获得 SEC 的注册后，在 NASDAQ 和 AMEX 交易所上市，等成熟后再转入 NYSE，也可以发行美国存托凭证（American Depository Receipt，ADR）。目前以 ADR 形式发行并上市的企业越来越多，成为外国公司在美国融资、进入世界最发达证券市场的主要渠道。

（2）国际化程度较高的英国证券市场。英国证券市场是世界上最大的国家股权市场，也是世界上最大的欧洲债券市场，并且是主要的国际金融中心，其特点如下。

第一，外国上市公司数量居世界各国证券市场之首。1993 年全世界允许外国公司上市的交易所有 14 家。在这 14 家交易所上市的外国公司总数为 2 454 家，其中在伦敦证券交易所（London Stock Exchange，LSE）上市的外国公司数量占比达到 20%，居第一位，是 NASDAQ 证券市场的 1.5 倍。

第二，外国股权的交易额和市值遥遥领先。英国证券市场中，外国股权交易额和市值占全世界外国上市公司总交易额和总市值的比重最大，均达到60%以上。

第三，LSE上市的外国公司分布最广。在LSE上市的外国公司遍及五大洲的许多国家和地区。其中，以欧洲为最多，交易额也最大，约占65%；其次是远东地区，约占24%。

第四，证券市场国际化力度大。英国证券市场国际化的力度及其成效都堪称世界领先。英国证券市场的国际化是以美国证券市场的历史基础为背景，以"大震"为契机，大力推进国际股权融资，从而形成了独特的国际股权市场。

（3）尚未充分国际化的日本证券市场。日本证券市场的国际化是缓慢而艰难的。1971年《外国证券公司法》的通过，开始了日本证券市场国际化的历程。但真正的国际化开始于1980年日本新的《外汇和外贸控制法》的通过，它使日本证券市场具有了一定的开放度。这个法律使外国公司在日本的证券交易由"原则上禁止"转变为"原则上自由"，从而结束了日本证券市场长达40年的封闭状态。

第一，来自国外的压力加速了日本国内证券市场的改革。1979年美国首次在日本发行了无担保日元债券，从而打破了商业银行长期对债券担保的传统，大大促进了日本债券市场的发展和国际化。1984年5月由日本和美国财政部长主持起草的《日美日元美元委员会报告》，以促使日元国际化和日本市场开放为目标，成为日本证券市场国际化进程中的一个重要事件。

第二，新的《外汇和外汇控制法》为日本证券市场国际化扫清了障碍。日本证券市场国际化的最大障碍在于市场进入壁垒。这种壁垒主要表现在四个方面：外国证券在日本发行并上市、外国证券公司在日本设立分支机构、外国证券公司成为TSE的会员、外国投资者交易TSE的股票。国际化是双向的，英美证券市场的高度开放性，迫使日本证券市场必须开放。新的《外汇和外汇控制法》由原来的特许制改为事先电报制，使国内外资本流动原则上实现了自由化。

第三，尚未充分国际化的证券市场。日本证券市场尽管遵循"原则上自由"进行发行和交易，但是由于日本证券市场的法律和管理相当复杂，还存在着许多法律和惯例上的进入壁垒，离英美证券市场的开放度还存在着一定的差距，尚需进一步提高其国际化程度。

【主要参考文献】

［1］白钦先. 比较银行学［M］. 郑州：河南人民出版社，1989.

［2］陈国庆. 英国金融制度［M］. 北京：中国金融出版社，1992.

［3］陈威，宋蔚蔚，罗平. 比较金融研究［M］. 北京：经济科学出版社，2004.

［4］冯肇伯，贾渠平. 西方金融制度［M］. 成都：西南财经大学出版社，1991.

［5］甘培根，林志琦. 外国金融制度与业务［M］. 北京：中国经济出版社，1992.

［6］宫著铭，刘小林. 联邦德国金融管理体制［M］. 北京：中国金融出版社，1989.

［7］房汉廷. 现代证券业的理论与实证分析［M］. 北京：东方出版社，1995.

［8］霍学文. 英、美、日证券业效率比较研究［M］. 昆明：云南大学出版社，1996.

［9］张邦辉. 金融衍生品市场全书（上、下）［M］. 北京：中国物资出版社，1999.

［10］郑振龙. 各国股票市场比较研究［M］. 北京：中国发展出版社，1996.

［11］赵旭梅．日本政策性金融体系改革的制度设计及启示［J］．日本学刊，2012（4）：19－33．

［12］王宇．德国金融体系和监管体系：主要构成与基本特征［J］．金融纵横，2016（2）：4－7．

［13］文善恩，陈小五．危机后德国金融监管改革及其对实体经济的影响［J］．上海金融，2019（4）：56－61．

［14］Franklin Allen & Douglas Gale. *Comparing Financial System*. Massachusetts Institute of Technology，2000.

［15］Kaufmank，George G.. *The U. S. Financial Systems*：*Money*，*Markets and Institutions*. Prentice HII，Inc.，1995.

［16］美国联邦储备局，https：//www. federalreserve. gov/.

［17］欧洲中央银行，https：//www. ecb. europa. eu/.

［18］英格兰银行，https：//www. bankofengland. co. uk/.

［19］日本银行，http：//www. boj. or. jp.

第二章
"金砖国家"金融体制比较

学习提要

- "金砖国家"金融体制演变的特征、原因与进一步改革方向。
- 巴西金融体系的构成、金融体制的演变与特征。
- 俄罗斯金融体系的构成,金融体制的演变、特征及其对国家经济的影响。
- 印度金融体系的构成,金融体制的演变、特征及其对国家经济的影响。
- 中国金融体系的构成、金融体制演变的阶段特征。
- 中国金融体制的特征与成因。
- 南非金融体系的构成、金融体制的演变与特征。

"金砖国家"(BRICS)是指巴西(Brazil)、俄罗斯(Russia)、印度(India)、中国(China)和南非(South Africa)五个新兴市场国家,其英文单词"BRICS"正是引用了这五个国家英文名称的首字母。"金砖国家"的提法由"金砖四国"演化而来。2001年美国高盛公司首席经济师吉姆·奥尼尔首次提出"金砖四国"这个概念,他指出,中国、印度、巴西和俄罗斯四个新兴经济体增长快速,并预言这四个国家将改变全球增长格局。由于这四个国家的英文首字母组合与英文"Brick"(砖)一词发音类似,因而将这四个国家称为"金砖四国"。2009年6月"金砖四国"领导人在俄罗斯叶卡捷琳娜堡举行首次正式会晤,标志着"金砖国家"合作机制的诞生。2010年12月,"金砖四国"吸纳南非作为"金砖国家"合作机制的正式成员,"金砖四国"更名为"金砖国家"(BRICS)。"金砖国家"的合作在促进自身发展、加速国际治理结构改革、推动世界多极化以及为发展中国家争取更大的话语权等方面有着巨大的意义。

第一节 巴西金融体制的演变与特征

巴西经济实力居拉美首位,是世界第八大经济实体。服务业、工业、农牧业为国民经济的支柱产业。1967—1974年,巴西经济年均增长高达10.1%,被誉为"巴西奇迹"。20世纪80年代巴西经济一直处于停滞甚至严重衰退和高通货膨胀状态中。从20世纪90年代开始,巴西向外向型经济模式转轨。1994 年巴西政府实施了雷亚尔货币稳定计划，有效遏制了高通货膨胀，通货膨胀率降为一位数。卡多佐总统执政 6 年多来，继续执行以控制通货膨胀为目标的稳定经济政策，不断深化改革，加速宏观经济结构调整，积极推进私有化进程。1997 年后，由于受亚洲和俄罗斯金融危机的冲击，巴西经济发展受到一定程度的影响。1999 年初巴西金融市场剧烈动荡，政府被迫放弃 1994 年以来一直实行的固定汇率制，货币大幅贬值，经济受到重创。在国际社会的支持下，巴西政府在较短时间内稳定了金融形势，国内生产总值当年实现了低增长。2000 年，巴西政府严格执行国际货币基金组织制定的目标，继续进行经济结构和产业结构调整，加大对宏观经济的管理和调控力度。

一、巴西的金融体系

作为拉丁美洲第一经济大国，巴西拥有比其他拉美国家更为发达和健全的金融体系。经过 1964—1967 年的金融改革，巴西初步建成了比较完善的金融体系。1988 年和 1998 年巴西先后进行了两次金融改革，进一步完善了金融体系。目前，巴西是以中央银行系统为核心，商业银行和其他金融机构为主体，各类专业金融机构为辅助及金融监管体系构成的金融体系（见图 2－1）。

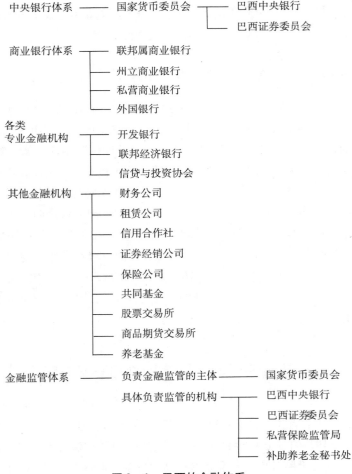

图 2－1　巴西的金融体系

（一） 中央银行体系

巴西的中央银行体系由国家货币委员会作为最高决策机构，由巴西中央银行和巴西证券委员会作为执行机构组成。

1. 国家货币委员会与金融监管体系。国家货币委员会是全国金融体系的最高决策机构，负责制定全国货币与信贷政策，批准中央银行的货币发行；制定汇率政策，确定本币对内与对外价值；规定银行最高利率、准备金率，资本限额；批准金融机构的设立，规定业务范围，管理资本市场等。该委员会以财政部长为主席，由巴西中央银行行长，计划部长，农业部长，内务部长，发展、工业和外贸部长，全国经济开发银行董事长和其他7名由总统提名并经参议院批准的经济学家等共21名成员组成。国家货币委员会同时是金融监管的主体，具体负责金融监管的机构包括巴西中央银行、巴西证券委员会、私营保险监管局和补助养老金秘书处。四个监管机构联合或单独进行监管，其中最主要的监管机构是巴西中央银行。

2. 巴西中央银行。巴西中央银行建于1965年，负责贯彻执行国家货币委员会的决定并监督执行情况。巴西中央银行的主要职能包括：根据国家货币委员会批准的条件和限度发行和回笼货币；进行再贴现和向金融机构贷款；控制信贷；对各金融机构进行管理；管理外国银行和外国资本；代表政府与国外金融机构进行联系等。巴西中央银行不直接代理国库，而是由巴西银行代理，这一点与许多国家的中央银行不同。巴西中央银行设在巴西利亚，领导机构由从国家货币委员会中推举的5名成员组成。

3. 巴西证券委员会。巴西证券委员会在国家货币委员会领导下开展工作。它根据国家货币委员会制定的政策，负责促进、管理和监督证券交易所已注册证券的交易，保证交易所及其附属机构的正常工作。

（二） 商业银行体系

巴西的商业银行体系十分发达，目前巴西国内有158家银行机构，各大银行分支机构有2万多家。巴西的商业银行包括联邦和州所属的国营商业银行、私营商业银行以及在巴西的外国银行。

1. 联邦属商业银行。联邦属商业银行主要有巴西银行、联邦经济银行、巴西南方银行、巴西利亚银行等。其中巴西银行是巴西最大的商业银行，成立于1808年。1819年该行首次发行货币，成为当时世界上第4家发行货币的银行。1854年和1906年该行曾先后进行过两次改革，由政府控制，总行设在巴西利亚。巴西几乎一半的外汇业务由该行经办，其业务涉及银行业的所有领域。

2. 州立商业银行。巴西有22个州，每个州都有一家州立银行，其业务活动限于本州之内。其中比较重要的有圣保罗州银行、米纳斯吉拉斯州银行、南兰约格朗德州银行、巴拉那州银行、里约热内卢塔林纳州银行等。圣保罗银行成立于1909年，总行设于州首府圣保罗。该行办理商业银行的一切银行业务，是该州政府的存款银行，在国内拥有340个分支机构，在纽约、伦敦、东京和开曼群岛设有分行。

3. 私营商业银行。巴西商业银行中私营商业银行的比重最大，主要有巴西贴现银行、伊塔乌银行和联合银行等。其中巴西贴现银行是巴西最大的私营银行，成立于1943年，在全国有分支机构800余家，在巴西银行界名列第2。

4. 外国银行。第二次世界大战以前，外国银行在巴西的影响较大。第二次世界大战后巴西对外国银行采取了较严格的限制措施，除原有银行外一般不许新设立分行。从资产规模来看，截至 2000 年 9 月，巴西境内最大的 5 家外资银行分别是西班牙桑坦德银行、荷兰银行、美国波士顿银行、英国汇丰银行和美国花旗银行。

（三）各类专业金融机构

1. 开发银行。巴西的开发银行分为全国性、地区性和州开发银行三种。国民经济和社会开发银行是全国性的开发银行，地区性的开发银行主要有巴西东北银行和亚马逊银行。开发银行的主要职能是办理中长期信贷业务，并为国内外贷款提供担保。

2. 联邦经济银行。联邦经济银行除经营商业银行业务外，同时还管理住房融资系统和服务年限保证基金，在巴西经济中发挥着重要的作用。

3. 信贷与投资协会。巴西的信贷与投资协会是专门提供消费信贷的金融机构，其主要目的是促进消费，推动经济增长。

（四）其他金融机构

巴西还拥有大量的其他金融机构，如财务公司、租赁公司、信用合作社、证券经销公司、保险公司、共同基金、股票交易所、商品期货交易所和养老基金等。圣保罗证券交易所（Bovespa）是巴西最大的证券交易市场，巴西商品期货交易所（BM&F）是巴西唯一的衍生品交易所，交易品种包括商品期货、金融期货和期权。2008 年两个交易所合并为巴西新交易所（Nova Bolsa），成为拉美最大的交易所。

二、巴西金融体制的演变

巴西的银行体系在拉丁美洲国家中是最发达的，有比较健全的银行机构、信贷市场、资本市场以及其他一些金融市场。

（一）巴西金融体系的形成

巴西是联邦制国家，银行体系为适应联邦制的需要，除中央银行属联邦政府所有外，其他银行分联邦所属银行和州属银行，分别由联邦政府和州政府持有股份，并有国营和私营的商业银行之分。

1945 年巴西成立归财政部领导的货币总署。其后，巴西建立了很多从事中、短期信贷的信贷机构。1952 年巴西成立了国营专业银行，而归联邦所属的只有 1 家国民经济开发银行，其为基础工业提供长期资金，以促进国民经济的发展。其他为州所属的有巴西东北银行、亚马逊信贷银行、远南开发银行，为发展不发达地区的经济提供资金。

1964 年底，巴西政府颁布法令对旧的金融体系进行全面改革，建立巴西中央银行和国家货币委员会，取代了原货币总署及其执行机构。同时，根据银行分工主义原则，巴西确定了专业化银行制度，对各类银行业务分工作出规定，从而形成了由国家货币委员会、中央银行、商业银行、投资银行、储蓄银行和开发银行等组成的现代银行体系。1965 年巴西颁布了金融市场管理条例。1976 年巴西成立了证券委员会，较完整的现代金融体系基本形成。

（二）巴西金融体系的改革

自 20 世纪 80 年代末以来，金融改革浪潮席卷拉美地区。该地区国家采取了一系列自由化措施，目的是取消利率管制和定向信贷项目，降低准备金要求以及对国有商业银行和开发银行进行私有化和整顿。同时政府还加强了对银行和资本市场的谨慎性安全要求,并赋予中央银行更大的事实上的独立性。在此过程中,巴西的金融体制改革逐步适应了宏观经济环境和监管框架的变化,尤其是实行"雷亚尔计划"以来,巴西见证了一场深刻的金融体制重建历程。

1. 雷亚尔计划的推出。巴西的工业化史就是一部通货膨胀与反通货膨胀史。巴西通货膨胀自 20 世纪 70 年代末 80 年代初开始回升,随着它的恶性发展,巴西政府反通货膨胀的力度也不断加大。1986—1994 年,巴西政府连续出台了 7 个反通货膨胀计划。遗憾的是,前 6 个计划均未取得理想的效果。而只有 1994 年出台的"雷亚尔计划"使政府达到了预期的目的,通货膨胀率从 1993 年的 2489.1% 降低到 1998 年的 2.5%。

该计划分三个阶段实施:第一阶段是进行财政调整,以消除财政赤字,为此政府采取了一些具体办法,诸如新开金融活动临时税(IPMF)、建立社会紧急基金(FSE)。第二阶段,从 1994 年 3 月 1 日起,出台货币价值参照指数——实际价值单位(URV),作为工资、物价和服务费用变化的依据。第三阶段是将实际价值单位变为一种新货币——雷亚尔。1994 年 7 月 1 日,雷亚尔开始流通。它与旧币克鲁塞罗雷亚尔之比为 1:2 750,1 雷亚尔与 1 美元等值。"雷亚尔计划"的核心机制是雷亚尔对美元的钉住汇率,前期是固定汇率,1995 年 3 月起是"爬行钉住"的有管理的固定汇率,在这种汇率机制下,本币币值不断被高估。尽管 1999 年初发生的巴西货币危机与此相关,但是"雷亚尔计划"仍然可以被看做是成功的。"雷亚尔计划"的实施使巴西宏观经济逐步恢复稳定,为政府推行经济改革创造了有利条件。

2. 金融体系的重建。在受到 1994 年墨西哥金融危机冲击之后,巴西政府首先对金融机构进行了重大改革。制定的主要政策包括:鼓励重建和加强国家金融体系的计划(PROER)、鼓励减少州一级在银行业作用的计划(PROES)以及加强联邦金融机构的计划(PROEF)。在 1994—1998 年,巴西政府向银行体系提供的资金相当于 GDP 的 4%。此外,政府还通过以下措施来帮助银行体系进行调整:降低外国银行进入巴西市场的"壁垒";鼓励银行并购;清理一批无生存能力的银行;将资本充足率提高到 11%(巴西于 1994 年开始接受《巴塞尔协议》);为 2 万雷亚尔以下的个人储蓄者设立了存款担保等。

根据巴西政府颁布的《加强和改革全国金融体系的计划》,1994—1998 年,共有 62 家银行的控股权发生了变化,77 家银行被兼并和清理。在此期间,共有 21 家外国银行进入巴西,从而使外国银行总数达到 58 家。外国银行的分行从同期的 446 家扩大到 2 142 家。外国银行的资产在巴西全国银行总资产中的比重从 1994 年 6 月的 9.5% 提高到 1999 年 6 月的 18.7%。必须指出的是,外国银行进驻巴西带来的不仅有资本,而且还有先进的管理技能和经营技巧。实践表明,巴西能够较快地渡过 1999 年初的货币危机从而避免破坏性更大的金融危机,是与这一时期金融体制改革带来的相对稳健的银行体系相关的。

巴西金融市场采取的措施主要包括:(1)对组建面向小商业的金融公司进行立法;为农业部门开发新的信贷工具以提高流动性和安全性;促进金融机构向专业证券融资公司进行信贷转移的灵活性;设立应收款项的投资基金;开发信贷衍生品以便保证收益率;证券交易操作和信贷转移免征金融交易税(CPMF)。(2)出台新的公司法,相比其他措施而言,加强了小股东的权利,提高了透明度和监管力度;通过给予委员会更加独立的、确定的授权,加强巴西证券委员会的地位；为利用外国资源的共有基金投资于新生商业而设立新法；股票交易免征金融交易税等。（3）通过电子方式开放与银行的账户和交易。采取措施促进银行业关联网络的拓展；国库券通过互联网销售；扶持为有价证券投资中介服务的有自主权的代理人等。

三、巴西金融体制的特征

在为数众多的发展中国家中，巴西在许多方面具有代表性。巴西是一个领土广阔、人口众多、经济发展程度较高、发展速度较快、金融业比较发达、具有巨大发展潜力的国家。但同时，它又面临着相当严重的通货膨胀和外债问题。这些情况突出地表现在它的金融业发展中，形成了巴西金融体制的鲜明特征。

（一）比较发达的金融业与比较健全的金融体制

巴西早在 19 世纪初期就出现了商业银行，到第二次世界大战前银行业就初具规模，但外国资本势力的控制相当严重。第二次世界大战以后，特别是经过 20 世纪 60 年代金融体制改革，巴西现代金融体制才得以形成和发展，形成了以中央银行为核心，商业银行为主体，其他各类专业银行和非银行金融机构配套齐全和比较发达的现代金融体系。

（二）居于主体地位的国营金融机构

在巴西金融体制中，国营金融机构一直占有绝对的优势，具有相当的控制力和影响力。巴西现代金融体系的主体包括 5 个联邦属商业银行和 23 个州银行，5 个联邦和州属储蓄银行，全部联邦和州属开发银行，巴西金融体系有效地促进了国民经济的发展。但是近年来，特别是随着 20 世纪 90 年代中期雷亚尔计划的实施，巴西银行也出现了私有化的趋势并不断加强。1996 年，政府宣布出售 9 家和关闭 18 家州立银行。里约热内卢州立银行和圣保罗州立银行也在出售之列。

（三）集中垄断程度较高的金融业

伴随着巴西国有和私营经济的发展与集中，巴西的金融业也加速了集中和垄断的进程。巴西政府采取了鼓励大银行吞并、购买中小银行和促进中小银行合并的政策，今后这一集中趋势还将进一步加强。巴西商业银行业务的集中垄断程度也较高，十几家大商业银行的业务额占巴西银行业务总额的 70%，全国 1 000 多家银行分支机构中，一半为大型商业银行所拥有，几家大银行几乎垄断了全部涉外业务。

（四）比较发达的金融市场

巴西是发展中国家中金融市场最为发达的国家之一，也是当今世界上金融市场比较发达的国家之一。这同巴西独立较早、经济发展程度高和速度较快有密切关系。巴西采取了大规模利用外资和增加国内储蓄的策略，以实现大规模投资。除商业银行系统以外，巴西还通过消费信贷、住房贷款系统、40 多家私人银行、投资银行、巴西政府债券市场和实行强制性储蓄政策来促进资金的横向流动，动员和筹集建设资金。发达的金融市场不仅促进了经济和社会的发展，也给中央银行体系通过货币政策手段控制和调节宏观经济创造了条件。

（五）重要的货币政策工具

公开市场业务是巴西中央银行重要的货币政策工具之一。与其他发展中国家一样，巴西中央银行除了运用存款准备金和贴现率手段调节信贷和经济外，公开市场业务也是其主要的政策工具。这同其拥有发达的银行业和金融市场及多种融资渠道和方式密切相关。巴西的公开市场业务始于 1967 年，这项业务的开展使巴西货币政策有了较大的灵活性。中央银行通过债券的拍卖与回购来调节银根。

（六） 国际化趋势明显的金融业

在发展中国家中，巴西是拥有国外银行机构最多的发展中国家之一。而且，巴西开展国际金融业的银行类型比较广泛，不仅有国家银行，还包括州政府所属的银行以及少数私人银行。其中巴西银行的国际银行业务发展得最早最快，比重也最大。近年来，由于巴西国内银行业破产风兴起，于是，1996 年政府颁布法案，允许外资银行收购巴西国内银行，从而为外资银行的进入又提供了一条新的渠道。

第二节 俄罗斯金融体制的演变与特征

20 世纪 90 年代初以前，俄罗斯是苏联解体前的国家最主要的组成部分。与高度集中的计划管理体制相适应，苏联一直实行单一银行体制，由一家中央银行和少数几家专业银行构成的银行体系，囊括了所有金融信贷业务。苏联国家银行兼有中央银行和商业银行双重职能。1991 年 12 月 25 日，苏联解体，俄罗斯作为独立的国家成为其主要继承人。1992 年 1 月，俄罗斯开始全面的市场经济改革，其中就包括金融体制的重大改革。

一、俄罗斯的金融体系

苏联解体后，俄罗斯金融体系出现了翻天覆地的变化，原来的单一银行体制变为二级银行体制，逐步形成了以中央银行为领导，商业银行为主体，各种金融机构并存和分工协作的金融体系（见图 2 - 2）。

（一） 中央银行

俄罗斯银行是俄罗斯的中央银行，它是在改造苏联国家银行的基础上形成的，国家通过立法赋予中央银行比较独立的地位，同时以政府和商业银行为其业务对象。

俄罗斯银行主席和经理理事会是中央银行的最高权力和决策机构。俄罗斯银行主席任期 5 年，经理理事会包括俄罗斯银行主席、副主席、各地区的经理。经理理事会会议每月不少于一次，所做决议要以多数人同意为准，当得票的票数相同时，主席的意见起决定性作用。俄罗斯银行实行三级管理体制：最高一级是经理理事会和银行的中心机构（莫斯科）；第二级是位于俄罗斯大的地区（边区、区、共和国、俄罗斯银行分行所在的大城市）的主要管理机关，这些管理机构超过 80 个；第三级是作为管理机关分支机构的清算中心。俄罗斯银行法规定中央银行及其地区性管理机关是统一的法人，即实行一级法人制。

俄罗斯银行的基本职能是：在俄罗斯经济转轨过程中，制定和执行俄罗斯联邦的信贷政策，稳定货币流通，组织银行间结算和出纳业务；负责货币发行，完善货币关系，保护存款者的利益；负责监管国内所有的银行和非银行金融机构，包括在俄罗斯境内注册的外国银行的分支机构；负责外国银行和金融机构在俄罗斯境内的注册工作。俄罗斯中央银行货币政策的工具也有很大的变化，开始采用的是西方国家中央银行所采用的一般性政策工具，如法定准备金率、再贴现、公开市场业务等。

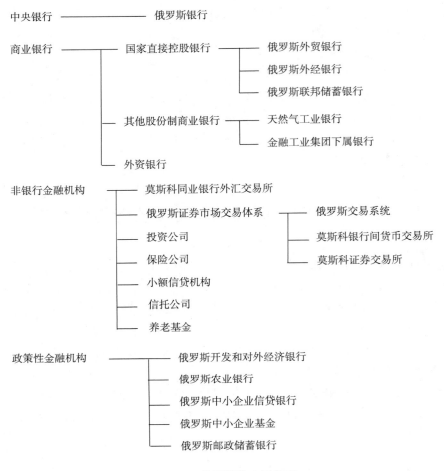

图 2－2　俄罗斯的金融体系

（二）商业银行

俄罗斯的商业银行均为股份制银行，包括国家直接控股的银行和其他股份制商业银行，同时还包括外资银行。

1. 国家直接控股的银行。国家直接控股的银行主要有：俄罗斯外经银行（财政部控股）、俄罗斯外贸银行（中央银行控股）、俄罗斯联邦储蓄银行（中央银行控股）。

2. 其他股份制商业银行。俄罗斯商业银行绝大部分是公司和个人持股，包括外国公司和个人持股。天然气工业银行则是公司控股的典型。俄罗斯的商业银行大部分是通过将原来的专业银行商业化或将其分支机构改造成独立的商业银行而建立起来的。只有储蓄银行例外，其分支机构没有独立化，基本保持原来的分支网络。还有一些银行是由企业和组织建立的，目的是吸收资金和获得优惠贷款。

俄罗斯商业银行是以经营工商信贷业务为主的综合性银行，基本职能是充当信用和支付中介，创造信用流通工具，促进信贷资金有效分配，扩大社会资本总额等。商业银行的业务大体上可分为负债业务、资产业务、中间业务和投资业务等几大类。经营方针是追求最大限度的利润和保持清偿能力。此外，俄罗斯商业银行不能直接办理保险业务，但可以通过参股、控股的形式参与保险市场。同时，还可以参与有价证券的交易。

金融工业集团，也称为"金融寡头"，是俄罗斯工业资本和金融资本相互融合的新型经济组织。该类组织是俄罗斯在向市场经济转轨过程中，由于其独特的政治、经济环境，形成的独具特色的银企集团。据统计，到1997年底，在官方注册的金融工业集团已有700多个，联合了1 500多家工业企业和100多家信用金融机构。虽然1996年俄罗斯的整体工业生产在下降，但是金融工业集团的产量当年则增加了3倍。金融工业集团对于推动俄罗斯经济的增长起到了很大的作用，成为俄罗斯市场经济的主要推动者。"七人集团"是最具代表性的俄罗斯金融工业集团之一。

"七人集团"是指在经济转轨过程中迅速崛起，在当今俄罗斯政治经济生活中最有影响力的七大金融财团。它们是别列佐夫斯基的罗卡瓦斯集团、波塔宁的奥涅克辛姆集团、霍多尔科夫斯基的梅纳捷普集团、古辛斯基的桥集团、阿文和弗里德曼的阿尔法金融工业集团、斯摩棱斯基的首都银行、阿列克别罗夫的卢卡伊尔集团。"七人集团"是一个庞大的企业集团，拥有众多的独资子公司、控股公司和参股公司，雇用了十几万名职工，经营领域遍及第一、第二和第三产业。它们的影响范围包括政治、经济、社会和国民生活的各个领域，甚至对整个国民经济能产生巨大的影响。

3. 外资银行。俄罗斯鼓励外国投资者建立独资和合资银行，以引进西方银行的管理经验及技术。俄罗斯中央银行已为10家外国银行颁发了总许可证，允许1家外国银行分别与非常驻法人和自然人进行本币业务。但俄罗斯政府对外资银行做了较严格的限制：在俄罗斯开设的外资独资银行注册资本不得少于500万美元；外资银行对银行业的投资不得超过俄罗斯商业银行资本总额的5%；外国银行不得经营俄罗斯公司的股票业务；外国银行在俄罗斯境内只能设一个分行或附属行等。1996年1月1日起外资银行可为俄罗斯客户办理有关的银行业务。

（三） 非银行金融机构

非银行金融机构是俄罗斯整个金融体系不可缺少的组成部分。1992年1月4日，俄罗斯批准成立了莫斯科同业银行外汇交易所。该交易所按西方独立的股份公司形式和标准建立，一些指定的商业银行成为外汇市场的参与者。从1992年7月1日起，俄罗斯统一了汇率，实行浮动汇率制，卢布汇率由外汇交易所的外汇供求状况决定。

1992年5月，在原俄罗斯银行有价证券业务处的基础上成立了有价证券管理局，下设3个处：国债发行服务处、二级市场处和结算处。同年6月，俄罗斯银行有价证券管理局在竞标基础上选定莫斯科外汇交易所为俄罗斯证券市场的操作中心，在此建立交易、结算和存储系统，并指定莫斯科地区的26家商业银行和中介公司为证券市场的官方经纪人。与此同时，出现了与组织二级证券市场有关的专门机构，如投资公司、受托人、注册员、结算所等联合会。

俄罗斯证券市场交易体系主要有3个，它们是俄罗斯交易系统（PTC）、莫斯科银行间货币交易所和莫斯科证券交易所。1997年3月，莫斯科银行间货币交易所建立了自己的股票交易平台。该平台是俄罗斯最大的交易平台，交易额约占整个证券市场场内交易额的80%。莫斯科证券交易所规模相比之下小得多。

俄罗斯非银行金融机构还包括在市场经济条件下形成的某些基金，如养老基金、保险基金等，它们是投资的重要源泉。还包括非银行小额信贷机构、信托公司和保险公司等。

（四）政策性金融机构

作为典型的经济转轨国家，俄罗斯的政策性金融机构主要包括俄罗斯开发和对外经济银行、俄罗斯区域开发银行、俄罗斯农业银行、俄罗斯中小企业信贷银行、俄罗斯中小企业基金和俄罗斯邮政储蓄银行。苏联解体后，俄罗斯政策性金融机构在短期内有效缓解了经济发展中对资金的需求。特别是合并成立的"俄罗斯开发和对外经济银行"使俄罗斯有了真正意义上的国家开发性金融机构。

二、俄罗斯金融体制的演变

俄罗斯金融体制的演变与俄罗斯经济转轨密不可分。俄罗斯的经济转轨包括两个方面：一是社会主义向资本主义转变，实现这一转变的基本经济手段是全面的私有化。二是由计划经济向市场经济转变，实现这一转变的手段是自由化，通过自由化建立市场制度和发展市场，减少或放弃国家对经济的管制，由市场来实现资源的配置和经济的调控。以新自由主义为核心的华盛顿共识（Washington Consensus）成为俄罗斯经济转轨的指导思想，自由主义贯穿俄罗斯经济转轨的全过程。

（一）俄罗斯银行金融体制的演变

20世纪80年代中后期，随着改革的逐步深入，苏联储蓄银行和外经银行等率先从原来的单一银行体制中分离出来，随之又出现了股份制商业银行，但二级银行体制并未从法律上得到明确规定。苏联解体后，俄罗斯开始按市场经济原则和需求重新建立金融体系，其中最重要的一个内容就是二级银行体制的建立，并制定了国家法律予以明确规定。中央银行具有独立的职能与地位，负责对商业银行和金融市场进行监管和调控，并利用货币政策工具实现国家的宏观经济目标。

俄罗斯中央银行在对商业银行的调控方面充分体现了自由化原则，主要表现为行业准入自由化、业务自由化（混业经营）、利率和汇率自由化以及银行体系对外资的开放等。中央银行的自由化政策使商业银行的业务活动大部分集中在投机性的金融活动上（1998年8月前），商业银行在稳定经济、促进投资等方面作用有限，而这也为金融危机在俄罗斯的爆发留下了隐患。

俄罗斯商业银行是在私有化和自由化背景下发展起来的。私有化使银行体系中的国有比重降低为1/3，金融工业集团以自己的银行为中心控制了俄罗斯经济的50%。自由化政策使商业银行的数量急剧增加到了最高峰时期的2 300家。业务自由化使商业银行可以不受任何限制地将主要的资源用于金融投机活动（外汇和国家有价证券业务）；利率自由化使商业银行的卢布贷款利率长期高于工业的利润率，工业企业无力使用昂贵的贷款；银行体系的对外开放使外资银行在俄罗斯银行体系中占有重要地位。所有这一切都使俄罗斯国内金融风险逐步累积，一旦受到外部冲击，金融危机也就在所难免。

1998年俄罗斯金融危机爆发，给俄罗斯经济与金融以沉重打击，商业银行数目锐减。为重整银行体系，同年9月，俄罗斯政府与中央银行决定对当时十分脆弱的银行体系进行大刀阔斧的改革。这次改革分为两个阶段：第一阶段是从1998年9月至2000年，主要任务是进行银行业重组；第二阶段始于 2001 年，主要任务是提高信贷机构的金融资产质量，增强信贷机构经营能力，建立和发展信贷机构的竞争机制，以支持实体经济增长。

（二） 俄罗斯证券市场的演变

与银行金融体制变迁的自由化色彩不同，俄罗斯证券市场的发展与政府行为密切相关。在经济转轨初期，市场经济基础十分薄弱，居民收入水平低下，私有化催生的大量私人企业规模小，主要采用内源性融资，因此必须借助政府力量发展证券市场。政府必须担当法律法规的制定、基础设施建设等重任，甚至要参与证券市场的发展。另外，为了弥补转轨初期的财政赤字，俄罗斯政府大量发行国家有价证券，其中短期政府债券市场是俄罗斯最主要的资金市场，其交易额占俄罗斯证券市场交易总额的一半以上。国家有价证券市场的迅速发展，得益于政府制定的高收益率。这种过高的收益率不仅使国家有价证券成为最大的投机场所，而且使大量资金集中到政府手中，不利于实体经济的发展。

俄罗斯股票市场的产生与私有化密不可分。改革初期所推行的快速私有化政策不仅奠定了俄罗斯经济的性质，而且形成了原始的、初级的股份制企业，其中一些成为后来俄罗斯股市的基本组成部分。许多公司发行股票的目的是重新确定股权结构，而不是为企业的发展筹集资金。从理论上而言，俄罗斯股票市场产生于 1990 年 12 月 25 日，其标志是俄罗斯社会主义联邦部长会议颁布的《股份公司章程》决议。该章程规定了三级管理体系，并详细地规定了股东大会、董事会和公司管理机构的权限。在实践中，俄罗斯股票市场产生于 1991 年 12 月 28 日，俄罗斯当天通过了《有价证券发行、流通和证券交易所章程》。该章程确立了俄罗斯财政部在证券市场中的管理者地位和权力，这一权力不久以后转移到中央银行和后来成立的证券委员会手中。不过，俄罗斯股票市场也一度成为俄罗斯政府巩固政权和与金融寡头进行交易的工具与场所。这些金融寡头控制了国家主要的经济命脉，并且能够最终影响到国家的政治决策。

1997 年俄罗斯证券市场未能抵挡住亚洲金融危机的剧烈冲击，10 月 28 日，俄罗斯证券市场爆发危机，俄罗斯交易系统指数下挫 20%，是历史上下降幅度最大的一次。为了应对金融危机所带来的严重后果，证券监管组织和交易所的协调机构采取了一系列反危机措施，如暂时降低市场参与者的准入门槛、完善信息披露制度、宣布降低证券交易所服务费等。为了加强对投资者权益的保护、改善投资环境和提高俄罗斯证券市场的吸引力，俄罗斯政府通过了一系列法律草案，如 1999 年 3 月 11 日公布实施了《关于保护证券市场投资者的权利和合法权益的规定》，1999 年 7 月 9 日公布实施了《俄联邦投资法》。经过上述反危机措施以及相关法律的实施，俄罗斯证券市场逐步迈入正常发展的轨道。

（三） 俄罗斯金融业的对外开放

在经济全球化、经济金融化和金融全球化的大背景下，俄罗斯金融业的对外开放程度日益提高，具体表现为俄罗斯金融市场的走势受投机性很强的国外证券投资的影响以及金融市场风险与全球主要金融市场密切相关。在自由化思想的影响下，俄罗斯加快了银行体系的对外开放步伐，外资银行迅速进入俄罗斯并成为影响俄罗斯金融的重要力量。

俄罗斯的《银行和银行活动法》和《关于外资信贷机构登记的特殊性和已登记的信贷机构利用外资增加法定资本金获得批准的程序》是管理外资银行的两个基本法律文件。1994 年

6月，俄罗斯政府与欧盟签署有关协议，进一步开放外资银行业务范围，外资银行进入呈加速之势。到 2009 年俄罗斯有 228 家外资参股银行，其中 81 家是外资独资银行，外资控股超过 50% 的银行有 25 家，同时外资已经参与到俄罗斯最大的 20 家银行中，10 家最大的银行中有 2 家是外资所有。其中，俄信贷机构总法定资本中外资股份超过了 30%。从资产比例看，2007 年，外资资产在俄罗斯银行业的比例达到 17.2%，比 2006 年提高 5.1 个百分点，到 2010 年外资资产在俄罗斯银行业的比例则进一步上升到 20% 左右。尽管如此，相比其他中东欧国家，俄罗斯银行业外资所有权并不很多，外资银行作用依然有限。中央银行对外资银行的活动仍然设置了许多限制性措施，如最低资本金、雇佣本地员工数量限制、法定资本中外资比重的最高限制等。

2007 年美国次贷危机引发 2008 年国际金融危机后，俄罗斯在应对金融危机的同时，在金融对外开放上增加了新的内容：（1）2009 年俄罗斯提出扩大区域金融合作，倡导构建国际金融新秩序；（2）进一步落实金融深化改革战略，重振金融市场，实现金融稳定与安全。2009 年 1 月 20 日俄罗斯普京政府批准了 2020 年前俄罗斯金融市场发展战略，提出了规范和发展俄罗斯证券市场，并将莫斯科建成国际金融中心。俄罗斯将努力促进国际货币结算多元化，进一步扩大开放金融市场，完善金融市场相关配套设施，积极解决金融立法问题，有效发挥资本市场的融资能力，吸引更多外国投资，利用国际金融资源发展本国经济。

三、俄罗斯金融体制的特征

俄罗斯金融制度是在经济转轨过程中形成的，而伴随经济转轨所进行的金融改革也是在彻底摧毁原有计划体制与公有制基础上进行的，改革的依赖路径被人为破坏，原有的政策法规基本上被废止，金融机构之间以及金融体系与实体经济之间的联系被割裂。再加上俄罗斯市场机制薄弱、国民经济各部门之间以及各地区之间经济发展不平衡、产业结构不合理等原因，俄罗斯形成了既不同于转轨前也不同于西方发达国家的金融体制，具有自己鲜明的特征。

（一）俄罗斯金融自由化改革独具特色

俄罗斯原有的金融体制是按照计划经济的要求建立的，而实行"休克疗法"的俄罗斯金融改革，则是在彻底否定和迅速抛弃原有体制的基础上进行的。在改革初期，符合市场经济要求的有关金融法规和管理制度、金融市场和金融产品几乎都是空白，因而在一段时间内出现了"体制的真空"。因此，俄罗斯自由化的金融改革与其他国家的金融自由化在内容上有所不同，好像在"空地"上建立和发展了适应市场经济需要的金融体系，主要表现为金融机构、金融产品和金融市场从无到有的迅速发展。在金融体系建立和发展过程中，自由化是政府的主导思想，表现为金融产品的价格（利率和汇率）自由化、外汇管制的放松、金融体系的对外开放等。

（二）二级银行金融体制仍有待完善

俄罗斯虽然形成了以俄罗斯银行为领导、商业银行为主体、多种金融机构并存和分工协作的金融体系，但中央银行仍缺乏足够的独立性，主要表现为中央银行仍然承担商业银行的许多职能、在金融政策制定和执行中缺乏独立性、在许多商业银行中持有股份以及与政府的关系仍未完全理顺。

（三）俄罗斯债券市场相对发达

1994年以后，由于俄罗斯政府将发展国家有价证券市场作为金融政策的优先目标，加之俄罗斯证券市场进一步向非居民（外国投资者）开放，非居民有权购买俄罗斯国家短期债券，特别是1996年7月俄罗斯央行出台了关于非居民在国家短期债券市场发挥作用的新规则，都促使俄罗斯短期债券市场得以快速发展。截至2006年末，俄罗斯国家有价证券（短期国债——联邦债券）市场总额为8 756亿卢布。此外，经济转轨期间形成的巨额债务也是俄罗斯债券市场发展的基础，而长期的预算赤字则是有价证券市场继续发展的动力。

（四）俄罗斯股票市场作用有待进一步发挥

俄罗斯股票市场是顺应私有化政策而产生的，俄罗斯股票一级发行目的不是融资，而是股权的重新分配，而二级市场上主要的交易集中在少数几家蓝筹股，垄断和投机色彩浓厚。虽然俄罗斯已经基本建立起商品市场、货币市场、利率市场等的市场运行环境，金融市场与实体经济的关联度增强，公司债券市场快速发展，有价证券市场的技术基础得到加强，但股票市场规模不大、风险高度集中以及管理欠规范仍是俄罗斯股票市场亟待解决的问题。

（五）俄罗斯金融业对外开放程度高

在自由化思想的支配下，俄罗斯逐步放宽了外资银行的准入限制，希望通过外资银行的进入改善国内银行体系效率。为了弥补国内金融资源短缺，俄罗斯开放证券市场以吸引外资，非居民在俄罗斯证券市场上十分活跃，外国投资者行为是影响俄罗斯证券市场的重要力量。此外，俄罗斯还积极推进外汇自由化改革，实现了卢布经常账户的自由化，资本与金融账户也基本开放。

第三节　印度金融体制的演变与特征

印度的经济在独立以后有了显著的发展，到20世纪90年代中期，印度已建立起门类齐全的现代工业体系，农业获得巨大发展，对外贸易拓展很快，高新技术取得令人瞩目的成就，已成为一个具有相当经济实力的发展中大国。但与东亚、东南亚许多国家相比，印度经济又是相对落后的，它基本上还是一个以农业为主的发展中国家，经济生活中工业和农业发展程度及地区分布的严重不平衡，形成印度金融体制中现代和古代金融机构同时并存的二重结构，银行业相对落后和封闭。

一、印度的金融体系

为适应本国经济多层次发展的需要，印度的金融体系不仅多层次，而且较为复杂，但基本上也是以中央银行为核心，商业性金融机构为主体，政策性金融机构为补充的格局（见图2-3）。

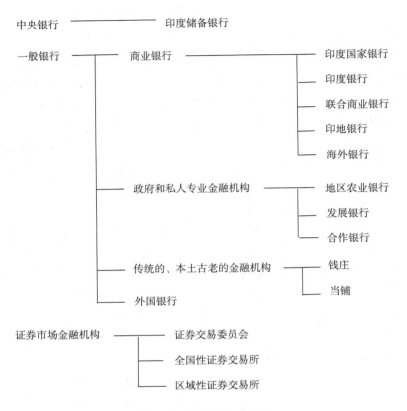

图 2-3 印度的金融体系

（一）中央银行

印度储备银行（Reserve Bank of India）是印度的中央银行，始建于 1935 年，1949 年收归国有，总行设在孟买，下设发行部和银行部，在各地设有 14 家分行。印度储备银行的最高决策机构是中央董事会，董事会由总裁主持，总裁由内阁会议任命；最高管理机构是中央理事会，由 20 名理事组成。印度储备银行的职能主要包括服务性职能和对宏观经济的调控功能。

1. 印度储备银行的服务性职能。

（1）发行货币。印度的法偿货币是卢比。按惯例，硬币一直由政府负责发行。在印度储备银行的货币发行史上，1957 年前采用部分发行准备制度，即必须以 40% 的黄金或英镑证券作为发行纸币的保证，以 60% 的卢比纸币、卢比硬币或获准的印度政府证券为担保。1957年以后采用了定额的最低准备制度，即只要保持价值 20 亿卢比的黄金和外国证券（其中黄金不得少于 11.5 亿卢比）作为保证，就可以根据经济发展的需要发行任何数量的纸币。

（2）代理国库。作为政府的代理人，印度储备银行负责接收支付各类款项，负责政府公债的发行管理、还本和付息，向中央政府和各邦政府提供 90 天以内期限的贷款和应付临时急需的透支，并在国内外金融事务中充当政府的顾问。

（3）监督管理银行。根据印度的银行法规，各表列银行（即包括在储备银行法第二个计划表中的银行）自有资本和储备必须达到 50 万卢比，每周还要向储备银行报告它们的经营情况，遵守储备银行的各种条例和法规，并按一定比例缴存存款准备金。印度储备银行则在这些银行发生资金困难时予以支持，给予 90 天以内的贷款。同时，印度储备银行还负责对在印度的外国银行进行一般的监督管理，管理外汇储备并维持卢比的对外价值。作为发展中国家，印度实行较严格的外汇管理，印度储备银行按照与政府议定的总政策行使外汇管理权。日常的许多外汇管理工作则下放给某些商业银行执行。作为印度的中央银行，印度储备银行还是全面的票据交换和资金清算中心，以维持印度经济和金融业的正常运行。

2. 印度储备银行的宏观经济调节职能。印度储备银行的长远货币金融政策战略目标与政府的长期战略目标是完全一致的。印度储备银行对印度经济的发展也负有全面而重要的责任。但印度储备银行通过传统的三大货币政策工具调节宏观经济的作用比较有限，更为突出的是以行政手段为特征的选择性信贷控制。强而有力的行政干预是其货币政策的主要特征。

（二）一般银行

在印度，所谓一般银行是指除中央银行这一特殊性金融机构以外的银行机构，包括商业银行和各种专业性金融机构（包括政策性金融机构）。

1. 商业银行。印度的商业银行体制基本上是仿照英国和美国的银行模式建立起来的，在全球 34 个国家拥有 180 家分支机构，资产超过 3 592 亿美元。

印度国家银行是印度最大的实力最强的商业银行，其股本的 90% 以上为政府所有。印度国家银行是在原印度帝国银行资产国有化的基础上建立起来的。它同一般商业银行一样吸收存款、发放贷款和进行透支；它在促进印度广大农村落后边远地区的发展方面发挥了独特的作用；它作为印度储备银行的代理机构，执行某些中央银行的职能；它在没有银行的地区开设分行，为合作社和小企业融通资金，在农村的信贷方面起到特别重要的作用；该行还积极开展国际业务，在世界 20 多个国家设有分支行；它还负责支付印度一半的对外贸易额；它的营业额占整个印度银行营业总额的 35% 以上。除了印度国家银行外，主要的商业银行还有印度银行、旁遮普国民银行、中央银行、联合商业银行、印地银行以及印度海外银行。1969年印度首次将 14 家主要银行国有化，其余大部分在 1976 年已国有化。

2. 政府和私人专业金融机构。

（1）地区农业银行。印度政府在全国设立了地区性农业银行。每个农村地区银行都由一家商业银行主办，核准资本 1 000 万卢比，股本为 250 万卢比。设立地区性农业银行的目的主要是为了向小农场主、农民、手工业者和小企业主提供信贷，发展农村经济，从而有助于印度落后地区经济的发展，缩小与发达地区的差距。这类专业金融机构仅限于在指定的地区开展业务，也仅限于向上述特定对象发放贷款，放款利率也不得高于该地区合作银行的放款利率。印度政府 2005 年对区域农村银行（RRB）进行大规模合并，RRB 数量从 196 家大幅削减为 133 家，且今后还有进一步整合的计划。地区农业银行受国家农业和农村开发银行（National Bank for Agriculture and Rural Development，NABARD）管辖。到 2007 年 3 月 31 日，印度区域农村银行通过组合，现共有 96 家，在全国 534 个县设有 14 520 家分支机构，其分支机构数占所有商业银行总网络分支机构数的 37%。

（2）发展银行。作为发展中国家，印度面临着发展民族经济的艰巨历史任务，而传统的金融结构和资金来源又难以满足需要。于是印度政府采取特别措施调整金融结构，通过多种途径筹集资金，建立了全国性和地方性发展银行。近十几年来，这类专业银行机构成为印度长期资金最重要的来源。全国性的发展银行有印度工业信贷公司、印度工业发展银行、印度工业信贷投资公司和印度工业复兴公司。它们为工业基建和设备提供资金，满足重点工业项目各阶段资金的需要。邦一级的发展银行主要是为中小企业提供资金。发展银行提供资金的方式多种多样，有参股、优惠贷款、特别援助以及为企业提供发展战略、技术管理、信息等咨询服务。贷款期限一般为 8～10 年，有些贷款期限为 5～15 年。发展银行提供长期信贷的合作机构主要是邦农业和农村合作发展银行（SCARDBs）、初级农业和农村合作发展银行（PCARDBs）；其资金来源于中央银行和发行债券，以土地抵押的方式为农民提供 5～10 年或更长期限的长期贷款，以购买价值高的农业设备、改良土壤、偿还旧贷款及赎回地主扣押的土地等。截至 2007 年 3 月，SCARDBs 和 PCARDBs 机构总数分别为 20 个和 697 个，贷款额分别为 1 316.7 亿卢比和 1 275.1 亿卢比。

（3）合作银行。印度金融体系中还有合作银行体系。收入较低的人们为解决自己的经济问题，在权利平等的基础上，组织建立合作银行，共同集资设立基金，开展经营活动。合作银行受到合作社法规管理。合作银行分为中心合作银行和邦合作银行。中心合作银行也称区域合作银行，经营活动限于某一特定区域，主要向由农民组成的初级农业合作社发放贷款。中心合作银行资金来源是各成员认缴的股本，也接受公众的存款，并从邦合作银行获得贷款。中心合作银行的成员有个人和集团。邦合作银行的活动范围比中心合作银行大，但仍以邦为界，它从印度储备银行取得短期或中期贷款，然后再向中心合作银行、初级合作银行和初级合作社提供资金。它们在发放农业贷款等方面起了积极的作用。

3. 传统的、本土古老的准金融机构。印度是古老的国家，基于封建主义基础的经济结构长期占统治地位。独立以后，尽管印度进行了"土地改革""绿色革命"，但都未能彻底消除这种封建主义基础。至今农业仍然是印度经济的主体和最薄弱的环节。与这种历史和现状相联系，现代印度体系中仍然有尚未组织起来的古老的准金融机构大量存在，如钱庄和当铺，还有经营高利贷的个人。这种情况形成了印度金融体系最为明显的特征之一。

4. 印度的外国银行。1969 年印度实行银行国有化政策时，不允许外国银行在其国内新设分支机构，中国银行在印度的分支机构亦被关闭。1974 年开始允许孟加拉银行在加尔各答以对等条件开设分支机构，以便利两国贸易。目前条件又有所放宽，但外资银行在印度不能增设网点，营业范围也被限制在对外贸易及某些特定领域。

（三）印度的证券市场金融机构

印度的证券交易历史悠久，市场发达，监管严格，自律有效。资本市值占 GDP 的比重，在 2005—2006 财年达到 85.6%，至 2006 年底已超过 100%。印度证券市场分为两个层次，全国市场有 4 800 家左右，区域市场有约 2 000 家上市公司。证券交易委员会是法定团体，不是政府机构。证券市场以民间力量为主，政府资本较少参与。各证券交易所已经或正在实施公司化和非互利化改组。

印度证券市场分为全国市场和区域市场两个层次，这两个层次都是股票公开发行和集中交易的市场。印度没有柜台交易体系，也没有针对股票私募发行的制度和监管。孟买证券交易所、国家证券交易所是全国性市场，两者都位于孟买。21 个区域证券交易所分布在各邦或直辖区（印度有 28 个邦和 7 个中央直辖区），有些邦有两个证券市场，如卡纳塔卡邦有班加罗尔证券交易所和曼加罗尔证券交易所；工商业较落后的邦则没有证券市场。区域证券交易所在起始阶段仅是券商在当地聚集而形成的场所，无须政府审批，当时证券交易委员会也未设立，但有法律统一进行管制。

为了便于投资者参考，根据上市公司对证券交易委员会和孟买证券交易所相关规章制度的遵守程度，孟买证券交易所把所有公司分为 A、B1、B2、Z 四组。A 类上市公司是最为严格地遵守规章制度的公司，Z 类上市公司则是违规行为严重的公司。经过近些年的"公司化和非互利化"制后，从 2005 年 8 月起，孟买证券交易所改变为营利性的公司，所有权和会员资格相互分离，券商退出证券交易所的经营。2007 年 2 月，德意志证券交易所同意斥资 18.9 亿卢比（合 4 300 万美元），收购孟买证券交易所 5% 的股份，这一交易使孟买证券交易所的市值达到 8.54 亿美元。

二、印度金融体制的演变

印度金融体制的形成经历了近代银行体制的确立、独立初期的银行国有化以及 20 世纪 90 年代的金融业改革，终于形成了分工较细、门类较为完整的金融体系。

（一） 近代银行金融体制的形成

印度长期受殖民统治，因此它的银行体制是西方式的，发展得也较早，19 世纪已初具规模，第一家联合股份银行——希德斯坦银行（1777—1832 年）的管理方式即采取西方模式。当时是殖民主义者银行占统治地位并掌握货币发行权，1876 年起有发行权的三家银行分别为：1809 年建立的孟加拉银行，1840 年建立的孟买银行和 1843 年建立的孟都拉斯银行。1921 年三家银行合并，更名为皇家银行，行使部分中央银行职能，直到 1934 年成立储备银行作为中央银行，该行才停止发行货币。

（二） 大规模的银行国有化

印度银行业在独立初期普遍实行的是连锁董事制（Interlocking of Directorship），即银行的董事大多由大企业、大公司的股东兼任，在他们的影响下，银行将居民储蓄聚集的资金大部分投向了与之关联的大实业公司以及大国营企业，而中小国营企业很难得到贷款。同时，银行的分支机构大都集中在经济繁荣、人口鼎盛的大都市，不愿支持经济落后的农业地区，因此作为经济基础的农业发展缓慢，存在着大量的贫困人口。但是，当时印度政府确立了实现工业化的经济发展战略，推行以国营经济为主、国营经济和私营经济并存的混合模式，同时将稳定和公平纳入宏观目标，这些都需要强有力的资金支持。在这种情况下，为了增加中央财政收入，印度政府决定实行银行业国有化政策。

1969 年 7 月，印度根据宪法第 124 条，对 14 家主要银行实行了国有化。为了适应经济发展的需要，大力发展银行的分支机构，国有化前全国只有 8 321 个分支机构，1979 年遂即扩大至 31 557 个，仅 1974 年一年就新增 1 693 个。为了使国有银行占主导地位，国有银行机构增加得更为迅速，由国有化时的 6 595 个增加到 1975 年的 15 077 个，国有银行分支机构占全国银行分支机构总数的 85%。农村城镇地区分支机构增加也非常快，其数量占分支机构总数量的比率从 1969 年的 22.2% 增加到 1977 年的 45.9%。另外，印度为支持农业发展又新设地区农村银行。1975 年为进一步加强农村信贷，共新建农村银行 69 家，分支机构 2 100 余个，这反映了印度政府对农业的重视。

银行业的国有化带来了印度国有银行的信用垄断地位，成为印度政府实施金融抑制政策的基础。同时，印度政府对国有银行的机构扩张和信贷、银行利率和准备金制度以及信贷政策等各个方面进行管制。通过实施金融抑制政策，印度政府借助银行体系获得了大量的准财政收入，并将这部分收入用于刺激国内经济增长，促进国营经济的壮大。但是，在计划经济体制下，国有企业没有完善的内部治理机制，资金浪费严重，使用效率低下，印度国民经济的增长速度在 20 世纪 70—80 年代仅为 3.5%。印度政府用牺牲银行业的效率来提高国民经济效率的目标不仅没有实现，反而给银行业的发展埋下了隐患，银行体系产生了大量的不良贷款，直接危及金融业的稳定。

（三） 金融体系的改革与完善

进入 20 世纪 90 年代以来，印度加强了对其金融体系的改革与完善，主要表现在对印度银行业进行适时、适度的改革以及鼓励证券市场快速发展。

1. 改革中的印度银行业。针对长期处于金融抑制状态中的银行业难以适应市场经济的需要，甚至阻碍经济体制转型顺利实现的状况，印度政府于 1991 年决定对银行业进行改革。改革的主要内容包括：

（1） 降低银行的现金储备率和法定清偿率。1991 年 3 月，印度储备银行规定银行的现金储备率由 15% 提高到 25%，1992—1993 年又恢复到 15%，1997 年又降为 9.5%。而对于法定清偿率，从 1992 年之后，对银行的国内外负债统一按 25% 计算。

（2） 放松利率管制。1992 年，印度储备银行废除了固定存款利率，制定了最高存款利率标准。对于贷款利率，取消了同业拆借和短期票据等内部的最高利率限制，从 1994 年开始按照银行贷款的规模规定了最低贷款利率：2.5 万卢比以下的贷款为 12%、2.5 万卢比以上 20 万卢比以下的贷款为 13.5%、20 万卢比以上的贷款由商业银行自主决定利率。

（3） 允许建立私营银行。1993 年，印度储备银行颁布了私营银行的设立标准，允许建立私营银行，以减少对外国银行进入印度以及对现有银行机构扩张的限制，鼓励金融业开展自由竞争。

（4） 建立规范的银行监管制度。印度储备银行建立了规范的银行监管制度，按照国际标准要求银行实行统一的会计准则，引入收入认定、资产分类等谨慎会计原则，将银行资产划分为标准资产、次标准资产、问题资产和损失资产四类，对所有的问题资产和损失资产要求保持 100% 的准备金，并采取有效的上报稽查制度。

（5） 准许国有银行进入资本市场。1993 年，印度政府修改了《印度国家银行法》，准许国有银行进入资本市场筹集资金。1994 年，修改了《金融公司法》，允许国有商业银行最低可持有 51% 的银行股份，从而使印度国家银行等多家国有银行进入资本市场，通过发行股票的方式扩充资本，提高了银行的资本充足比率。

2. 迅速发展的印度证券市场。1875 年成立的孟买证券交易所是印度历史最悠久的股票交易所和亚洲大陆资格最老的交易所。1887 年，第一家证券经纪人组织——印度股票和债券经纪人协会正式成立，1908 年加尔各答证券交易所成立。独立后的印度又相继对股本实行控制，1947 年正式制定了股票发行法，股票发行法由股票发行管理办公室负责执行。1973 年又通过了外汇管制法，迫使外国公司减少持有的印度公司股票的数量。第二次世界大战期间，印度的证券市场十分活跃，证券交易所从1937年的7家增加到1945年的21家。根据1956年的《证券契约法》，当时被政府确认的证券交易所只有15家，几乎全国交易的70%都是在孟买这所最大的证券交易所进行。到1995年被政府批准的股票交易所已增加到23个，国内各类证券交易机构约7 000家，交易机构的数目仅次于美国。印度股票交易所的系统达到发达国家股票交易所的水平，全国股票交易所的管理机制已与NASDAQ机制接轨，印度证券交易的透明度高，交易更加迅速。1981年印度的上市股票为2 114种，交易额为25亿美元，到了20世纪80年代末期，印度证券市场资本总额达到3 400亿美元，上市股票有6 500多种。1980年孟买股票交易所融资560亿卢比，到1994年已上升到5万亿卢比，近4 000家上市公司。外国投资者购买印度证券十分活跃，这主要是因为在印度投资的盈利率较高。截至2007年，印度主板股票市场2家（孟买证券交易所、印度国家证券交易所），上市公司数量超过10 000家，股票可全流通，股票总市值占GDP比率达85%以上。印度证券市场投资者分为个人、金融机构、联合股份公司和政府机构，同时证券市场的投资者也分为国内投资者和国外投资者。在印度证券市场上个人持有数量最多，超过证券市场的30%。根据1973年的外汇管制法，印度对所有外国投资者实行管制，要求外国投资者在投资时必须经过印度储备银行的批准；在出售控股权益时，出售的股票必须由印度储备银行估价；任何新发行的股票，非居民购买的总额不能超过5%，外国个人持有任何一家公司的股份都不能超过1%。对于所有经过批准的外国投资者，利润、专利权使用费、股息的汇出是完全自由的，而资本的汇出则要受到一些规章制度的约束。[①]

三、印度金融体制的特征

印度的社会历史、经济模式和金融体制及其金融政策都具有相当典型的代表性。在较短的历史发展中，印度金融体制逐渐具有了自身的鲜明特征。

（一）二重的金融结构

许多发展中国家的经济大多是二重的结构，即少数地区和大城市的较现代化的工商业经济与广大农村和山区落后分散的农业经济并存。由于这种二重经济结构的产生并与之相适应，这些国家的金融机构也是二重的。印度的二重金融机构的显著特点是：组织完善的现代化金融体系与遍及全国各地，尤其是农村的各自为营的当铺、钱庄和大大小小的高利贷者同时并存。这种二重结构是现代与古代、先进与落后、商品经济和自然经济的并存、对立和鲜明对比。

（二）金融业发展的严重不平衡

印度经济的发展是很不平衡的。它的工业大部分集中在马哈拉施特拉、西孟加拉和吉吉拉特三个邦，其中又主要集中在孟买、加尔各答和艾哈迈巴德。而农业的发展却相当缓慢。工业和农业，城市和乡村，全国不同邦和地区发展的严重不平衡导致了印度金融业的严重不平衡。印度的银行大部分集中在孟买、新德里和加尔各答等中心城市，这是印度金融体制的特征之一。这种状况对政府和印度储备银行的政策产生了重大的影响。目前，中央银行正采

---

① 《印度金融证券市场》，格瑞贝斯环球财经，2007年第3期。

取许多强制性的政策，鼓励建立分支行来改变这种不平衡状况。

（三）国有化程度高

印度金融体系的另一个显著的特征是国有化程度较高。虽然它的金融体系中还存在着私人资本主义银行和封建性的古老金融业和高利贷者，但是通过 1969 年和 1976 年的国有化，几乎全部商业银行都收归国有，这大大便利了国家的控制、利用和管理。此外，政府的各种工业发展银行、农业合作银行与国有商业银行一起构成印度经济发展的强大后盾。

（四）在国家经济社会发展中发挥重大作用

印度特别注意利用金融体系加速其经济复兴和社会发展。银行国有化以后，银行已成为实施国民经济各项政策的重要工具，并取得了相当大的成绩。例如，印度银行推行面向大众的政策，致力于金融业的发展；重点面向农村和偏僻地区；推行灵活多样的业务方式；大力支持中小企业、家庭手工业和农业，受到下层群众的普遍欢迎；提供各种形式的咨询服务。

（五）遍布全国的银行网

印度银行国有化以后最引人注目的成就是形成了一个遍布全国城乡的银行网，这特别有利于社会的改造，而且促进了经济的货币化进程和城乡经济的发展。到 1995 年底，银行分支机构有一半以上分布在农村。这就为广大农村和边远地区的经济发展提供了大量急需的资金。按照印度储备银行的规定，商业银行只有在没有银行的农村开设 4 家分支行，才能在大城市和其他有银行的区域开设 1 家分行，从而保证将有 2/3 的分支行开设在没有银行的地区。

（六）银行业务的自由化和交叉趋势

近年来，印度银行业务出现了一些新的发展，如银行发行股票和债券、组织印侨资金、增加企业资本、商业银行直接在企业入股等，显示了其银行业务自由化和交叉的趋势，这在发展中国家是很值得注意的。

第四节　中国金融体制的演变与特征

1978 年中国开始了一场渐进的但却影响深远的经济改革。经过 40 多年的改革开放，中国的经济体制发生了巨大的变化。尤其是金融体制，由过去长期实行的大一统的银行体制逐步发展成为多元化的金融体制模式，建立了以中央银行为领导，商业银行为主体，多种形式金融机构并存与分工合作的具有中国特色的金融体制。这一体制在中国的宏观经济调控与社会主义现代化建设中发挥着越来越重要的作用。但我们也必须清醒地认识到，中国目前的金融体制仍存在着较多的问题，故需要继续深化改革，逐步完善。

一、中国的金融体系

中国的金融体系是在 20 世纪 70 年代末改革开放以后，经过 40 年的时间逐步形成与发展的，主要包括以下机构（见图 2-4）。

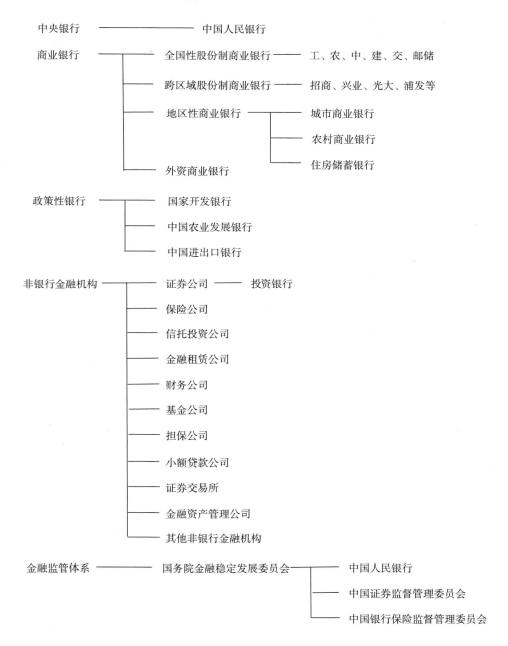

图2－4 中国的金融体系

（一）中央银行

中央银行即中国人民银行。1984年，中国人民银行开始专门行使中央银行的职责，中国开始形成以中央银行为核心的金融体系。作为中央银行的中国人民银行，是在国务院领导下负责管理全国金融事务的国家机构，其职责细分为十几项，包括货币发行、政府的银行和对金融机构及业务实行监管等。

（二） 商业银行

商业银行是中国金融体系的主体。它包括的范围较广，大体上有三个层次：全国性股份制商业银行、跨区域股份制商业银行和地区性商业银行。全国性商业银行主要包括中国工商银行、中国农业银行、中国银行、中国建设银行、交通银行和邮政储蓄银行。其中工、农、中、建、交 5 个银行原是国有独资银行，后改制为股份制银行，现为国有控股。交通银行是中国最早的全国性股份制商业银行，而邮政储蓄银行拥有 36 000 个网点，遍布全国城乡。全国性股份制商业银行在中国目前的商业银行体系中虽不是决定力量，但可算做主导力量。跨区域股份制商业银行有 12 家，其中招商银行、兴业银行、光大银行、浦发银行等最具代表性。在地区性商业银行这一层次中，主要是各地的城市商业银行和农村商业银行（包括城乡信用合作社），还有住房储蓄银行。随着改革开放的不断深入，先后有多家外资银行有限制地进入，出现了多家外资银行。它们实际上也应归入商业银行体系之中。

（三） 政策性银行

中国政策性银行包括中国进出口银行和中国农业发展银行。国家开发银行股份有限公司也可以视作中国政策性银行。国家开发银行成立于1994年3月，是直属于国务院领导的、政府全资拥有的政策性银行。2008 年 12 月，经国务院批准，国家开发银行由政策性银行整体改制成国家开发银行股份有限公司。

（四） 非银行金融机构

目前中国非银行金融机构数量已逐渐增加，但覆盖面比较广泛。包括保险公司（含中国政府提供全部资本设立的全国唯一的政策性出口信用保险公司）、证券公司、投资银行、信托投资公司、企业集团财务公司、金融租赁公司、公募基金公司、私募基金公司、担保公司、小额贷款公司，以及金融资产管理公司等各类商业性金融机构和政策性金融机构。随着中国经济金融的快速发展，中国的非银行金融机构的融资地位不断增强，作用不断增大，其规模也在扩大，业务量也在增多，整体的运作也正在朝着规范化、法制化的方向有序发展。

（五） 金融市场

随着中国经济金融体制改革不断深化，一个以货币市场（金融机构间同业拆借市场为主）、资本市场（国债等各类债券、股票发行流通为主）、外汇市场（银行间外汇交易为主）构成的金融市场体系已初步形成，并在推进改革和经济建设中不断获得规范发展。

（六） 金融监管体系

中国对金融监管体系的建设是伴随着国际国内金融风险的变化而不断调整、改革与完善的。2017 年全国金融工作会议决定设立国务院金融稳定发展委员会，拉开了新一轮金融监管体系改革的序幕。金融稳定发展委员会设立的主要目的在于统筹和协调金融改革发展与监管，职责包括落实金融工作的决策部署，审议金融业改革发展重大规划，统筹和协调金融改革发展与监管，分析、研究和判断国际国内金融形势，指导地方金融改革发展与监管。2018 年 3 月，在原来"一行三会"监管框架下又开始了金融监管机构改革，将中国银行业监督管理委员会和中国保险监督管理委员会的职责整合，组建中国银行保险监督管理委员会。这是继国务院金融稳定发展委员会成立后我国金融监管改革的又一个重大推进。新成立的中国银行保险监督管理委员会主要承担统一监管银行业和保险业的职责，维护银行业和保险业的稳健运行。而原来银监会和保监会对银行业和保险业重要法律法规和监管制度的拟定职能划拨给人民银行。这一安排体现了法规制定和执行职能的分离。其背后的根源在于，将法律法规的制定和执行集于一体本身存在道德风险，不同委员会之间为了开拓本行业的空间，存在竞相放开监管的冲动。央行上收这一职能以后，合并后的银保监会能够专注于监管，而作为承担宏观审慎管理的央行，也能够站在更高的层面对各金融行业做出整体安排。合并后的银保监会将不再单纯以机构区分监管，而是更加从功能和行为的角度进行监管，意味着我国金融分业监管的模式发生转变。

二、中国金融体制的演变

中国金融体制是在制度供给绝对匮乏的状态下起步的，从1949年到1979年，中国的金融体制是一个完全由国家垄断的、中央集权的、典型的计划金融体制，最基本的特征是单一的国有银行制度。中国人民银行是全国的信贷中心、清算中心、货币发行中心，这是中华人民共和国成立后前30年内中国金融的基本制度，在此制度的基础上建立了一整套具体的制度安排。资金供给制则是计划金融制度的核心，通过银行包贷款支持工业包产、商业包销、物资统配、财务统管的计划经济体制的运转。在金融制度运行机制上实行信贷和发行合一。金融制度的终极目标是服务于国家计划，为国家"守计划，把口子"。中国金融体制改革就是在计划金融制度的基础上开始的。

（一）金融体制改革的准备和起步阶段

从1979年至1984年，我国的金融体系结构开始了一种制度变革的发生阶段。在这个阶段，金融体系和结构出现了变化，最主要地表现在实行金融结构多元化，打破了传统制度一统天下的组织结构，建立了二级银行制度的框架。主要表现为：（1）从金融结构一元化转向多元化，按产业设置专业银行，出现了以产业分工为主要特征的专业银行机构。（2）从一级银行体制转向二级银行体制，在制度安排上实行信贷与央行分开，中央银行不再直接经营商业银行业务，仅行使信贷管理和货币发行权，从制度上改变了不受资金来源约束的信贷扩张机制，转向存款决定贷款的运行机制。（3）由于制度安排的调整，从不重视存款转向存款立行，形成了存款立行的约束机制。在资金配置的制度上，由"统存统贷"过渡到"存贷差包干"。（4）在制度变革的发生阶段，新机构和旧机制并存，机构是新的，但制度安排的运行机制基本上是旧机制起支配作用。

（二）金融体制向市场金融转变的探索阶段

从1985年至1996年，中国进行了一系列的制度创新安排，为市场金融建立了初步框架。改革的主要特点和内容是：（1）实现了金融基本制度创新，确立了中央银行制度的法定地位。1984年1月建立中央银行，1995年3月颁布《中华人民共和国中国人民银行法》，1997年颁布《货币政策委员会条例》。（2）大踏步发展多元化金融组织机构，在组织制度上实行了创新。包括发展了一批非银行金融机构，组建了一批保险公司，证券公司快速崛起，沪深交易所启动运作，带来了外资金融机构的市场准入大门。（3）金融管理制度向市场化迈出了重要一步。在管理制度上放权让利，引入竞争机制和市场机制，实行银行间的业务交叉，通过业务交叉开展竞争；在管理机制上引入风险、利润、成本范畴。实行商业性金融和政策性金融分离，1994年成立了三家政策性银行，1995年5月颁布《中华人民共和国商业银行法》，实行"四自"的经营机制。完善银行资本金制度，实行商业银行资产负债比例管理、风险管理和加强内部控制的制度建设。（4）金融宏观调控向间接调控过渡，从单一的行政型调控向主要运用经济性手段的调控转变。资金管理从统存统贷转变为差额包干的基础上，继而推进到差额控制和实存实贷，由指标管理过渡到资金管理。金融调控也从单一的行政手段直接调控向市场化运作机制调整，从开始的控制贷款规模，逐步启用中央银行的三大政策工具，发展到用比例管理彻底取代贷款规模控制。（5）金融市场制度的创新取得了长足的发展。证券交易所、同业拆借市场、票据市场全面启动。总之，在1985—1996年的10年间，中国在向市场金融制度的转变中进行了卓有成效的探索，为迈向市场金融制度奠定了基础。

（三）市场金融制度框架的调整和充实阶段

从1997年到2017年，是以调整和充实为主要内容的制度演变阶段。在这个阶段，我国宏观经济发展发生了新的变化，由传统的短缺经济发展到总量相对过剩、需求不足的经济，因此，在金融制度的演进中就发生了以充实调整为主要内容的制度深化过程。其主要内容表现在：（1）实施金融不良资产剥离，建立金融资产管理公司，启动资产证券化。（2）完善分业监管体系，建立了"一行三会"分业监管机制，即证监会、保监会和银监会，人民银行相应地调整了内部的监管体系，撤销省分行，建立9大分行。（3）加快资本市场发展，提升资本市场的功能，资本市场的扩容以跨历史性的速度发展。（4）五大行完成股份制改革。中国工商银行、中国农业银行、中国银行、中国建设银行和交通银行原是国有独资银行，后改制为股份制银行，现为国有控股上市公司。（5）整顿金融秩序，防范金融风险。（6）刺激内需、遏制通货紧缩，实行稳健货币政策。（7）扩大金融服务领域，启动消费信贷市场。（8）银行、保险、证券业领域出现了大面积合作，混业经营正在悄然发生。其中，中国平安保险（集团）股份有限公司、中国光大集团和中信控股有限责任公司的业务涉及银行、证券、保险、基金、资产管理和期货等，门类已很齐全，金融控股公司有了一定的发展。

（四）金融监管体制不断完善

2008年国际金融危机之后，世界各个主要经济体均进行了金融监管体制改革，中国也适时推进了改革。分业监管模式下的监管漏洞暴露出现行监管模式的缺陷。2017年全国金融工作会议后设立了国务院金融稳定发展委员会，旨在统筹和协调原来"一行三会"监管框架下的金融改革发展与监管。2018年3月，中国银监会和保监会合并，成立了中国银行保险监督管理委员会，形成了国务院金融稳定发展委员会协调下的"一行两会"新的监管框架。合并后的银保监会专注于监管，中国人民银行站在更高的层面对各金融行业作出整体安排，制定法规，承担宏观审慎管理。中国金融监管开始从机构监管向功能监管转变。

三、中国金融体制的特征

经过30多年的快速发展，中国已形成了一个具有自身鲜明特征的金融体制。中国目前金融体制的特征总体上可以概括为以下几点。

（一）金融宏观调控机制日益完善

中国人民银行作为中国的中央银行，其发展可以划分为两个阶段：第一阶段是从1948年12月1日中国人民银行建立到1983年9月国务院决定中国人民银行专门行使中央银行职能。在这一阶段里，中国人民银行是既行使中央银行职能，又办理专业银行业务的大一统的银行。第二阶段是从1984年1月以后至今，中国人民银行开始真正行使中央银行职能，不再对企业和个人办理金融业务。

自1984年以来近40年的时间里，中国人民银行的独立性逐步得到加强，使其真正履行中央银行职能成为可能。1995年3月颁布的《中华人民共和国中国人民银行法》规定，中国人民银行不得对政府透支，也不直接认购政府债券，中国人民银行也不得为各级政府管理部门提供贷款或担保，中国人民银行对其分支机构实行集中统一领导和管理，中国人民银行各分支机构不得向地方政府部门提供贷款等。这些规定均从法律上保证了中国人民银行相对于政府及其他部委和各级地方政府的独立性。1998年中国人民银行的管理体制进行改革，撤销省级分行，跨省（自治区、直辖市）设置9家分行。这进一步提高了中国中央银行执行货币政策的权威性，增强了中央银行金融监督管理的独立性，标志着中国的金融改革又进入了一个新阶段。

中国人民银行在其自身的独立性得到不断强化的同时，其金融宏观调控的方式也在不断地改进和完善。金融宏观调控已由直接的行政调控为主转向以间接调控方式为主，从过去依靠贷款规模等指令性计划控制转变为根据国家确定的经济增长、物价控制目标和影响货币流通的各种因素，综合运用利率、公开市场业务、存款准备金、再贷款、再贴现等货币政策工具，间接调控货币供应量，以保持币值稳定和促进经济发展。

（二）政策性金融与商业性金融分离分立

1979年至1984年，中国先后恢复和建立了四大国有银行。最初，这些银行的运作仍带有较浓的计划性和行政性色彩，没有经营自主权，经营管理水平低下，不能适应市场经济的需要。对此，十几年来我国四大国有商业银行进行了一系列的改革。如1983年开始实行的利润留成制度，1986年开始实施的责、权、利相结合的措施以及各种岗位责任制、目标经营责任制和单项承包制等。这些改革在一定程度上调动了银行业务经营的积极性。

1993年12月25日，国务院作出《关于金融体制改革的决定》，决定成立三家政策性银行，即国家开发银行、中国农业发展银行和中国进出口银行。成立政策性银行的目的在于实现政策性金融和商业性金融的分离，以割断政策性贷款和基础货币的直接联系。这三家政策性银行承担了原来四大国有商业银行的政策性业务，一方面有利于原四大国有银行向商业银行的转化，另一方面也有利于保证对投资时间长、收益低甚至无收益的国家基础项目和重点企业在资金上的支持。三家政策性银行实行自主经营、企业化管理、保本微利的原则。1994年这三家政策性银行相继组建运营。目前，政策性银行又有向商业性银行转变的趋势，国家开发银行性质已经发生改变。

1995年5月10日，第八届全国人民代表大会常务委员会第十三次会议通过的《中华人民共和国商业银行法》（以下简称《商业银行法》）明确指出，商业银行是吸收公众存款、发放贷款、办理结算等业务的企业法人。商业银行以效益性、安全性、流动性为经营原则，实行自主经营、自担风险、自负盈亏和自我约束，商业银行依法开展业务，不受任何单位和个人的干涉。另外，在《商业银行法》中，首次通过法律的形式明确规定银行业务与信托、证券业务分离，商业银行业务与投资银行业务必须分业经营，从而为商业银行业务的规范化提供了必要的法律依据。

从 1998 年 1 月 1 日起，中国人民银行决定取消对国有商业银行贷款限额的控制，不再下达指令性贷款计划，而改为按年（季度）下达指导性计划。这个指导性计划作为中央银行宏观调控的监测目标，供各家银行执行自编资金计划时参考，各银行筹集的资金由各行依法自主使用，按信贷原则和国家有关政策发放贷款。这次改进国有银行贷款规模的管理办法，对增强其自我约束能力，提高集约化经营水平有很大促进作用。2003 年后，国家采取了一系列政策措施，推进金融领域重点行业和机构的改革，大型国有银行股份制改革基本完成，中国工商银行、中国银行、中国建设银行、交通银行、中国农业银行先后完成财务重组和股份制改革，并成功在中国香港和内地上市。

（三）商业银行体系结构日趋多元化

为促进国有银行改革，自 1987 年开始，中国恢复和新建了多家新兴的商业银行。这些银行包括交通银行、中信实业银行（2005 年 12 月更名为中信银行）、中国光大银行、华夏银行、中国投资银行、中国民生银行、广东发展银行、深圳发展银行（2012 年 1 月更名为平安银行）、招商银行、福建兴业银行（2003 年 3 月更名为兴业银行）、上海浦东发展银行及海南发展银行（1998 年 6 月被关闭）、恒丰银行、浙商银行和渤海银行。除了上述新兴商业银行外，中国银行组织体系中还包括住房储蓄银行和外资银行等。中国的两家住房储蓄银行是烟台住房储蓄银行和蚌埠住房储蓄银行。烟台住房储蓄银行于 1987 年 10 月成立，它是经营房地产信贷、结算业务的股份制金融企业，是为了支持烟台地区住房制度改革，探索住房业务而专门成立的金融机构。该行是烟台市政府、中国建设银行、中国工商银行、中国农业银行、中国银行、中国人民保险公司等入股组建。蚌埠住房储蓄银行于 1987 年 12 月成立，由蚌埠市政府、有关企事业单位和各商业银行、保险公司等入股组建。进入 21 世纪后，以中国银行、农业银行、工商银行和建设银行为代表的大型商业银行相继进行了股份制改造。

（四）金融监管体系日趋完善

长期以来，中国金融体制改革滞后于金融实践发展，致使金融监管体系还不完善、效率低下，仍存在一些问题。（1）监管内容和范围狭窄。中国金融监管的内容主要是机构的审批和经营的合规性，对金融机构日常经营的风险性监管尚不规范和完善；对金融机构市场退出前的监管还有待改进；对互联网金融、网络银行和电子银行的监管还处于刚刚起步的阶段。（2）监管方式和手段单一。中国金融监管的方式较为单一，主要是外部监管，自我约束、自我管理机制还不完善，行业自律组织较少，社会监督渠道不畅通。监管手段实际上也存在法规不健全、缺乏实施细则等问题，无法可依、执法困难、约束力不强、操作随意性大等现象大量存在，降低了金融监管的效率。（3）监管效率有待提高。随着中国混业经营趋势的加强，传统的以机构类型确定监管对象和领域的监管模式难以发挥作用，存在监管真空。同时，随着我国对外开放力度的不断增大，外资金融机构的大量涌入对中国的金融机构带来了冲击和挑战，提高了监管成本。（4）监管人员素质有待进一步提高。一些监管人员的知识水平、知识结构与金融监管目标和监管任务的要求之间还存在着较大的差距，影响了中国金融监管的力度和深度。不过，在监管体制上，从 1984 年中国人民银行专门行使中央银行的职能，以国家金融监管机关的姿态出现以来，再经过 1992 年成立中国证监会，1998 年成立中国保监会，2003 年成立中国银监会，由此形成了"一行三会"的金融分业监管体制。在进一步的改革中，2017 年全国金融工作会议后设立了国务院金融稳定发展委员会，形成了由其统筹和协调的"一行三会"监管框架。2018 年 3 月，中国银监会和保监会合并，成立了中国银行保险监督管理委员会，最终形成了目前国务院金融稳定发展委员会协调下的"一行两会"新的监管框架。2008 年国际金融危机后全球各主要国家开始了金融监管体制的改革，在这样的大趋势下，中国金融监管改革也开始了从机构监管向功能监管的转变，金融监管体系日趋完善。

第五节　南非金融体制的演变与特征

地处非洲大陆最南端的南非是非洲最大的经济体。经过一个半世纪的矿业开发和工业化进程，南非已经建成世界领先的矿业，门类比较齐全的制造业，现代化的农业，以及先进的能源工业和军火工业，拥有相当完备的金融体系和基础设施。南非是撒哈拉沙漠以南非洲主要的制造业基地，具有技术和管理的优势。南非被世界银行列为中上等收入的国家。南非不仅重视与非洲共同发展，推行面向非洲的经济战略，而且利用其在非洲的区位、知识和人才等优势，正成为非洲国家最重要的贸易伙伴、投资来源和市场整合力量，南非加入"金砖国家"扩大了新兴国家合作机制在非洲大陆的代表性。

一、南非的金融体系

南非金融部门运行的基础是健全的制度和法律体系，其服务范围包括商业银行、零售银行、商人银行，以及按揭贷款、保险和投资业务（见图 2 - 5）。南非的银行系统与国际同步，主要的外国银行在南非均有代表机构，电子银行设备应用广泛，在全国范围有自动取款机网络，以及网上银行系统。南非的金融业董事会监督资本市场的规则和机构，包括保险、基金管理人和券商，不包括银行。所有银行在南非储备银行的监管之下。南非有非洲最发达的产权投资市场。南非证券市场的资本约占整个非洲证券市场资本的 85%。

（一）中央银行

南非的中央银行是南非储备银行，总部设在比勒陀利亚。南非储备银行是南非唯一有权制造、发行、销毁纸币和硬币的机构。作为中央银行，其主要职能是：第一，为中央政府提供银行服务；第二，作为政府货币政策的制定者和执行者；第三，负责南非银行的规范和监管；第四，负责保管南非国家的黄金和外汇储备，包括国际贸易和外国投资机构的外汇流入，存储在储备银行备用。

（二）商业银行

南非的商业银行体系非常发达，监管也很有效。到 2008 年底，南非共有注册银行 33 家，43 家外国银行在南非设立了代表机构。本土银行除了零售银行外，五大银行集团占据主导地位，分别是南非联合银行集团（Amalgamated Banks of South Africa Group Limited，Absa Group）、标准银行集团（Standard Bank Group）、第一兰德银行集团（First Rand Bank Group，南非第一国民银行 1998 年加入该集团）、私人投资银行（Investec Private Bank）和莱利银行（Nedcor Bank Ltd.）。

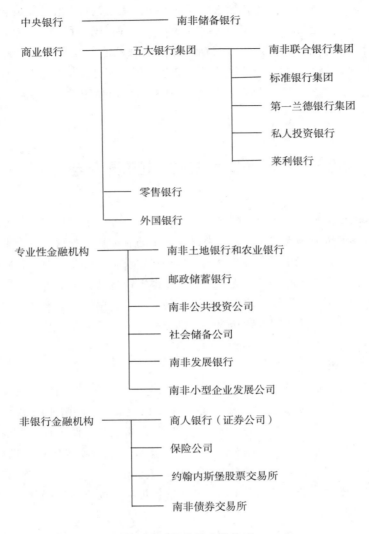

图 2-5 南非的金融体系

（三）专业性金融机构

南非的专业性（政策性）金融机构主要为：南非土地银行和农业银行，负责向农场主和农业经济组织提供帮助；邮政储蓄银行，主要办理各种居民存款，并以此向邮电和交通服务领域发放贷款；社会储备公司，负责吸收国家机关的存款，并把它们投资于国家债券；南非发展银行，负责对社会和经济基础实施领域进行金融投资和服务；南非公共投资公司，该公司是南非最大的基金管理公司，主要业务集中在投资开发性项目以及电力、公路和教育等；南非小型企业发展公司，是负责向小型企业提供信贷和咨询服务的公私合营企业。

（四）非银行金融机构

南非非银行金融机构主要为证券公司（在南非称为商人银行）、保险公司、约翰内斯堡股票交易所和南非债券交易所等。

二、南非金融体制的演变

南非历史上属于英联邦，1961 年成立了南非共和国。南非的现代金融体系是在南非共和国成立之后逐步巩固和发展起来的，带有明显的时代特征。作为中央银行的南非储备银行创建于 1962 年，是一家股份有限公司制银行。与私人银行不同的是，其行长与副行长由政府任命。作为股份有限公司制银行，截至 2013 年南非储备银行有 630 多个股东，设有场外股票交易市场，开展股票买卖业务。南非储备银行拥有现代中央银行所应承担的职能：垄断货币发行权、制定货币政策并监督执行、规范和监管银行体系、负责保管国家的黄金和外汇储备等。

南非的金融服务业由几十家国内和国外的金融机构组成，提供广泛的服务，为包括商业银行、零售银行和商人银行在内的机构提供按揭贷款、保险和投资等服务。这些银行在所有九个省都有广泛的银行网络并且为个人和公司客户提供各类服务。在相对发达的银行体系中，私人银行一直占据着南非银行业市场的主导地位，排名在前五位的南非银行也一直在南非国内市场中占据着绝对重要的位置。例如在 2010 年 6 月，南非主要的银行集团资产占银行业总资产的 84%，按其所占的市场份额，南非标准银行位居第一，其市场份额达到 26%，紧随其后的是联合银行集团，它的市场份额是 22%，而第一兰德银行和莱利银行则分别占市场的 19% 和 18%。

约翰内斯堡股票交易所（JSE Limited）建立于 1887 年，是非洲最早的证券交易所，是世界第 17 大交易所。它是随着金矿带的发现应运而生的，成立之初，主要是为金矿开发筹资，之后融资方向开始多元化。目前矿业股虽然仍占相当地位，但工业股和金融股已成为交易所的主角。随着金融市场的发展，约翰内斯堡证券交易所不仅仅是个交易所，同时还担当着股票市场监管者的角色。它为投资者提供四种市场选择：证券市场、利息率市场、金融衍生品市场和农产品市场。南非债券交易所（The Bond Exchange of South Africa）1996 年正式注册为交易所，此前是以债券市场协会的名义进行交易，提供 3 天滚动结算和债券自动买卖结算系统。目前，南非债券交易所每年的流动性为市值的 38 倍，成为新兴债券市场当中最具有流动性的市场之一。

在南非，保险可以分为长期保险和短期保险两种。短期保险（非人寿保险）主要和风险评估有关，保险合同通常须每年签订，任何一方可以随时取消。此类保险包括工程、担保、债务、交通事故、医疗、财产等险种。目前在南非有超过 100 家注册的短期保险公司。长期保险主要指寿险，其他还包括援助、偿债基金、健康、伤残等险种。长期保险、养老金和准备基金主要关注如何使投资回报最大化，而其中最主要的是寿险。在南非有超过 78 家注册的长期保险公司，2002 年的《金融咨询和中介服务法》（2002 年第 37 号法案）中规定了许多保护保单持有人的条款。

三、南非金融体制的特征

2011 年金融业对南非 GDP 的贡献已经达到 22%，超过制造业位列所有产业之首。南非金融业的核心竞争力在于完善的法律体系和平等、开放的竞争环境，并由此具有以下特征。

（一）日益宽松的外汇管制

南非政府主张开放资本市场，但是坚持渐进式放宽外汇管制的政策。1995 年废除了对非本国公民换汇的限制。到 1999 年，南非 70% 的外汇管制已经取消，目前仍然保留的仅是对前南非公民的冻结财产的控制。从 2004 年 10 月 26 日起，南非取消对南非公司到国外直接投资的限额，同时废除对在外国取得的红利汇回国内的限制。但是，到国外投资仍然需要向南非储备银行的外汇管制部门申请，并按照现有的外国直接投资（FDI）标准核定。南非储备银行对特大规模的境外投资相关的资本外流保留干预的权力，以防止对外汇市场的潜在冲击。南非公民个人也可以在南非上市的外国公司投资。2005—2006 年，外汇管制进一步放宽，废除对非本国公民和外国公司汇出资本和利润的限制。但是，受制于外汇储备数额有限，南非尚未实行完全的外汇自由化政策。

（二）行之有效的债务管理

1994 年南非新政府成立之初，背负着沉重的债务负担，债务约占国内生产总值的48.6%。为了不影响外资信心，新政府承诺继续偿还种族隔离时期的债务，包括 10 个"黑人家园"政府的债务。南非政府所采取的可持续的财政与宏观经济政策，以及健全透明的债务管理制度，得到了国际投资者的认可，南非发行的以兰特为货币单位的国内债务和外债吸引了各类投资者。近年来，国际知名的投资评级机构（标准普尔、穆迪等）均提高了南非的债务等级，显示了国际金融界对南非经济的信心。按票面交易衡量，南非国内的政府债券市场的流动性近年来有大幅度增长，特别是 1998 年 4 月指定政府债券的初级交易商之后，增幅提高明显。在积极管理债务组合当中，财政部负责识别、控制和管理政府面临的风险。财政部下属的综合风险管理机构要对风险做出定量分析，以确定风险的类型，进行监督和管理。

（三）一枝独秀的证券业

在约翰内斯堡股票交易所上市的公司市值占全非洲上市公司总市值的75%。约翰内斯堡股票交易所的市场地位是在近 10 年内，通过引进、加强先进技术以及市场管理机制逐渐达到的，虽然位居非洲第一，但约翰内斯堡股票交易所在全球金融市场中，以市值计算仅属于中型市场。根据 2012 年的全球交易所排名，约翰内斯堡股票交易所位列第 18 位。然而，2012 年 4 月，"金砖五国"的 7 家交易所推出了期货衍生品交叉挂牌交易，7 家交易所包含总市值达 9 万亿美元的近万家上市公司。这在很大程度上推动了约翰内斯堡股票交易所的发展和扩容，同时，引入交叉交易期货衍生品也可以填补对各国市场新金融产品的需求，并完成战略伙伴关系的构建。

（四）群雄逐鹿的银行业

如果说约翰内斯堡股票交易所是一枝独秀，那么，南非的银行业则是群雄逐鹿。在南非不仅有德意志银行、汇丰银行等全球性商业银行，而且 JP 摩根等国际投行都在南非设立了分支机构。但南非本土商业银行也非常具有竞争力，并在非洲具有广泛的兑现能力。根据南非储备银行 2012 年 6 月发布的最新数据显示，2011 年，南非银行业总资产同比增长 9%，营业利润增长 30%，平均净资产回报率和资产回报率分别从 14.6% 及 1% 上升至 16.4% 及1.2%。同时，作为金砖国家成员国，南非也一直在积极推动金砖国家开发银行的成立。

（五）适度饱和的保险业

目前南非和德保险有限公司正与"金砖国家"伙伴合作发起一项"金砖国家"贸易和发展项目风险池计划。该计划旨在为"金砖国家"的贸易风险提供再保险服务，并进一步提升"金砖国家"保险业和再保险业的竞争力,更好地管控"金砖国家"的贸易和投资风险,并逐步减少"金砖国家"对美国和欧洲保险业的依赖。根据惠誉提供的资料,南非寿险业监管良好,具有高度竞争力且市场处于适度饱和状态。非洲两大保险商——动力保险和大都会人寿保险公司于2010年合并成立新的公司MMI后,南非的寿险市场目前被四大主要保险公司占据,即OMSA保险公司、桑勒姆保险、利宝和MMI保险公司。统计数据显示,这些保险集团2011年的营业收入达到了71亿南非兰特(约合9.1亿美元)。

【主要参考文献】

[1] 白钦先. 比较银行学 [M]. 郑州:河南人民出版社,1989.

[2] 徐明威. 中东欧国家金融体制比较 [M]. 北京:经济科学出版社,2002.

[3] 庄毓敏. 经济转轨中的金融改革问题——对俄罗斯的实证研究 [M]. 北京:中国人民大学出版社,2001.

[4] 曹龙骐. 金融学案例与分析 [M]. 北京:高等教育出版社,2005.

[5] 杨胜刚. 比较金融制度:全球视角(第二版)[M]. 北京:北京大学出版社,2016.

[6] 程亦军. 俄罗斯的金融体制与金融政策 [J]. 中国金融,2011(5):32-33.

[7] 王小敏. 改革中的印度金融体系 [J]. 中国金融,2011(5):34-35.

[8] 杨立华. 南非的经济金融制度 [J]. 中国金融,2011(5):36-38.

[9] 徐敏. 经济转轨时期的俄罗斯金融制度改革探析 [J]. 上海金融,2011(11):116-117.

[10] Berling & Prague. *East European Bank*:*Reversal of fortune*. *The Economist*,1998.

[11] Novgorad. *Russian Banking*:*Too Much Trouble*. *The Economist*,1998.

[12] JSE Market Profile,December 2010.

[13] 世界银行,https://www.worldbank.org/.

[14] Wind金融终端.

第三章
新兴工业化国家金融体制比较

学习提要

- 新兴工业化国家经济振兴的背景和动态发展。
- 韩国经济外向型发展模式下，金融深化改革的效应。
- 韩国金融体制演进历程和以"政府管制与间接融资为主导"的金融体制特征及其对经济发展的影响。
- 新加坡独特的金融管理体制、金融体制演进与特征。

　　新兴工业化国家是指原本经济相对落后的国家在较短的历史时期内通过实行包括进口替代、出口导向发展战略在内的一系列社会经济发展政策和策略，迅速实现了经济的高速增长，其工业化进程已经接近于发达国家水平甚至进入了发达国家行列。新兴工业化国家（Newly Industrialized Countries，NICs）这一称谓是 1979 年经合组织（OECD）关注 20 世纪 60 年代后半期开始的发展中国家和地区向发达国家以及周边国家和地区出口工业品而实现经济高速增长的一份研究报告中使用的。1988 年在多伦多首脑会议上，新兴工业化国家被改称为新兴工业化国家和地区。① 到了 20 世纪 80 年代后期，只有亚洲的新兴工业化国家和中国的香港与台湾地区维持了其经济的增长，因此，发达国家的研究焦点越来越集中于亚洲的新兴工业化国家和地区——韩国、新加坡，以及中国的香港和台湾地区（称为亚洲"四小龙"）。② 20 世纪 80 年代后半期，东盟和中国实现了经济的高速增长，东亚地区被看作是世界经济的高增长经济圈。1993 年因体现了新古典派理论而更引人注目的世界银行报告《东亚的奇迹》中指出，高速增长的东亚经济，除了日本及亚洲工业化国家和地区外，还有印度尼西亚、马来西亚、泰国和菲律宾（亚洲"四小虎"）等东盟国家（若排除所有制结构、企业、政治形态和市场的依赖程度等不同因素，还包括中国），并探讨了这些国家和地区的经济增长原因。当前，新兴工业化国家包括了 20 世纪 90 年代涌现出的新兴经济体，例如亚洲的中国、印度、伊朗、泰国和马来西亚，拉丁美洲的阿根廷和巴西，欧洲的俄罗斯等。鉴于

---

　　① 新兴工业化国家和地区分别是亚洲的韩国、中国台湾、中国香港、新加坡，拉美的巴西和墨西哥，欧洲的希腊、葡萄牙、西班牙和南斯拉夫。

　　② 进入 20 世纪 90 年代末期，韩国、新加坡已被联合国和世界银行等国际经济组织归为发达国家。

第二章已经从新兴经济体"金砖国家"的视角比较分析了巴西、俄罗斯、印度、中国和南非，本章将主要分析由新兴工业化国家进入发达国家的韩国和新加坡两个国家。

第一节　韩国金融体制的演变与特征

由于日本的殖民统治和朝鲜战争的爆发，到 20 世纪 50 年代中期，韩国仍是一个经济落后的农业国。从 70 年代初开始，韩国在经济上采取外向型发展模式，在金融上采取金融深化的措施，发展各种金融组织与金融工具，实行正的实际利率与汇率，有力地促进了国内储蓄的增加以及外资的引进，国民经济高速增长，在较短的时间内，迅速改变了落后面貌，步入亚洲新兴工业化国家之列，并于 1996 年加入了被称为"发达国家俱乐部"的经济合作与发展组织（OECD），其经济成就被誉为"江汉奇迹"。1997 年起，韩国被 OECD、联合国和世界银行等国际经济组织归为发达国家。

一、韩国的金融体系

韩国实行的是"二级金融制度"，其银行类金融机构称为第一金融圈，非银行金融机构称为第二金融圈。形成了以中央银行为核心，商业性金融机构为主体（主要为一般银行），政策性金融机构（特殊银行、专业银行）和其他非银行金融机构为补充，包括金融监管机构在内的金融体系。自 20 世纪 60 年代以后，韩国的专业银行、非银行金融机构、外国银行以及金融市场发展相当迅速，商业银行的地位却相对有所下降，金融监管增强（见图 3-1）。

（一）中央银行

韩国的中央银行是韩国银行，它是依照《韩国银行法》于 1950 年 6 月建立的。主要职责是发展经济，稳定通货，管理并完善银行信用制度，制定并实施货币和信贷政策；其业务活动包括发行货币，吸收金融机构存款，保管存款准备金，主持全国清算业务，办理贴现和再贴现，充当最后贷款人，代理国库保管和出纳业务，处理公债发行、登记和偿还，通过公开市场业务买卖有价证券，以及管理对外决算资金。该行的决策机构是通货委员会，它由来自财政部、韩国银行、经济企划院、金融机构、农林部和商工部的 9 名成员组成，财政部长为主席，具有决定权。该委员会负责制定和实施货币和信贷政策，并对金融机构有直接管理权。该行的执行机构为理事会，由总裁、副总裁和 5 名理事组成，具体管理日常业务活动。

（二）商业银行

韩国的商业银行称为一般银行，是相对于特殊银行（政策性银行或专业银行）而言的。它是按照韩国《银行法》设立的，其资金来源主要是吸收存款。主要有国民城市银行、地方银行和外国银行。国民城市银行在全国广泛设立分支机构，开展全国性的金融业务，包括短期和长期融资业务；地方银行以中小企业为主要业务对象，以一定的地域作为中心开展业务活动；尽管在 1967 年韩国才允许第一家外国银行在韩国开业，但是，韩国的外国银行进入与调整变化很快。例如，在对外开放过程中，银行业外资持股比例上限加快放开。1997 年 12 月和 1998 年 5 月，上限比例分别提高到了 50% 和 100%。1999 年美国新桥资本收购韩国第一银行，2003 年美国孤星投资基金以 2.2 万亿韩圆收购韩国外汇银行（2011 年又以 6.9 万

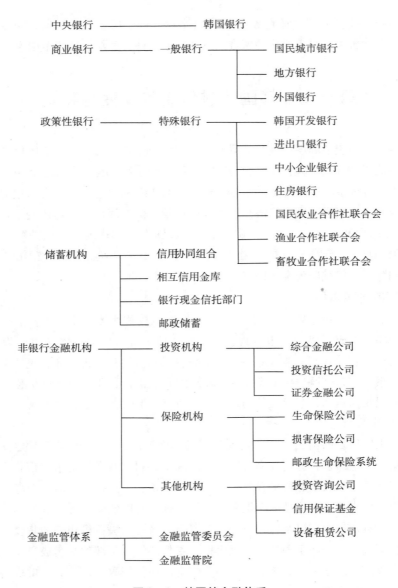

图3-1　韩国的金融体系

亿韩圆的高价将其卖给了韩国韩亚金融集团）。至 2005 年末，韩国 SC 第一银行的外资持股
比例达到了 100%，外汇银行的外资股份高达 74%，全国性银行中外国股权比率平均超
过 50%。

（三）　政策性银行

韩国金融制度是仿效日本建立的，与日本政策性金融集中由专门的政策性金融机构经
营，自成体系不同的是，韩国政策性金融机构不是完全的独立体系，而是政策性金融业务既
集中由政策性金融机构经营，又分散由各商业银行按政府指令及要求来经营。

韩国政策性金融机构分别活动于农林渔业、住房业、中小企业、进出口、经济开发等领
域，主要包括韩国开发银行（韩国产业银行）、进出口银行、中小企业银行、住房银行、国

民农业合作社联合会和渔业合作社联合会等。这些银行的宗旨是为满足这些关键产业和战略部门的资金需求而提供中长期信贷，促进其持续稳定发展。因此，开办政策性金融业务的银行，又称特殊银行、专业银行。

韩国开发银行，又称"韩国产业银行"，前身是1918年建立的韩国产业银行，1954年依据《韩国产业银行法》由政府全部出资建立，总行设在当时的汉城，即现在的首尔。该行的宗旨是遵照国策，为产业的恢复和促进国民经济的发展提供和管理产业资金。

韩国进出口银行成立于1976年，总部设在当时的汉城，即现在的首尔。其宗旨是以中长期信用方式提供金融协助，促进韩国进出口贸易的发展。此外，还从事海外投资、海外资源开发，以提高本国商品竞争能力，促进经济发展。该行还为本国商业银行、外国银行当地分行和其他金融机构从事的买方或卖方信贷以及为进口商提供担保，承担由此而产生的损失。

韩国住房银行成立于1967年，总行设在当时的汉城，即现在的首尔。该行在东京设有代表处，实行董事会下的行长负责制，主要是为低收入家庭提供住房融资。

韩国中小企业银行成立于1961年，政府持有全部资本，总行设在当时的汉城，即现在的首尔。该行专门向那些由于风险较高和缺乏足够担保品而不易从商业银行或金融市场获得发展资金的中小企业提供贷款。同时，还独家掌管政府设立的小工业基金，并协助中小企业向其他金融机构借款。

（四）储蓄机构

韩国的储蓄机构是以定期储蓄的方式办理存款并发放贷款的金融机构。主要有储蓄机构信用协同组合，它是以工厂或机关等为单位组合的信用合作、农牧渔业协同组合等组成的基层互助金融组织；相互信用金库，其业务是为市民和小企业办理存贷款；信托部门，是指附属于银行的现金信托部门；还有邮政储蓄。

（五）非银行金融机构

韩国的非银行金融机构主要有投资机构，包括综合金融公司、投资信托公司、证券金融公司、风险资本公司等；保险机构包括生命保险公司、损害保险公司、邮政生命保险系统；其他机构，如投资咨询公司、信用保证基金、设备租赁公司等。

（六）金融监管体系

亚洲金融危机后，韩国国会于1997年12月30日通过了《韩国银行法》等13个金融改革法案，并于1998年4月将过去分散执行监督职能的财政经济部、银行监管院、证券监管院统一由金融监管委员会和金融监管院管理，完成了对金融监管机构的合并，确立了金融监管部门的独立性和统一性。

二、韩国金融体制的演变

韩国金融体制的演变经历了以下四个阶段：初步形成时期、经济增长时期、调整与完善时期和改革与重组时期，进而不断发展成熟。

（一）现代金融体制的初步形成

第二次世界大战前，作为日本的殖民地，主宰韩国金融界的是日本在韩国的一些银行分支机构，韩国金融制度实际上是日本的翻版。1945年，日本战败后，朝鲜半岛划线而治。

"北工南农"的经济统一体由此断裂，日本金融机构陆续撤离，使韩国经济几乎陷入停顿。为了整治混乱的经济金融秩序，消除严重的通货膨胀，消除殖民地金融制度的影响，在美国的帮助下，韩国政府于1950年依法成立了中央银行——韩国银行，标志着韩国自主中立的金融体制由此形成。期间，因朝鲜战争爆发，韩国中央银行准备重建商业银行的计划直到1954年才付诸实施。

朝鲜战争结束后，韩国政府采取了很多稳定和恢复金融的措施。首先，于1954年成立了韩国产业银行。然后，根据经济自律化和健全化的方针，对商业银行股份中政府所属部分进行公开拍卖，在1957年完成了商业银行的民营化。同时，针对农村金融短缺、高利贷盛行的状况，把金融协会联盟改组为韩国农业银行，从事农业信贷业务。1958年，新的农业银行开始营业，迅速扩展了农业信用规模。到20世纪50年代，韩国独立自主的金融制度初具雏形。

（二）经济增长时期的韩国金融体制

1. 单一政府主导型产业金融体制。1961年，韩国经济政策的重点从先前的稳定优先转变为发展优先，政府提出了"工业立国"和"贸易立国"的路线。由于当时韩国国民储蓄率不高，推动经济快速增长所需的资金严重不足，为了保证重点项目的顺利展开，韩国政府对金融体制进行了新的改造和建设。

1962年，韩国修订了《韩国银行法》，政府接管了中央银行的大部分权力，使政府直接干预和控制金融具有了合法依据。同时，政府建立了经济企划院，把金融部门置于经济企划院的领导之下。经济企划院负责制定执行货币金融政策，审批和监督金融机构的设立、运行，任免金融机构的主要负责人等。此外，还于1961年制定了《对金融机关的临时措施法》，将先前已民营化的商业银行重新收归国有，这些都为建立政府主导型产业金融体制打下了坚实的基础。

同时，为了更有效地支持战略产业和部门，韩国实行银行分业化和专业化，即把贷款业务、证券业务和信托业务分开，长短期资金融通分开。商业银行主要从事短期资金融通业务，专业银行从事长期资金融通业务。韩国国民银行、韩国住宅银行、韩国进出口银行、韩国中小企业银行以及一批地方银行，如大邱银行、釜山银行、江原银行、庆南银行等都是在这段时期组建的。经过20世纪60年代的改造和建设，韩国形成了银行在质和量上都处于绝对地位、非银行金融机构无足轻重的单一政府主导型产业金融体制。

2. 多元政府主导型产业金融体制。20世纪70年代初，针对工业结构不合理的状态，韩国政府提出了优先发展重化工业的战略，以保证出口导向型发展战略的顺利实施。政府将钢铁、电子、石油化工、汽车和造船等作为战略产业部门，并在财政和金融上予以倾斜。但之前以银行为主导的间接金融难以满足经济高速增长对资金的巨大需求，而且，单一银行贷款渠道在一定程度上恶化了企业财务结构和银行的融资质量，进而加重了通货膨胀，再加上随着国民收入的提高和金融意识的增强，居民和企业要求有多种多样的金融资产和金融服务可供选择。上述种种因素促使韩国政府开始扶持金融市场和非银行金融机构的发展，达到扩大投资规模、实现投资多样化、改善企业财务结构和银行收支状况的目的。

1968年，韩国政府制定了《关于资本市场培育法》。1969年发布了《证券投资信托法》，引进了证券投资信托制度。1972 年宣布了《企业公开促进法》，引导企业努力扩大直接金融的比重。1974 年发出了《总统对内阁的特别指令》，在银行贷款和税收上给予上市公司优惠的待遇，同年，又兴办了韩国投资信托公司，以管理投资基金。1976 年，韩国政府再次对《证券交易法》进行了重大的修订，加强了对证券业的监督和对投资者的保护。1977 年组建了韩国证券交易委员会及其执行机构——证券监督委员会。

1972 年 8 月 3 日，韩国政府下达《关于经济成长与安定的紧急命令》，主要内容是整顿民间金融市场、调整和转换银行债务、降低利率，此举起到了改善金融结构、提高企业素质、促进非银行金融机构和资本市场发展的作用。同时，还在此期间组建了相互信用金库、信用协同组合和短期金融公司，它们基本取代了落后的民间信用组织，缩小了场外金融的规模。1976 年，韩国综合金融公司成立，它由韩国和海外各出资一半，公司经营业务广泛，方式灵活，对此前的银行分业化和专业化体制形成了巨大的冲击。由于政府的积极扶持，韩国金融市场和非银行金融机构迅速壮大，地位日益提高，多元政府主导型产业金融体制由此形成。

（三）　调整与完善时期的韩国金融体制

20 世纪 70 年代末，韩国政府决定适时调整经济发展战略和经济计划：投资重点由重化工业转向技术、知识密集型产业；经济体制由政府主导型转向民间主导型；经济政策由"发展第一"转为"效率、稳定、平衡"并举，而金融自由化和国际化就是其中心内容之一。

从 1981 年到 1983 年，韩国政府通过抛售城市银行的股份完成了城市银行的民营化，此举大大减轻了政府对金融业的干预程度，加强了金融机构的经营自主权。此外，韩国在 1991 年还宣布了从该年到 1997 年以后分四个阶段实现利率自由化的方案——《对利率放宽管制中长期计划》，准备彻底实现利率自由化。

为加快与国际金融市场的联系，吸引外资，改善国内金融机构经营管理水平，提高金融业的效率，韩国政府采取了不少有力举措，实行金融业的对外开放。1981 年，政府大幅度放宽外国银行在韩国设立分行的限制。1984 年，政府重申给予外国银行国民待遇的基本立场，并准许外国银行加入银行公会，与韩国国内银行相互交换金融资讯。1986 年，政府准许外国银行全面使用韩国银行的再贴现业务，发行定期存单，同时，颁布《新外汇管制法》，规定韩国将打破 30 年来的外汇管制，实行对外开放。从 1992 年起，韩国股市允许外资直接投资，并批准外国企业在当地股市发行以外币计价的证券，允许韩国境内的企业、居民投资国外债券、股票及房地产市场。

（四）　改革与重组时期的韩国金融体制

1997 年韩国金融危机爆发，表面上看是国际金融投机导致了外汇储备的短缺，但其根本原因是金融体制的缺陷所致。概括起来，韩国金融体制的弊端主要表现在：（1）官办金融色彩浓厚；（2）银行机构缺乏风险管理意识；（3）财阀介入非银行金融机构经营；（4）资本市场发育不健全；（5）资本项目开放失序；（6）金融监督管理制度不完善；（7）银行流动性风险内部控制不佳。因此，在以政府干预为主要特征的体制框架之下，金融监管作为宏观调节的手段之一，主要服务于短期的宏观经济政策目标。金融监管的出发点，不是为了提高金融机构自身的竞争力，而是力图通过政府提供无限担保对国内金融机构实行过度保护，并通过多元化的分业监管体制保证金融体系的安全。

虽然自20世纪80年代开始，韩国政府逐渐意识到过度干预金融市场会带来较多弊端，于是开始减少对金融机构的干预，但由于管理层将减少干预简单地等同于放松监管，因而造成了金融纪律松弛，监管力度不够，金融业风险逐渐加大，最终导致1997年在亚洲金融危机的冲击下爆发了空前的金融危机。1997年12月，韩国接受国际货币基金组织（IMF）583亿美元的援助后，开始了IMF建议的一揽子改革，主要包括金融体系改革、金融机构重组、处置不良贷款和调整金融环境等，这些改革对韩国经济复苏起到了至关重要的作用。

1. 重组金融机构体系。金融机构体系重组是韩国金融改革的首要工作。为重整金融机构体系，韩国政府迅速成立专门机构，负责金融机构重组的监督、评估工作，并注入大量公共资金，改善银行资产质量。为此，成立了独立的金融监管委员会和金融监管院，专门负责全体金融机构的监理工作，并指定韩国存款保险公司、韩国资产管理公司等机构，协助金融机构加速重组。此外，还成立了过渡银行〔Bridge Bank〕，负责接管、清算被裁定无法继续营运的金融机构的资产与负债。

1998年4月以后，韩国金融政策的制定和监管主要由金融监管委员会、金融监管院和韩国银行来承担。金融监管委员会和金融监管院负责实施金融政策，监管金融机构的运行，颁发或撤销金融机构的经营许可证。韩国银行负责货币政策的制定并管理全国的清算系统。

2. 进行金融法制再造。金融法制再造主要围绕金融检查与监理标准一元化和强化金融规范进行。在金融监管委员会制定的统一监理规范中，商业银行与非银行金融机构适用同一法规，尤其是商业银行的信托账户与一般账户适用同一标准，如银行计算资本充足率时，须计入信托账户资产，信托账户的损益亦须在财务报表上明列等，防止商业银行规避金融监理。韩国缺乏严格的金融规范，加上金融机构与大财阀关系密切，未能有效评估信贷质量，是引发金融危机的重要原因。因此，韩国政府将强化金融监理规范列为金融改革的重点。其主要措施包括：（1）实施新的资信分类与备抵放款损失提列标准；（2）强化会计标准；（3）提高对单一借款者的授信限制；（4）改善流动性风险管理制度。

3. 整顿金融自由化与国际化。为改变金融自由化和金融开放失序的状况，韩国政府采取的主要措施包括：（1）修改外国投资法规，鼓励外国直接投资。1998年，韩国颁发《外国投资促进法》，简化行政申请手续。同时，放宽外国直接投资的部门限制，目前在1 148个部门中，仅余31个部门（如国家安全和公共卫生等）未完全对外开放。（2）实行资本交易自由化和外汇交易自由化。1998年，韩国颁布新的《外汇交易法》，取代原来的《外汇管理法》，奠定了第二阶段外汇自由化时间表的基础，以加速资本自由化，促进外汇市场发展。至2000年底，除威胁国际和平的外汇交易（如国际犯罪、洗钱与赌博等）外，资本项目已全面自由化。（3）开放金融市场。1998年底，政府公债、公共债券与公司债券市场对外国投资者开放。1998年2月放宽了对外国人投资短期金融工具（如商业本票与商业票据等）的限制，1998年5月开放了金融机构发行定期存单与回购协议的交易，并取消了外国投资股市的比例上限，允许恶意并购，外国投资国营企业的股权上限则由25%提高为30%。

4. 提高金融市场深度。金融市场发育不健全也是导致韩国金融体系危机的重要因素，为此，韩国政府采取了一系列消除金融抑制，促进金融市场发展和深化的措施。主要包括：

（1）建立资产证券化制度。承办资产证券化（不动产放款抵押证券化）的公司，可以用资产（不动产放款）作为担保基础，发行资产抵押证券（不动产放款抵押证券），再由资产（不动产放款）的收益偿付证券的利息。（2）促进法人投资机构发展。1998 年实施《证券投资公司法》，内容包括开放封闭型基金的登记设立，并规定证券投资公司投资某种股票，不得超过证券投资公司资产的 10%，以及该股票总股数的 10% 等，以健全证券投资公司体制。（3）发展债券市场。具体措施包括：扩充债券种类，如发行 3 年期、5 年期等政府公债，并建立债券操作指标；允许证券公司与综合金融公司承销 1 年期以下的公司债券；设立信用评级机构，允许外资设立信用评级机构，并鼓励国内外合资提供信用评级服务。

韩国政府通过对金融体制的全面改革和整顿，取得了一定的成效，带动了韩国经济复苏和增长。

三、韩国金融体制的特征

韩国金融体制是 20 世纪 50 年代之后，为实现经济赶超型发展战略、适应政府主导型经济模式建立起来的。虽然在 1997 年遭遇亚洲金融危机冲击后，金融体制被迫进行了重组和整合，但仍然具有以下几个非常鲜明的特征。

1. 浓厚的政府主导型金融体制色彩。政府主导型金融体制是指政府直接控制金融体系（尤其是银行体系），并对所有金融机构进行保护，金融部门只是政府实现产业政策目标的工具，而不是遵照金融原则运行。其主要表现为：（1）1961 年《韩国银行法》的修改，使中央银行附属于财政部，无法独立自主地制定和实施货币政策，也不能对商业银行和专业银行进行监管。同时，政府对利率进行严格管制，实行存款利率高于贷款利率的政策，以便将场外贷款市场上流动的闲散资金吸引到银行系统，并由政府决定其流向。（2）1972 年颁布了《关于稳定救济总统令》，宣布所有登记的在无组织的场外市场签署的贷款合同均变成低息新合同，允许借方延长原定偿还期限，并规定某些短期银行贷款转为长期低息贷款。该法令在挽救债务沉重的公司的同时，加强了政府对金融部门的控制。（3）20 世纪 70 年代中期，韩国政府为实施经济赶超型发展战略而通过金融机构培植财阀，采取了"信用控制体系"政策，要求每个企业与某一家银行保持特定的银企关系，该银行即主办银行。主办银行制度虽然便于企业融资，但也使政府能通过银行实施对企业集团的信贷控制。（4）1981 年到 1982 年，韩国政府对全国性商业银行进行了"非国有化"，但银行系统仍然在政府的控制之下开展业务，因为每个私人持股者持有的银行股份不能超过银行全部有表决权股票的 8%。

2. 间接融资优势特点鲜明。为集中有限的资金进行大规模的投资，韩国政府于 20 世纪 60 年代就选择了间接融资为主导的制度安排，虽然之后大力培育资本市场，但其规模一直很小。据统计，在韩国企业外部资金来源中，间接融资比例在 20 世纪 70 年代到 80 年代为 80%，1985 年到 1994 年比例仍在 60% 左右。直接融资中，股票筹资比例在 70 年代到 80 年代不足 14%，1990 年到 1994 年比例也仅为 15.9%，主要是大量利用短期商业票据筹资。

3. 适度的金融体制重组与改革。1997 年下半年以后，金融危机使韩国经济陷入了困境，一些国际组织曾预测韩国的经济要经过好几年的调整才能复苏。然而，从 1999 年 3 月底开始，韩国的经济就出现了增长，并经过 1 年多的调整，韩国经济就摆脱了金融危机产生的阴影，走出了经济发展的困境。韩国经济迅速恢复和发展的原因主要是韩国政府坚决落实了与国际货币基金组织达成的协议，积极利用危机，采取了一系列的改革措施，推动经济金融的改革与调整，并取得了初步的成效。

第二节 新加坡金融体制的演变与特征

新加坡在 1824 年成为英国殖民地，1965 年独立。20 世纪 70 年代被称为"亚洲四小龙"之一，1995 年经合组织（OECD）将其划为"发达国家"。自进入 20 世纪 90 年代起，新加坡已经成为全球重要的国际金融中心，2014 年被列为全球第四大国际金融中心。

一、新加坡的金融体系

新加坡的金融体系较为特殊，是金融管理局和货币局制度下的特殊金融体系（见图 3 - 2）。

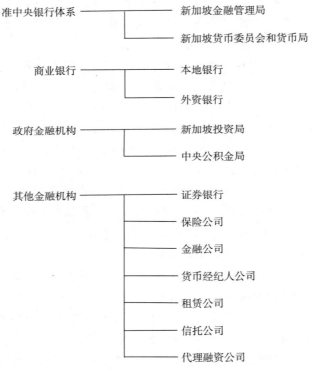

图 3 - 2 新加坡的金融体系

（一）准中央银行体系

1. 新加坡金融管理局。新加坡金融管理局（Monetary's Authority of Singapore，MAS）成立于 1971 年，主要职责是制定和实施货币金融政策；接受政府存款，代理发行和管理国债，管理国家外汇储备；批准、监督和撤并银行和非银行金融机构；管理金融市场；为银行和非银行金融机构开立账户、接受存款，并向其融通资金；代表新加坡政府参与国际金融活动。新加坡金融管理局虽然不具有中央银行的地位，但是，从职责上看，除了发行货币之外，它几乎履行了所有中央银行的职能，因此，新加坡金融管理局被认为是"实际上的中央银行"

和"不发行货币的中央银行"。

2. 新加坡货币委员会和货币局。1965 年新加坡独立后，在金融管理局成立之前，由原英国殖民地统治遗留下来的货币委员会承担货币发行职责。1971 年金融管理局成立后，该机构得以保留，成为货币发行的决策机关。其常设机构为新加坡货币局，负责货币发行工作。

（二）　商业银行

新加坡的商业银行在法律上有三种形式：（1）全面执照银行（Full License Banks）。该类商业银行可以经营全部银行业务，没有接受存款限制等。（2）限制性执照银行（Restricted License Banks）。该类商业银行在业务上受到较大的限制，如不准吸收往来存款、储蓄存款，不准设立分支机构等。但允许经营外汇业务、本地放款业务等。（3）离岸银行（Off-Shore Banks）。该类商业银行主要业务限于银行同业与其他金融机构范围内，可进行外汇交易。对非居民开展银行业务不受限制，但不得吸收居民存款，对本地居民的贷款数额受到限制。

新加坡本地银行共有 13 家，即发展银行、大华银行、华侨银行、华联银行、达利银行、工商银行、利华银行、新加坡国际银行、亚洲商业银行、四海通银行、新加坡银行、远东银行等。其中，前四家银行业务量最大。截至目前，新加坡的外资银行共有 37 家，另有 48 家外国银行代理机构。

（三）　政府金融机构

1. 新加坡投资局。新加坡投资局（Government Investment Company，GIC）成立于 1981 年，其职责是管理金融管理局和货币局聚集的资产。随着新加坡经济的发展，原来保留在金融管理局和货币局的国家基金和外汇数量，大大超过了法律要求的控制新元汇率和支持新元的需要，因此便由新加坡投资局管理和运作这些资金，例如投资于股票、证券、黄金、地产等方面，以获得利润。

2. 中央公积金局。中央公积金局（Singapore Central Provident Fund，SCPF）成立于 1955 年，是新加坡政府推行强制性的中央储金制度的产物。该制度规定，凡是在新加坡有薪金收入者，须与其雇主一起，将月收入的一部分交存中央公积金局。存款人退休或因残疾丧失劳动能力时，可由该储蓄维持生活。存款人去世，储蓄余额由其指定的受益人领取。中央公积金局聚集的资金主要用于购买各种有价证券，或由会员购买自用住房，它成为新加坡经济发展的一个重要资金来源。

（四）　其他金融机构

新加坡其他金融机构主要为非银行金融机构，如新加坡的证券银行、金融公司、货币经纪人公司、代理融资公司以及金融租赁公司、保险公司、单位信托有限公司等。

二、新加坡金融体制的演变

新加坡金融业的起源可以追溯到 19 世纪中叶，当时，新加坡还是英国的殖民地。1819 年 1 月 28 日，莱佛士爵士登陆新加坡，并于 1824 年和当时占据新加坡的荷兰人签订了《英荷协定》，自此开始了英国对新加坡长达一个多世纪的殖民统治。1840 年，新加坡出现了第一家商业银行，即加尔各答联邦银行（The Union Bank of Colcutta）。1941 年，新加坡被日本占领并改名为昭南岛，1945 年日本战败后，新加坡重回英国统治，直至 1959 年，新加坡才取得自治并由李光耀执政。但此时的新加坡并无独立生存能力，在 1963 年正式加入马来西亚联邦。但仅仅两年后，新加坡又被迫脱离马来西亚，于1965年8月9日成为独立国家。独立前的新加坡的金融体系完全由外国银行支配，是为适应殖民和掠夺的需要而建立的。随着新加坡的商贸发展和逐渐成为东西方及东南亚的贸易港口，英国商人纷纷在新加坡开设商行，如"雅德利公司""莫实德公司""海峡贸易公司"等，他们利用当地的商人作为向马来西亚、印度尼西亚、泰国和缅甸等邻近国家推销商品和收购土特产的中间商，排斥荷兰等国家的竞争者，实行贸易垄断，赚取高额利润。这一时期，在新加坡设立的银行主要有英资的有利银行（Meroantlle Bank，1856）、渣打银行（The Chartered Bank，1861）和汇丰银行，以及荷兰银行（ABN Bank，1883）、美国的花旗银行（City Bank，1902）和法资的东方汇理银行（Bank Indosuez，1905）等。

20世纪初，随着贸易和工业的发展，前往新加坡移民的人数剧增，新加坡民族工业开始萌芽，但是，在英资的控制和排挤下，大多数民族工业集中于日常用品及食品加工业。这一时期出现了第一批本地华人银行，如广益银行（1903）、四海通银行（1906）、华商银行（1912）、和丰银行（1917）、华侨银行（1919）、利华银行（1920）及大华银行（1935）等。本地银行与当地工商界有广泛的联系，而外资银行主要从事国际业务。自20世纪初，橡胶业和锡矿业的繁荣带动了新加坡股份公司和股票交易的扩张。进入20世纪20年代后，英国商人建立了场外交易所，开始买卖外国公司发行的股票等有价证券。进入20世纪30年代后，新加坡和马来西亚共同建立了联合证券市场，各国注册的公司允许在两地同时挂牌交易。

第二次世界大战后到1965年新加坡独立前，又有大批的本地银行成立。这一时期，商业银行达到了100多家，其中70%以上是外资银行。另外还有100多家金融公司和保险公司，金融业迅速发展起来。

1965年独立后，新加坡政府将金融服务业作为国民经济的重要产业来加以大力扶持，其目标是将新加坡发展成为现代化的国际金融中心，以促进新加坡经济与贸易的迅速发展。新加坡进行了一系列金融改革：（1）新加坡政府于1967年6月成立了货币委员会，下设货币局，从英国人手中收回了货币发行权，发行了本国货币——新加坡元。1968年成立新加坡发展银行。1971年成立了金融管理局，主要负责制定货币政策和货币发行，维持币值稳定、控制通胀及管理国家外汇储备，打造国际金融中心。货币局和金融管理局相当于新加坡的中央银行，在一定程度上行使中央银行的职能。货币局和金融管理局一起负责对金融业的监管。1981年，新加坡政府成立了投资公司（GIC），分管政府储备金。对应新加坡金融管理局，GIC则是以一种稳健的方式投资和管理新加坡的国家储备金。新加坡政府还成立了淡马锡投资公司（Temasek）。（2）20世纪60年代末至70年代初，新加坡放宽了利率、外汇和银行业务的管制，以创造良好的竞争环境，同时在70年代到80年代，新加坡当局鼓励和支持当地银行的合并，形成了由本地13家银行组成的四大银行集团（新加坡发展银行、大华银行集团、华侨银行集团和华联银行集团）。（3）政府极力促进证券市场的发展，建立了贴现所，以推动有价证券和票据的流通，控制债券的发行量，扩大股票市场，逐步培育完善资本市场。（4）组建了独立的证券交易所。（5）创建了"亚洲美元市场"和与之配套的管理措施，从1968年起，允许商业银行建立"亚洲货币单位"以吸引海外存款。

经过20多年的货币市场、外汇市场和证券市场等的建设与发展，到了20世纪90年代，新加坡已经形成了比较健全与完善的金融体系和建立了比较完善的金融制度，成为了世界上重要的国际金融中心。2008 年国际金融危机后，新加坡的金融监管特别是银行业的监管进一步加强，维持了金融体系的稳健运行。

三、新加坡金融体制的特征

（一）独特的金融管理体制

新加坡不设中央银行，而是由金融管理局、货币局、投资局分担对银行、货币、外汇的管理职能。这些管理机构既有分工，又密切结合：货币局主管货币发行和货币回笼；金融管理局执行具体的管理职能和货币政策的实施；投资局负责对国家储备资金及外汇的投资和管理，三者共同发挥着中央银行的相应职能作用。

（二）外资金融机构资产雄厚，本地银行发展迅速

在银行数量上，外资银行数量占全部银行数量的 80%。经营欧洲货币单位的 188 家金融机构中，外资银行有 121 家，外国证券公司有 54 家。银行的总资产中，外资银行总资产占比在 51% 以上。

近年来，新加坡本地银行有了较快的发展，由 20 世纪 70 年代初的几家银行增加到目前的 30 多家，资产规模也在不断扩大。新加坡的 36 家金融公司和其他大多数的非银行金融机构均属本国资本。本地金融机构在改进管理、提高现代化水平的同时，在整个金融业中担负着越来越重要的角色。

（三）高度开放的金融市场

自 1965 年新加坡独立以来，新加坡政府致力于推进金融改革，打造国际金融中心。政府一方面通过税收等种种优惠政策，鼓励和引进外资银行和金融机构到新加坡从事离岸金融业务，创立了亚洲美元市场和国际金融期货市场。同时，为避免国际化对国内金融体系和政策的冲击，当局将国内金融市场交易和离岸金融市场交易严格区分开来，离岸金融市场不受国内金融政策的制约，它充当国际资金供求的中介。

【主要参考文献】

［1］白钦先．比较银行学［M］．郑州，河南人民出版社，1989.

［2］曹龙骐．金融学案例与分析［M］．北京：高等教育出版社，2005.

［3］杨胜刚．比较金融制度：全球视角（第二版）［M］．北京：北京大学出版社，2016.

［4］张晓轩，于洋，王丽娟．韩国金融制度［M］．北京：中国金融出版社，1996.

［5］邵靖．后危机时代香港银行业发展变革与借鉴［J］．财会研究，2014（4）：78－80.

［6］陈锦涵，朱磊．2017 年台湾经济回顾与展望［J］．统一论坛，2018（1）：39－42.

［7］阿·马克西莫夫，孙叔林．东亚和东南亚新兴工业化国家［J］．国际经济评论，1991（1）：77－80.

［8］平川均．新兴工业化国家和地区的工业化与现代世界经济［J］．朱根，译．现代外国哲学社会科学文摘，1996（3）：16－20.

第四章
各国中央银行体制比较

学习提要

- 各国中央银行体制构建的共同基础和一般规律。
- 中央银行组织形式的4种类型及产生的社会制度、经济体制等背景。
- 各国中央银行内外机构设置的类型与各自的决定因素。
- 各国中央银行权力结构特征及成因。
- 发达国家与发展中国家中央银行职能特征的比较分析。
- 各国中央银行货币政策及其运行机制比较。
- 各国中央银行货币政策目标调整的经济背景与时代特征。
- 货币政策的类型与各国实施货币政策的一般工具比较。
- 主要发达国家货币政策运用的国别特征和总体特征。
- 发展中国家货币政策运用的国别特征和总体特征。
- 主要发达国家货币政策传导机制的国别特征。
- 欧洲中央银行货币政策传导机制特征。
- 美国、英国、德国和日本中央银行独立性比较。
- 各国中央银行业务的共同特征与主要国家央行业务的差异性比较。

  中央银行（Central Bank）是在一国金融体系中居于主导地位，负责制定和执行国家货币政策，实行金融管理和监督，控制货币流通与信用活动，对金融运行和国民经济进行宏观调控的特殊金融机构。中央银行制度产生的直接背景是商品经济发展到了一定程度和商业银行的普遍建立，整个社会的货币信用关系得到了广泛和深入的发展，导致货币信用矛盾不断产生和积累。银行券的统一发行，要求有垄断货币发行权的中央银行；开展票据交换和清算业务，要求有可以提供相应平台的中央银行；保证商业银行的支付能力需要有充当"最后贷款人"的中央银行；随着各国商品经济的进一步发展和扩大，为满足政府的融资需求，要求有可以充当政府的银行的中央银行。同时，随着各国金融机构门类的增多和业务的扩大，金融风险集聚的增强，加强对金融业的监管也对中央银行的产生提出了迫切要求。所以，中央银行制度的产生和发展成为历史的、客观的必然。中央银行制度是在各国商品经济和金融发展过程中逐步产生和演变的，由于各国政治、经济、社会、历史和文化等要素构成的基本国情不同，其中央银行制度亦各具特色。尽管如此，在比较研究中，我们仍能从差异中发现各国中央银行制度演进的共性与发展规律。

第一节 各国中央银行体制结构比较

从中央银行的发展历史和体制的构建来看，中央银行体制的产生基本上有两个途径：一是国家通过法律或特殊规定赋予信誉好、实力强的商业银行某些特权，并要求其他银行和金融机构以及整个经济、社会体系接受该银行的这些特权，从而使这家银行逐渐演变为中央银行。比如产生于 1656 年的历史上最早的中央银行——瑞典银行，以及产生于 1694 年的堪称现代中央银行鼻祖的英格兰银行。从 19 世纪到 20 世纪初期各国相继成立的中央银行中，除个别国家外，也基本上都是沿着这个路径产生的。二是由政府根据他国经验直接出资组建而成。比如 1920 年布鲁塞尔国际经济会议后，到第二次世界大战结束后各国陆续建立的中央银行基本上都是遵循这种路径产生的。目前，除极少数的殖民地、附属国外，几乎所有国家都设立了自己的中央银行，中央银行制度成为世界各国的一项基本经济制度。随着经济全球化和金融全球化的迅猛发展，建立区域性中央银行成为中央银行制度的发展趋势。1998 年 7 月 1 日成立的欧洲中央银行为中央银行制度的发展树立了一个里程碑。

一般而言，各国中央银行的体制结构主要包括中央银行的组织形式、权力结构、机构设置、资本所有权四个方面。通过比较研究这四个方面的内容，我们可以发现中央银行存在的共同基础和一般规律。

一、中央银行的组织形式比较

在实行中央银行制度的国家中，由于受各国社会制度、经济管理体制、经济发展水平和金融发达程度等因素的约束，各国中央银行的组织形式存在差异。归纳起来大致可以分为：单一式的中央银行制度、复合式的中央银行制度、准中央银行制度和跨国中央银行制度四种类型。

（一）单一式中央银行制度

单一式中央银行制度，是指一国只设立一家中央银行，采取总分行制并逐级垂直隶属，履行中央银行职能。这种制度的特点是权力高度集中，有较多的分支机构。目前世界上绝大多数国家，如英国、日本、法国和中国等国家的中央银行都实行这种制度。英国的中央银行为英格兰银行，总行设在伦敦，在伯明翰、利物浦等 8 个城市设有分行。日本的中央银行为日本银行，总行设在东京，在全国 47 个都、道、府、县设有分行和办事处，在纽约、伦敦、巴黎、法兰克福和中国香港等地设有代表处。法国的中央银行是法兰西银行，总行设在巴黎，并在全国各主要城市设有分行和办事处。在中国，1948 年成立的中国人民银行，总行设在北京，在 1984 年之前，既执行中央银行职能，又经营商业银行的业务。1983 年 9 月 17 日国务院作出决定，从 1984 年 1 月 1 日起，中国人民银行作为国家的中央银行，专门行使中央银行的职能，中国人民银行成为真正意义上的中央银行。中国人民银行亦采用单一式中央银行制度。

（二） 复合式中央银行制度

复合式中央银行制度，是指在中央和地方设立两级相对独立的中央银行机构，中央级机构为最高权力和管理机构，地方级机构也有其独立的权力，两者分别行使职权。这种制度特征一般与国家政治体制相联系。实行联邦体制的国家如德国、美国等都采取了这种制度。美国的中央银行制度称为联邦储备体系（Federal Reserve System，FRS），在中央一级设立联邦储备理事会。美国联邦储备理事会设在华盛顿，负责管理联邦储备体系和全国的金融决策，对外代表美国中央银行。在地方一级设立联邦储备银行。美国联邦储备体系将 50 个州和哥伦比亚特区划分为 12 个联邦储备区，每一个区设立一家联邦储备银行。联邦储备银行在各自的辖区内履行中央银行职责。原德国中央银行在中央一级设立中央银行理事会和为其服务的若干业务职能机构，在地方一级设立了 9 个州中央银行。

（三） 准中央银行制度

准中央银行制度，是指一国没有通常完整意义上的中央银行，只设立类似中央银行的金融管理机构，执行部分中央银行的职能，并授权若干商业银行执行另一部分中央银行职能。在准中央银行制度下，中央银行的职能是由不同的机构从不同的角度分别执行的，具有权力分散、职能分解的特点。这种制度通常在国土狭小而经济开放度又较高的国家或地区实行，采取这种准中央银行体制的国家有新加坡、马尔代夫、斐济、沙特阿拉伯、阿拉伯联合酋长国、塞舌尔等。在这类中央银行制度下，国家设立的金融管理机构的名称和职责在各国也有所不同，如新加坡设立金融管理局，隶属财政部，该金融管理局不负责发行货币，货币发行权授予大型的商业银行，并由国家货币委员会负责管理。除此之外，金融管理局全面行使中央银行的其他各项职能，包括制定和实施货币政策、监督管理金融业、为金融机构和政府提供各项金融服务等。如马尔代夫设立货币总局，负责货币发行和管理，制定和实施货币政策，同时授权商业银行行使某些中央银行职能。

（四） 跨国中央银行制度

跨国中央银行制度，是指地域相邻的若干国家联合组建一家中央银行，由这家中央银行在其成员国范围内行使全部或部分中央银行职能的制度。这种中央银行制度适用于相对一致的区域性经济和货币联盟体制。目前这类制度的典型代表是欧洲中央银行、西非国家中央银行、中非国家银行。跨国的中央银行为成员国发行共同使用的货币和制定统一的货币金融政策，监督各成员国的金融机构及金融市场，对成员国的政府进行融资，办理成员国共同商定并授权的金融事项等。跨国中央银行制度的建立需要有政治权力的让步，比如欧元区中央银行——欧洲中央银行的建立，就是欧元区成员国放弃主权货币，实行单一货币和执行统一的货币政策的政治权力妥协的产物。欧元区统一大市场实行一种货币，在降低跨国交易成本和提高资源配置效率等方面意义重大，但由于实行单一货币的各成员国社会、经济、政治等环境不同，各国的经济效益损失和收益也不同，2008 年次贷危机演化成欧债危机的一个重要原因就是欧元区各国没有独立的货币政策，使得成员国少了一个重要的进行宏观调控的工具。

二、中央银行的机构设置比较

中央银行机构设置不仅是指内部机构设置，更重要的是指中央银行外部结构是如何设置的，即作为中央银行组织结构重要组成部分的分支机构如何设置的问题。

（一）　内部机构设置

为确保中央银行行使其职能，必须设置具体的职能部门进行业务操作。各国中央银行内部职能部门的设置都是根据其担负的任务，包括货币政策的制定与实施、业务往来、金融监管等，按照精干、高效、协调等原则而设置的。尽管各国中央银行的内部机构设置数量不等，名称亦有差别，但总体来看，基本包括如下几个部门：（1）职能部门。这是中央银行内设机构的主体部门，包括办理与金融机构业务往来的部门、货币政策操作部门、负责货币发行的部门、组织清算的部门、金融监管部门等。（2）提供咨询、调研和分析的部门，包括统计分析部门、研究部门等。（3）保障和行政管理部门，包括行政管理部门、服务部门、后勤保障部门等。中央银行内部职能机构的设置并不是固定不变的，随着中央银行职能和业务量的变化，职能机构、业务分工也会随之调整，但一般而言，在一定时期内，中央银行的内部职能机构是比较稳定的。

（二）　分支机构设置

中央银行的分支机构是中央银行体系中的重要组成部分，是中央银行全面行使职能和履行规定职责所必需的组织保证。世界各国的中央银行基本上都设立了自己的分支机构。中央银行分支机构的设置大致有以下三种方式。

1. 按经济区域设置分支机构。按经济区域设置分支机构的方式，是指根据各地经济金融发展状况和中央银行业务量的大小，视实际需要按经济区域设立分支机构。分支机构一般都设立在该区域内的经济和金融中心，机构规模的大小视实际需要而定。这种设置方式有利于中央银行各项政策方针的贯彻执行和货币政策的集中统一操作，受地方政府的干预较少，也能够强化中央银行宏观经济调控的职能。同时，按经济区域设置中央银行的分支机构能更好地体现市场经济的原则，也符合市场经济的客观规律，降低了成本，提高了效率。

2. 按行政区划设置分支机构。按行政区划设置分支机构的方式，是指中央银行的分支机构设置与国家的行政区划相一致，逐级设置分行或支行。分支机构规模的大小与其所在的行政区的级别相关，而与业务量没有太大关系。这种设置方式一般是与计划经济体制相适应。例如，1998 年底前，中国中央银行分支机构的设置即属于这种方式，按照省、自治区、直辖市等行政区域设置分支机构。实践表明，这种设置方式弊端很多，随着各国经济金融体制改革的进行，按行政区划设置分支机构的方式已经逐渐被取代。

3. 以经济区域为主、兼顾行政区划设置分支机构。以经济区域为主、兼顾行政区划设置分支机构的方式，是指按经济区域设置分行，而分行之下的机构设置则考虑行政区划并尽量与行政区划相一致。日本、德国、意大利和匈牙利等国中央银行分支机构的设置基本使用这种模式。在中国，1998 年底，中国人民银行实行了分行体制重组，撤销了按行政区划设置的省级分行，跨行政区域，按照经济区域设置分行，在全国设立了 9 家跨省、自治区、直辖市的分行和 2 家营业管理部，作为中国人民银行的派出机构，根据总行的授权，负责辖区内的金融管理；但经过 20 多年的实践，这种模式也存在效率低下等问题，现在大区分行只管所在省，其他省的管理职能通通划转省会（首府）中心支行。

总之，分支机构作为中央银行的重要组成部分，是中央银行履行职能、发挥作用的重要保证。在世界各国中，中央银行的分支机构一般都是作为总行的派出机构，不受地方政府所管辖而由总行进行垂直领导，执行和完成总行制定的政策、下达的任务。

三、中央银行的权力结构比较

中央银行的权力结构主要是指最高权力分配情况，即金融政策的决策权、执行权和监督权如何通过权力机构的设置和职责分工予以体现。其中决策权是权力的核心，是中央银行权威的象征；执行权是权力的集中体现；监督权是对决策权和执行权的约束，是中央银行有效行使职能的保证。

（一）金融政策的决策权、执行权和监督权集于一身的权力结构

一般而言，将中央银行决策权、执行权和监督权集于一身的权力机构是理事会。理事会直接对国会或政府负责，不听从于其他任何部门。理事会的成员直接由政府推荐，由总统任命。理事会成员包括商业银行行长、企业家和公会领袖等，议员、政府成员、公职人员不能担任理事。理事会既是各项政策方针的制定者，又负责这些政策方针的贯彻实施和监督。这种权力结构决策层次少，权力集中，避免了机构之间的摩擦，有利于政策的衔接与操作，但缺少制衡机制。英国、美国、菲律宾、马来西亚等国的中央银行权力结构属于这种类型。

（二）金融政策的决策权、执行权与监督权分别设立、分别行使的权力结构

金融政策的决策权、执行权与监督权分别设立、分别行使的权力结构是指中央银行的最高权力机构分为决策机构、执行机构、监督机构，并分别行使权力。决策机构一般是由财政部长、中央银行行长或总裁、政府各相关部门的代表以及工、农、商业等代表所组成的；执行机构是中央银行；监督机构是专门设置的机构。这种权力结构分配形式中，权力机构层次多，权力相对分散，机构之间存在权力制衡，但机构之间的衔接与协调性较差。日本、德国和法国的中央银行权力结构属于这种类型。

日本银行的最高决策权机构是日本银行政策委员会，它是制定货币政策的最高决策机构，职责范围包括变更官方利率和存款准备金，制定调整金融市场的运作和管理规则等，日本银行的主要职能机构变更以及在业务、会计等方面的重要事项也须经该委员会讨论通过。日本银行政策委员会由9人组成，全部由内阁任命，由议会批准，任期为5年。日本银行的最高执行机构是日本银行理事会，负责执行日本银行政策委员会的决定，研究处理日常经营中的重大事项。同时，日本银行还设立监事会，负责监督检查日本银行的业务和政策执行情况。

德意志联邦银行的最高决策机构是中央银行理事会，负责制定德意志联邦银行的货币政策，制定中央银行业务活动的基本方针等。德意志联邦银行的执行机构是中央银行执行理事会，负责实施中央银行理事会作出的决议，领导并管理联邦银行的业务活动。

法兰西银行的最高决策机构是法兰西货币政策委员会，该委员会对货币政策的重大问题进行决策，包括确定官方利率，制定中央银行公开市场操作的方针等。法兰西银行的最高执行机构是法兰西银行理事会，负责法兰西银行的重要具体事务。法兰西银行的监督权力机构是法兰西银行管理委员会。

（三）金融政策的决策权、执行权与监督权分别设立、交叉行使的权力结构

在中央银行的权力结构分配中，还存在决策权、执行权与监督权分别设立、交叉行使的

类型。比如瑞士国家银行，除股东大会以外，参事会是其决策与监督机构，理事会是其执行机构。参事会的主要职责是向政府提出理事会的成员和分行行长人选，负责货币的发行，确定大额贷款额度等。参事会的代理机构是银行委员会，参事会要处理的所有事项须经银行委员会的预审。中央银行所作出的决定在征求参事会和银行委员会的意见后，全部由理事会负责。

四、中央银行的资本所有权类型比较

各国中央银行按资本所有权划分，可分为全部资本为国家所有的中央银行、股本由国家和私人混合所有的中央银行、全部股份为非国有的中央银行、无资本金的中央银行和资本为多国共有的跨国中央银行五种类型。

（一）全部资本为国家所有的中央银行

全部资本为国家所有的中央银行称为国有中央银行。其国有资本的形成分为两种情况：一是中央银行的股份原来为私人所有，国家通过购买的方式拥有了全部股权。二是中央银行成立时，全部资本金由国家直接拨付。目前大多数国家中央银行的资本金是国家所有。一般而言，历史比较久远的中央银行大多为私营银行或股份制银行演变而来，最初的资本金大多为私人投资或股份合作。国家通过购买私人股份的办法逐渐实行了中央银行的国有化，如加拿大银行于 1938 年、法兰西银行于 1945 年、英格兰银行于 1946 年、荷兰银行于 1948 年、挪威银行于 1949 年、印度储备银行于 1949 年、德意志联邦银行于 1958 年、西班牙银行于 1962 年分别被本国政府将其全部股本收归国有。1920 年布鲁塞尔国际经济会议以后建立中央银行制度的国家，其中央银行的资本金由政府直接拨款。特别是第二次世界大战之后，一批新独立的国家在筹建中央银行时正逢欧洲的国有化浪潮时期，便由政府直接拨款建立了自己的中央银行。

（二）股本由国家和私人混合所有的中央银行

混合所有的中央银行包括两种类型：一种是在中央银行资本金中，国家资本大多占 50% 以上，非国家资本，即民间资本，包括企业法人和自然人的股份低于一半。如日本银行的股份，政府持有 55%，民间持有 45%。巴基斯坦中央银行的股份，政府持有 51%，民间持有 49%。另一种是中央银行的资本中政府和民间股份各占 50%，如厄瓜多尔、委内瑞拉和卡塔尔的中央银行。在国家不拥有全部股份的中央银行中，股东的所有权和投票权都受到了某种限制，如只允许有分取红利的权力而无经营决策权，其股权转让也必须经中央银行同意后方可进行。日本银行还规定，私股持有者每年享受的最高分红率为 5%。由于私股持有者不能参与经营决策，因此对中央银行的政策基本上没有影响。

（三）全部股份为非国有的中央银行

全部股份为私人所有的中央银行并不多见，主要有美国、意大利和瑞士等少数国家。这里的私有并非个人所有，而是一种集体所有。这类中央银行，国家不持有股份，全部资本由其股东投入。美国联邦储备银行的股本全部由参加联邦储备体系的会员银行所拥有，各会员银行按照实收资本和公积金额度的 6% 认购所参加的联邦储备银行的股份。即联邦储备银行的资本是由参加联邦储备体系的各会员银行以持有股份的形式所构成的。意大利银行的资本股份最初是由私人持有，1926 年以后由储蓄银行、公营信贷银行、保险公司、社会保障机构

等所持有，股份转让也只能在上述机构之间进行，并须得到意大利银行董事会的许可。瑞士国家银行 1905 年创建时的多数股份由州政府银行持有，少数股份由私人持有。瑞士政府虽然不持有该银行的股份，但却掌握其人事权。

（四）无资本金的中央银行

韩国的中央银行是目前唯一没有资本金的中央银行。1950 年韩国银行成立时，注册资本为 15 亿韩圆，全部由政府出资。1962 年《韩国银行法》的修改使韩国银行成为"无资本的特殊法人"。该行每年的净利润按规定留存准备之后，全部汇入政府的"总收入账户"。会计年度中如发生亏损，首先用提存的准备金弥补，不足部分从政府的支出账户中划拨。

（五）资本为多国共有的跨国中央银行

跨国中央银行是一种特殊形态的中央银行，它是区域货币联盟的产物。货币联盟中成员国共同组建中央银行，其资本金是由各成员国按商定比例认缴的，以认缴比例作为其对中央银行所有权的标准。西非货币联盟、中非货币联盟、东加勒比货币区、欧洲中央银行都属于该形态的跨国中央银行。以欧洲中央银行为例，欧洲中央银行的资本是由所有参加欧元区的成员国的中央银行按其人口和国内生产总值认购股本所形成的。

中央银行的资本组成虽然有上述 5 种类型，但有一点是共同的，即无论哪种类型的中央银行，都是由国家通过法律（跨国中央银行是通过成员国之间的条约）赋予其执行中央银行的职能，资本所有权的归属已不对中央银行的性质、职能、地位、作用等产生实质性的影响。

第二节　各国中央银行职能比较

中央银行既是为商业银行等普通金融机构和政府提供金融服务的特殊金融机构，又是制定和实施货币政策、监督管理金融业、规范与维护金融秩序、调控金融和经济运行的宏观管理部门。尽管各国中央银行的职能比较相似，但它们在各种经济模式中所处的具体经济社会地位、发挥作用的程度、货币政策工具的运用方式和侧重点却是各不相同的，因为它要适应不断变化的国内和国际形势发展的需要。

一、各国中央银行职能的共同特征

关于中央银行的一般职能，目前主要有两种表述。一种是把中央银行的一般职能概括为发行的银行、银行的银行和政府的银行。另一种是把中央银行的一般职能概括为服务职能、调节职能和管理职能。很明显，前一种表述是对早期中央银行职能的典型概括。然而，现代发达的市场经济以及国内外经济金融形势的发展，要求中央银行不断调整自身的职能，以适应新形势的需要。因此，这种表述已经难以全面地、完整地概括中央银行的职能，而后一种表述概括了现代中央银行的职能特征，是对前一种表达的补充。现代中央银行的职能特征是服务职能、调节职能和管理职能。具体而言，包括以下几个方面：（1）经营银行券和硬币的发行。（2）制定货币和信贷政策。（3）作为政府的银行和银行的银行。（4）管理和平衡本国的外汇储备及国际收支。（5）在宏观经济政策决策和实施方面为政府提供信息和出谋划策。（6）作为本国出席国际金融会议和签订协议的全权代表。（7）作为有关各国中央银行或国际组织的代理银行家。（8）充当本国或国际票据交换和清算中心。需要特别指出的是，一些国家中央银行的金融监管职能正逐步被剥离，而由专门的监管机构负责实施。此外，维护金融安全稳定、反洗钱、建立金融危机预警系统和国际协调与合作等新型职能则逐步显现。

二、各国中央银行职能发挥的比较

如上所述，世界各国中央银行既具有基本相同的职能特征，但由于各国的经济发展水平不同，货币信用制度的完善程度不同，中央银行采取了不同的制度形式，具有程度不同的独立性，又表现出不同的职能特征，从而在中央银行职能的发挥上表现出完善程度、对宏观经济的影响程度以及运用方法和手段上的差异。与此同时，这种差异不仅存在于发达国家与发展中国家之间，而且也存在于发达国家之间。

（一）职能的完善程度不同

发达国家与发展中国家的中央银行在职能的完善程度上存在着差异。发达国家由于经济发展水平比较高，拥有完善健全的金融体制，中央银行的独立性相对也比较高，因此，中央银行具有完善的职能和作用，通过各种职能的配合与协调，能够实现对宏观经济的调节与控制。发展中国家的经济发展水平比较低，金融体制与金融市场还不健全与完善，中央银行受政府干预的程度比较强而独立性较弱，从而削弱了中央银行职能发挥所带来的效果，表现为中央银行货币政策的低效应、职能的不完善和中央银行对宏观经济调控能力的弱化。

（二）职能的影响程度不同

发达国家与发展中国家中央银行的职能执行对宏观经济所产生的影响，存在着程度不同的差异。一般而言，发达国家的中央银行具有较强的独立性，能够独立地制定与执行货币政策，拥有有效的调控手段与方式，中央银行职能的执行、作用的发挥能够对宏观经济产生比较大的影响，对整个国民经济的影响程度较强。发展中国家的中央银行的独立性相对较弱，货币政策的制定与实施中政府的干预较强，中央银行职能的不完善、政策效果的低下使中央银行的职能执行、作用发挥对宏观经济不会产生较大的影响，弱化了中央银行对宏观经济的渗透力和影响力。

（三）职能的执行手段不同

发达国家与发展中国家的中央银行在执行其职能时所运用的手段、采取的方法存在着差异。发达国家的中央银行在履行其职能时，一般依靠金融市场，借助于多种多样的金融资产，运用经济手段和法律手段执行职能、发挥作用，实现对宏观经济的调控及对金融机构的监管。发展中国家的中央银行面对不发达、不完善的金融市场，在法律规定与手段欠缺的条件下，只能以行政手段为主，政府的干预往往取代了中央银行的职能发挥与调控。

对发达国家而言，由于各国宏观经济金融环境不同，法律、社会历史、习俗等存在着差异，中央银行在履行职能时必然存在着一定程度的差别，主要表现在调控手段具体运用上的差异和对金融机构监管是否集中及宽严程度的差异。

三、发达国家中央银行职能的特征

发达国家的商品经济和货币信用制度的发展同一般商品经济和货币信用制度的发展历

史，至少在相当长的历史时期内几乎是同步和同一的。由此可见，发达国家的商品经济和货币信用制度为银行体系特别是中央银行体系的发展创造了特别适宜的经济环境和金融环境。

发达国家中央银行职能的特征具体表现在：（1）发达国家的中央银行体系是在商业银行和金融体制高度发达的基础上产生的，这为中央银行发挥服务性职能和宏观经济控制调节职能奠定了坚实的基础，提供了广泛的服务对象和较为理想的货币政策传导者。（2）发达国家的中央银行一般都是由商业银行经过长期的历史演变，自然地成长起来的，即经过商业银行和中央银行职能业务的合一阶段后，逐渐地演变为二者的分离并使中央银行体系独立化和专业化，成为世界各国中央银行体系建立发展的典型模式。（3）发达国家的中央银行与一般商业银行业务分离和专业化的过程，基本就是自由资本主义向垄断资本主义过渡，以及由私人垄断资本主义向国家垄断资本主义转变的过程，也是银行在国民经济中地位和作用发生历史性转变——由简单的中介人变为万能垄断者的过程。（4）发达国家的中央银行服务性职能的强化和调节职能的产生，既是以这种银行性质的历史性转变为基础，又是这一历史性转变的表现和反映。（5）在世界经济金融一体化的当代，发达国家的中央银行在货币政策制定和监管职能的行使中处于某种垄断和强权地位，因此其推出的货币政策和监管政策带有强烈的国家与民族利益特征。比如美国，利用美元作为国际储备货币的国际垄断地位，在2008年次贷危机后连续推出的所谓量化宽松的货币政策，符合美国本民族走出金融危机、恢复经济、缓和就业问题的利益，但却使全世界面临通货膨胀和持有的美元资产的贬值问题。而对金融衍生品的不监管政策，更是造成2008年美国次贷危机的重要原因。

总之，发达国家中央银行职能的发挥表明，这些国家的中央银行是国家干预、控制、调节国家经济生活的重要工具，发达国家中央银行主要通过各种货币政策工具和手段来实现其对宏观经济的调节职能，并维护本民族的利益。

四、发展中国家中央银行职能的特征

发展中国家经济发展进程的过渡性、差异性、多样性和合作性，使发展中国家的中央银行制度呈现出不平衡性和多样性的特征。它们之中既有与发达国家相似的较发达的银行体制、金融市场和中央银行体系，又有金融业很不发达，没有形成多样化的、统一的金融体系或没有建立中央银行而只有通货局的金融体系。这种金融业发展的不平衡性形成了发展中国家中央银行职能的多样性特征。

（一）中央银行职能仍处在发展与完善进程中

广大发展中国家中央银行发展的不平衡性、过渡性和多样性，使发展中国家中央银行的职能处在不断形成和发展之中。除少数比较发达的发展中国家外，大多数发展中国家的中央银行职能还主要侧重于各种服务性职能和以更直接更强烈的形式促进经济的发展，这与这些国家的经济和金融的发展进程相适应。还有一些国家的中央银行尚处在发展的初级阶段，其职能即使只是服务性的职能但也是初期的情形。今后，随着各国经济和金融业的发展，发展中国家中央银行的职能将会在各自的基础上向更高级的形态发展。

（二）货币政策工具的运用主要体现在强调增加储蓄和鼓励投资

相当多发展中国家中央银行的职能是强调运用货币政策工具增加储蓄，促进金融机构的发展，鼓励投资和促进经济增长等。许多发展中国家中央银行的职能重点不是管理职能和货

币政策的宏观调节，加强国家对货币领域的干预是大多数发展中国家中央银行调节职能的特征。这种干预和调节除了运用可能的货币政策工具外，还会更多地运用中央银行的行政手段来进行，目的在于鼓励居民投资和储蓄，并通过银行和其他金融中介将这些储蓄投入到能对国家经济建设作出更大贡献的部门。其中几个重要的方式包括：中央银行向商业银行提供低利票据再贴现，以此刺激国民经济的增长；对工业和其他部门制定低息政策，而对贸易、金融和其他业务则规定较高的利率；鼓励和支持扩大再生产；提高商业银行有价证券信誉，以扩展信贷业务。发展中国家中央银行还承担着提高、促进和改进金融机构的结构，从而促进宏观经济发展的任务。

（三）　不同的发展中国家中央银行职能呈现多样性

发展中国家中央银行职能的多样性来源于发展中国家中央银行体制的多样性特征。例如，一些国家实行的是单一式中央银行制度①，还有一些国家实行的是准中央银行制度②，以及跨国中央银行制度③。因此形成了一些发展中国家有多样化的非货币型金融资产形式和较发达的金融市场，另一些发展中国家没有金融市场和只存在有限负债形式金融市场的初级发展状况。这种多样性发展可以部分地解释中央银行职能的多样性。

（四）　注重外汇管理和平衡国际收支

加强外汇管理、平衡国际收支仍然是发展中国家中央银行的一项重要任务。发展中国家常常面临迅速发展的民族经济急需大量外汇资金而又严重缺少外汇的困境。黑市货币的大量存在更加重了外汇监督管理的任务。发展中国家中央银行必须小心谨慎地管理有限的外汇储备，千方百计平衡其国际收支，并对外汇市场采取各种严格的监督管理措施。

（五）　配合政府参与重大经济活动

发展中国家中央银行在其国家社会和经济结构的巨大变革中，配合政府参与了土地改革、工业化、对外资企业的国有化等富有成果的重大社会经济活动。发展中国家在农村和边远地区大力发展银行机构和网点的政策促进了更为深刻的社会变革，促进了国民经济货币化的历史进程，从而猛烈地冲击了古老的宗法制度，并为政府向中间型经济和地方农业经济提供信贷创造了条件。但是，这种繁重的社会历史任务和较强的国家行政干预在促进国家经济发展的同时，也加重了银行体系的负担，影响了银行业的效率与活力，降低了银行业总体的竞争能力。

第三节　各国中央银行货币政策及其运行机制比较

货币政策是指中央银行为实现一定的经济目标，运用各种工具调节和控制货币供给量，进而影响宏观经济的一系列方针和措施的总和。货币政策在国家的宏观经济政策中居于十分

---

① 如"金砖五国"中的巴西、印度和中国，以及其他国家，如墨西哥、菲律宾等。

② 例如除了作为新兴工业化国家（地区）的中国香港特别行政区外，还有马尔代夫、斐济、沙特阿拉伯、阿拉伯联合酋长国、塞舌尔等。从新兴工业化国家行列进入发达国家的新加坡也实行的是准中央银行制度。

③ 如西非、中非货币联盟国家建立的西非国家中央银行和中非国家银行。

重要的地位。货币政策的变化会引起总需求和总供给的变化、一般价格水平的变化、经济增长速度和经济结构的变化、国际收支平衡的变化等，因而它是现代市场经济国家最重要的宏观经济调控手段之一。货币政策从产生到实施再到效果的显现，一般经过货币政策目标的确定、货币政策类型的选择、货币政策工具的运用、货币政策传导机制的运行以及货币政策效应的发挥等过程。由于各国中央银行制度的差异，所处的经济金融环境不同，因此它们所实施的货币政策及其货币政策的运行机制在一般共性的基础上存有差异。

一、货币政策目标的比较

货币政策目标就是中央银行制定和实施货币政策所要达到的目的，是能够通过货币政策工具实现的、有利于经济稳定与增长以及社会发展的目标。在货币政策体系中，货币政策目标居于首要地位，中央银行制定货币政策时，首先根据经济发展的状况和客观要求，结合一定的宏观经济理论，确定合理、科学、可行的货币政策目标。货币政策目标体系由最终目标、中间目标和操作目标组成，后两者可统称为中介目标。

（一）货币政策最终目标的比较

货币政策的最终目标是货币政策的实施所要达到的最终效果、期望实现的最终目的，是中央银行组织和调节货币政策工具、社会信用活动的出发点和归宿点，它基本上与一个国家的宏观经济目标相一致。目前，大多数国家将传统宏观经济的四大目标——稳定物价、经济增长、充分就业和国际收支平衡作为中央银行货币政策的最终目标。

稳定物价通常作为各国中央银行货币政策的首要目标，该目标追求的是使国家一般物价水平在一定时期内没有显著的、剧烈的波动，保持物价基本稳定的状态。经济增长是提高社会生活水平的物质保障，也是保护国家安全的必要条件。一个国家的经济实力是决定其在激烈的国际经济、政治、军事竞争中竞争能力的重要因素。因此，经济增长是各国政府努力要实现的一项重要目标，也是各国中央银行都普遍关心的一个问题。充分就业是指任何愿意工作并有能力工作的人都可以找到一个有报酬的工作，这是政府宏观经济政策的重要目标，也是社会稳定的重要保证。因此，许多国家都把充分就业作为最重要的宏观经济目标之一。保持国际收支平衡是保证国民经济持续稳定增长和经济安全甚至政治稳定的重要条件。一个国家的国际收支状况与国内的货币供应量之间存在着密切的关系，国际收支的顺差与逆差对国内的货币供应量状况有着重大的影响，因此，各国中央银行十分重视对国际收支平衡的研究，历来都将国际收支平衡纳入货币政策的最终目标之中。

一般而言，上述四大目标之间既统一又矛盾。具体表现在：（1）充分就业与经济增长的关系。根据奥肯法则，失业与经济增长之间通常存在负相关的关系，因而，充分就业与经济增长之间通常存在正相关的关系。但是，由于经济增长可以采取劳动密集型、资本密集型、资源密集型、知识密集型等不同的发展模式，除劳动密集型外，其他几种增长模式都与充分就业有一定的矛盾。（2）稳定币值与经济增长和充分就业的关系。根据菲利普斯曲线和奥肯法则，通货膨胀与经济增长和充分就业之间通常存在正相关的关系。但过高的通货膨胀将破坏正常的经济秩序，从而迫使经济进行紧缩调整，而降低经济增长和就业。（3）稳定币值与国际收支平衡的关系。币值稳定和汇率稳定有利于国际收支平衡，但为了贸易平衡而对外贬值则可能导致国内通货膨胀加剧。

货币政策的四项最终目标实际上是一个可供选择的目标体系，各国中央银行根据本国的社会经济状况，确定各个时期的货币政策目标。由于各国不同时期的社会经济条件、经济政策以及金融体制不同，各国中央银行体制在货币政策的最终目标选择、确定标准以及理论依据等方面都存在差异。

1. 最终目标的不同表述。各国普遍接受的中央银行货币政策的最终目标虽然都是稳定物价、充分就业、经济增长和国际收支平衡（有些还将金融稳定列入其中），但由于各国的经济发展状况不同，金融体制和金融发展程度不同，因此，各国中央银行在货币政策最终目标的表述上还是存在较大的差异。美国的中央银行体系将货币政策最终目标表示为：物价稳定、高就业、经济增长、金融市场稳定、利率稳定和外汇市场稳定。英国的中央银行将充分就业、实际收入的合理增长率、低通货膨胀率和国际收支平衡作为英格兰银行货币政策的最终目标。日本的中央银行将稳定物价、平衡国际收支和维持对资本设备的适当需求作为日本银行货币政策的最终目标。德国、澳大利亚的中央银行更注重对本币币值和物价稳定的保护，德国甚至还将维护本币币值的稳定载入宪法。中国的中央银行一直将保持货币币值的稳定，并以此促进经济增长作为中国人民银行货币政策的最终目标。

2. 最终目标的不同选择。由于货币政策的最终目标之间在客观上难以多项兼顾，对各国中央银行而言，都面临着如何选择货币政策最终目标的问题。

（1）不同的选择观点。对于货币政策最终目标的选择，目前主要存在三种不同的观点：单目标论、双目标论和多目标论。

单目标论认为，由于各个宏观经济目标之间存在矛盾，因此，货币政策只能以单一目标为己任。在选择什么样的目标为货币政策的唯一目标上又存在两种完全对立的观点：一种观点强调稳定物价是货币政策的唯一目标，认为货币政策不仅无法刺激经济的持续增长，还会成为经济波动的一个诱因，因而主张以稳定币值作为货币政策的唯一目标。如德国和澳大利亚。另一种观点则认为经济增长是稳定物价的基础，主张将经济增长作为货币政策的唯一目标。

双目标论认为，货币政策的目标不可能是单一的，而应当同时兼顾稳定币值和经济增长双重目标。经济增长是币值稳定的物质基础，而币值的稳定又有利于经济的长期增长稳定。二者是互相制约和互相影响的，只偏重某一目标不仅不可能在长期经济运行中实现该目标，对整个国民经济的稳定协调发展也是不利的，如中国就是这种理论支持的典型代表。

多目标论认为，货币政策作为宏观经济间接调控的主要经济手段之一，对各个宏观经济目标都具有十分重要的影响，不能只以一个或两个宏观经济目标作为政策目标，而应该在总体上各个兼顾，在不同时期以不同的目标作为相对重点。如西方各国中央银行货币政策一般都是以宏观经济的四项目标作为最终目标。

（2）不同时期的不同选择。在不同时期、不同历史背景、不同的经济发展状况下，各国中央银行货币政策最终目标的选择是不相同的。西方发达国家在20世纪70年代以前和以后，以及20世纪90年代以前和以后面临的经济形势和任务不同，其货币政策最终目标的选择发生了很大的变化。第二次世界大战后，美国面临生产严重过剩的问题，货币政策最终目标的选择一直侧重于充分就业。日本作为战败国，战后初期面临经济恢复和高速增长的问题，为了保证引进技术所需的外汇，货币政策最终目标选择的是国际收支平衡。20世纪60年代以后，日本和德国经济腾飞，日本银行以稳定物价作为货币政策的最基本着眼点。德国饱受严重通货膨胀之苦，国民对通货膨胀深恶痛绝，因此，一贯坚持以控制通货膨胀、保卫马克作为单一的货币政策最终目标。

进入60年代后，由于美国国际收支不断恶化，70年代初布雷顿森林体系固定汇率制崩溃，国际货币金融局势动荡不定。西方各国出现了持续的、严重的通货膨胀。以英国为例，在20世纪70年代中期通货膨胀率高达20%以上。为此，西方各国普遍采取了将稳定币值作为货币政策主要目标的共同政策。20世纪90年代以来，由于过严的货币控制使得经济停滞不前，一些发达国家在货币政策上实行了重大改革，提出了所谓的"通货膨胀目标制"，力求没有通货膨胀的经济增长。通货膨胀目标制，概括地说，即中央银行制定并事先宣布一个量化的通货膨胀目标，并灵活地采取各种政策手段配合，其目的在于提高货币政策的透明度、公信力和中央银行的责任性，以期实现货币政策最终目标。此外，日本在1997年修订了《日本银行法》，规定日本银行的主要目标是通过保持物价稳定来保障国民经济健康发展。欧洲中央银行始终将稳定物价作为其首要政策目标。第二次世界大战后各国货币政策最终目标的比较详见表4-1。

表4-1　　　　　　　第二次世界大战以后各国货币政策最终目标的比较

国别	20世纪50—60年代	20世纪70—80年代	20世纪90年代以后
美国	以充分就业为主	大部分年代，就业、产出、实际收入各有侧重，1978年后以物价稳定为主	控制通货膨胀为首要目标
英国	以充分就业为主，兼顾国际收支平衡	稳定物价，创造稳定的经济增长为主	控制通货膨胀为首要目标
德国	稳定货币	稳定货币	稳定货币
日本	国际收支平衡，稳定物价	稳定物价，国际收支平衡	稳定物价为最优先目标

（3）不同经济发展水平的不同选择。发达国家货币政策的最终目标一般是多项的，稳定物价与充分就业就是西方各国中央银行普遍选择的最终目标。近年来，发达国家对货币政策目标的选择有了新的调整，大多数都将反通货膨胀作为货币政策的首要目标，力求实现没有通货膨胀的经济增长。发展中国家由于经济金融水平相对较低，中央银行货币政策的实施缺乏相应的市场环境与条件，中央银行的货币政策不仅担负着调节经济、金融的任务，而且必须担负起调整经济结构、产业结构以及理顺经济关系的责任，因此，发展中国家的中央银行在货币政策最终目标的选择上，在每一个特定发展时期通常只有一个非常明确的最终目标。例如，在经济起飞阶段，发展中国家非常重视经济发展的速度，一般都将经济增长作为货币政策的最终目标，货币政策也是以刺激经济的高速发展为中心目标而设计的，一般比较少考虑稳定物价等其他目标。当经济增长的过程中发生通货膨胀，并且通货膨胀越来越严重，已经成为了经济增长的桎梏时，才将最终目标从经济增长转向稳定物价。例如"金砖国家"的巴西自20世纪90年代起，其货币政策目标即是根据经济发展和稳定的需

要控制货币和信贷扩展，管理利率水平。印度货币政策的最终目标是提供充分的流动性以满足信贷与投资需求增长，同时关注物价水平，致力于创造宽松灵活的利率环境。我国在1995年以前的较长时期内，货币政策追求的是"发展经济，稳定币值"的双重目标。1995年颁布的《中国人民银行法》将货币政策的最终目标确定为"保持货币币值的稳定，并以此促进经济增长"，标志着我国货币政策长期目标从以往的双重目标转向了单一目标。南非货币政策的最终目标是维持价格稳定，确保南非的货币单位兰特（Rand）的内外价值在中期内稳定。俄罗斯央行目前货币政策的终极目标有两个：一是降低通货膨胀率，二是保持卢布币值稳定。而在后起的发达国家，例如韩国，货币政策目标是稳定货币发展经济。新加坡货币政策目标表现出随着国内外经济金融形势的变化而不断调整的特征：20世纪70年代初期，货币政策主要目标是促进经济增长；进入80年代，当经济增长的加快使通货膨胀的危害显现出来时，新加坡货币政策目标就明确调整为单一目标——物价稳定；到了20世纪90年代，各国中央银行对稳定币值提出更高的要求，美国要实现"无通货膨胀的经济增长"，而新加坡提出更高的目标，即无通货膨胀的持续的经济增长，首要目标是稳定物价，并以此促进经济持续增长。作为新兴工业化地区的中国香港特别行政区目前将维持货币稳定，即确保港元汇率稳定作为其货币政策的主要目标，使港元在外汇市场对美元的汇率保持在7.75港元至7.85港元兑换1美元的区间内。在中国台湾地区，货币稳定与经济增长是台湾"中央银行"的两大最终目标。

3. 最终目标的选择方法不同。对货币政策最终目标的选择，不同的经济学家有不同的选择理论，并据此提出不同的选择方法。

（1）"相机抉择"的选择方法。"相机抉择"，又称"逆经济风向原则"，是凯恩斯主义经济学家推崇的观点。根据该观点，中央银行可以根据当时的国民经济形势，选择适应的货币政策或不同货币政策之间的搭配，在一定程度上可以缓和货币政策目标之间的矛盾。一般而言，在经济处在衰退时期，将刺激经济增长、促进充分就业作为主要的货币政策最终目标；而在经济繁荣时期，为防止经济过热和出现通货膨胀，则将稳定物价和平衡国际收支作为主要的货币政策最终目标，并据此调节货币供给量，抵消非货币因素引起的经济周期波动，实现国民经济稳定增长。

（2）"单一规则"的选择方法。"单一规则"的选择方法是货币主义的代表人物弗里德曼反对凯恩斯主义的"相机抉择"的选择观点，他主张不应以主观判断作为选择标准，认为货币因素本身是扰乱经济的根源，"相机抉择"的货币政策不具有"反周期"的性质，因此应按照一套既定的简单规则来进行选择，主张以既定的数量规则来防止货币政策的摇摆性。他认为，最优的货币政策是按照单一的规则控制货币供给量，使货币增长速度等于经济增长率加上通货膨胀率。为保证货币政策最终目标的实现，中央银行只要始终如一地保持这个稳定的货币增长率即可，以此为经济提供一个稳定的货币环境，而且不管经济形势如何变化，政府不对经济进行任何干预。弗里德曼根据美国近百年的货币政策经验指出，如果追求年经济增长速度为3%，那么，货币的年增长速度应以4%～5%为宜，以这样的货币增长比率，便可支持既定的经济增长目标。

（3）"临界点"抉择的选择方法。"临界点"抉择，就是以菲利普斯曲线所揭示的失业率与通货膨胀率之间的负相关关系为理论依据，中央银行可根据社会的承受能力确定一个失业与通货膨胀的安全区（"临界点"内）作为货币政策最终目标，在安全区内不必采取任何措施，若在此之外则采取相应的措施，并通过适当的操作，将失业率与通货膨胀率都控制在预定的安全区内。例如，当政府认定社会无法承受失业率或通货膨胀率超过4%时，那4%的失业率和通货膨胀率就被称为"临界点"。

（二）货币政策中介目标的比较

货币政策中介目标是连接货币政策最终目标与货币政策工具操作的中介环节，是实施货币政策的关键步骤。货币政策中介目标包括两组金融变量，一组叫做中间目标，一组叫做操作目标。中间目标是接近于最终目标但距离政策工具较远的金融变量，比较容易对最终目标产生影响，但中央银行不易于对它直接进行控制。操作目标是接近于中央银行政策工具的金融变量，直接受政策工具影响，其特点是中央银行易于对它进行控制，但比较而言不太容易直接影响最终目标。总之，建立货币政策的中间目标和操作目标是为了及时测定和控制货币政策的实施程度，以保证货币政策最终目标的顺利实现。

1. 可供选择的中间目标和操作目标。作为中间目标和操作目标的金融变量必须满足一定的条件，如可测性、可控性、相关性和抗干扰性。中央银行货币政策工具直接作用于操作目标，通过对操作目标的调控，影响到中间目标，再通过中间目标的变动，产生对社会经济进行调节与控制的效应，最终实现货币政策目标。

根据中央银行选择中间目标和操作目标的四个条件，能够作为货币政策工具调控的中间目标的金融变量，主要有货币供给量和利率。货币供给量就是在特定时期之内为社会经济服务的货币总额。货币供给量是一个多层次的概念，世界上大多数国家都是根据货币的流动性的差异、货币功能的强弱，将货币供给量划分为 M_0、M_1、M_2、M_3 等若干层次，普遍认为只要中央银行能够控制住 M_1 和 M_2，就能控制全社会的货币供给量，通过使货币供给量发生变动，直接对整个社会的经济生活产生影响。利率作为资金的价格，不仅能够反映社会货币与信用的供给状况，而且能够反映出货币供求状况的相对变化，表明银根是趋紧还是趋松。中央银行不仅能够在任何时期观察和分析市场利率水平及变化，而且通过对再贴现率的直接控制，调节市场利率的变化趋势，对整个社会的投资和消费进行调节和控制，从而有效地调控社会的总需求。

根据操作目标与货币政策工具和最终目标的传导关系，可供中央银行选择的操作目标主要有基础货币、存款准备金和短期利率（同业拆借市场利率）。基础货币（Base Currency）又被称为强力货币和高能货币，是商业银行的准备金和银行体系之外社会公众持有的现金总和，是中央银行直接控制的金融变量，也是银行体系的存款扩张、货币创造的基础。存款准备金是指商业银行的库存现金和在中央银行的准备金存款，是中央银行各种货币政策工具影响中间目标的主要传递指标。中央银行要控制货币供给量等金融变量，必须控制商业银行的货币创造能力，而商业银行货币创造的基础是存款准备金。短期利率是指短期货币市场利率，如银行同业拆借市场利率、回购协议市场利率、票据市场贴现率以及国库券利率，它们能比较灵活地反映货币市场资金供求变化。通常，中央银行通过调节银行同业拆借市场利率来改变货币供给量，因此银行同业拆借市场利率经常被用做操作目标。货币政策工具、中介目标和最终目标之间的传导关系如图 4 – 1 所示。

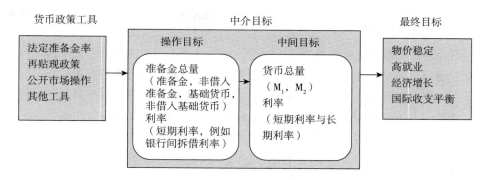

图 4 – 1　货币政策工具、中介目标、最终目标之间的传导关系图

2. 中介目标选择的不同理论观点。中介目标的选择是中央银行能否实现最终目标的关键。在不同的经济金融环境中，中央银行选择的货币政策中介目标也不尽相同，即使是同一个国家在不同的时期也是不同的。对于选择何种金融变量作为中央银行货币政策的中介目标，理论界形成了关于货币政策中介目标选择的不同理论。由于操作目标的选择在很大程度上取决于中间目标的选择，在此仅对货币政策中间目标选择的理论予以介绍。

凯恩斯主义者认为，中长期利率对投资的影响很大，特别是对房屋、建筑以及机器设备等的投资影响最大，因而中长期利率与整个社会的收入水平有着密切的联系，是影响总需求的关键变量。另一方面，中央银行通过采取再贴现和公开市场操作等一系列措施，能够对中长期利率进行有效的调节与控制，而且利率的高低能够直接反映中央银行的货币政策意图，利率上升表明中央银行紧缩银根，利率下降表明中央银行放松银根，以利率的变动引导社会消费与投资活动按照中央银行的政策意图进行变化和调节，因此，凯恩斯主义者始终主张以长期利率作为中央银行货币政策的中间目标。20 世纪 40—50 年代，一些面临发展经济和解决就业问题的主要西方国家都将利率作为中央银行货币政策的中间目标。

货币主义者认为，凯恩斯主义者混淆了"货币数量"与"信用"两个截然不同的概念，提出利率并非货币的价格，而是信用的价格，物价水平的倒数才是货币的价格。因此，只有信用的增加才能使利率下降，而货币供应量的增加只能造成物价上涨。弗里德曼认为，要正确地认识货币供应量变动与利率水平之间的动态关系，必须同时分析流动性效应、收入效应和价格预期效应。在这三个效应中，只有流动性效应在货币供应量增加时才能使利率下降，而收入效应和价格预期效应都会使利率上升。因此，中央银行只有稳定货币供给，将货币供应量作为货币政策的中间目标，才能避免通货膨胀，为经济发展提供一个稳定的环境。20 世纪 70 年代后，面临严重通货膨胀的西方各国普遍接受了货币主义者的建议，将货币供应量作为中央银行货币政策的中间目标。

以托宾为代表的耶鲁学派在坚持以利率作为货币政策中间目标的同时，从理论上提出由于股票价格能够较好地反映资本市场的态势和中央银行货币政策的意图，中央银行又能进行控制，因此，股票价格可以作为中央银行货币政策中间目标的主张。但需要指出的是，由于影响股票价格的因素很多，政治、军事、公众对风险的偏好和选择等都是中央银行根本无法控制的因素，因此，以股票价格作为货币政策的中间目标，仍然需要很多的技术准备，中央银行实施的难度较大。

3. 中介目标在不同条件下的不同选择。在不同的经济金融发展条件下，中央银行选择的作为货币政策中间目标的金融变量存在较大的差异。对于实行严格金融管制的国家，在实行严格的信贷总量控制的条件下，商业银行的超额准备金量对市场利率的影响很小。同样，对于商业银行市场化程度较低的国家，市场利率的变动对商业银行的超额准备状况也没有很大的影响。此外，在不同的经济金融环境中，中央银行选择的作为货币政策中间目标的金融变量也存在很大的不同。在实行高度集中的计划管理体制的国家，中央银行一般选择计划能够控制的金融变量作为货币政策的中间目标，进行直接的控制。而在实行市场经济的国家，中央银行一般选择一些比较灵活的、运用经济手段能够控制的金融变量作为货币政策的中间目标，进行间接的控制。

4. 中介目标在不同国家的不同选择。世界各国的经济与金融发展状况不同，金融市场的发达程度不同，因而不同国家的中央银行所选择的货币政策中间目标也不同。即使是同一个国家，在经济与金融发展的不同时期，中央银行选择的货币政策中间目标也不尽相同。

在美国，美联储选择的中间目标主要有货币总量、长期利率和银行信用量，操作目标主要有银行存款准备金、短期利率和货币市场行情（包括联邦基金利率、国库券利率、会员银行借款未偿额、自由准备金等）。第二次世界大战后，为了减轻政府的利息负担，美联储强调维持长短期政府债券的一系列利率上限。20 世纪 50 年代，美联储的货币政策中间目标主要是以货币市场状况特别是利率为主。60 年代在公开市场操作中开始注意对国库券利率和 M_1 的控制。70 年代上半期，随着通货膨胀问题日益严重，美联储货币政策的中间目标从以联邦基金利率和几种货币总量增长率并重的多元化形式，逐步转变为以货币总量 M_1 作为中间目标的单一形式。然而，进入 70 年代末，金融创新和放松管制加大了货币定义和测量的难度，所估计的货币需求函数表现出了极大的不稳定性，M_1 和经济活动之间的稳定关系被打破，M_1 无法为货币政策提供可靠指导。因此，自 1987 年 2 月开始，美联储放弃了 M_1 作为货币总量控制指标，转而关注更广义的货币总量 M_2，认为 M_2 与经济活动之间具有更为稳定的联系。这一时期的操作目标从 20 世纪 70 年代初的以联邦基金利率为主，到 1979 年改为非借入准备金，1982 年又改为借入准备金，到了 90 年代再次转为短期利率。

英格兰银行一直坚持凯恩斯主义的理论主张，在第二次世界大战后始终将利率作为货币政策的中介目标加以重视，以隔夜拆借利率、3 个月期国库券利率和 3 个月期银行拆借利率等短期利率作为操作目标，以 5 年、10 年和 20 年期的公债利率等长期利率作为中间目标，而将货币供应量放在非常次要的地位。70 年代后，受通货膨胀的影响，名义利率作为测度货币政策效果的指标越来越不可靠，英格兰银行开始采纳货币主义的理论主张，货币政策的中间目标开始从利率转向货币供应量，并多次修改了货币供应量的定义。在 1976 年引入了 M_3 作为中间目标，在一年后改为英镑 M_3 并参考国内信用扩张指标（DCE），1983 年后由于对金融创新是否破坏了 M_3 与收入的关系产生争议，英国开始逐渐以 M_0 取代 M_3，于 1987 年完成替代过程。

由于日本政府长期执行低利率的货币政策，存款准备金制度建立得又比较晚，法定准备金率极低，因而日本银行一直将货币供应量作为货币政策的主要中间目标，并以现金加活期存款的 M_1 作为主要指标。1972 年，日本出现了通货膨胀，利率曾大幅度上升，引起了活期存款与定期存款之间的转移，使得 M_1 波动很大，于是，日本银行采用 $M_2 + CD$ 作为货币政策的中间目标。同期，日本以银行同业拆借利率作为操作目标。

德国在 1987 年之前，联邦银行采用中央银行货币量为其中间目标，它包括非银行部门持有的现金以及根据准备金比率计算出的最低准备金，也称基础货币，此后为货币供给量 M_3 所取代。联邦银行的操作目标主要有伦巴德利率（指联邦银行通过再贴现和接受有价证券为抵押而向信用机构发放贷款的短期利率）、再贴现利率和回购协议利率等（见表 4 – 2）。

表 4 – 2　　　　　　　第二次世界大战后主要发达国家货币政策中间目标

国别	20 世纪 50—60 年代	20 世纪 70—80 年代	进入 20 世纪 90 年代以后
美国	以利率为主	先以 M_1，后以 M_2 为主	以利率为主
英国	以利率为主	英镑 M_3 并参考 DCE，后改为以 M_0 为主	放弃货币供给量指标，采取通货膨胀目标制，主要以利率、汇率为主
德国	中央银行货币量（基础货币）		货币供给量 M_3
日本	民间的贷款增加额		$M_2 + CD$

1998 年 7 月 1 日，欧洲中央银行（European Central Bank，ECB）正式成立，欧洲央行体系的主要目标是维持欧元区的物价稳定。欧洲央行行长理事会在 1998 年 10 月 13 日的会议上，对物价稳定作出了明确的量化定义：欧元区消费物价调和指数（Harmonised Index of Consumer prices，HICP）的上升幅度小于 2%，并且在中期维持稳定。2003 年，行长理事会对物价稳定做出了进一步的阐述：货币政策目标是保持 HICP 同比涨幅在 2% 以下，并且接近 2%。欧洲中央银行将广义货币供应量 M_3 作为货币政策的中介目标，并且确定了其参考值为年增长率 4.5%。事实上，欧洲中央银行实施了混合性的货币政策战略，既采用类似于之前德意志联邦银行的货币总量指标，又包含有以通货膨胀为指标的因素。欧洲中央银行似乎想通过不明确承诺以货币为指标还是以通货膨胀为指标的方法，一举两得。

进入 20 世纪 90 年代以来，金融市场的发展和金融创新的快速推进，使得货币供给量的定义和统计越发变得困难，M_2 与经济的联系也被打破。于是，1993 年 7 月，美联储放弃了实行十余年的以控制货币供给量为主的中间目标，转向以调整实际利率为中间目标，再次启用联邦基金利率指标，直到现在。许多国家中央银行也开始考虑调整其货币政策，放弃货币供给量为中间目标，选择了通货膨胀目标制。这些国家有英国和加拿大等，其货币政策的操作目标也随之调整为短期利率。日本在 20 世纪 90 年代泡沫经济破灭后，曾采取同业拆借利率为零的低利率政策，但仍无法刺激经济增长，自 2001 年 3 月 19 日起，决定将货币政策操作目标由原来的隔夜拆借利率改为货币供给量，即将中央银行的活期存款余额作为操作目标。具体是通过公开市场操作，增加金融机构在中央银行的活期存款余额，以此来增加货币供给量，向市场提供流动性（见表4－3）。

表4－3 主要发达国家货币政策操作指标

国别	20 世纪 70—80 年代	进入 20 世纪 90 年代以后
美国	联邦基金利率、非借入储备、借入储备	短期利率
英国	隔夜拆借利率、3 个月期国库券利率和 3 个月期银行拆借利率等短期利率	短期利率
德国	伦巴德利率、再贴现利率和回购协议利率	短期利率
日本	银行同业拆借利率	货币供给量

在我国，改革开放之前，在计划经济体制下，中国人民银行一直将现金发行量和信贷规模作为货币政策中间目标。20 世纪 80 年代后随着经济与金融管理体制改革的不断深入，金融市场不断健全与完善，贷款规模作为货币政策中间目标的局限性日益突出。1994 年，中国人民银行尝试将货币供应量纳入货币政策中间目标的体系之中，并于 1996 年正式确定货币供给量和贷款量为货币政策的中间目标，从 1998 年 1 月 1 日起取消了贷款规模的控制，转向了以货币供给量为唯一中间目标。20 世纪 90 年代初中期，中国人民银行主要以 M_1 作为货币政策控制的重点中间目标。从 90 年代末开始，中国人民银行货币政策又逐步将控制重点转移到 M_2。1993 年，在《国务院关于金融体制改革的决定》中，规定我国货币政策的操作目标是"同业拆借利率和银行备付金率"。1998 年，我国对存款准备金制度进行了改革，将法定存款准备金账户和备付金账户合二为一，这样，超额准备金就成为货币政策的操作目标。进入 21 世纪后，主要发达国家几乎普遍采用了短期利率作为操作目标，但由于经济和金融环境的制约，在我国，像银行同业拆借利率等短期利率目前还没有成为我国货币政策的操作目标，要使其真正成为我国货币政策的操作目标还有待于金融市场的进一步健全和完善。

二、货币政策类型的比较

货币政策作为中央银行为了实现宏观经济目标而采取的调节和控制货币供给量的方针和措施，一经实行，必然引起社会总需求、总供给、市场价格、资本流量和流向以及经济增长速度和结构的变化，因此，实施适度的货币政策对宏观经济稳健至关重要。由于世界各国经济发展水平不同，确定的宏观经济目标不同，中央银行确定货币政策的理论依据不同，因此，各国所实施的货币政策类型也不尽相同。

（一）扩张性的货币政策

扩张性的货币政策是指中央银行通过货币政策的运用，增加货币供给量或扩大信用规模，刺激社会总需求的增长，从而影响社会总需求与总供给关系的变化，实现充分就业或经济增长等宏观经济目标的货币政策。中央银行一般是在经济不景气或经济发展处于萧条阶段时，采取扩张性的货币政策。但是，中央银行通常只在国内经济发展满足以下条件的情况下，才能采取扩张性的货币政策：（1）资源闲置、有效需求不足，即在经济的发展过程中，生产要素利用得不充分，大量的资源和劳动力闲置，社会的有效需求不足。（2）拥有有待于开发的巨大市场潜力，即存在很大的潜在市场，通过扩大需求能够使市场的潜力得到挖掘。（3）货币容纳量弹性较大，通过扩张性货币政策所增加的货币供应量不会引起经济的震荡和物价的波动。

（二）　紧缩性的货币政策

紧缩性的货币政策是指中央银行通过货币政策的运用，减少货币供应量或缩小信用规模，降低社会总需求的水平或控制社会总需求的增加，从而影响社会总需求和总供给关系的变化，实现稳定物价、平衡国际收支的货币政策。中央银行采取紧缩性的货币政策，通常会使得国内的货币供应量减少，金融机构的信贷规模缩小，社会的各个部门、企业从金融机构和金融市场取得信贷比较困难，市场利率水平比较高。紧缩性的货币政策通过减少货币供应量和信用规模，控制整个社会总需求、抑制社会总需求增加的同时，在一定程度上也影响了经济的增长，可能使失业率进一步上升。因此，只有当一个国家出现明显的社会总需求大于总供给，物价不断上升可能引发通货膨胀，造成经济秩序紊乱时，或者政府有意识地控制过热的经济状况时，中央银行才采取紧缩性的货币政策。

（三）　均衡性的货币政策

均衡性的货币政策是指中央银行在社会总需求和总供给基本平衡的状况下，通过运用货币政策，使得货币供应的增长与社会经济的增长相适应，从而维持货币供应量是适度的供应量，在实现物价稳定的同时，又能够使得国民生产总值得到相应增长的货币政策。均衡性的货币政策的核心是在比较长的时间内，稳定、适度地供应货币量，使货币供应的增长与社会经济的增长相适应。均衡性的货币政策是各国中央银行在经济稳定发展中采用比较多的货币政策形式，因为一个国家中央银行的货币政策使得货币供应量发生变动，不仅破坏社会总需求与总供给的基本平衡，还将引起经济短期的、频繁的波动。因此，在经济发展基本均衡的状态下，中央银行的货币政策的实施，要从稳定的角度、从长期性变动的角度着眼，使货币政策所形成的货币供应的增长与社会经济的增长相适应，维持一个适度水平的货币供应量，在稳定物价的同时，实现国民生产总值的适度增长。

（四）　非常规扩张性货币政策——量化宽松货币政策

如果从一般意义理解，量化宽松货币政策指中央银行在实行零利率或近似零利率政策后，通过购买国债等中长期债券，增加基础货币供给，向市场注入大量流动性的货币政策。"量化"指的是扩大一定数量的货币发行，"宽松"就是减少银行储备必须注资的压力。与利率杠杆等传统的扩张性货币政策工具不同，"量化宽松"被视为一种非常规的工具。与央行在公开市场中对短期政府债券所进行的日常交易相比，量化宽松政策所涉及的政府债券周期也较长。一般而言，只有在利率等常规货币政策对经济刺激无效的情况下，货币当局才会采取这种极端的做法，即在有流动性陷阱的情况下实施的非常规的货币政策。

日本在20世纪90年代末开创了量化宽松货币政策的先河。2008年国际金融危机之后，美国率先启动了所谓的"量化宽松"货币政策，欧洲各国和世界其他国家纷纷效仿，在金融危机等造成的经济衰退背景下，新一轮货币宽松浪潮席卷全球主要经济体。

2008年国际金融危机之后，为避免经济陷入长期衰退，降低持续高企的失业率，美联储于2008年11月到2012年12月，连续推出四轮"量化宽松"（Quantitative Easing Monetary Policy，QE）货币政策。其所谓量化宽松货币政策，实际是用晦涩模糊的新名词来掩盖其不断地向全球"放水"滥发美元转嫁危机的扩张性通货膨胀政策。政策的具体进程与量化规模见表 4 - 4。

表 4 - 4　　　　　2008—2012 年美国四轮量化宽松政策下的货币投放规模

历次操作	时间	规模
首轮量化宽松（QE1）	2008 年 11 月至 2010 年 4 月	共购买了 1.725 万亿美元资产
第二轮量化宽松（QE2）	2010 年 11 月至 2011 年 6 月	总计将购买 6 000 亿美元的资产
扭转操作（推出 QE2 后，美国经济复苏仍旧缓慢）	2011 年 9 月至 2012 年 6 月	购买 4 000 亿美元 6 年期至 30 年期国债
第三轮量化宽松（QE3）	2012 年 9 月开始	每月购买 400 亿美元的机构抵押贷款和担保债券，视情况决定额外购买额度
第四轮量化宽松（QE4）	2012 年 12 月开始	0～0.25% 超低利率不变，每月采购 450 亿美元国债

　　2020 年世界范围内遭受了新冠病毒的冲击，新冠病毒给世界各国经济带来了前所未有的打击。在此背景下，美联储重启了所谓金融危机货币政策模式，在 2020 年 3 月的 1 个月内，三度推出超常规货币政策。在疫情的快速蔓延和打击下，美国金融市场极端恐慌，金融资产被急速抛售，美元面临流动性挤兑。2020 年 3 月 3 日美联储宣布紧急降息，一次性降息 50 个基点，这是 2008 年以来最大的单次降息幅度。伴随 3 月 6 日美股年内第一次熔断和 3 月 12 日美股年内第二次熔断，3 月 16 日，美联储宣布降息 100 个基点，直接将联邦基金利率降至零，这一政策比 2008 年国际金融危机期间还要宽松，2008 年国际金融危机期间采取过联邦基金利率降至为零的政策，但并没有采取一次性降息 100 个基点的超大力度操作方式。在降息的同时，美联储还宣布实施 1.5 万亿美元的回购操作，并且在 4 月还要实施 5 万亿美元的回购操作，同时启动了 7 000 亿美元的量化宽松。3 月 18 日，美股再次熔断，美国总统宣布启用战时权力。面对新冠病毒带来的巨大冲击，继实行"零利率"后，2020 年 3 月 23 日美联储宣布将实施不限量、开放式量化宽松政策（QE）来支持经济，包括开放式的资产购买，以及扩大货币市场流动性规模。

　　零利率＋无限量化宽松，这是金融的核武器，这是向全球发放美元！零利率＋不限量的购入美债和 MBS，尽管有助于解决疫情背景下的流动性挤兑问题，但是，美元作为国际储备货币，作为全球的结算货币，全球资产的计价货币，其实施的"无限量化宽松"政策实质是美国又一次对世界其他国家的财富掠夺。

　　总之，美国采取何种货币政策主要由其自身利益所决定，这也是它不顾世界各国的状况而一意孤行、一再促使美元贬值的原因。美元是世界通用货币，发行量、流通量的变化对世界经济有非常明显的影响，尤其是以出口为导向的发展中国家将首当其冲。所以，美国特定时期推出的所谓量化宽松货币政策，实质就是大量印制美元，从某种程度上对经济危机有所缓解，但也导致美元贬值，从而向别国转嫁危机，使世界经济陷入通货膨胀和持有美元资产的价值遭到缩水的状态。

三、一般性货币政策工具的比较

　　货币政策工具是指中央银行可以使用的能对宏观经济运行作出调节的手段。一般分为一般性货币政策工具、选择性货币政策工具、直接信用控制和间接信用指导四种。由于世界各国的金融体制不同，建立的中央银行制度存在一定的差异，在金融发展的过程中又形成了各自不同的特点，因而各国中央银行在货币政策工具的选择上也存在差异。这里仅就各国一般性货币政策工具展开比较。

一般性货币政策工具就是对货币总量和信用总量进行调整的政策工具，包括存款准备金、再贴现和公开市场操作三大政策工具，又被称为"三大法宝"。存款准备金、再贴现和公开市场操作是各国中央银行实施货币政策的三大基本工具，但各国中央银行在具体政策工具的选择上又存在一些差异。

（一）　存款准备金政策比较

存款准备金政策是指中央银行在法律赋予的权力范围内，对商业银行等存款货币机构的存款规定存款准备金比率，强制性地要求商业银行等存款货币机构按规定比率上缴存款准备金，从而控制和改变其信用创造能力，间接调控货币供给量的政策措施。实行中央银行制度的国家一般都实行了法定存款准备金制度。法定存款准备金制度通常被认为是货币政策中最猛烈的、不被经常使用的货币政策工具，因为它既具有对货币供给量的影响力度大、速度快、效果显著等优点，同时又有对经济的扩张和收缩震荡力大的局限性。因此，基于各国的经济金融客观环境不同，各国中央银行在存款准备金政策的实施上，对其内容、法定存款准备金比率的规定和调整、存款准备金政策的运用等具体的操作上，存在较大差异。

以法律形式规定商业银行必须向中央银行上缴存款准备金并规定法定比率，始于1913年美国的《联邦储备法》，起初是为了保持商业银行的清偿力而设定的。1935年，美联储首次获得了改变法定存款准备金率的权力，存款准备金制度才真正成为中央银行货币供给量的调节工具。美国联邦储备局规定拥有活期存款账户的金融机构，必须将存款准备金存入联邦储备银行，但美联储一直将存款准备金作为一种辅助性的政策工具，并十分谨慎地进行运用，调整存款准备金率的频率很低，在需要的时候，只是对需交纳准备金的账户金额和期限做出某些调整，并且通过采取公开市场操作的方式来减轻调整带来的影响。

存款准备金率在英国是按照负债的一定比率进行规定的。由于英国是以各种信用工具作为准备金的，因而准备金规定的变化也较多，但英格兰银行对准备金率不作硬性规定和严格要求，也很少以其作为调节社会信用的手段。英格兰银行在20世纪80年代初，取消了准备金资产比率，从1981年至今对大多数金融机构采取现金比率，即要求将存款的0.5%存入英格兰银行无息的非业务账户之内。

日本是在1957年引入存款准备金制度并开始实施的。截至目前，日本的普通银行（包括在日本的外国银行）、长期信用银行、外汇银行、相互银行、存款额超过1 600亿日元的信用金库和农林中央金库都适用存款准备金制度。日本银行根据存款机构类别、存款数额和种类的不同做出不同的准备金比率的规定。例如国内存款机构吸收国内居民本币存款最高存款准备金率为20%。日本银行在不同时期不同经济金融背景下适时调整准备金比率，准备金比率与贷款政策、债券、票据买卖一起成为日本调节金融机构流动性的有效政策手段。

欧洲中央银行也要求欧元区所有信贷机构必须在其所在国央行开立存款准备金账户，并将吸收存款的一定比例存入该账户作为最低存款准备金。并通过对存款准备金率进行调整以达到控制市场信贷规模的目的。与公开市场业务和常设便利这两个欧洲中央银行同时选择的货币政策工具相比，使用最低存款准备金要求调控力度最大，对经济影响最猛烈，因此，最低存款准备金要求不是欧洲央行的常用工具，即使使用时也非常谨慎，它更多的是起到补充作用。

俄罗斯的存款准备金制度可以追溯到 1989 年苏联建立了二级银行体系后就开始实行的准备金制度。1991 年 4 月 30 日，俄罗斯银行组建以后，确定存款准备金比率为 2%。在《俄罗斯中央银行法》中明确规定准备金制度是实现货币政策的重要工具之一，准备金不能超过商业银行负债的 20%。随着俄罗斯经济转型和期间的经济、金融形势的不断变化，俄罗斯银行的存款准备金率也根据货币金融形势不断进行调整。

印度在 20 世纪 90 年代利率非市场化以前，货币当局一直把法定存款准备金率作为货币政策的首要工具。经过 90 年代初期的一系列金融改革，商业银行信贷利率自主决定权提高并基本实现利率市场化之后，印度从 1994 年 8 月开始逐步降低了法定存款准备金率，并逐渐减少了在货币控制和流动性管理方面对法定存款准备金率的依赖，而更多地使用公开市场操作的货币政策工具。

在中国，从 1984 年开始，中国人民银行开始利用存款准备金制度调节货币供给量和信贷规模，存款准备金制度在促进经济平稳快速发展的过程中发挥了重要作用。在 20 世纪 80 年代末期通货膨胀初现、1997 年亚洲金融危机后经济下滑和 20 世纪初开始出现经济过热、2008 年国际金融危机和欧债危机背景下经济下滑、2010—2011 年出现通胀压力、2012 年以后我国经济逐渐进入新常态以及促进经济发展方式转变、2014 年以来促进经济平衡发展促进"三农"经济和中小微企业发展、直到 2018 年以来"精准扶贫"进入关键时刻等背景下，中国人民银行频繁上调、下调、再上调再下调存款准备金率，通过资金流动性的释放与回笼调节中国经济，并实行"定向降准"的差别化管理等激励措施，引导金融机构信贷资金流向"三农"经济、中小微企业和贫困地区。在当前国外发达国家逐步减少和取消存款准备金政策的背景下，由于存款准备金政策在中国效果明显，因此，存款准备金政策成为中国人民银行在宏观调控中经常使用的货币政策工具。

20 世纪 50 年代和 60 年代上半期，韩国主要是通过直接调控手段实施货币政策。20 世纪 60 年代中期以来，金融调控方式逐渐转向间接调控。而在金融市场不发达，利率缺乏弹性的国内金融背景下，韩国未能有效地利用调整再贴现率、公开市场操作等手段，而是更多地使用了具有强制性色彩的存款准备金政策。进入 80 年代以来，随着韩国开展系列金融改革，减少政府干预，实行金融民营化、自由化和国际化的过程中，韩国中央银行开始放弃直接调控方式，确立了以间接调控为主的货币金融管理模式。存款准备金政策一直是韩国间接调控货币的主要手段。韩国中央银行法规定：存款准备金比率最高可达 50%，而且在发生严重通货膨胀时，可以对银行的新增存款要求缴存 50%～100% 的准备金。目前，韩国的存款准备金比率为 4.5%，而且，银行可以以备付金的形式持有 25% 的准备金。

在新加坡，存款准备金也称最低现金余额。新加坡金融管理局对商业银行不同类型的负债规定不同的准备金比率，但对所有银行的比率要求是一致的。对存款准备金政策的执行，新加坡金融管理局的要求是非常严格的。存款准备金不付利息，但必须按期缴足。未按期缴足的银行，书面要求限期内补足。如果限期内没有补足，金融管理局有权超越其他法律规定书面通知该行的存款行，将违规银行的活期或定期存款划拨到金融管理局的账户上，对由此给违规银行带来的损失不负任何责任。并且同时对违规银行处以每天不超过欠缴余额1‰的罚款。新加坡存款准备金率通常为6%左右。20世纪70年代初期，新加坡金融管理局曾在最低为3.5%最高为9%的存款准备金率之间进行过几次调整。由于频繁调整存款准备金率对金融体系冲击较大，70年代中后期以后，一直保持在6%左右。

20世纪90年代以来，降低存款准备金率成为西方各国货币政策改革的趋势。美联储分别于1990年12月和1992年4月将定期存款的法定准备率调至零，可签发支票存款的法定存款准备率从12%降至10%。加拿大在1992年把两年以上期限存款的法定存款准备率降为零。瑞士、新西兰和澳大利亚的中央银行也采取了类似的措施。原因之一是，许多国家商业银行存入中央银行的存款准备金一般是无息的，这种无息的准备金存款相当于对商业银行征税。因此，当法定准备率过高时，就会削弱这些金融机构与其他不缴纳存款准备金的金融机构进行竞争时的能力。随着国际银行业变革愈演愈烈，银行间的竞争日趋激烈，为增强本国商业银行竞争力，许多国家中央银行降低了它们的法定存款准备金率。原因之二是，20世纪80年代中后期，金融管制放松和金融创新的不断涌现，使货币的定义变得模糊不清，货币需求量难以测量，影响到以控制货币供给量为己任的法定存款准备金的政策效用。

（二）　再贴现政策比较

再贴现政策是中央银行通过提高或降低再贴现率，影响商业银行等存款机构从中央银行获得再贴现贷款和超额储备，以达到调节货币供应量、实现货币政策目标的一种政策措施。一般包括两方面的内容：一是再贴现率的调整；二是规定向中央银行申请再贴现的资格。前者主要着眼于短期，即中央银行根据市场的资金供求状况，随时调低或调高再贴现率，以影响商业银行借入资金的成本，刺激或抑制资金需求，从而调节货币供应量。后者着眼于长期，对要贴现的票据种类和申请机构加以规定，区别对待，起到抑制或扶持的作用。由于各国经济发展状况、商业银行的发展水平、对金融业的要求与对中央银行融资的依赖程度不同，因此，各国中央银行在运用再贴现政策进行信贷规模和货币供应量的调节与控制时，对于再贴现政策的规定、调控方式的选择、再贴现率的规定和再贴现条件的限制等方面，存在着较大差异。

美国美联储运用再贴现政策，不是通过对再贴现的数量限制，而是通过对再贴现利率高低水平的调整进行"价"调控。美联储贴现窗口的贷款主要分为调节性贷款、季节性贷款和延伸性贷款三类，美联储的贴现利率是以调节性贷款的利率作为基础利率，称为基础贴现率。对过于频繁使用调节性贷款的大型商业银行等存款货币机构而言，再贴现率是在基础贴现率的基础上额外加息的。

英国英格兰银行主要是通过调整贴现率的方式，放松或收紧对英国贴现行的再贴现规模，控制市场货币供应的松紧度。调整贴现率的方式表现在利率政策中。利率政策是英格兰银行变动官定的贴现率以影响银行存款数量的政策。1971年之前，英国的利率结构有两类：一是随英格兰银行利率而升降的利率；二是由市场决定的利率。英格兰银行利率也称为官定贴现率，它是英格兰银行充当最后贷款人时给予贴现行的最低利率，该利率的变动影响其他利率的变动。1972 年 10 月，英国废除了英格兰银行利率，代之以英格兰银行最低贷款利率（MLR），它只在作为最后贷款人时使用，而不据此决定其他利率。MLR 根据每周国库券的招标利率随时调整，英格兰银行只是在必要时进行干预。MLR 一般高于市场利率。自 1981 年起，作为新货币措施的一部分，英格兰银行不再设定最低贷款利率，以加大市场利率在利率决定中的作用。1997 年 5 月新上台的英国工党政府授予英格兰银行独立制定利率的权力。同时，英格兰银行内部设有货币政策委员会，每月初例会中讨论货币政策的走向并投票决定央行基准利率的升降，并于会后公布于众。

日本贴现政策反映在贷款政策中。日本的贷款政策包括两方面的内容：一是官定利率政策；二是贷款态度。官定利率主要是日本银行对普通银行的贷款利率，其中商业票据贴现利率是具有代表性的官定利率。日本银行对金融机构的贷款有两种：一是用官定利率调节其数量的贷款，称为普通贷款或基准贷款；二是对进出口票据提供的贴现贷款，称为优惠贷款。官定利率的变动可以直接影响民间金融机构的筹资成本，同时也影响到社会公众的心理预期，从而实现日本银行的政策意图。贷款态度是日本银行根据民间金融机构，特别是都市银行资金需求的内容、结构，调节对其贷款的数量、期限，从而影响金融机构的流动性，最终影响到货币供给量，以此来实现自己的政策意图。

德国德意志联邦银行运用再贴现政策控制商业银行等信用机构的信贷规模和货币供应量，是通过制定再贴现限额的方式来实现的。联邦银行理事会决定再贴现限额的总量，联邦银行根据信用机构的法定资本、业务构成以及能够再贴现的票据数量等状况，统一对每一家信用机构核定一个通常使用一年的"标准限额"，并根据货币政策的要求经常调整已确定的标准限额。

巴西货币政策委员会通过常设例会讨论来确定利率并根据隔夜贷款利率来调整。在俄罗斯，再贷款是俄罗斯银行向商业银行提供补充清偿力的基本工具之一。商业银行只有在通过银行同业市场和有价证券市场无法获得维持清偿力的来源时，才会向中央银行要求再贷款。俄罗斯银行通过控制再贷款规模和再贷款利率来调节货币供给量，实现货币政策的目标和目的。在印度，在基本实现了利率市场化的前提下，流动性调节便利（LAF）、政策利率等成为其货币政策工具中的主要工具之一。在中国，中国人民银行从 1980 年开始以试点的形式在少数城市开展商业票据承兑业务，1985 年在全国全面推开。1986 年，中国人民银行下发《中国人民银行再贴现试行办法》，在部分城市开展专业银行试办再贴现业务。直到 1995 年前的这段期间内，再贴现业务开展的主要目的是推动商业票据业务的发展，解决企业之间的债务拖欠问题。1995 年底，中国人民银行下发了《进一步规范和发展再贴现业务的通知》，自此，再贴现政策成为传递货币政策的信号，再贴现业务成为货币政策的工具之一。后来，一系列规范再贴现业务的通知和管理办法出台，推动了我国票据与再贴现业务的发展，逐渐建立了一个较为完整的再贴现操作体系。在不断推进再贴现、贴现利率生成机制改革的过程中，逐步使再贴现利率与贷款利率脱钩，并成为中国人民银行独立的基准利率，强化了再贴现利率的货币政策信号的作用。中国人民银行适时调整再贴现总量和利率，明确再贴现票据的选择，使再贴现政策发挥着吞吐基础货币、调控信贷结构、实现货币政策调控目标的作用。

20 世纪 80 年代以前，韩国由于金融市场不够发达，市场利率缺乏弹性等原因，其中央银行主要是通过控制再贴现规模的方式实施其再贴现政策。进入 20 世纪 80 年代以后，随着金融市场的发展和利率市场化的推行，韩国中央银行越来越重视利用再贴现政策影响市场利率进而调节货币供求。

新加坡金融管理局是利用贴现行来调节货币供给量和银行体系的流动性。贴现行直接与商业银行进行短期有价证券的交易，通过交易可以反映出商业银行流动性资金短缺与过剩情况。如果贴现市场资金短缺，金融管理局就贷款给贴现行；如果贴现市场资金过剩，贴现行把资金吸收进来用于向金融管理局购买国库券。随着新加坡实行利率浮动和取消外汇管制，国内利率受国际利率的影响增大，金融管理局难以调控再贴现率水平，因此，进入 20 世纪 80 年代以来，再贴现政策在货币政策工具中的地位开始降低，业务萎缩，贴现行终止营业。虽然贴现业务没有全部取消，但移交给了政府证券市场的管理机构，适时调整再贴现率的管理职能仍保留在金融管理局。

综上所述，从发展趋势与现实来看，随着金融创新的深入、金融工具的多样化以及融资成本下降的趋势，再贴现政策作为一种被动发挥作用的货币政策工具，逐渐被各国中央银行作为次要的政策工具来运用。

（三）公开市场操作比较

公开市场操作是中央银行在金融市场上通过有价证券的买卖，改变商业银行等存款机构的准备金，进而影响货币供应量和利率，实现货币政策目标的一种政策措施。公开市场业务不仅是中央银行买卖票据和有价证券的一种投资方式，而且是中央银行管理金融市场，调控货币供应量和信用规模，干预社会经济活动的一种政策工具，它使中央银行能够主动地随时根据金融市场的变化，进行经常性、连续性的操作。在西方发达国家，公开市场业务成为了中央银行实施货币政策的主要手段。由于各国的金融市场发达程度和对外开放程度不同，形成的金融环境不同，中央银行在运用公开市场业务进行调控时，所买卖的有价证券种类、运用方式、影响的利率等方面存在一定差异。

美国公开市场操作作为美联储最重要的货币政策工具，一般是由公开市场会议和纽约联邦储备银行的公开市场操作两部分所组成。美联储的公开市场委员会作为货币政策的决策机构，通过公开市场会议确定货币政策，并确定纽约联邦储备银行作为公开市场业务的操作机构。纽约联邦储备银行作为公开市场的操作机构，主要通过买进或卖出政府债券的方式，增加或减少商业银行等货币存款机构的储备，实现对货币供应量的控制。纽约联邦储备银行具体通过两种操作方式来运作公开市场业务：（1）调节永久性储备，即联邦储备银行通过单向性地购入或售出债券，使存款机构的储备在一个较长的时期之内得到增加或减少。（2）调节临时性储备，即联邦储备银行通过回购或逆回购的方式，使存款机构的储备在短期之内得到临时性的增加或减少。

英国由于有发达的金融体系和金融市场，国库券和政府公债发行额远高于美国，形成了一个高效的、足以影响利率水平的公债市场，因此，也更重视利用公开市场业务进行总量调节。英格兰银行的公开市场操作是在货币市场和金边债券（Gilt-edged Securities）市场上进行的，通过在货币市场上买卖国库券或对各种合格票据进行贴现，影响银行系统第一准备金率和国库券率，进而影响全国的短期利率水平。通过在金边债券市场上买卖中长期的政府公债，引起现金和非流动性资产之间的换手，影响第二准备金率，进而造成社会信用量的收缩或扩张，影响全国的长期利率水平。

1998 年 7 月 1 日成立的欧洲中央银行，主要目标是维持欧元区的物价稳定。其货币政策工具主要包括以下三类：公开市场操作、常设便利和最低存款准备金要求。公开市场操作是欧洲中央银行最重要的货币政策工具，主要包括再融资操作、较长期再融资操作、微调操作以及结构性操作四类。常设便利是为了控制货币市场短期利率，特别是为了控制利率的波动性，包括边际贷款便利和存款便利，它们都是隔夜到期。最低存款准备金要求是欧洲中央银行所使用的调整力度较大、影响也较为剧烈的货币政策工具。在欧洲货币联盟正式启动后，欧洲中央银行将准备金率设定在 2%。欧洲中央银行以保持欧元区的物价稳定作为自己的主要目标，通过公开市场操作、常设便利和最低存款准备金要求三大货币政策工具的运用，进而影响货币政策中介目标 M_3，最终达到稳定物价的最终目的。在欧洲中央银行的操作框架中，公开市场业务主要由各成员国中央银行组织实施，但其适用的条件则由欧洲中央银行体系统一制定。

日本由于第二次世界大战前证券市场不发达，较少运用公开市场操作调控货币供给量。自 1962 年起，日本银行谋求多样化的金融调节手段，以回购形式、固定利率与分配购买数额的方式同金融机构进行交易，尝试通过有弹性的债券买卖来调节货币流通。1967 年，在日本开放债券市场的条件下，日本银行采用浮动汇率、无回购条件的交易方式开展债券买卖。70 年代中期以后，取消购买数额分配，采用投标的方式开展债券买卖。1986 年 1 月，日本银行开始在公开市场上买卖政府短期证券，1989 年 5 月引进 CP 公开市场操作，1990 年 1 月，引进 TB 公开市场操作，1991 年 1 月扩大了票据操作的抵押范围，使公开市场操作的手段越来越多样化，收到了明显的政策效果。

俄罗斯公开市场业务主要是证券回购。作为转型国家，1996 年 8 月 12 日，俄罗斯中央银行颁布了《关于国家短期无息债券流通服务章程的修订和补充》命令，这是俄罗斯证券回购业务的法律基础。俄罗斯证券回购业务的利率变化与中央银行的再贷款利率变化趋势一致，但要稍低于再贷款利率。

中国在 1994 年以前尚不具备公开市场操作的证券市场条件。直到 1994 年外汇体制改革和汇率并轨的实施，中国人民银行开始进行外汇公开市场操作。1996 年 4 月启动人民币公开市场业务，并于当年进行了 26 次公开市场操作，虽然交易总额仅为 21.8 亿元，与当年 7.16 万亿元的 GDP 相比数额极小，对货币供给量的影响也极为有限，但是，为日后公开市场操作积累了经验。1997 年，中国人民银行颁布了《公开市场业务暨一级交易商管理暂行规定》，审批了 25 家公开市场业务一级交易商，初步确立了我国公开市场业务的一级交易商制度。1999 年，中国人民银行批准证券公司和基金管理公司进入全国银行间同业拆借市场，批准保险公司在全国银行间同业市场办理证券回购业务。自此以后，我国公开市场业务发展较快，公开市场操作成为我国货币政策的主要工具之一，并不断推出公开市场业务工具创新。例如，2013 年，借鉴国际经验，创设了"短期流动性调节工具"（Short-term Liquidity Operations，SLO）作为公开市场常规操作的必要补充，在银行体系流动性出现临时性波动时相机使用。

由于缺乏发达的证券市场和利率市场化作支撑，韩国公开市场操作未能成为中央银行实施货币政策的有力手段。长期以来，韩国能够在公开市场上买卖的有价证券仅限于国债、公债和稳定通货证券。由于财政赤字主要依靠中央银行透支来弥补，国债和公债一直发行不振，且利率低、期限长，对投资者吸引力不够。加之市场交易不畅，公开市场操作作为货币政策发挥的作用有限。

20世纪70年代前期，新加坡货币政策工具主要为存款准备金、再贴现和选择性信用管制。70年代后期，虽然启动了公开市场业务，但是，一般都是法定机构持有公债和国库券并持有至到期才出售。此外，新加坡财政部一直坚持盈余的财政政策，自1981年以来，除了1987年出现过小额赤字以外，其余年份均是盈余，国债发行比重通常很小。尽管公开市场业务不发达，但是，对调节商业银行的流动性还是发挥了一定的作用。例如，从1987年起，国家规定商业银行必须购买国库券作为流动资产储备（也允许个人持有国债）。当市场流动性资金短缺时，金融管理局买进国库券，增加基础货币投放；当流动性资金过剩时，卖出国库券，收紧银根货币回笼，达到了调节货币流通的目的。

四、货币政策工具运用的比较

实行中央银行制度的各个国家，依据各国的货币政策目标以及不同时期、不同条件下的货币政策目标的动态调整，在货币政策工具的选择和运用上亦不断探索不断实践，表现出了各自不同的特色和差别。

（一）发达国家货币政策工具运用的特点

在发达国家中央银行实施货币政策的历史中，各项货币政策工具都曾发挥过重要的作用。各国均根据本国的经济金融状况，选择一种或几种适合本国国情的货币政策工具作为实施货币政策的主要手段，并且各自拥有属于本国特色的一些货币政策工具。随着各国经济金融发展状况的变化，一些政策工具在有些国家已经不再是主要的手段从而不再被重视，有些政策工具甚至被一些国家完全放弃，而且，各国对货币政策工具的应用方式也存在较大的差别。

1. 发达国家货币政策工具运用的国别特点。美国中央银行的三大货币政策工具均得到了比较充分的运用，"三大法宝"是美联储的主要政策工具。其中公开市场操作是美联储最重要的货币政策工具，定期和储蓄存款的利率控制、保证金比率以及道义劝告等仅是辅助性手段，是对主要货币政策工具的一个必要补充。1980年，新银行法颁布之后，利率控制手段在1986年被完全取消。保证金比率作为控制购买证券借款额度的手段，美联储根据"T条例""U条例"和"G条例"的规定，有权在40%～100%的幅度之内改变股票、可兑换债券和各种证券买卖的保证金比率，在遏制股票过度投机的同时，不会因为收缩信贷总量而引起金融以及宏观经济的波动。同时，美联储通过对不听劝告的银行进行一些业务往来的惩罚措施，以及拥有的对银行持股公司扩大业务的批准权，维持和提高道义劝告作为货币政策工具的效力，但由于美国银行数量众多，道义劝告的政策效果远不及英国和日本的实施效果显著。

英格兰银行对存款准备金率没有硬性的规定和严格的要求，一直没有将调整准备金率作为调节社会信用的手段，因而也不能简单地利用再贴现率政策，它更多的是借助于行政手段，通过规定各商业银行以银行率（相当于美国贴现率的短期利率）作为基础利率（中心利率）的方式，影响银行的总体利率水平。1981 年《竞争与信用控制法》修正案颁布之后，英格兰银行不再规定银行率本身，而是使银行率的波动根据货币供应与外汇行情的变化而保持在一个不公开的幅度之内，并须经财政部批准才能执行。英国具有与美国同样发达的金融市场，英格兰银行也注重利用公开市场业务进行信用总量的调节。因此，公开市场业务和调整短期利率是英格兰银行传统的、主要的货币政策工具，英格兰银行同时也使用一些独特的货币政策工具。作为公开市场业务的补充，英格兰银行还运用特别存款和道义劝告等手段，冻结和解冻商业银行的一些特别存款，对商业银行采取提出信贷要求和贷款控制的方式，调整信用规模和货币供应量。

德意志联邦银行是欧洲国家中独立性最强的中央银行，在证券市场不太发达、综合化银行制度下，银行体系成为德国资金需求者的主要融资渠道。中央银行在执行货币政策的过程中，既不会受到财政的干预和影响，也不必过多地依靠存款准备金政策、再贴现政策和公开市场业务等传统的货币政策工具，更不需要依靠行政控制手段，只要调整自身的贷款政策，就能够在很大程度上实现中央银行的货币政策目标。因此，在德国，传统的"三大法宝"成为了中央银行对商业银行进行业务引导之外的补充性预防措施。

20 世纪 70 年代之前，日本实行以日本银行极低贴现率为基础利率核心的低利率政策，利率变化不受资金供求状况的直接影响，人为的低利率政策、僵化的利率结构以及不发达的直接融资市场和国库券市场，使传统的存款准备金政策、再贴现政策和公开市场业务在日本很难取得成效，而极富特色的行政性资金分配的"窗口指导"成为了日本银行主要的政策工具，日本银行根据宏观经济目标和微观经济要求设定银行信贷额度和结构，比较成功地执行了"窗口指导"。进入 70 年代尤其是 80 年代初以来，随着日本经济的发展和金融结构的变化，直接融资的逐步发展和低利率格局的变化，日本银行使用的货币政策工具出现了与西方国家趋同化的趋势，调整存款准备金率、调整官方利率以及公开市场业务已经逐步成为了日本银行日益重要的政策工具，而且，存款准备金政策涵盖了一切具有信用创造能力的各种金融机构，远远大于美国和英国的范围。

2. 发达国家货币政策工具运用的总体特点。发达的市场经济和信用关系为中央银行制定和实施货币政策奠定了坚实的基础，并开辟了广阔的发展空间。各国形成了适合于本国环境的各种货币政策工具体系。其中包括存款准备金、贴现率、公开市场业务三大货币政策工具，以及若干选择性货币政策工具、直接信用控制和间接信用指导等。

（1）同一货币政策工具在不同的国家被赋予不同的内容。例如，存款准备金是实行中央银行制度的国家普遍使用的政策工具，但各国规定的存款准备金率包含的内容不尽相同。英国要求按负债的一定比率缴纳存款准备金；美国规定拥有活期存款账户的金融机构，需将存款准备金存入联邦储备银行；法国则对各种存款分别规定不同的比率，比率的变动须经法兰西银行与财政部协调后实施。

（2）不同的历史时期货币政策中间目标的重点不同。例如，20 世纪 70 年代中期以前，各国中央银行货币政策控制的重点是利率，而 70 年代中期到 80 年代货币供应量成为许多国家，如美国、英国、法国和日本中央银行控制的重点。90 年代以来，利率又成为一些发达国家中央银行控制的重点之一。90 年代以来，直到 21 世纪初，利率又成为一些发达国家中央银行控制的重点之一。2001 年"9·11 事件"后美联储以低息政策刺激经济，通胀压力加大后又连续提高联邦基金利率，自美国次贷危机前的 2004 年 6 月起，到 2006 年 8 月，联邦基金利率从 1% 上升到 5.25%。连续升息提高了房屋借贷的成本，按揭违约风险不断加大。美国次贷危机后各国政府相继推出救市计划，各大央行同时行动，对金融市场的动荡作出明确的回应，接连宣布降息。美联储宣布降息 50 个基点至 1.5%，欧洲中央银行、英国中央银行、加拿大中央银行、瑞典中央银行和瑞士中央银行也纷纷降息 50 个基点。

（3）各国越来越倾向于放弃直接的信贷控制手段。发达国家逐渐放弃信贷限额和利率限制等直接的信贷控制手段。特别是随着 20 世纪 80 年代以来金融自由化的发展，直接信贷控制的手段逐渐被放弃，各国转而更多地利用信贷和货币供应量的间接手段。英格兰银行自 20 世纪 90 年代初以来，在实施货币政策的过程中，尽量避免直接的行政控制手段，而更多地采用基于市场机制的货币政策工具，特别是借助短期利率和公开市场业务两大法宝。2007 年次贷危机爆发后，全球经济持续疲弱，各国中央银行频繁地使用宽松货币政策刺激增长。

（4）各国对货币政策工具的运用方式、侧重点和频繁程度有很大的差异。每个国家均是从本国国情出发，选择适用于本国的主要政策工具。美国、英国和加拿大是以公开市场操作作为影响货币供应量最主要的方法。德国以贴现和再贴现率作为主要手段。意大利以存款准备金作为其货币政策的主要手段。日本中央银行主要依靠在短期货币市场与政府债券市场上的活动来影响货币供应量。

（二）发展中国家货币政策工具运用的特点

大多数发展中国家的社会、经济发展水平比较落后，经济发展的多层次、不平衡性构成了这些国家经济的主要特征。经济活动的货币化程度和金融体系的发达程度都落后于发达国家。因此，货币政策工具的效用受到了限制，从而形成了鲜明的特色。

1. 发展中国家货币政策工具运用的国别特点。货币政策的目标是根据经济发展和稳定的需要控制货币和信贷的扩张、管理利率水平。其使用的货币政策工具有公开市场操作、准备金政策和流动性支持政策。

俄罗斯的货币政策的终极目标一是降低通货膨胀率，二是保持卢布币值稳定。常用的货币政策工具和信贷政策包括法定存款准备金、公开市场操作、再贷款、利率调控、外汇调节、控制货币投放量和数额限制、发行央行债券等。调控专项贷款项目，主要针对军工综合体、农业项目、北部边区以及列入国家专项发展纲要的项目等，以控制信贷规模和保证资金的专款专用。2008 年次贷危机后，俄罗斯央行及时采取了宽松的货币政策，大量释放流动性。例如对证券市场和商业银行紧急注资；对涉及国计民生的企业和大型国有企业紧急救助等。2011 年后随着危机影响的逐渐消退，俄罗斯也逐渐不再使用积极的宽松政策，开始实施常态化政策。

印度货币政策最终目标是提供充分的流动性以满足信贷和投资需求的增长，同时关注物价水平，致力于创造宽松灵活的利率环境。在 20 世纪 70—80 年代，利率受到严重压制，并普遍实行指导性信贷，货币当局一直把法定存款准备金率作为货币政策的首要工具。90 年代后，陆续在存款类别上和一定存款额度上废除、取消和放开利率限制，目前基本实行了利率市场化。印度逐步降低了法定存款准备金率，并逐步减少了在货币控制和流动性管理方面对法定存款准备金率的依赖，而用公开市场操作取而代之。

中国从 1984 年起，存款准备金制度开始成为中国人民银行调节货币供给量和信贷规模的政策工具之一，相对发达国家来说，这一工具使用频率较高。由于源于经济转轨期间所特有的结构性功能调整的需要，中国人民银行规定了较高的法定存款准备金率，意在抑制金融机构的贷款和便于利用再贷款弥补金融机构的资金缺口，造成金融机构对中央银行的资金依赖，使中国人民银行对金融机构的资金投向有较大的发言权。为补偿金融机构较高的法定存款准备金支出，中国人民银行对金融机构的准备金存款支付利息，并一直沿用至今。由于金融机构的利息收入中有很大一部分是中央银行支付的存款准备金利息，因此，利率变动会影响金融机构的利润。从长期看，这一制度需要完善。中国的再贴现业务开始于 1986 年，起初业务量很小，贴现率也由国家统一规定，因此，这一工具的作用不明显。1996 年以来，再贴现规模呈现明显扩张趋势，其作用也逐渐凸显。在中国，以国债为对象的公开市场操作是于 1996 年 4 月 9 日正式启动的。中国人民银行规定的公开市场操作的工具有国债、其他政府债券、金融债券和外汇。中国人民银行票据的发行和回购也成为了中央银行公开市场操作的工具。近年来中国人民银行越来越重视间接的货币政策调控，特别是重视使用利率杠杆来推动经济增长。除上述工具外，中国人民银行还采取了优惠利率政策、专项贷款、利息补贴和特种存款等办法。通过这些措施，分别扶持国家急需发展部门。这类选择性货币政策工具，能针对特殊情况，灵活地加以运用。

南非货币政策的最终目标是控制通货膨胀，货币政策的调控手段为间接调控手段。间接调控手段是指南非中央银行通过存款准备金、公开市场操作等手段调节中央银行的基础货币，进而间接地影响和控制通货膨胀。南非中央银行主要是使用再贷款的形式在货币市场上创造出流动性需求和短缺，并通过回购利率的形式强迫商业银行进行现金储备。近 20 年间，公开市场操作在南非占有主要地位。但南非储备银行不把国库券和回购协议作为公开市场操作的主要手段，而倾向于买卖长期政府债券来促进或减少市场的流动性。原因一是本国国库券市场发育程度不高，二是信用危机和其法律地位的不确定性，使证券的买卖权责规定存在矛盾，权益难以得到保证。

2. 发展中国家货币政策工具运用的总体特点。

（1）倾向于使用直接信用控制工具。与发达国家相比较，发展中国家倾向于使用直接信用控制工具。经济发展水平越低，国内金融体系越不完善，这种倾向就越明显。较为普遍使用的货币政策工具是信用配额和利率限制。发展中国家为了加快经济发展的步伐，既需要稳定的金融环境，又需要进行经济结构的调整，因此，格外重视利用信用配额这一货币政策工具，一方面可以控制信用规模，另一方面又能够促进经济结构的调整。发展中国家中央银行实行信用配额的方法有两种，一是对每个商业银行的全部贷款实行最高限额控制。二是对商业银行某一类贷款规定最高限额和最低限额，防止某个部门发展过快或过慢。同时，发展中国家都十分重视利用优惠利率或惩罚性利率来调整产业结构。一些国家中央银行对再贴现或再贷款规定不同的档次，以体现对某行业或部门的支持或限制。

（2）重视存款准备金制度。发展中国家在传统的三大货币政策工具的使用中，更为重视存款准备金制度。因为这一工具具有法律威力，能收到确定及时的效果，也由于发展中国家金融市场不发达，因此，许多发展中国家的中央银行认为运用存款准备金这一手段调整货币供应量得心应手。如一些国家非常频繁地对存款准备金率进行调整，甚至一年调整多次。除上述阐明的中国较频繁使用存款准备金制度外，尼加拉瓜曾有过每月调整一次的记录。

（3）努力创造条件，使一般性货币政策工具发挥效力。大多数发展中国家的货币政策工具也是贴现率、存款准备金、公开市场业务，以及选择性货币政策工具、直接信用控制与间接信用指导等，但是都带有发展中国家的特征。近年来，许多发展中国家在经济全球化、经济金融化、金融全球化和金融自由化浪潮的冲击下，加快了金融改革和开放的步伐。在中央银行的货币政策工具运用上，逐渐放弃传统的货币政策工具，转而使用发达国家普遍采用的货币政策工具。但由于一些发展中国家并未完全具备这些货币政策工具发挥作用的条件和基础，因此，其效用并没有得到正常发挥。发达国家成功地运用一般性货币政策工具对社会信用规模和货币供给量进行调控，对发展中国家具有一定的示范效应，发展中国家正在积极努力创造条件和改善外部环境，根据本国国情，有选择地采用一般性货币政策工具并使其达到比较理想的效果。

（4）正在逐步引进和增加间接调控工具。许多发展中国家在保留直接信用控制的同时，逐步引进间接调控工具，开展公开市场业务。一方面通过信用限额保持对货币形势的控制，另一方面又可以让中央银行和市场参与者熟悉间接调控工具相关的技巧。在市场充分发展、金融机构熟悉新的做法后，中央银行就可以放弃直接信用控制，开始进行公开市场操作了。除前述的国别特征外，波兰从1991年开始进行公开市场操作，起初，中央银行发行自己的证券，后来，开始操作国库券，并于1993年废除了信贷控制。捷克和印度尼西亚等国也是在保留直接信用控制的情况下进行公开市场操作的，由于当局对利率的管制没有放松，从而延长了直接控制的取消时间，但目前已废弃了直接控制。斯里兰卡从1986年开始过渡，几经波折后（1989年曾恢复使用过直接控制工具）也实施了公开市场操作。

五、货币政策传导机制的比较

货币政策传导机制反映的是中央银行的货币政策从制定到组织实施再到对宏观经济产生影响的整个过程。它是中央银行依据经济金融状况，确定货币政策目标之后，选择各种货币政策工具进行操作，作用于经济体制内的各种经济变量，从而影响整个经济活动，实现宏观经济最终目标的层级递进式的传递过程。货币政策传导机制能否有效地贯彻中央银行的意图，实现货币政策的最终目标，不仅取决于货币政策传导机制自身的构成，而且取决于货币政策传导机制所处的外部环境。货币政策传导机制自身的构成包括：经济变量传导过程和微观主体传导过程两个方面。经济变量传导过程即：货币政策工具—货币政策操作指标—货币政策中介指标—货币政策最终目标。微观主体传导过程即：中央银行货币政策—金融市场参与者（金融机构、投资者、消费者）的反映—金融市场参与者的行为选择—宏观经济总量变化。货币政策传导过程是上述两个过程的结合，概括地说，货币政策通过三个环节发挥作用：第一个环节是中央银行确定货币政策的最终目标及相应的货币政策工具，货币政策工具的运用导致基础货币、基础利率等变量发生变化，金融市场将这些信号传导给各金融机构、企业、居民；第二个环节是金融机构根据货币政策信号调整自己的资产、负债等业务结构，并作用于企业和居民；第三个环节是企业和居民调整自己的投资和消费并最终实现经济总量的变化。货币政策传导机制所处的外部环境包括：经济形势和环境（包括经济体制）、金融市场体系的完善程度、其他政策（主要指财政政策）的协调与配合以及企业与金融机构的市场化程度等。正向的外部环境可以使货币政策传导机制顺畅，负向的外部环境可以使货币政策传导机制受阻。

从表面上看，货币政策传导机制主要涉及中央银行货币政策工具的选择和实施；从本质上看，则是分析货币数量变化如何影响经济的过程，以及在这一过程中各种市场主体的行为选择和协调问题。对这个问题的不同理解，产生了不同的货币政策传导机制理论，而不同的传导机制理论具体运用到不同国家的货币政策实践时又有所不同。

（一）货币政策传导机制的理论比较

中央银行在选择和确定货币政策之后，货币政策的贯彻执行和达到调控目标之间有一个内在机制在发挥作用，即货币政策传导机制。关于货币政策传导机制的分析，理论界有两种不同的见解。

1. 凯恩斯学派的货币政策传导机制理论。凯恩斯认为货币政策发挥作用有两个途径：（1）货币与利率之间的关系，即流动性偏好。（2）利率与投资之间的关系，即利率弹性的途径。增加货币数量既会影响物价，也会影响产量，在促使产量增加、达到充分就业之后，货币供给的增加就会影响物价。换言之，通过货币供给 M 的增减，影响利率 R，利率的变化则通过资本边际效率（Marginal Efficiency of Capital）的作用，使投资 I 以乘数形式增减，而投资的增减进而影响总支出 E 和总收入 Y。用符号可以表示为：$M \rightarrow R \rightarrow I \rightarrow E \rightarrow Y$。总之，凯恩斯学派认为，货币市场和商品市场之间各种因素的转化和影响作用是通过利率来传导的，利率的变化能反映各种经济总量的变化，并通过对投资的影响，直接对产量、就业和国民收入产生影响，利率能够被中央银行直接控制。因此，利率是货币政策传导机制中重要的经济变量，中央银行货币政策传导机制首先在金融资产方调整，进而引起资本市场的变化，使投资增加，并通过乘数作用增加消费和国民收入，最后影响商品市场和经济的运行。

2. 货币学派的货币政策传导机制理论。以弗里德曼为代表的货币学派认为，货币政策的传导过程是比较直接和迅速的，并不是凯恩斯学派所认为的间接和迂回。换言之，货币供给 M 的增减，影响金融资产 A 的变化，影响消费行为 C，从而对资产的价格 P 产生影响，进而影响商品供应的数量，引起货币库存余额实际价值的变化，改变投资 I 和收入 Y。简单地说，货币政策的传导机制通过货币实际余额 M 的变动，直接影响支出 E 和收入 Y。用符号可以表示为：$M \rightarrow A \rightarrow C \rightarrow P \rightarrow I \rightarrow \cdots \rightarrow Y$ 或 $M \rightarrow E \rightarrow Y$。总之，货币学派认为，利率在货币政策传导机制中没有发挥重要作用，货币政策的影响主要不是通过利率间接地影响投资和收入，而是由于货币供给量超过了人们所需要的真实现金余额，从而直接地影响到社会的支出和货币收入，货币供给量的变动与名义国民收入的变动有着直接的联系，货币供给量的增加成为直接引起名义国民收入增加的主要因素。

（二）货币政策传导机制的国别比较

由于各国的经济结构、货币金融结构各具特色，中央银行在货币政策的最终目标、政策工具以及中介目标的选择上，并不完全相同，因而货币政策的传导机制也存在差异。

1. 美国货币政策的传导机制。美国的货币政策在发达国家中最具代表性，从货币政策的传导过程来看，其货币政策与第二次世界大战后流行的经济学主流思想相吻合，即以维持稳定增长作为首要目标，以利率作为中间目标，以存款准备金政策、再贴现政策和公开市场操作作为三大基本政策工具。具体而言，从第二次世界大战后初期到 20 世纪 70 年代之前，美国的金融结构已非常完善，使得以利率为中心的货币政策获得了发挥作用的前提和基础，美联储按照凯恩斯的理论推理将利率作为货币政策的中间目标，但由于"Q 条例"的存在，银行体系的利率总水平一直是在比较低的水平上波动，银行利率与资本市场收益率的差距不断扩大，大大削弱了利率政策的有效性。不过，由于美国同时实行了扩张性的财政政策，以减缓因货币紧缩而造成的衰退，因此，经济仍然保持了较高的增长。80 年代后，美联储采纳了货币学派的货币政策传导机制推理，将货币供给量作为中间目标，采取紧缩性的货币政策，通过限制货币增长，顺利实现了降低通货膨胀，创造了有利于经济增长环境的目标，但同时也使美国背上了巨额国债的包袱，成为世界上最大债务国。90 年代之后，美国的货币政策操作发生了新的变化，美联储观察和研究劳动生产率指标、劳动力市场的就业形势、商品批发市场格局、房地产的销售趋势、国际收支等一些并非利率的"信息"指标，在综合比较其净效应的基础上，决定提高或降低利率。对于利率的调控，不是像过去一样通过再贴现率的变化来调控利率，而是通过公开市场业务的操作，造成同业拆借市场货币供求的松动或紧张，将同业拆借利率（联邦基金利率）调节到期望的水平上，通过同业拆借利率的调节来实现对利率的调控。

美国次贷危机以后，为提振经济，美联储于 2008 年 11 月到 2012 年 12 月，连续推出四轮"量化宽松"货币政策，货币政策出现了与过往明显不同的几个特征。

第一，货币政策工具"非常规化"运用。一般而言，宽松的货币政策一是可以降低利率，二是能够增加货币数量。然而，当一国利率水平接近于零时通过进一步降低利率来实施宽松货币政策的努力不再有效，货币当局就会被迫采取增加货币数量这种方式来实施扩张性货币政策。美国次贷危机后面临零利率、10% 失业率、2.5% 核心通胀率（扣除能源、资源和食品等要素价格之后的通胀率）这样一个困境的时候，按传统理论，美联储应该大幅降低存款准备金率，或利用公开市场国债购买来释放流动性。但美联储放弃准备金而选择资产购买计划，即 QE（Quantitative Easing，量化宽松），通过四轮 QE 大规模印钞买入政府与企业债券来向金融体系注入大量流动性，以刺激借贷、投资、消费及出口，实现促进就业与经济增长的目标。这种非常规的量化宽松货币政策，固然可在短期内大幅度提高金融体系的流动性，降低商业银行的资金成本，相应也降低了企业和个人的借贷成本，在短期内和一定程度上有利于抑制通货紧缩，但对降低市场利率及促进取决于实体经济发展的信贷市场恢复的作用并不明显。这种政策正面效果有限但负面效果却相当明显，最直接的后果是带来恶性通货膨胀，给后续经济发展带来极大隐患。

第二，货币政策操作领域由"金融市场"向"实体经济"转变。传统上，中央银行只对金融危机传导链的末梢——金融市场流动性进行救助，但现在却直接对实体经济进行干预。美联储放弃准备金而选择资产购买计划，并实施四轮大规模的 QE 计划，最终目的是直接为房地产业和问题金融机构融资，通过压低长期利率，刺激企业扩大资本支出，直接干预实体经济。如此大规模的定向干预政策，已经完全脱离了传统货币主义的政策范畴，走入了隐性财政政策的灰色地带。

第三，货币政策内容由"有限"向"无限"转变。包括两个方面的内容，一是货币政策中涉及的货币供给量从传统的事先确定转向事先并不确定；二是货币政策实施的期限从传统的有明确的政策退出时限转向并不规定明确的退出时间。2012年9月美联储推出的第三次资产购买计划（QE3）并未说明总购买规模和执行期限。同时，美联储还表示，如果就业市场前景还没有显著改善，美联储将考虑采取更多资产购买行动，并将动用其他政策工具。2012年9月以来美欧货币政策在这两个方面转向"无限"后，给政策制定者提供了巨大的政策操作空间，什么时候达到目的什么时候停止，多少货币数量能产生效果就创造多少货币，政策的实施几乎不受相关金融纪律与法规的约束，更不用考虑给其他国家造成的冲击，其后果极其危险。

第四，货币政策职能由"支持经济"向"为财政服务"转变。截至2011年美国内外债务总量高达80余万亿美元，而2011年美国实际GDP仅有13万亿美元，联邦、州及地方政府税收总收入3.6万亿美元，美国的社保医保体系在未来将演变成为一个巨大的"庞氏骗局"。美国政府2007年之前的财政赤字，主要是外国人（主要是中国、日本和资源型国家）为美国政府融资。金融危机后，这些国家的顺差大幅度下降，美国政府形成了一个巨大的融资缺口。当财政部缺少资金时，不太独立的美联储只能被迫购买公共债务，如果美联储停止量化宽松政策，美国政府便离"庞氏骗局"为期不远了，量化宽松的全部逻辑在于此。未来数十年美国的财政收支前景更是相当悲观。因为第二次世界大战后"婴儿潮"一代人的退休已于2011年正式启动，其人数达7700万，占美国劳动力总数的1/3。更为重要的是，这些"婴儿潮"一代的退休账户在2008年国际金融危机中已巨亏40%，由此产生的未拨备的隐性负债高达130万亿美元。这些潜在的债务在未来几十年中会逐步演变成现实的债务。因此，美欧中央银行的量化宽松货币政策，与其说由其经济状态所决定，不如说由其财政状态所决定。

第五，货币政策效果由"降低风险"向"放大风险"转变。2008年，美联储彻底改变其货币政策。它抛弃了以往所有先例，破天荒地接受不具有流动性的长期债务资产为抵押品，以便向银行体系无限度提供贷款。美联储量化宽松政策不过是在玩一个"烂账转移"的把戏，它把通过量化宽松获得的新增货币来大量购买金融机构债券，把金融机构资产负债表上的"烂资产"转移到美联储的资产负债表上，最终通过通货膨胀、债务重组赖账把损失转嫁到本国纳税人与全球债权人的头上。美联储拯救危机的货币政策实际上为后续经济制造了更大的风险。美联储的量化宽松货币政策具有不良示范作用，它是一个"以邻为壑"的极端自私的货币政策，它必然会被不同经济体的货币发行体系滥用。因为其他经济体如果不宽松自己的货币，将会在出口、资产持有、债务清偿、汇兑方面遭受巨大损失。一旦量化宽松被其他经济体效仿，全球将会陷入不可逆转的恶性通货膨胀，全球经济与金融体系将会遭受重创。

2. 英国货币政策的传导机制。英国是一个工业化最早的发达国家，金融结构的演变与戈德史密斯当时的描述十分相似，货币政策传导机制的作用基础在西方发达国家中具有一定的典型性，中央银行货币政策中间目标的选择，大体经历了从强调利率到注重货币供给的转变，从重视财政政策向主要依靠货币政策的转变。具体而言，英国是凯恩斯主义的故乡，曾深受凯恩斯主义强调利率作为货币政策传导机制核心的理论观点的影响，重视银行利率在货币实施政策中的作用，英格兰银行使用的货币政策工具是特别存款、补充特别存款以及道义劝告等带有行政行色彩的竞争与信用控制措施，存款准备金制度、再贴现政策以及公开市场操作等政策工具的作用不明显。20世纪80年代后，英国开始货币主义的实践，以紧缩性的货币政策限制货币供给，抑制通货膨胀，为经济增长提供了稳定的环境，与此同时，高利率也抑制了投资，造成了经济衰退，使汇率水平提高，并扩大了贸易逆差。总之，在英国，货币政策的中间目标是利率和货币增长，而汇率和对外收支问题干扰了货币政策传导过程的效用，改变了货币政策传导的方向，因而英国政府在实施货币政策的过程中，不能不考虑汇率与外汇收支问题。利率与汇率之间的关系始终是英国政府关注的一个问题，内部均衡与外部均衡之间的抉择始终是英格兰银行必须协调的一个难题，并直接关系到货币政策对实质增长的影响，直接关系到货币政策的传导机制。

3. 欧洲中央银行货币政策传导机制。根据《欧洲联盟条约》的规定，欧洲中央银行体系的主要目标是维持欧元区的物价稳定，在此前提下支持欧洲联盟内部的其他经济政策。欧元区"物价稳定"的量化定义是在欧元区内消费物价调和指数（Harmonised Index of Consumer Prices，HICP）的年均增长率低于但接近2%的水平，并在中期得以维持。即通胀率上限为2%，且为正（接近2%），"在中期得以维持"意味着欧洲央行的货币政策不会被短期内物价的变动所干扰。为实现这一目标，保证货币政策决策过程的可靠性和一致性，欧洲央行选定了 M_3 作为货币政策最重要的中介目标，并在广泛分析基础上制定了经济与金融变量分析的实施策略。

欧洲中央银行将货币供给量划分为三个层次，M_1 包括纸币和铸币以及活期存款；M_2 包括 M_1 和期限为2年以下的定期存款及期限为3个月以下的通知存款；M_3 除包括 M_1、M_2 以外，还包括回购协议、货币市场基金单位与票据以及原始期限为2年以下的债券凭证。欧洲中央银行将年增长率为4.5%作为 M_3 的参考值，并按照3个月移动平均值进行计算。偏离参考值时，欧洲中央银行才会调整货币政策工具以避免物价的不稳定对最终目标造成的威胁。因此，关注 M_3 成为欧洲中央银行货币政策策略与实施的支柱之一。另外一个支柱是：欧洲中央银行同时还关注一系列影响物价变动趋势以及可能威胁价格稳定的经济指标，并运用这些指标对未来价格可能造成的风险进行评估。这些指标包括经济增长、消费需求、工业生产、劳动力市场以及对外经济等各方面指标，它们都具有短期特征，有利于欧洲中央银行把握物价变动的总体趋势，并及时调整货币政策工具的使用等。欧洲中央银行选择的货币政策工具为：公开市场操作、常设便利和最低准备金要求。常设便利包括存款便利（Deposit Facility）和边际贷款便利（Marginal Lending Facility）。存款便利是指商业银行头寸过剩时，可以按照存款便利利率在所在国的中央银行存入隔夜资金，利率低于任何银行间同业存款利率，从而构成隔夜市场利率波动的下限；边际贷款便利是指商业银行在头寸不足时可以按照边际贷款利率向所在国的中央银行申请隔夜贷款，利率一般高于银行间同业拆借利率，从而构成隔夜拆借利率波动的上限。这样，存款便利利率和边际贷款便利利率就为市场利率的波动构成了一个利率走廊。

4. 日本货币政策的传导机制。第二次世界大战后，在出口和投资增长为主导发展战略的大环境下，日本中央银行一直处于超额贷款的状态，商业银行始终依靠超额借款扩展业务，城市银行与地方银行之间的流动性不平衡，间接融资占主导地位，政府推行的低利率和信贷配给政策与银行同业拆借利率之间形成了二元利率的格局，这些都对日本货币政策的传导机制产生了极大的影响。具体而言，在 20 世纪 70 年代中期之前，日本银行选择贷款额度作为货币政策的中间目标，运用有效的窗口指导，通过贷款额度安排和惩罚性利率实施制裁措施。由于日本的间接金融发达，企业融资主要来自银行，而银行资金头寸又在相当大的程度上依赖于对日本中央银行的超额借款，这种层层依赖的关系使得日本中央银行能够最终控制银行体系以及企业投资，并在事实上代理财务省使用财政盈余。因此，日本中央银行以超额贷款形式实施宽松的货币政策，实际上是以巨额财政黑字作后盾的，政府不必过多地依靠财政收支影响经济，刺激经济增长，而是给予日本银行以资金支持，为经济高速增长提供必要的财力，因此紧缩的财政政策并没有导致经济紧缩，宽松的货币政策也没有酿成通货膨胀。20 世纪 70 年代中期之后，随着日本经济的成熟和国际经济形势的变化，日本金融也逐步实现自由化和国际化，以金融结构的变化为基础，日本银行将货币政策的中间目标转变为货币供给，货币政策的传导机制也逐步趋同于英、美等国。

第四节　中央银行外部关系的比较

中央银行的外部关系直接关系到其能否独立地行使其职能，全面发挥宏观经济调节职能。中央银行的外部关系主要包括两个方面，即中央银行与政府和其他金融机构的关系。中央银行和政府的关系是最主要的，它直接决定了中央银行能否防止政府滥用权力，保持独立性。中央银行与其他金融机构的关系是影响其发挥宏观经济调节职能的重要因素。

一、中央银行与政府的关系比较

中央银行与政府（国家行政当局）之间的关系问题，实质上是中央银行的独立性问题。经过多年的争论和探讨，目前学术界对中央银行与政府之间的关系或中央银行的独立性问题已逐步达成共识，即中央银行应对政府保持一定的独立性，但这种独立性只能是相对的。

（一）　中央银行应对政府保持相对的独立性

1. 中央银行应对政府保持一定的独立性。中央银行的独立性是指中央银行履行自身职责时法律赋予或实际拥有的权力、决策和行动的自主程度。中央银行应对政府保持一定的独立性，这是由于中央银行在金融体系和国民经济中处于特殊的地位，其工作的特殊专业性和重要性要求法律授权，使中央银行具有一定的独立性，防止政府滥用权力。

（1）中央银行是特殊的金融机构，具有特殊的专业性和技术性。中央银行制定和执行货币政策，对金融业实施监督管理，调控宏观经济运行，具有较强的专业性和技术性。中央银行作为宏观经济的调控部门，与其他一般的政府部门不同，它的调控对象是货币、信用、金融机构与金融市场，调控手段是技术性很强的经济手段，需要中央银行具有一定程度的独立性和稳定性。

（2）中央银行与政府两者所处地位、行为目标、利益需求及制约因素有所不同。政府关注的是整个社会，而关注重点又是根据具体情况而不时发生变化的。如果中央银行完全按政府指令行事而缺乏独立性，一是可能出现用货币发行弥补政府赤字，从而导致通货膨胀的问题，二是可能降低货币政策的稳定性，从而导致金融的波动。因此，中央银行具有一定的独立性，对于经济、社会的长期、持续、稳定发展是有益的。

（3）中央银行保持一定的独立性可能使中央银行与政府其他部门之间的政策形成一个互补和制约关系，避免因其某项决策或政策失误而造成经济与社会发展的全局性的损失。

（4）中央银行保持一定的独立性还可以使中央银行和分支机构全面、准确、及时地贯彻总行的方针政策，减少地方政府的干预。

2. 中央银行对政府的独立性是相对的。在现代经济体系中，中央银行作为国家的金融管理当局，是政府实施宏观调控的重要部门，中央银行不能完全独立于政府，不受政府的任何制约。中央银行要接受政府的管理和监督，在国家总体经济社会发展目标和政策指导之下履行自己的职责。正因为中央银行职责的履行和国家的利益根本上是一致的，所以，在开放经济条件下，一国的货币政策问题就不仅仅是本国以及本国和他国的金融问题，更是一国对内和对外的国家发展战略问题和国家意志的实现问题。正因为如此，2008 年国际金融危机以及演化成的欧洲主权债务危机和救助①，暴露出了国与国之间以金融资产的持有为联系纽带的利益关系，和大国之间以争夺金融资源为目的的博弈关系。因此，中央银行对政府的独立性只能是相对的。

（1）中央银行的活动必须服从于国家的根本利益。中央银行履行其职责必须通过具体的业务活动来进行，中央银行的业务活动必须符合金融运行的客观规律和自身业务的特点，这是由经济与金融的关系和金融行业的特殊性质所决定的。稳定币值、安全有序的金融运行都是为了服务于经济与社会发展的最终目的和国家的根本利益。

（2）中央银行是整个宏观调控体系中的一个组成部门，不管这个部门如何重要，它都不可能超出自己所隶属的这个整体。中央银行的货币政策目标和宏观调控目标要与国家经济社会发展的总体目标一致，目标的实现也需要其他政策，特别是财政政策的协调与配合。

（3）中央银行的业务活动和监管都是在国家授权下进行的，具有一定的行政管理部门的性质，有些国家的中央银行直接成为政府的组成部门，中央银行的负责人也大都由政府委任。

（4）中央银行在履行自己的职责时，也需要政府其他部门的协作与配合，而与其他部门

---

① 2008 年 10 月，冰岛主权债务问题浮出水面，其后是中东欧国家，由于救助及时未酿成较大的国际金融动荡。2009 年 12 月，全球三大评级公司标普、穆迪和惠誉分别下调希腊的主权债务评级，此后欧洲多个国家也开始陷入危机，"欧猪五国"（PIIGS，即葡萄牙、意大利、爱尔兰、希腊和西班牙）的信用评级被调低，经济下滑，债台高筑，整个欧洲面临严峻考验。2010 年 5 月 10 日，欧盟 27 国财长被迫决定设立总额为 7 500 亿欧元的救助机制，帮助可能陷入债务危机的欧元区成员国，防止危机继续蔓延。分析其原因，宽松的货币政策是导致欧债危机的罪魁祸首。为应对金融危机，欧洲央行采取频繁向市场注资的流动性政策。按照国际上对赤字率规定的不超过 GDP 3% 的警戒线，欧洲主要国家均已超过。但是 2008 年国际金融危机的爆发，欧洲各国政府采取的一系列救市政策和宽松的货币政策使得政府债务负担突破了风险警戒线，给债务危机埋下了隐患。严格地说，欧元区 16 个成员国中，无一个国家的政府赤字率目前在 GDP 的 3% 以内，它们的平均赤字率在 GDP 的 7% 以上。

的关系则需要由政府来协调。因此，中央银行在现代经济体系中具有特殊的地位，作为国家授权的宏观经济调控部门，决定了它在履行自身职责时不可能完全独立于政府，政府的管理、干预是极其自然的、必要的，由此，中央银行的独立性也只能是相对的。

（二）　中央银行独立性的强弱比较

中央银行独立性的强弱主要表现在法律赋予中央银行的职责及履行职责时主动性的大小。有些国家把稳定货币作为中央银行的主要职责，并授予中央银行独立制定和执行货币政策的特权，不受政府制约。当中央银行的政策目标与政府的经济目标出现矛盾时，中央银行可以按自己的目标行事，这种类型的中央银行独立性较强。一般而言，隶属于国会的中央银行，其独立性较强，而隶属于政府或政府某一部门（主要是财政部）的中央银行，其独立性较弱；中央银行最高决策机构中政府人员不参与决策的，其独立性较强，反之，其独立性就较弱。因此，中央银行独立性的强弱，主要取决于中央银行的法律地位，具体而言取决于隶属关系。由于各国的国情与历史传统不同，各国中央银行的法律地位或者说隶属关系也有所不同，中央银行对政府独立性的强弱也不相同。按照独立性强弱与隶属关系这个标准划分，中央银行与政府的关系可划分为以下三种类型。

1. 独立性较强的中央银行。主要特点是中央银行在法律上独立于政府，直接向最高权力（立法）机构（国会、议会）负责，即隶属于国会。如德意志联邦银行、美国联邦储备体系和瑞典银行。德意志联邦银行是独立性最强的中央银行，它的地位被写入宪法，在行使授予的权力时不受政府指令的干涉。德意志联邦银行的行长由总统任命，任期8年，一般不得中途罢免。美国1913年通过的《联邦储备法》规定，联邦储备委员会有权独立地制定和执行货币政策，总统未经国会批准，不能对联邦储备委员会发布指令。联邦储备体系没有向政府提供长期融资的义务，财政融资只能通过公开市场业务发行债券。瑞典银行法规定，瑞典银行直属国会，银行理事会只接受来自国会的指示，而不受政府的干预。欧洲中央银行是世界上最独立的跨国中央银行，独立性甚至比德国中央银行还要强。欧洲中央银行既独立于欧盟，又独立于各国政府，《马斯特里赫特条约》指出，欧洲中央银行的使命是保持物价的稳定。为了实现这一目标，欧洲中央银行对货币政策有完全的控制权，兼具有目标独立性与工具独立性。欧洲中央银行在经济上可以自由地支配收入，拥有独立的预算权和独立决算权。欧洲中央银行的人事任免程序、任期的设计及罢免程序等各个方面在一定程度上也维护了其独立性。

2. 独立性较弱的中央银行。主要特点是中央银行隶属于政府。不论在名义上还是在实际上，中央银行在制定和执行政策、履行其职责时，都比较多地服从政府或财政部的指令。与其他发达国家相比，意大利银行、法兰西银行，以及一些经济转轨国家的中央银行属于这一种类型。在体制上，意大利银行受财政部统辖，其货币政策措施一般也要经过信用与储蓄部委员会的批准，当意大利银行的意见与政府不一致时，一般也是以政府的指令为准。法兰西银行的理事会成员大都由财政部提名，内阁会议通过后由总统任命。应当指出，独立性较弱的中央银行基本也是自己进行货币政策的具体操作和决策的执行，差异之处在于最高决策权的配置。

3. 独立性居中的中央银行。主要特点是中央银行隶属于政府，在名义上独立性较弱，但在实际上中央银行拥有较大的决策权与管理权。如英格兰银行、日本银行及一些新兴的工业化国家的中央银行大都属于这种类型。英格兰银行的理事会是最高决策机构，理事会成员均是由政府推荐、国王任命。按照法律规定，财政部在认为必要时，可在与英格兰银行总裁磋商后直接向英格兰银行发布命令，但实际上财政部从未使用过这个权力，政府一贯尊重英格兰银行有关货币政策的意见，一般不过问货币政策的制定，也不参与理事会的评议，因此，英格兰银行的独立性实际并不弱。在与政府的资金融通关系方面，英格兰银行一般不给政府垫款，只提供少量的隔夜资金融通。在货币政策工具的运用方面，英格兰银行也有直接决定的权力，如调整利率等。日本银行隶属于原大藏省（现在的财务省）即财政部，《日本银行法》规定，日本银行的总裁、副总裁由内阁任命，日本银行开展业务时，须经原大藏省（现在的财务省）主管大臣批准。但在货币政策制定与执行方面，日本银行具有独立行使权，1997年4月修订的《日本银行法》规定日本银行的根本职责是通过调节货币及金融政策，追求物价稳定，以利于国民经济的健康发展，并赋予日本银行独立地制定货币政策及自行决定所要采取的措施，运用政策工具去实现货币政策目标的权力。

二、中央银行与其他金融机构的关系比较

中央银行是现代金融体系的领导和核心。中央银行与商业银行等金融机构之间基本上是领导与被领导、管理与被管理的关系。但与一般行政部门不同，中央银行与商业银行等金融机构不是行政意义上的隶属关系。中央银行的领导与管理主要通过制定和实施有关政策来体现，并且主要是通过具体的金融业务活动实现。从这一点来说，中央银行与商业银行等金融机构之间又是业务往来关系。因此，中央银行与商业银行等金融机构之间既是领导与被领导、管理与被管理的关系，又是业务往来关系和服务与支持的关系。虽然中央银行为了履行职责，在认为必要时也会使用法律授权的行政手段，但一般情况下，行政手段不是主要的。目前世界上各国中央银行与其他金融机构的关系基本都体现在中央银行的业务活动之中，即通过货币政策工具的运用来实现。在实际中，由于最终目标的一致性，商业银行等金融机构一般都与中央银行有着良好的配合。中央银行与商业银行等金融机构之间的关系体现在以下几个方面。

1. 从金融运行看，中央银行是金融活动的核心。中央银行是"发行的银行"，是全社会货币供给的源头。虽然商业银行等存款货币机构参与存款货币的创造，但这是建立在中央银行提供基础货币的基础之上。中央银行是货币流通、资金运动和社会信用活动的中心，从而也是整个金融活动的中心，是金融活动的调节者。

2. 从中央银行与商业银行等金融机构的业务关系看，中央银行是"银行的银行"，是为金融机构提供包括支付保证、融资、清算等各项服务的机构，是各类金融机构从事金融业务活动的支持者和保证者。

3. 从中央银行与政策性金融机构的关系来看，中央银行或者其他专门监管机构对政策性金融机构与其说是"监管"，确切地说应是"监督"，是一种由特殊的权力结构构成的特殊的监督检查机制。因为各类政策性金融机构都有其特殊的权力结构，表现为依据各个特殊的单一的政策性金融机构法规和机构业务性质特点，分别由政府相关部门和权威专家共同组成各自特有的董事会或理事会（其高层主要官员由政府首脑直接任命），并由董事会行使最高

的决策、监督、管理和协调的职能权力。同时辅之以政府审计等有关部门定期或不定期的财务检查，从而构成一个特殊的权力监督和制约机制。因此，二者的关系有点类似于"官"对"官"的关系，而不像中央银行与商业银行是一种"官"对"民"的关系。

4. 中央银行承担着管理金融业、维护金融秩序、规范金融运作等方面的职责。中央银行是商业银行等金融机构的领导者和管理者，发挥着"政府的银行"的管理作用。因此，现代金融体系中，中央银行是领导者、保护者、调节者和管理者。中央银行的这种超然地位，一方面是金融体系和金融制度自身的发展过程中自然形成的，另一方面是由国家的法律赋予的。中央银行在现代金融体系中处于这种超然的、主动的地位，并不意味着商业银行等其他金融机构就完全是被动的和非自主的。恰恰相反，中央银行基于其特殊地位而发挥的作用，为商业银行等金融机构开展业务活动创造了良好条件，从而为整个金融体系的稳健运行提供有效保障，使金融在现代经济体系中的核心作用得以充分发挥，最大可能地促进经济和社会的发展。

除了上述关系之外，还存在中央银行与其他金融监管机构之间的关系。目前世界上几乎所有的国家的中央银行都是本国金融业的主管机关，但由于各国的经济和金融业发展水平和传统习惯不同，在对金融业具体的监管上，各国又有体制上的差异。有些国家对金融业的监管全部由中央银行承担，而有些国家则由中央银行和其他专门性金融监管机构共同承担。尤其是随着混业经营的发展，金融业务不断交叉，金融控股公司开始出现，各国现有的银行业、证券业和保险业的监管体制如何调整，是摆在各国决策部门面前的重大现实问题。

第五节　各国中央银行主要业务的比较

中央银行的业务主要分为负债业务和资产业务，负债业务是资产业务的基础。综观各国中央银行的业务，除了垄断货币发行和代理国库外，其他方面的业务存在着一定的差异。

一、业务的共同特征

中央银行的业务是中央银行职能的体现，其业务的性质与商业银行截然不同。中央银行的业务不是为了追求利润，而是为了实现其服务职能、调节职能和管理职能。

1. 中央银行业务的高度垄断性。各国都通过法律规定了中央银行在货币发行、集中存款准备金、代理国库、金融外汇储备管理业务等金融活动中的特权，享有一般金融机构不能享有的待遇。

2. 中央银行业务的非利益诱导性。与一般的工商企业不同，中央银行的业务是为了实现其服务职能、调节职能和管理职能，是执行国家的宏观政策，维护正常的金融活动，以调节宏观经济的需要，不带有利益诱导性。

3. 中央银行业务的最大流动性。中央银行作为宏观经济的调控器，需要有大量的资金，利用货币政策工具调节市场资金供求。为了使这些资金能够灵活调度，及时利用，中央银行必须保持其资金的最大流动性，不能投放到不易变现的资产中。

4. 中央银行业务的无偿性。中央银行的存款包括财政存款和其他金融机构的存款准备金。财政存款是中央银行集中存款准备金以达到调节宏观经济的目的，往来存款是中央银行为往来存款户提供清算服务的结果。而中央银行不以盈利为目的，故不能对存款支付利息。

5. 中央银行业务的强制性。如存款准备金制度就是在法律上对商业银行和其他金融机构的存款规定一个比率，强制要求其按规定的比率上缴存款准备金。

二、负债业务的比较

中央银行的负债业务是指中央银行以负债形式所获得的资金来源，是资产业务的基础。中央银行的负债业务主要包括货币发行、代理国库、集中存款准备金等。

（一）货币发行业务的比较

发行货币是中央银行最重要的负债业务。中央银行通过再贴现、贷款、购买证券、收购金银和外汇等方式把货币投入市场，形成流通中的货币。各国中央银行都实行垄断发行和准备金制度。

垄断发行制度是指货币发行权高度集中于中央银行，任何其他机构均无此特权。这样能够统一国内的通货形式，有利于有效地调节流通中的货币量，同时增强中央银行的资金实力和宏观调控能力。在各国货币发行中，纸币的发行各国无一例外都由中央银行独家垄断，而硬币的铸造在有些国家，如德国、美国以及日本等大部分国家是由财政部所属的铸币厂负责，发行收入归财政。中央银行需要硬币时，向政府铸币厂购买。

准备金制度是指中央银行发行纸币必须以金银、外汇、证券等作为发行准备，即要建立某种准备金制度，而不能滥发纸币。就世界各国中央银行货币发行准备来看，不外乎两种：一是现金准备，以金银、外汇等为抵押；二是信用保证金制度，以短期商业票据、短期国库券、政府公债等为抵押。

虽然各国的货币发行都实行准备金制度，但却存在一定的差异。英国曾实行"部分准备金制度"。即在一定的发行限额内，可用政府债券作为发行准备，超过限额的任何发行，必须有100%的现金做准备。此外，还有挪威、日本等也实行这种准备金制度。德国、美国等曾实行"比例准备金制度"，即中央银行发行钞票的数额超过了规定的比例时，对超出的部分国家要征收超额发行税。法国曾实行"最高限额制"，即中央银行的货币发行不能超过法律规定的最高限额。中国香港的港元发行是一种较为特殊的制度——货币局制度（Currency Board System）。它是以一种外国货币为准备的货币发行制度。在此制度下，影响港元供应的主要因素是香港的对外收支。当对外收支出现盈余时，港元的发行量就会增加。1935 年，港元与英镑挂钩。1972 年，英镑实行浮动汇率制度后，港元改为与美元挂钩。

（二）存款业务比较

存款业务也是中央银行的主要负债业务之一。中央银行的存款主要包括商业银行的存款准备金、代理国库及其他存款。

1. 代理国库业务的比较。世界各国基本上都实行国家金库管理制度，并且一般由中央银行代理国库业务。中央银行代理国库业务主要包括：一是财政存款，即代理财政的收入和支出。二是财政性的存款。中央银行代理那些依靠国家拨给行政经费的行政事业单位的收入与支出。财政存款和财政性的存款是中央银行的重要资金来源。各国中央银行吸收财政存款在各国的法律中均有规定。财政存款也是带有强制性的，并且对这部分存款一般是不支付利息的。

但各国实行的国家金库管理制度也存在一定的差异。概括地讲，国家金库管理制度有三种类型：第一种是"独立金库制"，即政府自设金库，资金收付和账目管理均由财政部负责。第二种是"委托保管制"，即政府在中央银行内设立国家金库，所有预算收入委托银行保管，但不能和银行资金相混淆。第三种是"银行存款制度"，即国家金库资金全部存入中央银行，政府需要支付时，以开支票的方式提取。

2. 集中存款准备金比较。集中存款准备金是指商业银行及其他金融机构的存款准备金，这是中央银行的主要资金来源。为了使国内各金融机构保持一定的流动性和清偿力，中央银行必须集中一部分存款作为存款准备金。存款准备金可分为两部分，一是法定准备金，二是超额准备金。各商业银行将准备金存于中央银行，当某一银行发生客户大量挤提存款时，中央银行便可以动用存款准备金支持这家银行。这种集中的存款准备金，正如蓄水池，其意义也在于节省资金，提高资金的使用效率，满足社会对资金的需求。

各国中央银行普遍实行准备金制度。但各国之间却存在一定的差异，即使同一国家的不同时期，也表现出一定的差异。准备金率的确定及交纳准备金对象的确定，不同时期及各个国家是不同的。

1972 年以前，美国联邦储备体系按地区类别来制定准备金率。1972 年以后改为按存款额来制定准备金率的累进法定存款准备金制度。1980 年通过了《货币控制法》，规定所有存款银行，不论是会员还是非会员，包括储蓄银行、信用社、外国银行在美国的分支机构，都必须按规定的准备金率向美联储缴纳准备金。1983 年起多次降低存款准备金率，1990 年和 1992 年又两次较大幅度下调存款准备金率。目前，美联储规定的非个人定期存款和欧洲货币负债的准备金比率为 0，净交易账户 930 万美元以下准备金比率为 0，930 万～4 300 万美元准备金比率为 3%，4 300 万美元以上准备金比率为 10%。

英格兰银行对英国商业银行的准备金要求也根据不同时期的情况进行相应调整。英格兰银行 1955—1971 年只规定现金对存款的比率和流动资产对存款的比率。1971 年，改为按合格负债额 500 万英镑或以上这个标准依次规定准备金率。1981 年 8 月又将这个标准调整为合格负债在 1 000 万英镑以上，同时取消了现金存款准备金。20 世纪 90 年代之后，英国实行通货膨胀目标制，以短期回购利率为操作中介目标，公开市场操作地位更加突出，没有对法定存款准备金水平作出要求，商业银行的准备金水平完全取决于银行交易清算的需要。

日本银行对不同的金融机构采用了不同的准备金比率，对不同金额的存款所采用的准备金比率也是不同的。日本存款准备金制度适用的金融机构比美国、英国更为广泛。目前，除了规模较小的中小企业金融机构外，几乎所有的民间金融机构均为法定准备金制度的实施对象，而美国到 1980 年才规定，一切金融机构都必须遵守统一的准备金制度。同时金融债券、信托本金、居民外币存款和非居民户的日元债券也要交付准备金。

20 世纪 80 年代中期后，同美国一样，日本也开始实行"超额累进准备金制度"。日本最近一次调整法定准备金率是在 1991 年，1991 年 10 月 16 日，日本中央银行重新制定了存款准备金率，规定除了农林中央金库以外的银行（包括外国银行），定期存款缴纳的存款准备金率在 1.2% 和 0.05% 之间；其他存款缴纳的存款准备金率在 1.3% 和 0.1% 之间；农林中央金库的定期存款和其他存款分别按 0.05% 和 0.1% 缴纳存款准备金。

德意志联邦银行曾根据存款的不同种类、银行的不同类别规定不同的比率，而且还可以将某些负债不计入准备金。制定最低存款准备金率的标准是负债的种类、每一种负债的数量和负债的来源。由负债类型而形成的准备金率是以各银行存款的不同流动性程度为基础的，为此，即期负债的准备金率高于储蓄存款的准备金率。负有最低准备金义务的 3 种债务，在数量上被分为 3 个等级（1 000 万马克、1 000 万～1 亿马克、1 亿马克以上），比率依次逐级提高。1993 年 3 月，将长期负债和储蓄存款的最低准备金比率统一为 2%，1994 年 3 月，活期存款的准备金比率调整为 5%。另外，对非居民 4 年以下的外币账户，免除准备金义务。欧元单一货币之后，欧洲央行规定：隔夜存款、2 年内的存款、债务证券以及货币市场票据的最低法定准备金比率为 2%，期限在 2 年以上的法定准备金比率为零。为平滑和稳定货币市场利率，欧洲央行没有频繁地调整法定存款准备金比率，并且在 2000 年将债务证券和货币市场票据的存款准备金豁免比率由 10% 提高到了 30%。

三、资产业务的比较

中央银行的资产业务是指中央银行运用其货币资金的业务。中央银行通过资产业务来实现其经济调节的职能。中央银行的资产业务主要包括贷款业务和再贴现业务、有价证券买卖业务、国际储备管理等。

（一）贷款业务比较

贷款是中央银行一项重要的资产业务。中央银行在必要时，必须对商业银行和政府发放贷款，以解决它们资金周转的困难，保持金融体系的稳定，同时也是对货币供应量的调节。各国中央银行在从事此项业务时，具有以下几点共性和不同。

1. 各国中央银行贷款对象比较。商业银行和政府是各国中央银行贷款的主要对象。作为商业银行的"最后贷款人"，中央银行提供的货币属于高能货币，具有很强的扩张能力。商业银行获得这种货币后，就可以扩大信贷规模，从而增加全社会的资金供应量。除商业银行和政府外，许多国家的中央银行还向外国银行和国际性的金融机构发放贷款。

2. 各种中央银行贷款种类比较。各国中央银行对商业银行的贷款种类基本相同，但侧重点略有差异。

各国中央银行的贷款种类一般有 4 种形式，即信用放款、担保放款、抵押放款和贴现放款。（1）信用放款就是仅凭商业银行的信誉，无须任何抵押和担保即可提供的一种贷款。在市场经济发达的国家，此类贷款所占的比重很低。而在信用不发达的国家和地区，信用放款的比重则较大。（2）担保放款是商业银行以其客户发出的合格商业票据为担保，向中央银行申请贷款的一种方式。由于贷款手续较为繁杂，因此其在许多国家已被再贴现所取代。（3）抵押放款是商业银行将手中持有的政府债券及其他有价证券交给中央银行作为抵押来申请贷款的方式。由于政府债券的流通性强，能迅速变现，因此，这种形式风险较小。目前，大多数国家中央银行对商业银行的放款就属于此类。（4）贴现放款是中央银行买进商业银行持有的未到期的商业票据，使商业银行获得款项的一种融通业务。

在以上 4 种贷款形式中，大多数国家中央银行侧重于使用抵押放款和贴现两种方式，但侧重点略有差异。美联储主要采用贴现和抵押的方式；英格兰银行和德意志联邦银行更加侧重于贴现方式，但英国对贴现行的放款没有限制，而德意志联邦银行对贴现贷款有限额。中央银行对政府的贷款一般有两种形式，即采用透支的形式和按协议直接贷款的形式。

3. 各国中央银行贷款期限比较。各国中央银行的放款以短期为主，主要是解决商业银行和政府的临时资金需要，发放的是短期的滚动性贷款和季节性贷款，很少有长期贷款，这也是中央银行保持资产流动性的需要。如美联储对商业银行所发放的主要是隔夜或几日短期贷款，最长的季节性贷款也只有 9 个月；日本银行的票据抵押贷款的期限是 3 个月；英格兰银行对政府的贷款主要是隔夜资金融通。

（二）证券业务比较

证券买卖业务也是各国中央银行主要资产业务之一。由于各国的金融市场发展程度不同，中央银行宏观调控的手段不同，各国中央银行买卖证券的方式、品种和操作也有所不同。

1. 各国中央银行证券买卖方式比较。大多数国家中央银行的证券买卖一般采用两种方式：一是直接买卖，二是附有回购协议的买卖。直接买卖，又称为永久性储蓄调节，是指中央银行在公开市场操作中单向地购入或出售证券，从而能够在较长的时间内增加或减少存款机构的准备金。当中央银行认为需要增加或减少存款机构的超额准备金时，就会一次性地直接购入或售出某种证券。附有回购协议的买卖，又称为临时性储备调节，即中央银行向存款机构卖出一笔证券的同时，约定在指定的日期内，按约定的价格再购回。这种证券买卖方式能够使存款机构的储备临时性减少，将直接改变原来的准备金数额和货币存量。

2. 各国中央银行买卖证券品种比较。各国中央银行买卖证券的品种不尽相同，但最主要的还是国债，尤其是短期国库券。因为国债具有信誉高、收益高、安全性高、流动性强等特点，而其他金融工具则不可能兼备这些优点。日本法律规定日本银行可以从事商业票据、银行承兑票据、公债、大额可转让存单等的买卖；法兰西银行则可以购买、出售或保管理事会认可的证券和票据；瑞典银行可买卖政府公债及政府其他债券，也可收购易变现的、期限为 3 年以内的外国债券。

3. 各国中央银行证券交易市场比较。各国中央银行证券交易市场都包括场内交易和场外交易两个部分。场内交易是通过证券交易的专门场所集中地进行交易。场外交易是由交易双方在交易所之外，一对一地进行交易。公开市场业务的场内交易和普通的证券市场没有区别，但场外交易则有不同。公开市场业务的场外交易使用了计算机网络，直接和各交易商进行交易，各交易商在其计算机终端上，可以对中央银行的招标进行投标、报价。从这一点来说，公开市场业务的场外交易是相对集中的。

（三）储备资产业务比较

储备资产的买卖业务是各国中央银行的一项重要资产业务。国际储备资产一般包括金银、外汇、储备头寸及特别提款权 4 个部分，它是一国平衡国际收支、维持汇率稳定的重要手段。中央银行开展这项业务是为了代表国家集中储备、调节资金、稳定金融并促进本国对外贸易及对外交往的顺利进行。

从各国的情况来看，国际储备资产的管理包括两个方面。一是国际储备的规模问题，即一个国家应该保持多少国际储备，才能既满足经济的需要，又不会造成资源浪费。当前世界各国持有的国际储备量显示出很大差异：一些国家维持高储备，另一些国家则长期维持低水平储备。这是由各国所处的内外部经济环境和政府的政策意愿所决定的。二是国际储备的构成问题，即各类储备资产的比例分配及外汇储备的币种安排。各国在考虑国际储备的构成时，坚持安全性、盈利性和流动性三个原则。为降低风险，目前各国中央银行一般都实行了资产的多样化，以分散风险。

【主要参考文献】

［1］白钦先．比较银行学［M］．郑州：河南人民出版社，1989.

［2］杜朝运．中央银行学［M］．厦门：厦门大学出版社，2010.

［3］杨胜刚．比较金融制度［M］．北京：北京大学出版社，2005.

［4］陶玲琴，刘万翔．比较金融学（第二版）［M］．北京：科学出版社，2008.

［5］王广谦．中央银行概论［M］．北京：高等教育出版社，2000.

［6］何传添，廖国民．当前美欧货币政策的新动向［J］．国际经贸探索，2013（1）：60－70.

［7］闫屹，桑怀飞．欧洲中央银行货币政策有效性实证分析［J］．国际金融研究，2012（11）：4－13.

［8］张含鹏．世界范围内存款准备金制度弱化与我国存款准备金调控［J］．西南金融，2008（12）：27－29.

［9］Herring & Litan. *Financial Regulation in the Global Economy*. The Brookings Institution，1995.

第五章
各国商业银行体制比较

学习提要

- 美国典型的地方性单一银行制度产生的原因与特点。
- 英国等西欧国家、东欧国家、"金砖国家"的俄罗斯和中国以及其他发达国家和发展中国家实行全国性银行分支行制度的特点与背景。
- 日本实行全国性银行分支行和地方性银行分支行混合制度的特点与原因。
- 德国全能性银行制度的特点、原因与效应。
- 日本专业化银行制度的特点、优越性与未来发展面对的问题。
- 20 世纪末以来国际银行业的并购浪潮与各国银行业集中垄断的发展趋势。
- 自然演进型、人为干预促进型和自觉抑制型三种不同的银行集中垄断方式。
- 美国法律上"严格禁止"、德国法律上"不加限制"、日本法律上"有限制地允许"的银企关系模式。
- 商业银行经营管理理论的演变。
- 商业银行传统业务特征与未来发展新趋势。

商业银行是近现代各国金融体制中历史最悠久、业务范围最广泛、对社会经济生活影响最大、最为典型的金融机构，是中央银行建立的基础和货币政策最主要的传导者，在各国金融体系中居于主体地位，其业务活动最能反映银行业务的基本特征。本章主要对各国商业银行的不同体制特征、业务经营进行比较，展望全球商业银行的发展趋势。

第一节　各国商业银行不同体制特征比较

商业银行是一种内容广泛且具有鲜明特性的复杂性复合体。它通过涵盖许多不同的要素，如外部组织形式、业务制度模式、集中垄断程度与方式、兼并与收购、同工商企业的关系以及银行同业协会等，依据各国的社会、历史、政治、经济等特征不同，构成各国商业银行体制的不同特征。

一、外部组织形式比较

综观各国商业银行的发展历史，商业银行的组织形式可以概括为三种类型：地方性单一银行制度，全国性银行分支行制度、全国性银行分支行和地方性银行分支行混合制度。

（一）　地方性单一银行制度

所谓单一银行制度是指一家商业银行原则上只有一个营业机构，不能再设立分支行的一种组织制度。凡是不设分支行的单一制银行，都不可能是全国性的银行，它必然是地方性银行。因此，地方性银行制度和基本没有分支机构的单一银行制度具有一种十分密切的内在联系。

美国商业银行的外部组织形式是最典型的地方性单一银行制度。美国人普遍认为单一制地方性小银行特别适合广大中小企业的发展和需要，易于适应美国地区、地理、行业间的差别和多样性特征，具有自由、灵活和适应性强等优点。商业银行的业务内容和服务对象的复杂性和广泛性，要求具备对服务对象的详尽而全面的了解和比较密切的人际关系，地方性单一小银行易于做到这一点。但是，随着时间的推移，随着社会经济、交通运输、电信和电子技术的发展及运用，单一银行制度已显示出明显的局限性，并面临种种困难和挑战。

尽管美国是实行地方性单一银行制度的国家，但 20 世纪以来这一制度已发生了相当大的变化，地方性单一银行制度正在逐渐瓦解。有限的地方性分支行制度、全国银行分支行制度和国际性分支行制度的应用都已相当广泛和流行。

（二）　全国性银行分支行制度

实行这一制度的国家的银行可以在全国范围内设立众多的分支机构，而无特定的地区或地理限制。使用这一类型银行制度的国家比实行地方性单一银行制度的国家要多很多，前者的商业银行数量要比后者少很多。

全国性银行分支行制度又可分为总行制、总管理处制和地区分行制三种。实行总行制的银行总行除指挥管理各分支行外，本身也对外营业。总管理处制是以其银行总行为总管理处，只负责监督管理各分支行，管理处所在地另设分支行对外营业。地区分行制是总行不直接监督管理各地分支行，而在全国若干地区设立地区管理机构，负责管理本区内的分支行。实行地区分支行制的典型是英国等西欧国家、东欧国家、俄罗斯和中国以及其他发展中国家。

这种全国性银行分支行制度模式有资金雄厚、实力强大、易于集中统一指挥和调度、业务种类多、服务范围广、抗风险能力强、稳定性高、竞争能力强、安全有效、运营费用节约和利于形成网络、利于自动化和电子化等优点。

这一模式的明显弱点在于：高度的集中垄断、对竞争的限制和对广大客户的选择自由的限制，对于各种特殊条件多、差别大、地域范围广的国家显得单一、机械，难以适应无限丰富的地方性特殊要求。

（三）　全国性银行分支行和地方性银行分支行混合制度

就银行体制外部机构设置模式和地理分布而言，许多国家的银行体制既不是单一的地方性单一银行制度，也不是单纯的全国性地方性分支行制度，而是上述两种制度的共存和交叉，形成一种独立形态的银行组织形式模式。

这一模式由于是地方性单一银行制度和全国性地方性分支行制度的相互交叉混合，既保留了二者各自的优点，又克服了原来各自的弱点和局限性，并在相互补充的基础上形成自己新的优势和特点。这种优势和特点是：既考虑到全国的共同性问题，又兼顾地方的特殊性问题；既有纵向的全国性资本流动渠道，又有横向的地方性流通渠道；既能集中全国的金融力量满足全国性经济发展的紧迫需求，又不排斥局部性、地方性中小银行重点满足地方性和行业性资金需求。总之，这种银行机构设置模式并不是前述两种模式的简单相加，而是形成全国性银行和地方性银行及其分支机构相互联系协调的有机整体。

世界上采用这种模式银行制度的国家相当多，如日本、加拿大、澳大利亚、德国、法国、印度、巴西以及秘鲁等国，其中最为典型的是日本。日本商业银行分为都市银行和地方银行。都市银行是具有全国规模的大型银行。这些银行的总行一般都设在东京、大阪和名古屋等大城市，业务活动范围以大城市为主，在各地设立众多的分支机构。地方银行则是规模比较小的民间性商业银行，总行一般设在中小城市，经营范围主要是银行所在地周围的一个县或两三个县，资金力量和活动范围都相对有限。日本地方银行的设置遵循"一县一行"的原则，基本上按行政区域划分，也照顾到边远地区和落后地区的特殊需要。

二、业务制度模式比较

从经营业务的角度划分，商业银行可以分为综合化银行制度、专业化银行制度和混合银行制度三种类型。

（一）综合化银行制度

综合化银行制度，也称全能性银行制度。在世界各国中，实行综合化银行制度的国家有德国、荷兰和卢森堡等国。本部分将着重研究德国的综合化银行制度。

德国的银行机构，不管哪一种类型的银行，除极少数例外情况，可以经营各种业务，它与各企业有着特殊密切的关系。企业从创办到经营、并购，银行都始终参与，像监护人和保姆一样，帮助企业咨询、设计、征股集资和发行债券，以及提供长短期资金。概括地说，德国大商业银行所经营的业务有：新企业和公司的创办业务；将独资企业改组为股份公司组织形式的变更改组业务；若干企业的联合、合并和吞并业务；证券发行和买卖业务；票据贴现业务；存贷款业务；其他各种非银行金融业务。德国除中央银行以外，其他银行都可以持有企业的股份，除票据贴现业务和存贷款业务为各国银行所常见外，其余各项业务都是德国综合化银行制度所特有或者特别强化的。

这种银行业务综合化的结果，必然会给企业带来一定程度的垄断和压倒性的影响力。早在 20 世纪前期，德国工商业资本与银行资本的结合就表现得特别充分而直接。德国银行与工商企业的关系比美英等国银行与企业的关系要密切得多，形成相互渗透、相互依赖和共求发展的格局。

德国银行资本与工商资本的相互渗透和结合的形式主要有：（1）银行持有工商企业的股份。这在美国是绝对被禁止的事情。（2）还有其他一些形式。如银行在工商企业的监督董事会中派驻代表；银行代股东行使投票权，吸收工商企业代表参加银行咨询董事会等。

但是，尽管德国综合化银行制度具有极大的优越性和生命力，然而也带来某些困难和问题。如今，德国经济和金融的垄断性很强，银行与工商企业的关系又异常密切。如此强大的金融垄断资本对政府权力（包括金融监督管理）形成了某种制约，致使货币政策的效果不能顺利、充分地发挥，形成货币政策贯彻过程中的"阻抗器"。

（二）专业化银行制度

专业化银行制度与综合化银行制度相反，是指按不同业务性质而设立各类金融机构的制度。业务专门化、分工极为细致、业务较少交叉是这一银行制度的基本特征。这种制度明确划分了不同金融机构各自的角色，为客户提供范围相对有限的专业化服务。

实行这一银行制度的国家比实行德国式综合化银行制度的国家要多，不管是发达资本主义国家、各类不同发展层次的发展中国家，还是实行公有制计划经济的国家，大部分国家实行此种银行制度，如发达资本主义国家中的美国、英国、加拿大、日本、澳大利亚，大部分发展中国家和社会主义国家。

日本是实行专业化制度最典型的国家。"专业化"可以用来概括第二次世界大战后日本金融体制的基本特征。日本的金融机构都按不同的业务领域设置。在日本现代金融体系中，有专门从事工商企业短期存放款业务的商业银行；有专门从事长期信贷业务的长期信用银行；有专门经营信托业务的信托银行；有专营外汇业务的外汇专业银行；有专营有价证券买卖的证券公司；有专门负责短期、大额资金融通的短期资金公司；有专门为中小企业提供各种金融服务的相互银行、信用金库和信用组织；有专营人寿保险的公司和专营火灾及其他各种意外灾害保险的财产保险公司；有专为农、林、渔业领域提供服务的、多层次的农林渔业金融公库和为全国各行业提供各种服务的 12 家由政府资本组成的银行和公库等。在一定的历史条件下，专业化银行制度具有明显的优越性，具体表现如下。

1. 专业化银行制度特别易于集中资金、重点运用，这集中表现在长期信用银行、都市银行、政府系统银行和输出入银行的设置与活动中。都市银行实力最强，拥有全国三分之一的存款。长期信用银行通过发行金融债券集资。政府系统银行靠财政资金和巨额邮政储蓄资金。信托业务独立于普通商业银行，人寿保险与财产保险分离，外汇专业银行长期保持特殊地位等也都是为了集中长期性资金，集中外汇资金，重点有效地使用。由此可见，专业化银行制度在资金严重不足而又急需发展的国家，对于财力的有效集中和用于重点工业部门和企业，促进工业的现代化，从而带动整个社会经济的发展是卓有成效的。

2. 专业化金融体制有利于一国经济结构的调整和改革，有利于经济的稳步发展。长期金融机构和短期金融机构分离，长期金融机构资金来源于金融债券发行或信托资金，期限长而稳定，适于进行长期贷款业务。而商业银行资金来源于短期资金，势必主要进行短期性、流动性资金的发放。把银行业务和有价证券业务分离，由证券公司专营有价证券业务，各类金融机构买卖有价证券受到严格的限制。总之，上述种种严格的业务划分和限制，有利于维持金融秩序的稳定和经济的稳步发展。金融机构按大小、行业、地区等进行划分，既有利于集中财力投入到急需重点发展的行业和企业，又可避免中小企业、落后地区和落后行业的破产和衰落，支持和保护了中小企业，促进落后地区或行业的发展，从而适应二重经济结构的需要。此外，为数众多和种类各异的中小金融机构的存在，缩小了工业与农业、大型企业与中小型企业、发达地区和边远落后地区的经济差异，促进了一国经济的一体化，有利于畸形经济结构的调整和改革。

3. 专业化银行制度有利于宏观经济的控制和调节，有利于政府的监督和管理。专业化银行体系使政府和中央银行可以根据不同情况区别对待，使政策工具富有弹性，易于对口管理，效能更佳，避免一刀切的情况。尽管在 20 世纪末，银行业务的综合化和银行体制的一体化已经成为一种发展趋势，然而不可否认的是，专业化银行制度仍在很多国家普遍存在，并继续发挥着重要的作用。不管银行业务的综合化和银行体制的一体化趋势如何发展，完全取消适度的业务分工，只存在一类银行机构从事一切银行业务也是难以想象的。

（三） 混合银行制度

在当代世界各国银行体制一体化、自由化、电子化和国际化发展趋势的影响下，一些国家调整了自己的银行体制结构。例如秘鲁，通过银行法调整了自己的银行体制，在基本保留了原来相对专业化的银行体制的前提下，允许存在从事综合性业务的综合性银行，作为单独的一个类别与一般商业银行并列。还有一些发展中国家，例如菲律宾，允许其国内的境外银行从事综合化银行业务。一些金融创新发展迅速的国家，如美国在保留了原来较严格的专业化分工，银行业务与证券发行业务、银行业务与担保业务分离的前提下，银行业务的多样化和综合化趋势已相当突出。由此观之，专业化综合化混合银行制度是专业化向综合化转变的一种过渡。

反思上述三种不同的业务制度模式，并不是关于"谁优谁劣"的简单判断问题，而是要把实行该种业务模式的国家放在其所处的特定的历史发展时期和特定的社会环境中去考察，只要很好地适应了并有效地服务于和有力地促进了该国的经济发展，便是优选的制度模式。而这种比较方法和判断标准才是客观的、科学的和正确的。

三、集中垄断程度及方式比较

银行业的集中垄断是一种不可避免的发展趋势，是生产高度社会化和高度国际化发展的必然结果，是金融深化与金融渗透扩散功能的表现和反映。20 世纪末国际银行业的并购浪潮进一步推动了各国银行业集中垄断的发展趋势。但是这种发展趋势在不同国家的不同社会历史、经济和金融环境下，表现出了不同的特征、不同的垄断程度、不同的垄断方式和不同的垄断形式。

（一） 集中垄断的程度比较

各国在银行业的集中垄断程度上存在着很大的差异。就集中垄断程度而言，可分为如下三种类型。

1. 高度的国家集中垄断。发展中国家和转轨型国家金融改革前，除了少数例外，几乎所有转轨型国家的银行都是由国家高度集中垄断的，一般是少数几家银行囊括了几乎一切金融业务，而其中一家主体银行——兼营中央银行和商业银行业务的银行——掌握了绝大部分银行业务。属于这一类型的国家还有"金砖国家"的印度和许多其他发展中国家，例如苏丹和坦桑尼亚，实行普遍的银行国有化，国家银行几乎垄断了全国90%以上的存贷款业务。

2. 高度的私人集中垄断。属于这一类型的国家都是高度发达的资本主义国家，例如英国、德国、法国、加拿大、日本、澳大利亚和新西兰。英国和加拿大的银行都是私人银行，集中垄断程度也相当高，少数几家大银行垄断了全国银行绝大部分的业务。

3. 不充分的私人集中垄断。属于这一类型的典型的国家是美国。由于种种原因，集中垄断进行得迂回曲折而不充分。此外，许多发展中国家金融体系发展还不充分，还需要经历一个由普遍发展到重点集中的过程。但不管是美国还是发展中国家，这种不充分发展的集中垄断都具有很强的过渡性特征。

（二） 集中垄断的方式比较

不同的民族、不同的社会历史、不同经济政治结构条件下的不同国家，其银行的集中垄断方式也不同。从具有代表性的垄断类型的角度而言，可以概括为自然演进型、人为干预促进型和自觉抑制型三种。

1. 自然演进型。英国是自然演进型的典型代表。英国是资本主义生产方式发展最早的国家，在 300 多年的漫长历史发展中，经历了自然的、渐进的、很少人为干预的发展演变过程。同英国经济和金融体制的自然构造方式相适应，英国银行的集中垄断也是伴随着商品经济和货币信用制度的自然发展和演进而渐进地、自然地实现的。20 世纪初随着生产的集中垄断，通过股份制大银行吞并和合并独资或合作式小银行、城市银行吞并乡村银行的方式，实现了银行的集中垄断。在这个过程中，政府很少施加人为的干预或影响，既不鼓励推进，也不阻止抑制，听其自然，任其自由发展。这种方式的特点是自然、渐进、摩擦震动小，同经济及社会需要的吻合程度大，效率高。

2. 人为干预促进型。人为干预促进型是政府为了适应本国经济和社会发展的客观需要，通过法令和政策自觉地加以干预和促进的银行集中垄断方式。使用这种垄断形式的典型国家是社会主义国家和一少部分发展中国家，这些国家银行体制的构造方式都是典型的人为构造方式，其银行体系是人为设计建造起来的，所以银行体系从一开始就是一种高度的人为集中垄断。

在资本主义国家中，日本是这一垄断类型的典型代表。日本银行的集中垄断基本是明治年间模仿英国的办法建立起来的，即大银行设在首都，使地方银行变成大银行的分支行，但集中垄断的进展相当缓慢。日本银行业的集中垄断在 1916 年以后才急剧加强。但政府早在 1896 年就颁布了《银行合并法》，显示了加强银行集中的决心。在此以后的长期历史发展中，政府的人为干预、推动色彩十分鲜明。

银行集中垄断的人为干预促进型这一发展模式的特点是：在基本顺应历史发展潮流基础上的人为干预推进；推进过程直接、迅速、充分而利落；发展方向、集中程度、集中形式可在较大程度上按政府的意愿和政策方向发展；人为的色彩过重，人的主观意愿和客观规律及效益的吻合程度，是一种不可忽视的软性制约因素。

3. 自觉抑制型。自觉抑制型是政府通过法令和政策人为地干预抑制银行业的集中垄断的一种发展模式。美国的银行垄断方式即是此种情况，对于一般工商企业的集中垄断尚有《反托拉斯法》的限制，而对于金融业的集中垄断就更为严格、敏感。所以，一系列金融法规，特别是关于银行的设立、合并、分支机构设置方面的法规和行政管理都极为严格。其目的很明确，即尽力减缓或抑制集中的速度和程度，避免形成银行的高度垄断，从而妨碍竞争和效率。正是这种人为的自觉抑制，美国银行的集中垄断进行得迂回、曲折、缓慢、不正常、不充分。这种模式是一种民主化的倾向，是效率化的倾向。它一方面关注着银行业的适度竞争和效率，另一方面又警惕着金融垄断和金融寡头的统治。

（三） 集中垄断的形式比较

概括而言，商业银行集中垄断的形式主要有以下五种。

1. 兼并与收购。简称为并购（Merger and Acquisition，M&A），是近年来国际上企业集中垄断最为流行的形式。并购要同时具备以下三个要素，缺一则不能称为并购：（1）两家或多家独立的企业合并为一家；（2）有偿吸收被合并企业的资产和负债，使之消亡或成为子公司；（3）股票收购或控股。总之，并购是指一家独立的企业通过股票市场（或产权交易）有偿地获得其他企业的经营控制权，以增强自身的经济实力，实现自身经济目标的产权发展行为。

2. 合并。这种形式常常是在有关各方力量比较接近的情况下，为扩大规模，加强垄断地位，以形成新的联合体而采取的一种形式。

3. 控股制。比如美国银行持股公司通过控制中小银行一定比例的股权来控制它们的人事、经营方针和往来关系。这种形式的特点是外在形式上的独立性和实质上的附属性和隐蔽性。

4. 大金融集团制。第二次世界大战后，一些国家的商业银行纷纷另设储蓄银行，形成大银行集团，它们又各自投资于许多非银行金融中介，形成实力雄厚的若干大金融集团。每个银行集团都拥有一家附属金融公司、一家地产公司、一家用本银行名字命名的公司，每个银行集团都在某家或某几家货币市场公司拥有股权，还有些银行集团拥有经营保险、信托业务、养老基金以及一般证券投资的公司。在这种体制下，其实力已经延伸到银行以外的其他金融领域。

5. 交叉董事制。1979年澳大利亚8家最大的独立金融机构的76个董事在其他金融机构中兼任40个董事席位，并在其他若干家非金融公司兼任130个董事席位。这种方式的影响比直接持股的形式要更加松弛、迂回和隐蔽。

四、兼并与收购比较

20世纪90年代以来，国际金融领域最令人瞩目的就是银行业的并购。与以往相比，并购规模巨大、强强联合是这次全球金融业并购的主要特征。在这次金融业的并购高潮中，美国金融业所发生的并购占据了重要地位。在此需要说明的是，由于商业银行在金融企业并购中的重要地位以及教材内容技术处理的需要，此处"商业银行"的兼并与收购，实际上是指金融业的并购。

（一）并购的共同特征

概括地讲，20世纪90年代以来的银行业并购是新一轮银行业的产业升级，使银行业能够更好地适应经济全球化、金融全球化发展的形势需要。与以往相比，此阶段银行并购的主要特征有以下几个方面。

1. 强强联合，规模巨大。20世纪70—80年代的银行业并购主要表现为"以大吃小"。到90年代下半期，大型商业银行并购波澜壮阔地开展了起来。1995年8月，当时美国排名第4位的化学银行宣布兼并排名第6位的大通曼哈顿银行，兼并额达100亿美元，兼并后总资产达2 990亿美元。2000年4月6日，花旗银行与旅行者集团联姻，定名为花旗集团，这次并购涉及高达820亿美元的合并金额、1 600亿美元的市值和近7 000亿美元的资产。

2. 跨国并购。1995年，英国已有231年历史的老牌银行巴林银行被国际荷兰银行出资11亿美元收购。华宝银行在与美国摩根士丹利的合并谈判破裂后，归属了瑞士银行公司。摩根·格林菲尔这家有152年历史的伦敦招商银行与德意志银行合并，克莱恩沃特·本森银行则被德国的德累斯顿银行以15亿美元买下。汇丰银行花费70亿美元吞并了伦敦的米德兰银行和纽约的米德兰海运银行。2000年7月，德国第3大银行捷能银行和排名第4的商业银行合并后，又准备吸收法国的巴黎银行、瑞士的信用银行、西班牙的桑坦德银行，5家银行合并后将成为世界上最大的银行，净资产达到1.9万亿美元。

3. 功能多样化。这次银行业并购的一个重要特征是从战略出发，考虑长远发展。为了实现多角度经营，使银行业务功能多样化，提供的服务多样化，并购涉及证券、信托、保险等相关行业。

4. 发展中国家也加入其中。发展中国家加入银行业的并购是这次并购中最引人注目、最令人深思的现象，这反映出发展中国家正在加快金融制度变革的步伐。例如1997年5月泰国规模最大的金融公司——第一金融与泰国兴业银行宣布合并，合并后的资产额高达87.6亿美元，实力大大增强。

（二）并购的动机比较

从并购的动机来划分，分为效益型并购、市场扩张型并购、资源共享型并购和结构调整型并购。

1. 效益型并购。效益型并购是指收购方通过并购能够实现规模经济，降低成本，增加盈利，提高竞争水平。如大通曼哈顿银行与化学银行的合并，预期节约开支为每年17亿美元。

2. 市场扩张型并购。市场扩张型并购是指通过跨地区、国界等地域的扩张，构造全球的经营网络和全球化的经营战略。例如1997年8月的美国国民银行与佛罗里达州的巴涅特银行合并后，国民银行在该地区的市场占有率提高了近两倍。

3. 资源共享型并购。资源共享型并购是指出于获得和开发新技术的动机而进行的并购。现代电脑技术的应用为金融商品的开发提供了先进的技术条件，具有同样技术优势的银行可以通过合并成为该领域的统治者，并获得高额利润。

4. 结构调整型并购。结构调整型并购是指通过并购改变以往的经营服务对象、产品结构等。发展中国家的银行并购属于此种类型。

（三）并购的范围比较

从并购的范围来划分，分为横向并购和纵向并购两种类型。

1. 横向并购。横向并购是指在同一行业或部门中，优势银行并购劣势银行或银行与非银行金融机构的并购，以扩大经营规模。横向并购中，由于是同一行业的合并，风险较小并且容易融合，如东京银行和三菱银行的强强联合。

2. 纵向并购。纵向并购是指银行或非银行金融机构与其产业相关的或不同产业的金融机构的并购。纵向并购的动机是稳定客户群体，扩大市场份额。

（四）并购的方式比较

从并购的方式来划分，主要分为直接并购和间接并购。

1. 直接并购。直接并购又称为公开并购，是指收购方在证券市场之外公开地、以特定价格大量地购买被收购方的股票，以股权转让的方式取得被收购企业控制权的方式。并购中的强强联合多采用这种形式。

2. 间接并购。间接并购是指收购方在证券市场上以高于市场价格的价格大量收购被收购企业的普通股票，达到其控制的目的。银行并购中强势银行收购弱势银行时多采用这种形式。

五、同工商企业关系比较

商业银行同工商企业的关系（以下简称银行与企业的关系或银企关系）在一国金融体制结构中是一个原则性的重要问题，是一个多层次、综合性的问题，其核心是银行同工商企业的联系方式和相互依赖的程度。银行同工商企业的关系模式也是一个国家基本产业发展战略和产业政策的重要构成部分。

（一）银行与企业关系的模式比较

银行同企业关系的模式是指银行持有企业股权的模式。在各国金融法规中，一般只规定允许或禁止银行同工商企业的持股关系和人事渗透关系。在这方面典型的国家是美国、德国和日本，美国法律中"严格禁止"，德国法律中"不加限制"，日本法律中"有限制地允许"。

1. "严格禁止"的美国模式。1999年11月美国《金融服务现代化法》颁布之前，美国法律严格禁止银行直接持有工商企业的股票和债券；严格地将银行业务同证券发行、交易业务分离开来；禁止银行同工商企业的直接人事渗透；严禁银行对工商企业开展信用担保业务；持有其他金融企业的股票必须经过严格的审查批准。

2. "不加限制"的德国模式。德国的金融体制是一种综合化或万能的模式。在这种总的格局下，商业银行基本上可以从事几乎所有的金融业务，包括证券发行与交易，持有工商企业股权和参与人事渗透等。德国对银行持有一个非银行企业的股权并无明确的法律条文加以限定。德国银行同经济发展的密切关系有很深的历史渊源，这要追溯到19世纪工业化的早期。由于德国资本原始积累不充分，时间短促，企业缺乏充实的个人投资资本，不得不主要依靠商业银行的资金。商业银行不仅为企业创业提供资本，也帮助企业通过发行股票和债券来筹集资金以归还旧债或扩大规模。第二次世界大战期间商业银行曾被迫购买企业的大量股票以抵偿银行的贷款，使银行同企业的关系更为密切。这种情况一直持续到今天。其他国家如卢森堡、英国、法国等国家中银行与企业的关系也属于这种模式。

3. "有限制地允许"的日本模式。有不少国家既不像美国那样严格禁止，也不像联邦德国那样原则上不加限制，而是有限制地允许银行持有企业的股权。这是介于上述两种类型之间的一种类型，以日本为典型代表。日本银行同企业关系的密切程度同联邦德国的情况相似。日本《禁止私人垄断法》规定：一家银行对一个企业的持股率不得超过10%，以防止银行对企业的支配。但是，由于第二次世界大战后日本企业的股权比较分散，所以这一规定实际上并不妨碍银行对企业的控制。大银行还可以改头换面，由本企业集团的其他金融机构出面持股，使其对某一企业的持股率远远超过10%，以达到牢牢支配企业的目的。银行等金融机构对企业的持股率越来越高，成为工商企业的主要股东。

（二）银行与企业关系的形式比较

1. 信贷联系。信贷联系是银行与工商企业关系的最基本的形式，是银行与企业关系的天然基础，否则银行就失去了服务的对象和存在的必要。例如，德国在企业创建时银行负责提供企业所有的资金需求，认购风险资本，帮助企业发行股票，提供流动资金及长短期各种形式的贷款，银行贷款在企业资本中占有很大的份额，银企之间保持一种长期的信用关系。

2. 持股关系。信贷联系尽管是银行与企业关系的基础，但毕竟是一种商品交易关系，远不是稳定的资本结合关系。通过持有企业股票，银行达到了牢牢掌握和支配企业的目的。德国的银行可以对工商企业进行投资参股和控股。法律对银行持股比例没有规定，但其控股投资一般不能超过银行自有资本的50%。如德意志银行早在1975年就持有世界著名的奔驰汽车公司57.9%的股份，而该银行与德累斯顿银行在通用电气、无线电器材股份公司占有的股份已超过25%。

3. 企业对银行的反向持股关系。在银行与企业的关系中，不仅银行持有企业的股票是最主要、最普遍的形式，而且企业也反过来持有银行的股票。由此形成了银行资本与工业资本更紧密的结合形式，金融资本的统治更为突出。日本既是银行持有企业股票的典型，也是企业持有银行股权的范例，这种"双向式"持股关系是日本银行与企业关系的一大特色。

4. 债权股权化。银行对企业的信贷关系包含着不稳定性和风险。当经济发生危机，社会经济和市场形势恶化以后，或者由于种种原因企业经营管理不善，资金运营不灵，面临倒闭风险时，银行为了从总体上减少损失，对企业采取紧急抢救行动，常常被迫将贷款的债权转化为对企业的股权。从某种意义上说，这种"债权的股权化"并不完全是一种不得已的绝对消极现象，也是银行与企业关系的一种可供选择的新形式。这种形式在相当多国家的国内和国际信贷业务中均有使用，无论是发达国家与发达国家之间，还是发展中国家与发展中国家之间，都存在这种结合形式。

5. 人事结合。由银行与企业的信贷关系和持股关系建立起来的这种控制影响关系都是实质性的利益关系。这种利益关系逻辑上要求通过人事结合而得到加强，并使之人格化。例如在日本，除了资本的融合而必然导致人事上的结合以外，银行为确保贷款债权，还单方面派人到那些大量贷款的企业坐镇监督，协助企业改善经营管理。

6. 银行代股东行使投票权。这种形式在德国比较流行。在德国综合化银行制度下，银行通过"证券安全托管账户"业务，由各分散的股东立约委托保管银行代行其权力。银行进而形成一种以少控多，以至无本无股也可以控制企业的巧妙办法。同时，银行股票代理控制权还阻止了外部力量对公司的敌意接管，因为一个拥有25%股权的股东就可以对公司的任何决定拥有否决权，而银行的代理权远远超过这一份额，从而形成了银行对公司的有效控制。据统计，1992年，德国24家最大的上市公司中有58%的股份被银行控股的投资公司持有，并且在股东大会上由银行代其进行投票。德国银行主要通过监事会对公司施加影响，而银行直接持股和拥有代理投票权的份额，决定了它们在监事会中席位的多少，由于监事会有任免公司管理人员的权力，因此，它控制着公司的经理阶层。

7. 银行与企业间的双向人事渗透。银行在企业的监事会中派驻代表，甚至还担任监事会的主席。同时银行也广泛吸收工商企业界的代表参加自己的咨询董事会，这一机构的大多数委员都是工商企业家，包括中小企业家。这种银行与企业间的双向人事渗透，并非前面所说建立在股权控制和信贷坐镇监督基础上的人事结合关系，而是为沟通双方意愿、增进相互了解、密切协调配合而建立的一种比较松弛的、非强制的结合关系。

8. 间接的股权控制和人事参与。间接关系产生的根源是法律对银行持有工商企业股权和彼此人事渗透关系的禁止。既然正常渠道不能实现，变通的种种办法必然产生。在美国，变通之法就是商业银行的信托部。简单地说，就是银行通过自己的信托部去从事许多国家银行可以直接从事的业务。

（三）银行与企业关系的综合比较

银行同工商企业关系问题的核心是双方的联系方式和相互依赖的程度。这一问题实际是金融与经济的联系方式和彼此的依赖程度、适应程度问题，是经济金融与政治的结合程度问题。

在资本主义生产方式下，这一问题就是银行资本与产业资本的联系方式和依赖程度问题，是经济的集中垄断程度和金融资本的统治问题。在此以美国、英国与德国、日本为例进行比较，它们之间显示出很大的差异。美国和英国的商业银行与工商企业的关系远没有德国和日本银行与工商企业的关系那样密切。就某种意义而言，德国和日本的经济稳定程度、政府通过银行体系控制干预经济的程度要比美国和英国高很多。从积极的方面而言，德国和日本模式的经济稳定性大，经济发展速度相对较快，经济与金融二者的适应程度高。从消极方面而言，德国和日本模式包含着经济上高度垄断和政治上极端法西斯统治以及对外侵略扩张的危险倾向。这种危险倾向在封建军国主义条件下更有可能变为现实，德日两次发动世界大战就是事实，这个代价很大。

此外，在德国和日本方式下，银行与工商企业的特殊联系方式和密切关系，对两国中央银行货币政策的实施形成了强大"阻抗"，大大降低了货币政策的效能。这一缺陷在日本政府通过对金融机构的严格管理、人事渗透和"窗口指导"而得以弥补。相比之下，美国和英国，特别是在美国银企关系模式下，银行和企业相对松弛的关系使经济和金融的稳定性受到较大的影响，二者的适应几乎完全取决于整个市场机制的运行。彼此的摩擦和矛盾以及企业风险均较德国和日本的风险大。与此相适应，美国银行业的风险管理技术和金融监管手段也最发达。

六、银行同业协会体制比较

各国银行同业协会或银行同业工会这类非官方的行业性组织作为银行间的行业组织，在促进各国商业银行的稳健经营、信息交流、政策的协调统一、充当金融监督管理当局与银行之间的桥梁和中介等方面，无疑发挥了极为重要的作用。

（一）总体概述

早在1875年，经美国圣路易斯两家银行的财务主任提议，来自32个州的350名银行家在纽约州萨拉托格温泉市聚会，正式建立了美国银行家协会。其宗旨是：通过建立银行家之间的联系和研讨金融界与商业界的重大事项，促进银行的发展，提高银行的效能及加强银行间的合作。该协会建立初期的任务主要是反映银行界对有关立法方面的意见，如建议取消对银行业征收的国内战争税，恢复金币流通和实行复本位制。后来，随着美国银行业的进一步发展，该协会除进行金融理论与实务的研究外，还从事金融业的教育、培训和信息传播工作。该协会在发展新业务、采用新技术、解决经营管理方面的问题以及协调银行与公众、政府和其他经济部门的关系方面，也都发挥了积极的作用。

德国的银行协会建立于 19 世纪末，第二次世界大战以后被迫解散。到 1948 年又组成了跨地区的德意志银行联邦协会，这是一个各类私营商业银行都可以自愿参加的私营商业银行协会。此外还有 3 家相同性质的协会，即德意志储蓄和汇划协会、德意志大众银行和农业合作银行协会以及公营银行协会。这些协会的任务是：代表所属各会员银行的利益，在货币、信贷、资本市场事务等方面给金融管理当局提出建议并予以支持，与国外的银行协会进行同业联系等。

日本全国银行协会联合会是日本各地银行协会的全国性组织，简称"全银协"，会员是各地区的银行协会。"全银协"的职能是：加强与各地区银行协会的联系，努力促进银行作用的发挥和经济事业的发展。具体活动是：进行金融、经济情况的调查研究，向政府提供建议和咨询，与其他相关团体加强联系；为改进和改善银行业务研究和实施具体对策。该协会自建立以来，在金融制度、利息、税制、资金调整、中小企业金融对策和银行业务、事务合理化等方面做了许多工作。

中国银行业协会（China Banking Association，CBA）成立于 2000 年 5 月，是中国银行业自律组织。中国银行业协会以促进会员单位实现共同利益为宗旨，履行自律、维权、协调、服务职能，维护银行业合法权益，维持银行业市场秩序，提高银行业从业人员素质，提高为会员服务的水平，促进银行业的健康发展。

（二）　性质与职能比较

各国的银行协会或公会除了具有如上所述的那些基本相同或相近的职能以外，还有一些因国而异的特殊职能。

1. 正式参与对银行业的监督管理。虽然日本和美国银行界都有自己的银行协会或公会，但它们在国家对金融机构的监督管理体制中没有起到正式的作用。造成这种情况的原因是，这两个国家对银行界的监督管理和业务限制在世界各国中相对比较严格和正式，比较排斥协会和公会参与正式的监督管理。在美国各联邦储备银行理事会中已包括了银行界的代表，联邦咨询委员会也起到部分中介性作用。日本金融委员会中也包括了银行界的代表。

同这种情况形成鲜明对比的是另外一类情况，荷兰、卢森堡和比利时等国的银行公会则以这样或那样的形式正式参与了对银行的监督管理。例如，荷兰的金融法规以自由精神和保护竞争为特征，所有商业银行都是荷兰银行公会会员，中央银行向银行发布指示前常常要向银行公会征求意见。此外，银行公会制定银行与客户的关系"总则"，作为共同的活动规范，除非银行或客户公会表示反对。实践证明，中央银行和银行公会合作得很好，从未发生过由于不能协调一致而中央银行依法单方面作出决定的事。由此可见，这些国家的银行监督当局和银行公会之间存在着一种更为融洽的协商和合作关系。

中国银行业协会组织会员签订自律公约及其实施细则，建立自律公约执行情况检查和披露制度，受理会员单位和社会公众的投诉，采取自律惩戒措施，督促会员依法合规经营；组织制定行业标准、业务规范并监督执行，对于违反银行业协会章程、自律公约、管理制度等致使行业利益受损的会员，按有关规定实施自律性处罚，并及时告知中国银监会；对涉嫌银行业金融机构和从业人员违法违规的投诉件和发现的业内涉嫌违法违规的行为，要及时报告中国银监会，并做好中国银监会批转投诉件的调查处理工作等。组织会员制定维权公约，通过开展区域信用环境评级，发布诚实守信客户或违约客户名单，实施行业联合制裁等措施，制止各种侵权行为，维护银行业合法权益；参与中国银监会等部门组织的有关银行业改革发展以及与行业权益相关的决策论证，提出银行业有关政策、立法和行业规划等方面的建议；向中国银监会等部门反映妨碍银行业改革和发展的问题，建立与有关部门的沟通机制，争取有利于银行业发展的外部环境等。

2. 组建存款保险机构。德国银行协会为了保护会员银行存款户的利益，于1966年成立了一个共同基金组织，1969年又特意组建了一个管理委员会，1976年5月又建立了更正式的银行存款保险制度。这种业务在许多国家，例如美国和日本，一般是由国家出面专门建立存款保险机构负责执行，而在德国则由银行同业公会集体自助自保。

（三）组织结构比较

各国银行协会一般都设有二至三个层级的组织机构，如董事会、理事会，理事会下设各种委员会，而委员会下设众多的办事机构和各种专业委员会或小组委员会。从这些众多的机构中我们可以窥见各国银行协会的多重作用和对各种问题的关注重点。

美国银行协会的最高权力机构为管理委员会。该委员会每半年举行一次会议。该协会的业务部门设有4个部和2个处：国民银行部负责联系持有联邦政府执照的国民银行；州银行部负责联系持有州执照的州银行；储蓄部负责联系储蓄银行；信托部负责联系信托机构；州银行家协会负责州银行家协会的有关事务；教育处即美国银行学院，负责银行业雇员和年轻管理人员的培训。该协会还有一支庞大的委员会系统，其范围涉及银行业务的每一个方面。各委员会不仅要在各自的领域之内对协会的政策提出建议，还要负责编写教材和提供咨询与教育服务等。

日本"全银协"的机构比较复杂，由于委员会工作量大，涉及面广，因此委员会下设庞大的办事机构。"全银协"机构具体包括总会和理事会。总会是"全银协"的最高组织形式，通常一年召开一次会议。理事会是"全银协"的最高组织机构，由全体理事组成。全国银行大会每年举行一次，政府、财界、金融界首脑均会参加，并就政府、金融当局的财政、金融政策方针和对银行的要求发表讲话。日本地方银行协会成立于1936年，该协会开展了多方面的活动，发挥了重要的作用。该会的宗旨是加强地方银行的团结，并集中力量促进共同事业的发展。日本地方银行协会每月举行一次各地方银行行长会议，讨论在金融体制、金融政策、经济形势和其他方面面临的重大问题。

德意志联邦协会的组织机构包括最高委员会、董事会、主席团以及经理部，并设有20个工作委员会专门处理各种问题。

中国银行业协会的最高权力机构为会员大会，由参加协会的全体会员单位组成。根据工作需要，中国银行业协会设立16个专业委员会，包括法律工作委员会、自律工作委员会、银行业从业人员资格认证委员会、农村合作金融工作委员会、银团贷款与交易专业委员会、外资银行工作委员会、托管业务专业委员会、保理专业委员会、金融租赁专业委员会、银行卡专业委员会、行业发展研究委员会、消费者保护教育委员会、养老金业务专业委员会、贸易金融业务专业委员会、理财业务专业委员会和货币经纪专业委员会。城商行工作委员会和私人银行业务专业委员会在筹备中。

（四）专业教育和职业培训

各国银行协会一般都高度重视银行业的专业教育和职业培训。例如，美国银行协会下属六所院校，即美国银行学院、斯通尼尔银行研究院、国民信托学院、国民抵押学院、国民分期付款信贷学院和国民自动化学院。

日本"全银协"也负责研究制订并实施各级雇员和理事的培训计划。日本地方银行协会为地方银行各级雇员的培训和教育提供规划与教材。

中国银行业协会负责组织银行从业人员资格考试；组织银行从业人员的相关培训，提高从业人员素质；组织开展会员间的业务、技术、信息等方面的交流与合作，为会员提供信息服务；组织开展银行业国际交流与合作；协调、组织会员共同开展新业务、新政策的宣传和咨询活动；组织开展业务竞技活动，增进会员间的了解和友谊，培育健康向上的行业文化等。

各国银行协会一般都办有一种以上的刊物。例如美国银行协会的重要刊物是《金融月刊》，介绍银行和金融界的最新发展情况。此外，还有美国银行学院的学报以及其他部门的《信托简报》《保险与保护简报》等。中国银行业协会也办有金融电子刊物。

第二节　商业银行业务经营比较

在各国，商业银行作为以追求最大化利润为目标的金融企业，在经营原则上均遵循安全性、流动性和盈利性的原则，尽管各国在文字上的表达方式有所不同。安全性是指商业银行应努力避免各种不确定因素对它的影响，保证商业银行的稳健经营和发展。安全性要求银行坚持稳健经营的理念，保持较高的资本充足比率，合理安排资产负债结构，提高资产质量，保持足够的清偿能力，运用各种法律允许的政策和措施来分散和控制风险，提高银行抗风险的能力，能够随时应付客户提取，使客户对银行保持坚定的信任。流动性是指商业银行能够随时满足客户提现和必要的贷款需求的支付能力，包括资产的流动性和负债的流动性两个方面。盈利性是指商业银行在稳健经营的前提下，尽可能提高银行的盈利能力，力求获取最大利润，以实现银行的价值最大化目标。商业银行的盈利来自各项收入与各项支出之差。由于世界各国的经济发展状况不同，各家商业银行遵循的经营理念不同，各国金融监管的宽严程度不同，尽管各国商业银行业务经营与管理存在一般的相似之处，但也存在差异。

一、商业银行经营管理理论的演变

商业银行自产生以来，其经营管理理论经历了资产管理理论、负债管理理论、资产负债管理理论三个理论演进过程。

（一）资产管理理论

资产管理理论（Asset Management Theory）认为，商业银行不能主动控制自己的负债规模和结构，要提高收益，主要应着眼于现有的资金，即如何合理地将其配置于各类型的资产中，最终实现安全性、流动性和盈利性的目标。资产管理理论是西方商业银行经营管理理论中产生最早的理论，它的发展又经历了三个阶段。

1. 商业贷款理论。资产管理思想可以追溯到 18 世纪英国商业银行所遵循的确定银行资金分配方向的理论，即商业贷款理论。该理论认为，商业银行在分配资金时，应着重考虑保持银行自身的高度流动性，这是因为银行的主要资金来源是周转性很高的活期存款。由于存款决定是外在的因素，因此，银行资金的运用只能是短期的工商企业周转性贷款，以便与较高比重的活期存款相匹配。这种贷款期限较短，且以真实的商业票据作为贷款的抵押，这些票据到期后会形成资金自动偿还，所以该理论又被称为自偿性贷款理论和真实票据理论。该理论的缺陷是：（1）忽视了活期存款中的一部分也有一定的稳定性；（2）在经济衰退期，有真实票据作抵押的贷款，也会出现违约现象；（3）受该理论的影响，银行的资金运用局限在很狭窄的范围内。

2. 资产可转换理论。第一次世界大战以后，由于西方强国迅速恢复经济，后又遭遇经济危机的爆发和加深，这些国家开始大量发行公债，政府借款需求急剧增加，商业银行业逐步把资金部分转移到购买政府证券中去。该理论是由美国的莫尔顿于 1918 年在《政治经济学杂志》上发表的"商业银行及资本形式"一文中提出的。该理论认为，流动性要求仍然是商业银行需特别强调的，但银行在资金运用中可持有具有可转换性的资产，这类资产应具有信誉高、期限短、容易转让的特性，使银行在需要流动性时可随即转让它们，获取所需资金。资产可转换理论扩大了银行的资金运用范围，丰富了银行资产结构，突破了商业贷款理论对银行资产运用的局限，使银行在注重流动性的同时，扩大了资产组合的范围。

3. 预期收入理论。预期收入理论是美国学者普鲁克诺于 1949 年在《定期放款与银行流动性理论》一书中提出的。该理论认为，商业银行的流动性状态从根本上讲取决于贷款的按期还本付息，这与贷款人未来预期收入和银行对贷款的合理安排密切相关。借款人的预期收入有保障，期限较长的贷款也可以安全收回。因此预期收入理论强调的是贷款偿还与借款人未来预期收入之间的关系，而不是贷款的期限与贷款流动性之间的关系。但是，预期收入理论也有缺陷。首先，它把资产经营完全建立在银行预测的基础上，缺乏足够的可靠性；其次，在资产期限很长的情况下，不确定性增加，债务人收入状况可能会恶化，未来的偿付能力可能比预期的要小。因此，预期收入理论必须慎重使用。

（二）负债管理理论

20 世纪 60 年代以前，资产管理理论支配着商业银行的经营管理。到了 20 世纪 60 年代，通货膨胀开始成为困扰各国经济发展的难题，普遍受到政府利率管制的商业银行，都深感吸收资金能力的衰弱。寻求资金、扩大负债，已成为当时银行界的第一渴求，这一时期商业银行资产负债管理的重心由资产管理转向以负债管理为主。

负债管理理论（Liability Management Theory）认为，银行负债不是既定的，而是可以由银行加以扩张的，资金来源是银行可以控制的。该理论强调银行可以使用借入资金来满足存款的提取和增加放款需要，保持资金的清偿能力和流动性。而商业银行以借入资金的方式来保持银行的流动性，不仅可以扩大资产规模，提高银行处理资金需求问题的灵活性，而且由于无须经常保有大量的高流动性资产，资金可以投入到更有利可图的资产上以获得最大利润，这对银行的盈利无疑是有好处的。而且，商业银行根据资产的需要调整和组织负债，让负债适应和支持资产，也为银行扩大业务范围和规模提供了条件。负债管理的出现，标志着商业银行在资产负债管理上更富进取性，摆脱了被动负债的制约，同时也促进了同业拆借、CDs、欧洲美元、商业票据等负债市场的工具和业务的迅速发展。

（三）　资产负债管理理论

20世纪70年代末，由于许多西方发达国家相继放松或逐步取消了利率管制，银行界甚至整个金融界出现了金融自由化浪潮，种类繁多的浮动利率资产和浮动利率负债品种纷纷涌现。商业银行在金融市场上争取到主动融资权利的同时，也面临新的风险，即利率风险。在市场利率波动的环境下，资产和负债的配置状态极有可能对银行的利润及经营状况产生很大影响。片面强调资产管理或负债管理而忽视另一方面，都不利于银行经营目标的实现。资产负债管理理论（Asset Liability Management Theory）没有如资产管理理论和负债管理理论一般，将资产负债管理的重点只放在资产方或负债方，也不是对资产管理理论、负债管理理论的否定，而是吸取了前两种管理理论的合理内核，并对其进行了深化和发展。

资产负债管理理论的基本思想，是在资金的配置、运用以及在资产负债管理的整个过程中，根据金融市场的利率、汇率及银根松紧等变动情况，对资产和负债两个方面进行协调和配置，通过调整资产和负债双方在某种特征上的差异，达到合理搭配的目的。对于流动性而言，应从资产和负债两个方面进行流动性需要的预测，也通过这两个方面去寻找满足流动性需要的途径；既重视对流动性资产同易变性负债之间缺口的分析以及对贷款增长额同存款增长额之间差距的分析，同时，密切监控银行日常流动性头寸的情况，保持随时调节头寸、安排头寸的能力。为了实现收益最大化、风险最小化的目标，资产负债综合管理的手段有：运用利率敏感性缺口管理法和持续期缺口管理法，根据预测利率的变化，积极调整银行的资产负债结构；运用金融市场上的转移利率风险工具，如金融期货、期权、互换等金融衍生工具，来控制不可预测的利率、汇率的波动对银行产生的影响。

二、商业银行资产负债结构的比较

随着商业银行资产与负债管理理论的演进与发展，以及自20世纪60年代以来，西方各国通货膨胀的加剧、国际资本流动的加快、欧洲货币市场的形成，商业银行的负债结构也发生着变化。进入70年代以后，受"证券化"热潮的影响，银行作为传统的资金供给者的地位日益弱化，出于竞争的需要，商业银行的资产负债业务与结构出现了创新性变化。

（一）　商业银行负债结构比较

美国的负债结构中的存款业务，分为支票存款和非交易性存款（包括定期存款和储蓄存款）、借款和银行资本。支票存款是一种允许其持有者向第三者签发支票的银行账户，也称交易性存款，包括不计息活期存款，以及计息的可转让支付命令（NOW）账户、货币市场存款账户（MMDAs）。非交易性存款为不能签发支票的存款，包括随时存入和支取的储蓄账户和可转让的小面额定期存单（低于10万美元）以及大面额定期存单（等于或大于10万美元）。借款是指银行可以向美联储、联邦住宅贷款银行、其他银行和企业借款来获取资金。银行资本即资产减去负债的净值。

20世纪60年代以前，美国商业银行将负债看做是给定的，因此是很稳定的因素。因为当时超过60%的银行资金来源于不计息的支票（活期）存款，银行之间不必以支付利息的方式对存款进行争夺，对单个银行而言，存款的规模实际上就是既定的。而当时由于银行之间的隔夜拆借市场还不够发达，银行很少通过向其他银行借款来满足对准备金的要求。然而，从 20 世纪 60 年代开始，处在纽约、芝加哥和旧金山等主要金融中心的大银行（称为货币中心银行）试图开发以资产负债表上的负债项目来提供准备金和流动性的途径，这促进了联邦基金市场等隔夜拆借市场的扩张与可转让定期存单（诞生于 1961 年）等新型金融工具的问世，使得货币中心银行能够主动迅速地获取资金。但小银行考虑到自身的规模和信用风险等因素，负债管理并不积极。

负债管理方面新出现的灵活性工具，使银行不再依赖支票（活期）存款作为资金的主要来源，以及不再将其视为给定的，而是当资产项目需要资金时，通过主动发行负债等形式去筹集。对负债的主动管理，使美国商业银行的负债结构在近 30 年中发生了重要变动。在 1960—2009 年，可转让定期存单和银行借款作为银行资金来源的重要性大大提高，它们占银行负债的比例从 1960 年的 2% 上升到 2009 年初的 47%，支票（活期）存款的重要性则有所下降，占银行负债的比例从 1960 年的 61% 下降到 2008 年底的 6%。积极的负债管理和对高利润的追求，促使银行增加收益较高的贷款在资产中的比例，这一比例占银行资产的比例从 1960 年的 46% 上升到 2008 年底的 61%。

长期以来，英国并没有专门的法律对银行做出定义，文献中很少使用"商业银行"这一概念，清算银行实际上就是英国的商业银行。清算银行是指直接进入票据交换所进行票据交换的银行。在英国，并非所有的银行都可以直接进入票据交换所进行票据交换，小银行和金融机构只能通过大银行来完成交换，这些大银行被称为清算银行。英国的商业银行由于外币业务量较大，负债业务中将存款分为英镑存款和非英镑存款两类。两类存款下分别有即期存款、定期存款和储蓄存款。传统上即期存款不支付利息，20 世纪 70 年代以后开始对一部分即期存款付息。随着时代变迁，英国商业银行的负债结构发生着变化。一是在存款类型上，定期存款的增长速度高于即期存款的增长速度，即期存款中有息存款的增长速度高于无息存款的增长速度。原因是第二次世界大战后初期英国实行低利率政策，存款利率低，人们选择即期存款的意愿较低。70 年代的通货膨胀促使利率上升，人们又开始选择高利率的定期存款。二是在存款来源上，清算银行传统的存款多来自个人部门的小额零售性存款，但自 20 世纪 60 年代以来，金融业竞争的加剧使其转向批发业务，即通过吸收 1 万英镑以上的大笔存款、吸收银行间存款以及发行大额存单的形式来获取资金。三是在存款的通货构成上，由于 20 世纪 60 年代以来欧洲货币市场的发展和金融管制的放松，英国商业银行中非英镑存款迅速增加。

日本的商业银行称为普通银行。普通银行的负债业务中传统的存款业务有活期性存款和定期性存款两类，各类中又有诸多小类别的存款形式。其中定期性存款中的定期存款在储蓄存款中占绝大部分比例。近年来，在金融创新的影响下，日本的普通银行适应客户的要求创立了许多新型的存款类型。例如，将普通存款和定期存款相结合，以定期存款为担保，形成具有自动融资功能的综合户头等。在日本，除活期性存款中的活期存款和一部分特殊存款外，都支付利息。1988 年之前，利率制定需要遵循指导性存款利率细目。1988 年以后取消了此规定，利率实现了自由化，存款种类也由 1988 年前的申请制度改为自由设计。

德国的商业银行的业务模式是综合化的全能银行制。从经营范围到经营模式，再到业务开展都存有多元化的空间和创新的动力，负债业务亦是如此。

（二）商业银行资产结构比较

在美国，商业银行的资产包括准备金、托收中的款项、银行同业存款、证券和贷款五类。其中准备金、托收中的款项和银行同业存款为现金资产。在1960年，它们在银行资产中的比例为20%，进入21世纪后，它们的重要性在不断下降，到2008年底，它们在银行资产中的比例仅为8%。银行所持有的证券是重要的盈利资产，为银行的投资业务。早在2008年底，证券在银行资产中的占比已达到22%，它所提供的收入占商业银行总收入的比例大约为10%。美国有关当局规定，商业银行投资业务的范围只限于美国政府和政府机构证券、州和地方政府证券及其他证券。这三类证券中，美国政府证券和政府机构证券的交易十分便利，可以以相当低的交易成本转换为现金，因此流动性最强。短期政府证券由于其高度的流动性，因此被称为二级准备金。银行之所以愿意投资于州和地方政府证券，主要原因在于州和地方政府更愿意与持有其证券的银行开展业务，而且这类证券免缴联邦所得税。其他证券是指少量的高质量的公司债、抵押证券及外国证券。州和地方政府证券以及其他证券的流通性较差（流动性低），并且存在违约风险。美国商业银行利润的主要来源是贷款的发放。根据2008年底数据，银行资产中61%是贷款，其中工商企业贷款占13%，不动产贷款占31%，消费者贷款占7%，银行同业贷款占3%，其他贷款占7%。近年来，贷款提供了一半以上的银行收入。

英国清算银行流动性较高的资产为钞票和硬币、在英格兰银行的存款余额、票据、市场贷款四类。其中市场贷款包括对贴现行、票据经纪人及承兑行的短期贷款，这些贷款可以随借随还，又称为"即期贷款"和"短期通知贷款"。英国清算银行的证券投资业务是指银行持有1年期以上的英国政府债券或无期限债券、地方机关发行的债券及其他金融机构发行的金融债券。在英国，遵循传统的"商业贷款理论"，清算银行的贷款业务与美国商业银行的贷款业务形式上有较大的区别，即使对工商企业的贷款也主要是通过票据贴现、借款账户或透支账户等短期信用形式进行。英国商业银行一般只为工商企业提供流动资金，商业银行的资产业务主要集中在短期工商企业贷款。但近年来在竞争的压力下，也增加了对工商企业的中长期贷款及对个人的贷款。

英国商业银行资产结构的特点表现在三个方面。第一，现金资产和流动性资产大幅度下降。随着英格兰银行存款准备金制度和流动性管理制度的变革，在20世纪80年代，银行只需在英格兰银行保有合格负债0.5%的无息存款，业务性存款的比率自定。1977年对清算银行的统一的流动性比率要求也予以取消。第二，在贷款和投资方面，第二次世界大战后，英国政府限制对私人部门的贷款，要求银行多持有公营部门的债务，所以，清算银行多投资于政府证券和国库券，同时，即期贷款和短期通知贷款也大多转移给政府。60年代，在通货膨胀的压力下，固定利率债券的收益下降，银行开始转向贷款领域，而对私人部门的贷款收益大于对政府部门的贷款，大量的资金转向私人部门。这使得贷款比重上升而投资比例下降，贷款中对私人部门的放款扩大。进入20世纪90年代，贷款的比重已有所下降，投资略有所上升，非利息收入在银行总收入中的比重大幅度增长。第三，在贷款结构上，对制造业的贷款比重下降，而对个人的消费信贷和抵押贷款的比重加大；而且，贷款方式也更多地采用中长期定期贷款的形式，利率多为浮动利率。

日本普通银行的贷款业务有票据贴现、直接贷款。其中票据贴现占银行资产的绝大部分。直接贷款包括票据贷款、活期透支和证书贷款三种。票据贷款即借款方以自己为出票人，以银行为受票人而签发的一种融通票据，银行以贴现该票据的形式向出票人提供贷款。这种方式主要用于一般企业的临时周转资金。活期透支是指银行对有活期存款账户的客户规定，在约定的数额和期限内可签发超过存款余额的支票。该项业务对日常收付额较大的客户有吸引力，但后续管理比较困难。证书贷款是指以借款合同的形式发放的贷款。在贷款的类别上，对企业的贷款是主体，主要投向制造业；对个人的贷款特别是住宅和耐用消费品的贷款迅速增加。20世纪80年代以后，日本债券市场发展较快，大量发行国债，普通银行有价证券投资的比重有所提高。

德国在综合化的全能银行模式下，贷款业务、证券业务呈现向多元化发展的趋势。

第三节　现代商业银行的发展趋势

自20世纪中叶以来，随着世界各国科学技术，特别是以电子技术为中心的科学技术的发展与广泛应用，随着生产和市场的社会化乃至国际化程度的提高，各国的银行体制，特别是商业银行的业务与体制发生了深刻而巨大的变化。许多国家出现了金融创新或金融变革的浪潮，各国商业银行体制朝着业务多样化、综合化与业务相互交叉渗透的一体化、电子化和国际化的方向发展。尽管这一变革的速度、深度和广度在各国的差别很大，然而还是表现出明显的相同的发展趋势。

一、业务与体制自由化

商业银行业务与体制的自由化是指各国金融监管当局采取一系列较为宽松的法律或政策措施，促进金融市场、业务经营、机构设置的自由化和提高监督管理的灵活性。显然，这是一个范围广泛而深刻的世界性历史进程，其中以西方国家的金融自由化进程最为明显。各国商业银行业务与体制自由化的内容主要包括以下两个方面。

（一）金融市场自由化

金融市场自由化的主要内容包括：放宽有关税收限制、取消外汇管制、允许资金在国内各部门或地区以及在各国间自由流动。

美国在1984年废除了利息预提税，即剪息票税，以促进资本市场的发展，通过纽约国际银行业务设施免税和免交存款准备金等措施，成功地吸引了巨额欧洲的美元回流美国，大大促进了纽约国际金融市场的发展和地位的提高。

日本金融市场的自由化进程特别明显，1984年5月，以《日美日元美元委员会报告》为标志的日美货币金融协议对日本金融市场自由化做了综合安排，主要是欧洲日元交易的自由化和取消对银行从事外币掉期业务的限制，对发行欧洲日元债券的大部分限制也被取消。欧洲日元债券业务已发展到相当大的规模。1986年12月，日本东京离岸金融市场开始建立，这是日本金融自由化的重大进展。

英国在 20 世纪 70 年代末期取消了外汇管制，允许资本自由流进流出，取消伦敦证券交易所固定的佣金制度，允许英国银行购入经纪人股份，从而使英国股票市场成为国有工业的私营化和放松管制的媒介。这些变革以 1986 年 10 月的伦敦金融"大震"为高潮，将英国金融的自由化大大向前推进了一步。

澳大利亚自 1984 年以来采取了一系列措施，取消了大部分外汇管制，允许澳大利亚元浮动，允许有限数量的外国银行进入澳大利亚国内金融市场，允许更多的银行从事外汇买卖等。

中国随着经济体制的全面改革，金融体制的大规模改革也正在逐渐进行。中国已开始允许外国银行和中外合资银行进入本国市场，并已开始办理股票、债券的发行业务、国家公债的贴现业务和人民币存贷款业务，从而为进一步开放国内金融市场和国际金融市场创造了条件。

（二）银行业务经营自由化

银行业务经营的自由化主要表现在商业银行同其他各类金融机构经营业务的全能化和一系列金融创新的涌现两个方面。

传统的商业银行是指主要从事对工商企业发放短期贷款业务的银行。近十几年来，商业银行经营业务的全能化即多样化、综合化发展，早已使传统的商业银行定义成为历史的陈迹。如今，商业银行短期、中期和长期信贷业务，国内业务和国际业务，对工商企业、政府和个人的业务，批发业务和零售业务等多种形式的业务都在发展，呈现业务多样化和全能化的趋势。

英国各类金融机构业务中的传统界限正在被打破，商业银行早已不再是单纯从事银行业务，它也从事租赁、信用卡、分期付款贷款等业务。1977 年，在英国的房屋抵押贷款市场上，房屋抵押贷款协会所占的比重为 96%，银行仅占 3%。而 1983 年的统计表明，商业银行越来越多地介入房屋抵押贷款的业务领域，银行所占的比重上升为 23%，而房屋抵押贷款协会所占比重则下降为 75%。

表外业务的发展是商业银行业务全能化的重要表现。所谓表外业务是指银行不运用或较少运用自己的资产，以中间人的身份替客户办理收付或其他委托事项，为客户提供各类金融服务并收取手续费的业务。在过去传统的对各类金融机构实行较严格管理与分工的条件下，这类业务大都是由各类非银行金融机构经营的，因此，又称为非银行金融业务。

20 世纪六七十年代以来，商业银行的非银行金融业务发展非常迅速，传统的界限被直接或间接地打破了，于是，商业银行开始经营名目繁多的非银行金融业务。这些业务包括：信托投资业务，咨询业务，租赁业务，信息提供及分析业务，代理收款业务，担保业务，保险、信用卡和旅行支票等多种服务性业务。如今，商业银行的业务几乎已扩展到银行和非银行金融业务的所有方面。非银行金融业务的发展改变了过去商业银行单纯依靠利息收入的状况，增加了利润来源，增强了商业银行的稳定性，促进了各国国内经济的发展和国际经济关系的发展。同时，也导致商业银行业务同各类非银行金融机构业务的交叉渗透和一体化。

此处的金融创新泛指 20 世纪 70 年代以来西方国家银行体系中出现的一系列新的金融资

产形式、新的金融市场和新的支付转账媒介。按其特点可将这些金融创新划分为减少金融管制的金融创新和减少交易成本及避免风险的金融创新两大类。

第一类金融创新包括：（1）逃避存款利率限制或法定存款准备金的金融创新，如可转让大额存款单（CD）、货币市场互助基金（MMMF）、货币市场存单（MMC）、可转让支付账户（NOW）、自动转移服务（ATS）、国际银行业务设施（IBFS）和欧洲货币市场（EMM）等。（2）逃避业务范围限制的金融创新，如银行经办贴现经纪人业务，办理证券商业务等。

第二类金融创新包括：（1）减少交易成本的金融创新，如电子转账（EET）、可转让的提款账户（NOW A/C）、逐日计息的支票账户。（2）减少风险的金融创新，如浮动利率借款合同、远期金融市场等。

（三）银行制度的集团化

银行制度的集团化起源于美国银行业为绕开政府的法律限制开立分支行而出现的制度创新，即银行控股公司和金融控股公司的出现。银行控股公司又称为集团银行，即前文所提到的控股制，是指完全拥有或有效控制一家或数家银行的金融企业。根据美国《银行控制公司法》的有关条例，如果一家控股公司对至少一家银行所购权益股份占该行权益股的25%或更多，或者有权选择一家银行董事会的至少两名董事，即认为存在控股。经联邦储备委员会许可，即可注册成为一家银行控股公司。由于可以绕开开设分支机构的限制，因而银行控股公司在美国和其他一些国家成为最具吸引力的组织结构，并得到迅速发展。早在1971年，银行控股公司控制着美国大约一半的银行存款。

在过去的30年中，美国银行控股公司的发展十分迅猛，据2008年数据统计，几乎所有的大银行都转化为银行控股公司，而且它们拥有90%以上的商业银行存款。截至2008年9月30日，美国最大的前3家银行控股公司是：摩根大通，其资产占全部商业银行总资产的比例为14.06%；美洲银行集团，其资产占全部商业银行总资产的比例为11.85%；花旗银行，其资产占全部商业银行总资产的比例为9.88%。银行控股公司飞速发展的原因是：可以拥有和控制非银行金融机构并开展与银行业相关的非银行业务，因此更容易利用资本市场筹资；较之那些不具有附属银行的公司，它们更能有效运用杠杆效应（债务资本比权益资本高）；具有内部利润补偿其他公司损失的税收优势；能跨州跨国界扩展业务。

显然，这种制度弥补了单一银行制的不足，支持者称这类组织通过扩大银行企业的规模以及加入业内竞争，进一步提高了银行业的效率，提高了银行抵御风险的能力，并使规模较小的银行通过银行控股公司式的联合能够拥有参与市场竞争的能力，为客户提供更多的服务。但也有人质疑控股公司吞并原来独立的银行而削弱了竞争，易形成银行业的集中与垄断，在一定程度上限制了银行经营的自主性，不利于银行业的活力和创新，而且对中小微信贷需求的置之不理会造成信贷的失衡。

银行控股公司又分为单一银行控股公司和多银行控股公司。单一银行控股公司是指控股银行只拥有一家银行的股份。如美国大多数注册的银行控股公司都是单一银行控股公司。21世纪初，美国5 800家控股公司中的5 000家仅仅拥有一家银行的股份。但通常它们可以拥有和经营一家或多家非银行企业。这些非银行企业必须提供有利于"公众利益"和"与银行业密切相关的业务"，比如，提高金融服务能力和降低服务费用。多银行控股公司是指控股公司拥有一家以上的银行的股份并可以拥有其他非银行企业。美国银行控股公司中不足900家的多银行控股公司把持着约70%的全美银行总资产额。由股份公司控股的银行便是附属银行。多银行控股公司模式如图5-1所示。

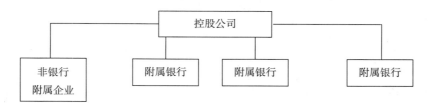

图5-1　多银行控股公司模式

1999年美国《金融服务现代化法》的颁布，使美国银行真正接近或转变为综合性或全能性银行。基于这一法，不仅商业银行活动与证券、保险以及其他金融活动开始结合在一起，而且银行有了新的组织形式选择，出现了金融控股公司模式，即前文提到的大金融集团制（见图5-2）。

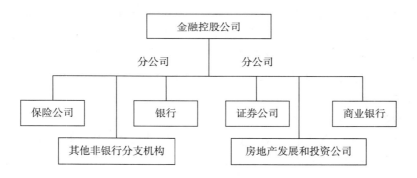

图5-2　金融控股公司模式

依据《金融服务现代化法》的规定，金融控股公司（Financial Holding Company，FHC）被定义为一种特殊的控股公司并可以提供极其广泛的金融服务，即提供与银行兼容的任意金融性质的服务。金融控股公司是金融业实现综合经营的一种组织形式，也是一种追求资本投资最优化、资本利润最大化的资本运作形式。在金融控股集团中，控股公司可视为集团公司，其他金融企业可视为成员企业。集团公司与成员企业间通过产权关系或管理关系相互联系。各成员企业虽受集团公司的控制和影响，但要独立承担民事责任，即每个附属金融机构都拥有自己的资本和管理层，并且其利润和亏损也和控股公司的其他附属公司无关。因此，金融控股公司的银行附属机构有一种公司范围内的保护机制。金融控股公司从组织形式而言比银行控股公司更有优势，但数量增长不是很快，据2006年底的数据，美国仅有604家国内银行控股公司和44家外国金融机构取得了金融控股公司资格。这些被批准的机构仅占所有在美注册的银行控股公司的10%，但是它们却控制着美国银行的绝大部分资产（大约90%）。表5-1列出了在美国经营的最大的并被联邦储备委员会批准的金融控股公司。

表 5 - 1　　　　　　　在美国提供金融服务的顶级金融控股公司（FHC）

公司名称	总部所在地	网址
安联	德国慕尼黑	www. allianz. can／en／index. html
美国银行	夏洛特	www. bankofamerica. com
巴克莱银行	英国伦敦	www. barclays. com
花旗银行	纽约	www. citigroup. com
瑞士银行	瑞士苏黎世	www. credit - suisse. com
汇丰银行	英国伦敦	www. hsbc. com
摩根大通银行	纽约	www. jpmorganchase. com
大都会人寿	纽约	www. metlife. com
荷兰合作银行	荷兰乌特勒支	www. rabobank. nl／
加拿大皇家银行	加拿大蒙特利尔	www. rbcroyalbank. com

数据来源：美国联邦储备委员会。

　　银行控股公司和金融控股公司的形式在美国多被采用，而在美国以外的其他国家，商业银行越来越多地被允许提供更多的服务，包括从事证券和保险等业务。在中国，一些大的银行也在向银行控股公司和金融控股公司方向发展。值得一提的是，2008 年美国次贷危机中，作为美国第一大投资银行和第二大投资银行的高盛与摩根士丹利改组为银行控股公司，从而获得投保的存款作为更稳定的资金来源。总之，控股公司这一模式代表了 21 世纪银行组织结构演变的趋势。

二、电子网络化

　　银行系统的电子网络化变革是当前世界新的产业革命在银行系统的反映。电子技术在银行中的广泛应用已成为当今世界银行业发展的一个显著特征。在世界各国国民经济各行业中，银行业是应用电子技术最高的一个行业。

　　伴随着信息网络技术的发展，无论发达国家还是发展中国家，都在加紧实现金融系统的电子网络化，网络银行也应运而生，并成为世界金融发展的基本趋势。这一趋势的成因主要是：（1）全球性金融市场竞争激烈，西方各国银行都将以优良而高效的电子化服务来争取客户，参与竞争，开拓业务。（2）现代科技的日新月异使银行实现电子化、自动化、网络化服务成为可能。（3）电子计算机和通信技术已成为国际金融市场一体化的联结纽带，成为实现全球 24 小时进行金融活动的重要工具。

　　电子化和网络化在银行界的广泛应用引起了一系列深刻的历史性变革，这些变革是：（1）提高了银行业务的效率和准确性，改善和提高了对客户的服务质量，降低了银行的资金成本。自动出纳机和多用途终端机的安装，实现了作业自动化，不仅利息计算自动化，缩短了作业过程，节约了时间和降低了成本，而且从某种意义上代替了传统的"砖头水泥"式的分支机构的设立，更是大大地降低了银行开业成本。（2）加速了资金周转，节约了现金使用。由于银行系统地区性、全国性和全球性的联机联网，存款与取款、借款方与贷款方、汇款与收款双方间以及国际间资金往来都建立了直接联系，相距万里，瞬间即可结算，资金运动也由货币流、票据流变为电子流，大大节约了现金的使用。（3）开拓了新的服务领域和服务项目，创造了不少新的金融商品，增加了许多服务项目。例如，信用卡、代发工资和养老金、代用户直接付款（订报、房租、煤电水费等），以及设在车站、机场、商场中心、零售点和家庭的银行终端等服务。（4）银行成为社会信息、社会经济统计、分析与预测的重要部门。由于电脑具有快速、遥控、存储、网络等多种功能，全国性和全球性联机网络的形成，使本来就是社会经济"总枢纽"的银行系统更加如虎添翼，扩大了它的功能和作用，使零星数据上升为系统信息，传统的存款、贷款、汇兑职能上升为综合性金融职能。银行的数据库系统包括了国民经济、国际经济、金融分析、市场分析和企业分析等众多模式，具有高度的信息检索功能，不仅可以实现社会信息资源社会共享、增加对客户的信息服务，而且还可以进行信息供应分析和预测以及提供决策咨询和支援服务。（5）银行系统的电子化、网络化提高了银行系统，特别是中央银行宏观经济控制调节手段的效能。

总之，银行系统的电子化发展不仅改变了商业银行的经营方式，提高了经营效率，加速了社会资金的周转与运用，而且也改善了公司的管理水平，改变了人们的消费方式及生活方式。银行系统的电子化发展不仅对世界生产力的发展和电子技术的发展起了重要的促进作用，而且为国家宏观经济的间接调控奠定了更为坚实的物质和技术基础，创造了更为现实的可能性。

三、业务综合化

随着经济全球化、经济金融化、金融全球化和金融自由化的发展，许多国家放宽了对金融业的管制甚至放弃了对金融业的限制，对银行业务范围限制的放松或取消，使银行能够从事传统业务之外的金融业务，加之银行非中介化的深化、世界资本市场的发展，公司、企业能够通过股票、债券的发行直接筹措所需的资金，银行传统业务的收入来源不断缩减，开拓新业务、开创收入来源的新途径成为银行生存与发展的必要。于是，银行系统的重组、合并以及银行业务范围的扩大不断加剧，银行业务综合化经营不断提高。

20世纪90年代以来，银行表外业务得到了长足发展，银行与保险、证券的一体化程度进一步加深。1999年底，美国总统克林顿批准了《金融服务现代化法》，给美国乃至全球经济带来了一场更为深刻的"金融革命"。该法取消了银行、证券、保险业之间的界限，允许金融机构同时经营多种业务，以形成"金融百货公司"或"金融超级市场"。

1986年，英国展开了一场金融业大改革，"大震"（Big Bang）之后，放宽了对金融业的限制，准许银行收购证券公司，伦敦证券交易所取消了最低手续费的限制，取消了经纪商和批发商的区别等。联邦德国则于1985年宣布取消了本国居民购买外国证券的限制和购买境外马克的限制，并从1989年起免征外国居民利息预扣税，等等。

法国在新银行法允许银行向全能银行转变后，银行业大举向保险市场进军，尤其是人寿保险业，银行在短短的几年间就成为人寿保险产品的主要销售网络，几乎所有较大的银行都设有从事人寿保险的分支机构，许多银行与保险公司相互或签订销售协议，或联合成立保险公司。不到10年，银行在人寿保险市场所占的份额从40%升至60%。

现代商业银行作为各国金融体系的主体，通过多种渠道、多种方式筹集资金，又通过多种类型、多种期限的融资，不仅为客户提供多种信贷、清算、理财等服务，还参与金融市场的投资活动，为各国经济发展提供广泛的金融服务，发挥着信用中介、支付中介、理财服务和信用创造的功能。银行不仅仅从事银行业务，而且从事证券和保险业务。所以，现代商业银行已不是一种专业性银行，而是综合性的、多功能的银行。

四、资产负债结构多元化

随着银行业竞争的加剧，金融创新的不断出现和金融监管的放松，各国商业银行的资产负债结构呈现出多元化趋势。从负债方面来说，第一，商业银行采用了负债管理的经营策略，大量借入资金以拓展资产业务，从而对外部资金的依赖性加大，承担了更大的利率风险。第二，活期存款的比重大幅下降，定期存款和储蓄存款的比重上升，其原因在于：一方面，通货膨胀使市场利率提高，储户为减少损失则极力压低活期存款账户的资金余额；另一方面，新技术的应用、计算速度的加快以及新型金融工具的出现，使客户为日常支付所需保有的活期存款数额降低。第三，新的电子型金融工具的出现，将活期存款和定期存款结合起来，既为客户提供支付服务，又使其获得利息收入，并且将存款利率与国库券利率或短期市场利率相连接，从此，银行开拓了对客户的现金管理业务，为其提供全面的综合性的金融服务。从资产方面来说，商业银行传统的资产业务是贷款。在新的经济和金融形势下，一方面，各国商业银行为保持资产流动性，加大了证券投资的比重；另一方面，负债结构的变化使商业银行贷款业务由短期工商业贷款转向中长期贷款，贷款的类型也从传统的制造业转向服务业及消费贷款和地产抵押贷款，以此获得更高的收益。同时，为降低中长期贷款的风险，各国逐步培育形成了贷款的二级市场，资产的证券化在发达国家迅猛发展。

五、表外业务强化

在体制自由化的论述中，曾提及中间业务是商业银行业务全能化的重要体现。此部分单独讲述表外业务强化，主要是进一步强调由于各国商业银行越来越重视中间业务，因此，它已成为现代商业银行发展的最新趋势之一。

商业银行中间业务的兴起始自20世纪70年代的金融自由化和金融创新。在激烈的竞争环境下，商业银行在传统业务上遇到了来自非银行金融机构、国内外同行的严峻挑战。利润普遍下降，金融风险不断增大，利率风险、汇率风险、高通货膨胀率等都直接威胁着商业银行的安全。为规避和降低风险，寻找新的利润增长点，商业银行把业务经营的重点转向了既能带来收益，又对资本无要求的中间业务。因为银行表外业务的特点就是不增加资产额，不会降低资本与资产的比率，既能增加收入，又能满足金融管理当局关于资本充足率的规定，而且在一定程度上还能使银行逃避某些税务负担。

银行表外业务内容种类繁多，涉足面广，"金融百货公司"之称就源于此。商业银行中间业务的范围包括传统的银行业务、信托业务、投资银行业务、共同基金业务和保险业务。业务品种包括代理收付业务、结算、担保、融资、管理、咨询、衍生金融工具等广泛的业务群体。它们既可以从事货币市场业务，也可以从事商业票据贴现及资本市场业务。

从表外业务额占表内业务额的比例来看，以美国2006年12月31日塞斯集团整理并报告的美国银行所有表外业务数据显示为例，资产少于1亿美元的美国被保险银行，其表外业务额占表内业务额的比例为20%；资产在1亿~10亿美元的美国被保险银行，其表外业务额占表内业务额的比例为34.08%；资产等于或大于10亿美元的美国被保险银行，其表外业务额占表内业务额的比例高达1 558.41%。需要说明的是，这样的大银行开展了巨额的衍生合约交易项目，而这些衍生合约的收益和损失必须以当时的市场价值计算，而不是其账面价值。美国所有被保险银行，其表外业务额占表内业务额的比例为 1 375.39%。

从表外业务的收入看，发达国家商业银行在 1980 年至 1999 年，非利差收入占总收入的比重都呈快速上升趋势，全球最大的 50 家银行，1991—1996 年非利息收入占总收入的比例从 49% 上升到 67%；1984—1999 年，资产规模小于 10 亿美元的美国银行，其非利息收入占总收入的比例从 29% 上升到 46%；1997 年美洲银行非利差收入占总收入的比重为 44%，花旗银行中的比重为 51.8%，大通银行中的比重高达 52.7%。而自 1980 年以来，美国银行表外业务的收入占资产的比例已经翻了一番。2009 年上半年，美国大银行非利差收入占比为 39.67%，小银行中占比为 22.29%；新加坡银行中占比为 36.9%；香港银行中占比为 22%；花旗银行中占比为 50.4%。欧洲银行业在 1990—2000 年，非利息收入的比重也从 26% 上升到 39%。德国商业银行中 60% 以上的收入来自表外业务，英国最大的商业银行巴克莱银行表外业务的利润可弥补全部业务支出的 73%。2007 年瑞士信贷银行和德意志银行两家银行的表外业务分别为其带来了 83.7% 和 75.41% 的利润，远远高于存贷业务带来的利润。

银行表外业务的服务技术与设施科技化程度越来越高，以美国银行和大通银行为例，美国银行支付网络发达，有 45 万个间接自动转账账户，具有多种账户服务。其设置的超级账户既方便、灵活，又便于管理，1998 年存款账户服务费和其他服务费收入达 32 亿美元。大通银行凭借其强大的支付系统和市场推销能力在银行卡方面获得了巨额的服务费收入。

六、银行传统金融中介作用的弱化

自 20 世纪 80 年代以来，商业银行面临着比以往更加严峻的竞争环境。一方面，各种非银行金融机构，甚至非金融企业开始向商业银行传统的业务领域渗透，与其争夺市场。另一方面，各国筹资证券化发展的趋势使大公司减少了对商业银行的依赖。所有这些都使各国商业银行在金融体系中的重要性比以前有所降低。

商业银行作为传统金融中介的角色就是吸收短期存款和发放相对长期的贷款，这就是通常被称为"借短贷长"的资产转换过程。但是，对非金融企业的借款人而言，商业银行作为资金来源的重要性正在急剧萎缩和弱化。在美国，1971 年，商业银行为非金融企业借款人提供了将近 40% 的资金，2008 年，它们的市场份额已经降到 29% 以下。储蓄机构的市场份额下降得更为迅速，从 20 世纪 70 年代末的 20% 以上下降到 2008 年底的 4%，商业银行在金融中介机构总资产中的份额已经从 1960—1980 年的 40% 下降为 2008 年底的 18%。与此相似，储蓄机构在金融中介机构总资产中份额的变化幅度更大，从 1960—1980 年的 20% 下降到 2008 年的 2.5%。

分析其原因，由于从 20 世纪 60 年代开始通货膨胀率和利率迅速攀升，且越来越难以预测，这种金融环境的变化，使得金融市场需求状况发生了变化。计算机技术的迅速发展也改变了金融市场供给状况。适应需求变化的金融创新、适应供给变化的金融创新以及规避管制的金融创新不断出现，使投资者对不同资产之间的收益率差异更为敏感，结果就是"脱媒"现象的产生，即人们将资金从银行低利率的支票（活期）存款和定期存款账户中提取出来，转而投资于收益率较高的资产，使银行获得的存款减少，或者提高了银行获取资金的成本，进而影响贷款的规模。信息技术的发展使投资者更容易获得信息，为甄别信贷质量提供了便利，使企业更容易发行债务证券，包括发行商业票据等短期债务证券来筹集资金，加之资产的证券化，即将不具有流动性的金融资产，如住房抵押贷款、汽车贷款和信用卡应付款（它们曾经是银行机构最主要的利润来源），转化为可流通的资本市场证券，使"脱媒"现象更为严重。这些都意味着许多银行的优质客户不再依赖银行来满足短期信贷需求，而是利用商业票据市场寻求成本更低的资金来源，债券市场也侵蚀了银行的贷款业务，加之资产证券化的金融创新使商业银行收入优势下降和市场份额减少，促进了影子银行体系的发展。影子银行体系利用这些创新，帮助借款人绕开传统银行体系，使银行作为传统金融中介作用的地位下降。

在工业化国家，与美国相似的原因也导致了商业银行同样丧失了在存款领域的垄断力量。世界范围内的金融创新和放松管制，为存款人和借款人提供了更具吸引力的金融工具。例如，在日本，放松管制使得公众得以面对一系列新的金融工具，导致了与美国相似的"脱媒"过程。在欧洲国家，金融创新逐步侵蚀了保护银行免于竞争的传统防线。

在其他国家，银行同样面临着证券市场扩张和影子银行体系发展带来的竞争。金融业放松管制和经济基本面的力量提高了证券市场中信息获取的可能性，企业能够更为容易地以低廉的成本通过发行证券（而非银行）来筹资。即使在证券市场并不十分发达的国家中，由于银行的优质客户可以进入外汇市场和欧洲债券市场等离岸资本市场进行筹资，银行的贷款业务也受到很大的损失，对于澳大利亚等较小经济体的国家，虽然不存在高度发达的企业债券市场和商业票据市场，银行的贷款业务在国际证券市场的竞争中仍然处于劣势。此外，推动美国证券化的力量同样作用于其他国家，从而削弱了这些国家传统银行业的盈利能力。因此，虽然美国较早出现了传统银行业衰落的过程，但同样的现象在其他国家也在上演。

所以，为了生存和维持足够的利润水平，商业银行面临两种选择。第一，尝试将信贷业务扩展到新的、风险更高的领域。第二，开展盈利性更高（包含风险）的表外业务。银行传统业务盈利性的下降在一定程度上引发了20世纪80年代和90年代初期的银行业危机以及2007年爆发的次贷危机。因此，新型银行业务的高风险带来了对商业银行监管的高要求。

七、机构国际化

第二次世界大战以来，由于科学技术突飞猛进的发展和生产力水平的迅速提高，各国生产在外部相互之间的联系和依赖性更加紧密，并日趋国际化。国际经济关系迅速而大规模的发展，跨国公司的发展，标志着经济生活国际化的客观进程。生产的国际化必然导致资本的国际化。特别是20世纪60年代以来，资本的国际化有了新的重大发展。各种类型的跨国银行、区域性国际银行、多国银行集团以及各种跨国的金融机构纷纷建立，并开展多种形式的业务活动。银行机构的国际化极大地促进了生产国际化的发展，对世界各国经济和社会生活产生了不可忽视的影响。

银行机构的国际化包括在本国建立外国银行机构和在国外建立本国银行机构两个方面。自20世纪80年代以来，金融管制的放松、银行经营风险的加大、金融工具的不断创新、全能制银行的兴起以及跨国结算体系的发展，无一例外地导致了银行经营国际化趋势的不断加快。而随着现代商业银行国际化步伐的加快，发达国家商业银行海外并购浪潮高涨。例如德意志银行收购摩根建富，荷兰集团银行收购巴林银行，德累斯顿银行收购克莱沃特—本森，瑞士银行收购瓦堡银行等，均是大商业银行通过跨国收购投资银行进行国际化扩张和多元化发展的典型事例。银行经营跨国界发展，不但加速了国际资本流动及新的金融工具和技术的广泛运用，而且加速了金融市场的全球化进程。

20 世纪 80 年代，世界各大银行都致力于在世界各大洲、各个国家广设办事处、代表处和分行，建立海外附属行以及附属的金融机构，甚至建立非金融性质的分支机构，并与其他银行组成合资银行或国际银行集团。1960 年，仅有 8 家美国商业银行在海外设有分支机构，它们的总资产不到 40 亿美元。2008 年底大约 100 家美国银行在海外设有分支机构，总资产超过 2.1 万亿美元。由于银行体制国际化，各国的银行资本彼此相互接近、渗透和融合，银行之间，特别是国际银行之间的业务联系日益广泛而深化，银行间的相互依赖、相互制约和影响也大大加强，极大地促进了国际经济关系的发展，促进了世界经济的一体化和金融市场一体化程度的加深。

但是，银行机构国际化也产生了一系列全球性的新问题。在新的条件下，极易发生银行危机的国际性连锁反应，对一国银行及国际银行的影响更为深刻广泛，潜在的威胁更大。国际银行的国际活动产生了许多新的风险因素，最突出的是外汇风险和国家风险，特别是银行国际贷款产生的特有风险——国际风险困扰着国际银行界，突出地表现为国际债务危机。国际贷款所产生的国际风险清楚地表明，随着银行机构国际化的迅速发展，一国银行体系的安全和稳定性不再仅仅取决于该国的一系列经济政治等国内因素，而是同整个世界经济金融的发展变化密切相连，银行危机已成为一个影响深远的、错综复杂的全球性棘手问题。国际银行的国际业务所产生的特殊风险需要严格的管理与监督，但由于在时间、空间、国际主权、法律主体等方面存在一系列困难，相应的监督管理力量大为削弱，这就需要加强各国银行管理当局之间的国际合作与协调。

【主要参考文献】

［1］白钦先. 比较银行学［M］. 郑州：河南人民出版社，1989.

［2］庄毓敏. 商业银行业务与经营［M］. 北京：中国人民大学出版社，2008.

［3］［美］彼得 S. 罗斯（Peter S. Rose），西尔维娅 C. 赫金斯（Sylvia C. Hudgins）. 商业银行管理（原书第 8 版）［M］. 刘园，译. 北京：机械工业出版社，2011.

［4］Frederic S. Mishkin. *The Economics of Money*，*Banking and Financial Markets*（Ninth Edition）. Pearson Education，Inc.，2010.

［5］Gart，Alan. *Regulation*，*Deregulation*，*Reregultion*：*the Future of the Banking*，*Insurance and Securities Industries*. John Wiley & Sons，Inc.，1995.

［6］Calomiris，C. W.. *Regulation*，*Industrial Structure*，*and Instability in U. S. Banking*// Klausher & White. *Structural Change if Banking*. New York University Press，1993.

第六章
各国政策性金融体制比较

学习提要

- 政策性金融的性质、职能及其在金融体系中的地位。
- 政策性金融机构的功能定位、特征和特有的职能。
- 美国、英国、日本和德国政策性金融体制特征。
- 巴西、俄罗斯、印度和南非政策性金融体制特征。
- 中国政策性金融体制演进与特征。
- 中国开发银行的政策性金融职能。
- 韩国政策性金融机构在金融体系中的重要地位与作用。
- 开发性政策性金融机构的业务特征及其在各国经济发展中的促进作用。
- 农业政策性金融机构的性质和职能。
- 进出口政策性金融机构的职能、资金运用、业务特征。
- 日本中小企业政策性金融机构的业务特征及其在经济发展中的作用。
- 住房政策性金融机构业务特征及其在贯彻各国住房政策中的作用。
- 政策性金融机构与商业性金融机构的关系。
- 各国政策性金融立法与监督机制比较。

政策性金融是商业性金融的对称，也称国家金融、政府金融、制度金融、特殊金融和财政投融资等，具体是指在一国政府支持与鼓励下，以国家信用为基础，运用种种特殊的融资手段，严格按照国家法规与限制的业务范围、经营对象，以优惠的贷款利率或条件，直接或间接地为贯彻、配合国家特定经济和社会发展政策而进行的一种特殊的资金融通行为或活动。政策性金融机构是专门为贯彻和配合政府社会和经济发展政策和意图，在某一领域内从事特定融资活动的金融机构，是各国金融体系的一个组成部分。在现代市场经济中，政策性金融机构发挥着极其重要的作用和特殊的职能。正如各国的中央银行、商业银行具有不同的特点一样，各国的政策性银行之间也存在着一定的差异。本章旨在对各国政策性金融体制进行全方位、多角度的考察，着重对其差异进行比较研究。

第一节　政策性金融机构的特征与职能

在各国金融体系中，政策性金融机构是与商业性金融机构并存、互补和对称的一种金融机构。它承担着支持国家政府社会经济政策、产业政策的特殊职能，补充着商业性金融机构在整个国民经济发展中某些领域融资的不足，与商业性金融机构在许多方面均有差异，从而形成其鲜明的特征和独特的职能。

一、政策性金融机构的界定

所谓政策性金融机构是指那些多由政府创立、参股或保证的，不以盈利为目的，专门为贯彻、配合政府社会经济政策或意图，在特定的业务领域内，直接或间接地从事政策性融资活动，充当政府发展经济、促进社会进步、进行宏观经济管理工具的金融机构。政策性金融机构与商业性金融机构是性质不同的金融机构，在承担的职能、业务的经营以及社会效果等诸多方面存在着差异，政策性金融机构是不同于商业性金融机构的特殊金融机构。政策性金融机构是金融和财政相结合的产物，它将财政职能和金融职能有机结合起来，并使二者相辅相成，彼此促进。换言之，政策性金融机构的资金融通活动带有很强的政策性色彩，以特有的融资方式贯彻、配合国家经济政策，承担政策性金融业务，经济政策的扶持对象、"倾斜"的方向就是政策性金融机构融通资金、提供金融支持的方向。但是，政策性金融机构不是国家机关，也不是财政贷款机构，它仍然按照信贷资金运动规律从事融资活动，同样注重资金的偿还性、安全性与效益性（至少是保本微利）。

各国政策性金融机构种类繁多，按不同的标准又可以划分为以下几种不同的类型。

1. 全国性和地方性政策性金融机构。这是按照业务范围进行分类。在世界各国中，全国性政策性金融机构占较大比例。如日本开发银行、日本进出口银行、美国联邦专业信贷机构、德国复兴信贷银行、法国农业信贷银行、中国进出口银行等国家的政策性金融机构大多数是全国性的。地方性的政策性金融机构一般设在比较偏远落后的地区，如日本在其工业化过程中为开发相对落后的地区先后设立了北海道东北开发金融公库、冲绳振兴开发金融公库。巴西为开发落后的东北部地区设立了东北部开发银行。此外，还有各国地方政府专门为地方经济发展提供资金而设立的政策性金融机构，如马来西亚有 11 个州立经济开发公司，印度尼西亚有 26 个地区开发银行。

2. 单一型和金字塔形政策性金融机构。这是按照组织结构进行分类。大部分国家的政策性金融机构属于单一型的，即只有一家机构，无分支机构。如美国进出口银行、日本"两行六库"皆属此类。金字塔形政策性金融机构是由一个中央机构领导，下设不同层次的会员或分支机构，整个组织结构呈金字塔形状。金字塔形的组织结构常见于农业信贷机构。基层会员机构一般为民间或合作性质，而中央机构一般由政府所有或控制。如法国农业信贷银行有3 个层次，最上层是全国农业信贷中央金库，中间一层是 94 个区域金库，最底层是 3 010 个地方金库。

3. 信贷机构和保险机构。这是按照主营业务进行分类。信贷机构是政策性金融机构的主要形式。上述各国政策性金融机构绝大多数属于此类。而保险机构主要有进出口信贷保险机构和存款保险机构。英国出口信贷担保局和美国联邦存款保险公司等属于这一类型的机构。前者通过提供进出口信贷保险，由国家承担其风险（主要是政治风险），以达到扩大出口，平衡国际收支的目的。后者通过保护存款者利益，稳定信心，提高金融体系的稳定性，都具有较强的政策色彩。

4. 农业、进出口、住房政策性金融机构等。这是按照业务领域进行分类。政策性金融机构按业务领域可划分为农业、进出口、住房、经济开发、中小企业、基础产业、主导产业以及环境、国民福利等金融机构。其中，以农业、进出口、住房和中小企业金融机构比较普遍。其他类型视各国情况取舍不一，如经济欠发达国家还广泛存在经济开发、基础产业以及工业金融机构，而日本则设置环境卫生、医疗金融机构，以提高国民福利和改善生活质量。总之，各国都已认识到完善的政策性金融机构有助于社会经济全面、均衡、协调发展。

5. 银行、金融公库、公司等。这是按照命名方式进行分类。具体表现在：（1）绝大多数政策性金融机构被称为银行，并以专门服务的领域或行业命名，如农业银行、开发银行、进出口银行等。（2）有些政策性金融机构则被命名为金融公库（或公库），如日本国民金融公库、法国国家市场金库等。公库比银行专业性更强，贷款范围更小，政策色彩更浓。（3）还有一些政策性金融机构被命名为金融公司、投资公司、开发公司等。如智利开发公司、墨西哥全国金融公司、危地马拉工业金融公司、加拿大出口开发公司、澳大利亚产业开发公司、印度工业信贷和投资公司等，公司往往比银行具有更大的灵活性和经营自主权。（4）其他。政策性金融机构种类繁多，除上述之外，还有美国小企业管理局（SBA）、农民家计局（FmHA）、印度轮船开发基金委员会、原日本海外经济协力基金等。

二、政策性金融机构的特征

政策性金融机构与商业性金融机构相比，二者有其共性，即贷款要还本付息等。但作为政策性金融机构，又有其鲜明的特征。政策性金融机构的特征是基于政策性金融所具有的特征而体现出来的。

（一）政策性金融的特征

区别于商业性金融，政策性金融的特征表现为：公共性、金融性、国家信用性与特定选择性，其中公共性是政策性金融的最本质特征。

1. 政策性金融的公共性。首先，政策性金融是一种非排他性制度安排，它同以排他性产权界定为基础的商品交换经济有所区别；其次，政策性金融在实践过程中由国家或政府主导，代表国家意志、享有国家信用、实现国家目标。这是各国政策性金融实践的基本方式，这一特点在以前的政策性金融理论中被归纳为"政策性"，这在很大程度上也决定了"政策性金融"这一名称的由来。而在当前新的历史阶段，"政策性"进一步成为政策性金融本质属性的全新概括——公共性的子属性，这充分体现了政策性金融理论不断向前发展、不断完善自身内涵的历史轨迹。

政策性金融的公共性是政策性金融的本质特征。其内涵表现在：

（1）政策性金融目标的公共性。政策性金融之所以能够产生、存续并且与商业性金融有所区别的根本原因在于这二者的最终目标不同：政策性金融以金融资源配置的社会合理性为最终目标，通过保障"强位弱势群体"的金融发展权和金融平等权彰显公共性特点；而商业性金融则以追求自身利润最大化为最终目标，通过市场行为实现金融资源配置的有效性。政策性金融目标的公共性决定了政策性金融机构的定性与定位。

（2）政策性金融活动领域的公共性。政策性金融目标的公共性决定了政策性金融的活动应集中于特定的范围，即活动范围是具有选择性的。

（3）政策性金融运作机制的公共性。运作机制的公共性是政策性金融机构实现其目标公共性所采取的必然选择，也是政策性金融与商业性金融区别的直接体现，主要表现在两个方面：政策性金融的运作机制是一种非排他性制度安排；政策性金融的运作与国家强权紧密结合。第一方面，政策性金融非排他性制度安排，与商业性金融的排他性制度安排相对应。第二方面，政策性金融作为国家对经济、金融的重要干预手段，其自身的属性必然脱胎于国家的属性，而公共性作为国家社会管理与政治管理的基本属性之一也必然是政策性金融的基本属性之一；政策性金融公共性的实现也只能依靠国家为主体，以国家的强制权力作为保障。这便是政策性金融与国家强权密切结合的根本原因。

政策性金融的具体内容必须以一国的基本国情为基础，而同一国家在不同时期、不同国家在同一时期的国情也是在不断变化的。因此，政策性金融公共性的具体内容及侧重点必须适应这种变化并不断做出调整。比如，一国的经济因素与政治因素直接影响该国政策性金融的运作范围。经济因素包括：商品经济发展水平、商业性金融对公共领域的涉入能力以及政策性金融与财政的关系。政治因素包括：利益群体的博弈以及法律对政策性金融活动的约束力。

2. 政策性金融的金融性。金融性是政策性金融的天然基础与前提，是建立在公共性基础上的既区别于一般金融又区别于其他非金融活动的基本前提。

3. 政策性金融的国家信用性。国家信用性是指政策性金融依法享有由国家授予的最高信用等级——国家主权信用。国家信用性是由公共性与国家权力紧密联系派生出的特征，是政策性金融同非政策性金融（商业性金融、合作性金融）相对而言所具有的特征。政策性金融享有国家信用不仅是其有效实现最高宗旨——金融资源社会配置合理性的根本保证，也是国家意志、意愿及其基本定性、定位的充分体现：政策性金融公共性职能是以促进社会金融资源合理化配置为主，属于宏观层面的国家职能，其行为在某种意义上代表了国家意图；由于政策性金融在执行公共性职能过程中是以金融资源配置合理性为第一要义，会在一定程度上削弱自身盈利性，倘若没有国家作为后盾，政策性金融是难以持续发展的，最终的结果或是倒闭，或者会向商业化转型，因而以国家信用为保障也是必然的。

4. 政策性金融的特定选择性。政策性金融的特定选择性应理解为政策性金融所提供的服务及服务的对象、项目等应具有某种限定性要求，是特定的而非任意的。比如对"强位弱势群体"的政策性支持。政策性金融的特定选择性既是其本质特征公共性的限定，也是公共性实现的重要手段。这种限定基于其最高目标职能的公共性，进而决定了在运作机制上的非排他性及非利益诱导性（或称之为非商业性——不以追求利润最大化为最高目标）。

政策性金融的四大基本特征并非彼此孤立，对它们应做统一的理解，即四者是相互联系、相辅相成、不可分离的，当然也是有主有从而非简单平行并列的：金融性是相对于非金融问题而言的，它是讨论政策性金融问题的天然基础与前提；公共性是四大特征中的最本质特征，由公共性可推出国家信用性及特定选择性；由特定选择性进一步决定了其运作机制具有非排他性、非商业性、政策性等子特征；而金融性、国家信用性、特定选择性、非排他性、非商业性、政策性等一系列子特征又反过来对公共性进行限定，使政策性金融的公共性在具有公共性一般属性的基础上又有了一定的特殊性。①

（二） 政策性金融机构的特征

1. 政策性金融机构的资本金一般来源于政府。大多数国家政策性银行的资本金由其政府财政全额拨付，如日本的"两行六库"、美国进出口银行等。也有些机构是政府联合商业银行和其他金融机构共同设立，政府投入部分资本如法国对外贸易银行，即由法国中央银行——法兰西银行（持股24.5%）、信托储蓄银行（持股24.5%）以及几家商业银行和其他金融机构共同投资组成。

2. 政策性金融机构不以盈利为目的。政策性金融机构经营的出发点是贯彻、配合政府的社会经济政策或意图，或者说是为实现国家的整体利益、社会利益，而不是以盈利为目标。比如一国比较落后地区的开发，对该国经济平衡发展、社会安定与进步有很大意义。然而，在经济现代化过程中，相对缺乏的资金若以盈利为指向，则不仅不会流向落后地区，而且会从落后地区流出，流向资金盈利率较高的经济发达地区，在这种情况下，商业性金融机构的经营宗旨与宏观经济发展目标是相悖的。此时，只有政府设立的追求宏观效益的政策性金融机构才能向落后地区输送资金，而由此造成的亏损一般也由政府给予补偿。

3. 政策性金融机构具有特定的服务领域。为了配合政府不同时期的经济政策的需要，政策性金融机构一般都有特定的业务领域和范围，呈现经营范围的确定性、资金投向的方向性和业务对象的特定性等特点。具体而言，政策性金融机构服务的领域是那些不易得到商业性金融机构资金融通的行业或部门。这些领域主要是农业、住房、中小企业、进出口贸易和经济开发等部门。它们或者对国民经济发展有较大现实意义，或者是国民经济的薄弱环节，或对社会稳定、经济均衡协调发展有重要作用。因此，需要政府通过设立专门的信贷机构予以特殊的资金支持，以形成最佳的资源配置。

4. 特殊的融资原则。政策性金融机构遵循同商业性金融机构不同的特殊融资原则，这源于它的建立宗旨和基本目标：（1）特殊的融资条件或资格。许多国家的相关法规规定一般必须是从商业性金融机构不能得到或不易得到所需的资金的情况下，才有从某种政策性金融机构获得融资的资格。（2）特殊的优惠性。这些优惠包括：贷款期限长，主要或全部提供中长期资金。利率低，明显低于同期同类商业性贷款利率，个别情况下甚至低于筹资成本。按期偿还本息确有困难时，由政府予以补贴，为不使政策性金融机构在盈利性的诱惑或压迫下削弱对于政策性金融业务的专注，有时即使亏损也在所不惜。（3）充当"最终偿债人"的特殊角色。政策性金融机构对其他金融机构，特别是商业性金融机构所从事的符合政府政策目标项目的贷款给予偿还担保、利息补贴或再融资，以此支持、鼓励、诱导和推动更多的金融机构从事政策性融资活动。从这个意义上而言，政策性金融机构有时充当了"最终偿债人"

---

① 白钦先，张坤. 论政策性金融的本质特征——公共性 [J]. 中央财经大学学报，2015（9）：23－30，54.

或者担保人的特殊角色。

5. 政策性金融机构有单独的法律依据。绝大多数政策性金融机构不受普通银行法的制约，而是以单独的法律条例来规定政策性金融机构的宗旨、经营目标、业务领域和经营方式等。如《日本输出入银行法》，即为日本输出入银行的法律依据。但应当明确的是，政策性金融机构在法律地位上仍然是作为一种金融机构与其他金融机构平等地参与金融活动。虽然它在贯彻、配合政府的社会经济政策，开展政策性金融业务方面具有很强的政策性，但并不具有代表国家权力的身份，不是国家的中央银行，政策性金融机构没有操纵、干预一般金融机构的权力。

三、政策性金融机构的职能

与商业性金融机构相比，政策性金融机构与之有相似之处，即一般职能相同，又有商业性金融机构所不具备的职能，即特有职能。一般职能使其具备了金融机构的特征，而特有职能使其体现出紧密配合经济政策意图的性质。

（一）一般职能

政策性金融机构的一般职能是指与一般金融中介机构相似或相同的职能，即金融中介的职能。而在金融中介职能中，信用中介是最基本的职能。政策性金融机构通过其负债业务吸收资金，再通过其资产业务把资金投放到有所需要的行业，与其他金融机构一样作为资金的贷出者和借入者的中介人，来实现资金从贷出者到借入者的转移。所不同的是，政策性金融机构一般不接受存款，其资金多来源于政府或金融市场筹资，资金运用多为长期贷款或投资。

（二）特有职能

政策性金融机构的特有职能可以概括为倡导性、选择性、补充性、服务性和调控性职能。

1. 倡导性职能，是指政策性金融机构以直接的资金投放或间接的形式引导民间、私人金融机构进行符合政策意图的放款，以发挥其倡导、引导的职能。通常情况下，一国政府的经济政策、产业政策所要发展的领域、要支持的行业，都是发展滞后的、落后的领域或需要开发的行业，往往具有投资风险大、期限长、利润低的特点，特别是一些基础设施的建设、土地开发与改良、高科技等，需要的资金数量大，投资回收期限很长，因而一般金融机构不愿意贷款和进行投资，一旦政策性金融机构决定向这些产业提供资金，就表明政府对这些部门的扶持意向，反映了经济发展的长远目标，从而增强了民间商业性金融机构对这些部门投资的信心。

2. 选择性职能，是指政策性金融机构的融资领域部门是有选择的。政策性金融机构的选择并非由政府任意决定，而是首先决定于市场机制。具体而言，政策性金融机构考虑商业性金融机构对融资领域及融资对象的可能选择，从宏观经济整体角度出发确定自己的选择对象，一般不会与商业性金融机构发生业务领域的交叉与重叠。此外，随着商业性金融机构的选择不断发生变化，政策性金融机构的活动领域也将随之发生变化和调整，这正是政策性金融机构发挥选择性职能的必然结果。换言之，只有市场机制没有选择的领域才是政策性金融机构的选择。

3. 补充性职能，指政策性金融机构具有补充完善以商业性金融机构为主体的金融体系的职能。对于一些商业性金融机构不愿意或无力选择，而又是社会经济发展所必需的领域，政策性金融机构以直接或间接担保的方式引导资金流向，进行融资补充。具体而言，政策性金融机构的补充性职能主要表现在对技术、市场风险较高的领域进行倡导性投资，对投资回收期过长、收益较低的项目进行补充性融通资金，对需要扶植的产业提供优惠利率放款等。此外，这种补充性职能还表现在政策性金融机构以间接的融资活动或提供担保来引导商业性金融机构的资金流向，并针对商业性金融机构主要提供中短期资金融通而长期资金融通不足的情况，主要提供中长期资金，有的甚至是超长期贷款，以弥补商业性金融机构中长期融资的不足。

4. 服务性职能，政策性金融一般都依据特殊法规或政策，在特定领域或行业进行融资活动，这使其具有很强的专业性特征，在该领域积累了丰富的经验和专业技能，它必须既关注商业性选择又关注非商业性选择，这使它对经济金融领域的了解与分析比商业性金融更系统，如财务结构分析、投资咨询、经营情况诊断、经济金融信息提供、沟通外部联系等。例如，美国小企业管理局的业务活动中即包括对中小企业的财务协助、投资协助、经营管理协助和争取政府采购合同协助等职能。

5. 调控性职能，是指政策性金融机构配合一国经济与社会发展的不同历史时期以及不同阶段的社会经济政策目标的不同需要和侧重点，通过政策性融资活动，充当政府调节经济的手段、经济管理的工具，促进政府社会经济政策目标实现的职能。在市场经济下，由于市场机制存在某些固有的不足，如果依靠市场机制的自发调节，社会资源在各个领域、各个产业、各个部门之间的配置有可能发生严重偏差甚至会导致严重的结构失衡和社会动荡，因此，政策性金融机构作为财政与金融、长期利益与短期利益、宏观效益与微观效益的巧妙结合体就可以充分发挥其干预和调控职能，以确保一国经济协调与可持续发展。

第二节　政策性金融体制的国别特征比较

作为一国金融体系中与商业性金融机构平行、并列与对称的金融机构，无论是发达国家还是发展中国家都很重视政策性金融机构的作用，但由于各国政治、经济、金融和习俗等方面的差异，政策性金融机构在各国具体运营中又有其各自独特而鲜明的特征。

一、主要发达国家政策性金融体制的特征

（一）美国政策性金融体制的特征

美国是一个市场经济国家，整个社会生产基本是以市场调节为主。但是，美国也是资本主义国家中政府对经济干预有代表性的国家之一，尤其是农业和小企业等一直受到政府的保护，由此形成了美国政策性金融机构的特点。

1. 政策性金融机构自成体系，在美国金融体系中占有一定的地位。美国的政策性金融机构主要包括农业信贷体系、住房信贷体系、美国进出口银行和中小企业管理局 4 大体系，每一个体系由若干机构组成。农业信贷体系包括互助合作性质的农业信贷机构和政府农业信贷

机构。前者在全美设立 12 个农业信贷区，每个信贷区由一个联邦土地银行、联邦中期信贷银行和合作银行组成。后者由美国农业部直属的农民家计局、商品信贷公司和农业电气化管理局组成。住房信贷体系由联邦住房贷款银行委员会、12 个联邦住房贷款银行及其会员（即储蓄贷款协会）组成。美国进出口银行是政府的独立机构，内部设立 6 个平行机构，分别是：顾问委员会、公共关系部、出口信贷担保和保险部、政策分析部、财务稽核部、人事部。中小企业管理局是美国国会拨款建立的一个联邦政府贷款机构，专门为那些不能从其他正常渠道获得充足资金的中小企业提供融资，它在全国有 100 多个分局和地区办事处。

2. 名为政府，实为合作。美国的政策性金融机构，如美国农业信贷机构等，均由政府全资建立。后来，政府又通过立法，准许这些机构归还政府资本，从而成为民间合作性质的金融机构。这种名为政府、实为合作性质的政策性金融机构是美国的独创，也适合政策性金融机构的业务特点。政府只参与政策性金融机构的建立及业务活动的宗旨、基本原则、政策方向等一系列"框架"的构建，而不干涉其具体业务活动和日常管理，使其经济组织的性质得到尊重。

3. 复合式机构形式较为典型。美国将全国划分为 12 个农业信贷区、12 个住房信贷区，在每个信贷区分设土地银行、中期信贷银行、合作社银行和住房贷款银行等。每类银行与联邦储备银行类似，在机构的设计上均为复合式的，而非单一型的。这种横向的复式并列与纵向的层次隶属结合在一起实为美国所独创，进而形成一种立体结构的政策性金融机构体系，它的优点是能适应各自信贷区的具体情况，有利于开展业务。此外，还具有规模经济的优势和稳定性，可有效避免按行政区域设立政策性金融机构的诸多弊端，虽然在某种程度上也增加了管理上的复杂性，但总体而言是利大于弊。

4. 金融市场的活跃参与者。美国金融市场发达，政策性金融机构资金主要来源于金融市场，对政府的依赖较少。这在客观上反映出美国国内储蓄者盈余丰裕，金融市场发达，主观上则反映出美国政策性金融机构应该是金融市场活跃的参与者。如美国农贷机构和住房贷款银行分别发行统一债券从金融市场筹措资金。因此，美国的政策性金融机构与金融市场互相促进，共同发展。此外，美国政策性金融机构的业务重点在于弥补并纠正市场机制的缺陷，扶持贫弱，维护机会均等与公平竞争，具有一定的保护性。

（二）英国政策性金融体制的特征

英国的政策性金融机构种类与数量都比较少，主要由出口信贷担保局、中小企业管理局和国家住房互助协会等组成，除此之外，还有英国农业支付署，作为英国最重要的农业政策性补贴机构。

1. 出口信贷担保局。英国政府在 1911 年建立的出口信贷担保局，是世界上首家出口信贷担保局。其主要职责是为企业提供信贷担保、保险与再保险服务。作为政策性金融机构，英国出口信贷担保局的主要业务是经营政策性保险，不与商业性保险相竞争，只对商业性保险不愿介入的、或者没有覆盖的保险市场缺口进行弥补。比如提供出口信用保险，办理买方信贷与卖方信贷；对大型的金融项目提供长期信贷支持等和其他优惠金融服务。

2. 中小企业管理局。英国中小企业管理局是 20 世纪 70 年代英国贸易工业部门设立的专门负责中小企业管理和服务的政策性金融机构和综合性服务机构。具体服务与管理业务有四项：（1）商务服务（Business Link），该项目是一个网络服务，专为中小企业提供财政、金融、税收、企业兼并、电子商务、养老及养老金发放等方面的法律法规政策咨询；（2）企业基金，包括中小企业贷款担保计划以及对企业创意革新的资助；（3）凤凰基金（Phoenix Fund），该基金是英国政府于1999年创立的，目的是鼓励社会弱势群体，如老人、妇女以及残障人士创办企业；（4）其他资助。

3. 国家住房互助协会。英国国家住房互助协会是基于政府对住房市场进行干预（促进住宅建设特别是公共住房的兴建，并以较低租金租给居民的法案与政策）的意图，为购房者提供首次购房专项抵押贷款和出租住房抵押贷款。资金主要来源于住房协会持有的客户零售存款、商业银行贷款以及发行的债券。

4. 英国农业支付署。英国农业支付署成立于2001年10月，主要负责共同农业政策框架下的单一支付计划、乳制品保险计划、农产品对外贸易及国内市场计划。计划的实施主要靠政府出资和农业支付署自身盈利来实现。

（三）日本政策性金融体制的特征

日本国土面积狭小，人口众多，自然资源贫乏，第二次世界大战后，用二十多年的时间发展为世界第二大经济强国，政策性金融机构体系对其经济发展产生了一定的作用。

1. 日本政策性金融机构种类多样，范围广泛。日本政策性金融机构最初由"两行九库"组成。"两行"是指日本开发银行、日本输出入银行；"九库"是指国民金融公库、中小企业金融公库、中小企业信用保险公库、环境卫生金融公库、农林渔业金融公库、住宅金融公库、公营企业金融公库、北海道东北开发金融公库、冲绳振兴开发金融公库。近年来，随着国内外一些形势的变化，日本政府对其进行了改组，从而形成了目前的政策性金融综合公库。日本政策性金融机构的范围覆盖住房、经济开发、进出口、农业、环境卫生、医疗保健等领域。在日本经济恢复和发展，尤其是促进日本经济高速增长方面发挥了重要作用，如在第二次世界大战后经济复兴时期的倾斜生产型产业政策，高速增长时期的出口主导型产业政策，以及经济腾飞后为追求生活品质，整治环境，促进国民福利政策的实施以及成功均离不开政策性金融机构。

2. 与商业性金融机构严格分离，自成体系。许多国家为了体现政策性金融机构与商业性金融机构的差异，将政策性金融机构视为"特别金融机构"或"专业金融机构"。而日本却把二者严格划分开来，并自成体系。在日本，政策性金融机构与商业性金融机构在以下几方面分离：在机构设置方面，政策性金融机构以政府金融机构为主，以部分合作性质金融机构为辅；在业务活动方面，政策性金融机构与商业性金融机构不发生业务交叉和竞争关系，而是业务分离和互补的关系。政策性金融机构不吸收存款，支持不能或不易得到商业性金融机构融通的项目，且多采用联合融资、委托贷款等方式；在管理方面，政策性金融机构由原大藏省（现财务省）管理，有关部门（如产业部门）也共同参与管理，而商业性金融机构则归日本银行管理。

3. 政策性金融机构的资金来源独具特色。日本政策性金融机构的资金来源主要依靠财政投融资机制。这一特点反映并决定于日本金融结构和社会经济的某些特点。在较长时间内，日本间接金融占优势，直接金融相对不发达，这样，政策性金融机构不能像美国等发达国家那样主要依赖金融市场筹措资金。由于高速增长时期日本企业资金需求旺盛，商业性金融机构自身资金不足，政策性金融机构不可能从同业得到资金。政策性金融机构一直是以邮政储蓄吸收的居民储蓄为主。这些资金通过原大藏省（现财务省）资金运用部分配给政策性金融机构，这一机制被称为财政投融资机制。政策性金融机构不直接吸收储蓄，而由其他储蓄机构吸收，再转移或借贷给其有偿使用，这既减少了金融机构的数量，避免了业务交叉和竞争，又便于加强管理。

（四）　德国政策性金融体制的特征

德国是世界上银行业务综合化的典型，其政策性金融体制特征也主要在银行体系中体现。在德国的银行体系中，有些综合性银行也在特定的领域里发挥着政策性金融的作用，例如储蓄银行。还有一些专业银行和特殊信贷机构，其设立是由政府出资，经营范围是在政府政策意图范围内的某个特殊领域，因此也被称为政策性银行。例如各类公营的抵押银行、公营的特殊职能银行和其他公营金融机构等。

1. 储蓄银行。德国的储蓄银行在建立之初，主要为低收入居民的储蓄提供服务。它是地方性银行，设置非常普遍，大多为地方政府所有，不以盈利为目的。现在都已经发展成为"全能型"综合性银行。资金来源于储蓄存款，资产业务中包括对中小企业的贷款，对长期性住房建设和公共事业的投资，以及对地方政府的融资。

2. 政府抵押银行。这类银行大多数是政府提供资金，并主要用于住房抵押贷款和其他需要政府支持的长期贷款。包括德国房地产及农业抵押银行、德意志抵押债券机构等。

3. 政府经办的特殊银行。这类银行是政府专门为特定项目或有特殊困难的集团提供资金的金融机构。包括工业信用银行、德国平准基金银行、重建贷款机构——德国复兴信贷银行、房屋贷款银行等。其中德国复兴信贷银行在德国政策性金融机构中最为著名。该机构最初是为第二次世界大战后联邦德国的重建提供资金，现在的首要任务是为中小企业在国内外的投资项目提供优惠的长期信贷。这些长期信贷主要用于基础设施、能源、环保和住房改造等领域。

（五）　法国政策性金融体制的特征

法国是一个市场经济国家，经济运行受到市场经济原则支配。但是，法国政府也重视经济计划管理方式，注重对宏观经济的管理和干预，从而成为主要资本主义国家中唯一实行市场经济基础上的经济"计划化"国家，这在其政策性金融机构中也得到了鲜明的体现。

1. 以国有或政府领导的公有机构为主。在所有制上，法国政策性金融机构主要是国有或政府领导的公有机构。法国政策性金融机构由法国农业信贷银行、法国对外贸易银行、法国土地信贷银行、法国国家信贷银行、国家市场公库、中小企业设备信贷银行构成。这些金融机构多为官方和半官方所有的专业性金融机构，或者是由政府领导、控制和影响的部分合作性质的金融机构。它们的业务活动范围仅限于农业、中小企业、进出口企业等领域。

2. 多为股份制半官方专业银行。法国政策性金融机构多为股份有限公司，与其他商业性金融机构一样，政策性金融机构是一个经济组织，它必须依照经济组织的原则构造其组织形式（股份公司形式）和确立其经营原则。同时作为半官方机构，它除从事一般业务活动外，还承担某些政策性金融业务。因此，对于承担非盈利或低盈利政策性业务或由此而产生的某些损失等，政府给予利息补贴和税收优惠。但是，某些政策性金融机构凭借政府给予的某些优惠待遇拓展其商业性业务，导致了其与商业性金融机构的摩擦，破坏了公平、自由竞争的原则，引起了社会有关方面的不满与批评。

3. 机构众多、规模庞大。法国是资本主义国家中唯一实行市场经济基础上的经济"计划化"的国家。政府通过所控制的官方或半官方金融机构为实现政府的政策意图而开展政策性业务，向工农业生产、住房建设、进出口、中小企业、经济与地区开发和社会事业等提供资金，取得了明显成效。这些政策性金融机构随政府政策目标的变化而不断调整、改变其业务活动领域和范围，不断扩大业务规模，扩充实力，在法国金融体系中占有一席之地。

4. 政策性金融机构与商业性金融机构差异趋于淡化。法国是实行专业化银行制度的国家之一，银行的资金来源和活动领域受到一定的限制。如政策性金融机构原则上不得与商业性金融机构竞争，不得吸收活期存款，不得发放 2 年以上的中长期贷款，不得超过既定的业务领域等。在金融自由化浪潮的冲击下，法国银行间分工逐渐淡化，业务趋向综合化和国际化。如新的银行法取消了商业银行与实业银行、中长期信贷银行的界限，即是一个明显的表现，这种冲击也必然表现在政策性金融机构的业务活动上，一些政策性金融机构逐步突破业务限制，向商业银行化、综合化和国际化方向发展。

5. 独创"上官下民"的所有制模式。这一模式是指在同一体系中有不同层次的机构。最高层的中央机构为国有性质，而中层和最基层机构均为民办合作性质。这种银行体制是法国的首创，如法国农业信贷银行。这种模式既保证了国家对该政策性金融机构有一定程度的限制、干预的权力，又不任意和过分地干涉其经营活动。同时，其基层机构更适应农村分散性的特点，贴近农民，既维护了经营自主权和积极性，增强了基层组织的稳定性，保证灵活有效地开展业务活动，又适合于配合政府的农业金融政策，政府政策可通过中央机构逐级贯彻到农民。可以说，它将大多数国家分立的政府政策性金融机构与民间合作组织合二为一，变"平行结构"为"上下机构"，颇有特色。这种"上官下民"模式与日本的"官民并列"的模式不同，两种模式各具特点，但都适应各自国家的经济金融环境，并均取得了较好的效果。

二、"金砖国家"政策性金融体制的特征

（一）巴西政策性金融体制的特征

巴西实行资本主义市场经济，但政府在发挥市场机制作用的基础上通过制订实施经济发展计划来调节、管理、指导经济发展。政府确定一个时期的发展重点，如基础社会部门、基础产业部门，给予重点支持，同时，又注重农林部门的发展与地区平衡，所有这一切都使主要由国有国营开发银行组成的政策性金融机构的作用得到了充分的发挥。

1. 强制性储蓄成为政策性金融机构的重要资金来源。巴西创立了在国家管理之下强制执行并具有广泛性的社会福利制度，其中包括 1966 年创设的"保障就业基金"和 1970 年创设的"政府职工基金计划"，它们实际上是强制性储蓄。根据"保障就业基金（又称服务年限保障基金）"规定，企业主需要按企业职工工资总额的 8% 付款给"保障就业基金"，存入每个职工的个人账户，该存款由国民住房银行管理，按指数化管理货币数量，年息为 3%，职工在结婚、购房、偿还医疗费用和退休等情况下，可提取该存款。这项基金计划得到了大多

数工人的欢迎。"政府职工基金计划"主要是由雇佣者出资为政府工作人员建立的与"保障就业基金"性质相同的基金，提取存款的限制同前者大致相同。这两项福利计划的巧妙之处在于它把社会福利同筹措开发资金的来源结合起来，前者的流动资金构成国民住房银行的重要资金来源，后者的流动资金则构成了国民经济开发银行的重要资金来源，为工业开发项目提供资金。

2. 开发性政策性金融机构占绝对优势。巴西政策性金融机构多为开发性金融机构，主要是因为巴西作为一个发展中国家，在经济发展初期，面临着比较严重的经济二重结构问题，为摆脱贫困，消除地区和部门间的不平衡，在经济总水平不断提高的同时，只有加速落后地区和部门的发展，才能实现国民经济的长期持续、协调和稳定的发展。而设立开发银行的目的就在于此，因为开发银行业务具有综合性，尤其是地区开发银行更广泛地服务于工业、农业和其他领域。

3. 在社会基础设施建设和维护社会稳定方面成效显著。巴西政策性金融机构通过实施全国性的卫生计划，改造城市卫生设施，提高社会生活质量，充实社会资本，以此为经济建设提供良好的社会基础设施条件。此外，通过建立强制性储蓄机制，为相应的金融机构提供了稳定和丰厚的资金来源，更重要的是为社会居民提供了相应的社会保障，在巴西通货膨胀严重恶化的形势下，有利于社会稳定，真正发挥了政策性金融机构贯彻政府社会政策的作用。

（二）　俄罗斯政策性金融体制的特征

作为经济转轨型国家的典型代表，俄罗斯的政策性金融机构的设立和业务活动主要表现在对国家外贸经济、开发经济、农业与中小企业的发展等方面的支持。其政策性金融机构的种类与特征如下。

1. 俄罗斯开发和对外经济银行。俄罗斯开发和对外经济银行是 2007 年 5 月在原三家政策性银行合并的基础上成立的。原三家政策性银行分别为：对外经济银行、俄罗斯发展银行和俄罗斯进出口银行。合并后的开发和对外经济银行为俄罗斯联邦国家集团所有，开展丰富的金融业务活动，这些业务主要包括：（1）作为政府的代理机构，具有管理国家福利基金和国家外债的职能。（2）开展融资贷款业务，包括项目融资和贸易融资。特别是要支持国家重点领域、高科技产业和创新部门，为中小企业和城市部门基础设施建设提供资金。（3）灵活地开展投资并购业务，可以参与中长期大额项目并为其投入资本金，入股符合其业务方向的企业，购买企业债券，参股金融机构，收购经营实体。（4）依法发行债券和其他有价证券，可发行债权担保债券，可在国内外市场上借款。（5）可通过担保、保险业务支持俄罗斯优势产品和服务出口。作为国家最重要的政策性金融机构之一，俄罗斯开发和对外经济银行按照国家的政策意图，在国家关注的领域中发挥重要的作用。

2. 俄罗斯中小企业信贷银行。俄罗斯中小企业信贷银行是俄罗斯开发和对外经济银行的全资子银行。2008 年，俄罗斯开发和对外经济银行推出"支持中小企业计划"，该计划通过俄罗斯中小企业信贷银行专门实施。主要任务是对生产型、创新型和高科技型中小企业提供融资服务，优化其信贷结构。

3. 俄罗斯农业银行。俄罗斯农业银行是国有独资的金融机构，成立于 2000 年。主要任务是为俄罗斯农业生产和涉农企业提供金融服务。俄罗斯农业银行具有国家财政金融支持农业发展的政策性金融的鲜明特点，也是国家重要的政策性金融机构。按照成立时的总统法令，要求该机构贷款金额中的70%要投向农业领域，但政府不干预具体投向哪些农业企业，由银行自主决定。

4. 俄罗斯中小企业基金。中小企业基金是俄罗斯地方政府建立的旨在配合俄罗斯中小企业信贷银行向中小企业提供资金支持的小企业贷款担保基金。在俄罗斯，多数地方政府都建立了该基金，主要目的是提供有偿担保，即在俄罗斯各个城市发展服务于小企业的信贷和担保体系，帮助小企业平等地获得商业贷款。

（三）印度政策性金融体制的特征

印度是一个发展中国家，经济建设资金需求颇为庞大，同时它又是一个大国，尽管可以利用外部资金，但经济建设资金来源必然主要依靠国内渠道。正因为如此，政策性金融机构也得到了相应的发展，并对印度经济社会发展起到了促进作用。

1. 政策性金融机构种类较多、分布较广。印度政策性金融机构分布于农业、住房、进出口、中小企业以及经济开发等方面，如地区农村银行、国家农业和农村开发银行、印度进出口银行、印度工业开发银行、印度工业金融公司、印度工业信贷和投资公司、印度国家金融公司、印度住房和城市开发公司以及轮船开发基金委员会等。

2. 机构重点设置在商业银行分支机构缺乏的地区。印度地大人多，经济社会发展严重不平衡，地区间、部门间发展水平参差不齐，发展任务繁重。因此，印度在工业、农业、进出口、住房、中小企业、经济开发等方面均设有政策性金融机构，而且，分支机构重点设于商业银行分支机构缺乏的地区。

3. 政策性业务向发展重点和不发达地区倾斜。印度独立后，即把工业化作为经济工作重点，尤其重视发展重工业，以形成较为完整的工业体系，减少对外依赖。为加速工业化进程，在商业银行资金不能满足大量长期低利贷款需要的情况下，印度建立了较多的工业和开发性政策性金融机构，它们按照政府制定的五年计划目标，为工业企业提供长期低利贷款，并优先对重点发展企业的固定资本提供贷款，协助企业发行有价证券进行筹资，还为企业提供技术、管理和咨询服务，从多方面促进工业化。政策性金融机构作为弥补商业性金融机构不足的有益补充，在印度表现得更为明显与典型。

4. 政策性金融业务由兼营向专营转变。印度经济与金融业不是很发达，最初存在政策性业务与商业性业务兼营的问题，如中央银行——印度储备银行长期兼营农业信贷，专门设有农业信贷部从事这一工作。商业银行——印度国家银行兼营中长期出口信贷，在较长时期内无专门的出口融资机构，只有一个出口信贷保险公司提供出口信贷保险。这种模式分散了中央银行的货币政策重心，忽略了政策性业务与商业性业务的区别。随着1982年成立了印度国家农业和农村开发银行接管印度储备银行农业信贷部，成为农业政策性金融机构，并充当农业信用的最高机构和最后贷款人；同年成立了印度进出口银行专门从事中长期出口融资业务，对商业银行出口融资给予再融资或担保，印度金融业正由兼营向专营转变。

（四）中国政策性金融体制的特征

中国是典型的经济转轨国家。新中国成立后，我国实行高度集中统一的计划经济体制，形成了"大财政、小金融"的管理体制，金融作为财政收支的代理部门或附属部门，金融功能与财政功能高度重合。中国政策性金融体系框架的基本形成，是以 20 世纪 90 年代初期三大政策性银行的组建为标志的。在此之前，主要由中国人民银行和各类专业银行及其他金融机构、财政信用机构等承办或兼营政策性金融业务。现阶段我国已经初步形成了以政策性银行和政策性非银行金融机构为主体，其他政策性金融制度承载体承担各种形式的政策性融资业务为补充的政策性金融体系。

1. 中国政策性金融体制演进。1978 年，以党的十一届三中全会召开为标志，中国开启了改革开放新时代，中国经济体制由计划经济向市场经济转变，由此带来的全方位影响使原有的大一统金融体制也开始进行重大变革。改革开放初期的金融体制改革主要分两个阶段：第一阶段是金融监管和金融经营的分离分立。自 1979 年改革开放伊始，我国便恢复了中国农业银行和中国银行以强化对农业信贷业务和外汇业务的经营；紧接着开始探究人民银行监管职能和经营职能的分离分立。1984 年中国工商银行正式成立，由其承担人民银行过去承担的工商信贷和储蓄业务，而人民银行专司中央银行职能，至此标志着第一阶段改革的完成。第二阶段是商业性金融和政策性金融的分离分立。1993 年 12 月 25 日，国务院颁布了《国务院关于金融体制改革的决定》，提出我国金融体制改革的目标是："建立在国务院领导下，独立执行货币政策的中央银行宏观调控体系；建立政策性金融与商业性金融分离，以国有商业银行为主体、多种金融机构并存的金融组织体系；建立统一开放、有序竞争、严格管理的金融市场体系。"指出建立政策性银行的目的是实现政策性金融和商业性金融分离，以解决国有专业银行身兼二任的问题；割断政策性贷款与基础货币的直接联系，确保人民银行调控基础货币的主动权。并提出政策性银行要加强经营管理，坚持自担风险、保本经营、不与商业性金融机构竞争的原则，其业务受中国人民银行监督。

1994 年，国家开发银行、中国进出口银行和中国农业发展银行（简称"三大政策性银行"）相继成立，这标志着政策性金融与商业性金融分离分立改革的顺利完成，也标志着中国政策性金融体制的正式建立。

2. 中国政策性金融机构组织体系与主要职能。我国政策性金融机构体系主要由三大政策性银行和一些政策性非银行金融机构（如中国出口信用保险公司、中国投资有限责任公司、中国经济技术投资担保公司）构成。

（1）国家开发银行①。1994 年 3 月 17 日，国家开发银行正式成立。国家赋予开发银行的职能是：按照国家法律、法规和方针、政策，筹集和引导社会资金，支持国家基础设施、基础产业和支柱产业大中型基本建设以及技术改造等政策性项目及其配套工程的建设，从资金来源上对固定资产投资的总量进行控制和调节，优化投资结构，提高投资效益，促进我国国民经济持续、快速、健康地发展。国家开发银行总部设在北京，目前在国内设有 37 家分行，海外设有香港分行、开罗和莫斯科代表处。

（2）中国进出口银行。1994 年 7 月 1 日，中国进出口银行正式成立。国家赋予中国进出

① 2008 年 12 月 16 日，国家开发银行股份有限公司在北京召开成立大会，国家开发银行改制为商业银行性质的国家开发银行股份有限公司。但从组建初衷和一直主要从事的属于政策性金融范畴的社会责任融资业务，以及现行的统计口径来看，如今的国家开发银行仍然被政府划入政策性银行体系之列。

口银行的职能是：作为贯彻国家外贸政策的政策性银行，为扩大我国电机产品、成套设备和高新技术产品进出口，推动有比较优势的企业开展对外承包工程和境外投资，促进对外关系发展和国际经贸合作，提供政策性金融支持。中国进出口银行总部设在北京，目前在国内设有 18 家营业性分支机构；在境外设有东南非代表处、巴黎代表处和圣彼得堡代表处；与 500 多家银行建立了代理关系。

（3）中国农业发展银行。1994 年 11 月 8 日，中国农业发展银行正式成立。国家赋予中国农业发展银行的职能是：承担国家粮棉油储备和农副产品合同收购、农业开发等业务中的政策性贷款，代理财政支农资金的拨付及监管使用。中国农业发展银行总部设在北京，全系统共有 31 个省级分行，300 多个二级分行和 1 800 多个营业机构，服务网络遍及全国。

（4）中国出口信用保险公司。2001 年 12 月 18 日，中国出口信用保险公司成立。它是由国家出资设立、支持中国对外经济贸易发展与合作、具有独立法人地位的国有政策性保险公司。服务网络覆盖全国各地。公司业务经营的宗旨是：通过为对外贸易和对外投资合作提供保险等服务，全面支持对外经济发展，促进经济增长、就业和国际收支平衡。主要任务是积极配合国家外交、外经贸、产业、财政和金融政策，通过政策性出口信用保险手段，支持货物、技术和服务等出口，特别是高科技、附加值大的机电产品等资本性货物出口，支持中国企业向海外投资，为企业开拓海外市场提供收汇风险保障。

除了上述主要的 4 家政策性金融机构外，我国还有一些全国性的和地方性的政策性金融机构，如中央汇金投资有限公司、中国经济技术投资担保公司、金融资产管理公司等。

除了上述政策性金融机构组织体系外，在我国不同历史时期和发展阶段，根据党和国家有关支持国民经济重点领域、薄弱环节、强位弱势群体等方面的金融政策，商业性金融机构开展的对"三农"、中小微企业、低收入者住房、西部大开发、企业"走出去"、文化产业、科技创新、高新技术成果转化、节能减排、生态环境保护、就业、助学、灾后重建等的政策性融资业务品种，如小微业务贷款、中小企业信用担保、贴现贷款、市财政债券融资、农业保险，以及地方城市建设投资公司债券融资、基础设施建设特许授予融资（BOT、BT、TOT）、助学贷款等，都可以列入政策性金融业务体系范畴。

（五）南非政策性金融体制的特征

政策性金融机构的设立较为全面，是南非政策性金融体制的明显特点。这些政策性金融机构的设立和业务开展，为扶持南非社会基础领域和重要领域的发展发挥了有效的作用。

1. 南非土地银行。南非土地银行是一家由南非政府全资占股的农业开发性金融机构，实行由监事会领导下的 CEO 负责制。土地银行在全国的 9 个省设立了 27 家分行和 54 家支行。除农业贷款业务、提供系列助农业务外，还由下属的保险公司为一些特定长期贷款客户提供农业保险。

2. 南非发展银行。南非发展银行是一家国有银行。它的目的是通过对社会和经济基础社会设施领域的投资和金融服务提高南非人民的生活质量，促进社会经济可持续发展。它为各种经济方案的制订和实施提供信贷资金和技术，为南非政府、地区和地方行政机关以及管辖经济的非政府组织提供资金补助。投资主要注重于帮助各行业解决产能瓶颈，进而帮助解决国家经济发展瓶颈，以优化经济发展潜力。

3. 南非小型企业发展公司。南非小型企业发展公司成立于 1981 年，是一家建立在政府和私人股东平等基础上的负责向小型企业提供信贷和咨询服务的公私合营的企业。公司的发展中，政府的经济政策起着重要的作用；公司董事会中，私人股东起着决定性的作用。

4. 南非公共投资公司。南非公共投资公司是非洲最大的基金管理公司，业务主要集中在投资开发性项目，并覆盖教育和能源等多个领域，对南非经济发展具有举足轻重的影响力。南非公共投资公司在推动南非经济发展中发挥着重要作用。

5. 其他政策性金融机构。南非其他政策性金融机构还包括社会储备公司、国家投资委员会和邮政储蓄银行等，是为完成某项专门工作而设立的。社会储备公司主要负责吸收国家机关的存款并把它们投资于国家债券；国家投资委员会负责监督国家机关使用的信贷资金、存款资金和投资于有价证券的资金；邮政储蓄银行主要办理各地居民存款，并以此向邮电和交通服务领域提供贷款。

三、新兴工业化国家政策性金融体制的特征

（一） 韩国政策性金融体制的特征

韩国金融经济成长落后于其实物经济增长，主要是政府严格管制造成的金融压抑，但是，经济迅速发展必然带动其金融业不断发展。20 世纪 60 年代，在韩国当局将经济建设奉为"至上课题"，提出"经济增长第一""贸易立国"的路线，决心努力实现经济现代化之后，政策性金融机构取得了迅猛的发展。

1. 政策性金融机构在金融体系中居于重要地位。韩国政策性金融机构包括韩国开发银行、韩国中小企业银行、韩国住房银行、韩国进出口银行、国民农业合作社联合会、渔业合作社联合会等。它们分别服务于农林渔业、住房业、中小企业、进出口和经济开发等领域，主要是为了满足这些关键产业和战略部门的资金需求而提供中长期信贷，促进其持续、稳定发展。

2. 集中经营与分散经营相结合。韩国金融制度是仿效日本建立的。但与日本不同的是，韩国政策性金融机构没有形成独立的体系，政策性金融业务大部分由政策性金融机构来经营，也有一部分由各商业银行按政府指令及要求来经营。韩国经济企划院制定的发展战略和目标，实际上构成了政策性贷款的原则。由于政府对金融体系的严格控制，银行只得听从于政府指令和规定，将政策性贷款投向政府发展战略和计划所规定的项目。韩国政策性贷款过于庞大，曾经达到其金融机构贷款总额的一半，主要是投放于造船、钢铁、汽车制造、石油化工、重型机械等行业。当然，这种政策性贷款虽然表明政策性金融机构在推动、引导社会资金投向及扩大政策性贷款方面富有成效，但使用于轻工业、农业以及消费品方面的资金越来越少，抑制了它们的正常发展。

3. 根据发展计划、政策目标建立相应的政策性金融机构。朝鲜战争停战后，经济重建急需大量资金，在国内储蓄不足，金融机构动员储蓄能力有限，缺乏强有力的储蓄转化投资机制的情况下，单纯依靠商业银行已经无法提供经济重建急需的大量资金。于是，1954 年建立了韩国开发银行，向经济重建和战后的大规模经济建设提供了大量资金。为保证教育、国民保健和社会福利事业的发展，1967 年韩国住房银行成立。随着韩国经济的恢复与发展，进出口成为韩国经济继续发展的关键。韩国资源贫乏，初期原材料甚至食品都需要进口，工业化

进程加速以后则更加依赖进口，而为了维持进口就必须扩大出口，政府把出口作为压倒一切的任务。1969年7月，韩国颁布了《进出口银行法》，同年10月，一直向进出口行业融资的韩国外汇银行开始试办进出口银行贷款业务。1976年4月，韩国正式组建了进出口银行。

（二）新加坡政策性金融体制的特征

新加坡政策性金融体制主要体现在新加坡投资局和中央公积金局的设立，以及新加坡邮政储蓄银行业务开展中体现的政府对基础设施建设提供的支持。

1. 新加坡投资局和中央公积金局。新加坡投资局和中央公积金局的设立和业务管理情况在第三章中已做陈述，此处需要强调的是，韩国公积金是一项为退休人员提供社会保障的制度，政府设立公积金局的目的是保证公积金得到适当的管理和保持低的通货膨胀率（因为建立在强制储蓄的基础上）。这个制度在稳定社会和促进经济发展方面起到了积极的作用。另外，这个制度把个人储蓄与工作成就结合在一起，因为储蓄数量取决于工资收入，工资收入取决于就业者的工作业绩，从而激励就业者努力工作、注重新技能的掌握、参加培训和接受教育，对企业提高劳动生产率、增强产品的国际竞争力起到了促进作用。

2. 新加坡邮政储蓄银行。作为新加坡唯一一家国营专业银行和新加坡国内经营历史最悠久的金融机构，新加坡邮政储蓄银行和其他政策性金融机构一起，为支持政府发展规划发挥了重要作用。该银行通过居民存款免征所得税的国家政策，吸收和汇聚大量的储蓄存款，主要用于国家基础设施的投资、开发计划的投资和国内工业的发展。目前，新加坡邮政储蓄银行不断开发新业务和扩大服务范围，例如开办划拨服务，经营购房贷款业务等，成为推动新加坡国内储蓄的重要机构。

第三节　各国政策性金融体制的综合比较

政策性金融机构是专门为贯彻和配合政府社会经济政策或意图，在某一特定业务领域内从事融资活动的金融机构。政策性金融机构开展业务活动时必然与其他机构发生各种各样的联系。因此，对政策性金融机构业务活动、运行机制以及外部关系的比较，有利于进一步了解各国政策性金融机构在各国经济和社会发展中所起到的作用。

一、专业分类的比较

各国政策性金融机构的种类繁多。按照专业分类，各国的政策性金融机构可以分为以下几类：开发性政策性金融机构、农业政策性金融机构、进出口政策性金融机构、中小企业政策性金融机构和住房政策性金融机构。

（一）开发性政策性金融机构比较

开发性政策性金融机构是指那些专门为经济开发提供长期融资的金融机构，如开发银行、开发金融公司等。开发性政策性金融机构可分为国际性、区域性和国家性三种类型。（1）国际性开发金融机构是由国际范围内的若干国家共同出资设立，服务范围也是国际性的，如世界银行、国际开发协会等。（2）区域性的开发金融机构是由某一区域内的若干国家共同出资设立，服务范围是本区域，如亚洲开发银行、泛美开发银行、非洲开发银行等。

（3）国家性的开发金融机构是在一个国家内设立的为本国经济发展服务的金融机构。国家性的开发金融机构又分为两种，一是全国性开发金融机构，一般由一国中央政府设立，服务于全国，如日本开发银行、韩国开发银行、巴西全国经济开发银行。二是地方性开发金融机构，一般由地方政府设立，专为本地区经济开发服务，如巴西东北部开发银行。

1. 开发性政策性金融机构性质比较。开发性政策性金融机构大多为政府所有或控制，部分为公私合营，少数为私人所有。即便是私人所有，也依赖于政府开发性金融机构或政府部门。

（1）政府全资所有。即由政府全部出资建立。如日本开发银行等3家开发性金融机构和韩国开发银行均由政府从财政资金中拨付资本金，由政府全部出资。从实际情况看，政府取得所有权是为了更"合法"、便利地通过开发性金融机构动员资金，支持经济发展，贯彻配合政府的政策意图。

（2）公私合营。一般由政府、中央银行、开发性金融机构和商业银行等共同出资建立，政府出资占较大的比例，政府基本上具有控制权。如澳大利亚资源开发银行为公私合营机构，它由商业银行认股，澳大利亚联邦储备银行为其提供长期投资性贷款。塞内加尔国民开发银行资本额中，塞内加尔政府持股比例为72.9%，其余股份由法国经济合作中央组织（15.6%）、西非货币联盟（6.5%）等持有。

（3）私营机构。由私人出资建立，政府提供资助或支持并为私人所有。私营性质的金融机构均以盈利为目的，私营型的开发性金融机构也不例外，以盈利为目的与政策性金融机构的宗旨相悖，也不利于从事开发性金融机构的业务。因此，为了使私营性质的开发性金融机构能够贯彻、配合政府的政策意图，开展长期性投资业务，政府往往给予其特殊的支持。菲律宾的开发性金融机构即为此种类型。

2. 开发性政策性金融机构的资金来源比较。由于各国国情不同，开发性政策性金融机构的资金来源与运用也有所不同。资金来源渠道与其他类型的政策性金融机构没有太大差异，主要区别在于它们对于资金来源渠道的依赖程度有所不同。

（1）资本金基本上依靠政府资金。有些机构由政府提供全部资本金和部分运营资金，如日本开发银行。有些机构由政府持有主要股份，联合其他金融机构共同组建，政府仅提供大部分或一部分资本金，如马来西亚开发银行（政府出资比例为92.5%）、尼日利亚工业开发银行。有的机构靠征收附加税筹集资本金，而不是由政府直接提供资本金和运营资金，如巴西全国经济开发银行、加拿大工业开发银行。

（2）发行债券成为其主要的资金来源。开发性政策性金融机构成为各国资本市场的活跃参与者，即机构投资人，对于各国尤其是发展中国家资本市场的开拓与扩展发挥了重要作用。开发性政策性金融机构发行的债券一般由政府担保或被视为政府债券，风险小，具有较大吸引力，成为日益重要的筹资手段和资金来源。日本、韩国和印度开发性政策性金融机构均通过发行债券从金融市场获得资金，并且融资比例在不断上升。

（3）吸收存款。吸收存款可补充其他渠道筹资的不足。可以广泛地吸收存款的开发性金融机构为数不多，且集中于发展中国家。主要是吸收定期存款、储蓄存款，发行大额可转让存单（CD）。

（4）借入资金。开发性政策性金融机构既可从政府或政府部门得到官方资助，还可从中央银行、国内其他金融机构、国际或外国金融机构借入资金。韩国开发银行借入资金曾占相当大的比重，印度尼西亚国家开发银行的中央银行借款和政府借款构成其主要资金来源。此外，印度工业开发银行、日本开发银行、马来西亚工业开发金融公司等机构，均不同程度地从以上渠道借入资金，来满足营业需要。

3. 开发性政策性金融机构的资金运用比较。开发性政策性金融机构的资金运用主要有贷款、投资和担保等。

（1）贷款。对开发项目提供贷款，满足开发项目的资金需求是开发性金融机构的主要业务。其特点是贷款期限较长，一般是中长期的，并且要符合政府经济社会政策意图，尤其是产业政策。如日本开发银行一直将产业开发和社会发展作为贷款的重点；马来西亚工业开发金融公司着重为优先发展的工业部门提供固定资产的中长期贷款；印度尼西亚全国开发银行提供中长期投资贷款。

开发性政策性金融机构贷款除直接发放外，还采取联合贷款的方式，以满足大型建设项目的资金需求。印度尼西亚国家开发银行与地方开发银行联合贷款；马来西亚工业开发金融公司与商业银行组成银团联合贷款，并充当组织领导角色；日本、新加坡开发银行也与其他银行协作发放联合贷款。

（2）风险投资。风险投资是指开发性政策性金融机构参与某一项目筹建并购买一定量的股权资本，成为企业的股东。在资金缺乏的情况下，开发性政策性金融机构的投资既能够增加资金供给，又能够在客观上向其他投资者展示政府支持的意愿，吸引更多的投资，即"通知效应"。

（3）参与外汇贷款。由于单纯提供本币资金有时不能满足项目建设的投资需求，因而开发性政策性金融机构有必要通过向外国借款来发放外汇贷款。如澳大利亚产业开发公司为澳大利亚产业，特别是矿业和制造业提供开发资金，它的业务活动包括从国外借入资金转借给被支持的企业。

（4）债务担保。开发性政策性金融机构为了使新项目或新企业能够拥有更广泛的融资渠道，获得更多的开发资金，对要支持的项目和企业的债务进行担保，当借款人无力偿还贷款时，由开发性政策性金融机构负责偿还全部或部分贷款。例如，日本北海道东北开发公库对资本金在 1 000 万日元以上的公司进行债务担保，担保额为债务余额的 80%，年利率为 2%，即若借款人到期不能归还贷款，日本北海道东北开发公库将负责偿还贷款额的 80%，并按 2% 的年利率支付利息。

4. 开发性政策性金融机构的业务特征比较。世界各国的国情不同，开发性政策性金融机构的资金来源渠道与资金运用业务也不尽相同。在各国工业化与社会经济的发展过程中，开发性政策性金融机构发挥了重要作用，具有不同于其他政策性金融机构与商业性金融机构的业务特征。

（1）鼎力支持国家工业化，配合贯彻实施政府产业政策。经济欠发达国家或发展中国家经济发展的主要任务是实现国家工业化，在推进工业化的进程中，政府制定与实施包括产业政策在内的一系列措施来加以促进。产业政策规定了不同阶段重点发展的部门与产业，如重点加强基础产业建设、重化工业建设等，逐步推动产业成长和优化，奠定雄厚的工业基础。这一做法在一些国家如日本、韩国取得了显著成效。日本开发银行在第二次世界大战后各个历史时期，配合政府经济产业政策，以各种形式支持工业现代化。20 世纪 50 年代，按照经济发展需要和产业政策的要求，贷款集中于电力、海运、煤炭、钢铁四大基础产业部门。1951—1955 年贷款额达 2 530 余亿日元，其中四大产业份额分别为 46.4%、25.3%、6.5% 和5.6%。后来，又转移到机械、石油化工、合成纤维等新兴产业，大力发展重化工业和新技术。70 年代，又将社会开发列为重点。日本开发银行在日本经济社会发展中始终居于举足轻重的地位。韩国开发银行通过特惠利率等条件来为战略产业、现代工业发展提供巨额资金，为韩国工业化立下汗马功劳。

（2）挖掘投资机会，为建设项目提供长期优惠资金。开发性政策性金融机构通过贷款、投资和担保等方式为符合政策要求的建设项目，为那些不能或不易从其他金融机构或资本市场获得长期资金的建设项目提供长期优惠资金。韩国许多重大建设项目如韩国电力公司、浦项钢铁公司以及一些国营煤矿、化肥、石油、通信企业的建立均得到韩国开发银行的大力支持，包括参与投资，提供贷款和商业贷款担保。经济欠发达国家和发展中国家缺乏成熟的企业家阶层，投资进行缓慢，开发性政策性金融机构主动挖掘投资机会，以其雄厚的资金力量和一流的人才参与企业创办与经营，扶持新企业逐步走向正常生产与经营。同时，为发展某些产业，开发性政策性金融机构会进行创造性投资，以改善投资项目资金机构，引导社会资本参与，壮大新产业，促进产业升级和结构优化。此举基本上是各国开发性政策性金融机构的普遍做法。

（3）为所支持项目提供全面服务。开发性政策性金融机构对于所支持项目不仅是资金援助，更重要的是为项目的选择、计划的制订和实施到投产等各阶段提供技术、管理、人才信息和财务咨询等多方面各种形式的服务。如开发性政策性金融机构具有较多的专家和技术人才，可为项目建设方提供技术、管理援助，有时甚至会成立有关机构来负责这方面的工作，或者为项目培训人员，协助进行财务管理、咨询、提供信息等服务。

（4）管理和协调有关机构开展政策性金融活动。各国开发性政策性金融机构一般具有某些管理职能，以其自身实力和优越地位协调、引导、奖励有关机构共同开展开发性政策性金融活动。如巴西全国经济开发银行负责管理各州和地方开发金融机构；菲律宾、印度尼西亚两国国家开发银行负责管理协调本国私人开发银行。

（二）　农业政策性金融机构比较

农业历来是各国国民经济中具有战略地位的产业之一。由于农业的特点和重要性，农业则成为受市场机制自由控制程度最小、政府干预调节与控制程度最大的部门。适应并体现这一特点，农业政策性金融机构广泛而普遍地存在，并且具有历史悠久、结构复杂、业务独特、作用显著等特点，成为较有代表性的政策性金融机构类型之一。

1. 农业政策性金融机构的性质和职能比较。农业金融机构的名称各异，似无规律可循，但尚能反映出一定的内容。政府金融机构一般冠以"国家""中央"字样，或不以"银行"命名，如印度国家农业和农村开发银行，日本农林渔业金融公库等；合作信用的金融机构往往都有"合作"字样，如美国合作银行等；长期或不动产贷款的金融机构常有"土地""地租"等字样，如美国土地银行、德国土地信用银行、德国地租银行；为农业提供全面服务的综合性金融机构，如法国农业信贷银行、泰国农业和农业合作社银行等；专门提供某一方面金融服务的机构，如美国商品信贷公司等。

就所有制性质而言，各国农业政策性金融机构可分为以下几种类型。（1）政府金融机构。这类金融机构被政府严格控制，政策性浓厚，资金基本上依赖政府，主要发放其他金融机构无法提供的贷款。如美国农民家计局、印度国家农业和农村开发银行、日本农林渔业金融公库等。（2）民间合作性质的金融机构。由农民按照互助合作原则组成的民间合作性质的金融机构，该类机构在农业金融领域占有较大比重，具有群众性、非营利性、适应农业生产和农业资金运动的特点。在许多国家农业合作金融已经成为农业金融领域的主体。由于该类机构基本上是从农民手中筹措资金，难以满足资金需求，因此，各国政府都会给予资助，合作金融机构实际上已成为政府贯彻实施农业政策的工具，提供低利率贷款的窗口。日本农林中央金库是这一类型的代表，韩国"农协""水协"基本上是仿照日本的做法而建立的。（3）政府官办和民间协作相结合。法国农业信贷银行是这一类型的代表。它的中央机构——国家农业信贷银行是公有性质的国家金融机构，由政府所有，资金由法兰西银行提供和国家预算拨款。而省级农业互助信贷银行和农业互助信贷合作社均为合作性质，实行自治，有自己专门的管理机构和权力机构，而不是国家农业信贷银行在各级的执行机构。这种"上官下民"模式与"官民并列"结构相比较，既易于接近农民，适应农业特点开展业务，又便于官民协调，贯彻政府的农业政策。在这种模式中，政府资助中央机构，中央机构资助基层组织来为农业提供优惠贷款和特别贷款，减少了机构数量，提高了效率。美国农业合作社金融体系最初也是这种模式。联邦土地银行、联邦中期信贷银行和合作银行均由政府建立，归政府所有，其基层组织均属民间合作性质，呈现"上官下民"结构。后来这三个机构偿还了政府资本，实际上也成了民间合作性质的金融机构。但一般仍将其视做政府的专门信贷机构，以区别于纯粹的民间合作机构。

各国农业政策性金融机构的职能主要有以下几个方面：（1）向农业提供低利息贷款，满足农业发展资金需求，是各国农业政策性金融机构的一项基本职能。一般情况下，各国农业部门的融资较为困难，一般商业性金融机构不愿意或无力承担贷款。因此，政府组建政策性金融机构，向农业提供贷款，弥补农业信贷资金缺口，满足农业资金需求。如美国农业不动产贷款中，政策性金融机构贷款所占比重在一半以上。（2）提供特别政策性贷款、补贴或补偿，配合实施政府农业政策。这是农业政策性金融机构的一项重要职能。各国农业政策性金融机构在兴修水利、整治土地、农业结构调整、农产品销售、农产品价格稳定和农民收入稳定与提高等方面都发挥了重要作用，成为政府贯彻农业政策的有力工具。例如美国商品信贷公司为支持农产品价格而提供无追索权贷款和补贴贷款等，日本、德国此类机构提供农业现代化贷款、土地整治贷款，有力地促进了农业土地合理使用和农业机械化普及等。

2. 农业政策性金融机构的组织结构比较。农业政策性金融机构的组织结构较为复杂。其结构要以适应各国社会经济环境为前提，既能够满足农业生产对资金的需求，又便于贯彻实施和传递政府政策。各国农业政策性金融机构的组织结构主要有单一结构和复合结构。

单一结构指仅有一个机构，没有或只有很少的分支机构。这类机构形式简单、灵活，业务规模不大，在贷款总额中所占比重较小，但却居于主要地位，主要扮演"最后贷款人"的角色。日本农林渔业金融公库，作为政策性金融机构主要向农林渔业提供直接或间接贷款，并且以间接贷款为主。该公库贷款额虽然只占农业贷款总额中的一小部分，但是其所推动或引导的资金却相当庞大，在日本农业金融领域中占有重要地位。这种形式下，独家机构难以完全满足农业资金需求。因此，单一结构模式往往与其他农业金融机构并存，如民间合作性质的农业信贷机构、商业银行等。政策性金融机构与这些机构并存，互为补充，构成完整的农业金融体系。

复合结构是由多个农业信贷机构以某种方式结合在一起，构成一个农业信贷机构体系。这种复合机构模式在农业金融领域最为普遍。其上层结构一般为政策性金融机构，中下层为农业信贷机构体系。在这种模式中，政策性金融机构充当农业信贷机构"中央银行"的角色，除了直接、间接贷款投资外，还为各中下层机构办理资金调拨、调剂，从事监督管理工作等。同时还与政府及其各部门联系，参与制订并实施农业发展计划，协调与农业有关的政策。中下层机构凭借其众多的、遍布各地的农业信贷网络优势来开展业务。这种复合结构模式又分为两种类型：（1）金字塔结构。这种结构一般有上、中、下三级结构。最高层次为一个领导机构，一般不直接对农民贷款，而是负责协调管理整个系统，充当"最后贷款人"角色。中下层次为具体从事金融活动的机构。如法国农业信贷银行由总行、省级农业互助信贷银行和地方农业互助信贷合作社组成，实行三级管理、三级经营、三级核算。（2）美国模式。美国将全国划分为12个农业信贷区，每个区内设一个联邦土地银行、联邦中期信贷银行和合作银行，这些银行均为联邦政府特许的永久性机构，每类银行下设附属的会员机构。联邦土地银行下设500多家联邦土地银行协会，联邦中期信贷银行下设400多个生产信贷协会，合作银行下设农业合作社。

3. 农业政策性金融机构的资金来源与运用比较。农业政策性金融机构资金来源与其他政策性金融机构一样，其资金来源主要包括政府资金，发行债券，从国内外金融机构借入资金，吸收存款和国外借款等。

（1）各国农业性金融机构资金来源均不同程度地依靠政府。大多数国家的农业性金融机构全部或部分由政府出资建立，或向政府借入资金。一般而言，政府金融机构比合作金融机构更依赖政府资金，发展中国家的农业金融机构比发达国家更依赖政府资金。相比而言，发达国家农业金融机构有逐步减少对政府资金依赖的趋势。

（2）发行由政府担保的债券筹措资金。这些债券得到政府担保，被视为政府债券，颇受欢迎，筹资能力较强。如美国农业合作信贷机构发行的联合统一债券，法国农业信贷银行、泰国农业和农业合作银行、印度农业政策性金融机构、韩国"农协"均发行债券，筹措社会资金，改善资金结构，满足中长期资金需求。

（3）向中央银行和其他机构借入资金。一些国家尤其是发展中国家农业金融机构还从中央银行、商业性金融机构借入资金，以满足短期资金周转的需求。如泰国、印度和韩国的农业信贷机构均可向中央银行借入资金，扩充资金实力，并通过此途径来建立和协调与中央银行的关系。

（4）少数机构吸取存款。在农业政策性金融机构中，几乎所有的农业信用合作机构均吸收会员存款，如泰国农业和农业合作银行；某些农业金融机构也吸收存款，拓展业务范围，逐步向"全能化""综合化"银行发展，如法国农业信贷银行吸收活期存款、定期存款和储蓄存款。

（5）借款。发展中国家农业信贷机构普遍从国外借款。借款的主要来源是国际金融机构，如世界银行及其附属机构——国际开发协会、国际农业开发委员会以及外国政府和外国金融机构等。

农业政策性金融机构的资金运用与其他政策性金融机构一样，其资金运用主要包括贷款、担保和发放补贴等。

（1）贷款。贷款是农业金融机构最主要的资金运用形式，也是某些农业金融机构唯一的资金运用形式。通过贷款，向农业生产经营者提供所需的资金和特别资助。例如美国农民家计局发放的用于农民家计、农村社区发展、资源保护和开发以及应付经营困难等的贷款，日本农林渔业金融公库发放的土地改良贷款、耕农维持贷款、农业结构改善贷款、土地取得贷款和综合设施贷款等。

农业信贷机构除发放直接贷款以外，也经常发放间接贷款，来资助农业信贷机构，推动更多的资金投入农业。如美国联邦中期信贷银行不直接对农业生产经营者贷款，而是贷款给生产信贷协会，再由后者贷放给农民。印度原农业中期信贷和开发公司的贷款，也是通过其他信贷机构如土地开发银行、商业银行等转贷。

（2）担保。为了弥补农业信贷中农业生产经营者担保能力不足的弱点，农业政策性金融机构以其自身的实力为其他金融机构向农业生产经营者发放的贷款进行债务担保，以降低农业贷款的风险，推动更多的资金投入农业领域，扩大农业融资规模。农业政策性金融机构一般将担保业务作为主要的、重要的业务。如美国农民家计局对其他金融机构发放的农业贷款进行债务担保，担保额度一般为直接贷款金额的一倍。

（3）发放补贴。农业政策性金融机构代表国家政府，对遭受洪水、干旱等自然灾害而造成的种植面积减少或较大减产给予灾害补贴；对执行限耕计划，但由于农产品市场价格低于目标价格（支持价格），而导致的收入减少，给予差额补贴。如美国政府对农业的补贴种类繁多，主要有价格补贴、出口补贴、限产补贴、修耕补贴和灾害补贴等，其中农产品出口差价补贴，每年为 200 亿美元左右。

4. 农业政策性金融机构的业务特征比较。各国政府均制定和实施农业政策，对农业生产进行干预和保护。农业政策性金融机构往往参与农业政策的制定，并在其贯彻实施过程中，发挥信贷优势，起到积极作用。

（1）支持农产品价格，稳定农民收入，维持农业稳定发展。农业政策性金融机构通过发放短期周转金贷款，向农民提供购买种子、肥料、农药和薄膜等生产经营所需物资的资金，为农业生产和经营提供必要的流动资金。作为政府农业政策的贯彻实施者，农业政策性金融机构通过价格补贴等方式，支持农产品价格，防止"谷贱伤农"现象的发生，稳定农民的收入，维持农业稳定发展。

美国现代农业政策的重点是限制农产品产量，扩大农产品销售和出口，支持农产品价格。农产品信贷公司作为隶属于农业部的农业政策性金融机构，从美国国库获得资金，通过采取支持价格收购农产品、提供农产品为抵押的"无追索权贷款"、建立农产品的"缓冲库存"、以实物补贴支持修耕计划以及农产品结构调整等措施，实施对农产品价格的支持、限制农产品产量和扩大农产品销售的农业政策。

（2）改善农业生产条件，为农业现代化提供全面支持。农业政策性金融机构通过向农村兴修水利工程、土壤改良、道路建设、购买土地以及农业机械、技术开发与培训等各个方面提供贷款，进行资金援助，支持农业生产技术开发和利用，推进农业机械化、良种化，鼓励农村文化青年务农和农民提高科学文化知识、掌握先进农业技术等，支持改善农业生产条件，加强农业后劲，促进农业现代化。

日本政策性金融机构对农业发放政策性贷款，目的是促进农林渔业结构合理、全面发展，提高农业生产力，推进农业现代化。如农林渔业金融公库提供的"农林渔业资金"贷款，内容包括自耕农维持创设资金、渔业经营重建整备资金、水产品加工资金、渔场整备资金和地区农业改组整备资金等。该公库贷款使用方向在不同时期有所不同，即根据国家发展农业政策的要求而变化，据此设置、开办新的贷款项目。如农业恢复时期，以土地改良贷款为重点，20 世纪 50 年代中期，设立了自耕农维持贷款，配合政府防止自耕农分化政府。60年代又提出改善农业结构的政策，设立了农业结构改善贷款等。贷款对象是符合农业结构改革政策、购买农业设施、进行土地购置和改良等的农业生产经营者，同时，该金库还向农协发放委托贷款，利率较低，目的在于降低农协的贷款利率，使农协也能向农户提供较低利率贷款，帮助农户购置机械设备、房屋等，发展农林畜渔业，走向现代化。法国政府在实施加速农业机械化政策和鼓励更多青年农民经营农业政策时，均得到法国农业信贷银行的补贴优惠和中长期优惠贷款支持。

（三）　进出口政策性金融机构比较

进出口政策性金融机构是为进出口提供信贷、担保、保险、咨询等综合性服务的金融机构。有的国家称其为进出口银行、输出入银行和外贸银行，如美国、日本、法国、韩国、苏联等；也有的国家称其为出口信贷公司、出口信贷担保公司、出口信贷保险公司，如德国出口信贷保险公司、印度出口信贷担保公司、法国出口信贷保险公司等。

1. 进出口政策性金融机构的性质和职能比较。进出口政策性金融机构大多数是官方和半官方所有，属于官方所有的机构均由政府出资建立，凭借政府的力量开展活动，如美国、日本、韩国的进出口银行，加拿大出口开发公司，英国出口信贷担保局等。属于半官方所有的机构一般采取股份公司的组织形式，政府提供部分资本，与其他机构如中央银行、商业银行共同组建，政府具有实际控制权或影响力，其业务活动也得到政府的支持或帮助，如法国对外贸易银行、德国出口信贷公司等。

私营的进出口政策性金融机构比较少。如美国私人出口基金筹措公司（PEFCO）提供中期信贷，填补商业银行的短期贷款和进出口银行的长期信贷之间的空缺，比较具有政策性。它是由 54 家商业银行、7 家大型工业公司和 1 家投资银行联合组建的私营机构，但它的业务活动得到美国进出口银行的支持和管理。

从职能上看，各国进出口政策性金融机构具有以下全部或部分职能：（1）融通资金。如提供出口信贷和各种有利于刺激出口的贷款。（2）为融资提供便利。提供贷款担保、保险等。（3）提供其他服务。如提供咨询服务等；经办对外援助。进出口政策性金融机构贯彻区别对待的原则，服务于政府的对外政策。

2. 进出口政策性金融机构的资金来源与运用比较。一般而言，进出口政策性金融机构的资金来源主要有政府拨入资金、借入资金、发行债券和其他渠道，但各国又有所不同。具体而言：（1）多数国家的进出口政策性金融机构的资本金由政府全额或部分拨入。一些国家的进出口政策性金融机构既由政府倡议，又由政府投入全部或部分资本组建，例如美国进出口银行资本金 10 亿美元，由联邦政府拨付。日本输出入银行资本金 9 673 亿日元，由日本政府全额拨付。韩国进出口银行资本金中一部分来自政府资金，其他则来自中央银行和外汇银行等。也有些国家的进出口政策性金融机构是由政府倡议，但政府不直接出资，而是由中央银行（如法兰西银行）、若干政府政策性金融机构和商业性金融机构共同出资组建股份有限公司，如法国对外贸易银行。（2）借入资金。美国进出口银行可根据联邦政府核准的指标从财政部借入短期资金，从联邦融资银行借入中长期资金。日本输出入银行可向政府一般会计或资金运用部、外国银行等分别借入资金或外币基金。韩国进出口银行可向中央银行、国内金融机构和外国金融机构借款，还可以向国家投资基金（NIF）借款。（3）发行债券。金融市场发达的国家，进出口政策性金融机构往往采取在金融市场上发行债券的方式来筹措营运资金，如美国进出口银行、日本输出入银行、法国对外贸易银行等均是如此。

各国进出口政策性金融机构的资金运用采取以下全部或部分方式。

（1）贷款。各国金融机构（除单纯保险机构外），如美国进出口银行、日本进出口银行、法国外贸银行、澳大利亚出口金融保险公司（EHIC）、印度进出口银行、加拿大出口开发公司和英国出口信贷担保部等，一般均以不同方式提供贷款，支持出口。其特点是：首先，一般主要提供中长期贷款，对于短期贷款，由商业性金融机构提供。其次，重点支持资本货物出口，以带动本国经济增长。最后，贷款方式多样化。进出口金融机构一般不发放短期贷款，进出口商所需的短期资金融通一般由商业性金融机构提供，但可得到进出口金融机构的担保和保险，这样既为进出口商提供了融通资金的便利，又避免了与商业性金融机构的竞争。

（2）担保与保险。为进出口商获得银行贷款提供担保，使进出口商可以比较容易地获得融资，实际上起到了支持出口的作用。美国进出口银行、日本输出入银行、韩国进出口银行、法国对外贸易银行、加拿大出口开发公司均经营担保业务。绝大多数国家的保险业务由保险公司专门经营，不允许其他金融机构经营。唯有出口信贷保险，除有专门的出口信贷保险机构经营外，进出口银行等金融机构也经营保险业务。所不同的是，商业性金融保险机构一般只承担非政治风险，而政策性金融机构则可以依赖政府强大的后盾来承担政治风险。由此，二者形成分工互补而非竞争的关系。由于政策性金融机构对出口信贷保险的担保，客观上起到了鼓励商业性金融机构经营出口融资业务，进而推动更多资金支持出口，便于进出口双方融资的作用。美国进出口银行、德国出口信贷公司、加拿大出口开发公司、韩国进出口银行均开展出口信贷保险。

（3）其他。有的国家的进出口政策性金融机构为商业银行提供再贴现、技术协助等。如美国进出口银行对提供出口信贷的商业银行进行再贴现，资助专门机构，鼓励其开展出口信贷。日本输出入银行管理对外援助。法国对外贸易银行除了向出口企业提供长期贷款以外，还给予技术上的援助。

3. 进出口政策性金融机构与政府的关系比较。进出口政策性金融机构与政府的关系表现为两种类型：（1）各国进出口政策性金融机构与政府关系密切。各国政府或是直接提供全部资本金建立进出口金融机构，如美国、日本、韩国等，或是提供部分资本与其他金融机构联合组建进出口金融机构，如法国等。并且各国政府不同程度地以政府资金资助这些金融机构的活动。在其经营活动中，政府作为其坚实的后盾，承担出口风险，提供运营资金和补贴款项。可见，政府在进出口政策性金融机构的组建和经营中发挥着重要作用。这一点也体现了政策性金融机构的共性。（2）"双账户"制度。进出口金融公司分别设立公司账户和政府账户。公司的一般业务活动在公司账户上开展，按商业性原则经营，以收抵支，自负盈亏。而某些交易规模巨大、期限长而导致风险过大，但又符合国家利益的项目则计入政府账户，由进出口金融公司管理，所需资金由政府的一项专门基金供给。例如加拿大出口开发公司（EDC）与澳大利亚出口金融和保险公司（EHIC）是实行"双账户"制度的典型代表。

4. 进出口政策性金融机构的业务特征比较。进出口政策性金融机构的业务特征主要表现如下：

（1）办理出口信贷，实施官方出口信贷计划。出口信贷一般指由各国进出口金融机构对本国出口商或外国进口商（或其银行）发放的优惠贷款，目的在于加强本国商品的国际竞争能力，支持、扩大本国商品尤其是大型成套设备的出口。

出口信贷一般由专门的政策性金融机构直接或间接发放，具有期限长、金额大、条件优惠、信贷与保险相结合的特点。主要包括卖方信贷、买方信贷两种形式。

卖方信贷是指出口国银行向本国出口商提供信贷，本国出口商再向外国进口商提供延期付款方式的商业信用，进口商在取得商品所有权后，在规定期限内，以分期付款的方式支付货款。买方信贷指出口商（卖方）所在国银行向外国进口商（买方）或进口商的往来银行发放贷款，用于支付进口货款。

各国进出口金融机构最重要的业务活动就是办理出口信贷。一是直接发放出口信贷。如美国进出口银行对长期大额出口直接提供买方信贷；法国对外贸易银行独家提供7年以上的买方信贷，对7年以下的出口信贷与数家银行联合提供；日本输出入银行提供卖方、买方信贷；韩国进出口银行主要发放卖方信贷，也提供买方信贷。二是为商业银行等发放的出口信贷给予担保、保险或贴现。如上述各国银行均对商业银行的出口信贷提供担保或保险、全部或部分贴现，如英国出口信贷担保局为商业银行发放的买方信贷给予100%的担保。

（2）运用多种业务措施，为出口融资和促进出口提供便利。常见的如上述的担保、保险、贴现与再贴现，此外，还有履约担保和投标担保信贷等。

政策性金融机构从事出口信贷保险和担保与一般商业性金融机构的担保和保险有所不同。前者是以国家为后盾，实际上是国家担保或保险，一切损失由国家财政负担，担保额度较高，一般可达保险额度的80%～90%。承保对象主要是政治风险以及通货膨胀风险等。

出口信贷按规定也必须在有关出口信贷担保机构或保险机构投保。债务不能收回时，由国家予以负担，担保额度较高。一般私营保险业仅担保信贷总额的75%，而政策性金融机构的担保比例一般为80%～90%，甚至达到100%，如英国出口信贷担保局。由于有国家作后盾，政策性金融机构除承担经济（商业）风险外，还承保政治风险。如美国进出口银行、韩国进出口银行。

贴现与再贴现也是发挥政策性金融机构最后贷款人角色的重要手段。这项业务中，对其他金融机构因发放出口信贷或贴现而持有的汇票，出口信贷机构按优惠条件给予兑现。这样为其他金融机构提供了资金，有助于其扩大出口信贷规模，从而也有利于商业性金融机构开展出口信贷。也有些国家由中央银行来行使这一职能，但在主要工业国家，主要是进出口银行在政府的支持下承担这一任务，成为政府促进进出口的重要措施。

（3）发放其他种类贷款。如日本输出入银行发放海外投资贷款，目的是建立海外基地，确保日本资源进口。此外还发放技术服务贷款、进口贷款、对外援助性贷款。韩国进出口银行除上述贷款外，还发放重要资源开发贷款，鼓励本国厂商从事海外资源开发。另外，还发放经济合作贷款等。

（四）中小企业政策性金融机构比较

中小企业政策性金融是以中小企业为特定服务对象的金融机构，是一国政策性金融体系的重要组成部分，它既有政策性金融的一般特征，如由政府创立、出资或保证，不以盈利为目的等，又有其特有的特征，如其服务范围广泛，对象众多而力量薄弱等。中小企业政策性金融机构的种类繁多，按其主营业务可分为信贷机构、信用担保机构、投资基金等。按命名方式可分为政策性银行、金融公库、基金、公司等。

1. 中小企业政策性金融机构的组织结构比较。各国或地区的中小企业政策性金融体系的组织结构可按不同标准来划分。按资本构成分为政府独资模式、政府控股模式和政府参股模式；按外部组织结构设立的形式分为总分机构模式、单一机构模式和集团形式；按服务范围分为全国性机构和地区性机构。

（1）按其资本构成，分为政府独资、政府控股和政府参股。政府独资模式是指中小企业政策性金融机构是由政府独资创建的，资本金全部来源于政府。独资模式是中小企业政策性金融体系的主导模式。如美国中小企业管理局、日本的国民金融公库、中小企业金融公库、中小企业信用保障公库等。政府控股是指由政府拥有中小企业政策性金融机构的绝大部分资本金。国家参股模式是指政府并不直接出资或仅提供规模极小的资本金，而是通过其他部门或金融机构（如国有商业银行）联合民间资本共同出资来组建政策性金融机构。

（2）按外部组织结构，分为总分机构模式、单一机构模式和集团形式。绝大多数中小企业政策性金融机构采用总分机构模式。如日本国民金融公库、中小企业金融公库总库均设在东京，并分别在全国设有137个和53个分支机构办理业务。美国中小企业管理局总部设在华盛顿，在全美设有若干地区办事处。这种模式有统有分，既便于开展业务活动，又便于管理，这也是金融机构中最常见的组织形式。

单一机构模式是指有些政策性金融机构只有一家机构，并无任何分支机构，如政府设立的基金、单一资助项目、投资公司以及一些地区性的中小企业政策性金融机构。泰国中小企业金融局即为单一机构，无任何分支机构，其业务由泰国政府主办的一家商业银行——泰京银行代为办理。这种模式更能体现出政策性金融机构的业务活动特点和其所充当的最后贷款人的角色。

集团形式是在相对独立的金融机构的基础上成立一个中央机构，构成一个整体。中央机构从事中央协调、管理和资金调剂与清算，地方机构具体开展业务活动。这种形式与农业金融机构中常见结构类似，其作用基本相同。它与总分机构在形式上类似，但不同之处是在这种形式下，各级机构均为独立组织，有自己的决定权。如法国大众信贷集团和意大利中小企业中期信用金库集团属于典型的集团形式。

（3）按服务范围，分为全国性的和区域性的机构。全国性的机构，是指中小企业政策性金融机构所提供的服务覆盖全国。如日本的中小企业金融公库、韩国的信用保证基金等，它们均在全国范围内为中小企业提供融资或信用担保服务。

区域性的机构是指一些中小企业政策性金融机构只建立在部分地区，仅仅为特定地区内部的中小企业提供政策性金融服务。如印度的地区金融公司，作为区域性的中小企业政策性金融机构，在印度共设立18家分支机构，为所在地的中小企业提供政策性金融服务。

2. 中小企业政策性金融机构资金来源与运用的比较。中小企业金融机构作为政策性金融机构，资金来源较多地依靠政府资金，资金运用主要通过贷款、投资等来保护和扶植中小企业发展。

中小企业政策性金融机构的资金来源主要包括：（1）政府资金。各中小企业金融机构不同程度地依靠政府资金。美国中小企业管理局、日本国民金融公库和中小企业金融公库、泰国小企业金融局等都不同程度地从政府获得财政拨款。（2）吸收存款。一些国家主要是发展中国家，中小企业金融机构仍需通过吸收存款来充实资金。如泰国小企业金融局和韩国中小企业银行吸收公众存款，而某些机构如美国中小企业管理局等则不吸收存款。（3）发行债券。中小企业金融机构通过发行债券，从金融市场融通资金，扩大其资金来源。如英国工商业金融公司活跃于英国金融市场，日本中小企业金融机构通过发行债券筹措资金。（4）吸收国外资金。发展中国家中小企业金融机构充当世界银行和中小企业的中介人，它从世界银行获得贷款，转贷给国内中小企业，并监督管理贷款的使用。除此之外，还可以从外国政府、金融机构等贷款，如韩国中小企业银行经营外汇业务，吸收上述各类外国资金，发展本国中小企业。

中小企业政策性金融机构的资金运用主要包括：（1）贷款。贷款始终是绝大多数中小企业金融机构资金运用的主要形式。一般可分为普通贷款和特别贷款。前者为短期流动资金贷款，满足中小企业日常周转资金需求；后者是为中小企业提供特别项目贷款，一般为中长期、低息优惠贷款。（2）投资。中小企业金融机构通过资本投资参与新的中小企业的创建，弥补中小企业创业资本的不足。从这个意义上讲，中小企业政策性金融又具有开发性特点。如美国中小企业管理局在发放贷款的同时，还通过资助民间性质的中小企业投资公司向中小企业进行股票投资。比利时国家专项贷款银行设立参股基金，从事风险投资。一些发展中国家也通过中小企业金融机构参与中小企业的创建。（3）担保。中小企业金融机构为中小企业的融资提供担保。比利时国家专项贷款银行设立担保基金，作为偿还贷款的担保，以使中小企业有能力从其他渠道获得资金。（4）其他金融业务。一些中小企业金融机构还开展投资租赁、票据承兑、票据贴现与再贴现和利息补贴等业务，为中小企业提供资金或为中小企业开辟更广泛的资金来源渠道。

3. 中小企业政策性金融机构外部关系比较。与其他向中小企业提供贷款的金融机构的关系比较。中小企业可获得外部资金的渠道较多。日本向中小企业提供贷款的金融机构有都市银行、地方银行、长期信用银行、信托银行等一般民间商业性金融机构。美国的商业银行等为中小企业提供绝大部分所需资金。中小企业政策性金融机构与其他面向中小企业的金融机构之间存在着分工协作、拾遗补缺的作用，并充当中小企业最后贷款人的角色。

与业务对象的关系比较。中小企业政策性金融机构的业务对象大致分为两类：一类是无法或难以从一般金融机构获得融资的中小企业，另一类是符合政府扶持与保护要求的中小企业。对于第一类企业，它们比一般中小企业处于更加不利的状况。政策性金融机构对这类中小企业进行融资，解决其发展中所遇到的问题，协助其成长。美国中小企业管理局对借款人的审查条件包括：（1）借款人品行良好。（2）有充分的经营能力。（3）贷款有助于改进其财务基础。（4）盈利收益确有清偿贷款的能力。（5）新开办企业所需资金中，自筹资金至少占一半。这表明它更看重是否有资助价值，而不在于抵押品是否充足。后一类企业主要是对社会经济发展具有重要意义的企业或符合国家产业政策的企业，对这类中小企业的重点扶植是贯彻配合产业政策的重要环节。日本、韩国等国家的经济发展就体现了这一点。第二次世界大战后日本经济发展初期，中小企业占有绝对优势，政府当局基于此种情况，采取扶植保护中小企业政策，鼓励创业，进行自主生产与经营，推动企业现代化、集团化发展，形成规模经济，取得了较快的经济发展速度。而韩国中小企业政策则主要解决中小企业融资障碍和重点扶植问题，成立中小企业银行作为措施之一，在其中发挥了核心作用。

4. 中小企业政策性金融机构的业务特征比较。中小企业政策性金融机构在开展一般业务的同时，更注重开展政策性业务，以履行其肩负的责任。

（1）特别贷款。特别贷款即政策性贷款。其特点是与政府发展中小企业的政策相吻合，专款专用，多为资本性贷款，条件优惠，适当调整，有些具有临时应急性特征。

日本政府认为，离开了中小企业现代化，不可能有整个国民经济的现代化，而要实现中小企业现代化，就必须采取一系列政策措施加以促进。日本中小企业金融公库、国民金融公库为配合政府发展中小企业的有关政策发放了一系列特别贷款。日本中小企业金融公库特别贷款项目包括现代化贷款、结构改善贷款、安全和防止公害贷款以及新技术贷款、灾后恢复贷款等。美国中小企业管理局向中小企业提供经济性贷款、污染控制贷款、企业迁移贷款、灾害恢复贷款、地区开发贷款，支持残疾人开办企业贷款等政策性贷款。为避免某一中小企业倒闭对其他中小企业产生连锁反应，政策性金融机构可以为这些中小企业提供"倒闭对策紧急贷款"，帮助其稳定经营。

（2）提供各种服务。中小企业不仅缺乏资金，而且还缺乏生产经营管理经验、技术、信息等。因此，政策性金融机构除融资业务外，还为中小企业提供各种服务，指导中小企业提高生产技术和经营管理水平，促进中小企业现代化，增强融资使用效果。这一点也使之区别于一般金融机构。美国中小企业管理局除进行贷款、投资活动外，还对中小企业提供经营管理、争取政府采购合同、产品推销及其出口等方面的服务。法国中小企业设备银行还从事中小企业调查统计和研究工作，为中小企业提供信息和专家服务。

（五）　住房政策性金融机构比较

住房政策性金融机构是专门为其服务对象购买住房提供贷款的金融机构，是一国政策性金融机构体系的组成部分。住房政策性金融机构除了有其他政策性金融机构的特征以外，也有其特殊性，如机构比较单一、面向中低收入家庭等。

1. 住房政策性金融机构资金来源与运用的比较。此类金融机构资金来源比较广泛，有政府贷款、一般储蓄、发行债券、从其他金融机构借款和强制储蓄等。

（1）政府财政资金为其坚实后盾。住房政策性金融机构对政府资金依赖程度比较强，政府提供其全部或大部分资本金，还向其提供一定的运营资金。如新西兰住房贷款公司从政府预算拨款中获得资金。新加坡住房开发委员会的资金来源于政府预算。挪威国家住房银行2/3的资金是由政府提供的。政府以此来管理或影响住房金融活动，使其有能力从事住房政策性金融业务。

（2）发行债券筹措资金。瑞典全国住房委员会发行优先住房债券筹集资金，该债券利率由国家规定，一般略低于市场利率水平。美国住宅贷款银行、日本住宅金融公库、挪威国家住房银行、泰国政府住房银行等均通过发行债券来筹措资金。可见，发行长期住房债券是一种主要筹资手段，使用该手段融资的比例正在逐步提高。

（3）吸收储蓄，广泛筹集资金。吸收储蓄对于住房金融机构而言更为重要。它不仅将闲散小额资金集中起来用于住房信贷，更重要的在于将其他消费资金转换为住房建设资金。但为了避免与其他金融机构的摩擦，住房政策性金融机构一般不直接吸收普通储蓄。有些机构吸收普通储蓄比重也不大，如1982年末泰国政府住房银行吸收定期、活期存款，分别只占其贷款总额的14%和0.5%。较为常见的是通过其他金融机构（尤其是储蓄银行）吸收储蓄，然后再转借给政策性金融机构使用。

（4）开展强制性储蓄，保障住房信贷资金规模。一些发展中国家在资金不足的情况下，采取强制性储蓄方式解决住房信贷资金来源问题，保障住房信贷资金规模。新加坡早在1955年就建立了公积金制度，规定每招募一个雇员，雇主和雇员均须按雇员月工资的25%缴纳公积金（后来曾降至10%）统一存入中央公积金局，作为雇员名下的储蓄，用来购买和建造住房。1981年，芬兰也建立了个人房产储蓄制度，银行给予高息，国家提供1.75%的奖励。尽管各种强制性储蓄做法各异，但共同点是均将这笔资金借给住房政策性金融机构，成为其主要资金来源。

（5）从其他机构借入资金。这些机构主要包括中央银行、储蓄银行、契约储蓄机构（养老金、人寿保险公司）等长期资金机构。泰国住房银行自储蓄银行、泰国银行和外国银行借款。印度住房和城市开发公司自契约储蓄机构借款的资金比例为38%。巴西全国住房银行同时管理地方住房金融机构、其他储蓄银行等机构，要求这些机构在该行存款。

住房政策性金融机构的资金运用主要包括住房贷款、其他相关贷款、投资与保险。

（1）住房贷款。一般来说，住房金融机构发放的贷款包括购置住房贷款、新建住房贷款、旧房改造贷款等。政策性金融机构发放住房贷款具有以下特点：

一是重点支持购房者，提高自有住房率。购置住房一般为自用，可提高自有住房率，这被认为是走向富裕的标志；而建房不一定是自用，可以出售、出租，故而具有较浓厚的商业性质。发达国家住房政策性金融机构一般不对建房予以支持，而重点支持购房者。如瑞典建房一般从商业性金融机构融资；购房从政策性金融机构融资，二者分离。全国住房委员会只接受在一定标准内购置新住房的购房贷款申请，对单个家庭在国家贷款标准条件下，住房金融机构再发放相当于成本70%的基础贷款，为期20年，仅部分偿还，利率固定，每五年调整一次。

二是对低收入者给予倾斜的优惠政策。印度住房和城市开发公司大部分贷款是贷放给低收入者住房项目的，对低收入者贷款利率为5%，期限在20年以上，额度达房屋成本的100%；对高收入者贷款利率为11.5%，期限为10年以上，额度为房屋成本的48%。日本住房金融公库对适度住宅水平贷款利息按申请人收入水平5.5%~7.3%的浮动利率收取，低收入者和住宅水平较低者适用低利率，高收入者和享有较高住宅水平者使用较高利率，而对超过一定标准者，收取更高利息。

三是间接贷款较为典型。如巴西国家住房银行不直接对个人贷款，而是贷款给州或地方的住房机构，作为这些机构对低收入住房户发放补贴贷款的再贷款。印度住房和城市开发公司也不直接贷款给个人，而是贷款给各邦住房委员会等和由邦政府批准的其他机构，然后再由后者转贷给申请人。日本住宅金融公库主管大臣许可后可将业务委托给民间金融机构和地方公团来进行。

四是仅提供部分资金，以国家资金推动民间资金。挪威国家住房银行提供资金一般最多为新房购置成本的55%，其余部分由个人储蓄或从商业银行、储蓄银行融通。瑞典全国住房委员会贷款额为成本的25%，其余部分由其他住房金融机构和个人资金提供。

（2）其他相关贷款。其他相关贷款主要是指与住房建设有关的相关土地开发、城市建设以及国家建设项目等贷款。新西兰住房公司对土地开发、城市开发发放贷款；加拿大抵押贷款与住房公司向政府批准的建设项目发放低息贷款；日本住房金融公库为住宅改良、住房用地购置与凭证发放贷款；巴西国家住房银行贷款余额中近20%用于各种形式的城市建设，尤其是城市卫生设施建设。这些贷款尽管没有直接用于住房建设，但却能扩大住房建设规模，提高公用事业服务能力，进而促进住房建设的迅速发展。

（3）投资和保险。巴西国家住房银行、泰国政府住房银行均从事投资业务，日本住房金融公库为从事住房融资的民间金融机构办理融资保险业务，目的在于鼓励吸引更多的金融机构从事住房融资活动。但总体而言，这些业务所占比重较小，贷款仍是主要的资金运用形式。

2. 住房政策性金融机构政策性业务特征的比较。一般而言，一国政府住房政策目标有如下两个：一是扩大住房供给量，在总量上逐步满足住房需求，解决住房问题。二是注重公平分配，通过对低收入阶层提供经济补助，缩小其与其他阶层在住房条件上的差距，使居民都能达到政府规定的住房水准。相应地，政府住房政策也有两个方面：一是公共住房政策，即由政府出资建造具有一定质量的廉价住房，提供给住房户，以此扩大住房总供给。二是自有住房政策，即重点提高低收入阶层自有住房率，为其购置、建造自有住房发放贷款，并由政府进行利息补贴，纠正市场机制的失灵，实现"居者有其屋"。各国住房政策性金融机构通常都紧密围绕上述目标和政策意图来开展业务活动，以贯彻、配合政府的住房政策。

（1）直接发放住房贷款，支持住房户尤其是低收入住房户获得自有住房。各国住房金融机构的参与直接增加了住房信贷总量，促进和扩大了住房的建设规模，增加了住房供给。同时，住房金融机构的信贷活动向低收入家庭倾斜，有利于缓和、解决低收入家庭的住房问题。如加拿大、印度等国住房金融机构都是如此操作。

（2）以多种方式实施政策性住房政策。住房政策性金融机构有利于扩大住房供给，通过价格抑制经济周期波动，促进建筑业的稳定发展。同时，还可以办理担保、保险等业务，鼓励其他金融机构参与住房信贷，扩大融资规模。

（3）管理控制全国住房金融体系，参与社会事业活动。不少国家的住房金融机构扮演住房金融体系的管理者的角色，如美国、巴西和加拿大等国。一些国家住房政策性金融机构还广泛参与社会发展事业，如城市建设、土地开发以及与住房建设有关的活动。巴西全国住房银行代表政府制订实施"全国卫生计划"，加拿大住房公司在全国推广公寓建设标准化等即是典型的特征。

二、资金来源的比较

由于各国的经济发展水平、金融市场的发达程度、政府的干预程度以及对外开放程度等方面有一定的差异，政策性金融机构组织资金来源的渠道也存在很大差异，但概括起来，资金来源主要有以下几种。

（一）由政府提供资本金

因为政策性金融机构大多由政府创办，所以政府一般要向其提供部分或全部资本金。如日本政策性金融机构"两行六库"的资本金即由日本政府全额提供。美国进出口银行最初10亿美元的资本金全部由联邦政府拨付。德国复兴开发银行10亿马克的资本金中80%归联邦政府所有，其余归各州政府所有。韩国开发银行的资本金也由政府从财政资金中拨付，1954年成立之初，授权资本额为4 000万韩圆，以后逐渐增加，1979年达4 800亿韩圆，1989年底为19.39亿美元。在马来西亚开发银行2 000万美元资本额中，政府资金占92.5%。

（二）借款

各国政策性金融机构主要从财政资金、中央银行资金、其他政府部门、公共资金以及外国和国际金融机构等借入资金。政策性金融机构还从储蓄机构，尤其是国家兴办的储蓄银行借入中长期资金，以改善其资金结构，承担起中长期资金供给者的职责，如法国国家信贷银行、土地信贷银行和农业信贷银行均从信托储蓄银行借入资金。一些发展中国家的开发性金融机构还可以从世界银行、各洲开发银行等国际金融机构借入资金，如大部分资金借自国外的墨西哥全国金融公司，可代表政府与国际金融组织谈判接受其贷款。目前，仅有70多个贫穷国家的政府开发银行有资格从世界银行借入长期优惠资金。

（三）发行债券

在金融市场上通过发行债券筹措资金也是各国政策性金融机构的一个重要的融资方式。随着资产证券化趋势的发展，债券融资的比重也越来越高。一般而言，金融市场越发达的国家，其政策性金融机构通过发行债券所筹措的资金额占其资金来源的比重就越大。相反地，如果国内金融市场不发达，也就很难通过发行债券进行筹资，或者说很难在国内金融市场上筹资。

（四） 吸收存款

政策性金融机构是否吸收存款，以及吸收存款的种类，不同的机构在不同的国家存在着较大的差异。其中相当一部分国家的政策性金融机构不吸收任何形式的存款。如日本的"两行六库"，美国的联邦专业信贷机构，前联邦德国的复兴开发银行等均不吸收任何形式的存款，以避免同其他金融机构竞争。但有些国家的政策性金融机构也吸收存款。其中又可分为：（1）只吸收往来对象或会员存款，而不吸收社会公众存款。（2）既吸收往来对象或会员存款，又吸收社会公众存款。其中主要吸收储蓄存款或定期存款，少数的机构也吸收活期存款。

（五） 其他来源

如巴西将社会福利和社会保险同政策性金融机构的资金筹措结合起来，全国住房建设银行保管拥有巨额款项的"保障就业基金"，该基金要求雇主按工资总额的8%向该基金会付税款，存入每个工人的账户，在工人失去工作、购房、偿付医疗费时或退休后可提取存款。该存款进行指数化调整，并付3%的利息。该基金的"流动基金"成为全国住房建设银行的主要资金来源，1974年底约为45亿美元；"政府职工基金"的流动资金则成为全国经济开发银行的主要资金来源。

三、资金运用的比较

各国政策性金融机构资金运用的方式虽然不尽相同，但主要有贷款、投资和担保等几种形式。

（一） 贷款业务

贷款是各国政策性金融机构的主要业务活动，一般有以下几种情况。

1. 既提供普通贷款，又提供特别贷款。所谓普通贷款，是指政策性金融机构承担的、一般金融机构也可能发放的贷款。所谓特别贷款，则指政策性金融机构发放的，一般金融机构不能或不愿发放的贷款。前者表明政策性金融机构作为金融机构的一般特征；后者一般贷款利息较低、期限较长，体现了政策性金融机构贯彻经济与社会政策的特殊职能。政府一般对特别贷款给予补贴或担保。特别贷款种类繁多，主要面向现代化建设，改善产业结构，防止公害以及新技术、节能、灾后恢复等方面。如法国土地信贷银行、美国中小企业管理局、日本国民金融公库等均发放特别贷款。

2. 直接贷款、间接贷款或直接、间接贷款并举。直接贷款，即指政策性金融机构直接向放款对象贷款。大多数政策性金融机构均采用直接贷款方式，如日本开发银行、美国联邦土地银行等。间接贷款是指政策性金融机构不直接向放款对象发放贷款，而是通过其他机构转贷或委托贷款。相当一部分政策性金融机构仅从事间接贷款活动。如美国中期信贷银行充当农业信贷的批发商，它把资金批发给400多家生产信贷协会、农业信贷公司和商业银行，再由后者发放给贷款对象。美国联邦住房贷款银行的贷款也是通过其会员机构转贷给贷款对象的。直接、间接贷款并举，是指政策性金融机构同时以直接或间接两种方式发放贷款。如日本中小企业金融公库、农林渔业金融公库、国民金融公库即是如此。

3. 在联合或协议贷款中充当领导角色。政策性金融机构在从事独家贷款的同时，还承担联合或协议贷款，并且在联合或协议贷款中发挥领导者与组织者的作用。如日本输出入银行的融资，原则上要和其他银行协调融资，且融资比例在融资总额的70%以内；马来西亚工业开发金融公司在为大型工业工程项目融资过程中，组织商业银行达成贷款一致安排；印度尼西亚国家开发银行联合地区开发银行和商业银行等机构进行贷款。

4. 以资本性的中长期贷款为主体。印度土地银行专门提供 5～10 年或更长的长期贷款，而不提供季节性贷款；日本政府金融机构贷款期限原则上在 1 年以上，有的贷款期限则更长一些。如环境卫生金融公库设备贷款期限为 10 年，农林渔业金融公库贷款期限为 10～45 年，住宅金融公库贷款期限最长为 35 年；法国国家信贷银行提供 5～20 年的长期贷款，法国农业信贷银行对中长期贷款实行优惠，期限为 10～15 年。

（二）投资业务

与贷款相比，投资在政策性金融机构资金运用中处于次要地位。政策性金融机构中从事投资活动的主要是开发性金融机构。因为开发性金融机构的宗旨是推进工业和经济发展，根据国家总体开发战略创立新项目，建立新企业，为开发项目融通长期资金。开发银行投资活动包括股权投资和债券投资两个方面。韩国开发银行既可以认购中长期公司债券，又可以参加股权投资；印度尼西亚开发银行对有良好前景的国内外企业参股；菲律宾开发银行通过股权投资等方式支持并促进私人开发银行和乡村银行的建立。此外，其他政策性金融机构也从事投资活动，投资准则在于服从宏观经济与社会政策目标的要求。

（三）担保业务

担保业务是指政策性金融机构对其他金融机构发放的、符合政策意图的贷款给予偿还保证。当借款人无力偿还贷款时，由政策性金融机构负责偿还全部或部分贷款。担保业务转移了贷款风险，有助于改善借款人的融资地位和条件，并刺激、鼓励商业性金融机构扩大贷款额度。其目的在于为政策扶持对象广辟财源，筹措发展资金，并对那些非政策性金融机构从事政策性贷款活动给予鼓励和支持，从而以较少资金推动和吸引更多的资金流向政策性融资目标。

韩国开发银行的担保业务有四种：（1）对本国其他金融机构的贷款给予回收保证；（2）在从外国借入外资的情况下，对借入外资者给予支付保证；（3）对往来对象的债务给予保证；（4）公司债保证，即对为完成重要工业计划筹集资金而发行的公司债券给予保证。除提供五年以上长期贷款外，加拿大出口开发公司对那些为出口商品和劳务提供资金融通的贷款人给予 100% 的无条件担保来支持中期信贷业务的扩张。此外，日本开发银行和日本输出入银行、美国进出口银行和中小企业管理局、法国对外贸易银行等都开展担保业务。

（四）其他业务

除贷款、投资和担保等业务外，政策性金融机构还较多地采用诸如贴现与再贴现、利息补贴、信贷保险等方式运用资金。

四、外部关系的比较

政策性金融机构在行使其职能、开展业务活动时必然与其他部门发生各种各样的联系。这些部门主要是政府部门，如财政部、中央银行，以及商业性金融机构和业务往来对象（企业和个人）等。政策性金融机构与这些部门的联系构成其外部关系的总和。

（一）　与政府关系的比较

政策性金融机构是按政府意图，为政府经济社会政策服务的机构，是政府发展经济、进行宏观管理、干预经济活动的有力工具，政府是政策性金融机构的坚强后盾，并依法对其进行监督管理和行政领导。在实践中，这种关系因各国经济金融环境的差异而呈现出不同的特征。

1. 依附型。政策性金融机构资本金由政府全额提供，营业资本金也在一定程度上依赖政府，盈余缴存国库；官员悉由政府任命，银行自主权较小，政府色彩浓厚。如日本的9家金融公库总裁的任命要经主管大臣批准，每季度经营计划必须经主管大臣批准，并定期报告资金运用情况，重要事项都要向大藏大臣呈报。发展中国家政策性金融机构多属于这种类型。

2. 相对独立型。政府仅提供全部或部分资本金，营业资金自筹，官员由选举或推举产生，盈利不缴存国库，业务经营具有较大自主权。美国联邦土地银行和联邦中期信贷银行为政府特许的永久性机构，由政府提供创设资本。若干年后这两个金融机构偿还了政府资本，从而使其形式上为政府的金融机构，实际上已成为具有较大独立性的金融机构。该机构的理事会由选举产生，在经营目标内自主经营。

3. 中间型。即政策性金融机构与政府的关系介乎于相对独立型与依附型之间，政策性金融机构不完全依赖于政府，受政府控制的程度较小，但机构的主要官员由政府任命，不具有完全的业务经营自主权，拥有一定的独立性但不是很大。政府对政策性金融机构的控制方式主要是由政府或议会任命董事长，参加由各方代表组成的董事会。董事会决定经营方针与政策，经营活动具有较大自主权。发达国家政策性金融机构多属于此类。

政策性金融机构与政府的关系集中表现在政策性金融机构与财政部的关系上。世界上许多国家的政策性金融机构的资本金是由财政部全部或部分提供，或者由财政部以入股方式提供。但财政政策的实施、财政部发展经济的规划和战略以及一些发展项目，既离不开政策性金融机构的金融支持，又需要政策性金融机构提供大量的政策性金融服务与支持。由此可见，政策性金融机构是财政部各项发展规划的资金支持者，政策的贯彻和执行者；财政部是政策性金融的监督、管理者，是政策性金融机构政策性亏损的弥补和补偿者，政策性金融机构与财政部是相互关联，密不可分的。日本独特的"财政投融资"制度就充分体现了政策性金融机构与财政部的关系。

（二）　与中央银行关系的比较

相对于商业银行来说，政策性金融机构与中央银行的关系较为松散。中央银行的重点在于组织领导和管理商业性金融机构，一般不直接管理政策性金融机构。如日本"两行六库"归大藏省（现财务省）领导，不受日本银行直接管理。美国联邦土地银行、联邦中期信贷银行和合作银行由联邦农业信贷管理局和联邦农业信贷委员会直接领导，后二者又隶属农业部。法国农业信贷银行本身拥有财务自主权，不受法兰西银行的直接领导和管理。政策性金融机构是政府创设的，专门配合经济政策，不以盈利为目标。因此，中央银行给予政策性银行必要的指导与支持，政策性金融机构也尽力与中央银行的倾斜方向、政策目标保持协调一致。政策性金融机构与中央银行的关系主要表现在以下三个方面。

（1）中央银行提供的再贴现、再贷款或专项基金，成为政策性金融机构的资金来源之一。泰国农业和农业合作社（BAAC）即是如此。（2）人事结合。中央银行委派代表参与政策性金融机构的董事会或决策机构，如韩国进出口银行经营委员会中有中央银行的代表1人；或在中央银行董事会中有主要政策性金融机构的代表，如法国国家信贷委员会和法兰西银行董事会中均有法国农业信贷银行、土地信贷银行和国民信贷银行的行长参加，便于二者协调与合作。（3）一些政策性金融机构仍向中央银行缴纳准备金。如比利时国家工业信贷银行、国民职业信贷银行等都在比利时国家银行存款，保持一定的准备金比率。

（三）　与商业性金融机构关系的比较

在一国的金融体系中，政策性金融机构与商业性金融机构是相互补充、相互协作的"两翼"。对一国的经济与金融发展而言，只有政策性金融机构与商业性金融机构都充分发挥作用，才能使金融体系的整体功能得以健全和完善，才能促进经济的高速与协调发展。政策性金融机构与商业性金融机构的关系主要表现如下。

1. 政策性金融机构与商业性金融机构是平等、互补的关系。商业性金融机构构成一国金融体系的主体，承办绝大部分金融业务。而政策性金融机构则承办商业银行不愿融资，但又是对社会、经济发展具有重要意义的项目，并享有某些优惠待遇。政策性金融机构虽然是政府的金融机构，能够得到政府的某种支持，政府是其坚强的后盾，但政策性金融机构仍然是金融机构，与商业性金融机构在法律地位上是平等的，享有法律赋予的相同权利和义务，并不具有凌驾于商业性金融机构之上的权力，二者是一种互补而非替代、竞争的关系。

然而，需要指出的是，此处所谓的彼此对称、平行和并列是就整体和全局性定位而言。彼此平等而非主次的从属关系，并不意味着二者在微观具体事项上，如机构数量、市场份额、人员数量等方面是绝对相等或相近的。具体到市场定位与份额，就市场经济总体而言，商业性金融是主体，政策性金融是辅助与补充。但就某一特定领域而言，则政策性金融更可能是主体或主角而非配角，如基础设施领域和区域开发中的开发银行，或进出口和对外投资担保保险服务领域中的进出口政策性金融机构，社会保障领域中的社会保障保险机构，外汇投资管理中的外汇投资管理机构，银行不良资产重组中的资产管理公司等。因此，平常所说的商业性金融机构为主与政策性金融机构为辅是相对或辩证的。

2. 政策性金融机构与商业性金融机构是配合而非竞争的关系。许多政策性金融机构的业务方式是间接的，其业务活动往往由商业性金融机构代理展开，即政策性金融机构的贷款通过商业性金融机构转贷给最后贷款人。并且，对于商业性金融机构所从事的符合政策要求的业务活动，政策性金融机构给予再贷款、利息补贴和担保等鼓励与支持，二者又有一定的配合。此外，政策性金融机构与商业性金融机构在不同的目标驱使下，在不同的领域从事资金的融通，两者之间不存在业务领域和业务对象的竞争，在具体运营中保持一种非竞争的关系。

（四）　与业务对象关系的比较

政策性金融机构的业务对象仅局限于某些领域，有的具有一定的稳定性，有的则不断进行调整。政策性金融机构与往来对象的关系主要包括两个方面。

1. 信贷关系。各国的政策性金融机构的业务活动以贷款为主，一般都以直接或间接的方式向资金需求者提供贷款，并且贷款占整个业务量的比重不断上升。政策性金融机构与业务对象之间形成的是资金供给者与资金需求者、贷款者与借款者的债权债务关系。然而，由于政策性金融机构资金的有限性，往往通过采取各种方法和措施，支持和鼓励商业性金融机构从事政策性金融活动，而且，随着商业性金融机构之间竞争的加剧，有些国家的商业性金融机构也开始涉足政策性金融领域，因此，一些国家特别是发达国家的政策性金融机构与贷款对象普遍存在的是一种间接的信贷关系，即政策性金融机构主要是通过商业性金融机构实现对业务对象的资金贷放，充当"最后贷款人"的角色。政策性金融机构采取间接融资方式实现对业务对象的金融支持，成为与业务对象信用关系的主要特征。

2. 投资关系。政策性金融机构以购买业务对象的债券和股票的方式提供资金，满足业务对象的资金需求，形成一种投资者与筹资者、债权人与债务人、股东与企业的授信与受信关系。政策性金融机构投资于公司债券、股票，并不是为了获取投资收益，而是为了体现政府对某一行业或产业的支持和政策意图，反映的是投资的政策性。当企业度过初创期，具备了自我发展的条件，政策性金融机构就将所投资的债券、股票卖出，抽回资金再进行新的倡导性投资。为了避免将全部精力投入到挽救企业中，从而有碍于其所肩负的促进经济发展、追求宏观效益的重任，背离政策性金融机构的宗旨，丧失金融业务活动的政策性，政策性金融机构投资于企业股票一般不超过企业自有资本和总股份的 25%。如韩国开发银行可以依据《韩国开发银行拥有股份管理法》规定，认购为实现主要工业计划而发行的公司债券，还允许参与股本。

第四节　各国政策性金融立法与监督机制的比较

从理论上讲，金融分为商业性金融和政策性金融两类，二者是相互对称且高度地平行并列的，在资源配置目标、业务宗旨、资产负债结构、运行机制等方面也具有本质的不同。然而，长期以来，理论界与实际部门在将政策性金融与商业性金融两者混淆等同的同时，也误将对政策性金融的监督与对商业性金融的监管混淆等同，表现为往往将对商业性金融的监管等同于广义的既对商业性金融也对政策性金融的监管。事实上，在政策性金融体制综合比较中的外部关系中亦有涉及，此部分将通过对各国政策性金融的立法、监督机制与特殊的权力结构进行全方位、多层次的纵横比较，以全面阐述这一问题。

一、各国政策性金融立法特征的比较

世界各国特别是西方发达国家的政策性金融专门立法，起步较早，发展历史较长，在不断完善和调整中已逐步形成了比较成熟、完备、系统而又各具特点的政策性金融立法体系。

（一）将政策性金融立法建设与商业性金融立法建设置于同等重要的地位

各国立法当局，尤其是市场经济高度发达的国家，都很注重和落实政策性金融的专门立法，并严格地将金融类法规区分为针对商业性金融的一般银行法、证券法、保险法及期货法与针对政策性金融的单一的特殊的开发银行法、农业发展银行法、进出口银行法、住房银行

法、中小企业银行法、社会保障保险法和出口信用担保保险法两大类。如在日本的金融法律体系中，不仅有适用于普通商业银行的《银行法》，还有分别适用于各种类型政策性金融机构的专门法律。德国复兴信贷银行之所以被称为"健康的政策性银行"，一个根本原因是有《德国复兴信贷银行法》的有力保障与规范约束，其业务开展有法可依、有据可查，既有充分的自主权，又接受政府部门的监督，与商业性金融也建立了融洽的业务合作与互补关系，银行的运作始终在健康的轨道上，贷款质量很高，坏账率为零。

（二）先立法，再成立政策性金融机构

这种形式主要应用于第二次世界大战后各国政策性金融机构普遍建立和逐步发展成熟的时期。20世纪初期，由于进出口等政策性金融机构立法史无前例，也可能是在当时出于"保密"考虑的一种"故意"行为，因而法规建设与机构建设未能同步进行，尽管如此，事后还是"补"颁了专门法律，如《英国出口信贷担保法》《美国进出口银行法》。吸取了前车之鉴，在第二次世界大战之后普遍成立的各种政策性金融机构，如日本开发银行、韩国产业银行、印度进出口银行、泰国工业金融公司、克罗地亚重建和开发银行等，大都做到了先立法后建机构或立法与组建机构同步进行。即各国在根据需要建立某一政策性金融机构之前，毫无例外地都是先制定相应的政策性金融机构法，然后再依据法律的具体规定，建立政策性金融机构的组织体系，依法进行业务运营活动。

（三）对政策性金融机构进行单独立法，而且大都采取法律的形式

从世界各国的政策性金融机构体系来看，因融资专业领域的细分而形成种类繁多的政策性金融机构，由于不同的机构有不同的业务范围及其运作规则要求，因而各国就分别对不同的政策性金融机构进行单独立法，并且是以一般法律而非条例等行政法规或部门规章的形式予以确立，每家政策性金融机构都制定有专门相对应的政策性金融机构法律，也有的国家则是一个类型（如开发银行）由一部法律（如"开发银行法"）来规范，作为其设立和运作的法律依据。这些政策性金融机构法律大都以其所调整的政策性金融机构的名称来命名，如调整美国农产品信贷公司法律关系的是《农产品信贷公司特许法》；调整日本政策投资银行法律行为与关系的是《日本政策投资银行法》；调整日本国际协力银行法律关系的立法是《日本国际协力银行法》；调整日本农林渔业金融公库法律行为与关系的是《农林渔业金融公库法》，等等。这与不同的商业性金融机构都适用同一部普通银行法或保险法、证券法的现象截然不同。

（四）一国所有的政策性金融机构法形成政策性金融机构法律体系

一国有几家政策性金融机构，就分别制定有几部政策性金融机构法。而且在各国政策性金融机构法中还特别明确规定，除了专门法律外，还必须另外单独具体制定机构章程，从而这些政策性金融机构法与其他相关的法律法规制度，构成了该国具有内在统一、协调特性的政策性金融机构法律体系。比较典型的是日本，其政策性金融机构法律体系主要包括：《日本开发银行法》、《北海道东北开发金融公库法》（二者现合并为《日本政策投资银行法》）、《日本输出入银行法》（现改为《日本国际协力银行法》）、《农林渔业金融公库法》、《中小企业金融公库法》、《国民金融公库法》、《中小企业信用保险公库法》等。在《日本开发银行法》第一章第5条中，规定了所制定的银行章程必须包括以下事项：目的；名称；事务所

的所在地；资本金；有关负责人事项；有关业务及其执行事项；公告的方式。而且日本开发银行变更章程时，须及时向主管大臣报告其主旨。

（五） 各国政策性金融机构法律侧重对机构组织与业务运作的有机结合

国外政策性金融机构法律不仅对机构的组织结构，如法律地位、法律性质、职责权限、组织形式、内部机构设置、人事安排、机构变更、终止的条件与程序、权利与义务、法律责任与处罚、监督机制等做出规定，而且在法律条款中还对政策性金融机构的业务范围、资产与负债业务、经营原则、财务与会计、外部关系等问题作出规范与限定，是政策性金融机构组建与开展业务活动，实现其既定目标与宗旨，发挥其职能作用的法律依据，是处理政策性金融机构与商业性金融机构业务关系的法律依据，也是国家对政策性金融机构进行监督、管理的法律依据。

（六） 各国政策性金融机构法律特别明确该机构属于特殊公法法人

各国政策性金融机构明确规定其不是以追求利润最大化为唯一目标的一般公司企业法人，也不是不讲求财务效益的政府机关，而是代表国家利益、公众利益的特殊公法法人。例如，《日本开发银行法》第一章第2条规定，"日本开发银行为公法人"；《德国复兴信贷银行法》第一章规定，"德国复兴信贷银行是依公法设立的法人团体"。有些国家虽然只是将政策性金融机构称为法人，但也并非指一般的法人，而是一种特殊的法人，如在韩国，《韩国产业银行法》《韩国进出口银行法》《韩国住宅银行法》等分别在其第2条中规定，这些政策性银行的法律性质都为法人，《韩国中小企业银行法》第3条也规定，韩国中小企业银行为法人。

（七） 在法律中确立了政策性金融机构特殊的融资原则

这些原则主要包括：（1）充当"最后贷款人"原则。即在融资条件或资格上要求融资对象必须是在从其他金融机构不易得到所需融通资金的条件下才给予最后支持。如《德国复兴信贷银行法》第二章规定，该银行是对那些重建和促进德国经济发展的项目发放贷款，并且这些项目所需的资金，其他信贷机构没有能力筹措到。（2）非竞争性原则。用于规范政策性金融机构与商业性金融机构的关系，维护市场经济秩序。如《日本开发银行法》在第三章第22条"禁止同金融机构竞争"中规定，日本开发银行鉴于其目的，"不得通过业务经营，与银行及其他金融机构竞争"。（3）倡导性原则。即对其他金融机构自愿从事的符合国家政策目标的放款给予偿付保证或者再融资，以支持、鼓励、吸引和推动更多的金融机构开展政策性融资活动。如《日本开发银行法》中就有"对与开发资金有关的债务提供保证"的规定。

（八） 与时俱进从而使本国的政策性金融法律具有一定的动态调整性

政策性金融机构法律根源于国家对经济的自觉调控和参与，随着不同时期政府政策目标的不断变化，许多国家也相应适时地对政策性金融机构法律进行修改、补充乃至重大调整，以适应变化了的新形势。与之对应，政策性金融机构的业务也根据修改后的法律要求而有所调整和转向，以及时应对复杂变化的社会经济生活，实现国家的政策意图、目标。例如，《日本进出口银行法》自银行建立至1992年间，随经济情况变动而修订了27次。另外，克罗地亚重建和开发银行是根据1992年的《克罗地亚重建信贷银行法》成立的，这部法律其后也经历了几次修改和调整，其间于 1995 年 12 月由原来的克罗地亚重建信贷银行改为现名。

二、各国政策性金融监督机制与权力结构的比较

政策性金融监督机制，是一国通过政策性金融特别立法的形式规定由国家（最高立法当局、元首与首脑）直接控制政策性金融机构的主要人事任免权，政府相关部门参与协调与制约，国家审计机构定期或不定期地进行专门审计监督，以从机构外部对政策性金融机构进行控制、组织、约束、协调、保障的过程和方式。政策性金融监督的权力结构，主要表现为由代表国家和公众利益的政府相关部门、权威专家或其他行业人员组成的董事会（理事会）制的组织形式和机构构造方式，并由董事会（理事会）对政策性金融机构具体行使最高的决策、监督、协调职能，包括机构内部的人事安排、业务运营与限定、资本和税赋减免的获得等，同时由法律对此予以明确定位、保护与制约。这样，就从政策性金融机构的外部和内部两个层面上，构成了政策性金融独特的监督机制和权力结构。各国在此方面也表现出了一些明显的共性特征。

（一）政策性金融监督机制的特征

1. 最高立法当局的法律授权与制约机制。由于政策性金融机构一般是专业性的机构，各类机构在业务和经营方式上的差别较大，因此为了从法律上授权监督和制约以保障政策性金融机构的有效运行，各国立法当局一般是对各种政策性金融机构分门别类地单独立法，并与时俱进，在适当的时候进行修订、补充和完善，使本国的法律具有一定的动态调整性。日本政策性金融实行的一个机构一部法律的管理体制和完善的立法体系比较典型，以《日本进出口银行法》为例，该法于 1950 年 12 月 15 日开始实施，其后经过多次修改，随着新银行法的实施于 1985 年 6 月 7 日再次进行了修改。1999 年 4 月 23 日《日本国际协力银行法》颁布，同年 10 月 1 日成立的日本国际协力银行取代了日本进出口银行及其海外经济协力基金。在由德国、日本和韩国最高立法机构分别通过的《德国复兴信贷银行法》、《日本政策投资银行法》和《韩国产业银行法》的授权保障下，这三家政策性银行的政策、计划、预算等重大经营方针由政府制定和监督，政策的实施、资金的运作等经营管理则由政策性银行在保证财务稳健的前提下自主决策、自主经营。建于 1919 年的英国出口信贷担保局，其业务按照议会法案及出口担保和海外投资法案进行经营。根据 1948 年 2 月 18 日的专门法令，意大利工业复兴公司的重大业务方针也由意大利内阁命令规定。

2. 国家元首与政府首脑对主要官员的选择与任免机制。为了保证政策性金融机构更好地贯彻和配合国家的社会经济政策或意图，真正地充当政府发展经济、促进社会进步、进行宏观经济管理的特殊工具，政策性金融机构除了多由政府创立、参股或保证外，机构的主要官员也都由国家元首或政府首脑任免。日本开发银行理事会的总裁、副总裁和监事均由内阁首相任命，日本进出口银行除理事外均由内阁首相直接任命；美国进出口银行董事会成员和银行总裁，联邦住房贷款银行委员会的 3 名负责人，以及美国联邦土地银行、联邦中期信贷银行和合作银行三个农业信贷机构的理事会成员等主要官员也都由总统任命；菲律宾开发银行法规定，菲律宾开发银行最高权力机构董事会的组成人员由前任董事长或内阁推荐，经政府内阁讨论通过后，全部由总统直接任命，任期一年，可连任；1936 年依特别法令成立的法国国家市场金库（1980 年改组为中小企业设备信贷银行）的董事长和总经理、1852 年成立的

法国房地产信贷银行的总裁和 2 名副总裁，以及法国对外贸易保险公司的董事长兼总经理等，均由政府首脑任命；意大利工业复兴公司理事会主席和副主席由国家元首任命；泰国小企业金融局贷款委员会的 9 名成员均由政府内阁任命；瑞典出口信贷担保局理事会的全部成员、瑞典出口信贷公司董事长等主要官员也都由政府首脑直接任命。

3. 相关部门的协调、决策与制约机制。政策性金融机构的政策"天性"，注定了其与政府相关职能部门（如财政部门、政府主管部门、中央银行等）有密切的业务方面的天然联系，其中，财政部门在政府的直接授权下发挥着重要的作用，主要进行资本金拨付与增补、财力约束和财务监督等。政策性金融机构既有一定的相对独立性又具有较强的专业性，并有特定的支持对象和领域，而政府有关部门作为相关行业领域经济与社会发展规划的制定者和组织管理者，可以为政策性金融机构融资规模的确定、融资项目的选择、项目的支持方式（如专项贷款等）、贷款利率的确定、资金往来协调等业务活动提供指导、协调、制约和支持。英国出口信贷担保局要向贸工部汇报工作，在扩大业务时必须征得财政部的同意，此外还要接受政府出口担保咨询委员会的咨询建议；日本开发银行的贷款业务要受到通产省制定的产业政策、合理化计划和原大藏省（现财务省）编制的预算的制约和影响；韩国产业银行在贷款选择和决策方面，受到财政部和经济企划院的宏观协调与控制；挪威国家住房银行受政府指定委员会、劳动部和地方政府的协调与制约；根据芬兰《出口担保法》，芬兰出口担保局要接受贸易和工业部，以及由政府任命的监事会的监督制约，监事会由分别来自政府有关部门（贸工部、外交部）及有关的私人部门共 4 人组成。

4. 国家审计机构的定期或不定期审计（稽核）机制。西方微观经济理论一般都认为，公有企业相比于私人企业是低效率的，充满了官僚气息，其根本原因在于受到制度方面的严重约束。政策性金融作为一种政府行为和公有企业形式，也不可避免地会产生一些负面影响，如日本政策性金融在战后日本经济的恢复、复兴与高速增长中的推动作用功不可没，但在其具体运作中也曾为钱权交易提供过温床，1954 年的造船业行贿受贿丑闻即是一例。因此，使政策性金融机构能够守法高效运营并在不发生重大亏损的基础上稳健经营是各国政府面临的一大难题，而接受国家审计管理部门的财务监督则至关重要。日本政策性金融机构每年的投融资规模和投向等宏观计划（财政投融资计划），及其该计划的执行情况（包括各政策性金融机构每年的资金运用等财务情况）都需要接受独立的会计监察院的审计，原大藏省（现财务省）每年还要编制决算提交国会。日本会计监察院在其提交的政策性金融决算审计报告中，除重点反映预算执行情况、揭露存在的问题外，还对某些支出的效率进行分析，必要时会提出改进建议，以便政府和国会作出相应的处理或改进。韩国审计监察委员会负责监察政策性金融机构的会计清算以及任何业务计划中的违法行为。菲律宾政府通过定期或不定期地审计菲律宾开发银行的贷款方向和重点，检查其财务收支和盈亏情况。

（二）政策性金融监督的权力结构

1. 法律的定位保护与制约。为了使政策性金融机构能够在专门的法律框架内合法运行，保护并制约其最高权力机构——董事会或理事会能够正确有效地行使其最高的决策、监督、管理和协调的职能，各国也都在法律上对政策性金融机构予以明确的定位和规定。例如，美国将农业政策性金融机构在法律上定位为"永久性法人机构"。《菲律宾开发银行法》规定，开发银行实行董事会领导下的行长（首席执行官）负责制，董事会是开发银行的最高权力机构。《德国复兴信贷银行法》、《日本政策投资银行法》和《韩国产业银行法》分别对政策性银行的法律地位作了表述，而且本国的中央银行法和银行法均不适用于这些银行，如《德国复兴信贷银行法》第一章规定，该银行是依据公共法设立的法人团体，《德国银行法》和德国有关的商法典不适用于它；第 12 章规定，监督当局有权采取一切措施，以确保该银行的业务运作符合有关法律、法规的规定。《泰国进出口银行法》对该行的成立、资金来源、业务范围、经营原则、利润分配以及董事会和管理层等问题也做了较为详细的规定。

2. 理事会或董事会的组成。政策性金融机构的董事会或理事会，一般是由代表国家和公众利益的政府相关部门的领导、权威专家或其他行业人员以及政策性金融机构的高层主要官员组成的最高决策、监督、协调机构。在这方面，印度进出口银行董事会成员的组成是很有特色的，在 14 名成员中，既包括政府部门、金融机构和商业界的代表，又有两名是来自学术机构的教授。其组成人员如此之综合复杂，在世界上也是很典型的，这种人员构成对提高该行的服务水平和开拓业务种类起着至关重要的作用。《菲律宾开发银行法》规定，董事会是银行的最高权力机构，由董事长、副董事长（1 人）等九人组成，董事必须是 35 岁以上的、具有经济、银行、法律、管理等一方面或多方面专长的人，董事会成员中至少要有 4 人来自企业。挪威出口信贷担保局由 11 人组成的董事会负责经营决策，成员来自有关政府机构（如商业航运部、外交部、工业金融部、出口委员会、工业协会等）和一些大商业银行。瑞典出口信贷担保局的理事会成员有 13 人，分别来自政府有关部门（贸易部、财政部、工业部和外交部）、商业银行和工商业界，负责制定政策和原则，董事会负责日常经营决策和政策的执行。

3. 资本授予。在政策性金融监督的权力构成中，政府对政策性金融机构资本金的足额拨付与稳定的资本增补补偿机制是一个不可或缺的重要方面。针对政策性金融机构资本运作的特殊性，各国政府一般都全额拨付资本金并随时追加，资本充足率高于商业银行，因而是与赋予机构的任务相匹配的，为机构的正常运营与发展奠定了坚实的财务基础。德国复兴信贷银行的注册资本金为 10 亿马克，德国政府还给予将利润转入特殊准备金的政策，这实际上是政府除资本金之外的再投入，目前德国复兴信贷银行实际资本达 54 亿欧元，资本充足率达 11%。日本政策投资银行除由日本政府拨付资本金外，还在预算中设立公积金，用于补偿由于不可预见原因导致的亏损，公积金在每个财年决算后的利润中按规定提取，目前该行的资本及法定准备金为 16 689 亿日元，资本充足率为 11%。韩国政府在金融危机后，及时向韩国产业银行注入大量的资金以扩充资本，两年中注入 6.2 万亿韩圆，相当于过去 40 多年注入的全部资本，1999 年资本充足率达 17.59%。

4. 业务限定。国外比较成熟的政策性金融机构，其业务行为都是要求不与商业性金融机构竞争，并在严格限定的"政策性"项目领域的基础上力求合理的盈利水平，力求"政策性、盈利性、安全性和流动性"的有机组合和协同，这也是政策性金融可持续发展质的规定。因而，在限定的政策性业务领域内，政策性金融机构的非主动竞争性盈利及其金额也都是合理的。《德国复兴信贷银行法》规定，银行的业务范围及其活动必须奉行补充性原则和中立原则。韩国进出口银行在追求每一笔业务的"银行业务标准"（Banking Standards，即讲求业务的效益）的同时，主要对商业性金融机构起到补充作用，不与商业银行产生竞争。德、日、韩等国的法律规定，政策性银行应在保证财务稳健的前提下进行经营决策，如《日本政策投资银行法》第 20 款规定，"银行所从事的发放贷款、担保债务、购买公司债券、应政府要求取得资产要求权或进行投资等业务，只有在确认它们能产生利润以保证能够有投资回报的情况下，才能进行。"

5. 人事任免。在政策性金融机构特殊的权力结构中，国家元首或政府首脑通过对董事会或理事会主要官员的任命，从外部控制和引导政策性金融机构的发展方向和目标，而在政策性金融机构权力结构内部，董事会或理事会则通过人事参与和机构内部人员（主要官员）的具体安排，保证政策性金融业务稳健运营和经营目标的实现。在日本开发银行的领导决策机构理事会中，除了总裁、副总裁和监事均由内阁首相任命外，所有理事和参事都由总裁任命。菲律宾开发银行董事会有权任免除董事长、副董事长以外的高级官员。美国总统任命联邦住房贷款银行委员会的负责人，而每个联邦住房贷款银行董事会的三分之一的成员则由联邦住房贷款银行委员会任命，任期 4 年。

6. 税赋减免。对政策性金融机构依法减税或免税，以不断扩充其自有资本，形成资本实力与时俱进的机制，也是各国政策性金融特殊权力结构的重要内容与特征。如德国复兴信贷银行享受全部免税政策，即享受免交所得税和营业税。《菲律宾开发银行法》规定税后利润的 20% 留为开发银行的公积金。《日本开发银行法》规定，开发银行免缴地方税、国家税和法人税（商业银行的法人税为其利润的 50%），从每年的利润中提取 20% 形成法定准备金，以增加其自有资本（1996 年其准备金相当于资本金的 2.7 倍，资本金与准备金之和为自有资本），其余上缴国库，或按年度贷款余额的一定比例（0.3% ~ 0.7%）提取。为了推动高新技术的迅速发展，加拿大政府不仅在信贷上而且在财政和税收上，都给予政策性非银行金融机构——加拿大风险资本公司优惠待遇；加拿大出口发展公司的营业收入也不缴纳所得税，国家所得税法对该公司不适用。

【主要参考文献】

［1］白钦先．比较银行学［M］．郑州：河南人民出版社，1989．

［2］白钦先．白钦先经济金融文集（第二版）［M］．北京：中国金融出版社，1999．

［3］白钦先，曲昭光．各国政策性金融机构比较［M］．北京：中国金融出版社，1998．

［4］白钦先．中华金融词库（政策性金融）［M］．北京：中国金融出版社，1999．

［5］白钦先，王伟．政策性金融概论［M］．北京：中国金融出版社，2013．

［6］白钦先，郭纲．关于我国政策性金融的理论与实践再探索［J］．财贸经济，2000（10）：21 - 26．

［7］白钦先，耿立新．日本近 150 年来政策性金融的发展演变与特征［J］．日本研究，2005（3）．

［8］白钦先，王伟．政策性金融可持续发展必须实现的"六大协调均衡"［J］．金融研究，2004（7）：14 - 22．

［9］白钦先，王伟．政策性金融监督机制与结构的国际比较［J］．国际金融研究，2005

（5）：35 – 39.

［10］白钦先，张坤．论政策性金融的本质特征——公共性［J］．中央财经大学学报，2015（9）：23 – 30，54.

［11］白钦先，张坤．中国政策性金融的历史演进［J］．国际金融研究，2019（9）：3 – 9.

第七章
各国非银行金融体制比较

学习提要

- 法律规定的非银行金融机构的业务性质，非银行金融机构与银行金融机构的差异特征。
- 非银行金融机构的种类划分、划分依据与业务范围。
- 美国、英国、日本和德国非银行金融机构体系与非银行金融机构特征。
- "金砖国家"非银行金融机构体系与非银行金融机构特征。
- 新兴工业化国家非银行金融机构体系与非银行金融机构特征。
- 各国非银行金融机构的总体特征。
- 美国、英国和日本信托业的主要特征。

　　各国金融体系中，除中央银行、商业银行和政策性银行等之外，还存在着众多的其他金融机构，通常被称为"非银行金融机构"。传统的非银行金融机构的共同特征是法律规定它们的资金来源（负债业务）不是依靠吸收公众存款，它们的资金运用（资产业务）不是发放工商企业贷款，因而区别于商业银行。它们从事的非发放工商企业贷款的投融资业务不具有货币创造的能力，因而不会影响货币供给。但是，随着金融创新、金融资产证券化和混业经营的不断深化，一些"有银行之实但却无银行之名"的非银行金融机构在其与商业银行开展的证券化融资业务中，通过对商业银行组合打包的证券化贷款资产的批量购买，直接刺激商业银行信贷资产的投放，间接扩大了商业银行的信用创造能力。因此，一些在业务开展中间接促成商业银行信贷投放能力扩大的非银行金融机构又被称为影子银行，非银行金融机构体系又被称为影子银行体系。在现代混业经营的金融体系中，一些国家的商业银行的重要性在减弱，非银行金融机构的重要性不断提高，其资产和负债规模、种类等都已经接近甚至超过银行。这一发展态势对各国乃至全球的金融、经济产生了重大、深远的影响，引起了各国的普遍关注。与商业银行一样，由于各国社会、政治、经济、历史、风俗习惯等各种因素的差异，各国非银行金融机构也有其鲜明的特征，研究、比较各国非银行金融机构的发展与影响具有重要的现实意义。

第一节　非银行金融机构的种类划分

　　非银行金融机构类型众多，包括可以直接发放除了工商企业贷款以外的住房与消费贷款或利用金融市场工具提供融资的各类信贷中介机构、各类进行股权融资的中介机构、各类保险机构、信托与租赁机构等，它们通过法律规定的业务范围与业务运作，实现金融资产的流动性转换、期限错配、加杠杆等功能。目前各国非银行金融机构不仅种类繁多，而且名称各异。一般来说，按其资产负债的业务分类，可以将它们划分为四大类别。

一、储蓄类非银行金融机构

储蓄类非银行金融机构是指法律对其资产与负债业务范围具有严格限制的金融机构，主要特征是其资金来源可以通过储蓄存款（通常被称为股份）、定期存款的方式取得，但资金运用主要为住房抵押贷款或消费者贷款等具体方向。在这类金融机构出现的早期，法律对其业务活动的限制非常严格，大部分资金用于指定的方向，比如向购置住宅的居民户发放抵押贷款等。近年来，这些限制已经有所松动，于是，这些存款机构与商业银行之间的界限逐渐变得模糊，它们之间越来越类似，意味着竞争将日益激烈。这些金融机构包括美国的储蓄和贷款协会、互助储蓄银行，信用合作社和货币市场共同基金，英国的住房协会和国民储蓄银行，日本的住宅金融公司和消费者信用机构等。

二、契约性储蓄类非银行金融机构

契约性储蓄类非银行金融机构是指其资金来源是在契约的基础上定期定额取得的金融机构，例如保险公司和养老基金。在各国金融体系中，保险公司又分为财产与灾害保险公司和人寿保险公司，其资金来源于客户缴存的保险费。养老基金又分为私人养老基金和政府退休基金（公共养老基金），其资金来源于雇主和雇员的缴款。这类非银行金融机构中除财产保险公司外，其资金运用主要是抵押放款、购买企业债券、政府证券、市政证券和股票投资。由于有相当可靠的、可预测的和稳定的资金来源，契约性金融机构投资方向都比较灵活。这类金融机构很少持有高流动性资产，如人寿保险公司持有资产的流动性要低于财产与灾害保险公司，而养老基金持有资产的流动性要低于人寿保险公司，养老基金实际上没有流动性需求。因而这类金融机构主要投资于偿还期较长、利率较高的贷款项目。近年来，契约类金融机构大量投资于债券和股票，逐渐成为各国证券市场的主要机构投资者。

三、投资类非银行金融机构

投资类非银行金融机构主要特征是将投资者特别是中小投资者的资金通过发行股份等形式聚集起来，并将资金用于购买由股票和债券组成的各种金融资产组合产品，为投资者获得多样化证券带来的收益。投资类非银行金融机构主要包括金融公司或财务公司、共同基金、货币市场共同基金、对冲基金、证券公司或投资银行等。投资类金融机构种类繁多，同样业务性质的公司在各国称谓或相同或不同。例如，在美国，证券公司又被称为投资银行（Investment Bank）或者证券经纪商（Broker - Dealer）；在英国，证券公司被称为商人银行（Merchant Bank）；在欧洲大陆（以德国为代表），由于一直沿用混业经营制度，投资银行仅是全能银行（Universal Bank）的一个部门；在东亚（以日本为代表），则被称为证券公司（Securities Company）。

四、其他类别非银行金融机构

除上述金融机构外，非银行金融机构还包括金融租赁、资产管理公司等其他机构。与一般非银行金融机构特征不同，这些类别的非银行金融机构按照法律规定其资金来源具有特殊性，资金运用或业务范围与一般性的非银行金融机构既有相同性也有不同性。

非银行金融机构依据资产和负债业务划分的类别见表7-1。

表7-1　　　　　　　　　　　非银行金融机构的主要类别

非银行金融机构类型		主要负债（资金来源）	主要资产（资金运用）
储蓄类非银行金融机构	储蓄和贷款协会	存款	地产抵押贷款
	互助储蓄银行	存款	地产抵押贷款、政府公债和公司债
	信用社	存款	消费贷款
契约性储蓄类非银行机构	人寿保险公司	保费	企业债券和地产抵押贷款
	财产保险公司	保费	市政债券、企业债券、股票
	养老基金、政府退休基金	雇员和雇主缴款	联邦政府债券公司债券和股票
投资类非银行金融机构	金融公司/财务公司	商业票据、股票、债券	消费贷款和企业贷款
	共同基金	股份	股票、债券
	货币市场共同基金	股份	货币市场工具
	对冲基金	合伙参与投资的资金	股票、债券、贷款、外汇和其他资产
	投资银行	股份	公司股票及贷款
其他类别非银行金融机构		接受委托等	有价证券买卖及各类贷款等综合业务

第二节　主要发达国家非银行金融机构的特征比较

一、美国非银行金融机构的特征

美国非银行金融机构主要有：商业银行以外的储蓄机构、契约型的储蓄机构、投资中介机构、金融信托机构。它们共同构成了美国的非银行金融机构体系。

（一）美国的非银行金融机构

1. 商业银行以外的储蓄机构。之所以称其为商业银行以外的储蓄机构，是因为这类金融机构和商业银行有共同的特征：吸收储蓄存款，发放贷款。不同的是：在早期，这类储蓄机构在吸收储蓄存款和发放贷款上受到严格的限制或具有特定的范围，因此又与传统意义上的商业银行有区别。在美国，这类金融机构主要为储蓄贷款协会和互助储蓄银行、信用社。

（1）储蓄贷款协会和互助储蓄银行。美国这类金融机构产生于19世纪初期，在早期业务活动受到严格限制，主要是通过吸收储蓄存款为居民购买住宅提供抵押贷款。近年来这种限制已经放宽，它们和商业银行之间的区别日益模糊。两者之间的相似度越来越高，相互竞争也更加激烈。目前，美国这类金融机构的数量约为900家。

最初，储蓄贷款协会是为鼓励家庭储蓄和购买住房而建立的。它通过吸收储蓄存款，将资金聚集起来，为会员提供住房抵押贷款或投资于政府证券。储蓄贷款协会早期是合作性质的组织，现在大多为股份公司形式，它接受联邦住宅贷款银行的监督。互助储蓄银行主要吸收小储户的储蓄存款，发放抵押贷款。其经营业务与储蓄贷款协会基本相同，但经营范围主要集中在美国东北部，规模较小，在州政府注册，资产的大部分是不动产抵押贷款，占资产总额的 2/3。1982 年《加恩—圣杰曼法》允许互助储蓄银行和储蓄贷款协会之间自由转换，二者的区别逐渐消失。

（2）信用社。美国最早的信用社成立于 1909 年，它是一种非营利性的组织，目的在于鼓励会员储蓄，向会员提供低息贷款，净收益用于分红。信用社的负债以吸收储蓄存款中的定期存款为主，资产多为短期贷款。目前，美国此类金融机构的数量为 7 000 家。

2. 契约型的储蓄机构。它们是非存款的金融机构，其资金按一定的契约规定，有规律地流入机构，并投向证券市场。在美国，这类机构主要是人寿保险公司、火灾和意外伤害保险公司以及养老基金和政府退休基金。

（1）人寿保险公司。人寿保险公司是美国最古老的金融机构，它依靠向投保人收取保费建立保险基金，并在风险事故发生后给被保险人赔付一定的保险金。人寿保险公司从集聚保险基金到实际赔付之间有较长时间的间隔，因此，公司可利用资金进行各类投资业务，如购买各种短期流动性资产（国库券和 CDs），购买长期证券（政府公债、公司债券和股票）等。20 世纪 80 年代后，人寿保险公司的资金运用向多样化发展，开始办理中长期抵押贷款及保户的保单抵押贷款。

（2）火灾和意外伤害保险公司。这类保险公司向保单持有者提供保险，从而解决失窃、火灾以及意外事故造成的风险。它们和人寿保险公司经营原理相似，都是将出售保单获取保费作为主要资金来源。然而，如果发生重大灾难，它们很可能就会损失大量资金。因此，与人寿保险公司相比，它们购置资产的流动性更高。在其持有的资产中，市政债券所占比例最高，此外还有公司债券、股票和美国政府证券等。

（3）养老基金和政府退休基金。20 世纪 30 年代大萧条后，美国政府按照《社会安全法》逐步建立起了社会保险制度，为每个人提供退休生活保障。但它只能满足人们的基本生活需要，因此许多人参加了私人退休基金以便退休后能维持更高的生活水准。这便形成了美国的养老基金及州和地方政府的退休基金。养老基金和退休基金主要由工商企业、工会和社会团体建立，以契约的方式向雇员提供退休金。资金来源主要是雇主和雇员缴纳的款项，政府则在税收上给予一定的优惠，如基金的收益在未给付前不征税，以鼓励其发展。由于退休基金资金的流动性要求不高，它大多投入长期证券，如公司股票、公司债券和政府债券，退休基金成为美国资本市场重要的投资者。

3. 投资中介机构。在美国，此类机构包括金融公司、共同基金、货币市场共同基金、对冲基金、证券公司或投资银行等。

（1）金融公司也称为财务公司。该类投资中介机构起源于美国内战时期为消费者提供分期付款的贷款公司。美国的金融公司以出售商业票据和发行债券作为主要资金来源，并向个人消费者和工商企业提供不同需求的信贷业务。金融公司按信贷业务种类不同可分为以下三种形式：消费者金融公司、销货金融公司、商业金融公司。消费者金融公司又称为小额贷款公司和"莫里斯计划银行"，主要为那些缺乏其他筹资渠道的个人消费者或家庭发放分期付款、假期旅行及更新短期债务等。销货金融公司主要购买商业本票，间接向消费者融资以及承办商业售信和租赁业务，承办分期付款等直接向消费者融资的业务。商业金融公司，一般对中小企业和批发商承办应收账款融资、应收账款收买、融资性租赁和短期无担保贷款等业务。第二次世界大战后，对汽车、住房等耐用消费品的需求大幅度增加，推动了消费信贷和金融公司的发展。近年来，在业务开展上，企业贷款特别是抵押贷款和租赁业务有所增加。

（2）共同基金。在美国，共同基金是向小额投资者销售份额来聚集资金，并用于购买证券的金融中介机构。通过发行小额份额和购买大量证券，可以从经纪人手续费中获得批量购买的折扣，并能投资多样化的证券组合。借助共同基金，小额投资者可以享受以较低交易成本投资证券的好处，并可以通过持有多样化的证券组合来降低风险。许多共同基金由经纪公司管理，其他则由银行或者独立的投资分析师管理，比如富达投资集团和先锋公司。美国共同基金有两种组织形式：开放型基金和封闭型基金。与封闭型基金不可赎回的份额相比，开放型基金可赎回份额的高流动性使其备受青睐。美国共同基金由美国证券交易委员会监管，1940 年美国的《投资公司法》赋予该委员会对投资公司全面的控制权。证券交易委员会要求美国基金公司定期向公众披露信息，并对其业务销售的方式予以限制。

（3）货币市场共同基金。该基金是在 20 世纪 70 年代美国"Q 条例"限制利率的条件下，由证券经纪商和互助基金公司创办。它向资金充裕者出售股份，将收取的资金投放于国库券、商业票据等流动性较高的短期货币市场金融工具中，同时和银行商定由其对 500 美元以下的支票业务办理支付。该基金是一种特殊类型的共同基金，是创新的投资理财工具。它既有共同基金的特征，又在一定程度上发挥着存款机构的功能。实际上，货币市场共同基金类似于附带利息的支票存款账户。

（4）对冲基金。对冲基金是一种特殊的共同基金，一般为有限合伙组织形式。在美国，最低投资额为 10 万美元，一般是在 100 万美元或者更多。这些限制意味着对冲基金比其他共同基金面临的管制更加松散。对冲基金投资于多种类型的资产，包括股票、债券、外汇以及其他类资产。美国著名的对冲基金包括都铎投资公司和乔治·索罗斯的量子基金集团。

（5）投资银行。在美国证券公司也被称为投资银行。尽管具有"投资银行"的名称，但它既不是银行，也不属于通常意义的金融中介机构。或者说，它既不吸收存款也不发放贷款。实际上，投资银行是一种协助公司发行证券的特殊形式的金融中介机构，它的资金来源主要是发行股份和债券。投资银行不仅开展一般的证券买卖业务，还主要为企业首次证券发行（IPO）提供帮助。首先，它就企业发行证券的类型（股票或者债券）提出建议，之后，它按照预先确定的价格从发行企业手中（一级市场）购买证券，并在二级市场中出售变现，从而为证券销售（承销）提供帮助。投资银行还通过帮助企业收购或者兼并另一家企业收取巨额佣金费用。由于追求利润的金融创新不断推进，投资银行业务亦不断拓展，风险也随之加大。

总之，投资银行是从事证券发行、包销、资金管理咨询及其他公司财务活动的金融机构。其业务包括在初级市场上包销各种证券、提供资金管理和投资咨询，为企业的合并、收购提供中介服务，以及在二级市场上充当买卖中介，并为证券交易提供融资或融券业务。它的收益主要来自代理佣金、买卖证券差价、股票贷款收益和各项服务费。

在 2008 年国际金融危机中，美国华尔街前 5 大投资银行因为持有次级抵押证券而遭受损失导致全军覆没：2008 年 3 月第五大投资银行贝尔斯登被摩根大通收购；2008 年 9 月 14 日第三大投资银行美林证券被美国银行收购；2008 年 9 月 15 日，第四大投资银行雷曼兄弟宣布破产；第一大和第二大投资银行高盛和摩根士丹利虽然次级证券敞口较小，但也出现了危险的征兆，因此，在一周之内相继宣布转型为银行持股公司，这样它们可以吸收投保的存款，资金基础更为稳定。这标志着在美国一个时代的终结：大型独立投资银行的存在已经成为历史。

除了上述非银行金融机构之外，美国的其他非银行金融机构还包括证券经纪人和交易商、有组织的交易所、金融信托、私募股权投资基金和风险投资基金。还有政策性非银行金融机构，例如美国联邦信贷机构，包括政府国民抵押协会、房利美和房地美；农村信用体系中的联邦农业抵押贷款公司等。

（二）美国非银行金融机构的特征

美国是世界上金融业最为发达的国家之一，金融体制独具特色，相应地，非银行金融机构也表现出许多鲜明的特征。

1. 非银行金融机构数量众多，类型复杂。美国金融体制的单一州、单一银行原则，非银行金融机构形成了地方化、分散化、多样化的格局，且数量巨大。全美国的非银行金融机构的资产占全部金融机构资产的 70% 以上（见表 7 – 2）。

表 7 – 2　　　　美国各主要金融中介机构的资产总额及其占总资产的比重

金融中介机构	1980 年		1990 年		2000 年		2008 年		2013 年	
	资产总额（10 亿美元）	比重（%）	资产总额（10 亿美元）	比重（%）	资产总额（10 亿美元）	比重（%）	资产总额（10 亿美元）	比重（%）	资产总额（10 亿美元）	比重（%）
商业银行	1 481	36.7	3 334	30.4	6 469	24.7	12 272	30.3	12 670	24.4
储蓄贷款协会和互助储蓄银行	792	19.6	1 365	12.5	1 218	4.7	1 518	3.7	2 157	4.2
信用社	67	1.6	215	2.0	441	1.7	801	2.0	1 005	1.9
人寿保险公司	464	11.5	1 367	12.5	3 136	12.0	4 798	11.8	6 035	11.6
火灾和意外伤害保险公司	182	4.6	533	4.9	862	3.3	1 337	3.3	1 527	2.9
私立养老基金	504	12.5	1 629	14.9	4 355	16.6	5 193	12.8	7 966	15.4
州和地方政府退休基金	197	4.9	737	6.7	2 293	8.8	2 730	6.7	4 846	9.3
金融公司/财务公司	205	5.1	610	5.6	1 140	4.4	1 910	4.7	1474	2.8
共同基金	70	1.7	645	5.9	4 435	17.0	6 588	16.3	11 527	22.2
货币市场共同基金	76	1.9	498	4.6	1 812	6.9	3 376	8.3	2 678	5.2
总计	4 038	100	10 933	100	26 161	100	40 523	100	51 885	100

数据来源：Federal Reserve Flow of Funds Accounts, www. Federalreserve. gov/releases/zl/。

2. 新兴的非银行金融机构引人注目。美国非银行金融机构最为显著的特征是：共同基金、货币市场基金、对冲基金等一批新兴的非银行金融机构引人注目。

（1）共同基金。作为世界上最大的市场经济国家，美国的投资品种非常发达，房产、基金、股票、债券和外汇等投资方式应有尽有。而对大众来说，最普遍的理财方式就是购买共同基金。在美国，共同基金主要由居民投资（约占90%），其余则由其他金融机构和非金融机构投资。共同基金在居民储蓄中的重要性日益增强。1980年，仅有6%的居民投资共同基金，近年来，这一比例增加到50%左右。

在美国，共同基金的历史要追溯到1924年3月21日。那时，资产规模只有5万美元的美国历史上第一只基金——马萨诸塞投资信托基金在波士顿宣告成立。此后，美国基金业飞速发展。20世纪70年代以前，美国共同基金几乎全部投资于股票，购买股票的基金可以进一步专业化，专门投资外国股票或者特定行业的股票，比如能源或者高科技行业。70年代以后，美国出现了专门从事债务工具交易的共同基金，购买债务工具的基金也可以进一步专业化，比如专门投资企业债券、美国政府债券或免税的市政债券，或者长期债券或者短期债券。自20世纪80年代以来，基于美国和世界范围内繁荣的股票市场和债券市场，美国共同基金的市场份额迅速增长（见表7-2）。数据显示，截至2013年12月底，美国共同基金管理的资产达115 270亿美元，占美国金融机构资产总额的22.2%。

作为共同基金种类之一的货币市场共同基金（Money Market Mutual Fund，MMMF），20世纪70年代上半期才加入美国金融机构行列，但其机构数目和资产规模增长非常迅速。1977年，该基金的资产不足40亿美元，到1980年已经攀升到700亿美元以上。2008年资产达到了33 760亿美元，占整个金融中介行业的比重近8.3%。由于次贷危机中美国货币市场基金也受到重创，截至2013年底，基金总资产降为26 780亿美元，但仍约为美国共同基金市场总额的1/5。

（2）对冲基金。对冲基金在20世纪50年代最先出现于美国，它最初是指利用期货、期权等金融衍生产品以及对相关联的不同股票进行买入卖出的相反市场操作来规避市场风险的投资方式。经过多年发展，现在对冲基金涵盖的范围已经有了很大的扩展，广泛进入了股市、债市、汇市和期权期货领域。20世纪80年代中期后，对冲基金逐步成为一个引人注目的行业，90年代后其增长速度明显加快。2005年，全球对冲基金发展迅猛，共有9 000余只对冲基金，而美国就占了7 000多只，管理的总资产达到创纪录的8 500亿美元。从全球范围看，美国对冲基金市场无论规模和数量都占优势，扩张的速度也最快，目前，其资产超过2万亿美元。在美国，共同基金、养老基金和对冲基金被称为机构投资者，现今几乎控制了美国市场中交易股票金额的25%以上。增持股票还意味着机构投资者对公司董事会的影响力增强，甚至推动了公司管理层的更迭与政策的转型。

3. 储蓄机构在发展中增速趋缓。20世纪60—80年代，储蓄机构曾是美国第二大金融机构。1989年，人寿保险公司超过储蓄机构位居第二，后者退居第三，重新回到50年代的地位。1992年，共同基金超过储蓄机构，成为第三大金融主体，而储蓄机构退居第四位。2000年，养老基金、货币市场共同基金又超过了储蓄机构。2008年，财务公司也超过储蓄机构（2013年增速有所回升）。主要原因是1989年金融改革后，处于困境中的储蓄机构进一步被其他金融机构吞并，在其他金融机构资产存在不同程度增长的情况下，储蓄机构资产呈负增长，储蓄机构的数量和资产额绝对减少。

4. 美国是世界上保险业特别是人寿保险最为发达的国家。美国保险业的总保费收入、寿险收入以及非寿险收入人均居世界第一位。1970 年以来寿险资产总额以年均 10% 的速度增长。人寿保险公司在 80 年代以前地位有所下降，而 90 年代以来，地位迅速回升，2008 年以来，寿险资产一直稳居美国十大类金融机构的第四位。

5. 各类金融机构份额趋于分散，金融业竞争加剧。1950 年，位于前三名的三大类金融机构的资产额占十类机构资产总额的 90%。2013 年美国前十大类金融机构中，居前六名的是商业银行、共同基金、私人养老基金、州和地方政府退休基金、人寿保险公司和货币市场共同基金，它们所占资产份额达 88.12%。这表明整个金融业的集中程度降低，竞争性增强，但金融业各类机构内部的集中与垄断趋势加强。

6. 其他非银行金融机构稳定发展。其他非银行金融机构，如金融公司、火灾和意外伤害保险公司的发展及其相对地位比较稳定。

二、英国非银行金融机构的特征

与美国相比，英国非银行金融机构的数量、类型都较少，机构的运营按传统方式进行，专业化、分工协作明显，与商业银行的业务交叉和渗透不如美国深刻。随着金融自由化浪潮的兴起，英国的非银行金融机构在业务、金融工具创新上取得了很大进展。房屋互助协会等机构积极开办银行业务，同银行的竞争日趋激烈。保险公司中有寿险公司、非寿险公司及同时开办两种险别的综合公司，它们之间的业务交叉和竞争也日趋激烈。

（一）英国的非银行金融机构

根据英国 1989 年的分类法，英国的银行主要包括零售性银行（主要由清算银行、国民划拨银行、信托储蓄银行组成）、商人银行（即以前的承兑行）、贴现行、海外银行、国际财团银行及其他英国银行。其中，零售性银行是指以接受零售性（小额）存款为主，参与支付机制的金融机构。清算银行是零售性银行的主要组成部分。

英国目前地方性的信托储蓄银行有四家，即英格兰及威尔士信托储蓄银行（后改名为信托储蓄银行）、苏格兰信托储蓄银行、北爱尔兰信托储蓄银行和海峡信托储蓄银行。信托储蓄银行的主要业务包括：接受活期存款、储蓄存款、定期存款；提供支票和支票保证卡；提供旅行支票和外国通货业务；举办联合信托储蓄计划；提供购买国民储蓄存单、有奖储蓄债券及政府证券服务；提供从国民储蓄债券注册官处买卖政府债券的便利等。其资金的日常投资由商人银行经营。

划拨银行系统实质上是通过一个中央机构来开展货币传递服务的机构。英国政府于 1968 年成立了国民划拨银行，利用众多的邮政营业所开展业务。起初主要是接受存款，并为客户彼此间票据结算提供方便。1976 年后，它可以从事一般银行业务，同时提供货币传递业务，广泛地代收各种服务费用。国民划拨银行将吸收的一部分资金转贷给贴现行，其余资金多投资于英国政府证券和地方政府证券。

商人银行（或称承兑行）起初是信誉卓著、业务广泛的货物商人利用对海外贸易商的了解和自身的信誉，对同业商人的资信做出担保，即出面承兑向这些商人开出的票据，从中收取手续费。经他们承兑的票据可以在市场上出售或贴现。随着贸易的发展，逐渐专门从事承兑业务，于是商人变成了商人银行或承兑行。目前，商人银行的主要业务是从事公司金融和投资银行业务。长期以来，商人银行一直被誉为英国金融服务业中的"明珠"，但"金融大震"后光泽日益黯淡，随着皇家商人银行巴林银行集团被收购，现在独立支撑的仅剩下施罗德、弗莱明集团和罗斯柴尔德等寥寥几家。

贴现行在英国的金融体系中占有特殊重要的地位，它不仅是英国货币市场的最重要组成部分，而且在国库券市场上也占有重要地位，因为银行之间短期资金的余缺主要通过贴现行来调剂。英格兰银行通过贴现行来实现其最后贷款人的职能，同时，贴现行还承担每周国库券的招标。贴现行的主要负债是以短期借款的形式从英国各类银行借入的资金，这类资金多为隔夜贷款或即期贷款，占全部负债的90%；主要资产是票据，包括商业汇票和国库券，目前，资产日益多样化，包括在英格兰银行的存款、大额存单、贷款业务和投资业务等。

海外银行是和国际有联系的批发性的银行，主要以国际业务为主。它包括英国的海外银行、外国银行在英国的分支机构和国际财团银行三类。英国的海外银行大多为伦敦清算银行全部或部分所有，成为伦敦清算银行的子公司，它们是在19世纪英国的海外扩张中逐步建立的。20世纪60年代，欧洲货币市场的兴起，使大量的外国银行或者单独到伦敦开设分支机构，或者由几个国家的金融机构共同出资组建独立的银行公司，以便以伦敦为中心从事银团贷款和国际债券承销等业务。

其他金融机构主要包括住房互助协会、金融行、国家储蓄银行、保险公司、养老基金、投资信托公司及单位信托公司等，在此仅选择几个具有典型代表性的机构进行介绍。

住房互助协会最初是一种非营利的互助组织，主要为个人服务，它通过吸收个人储蓄存款和股金获得资金，向个人购买住房提供贷款。由于公众对自用住房的需求很大，同时，住房互助协会的资金流动性较低、利息收入有减免税优惠，因此具有更强的竞争优势，第二次世界大战后住房互助协会的发展很快。但自20世纪80年代后，住房互助协会基本都进行了银行化或是被其他银行并购。实施转型后的住房贷款协会（尤其是规模较大的协会）在存贷款、中间业务，甚至保险产品等方面与清算银行展开了几乎是全方位的竞争，从而加剧了英国银行业尤其是零售银行业的竞争。

金融行因为其业务是从事租购或者消费信贷，也被称为租购公司或消费信贷公司。金融行的负债主要来自银行及其他金融机构的3~6个月的定期存款，数额较大。金融行的资金大多按足够条件贷款给消费者用于购买汽车或耐用消费品、进行住房的修缮和假日活动等，对个人的消费信贷额通常占总贷款额的50%以上，此外，还向工商企业提供设备贷款。

单位信托（Unit Trusts）又称为联合信托，最早出现于20世纪30年代，是法律意义上的信托。它指储蓄者购买若干信托"单位"，然后由单位信托将资金投向各种公司证券，"单位"的购买者依其持有"单位"的数量按比例分享从资产组合中所获得的收益。发行的信托单位的实际价值按公司证券的市价总值除以单位总数计算。单位总数不固定，若对单位的需求增大，可增加发行以扩大投资规模，单位信托必要时也可缩小，因此，又可称其为"不封顶型信托"。单位信托主要投资于公司证券，其中95%是普通股。

（二）英国非银行金融机构的特征

1. 英国不断调整金融机构的划分标准。1980年以前，英国金融机构的分类与其他国家基本相似，划分为银行与非银行两大类。

1981 年 11 月，英格兰银行将信托储蓄银行和金融行扩大到银行金融机构范围内，并将原先的银行金融机构改称为英国货币部门，将其余的金融机构划归为非货币部门。当时，英国货币部门包括清算银行、商人银行、贴现行、其他英国银行、海外银行、信托储蓄银行、国民划拨银行及其他认可接收存款的机构；非货币部门主要包括房屋互助协会、国家储蓄银行、保险公司、养老基金、单位信托公司、投资信托公司等。

1989 年 7 月，英格兰银行决定将金融机构划分为银行和其他金融机构两大类。即原先的货币部门改为"英国的银行"，而非货币部门则称为其他金融机构。上述分类方法一直延续至今。

2. 英国银行金融机构与非银行金融机构的相对地位发生了变化。英国银行部门在金融机构中的传统地位相对减弱，其他非银行金融机构后来居上，在英国金融体系中的地位显著提高。20 世纪 50 年代，银行金融机构与非银行金融机构的英镑负债规模相当。但是自 60 年代以来，非银行金融机构的英镑负债大大超过了银行金融机构，处于优势地位。

3. 住房互助协会的发展速度之快是其他金融机构望尘莫及的。英国住房互助协会相当发达，已成为英国金融体系中可与银行相匹敌的竞争对手。

20 世纪 70 年代以来，英国住房互助协会积极争取个人储蓄，同银行部门展开了激烈的竞争。英国住房互助协会所接受的个人储蓄存款总额远远超过了英国任何一类接受存款的金融机构。

英国住房互助协会的资产规模不断增大，行业集中成为一大特色。80 年代以来，英国放松了对金融机构的限制，英国住房互助协会的组织结构发生了重大变化。英国住房互助协会的数量持续减少，少数几家大型住房互助协会的规模不断扩大。1975 年，英国住房互助协会的数量减少到 382 家，会员人数超过了 2 000 万人，拥有资产总额达 242 亿英镑。到 1988 年，住房互助协会数量又比 1975 年减少了近 2/3，只有 131 家，但分支机构数量却增加到 7 000 家，会员数量也上升到 4 400 万人，资产总额接近 1 900 亿英镑。1995 年，英国的住房互助协会数量进一步减少到 80 家，资产总额超过了 13 000 亿英镑，其中 3 家最大的住房互助协会的资产总额占全国住房互助协会资产总额的 1/2。1989—2000 年，全英国有 10 家大型住房互助协会股份化后转变为住房信贷银行，还有一些住房互助协会则转变为独立银行。例如1999 年阿比银行收购伯明翰中郡互助协会，随后又被更大的金融财团兼并，并最终成为苏格兰哈利法克斯银行（Halifax Bank of Scotland）的一部分。到 2010 年，全英国现存 49 家住房互助协会及其下属的 2 000 家左右的门店，贷款余额为 365 亿英镑，占全部住房按揭贷款市场额的19%，储蓄存款余额达 245 亿英镑，占所有储蓄市场金额的 21%。目前住房互助协会的市场定位主要是通过吸收小额存款，支持低端住房信贷市场，即向低收入家庭提供住房按揭贷款。

英国的金融公司（金融行）可分为两种，即由工业企业提供资金的专营租购、赊销的公司及租赁公司。与美国不同的是，它的资金来源不仅包括自有资金和银行贷款，还包括吸收的存款。

三、日本非银行金融机构的特征

日本实行英国的商业银行模式，在传统从事短期金融业务的普通银行之外，设置了众多的非银行金融机构。

（一）日本的非银行金融机构

日本的非银行金融机构主要包括：（1）办理存款的民间金融机构，主要包括三类：第一类是长期信用机构，如长期信用银行、信托银行；第二类是中小企业金融机构，如相互银行、信用金库、信用组合、劳动金库、商工组合中央金库等；第三类是农林渔业金融机构，如农林中央金库、农业协同组合及信用农业协同组合联合会、渔业协同组合及信用渔业协同组合联合会。（2）非存款经办的民间金融机构，如证券投资信托委托公司、生命保险公司、损害保险公司、住宅金融公司、消费者信用机构和证券金融公司等。（3）其他非银行金融机构，如证券公司、短资公司和资金经纪人。此外，日本还存在着大量由政府设立的非银行金融机构，如日本开发银行和存款保险公司等。

（二）日本非银行金融机构的特征

1. 日本非银行金融机构发展异常迅猛。日本非银行金融机构是随着20世纪80年代金融革命开始发展起来的。1986年1月到1987年2月，日本5次下调法定准备金率，使得金融体系内部2 000亿～3 000亿日元的资金流向了不动产、股票等行业，从事这些交易的企业因此摇身一变而成为金融公司，形成了遍地开花的非银行金融机构网络。

2. 日本非银行金融机构频繁爆发经营危机。因资不抵债，一部分大型非银行金融机构相继倒闭，负债额巨大。

3. 日本以普通消费者为对象的非银行金融机构的经营状况普遍较好。把主要资金投向消费者贷款和住宅融资的6 000家消费者金融公司的经营状况普遍不错。

4. 保险业发展有所放缓。日本民众的保险意识非常强，日本是仅次于美国的保险超级大国。在保险密度和保险深度方面，比美国有过之而无不及。20世纪50年代，随着经济的复苏，日本保险业的规模已经恢复到第二次世界大战前的水平，形成了社会保险、企业年金、商业保险三位一体的保险体系。而后随着日本泡沫经济的破灭及经济不景气，使保险业也遭受重创。美国次贷危机的爆发以及日本灾害频发使得日本一些保险公司出现经营困难，保险业发展有所放缓。

5. 日本的证券金融公司是为股票、公司债券的顺利发行而向证券公司融资的专门金融机构。售信公司主要包括对消费者提供销售信用、对消费者直接融资的消费者金融业务以及信用保证业务等。住宅金融公司是从银行等金融机构专门办理住宅贷款的金融机构。

6. 金融创新程度远远低于英美。与英美相比，非银行金融机构的业务集中在保险、证券业和消费者金融方面，金融创新程度远远低于英美。

7. 具有较高的垄断性。日本非银行金融机构具有较高的垄断性，几乎每一行业都被少数机构所垄断。如日本生命保险公司的总资产占日本人寿保险业资产额的1/4左右，证券业超过60%的资产集中在几家大的证券公司中。

8. 业务日益综合化。近年来，日本非银行金融机构虽然出现了业务综合化的趋势，但发展速度仍不如美国和英国等国家。

四、德国非银行金融机构的特征

（一）德国的非银行金融机构

在德国的金融体系中，除中央银行和监管机构外，其余的是由全能银行体系、专业银行体系（特殊目的银行）和非银行金融机构组成。这里的非银行金融机构，是指纯粹意义上的非银行金融机构，因为在所谓的全能银行体系和专业银行体系中，实际上也包含着开展非银行业务的非银行金融机构或者部门。这是德国银行业务综合化的典型特征。正因为如此，在德国，被称为非银行金融机构的主要包括保险公司、证券交易所和金融服务公司，但这并不否认德国所谓的"银行体系"中包含着非银行金融机构或部门或业务。

1. 保险公司。德国的保险公司数量众多并和全能银行密不可分，因为它们中绝大多数是银行的控股公司或者相互持股。例如欧洲最大、德国第一的安联保险集团，就是德国商业银行最大的股东。除了具有被银行控股或相互持股的特征，德国的保险业态表现为三种组织形式：股份有限公司、公法保险公司和保险协会。其中股份有限公司数量居多。保险公司不仅开展人寿保险、财产保险、私人医疗保险、养老金保险等专门的保险业务，还办理股票、证券和贷款业务，其中，贷款业务主要为不动产抵押和居民购房建房等中长期贷款。目前，德国国内保险公司共有 690 家。

2. 证券交易所。目前，德国国内共有 7 家证券交易所。即法兰克福证券交易所（德国交易量最大的证券交易所，主要交易品种有股票、债券、期货和期权等）、柏林—不来梅证券交易所、汉堡证券交易所、杜塞尔多夫证券交易所、汉诺威证券交易所、慕尼黑证券交易所以及斯图加特证券交易所。

3. 金融服务公司。在德国，作为非银行机构的金融服务公司主要从事银行代理、保险代理、股票销售和投资咨询业务。这类机构还包括由汽车公司主办的汽车银行等。在德国，这类非银行金融机构有 1 000 多家。

（二）　德国非银行金融机构的特征

尽管德国具有鲜明的以银行为主导的金融体系特征，但其非银行金融机构也发挥着重要的作用。

1. 非银行金融机构穿插在特殊目的银行机构体系中。如抵押银行、分期付款银行、特殊职能银行、投资公司、邮政储蓄机构、其他公营金融机构的德意志抵押债券机构、德国房地产及农业抵押银行等。它们作为特殊目的银行而设立，开展的业务是传统意义上的非银行金融机构所开展的业务，即法律赋予其与一般商业银行吸收公众存款、发放工商企业信贷不同的业务职能。

2. 保险公司在德国融资市场扮演了仅次于商业银行的重要角色，并与商业银行深度融合，被其控股或相互持股。

3. 虽然德国证券市场较为发达，但间接融资始终是德国企业获得资金的主要渠道。

第三节　"金砖国家"非银行金融机构的特征比较

"金砖五国"是新兴经济体包括转轨国家的代表。各国借鉴发达国家的经验并立足于本国国情探索金融改革之路，逐渐建立了自己的金融体系，其中，非银行金融机构在各国也得到了长足的发展。鉴于各国社会、经济、文化等特点不同，各国在非银行金融机构的建立和发展上也各具特色。

一、巴西非银行金融机构的特征

作为拉丁美洲的第一经济大国，巴西拥有比其他拉美国家更为发达的金融体系，其中非银行金融机构体系门类也较全面，在国家经济发展中发挥着重要的作用。

（一）巴西的非银行金融机构

巴西的非银行金融机构主要包括财务公司、租赁公司、各类基金公司、证券经销公司（投资银行）、保险公司、股票与期货交易所等。

1. 财务公司与租赁公司。在巴西的非银行金融机构中，各类财务公司通过发行短期商业票据、股票、债券等有价证券筹集资金，用于消费者贷款。租赁公司则为企业购置机器设备等融通资金。

2. 基金公司。巴西有种类较多的基金公司或基金类型，例如共同基金、财政基金、私人退休基金、社会参与基金等。其中共同基金主要用来投资资本市场；财政基金由国家统一发行，目的是保证初级股票市场能更好地发展；私人退休基金面向资本市场投资，具有开放型和封闭型两种基金类型，受政府严格管制；社会参与基金是指资金主要来自国企或私企员工的退休金，统一交由巴西国家经济开发银行管理。

3. 证券经销公司（投资银行）。巴西的经济改革中，政府曾通过大量引进外资等措施来减少国企份额，提高经济发展效率。在这期间，从事证券市场认购承销的投资银行发展起来。目前巴西有 40 多家私人投资银行，它们通过在初级市场上认购新股，为企业提供发展资金；在证券市场上通过出售自己的信贷证券和存款凭证筹集资金。

4. 保险公司。巴西在 20 世纪 80 年代就有近百家保险公司。在巴西的经济发展中，保险公司对 GDP 的贡献逐年上升：1994 年巴西 "雷亚尔计划" 实施之前，保险公司对 GDP 的贡献为 1%，1994 年之后上升为 2.5%，到 2000 年已经达到 4%～5%。

5. 证券交易所。巴西境内共有 9 家证券交易所，圣保罗证券交易所（Bovespa）是巴西最大的证券交易市场；巴西商品期货交易所（BM&F）是唯一的衍生品交易所，交易品种包括商品期货、金融期货和期权。2008 年两个交易所合并为巴西新交易所（Nova Bolsa），成为拉美最大的交易所。

除上述机构外，巴西还有住房贷款系统等政策性非银行金融机构。

（二）巴西非银行金融机构的特征

1. 与其他发展中国家相比较，巴西的非银行金融机构体系发展得相对较好。1964 年巴西政府就开始对金融体系进行全面改革，投资银行、储蓄银行等具有非银行金融机构特点的金融机构就开始建立。1965 年颁布了金融市场管理条例，1976 年就建立了证券委员会，基本形成较完整的现代金融体系。巴西是发展中国家中金融市场最为发达的国家之一，也是当今世界上金融市场比较发达的国家之一。其中，非银行金融机构得到了很大的发展。

2. 非银行金融机构在国家经济改革中发挥了重要作用。巴西在市场经济改革和促进经济增长中，政府采取了大规模利用外资和增加国内储蓄的策略，以实现大规模投资。除了发挥银行体系的融资作用外，巴西还通过消费信贷、住房贷款系统、40 多家私人银行、投资银行和巴西政府债券市场来促进资金的横向流动，筹集建设资金。在发挥非银行金融机构的作用促进经济增长的同时，客观上也促进了巴西非银行金融机构自身的发展。

二、俄罗斯非银行金融机构的特征

作为典型的经济转轨国家，俄罗斯金融改革也不断推进，非银行金融机构也得到了长足的发展。非银行金融机构种类较多，并表现出转轨国家的独特特点。

（一）俄罗斯的非银行金融机构

1. 保险公司。苏联解体后，俄罗斯在经济转型过程中，在苏联社会保障制度的基础上建立和完善了社会保障体系，该体系包括居民救助、养老金和全民基本医疗保险等。与此同时，俄罗斯也加快了商业保险体系的建设，鼓励并保护市场竞争。苏联解体前，苏联共有俄罗斯国家保险公司和国家对外保险公司两家国有保险公司。俄罗斯保险业在由国家垄断向市场经济过渡的过程中，曾出现迅猛增长的势头，俄罗斯私有保险公司从最初的几家迅速发展到几千家。1993 年底，已注册的保险公司有 1 534 家，1995 年底有 2 217 家保险公司注册，达到历史最高峰。随着俄罗斯将保险公司最低注册资本提高到 100 万美元，其保险市场开始逐步趋向集中，但并没有改变经营机构分散、资金实力较弱的基本状况。俄罗斯保险业较快发展开始于 20 世纪 90 年代末期。1997 年当年保险业吸收资金较 1996 年增长 40%。1998 年吸收资金增长率是 1997 年的 1 倍以上。据俄罗斯财政部保险监管司统计，2003 年俄罗斯共有 1 397 家保险公司，保险业总保费收入达 141 亿美元，较 2002 年增长 44%。其中，大的保险公司业务增长较快。1999 年，年保费超过 10 亿卢布的保险公司有 16 家，其保费总额占全部保费额的 47%；2000 年，年保费超过 10 亿卢布的保险公司增加到了 29 家。2000 年，共有 40 家合资保险公司在俄罗斯开展业务，外资在俄罗斯保险业的市场份额为 7%。世界上几乎所有大的再保险公司都在俄罗斯设有代表处。

2. 各类投资中介机构。经济转轨中的俄罗斯于 1990 年 11 月成立了莫斯科国际证券交易所和莫斯科中央证券交易所，标志着当代俄罗斯证券市场正式建立。1930 年 2 月，苏联政府下令取缔境内所有商品和证券交易所，自此，证券市场从俄罗斯彻底消失。相隔 60 年，证券市场又重新回到了俄罗斯的经济生活中。在俄罗斯经济转轨过程中，激进式改革的私有化浪潮曾经刺激了证券市场的畸形繁荣。从 1991 年 10 月俄罗斯联邦政府总统宣布进行激进的经济改革，开始大规模实行私有化，到 1994 年 7 月，俄罗斯 70% 的工业企业实现了私有化。声势浩大的私有化运动中，国家发行的公债和私有化证券、企业发行的股票、银行发行的金融债券和信托凭证以及其他形形色色的有价证券充斥俄罗斯市场，带动了金融市场的畸形繁荣，投机生意异常火爆，各地纷纷组建投资公司，一时间各类投资公司如雨后春笋般大量涌现，这种状况被俄罗斯学者称为"投资公司大爆炸"。俄罗斯各地，特别是各大中心城市、各金融工业中心竞相设立金融交易所。据统计，1996 年在俄罗斯从事证券交易的交易所有 258 家，其中 223 家为专业证券交易所，另外 35 家为综合性交易所，除证券交易外还从事其他金融产品或实物商品交易。面对混乱的证券市场和其对社会造成的巨大冲击，俄罗斯金融管理层逐渐改变了原先一味强调市场化的做法，开始尝试有限度地对证券市场施加干预，清理整顿证券市场。2003 年 10 月金融交易所只剩下 20 家，其中从事证券交易的仅有 5～6 家。最终形成了俄罗斯两大证券交易中心——莫斯科银行间外汇交易所和俄罗斯交易系统。前者为场内交易的龙头，后者是场外交易的核心，两个交易所的证券交易量超过了全俄罗斯证券交易总量的 95%。

3. 养老基金。苏联解体后，为适应发展市场经济的需要，俄罗斯政府逐渐推进市场化改革。经过两轮改革后，基本形成了"三支柱"的养老保障体系框架。第一支柱是社会基本养老保险，资金来自社会保险税，由政府直接管理，养老金由国家保证，但数额较低（每月 50 美元左右）。第二支柱是强制性养老保险，资金来源于企业缴费。第三支柱是自愿性补充养老保险，包括向商业保险公司投保养老保险，也包括在私营养老金公司建立私人养老金计划。俄罗斯政府专门成立了国家养老基金（State Pension Fund）负责第一支柱和第二支柱的管理，成立了国有养老基金资产管理公司来负责相应的资金投资。2003 年，法律允许参保人自由选择投资管理人，可以由私营资产管理公司管理第二支柱中基金积累部分，退休时再转回国有养老基金资产管理公司。基金积累部分是指：按照法律规定的比例，在强制性养老保险中，一定比例缴费进入个人账户，按照投资情况积累增值，退休后作为养老金给付的部分。2004 年，法律进一步允许参保人选择将第二支柱中基金积累部分从国家养老基金中转出，完全交给私营养老金公司管理运作，包括退休后的养老金计算和发放。目前，市场上约有 265 家私营养老金公司和 90 家私营资产管理公司，管理养老金约 250 亿美元。在养老金监管方面，国家养老基金由俄罗斯中央审计委员会监管，直接向总统报告；私营养老金公司和资产管理公司的投资由联邦金融市场监管服务局监管；保险公司经营的私人养老金计划和第三支柱商业保险由联邦保险监管服务局监管。

除上述机构外，俄罗斯非银行金融机构还包括非银行小额信贷机构、信托机构，还有俄罗斯中小企业基金等政策性金融机构。

（二）俄罗斯非银行金融机构的特征

1. 依靠国家法律促进保险市场的发展。苏联解体后，俄罗斯政府就保险业的发展出台了一系列法律法规，促进了商业保险市场的形成和发展。1991 年 6 月《俄罗斯联邦公民医疗保险法》颁布；1992 年 12 月 27 日《俄罗斯联邦保险业务经营法》正式颁布实施；1998 年 3 月 28 日俄罗斯《军人强制国家保险法》颁布实施；2006 年 12 月 26 日，俄罗斯国家杜马通过《俄罗斯联邦发展农业法》，该法第 12 款规定，对农业保险给予国家支持。俄罗斯从 1992 年开始全面推行市场化改革，在较短的时间内，资本市场、保险市场等金融市场基本形成。但相对而言，这些市场还处在初级阶段。在保险业对外开放上，1992 年以前，俄罗斯保险市场完全处于封闭状态。1992 年俄罗斯通过《俄联邦保险法》后，从法律上开始允许合资保险公司在俄罗斯开展业务。但同时规定，外资资本占注册资本的比重不能超过 49%。1999 年，俄罗斯取消了 49% 的限制门槛，允许外国控股的保险公司在俄罗斯开展业务，同时为防止国外公司垄断俄罗斯保险市场，进一步制定并细化了相关法律，以保护相关产业的敏感领域。

2. 各类投资公司规模有待发展壮大。例如，俄罗斯证券市场经纪公司虽然数量众多，但资产规模比较小。商业银行成为证券市场重要的机构投资者。俄罗斯金融管理层对银行信贷资金进入证券市场不设任何限制，因而在机构投资者中商业银行占有市场投资规模相当大的比例。例如，俄罗斯联邦储蓄银行就是一家活跃于证券市场的机构，累计投资总额超过 100 万亿卢布，主要投资对象是政府发行的各种级别、期限不等的国债。外资投资公司在俄罗斯证券市场上扮演着重要的角色，这是俄罗斯证券市场机构投资者的又一鲜明特色。这在新兴市场中较突出，它是俄罗斯政府实行激进经济改革的产物，从而使俄罗斯证券市场高度市场化和国际化。

三、印度非银行金融机构的特征

印度是世界上经济增长速度最快的国家之一。印度从 1991 年开始进行自由化经济改革，放松了对经济领域的管制，金融改革取得了非常大的成效，其中非银行金融机构也得到了发展。

（一）印度的非银行金融机构

印度非银行金融机构数量较多，包括股票交易所、保险公司、养老基金、信托公司、微型金融公司、资产金融公司、基建融资公司、资产重组金融服务公司等。以下仅对部分机构进行介绍。

1. 股票交易所。1947 年印度独立时，其金融体系在发展中国家中是最完善的，金融法律体系也最完备。当时印度已经有四所功能完善的股票交易所，其中包括亚洲最古老的股票交易所——孟买股票交易所。印度经济改革前受社会主义计划经济体制影响，其银行体系基本由国家控制，政府通过银行财政化实现经济和社会功能。1991 年印度由于财政危机实施经济改革，其中包括金融制度的改革。1992 年印度证券交易委员会成为法定独立监管机构，同年，印度建立了印度国家股票交易所，并允许外国机构投资者（FII）投资股票市场。目前，印度资本市场由 2 个全国性股票交易所和 21 个地区性股票交易所构成。

2. 微型金融公司。印度的微型金融公司是近年来发展最为迅速的金融部门，目前在印度储备银行登记的非银行微型金融公司共有 84 家，大部分为私人所有。微型金融公司的核心业务是小额信贷，以此帮助贫困家庭及微型企业进行生产性活动或小本经营。微型金融公司在很大程度上满足了印度农村地区和贫困人口的小额信贷需要。

（二）印度非银行金融机构的特征

印度自 1991 年开启金融体制市场化和开放性改革以来，其发展速度无论是在发展中国家还是在"金砖五国"中都是比较快的。不仅带动了非银行金融机构的发展，同时金融机构的发展也促进了金融改革的发展。相对银行体系的发展，虽然印度的非银行金融机构还处于初具规模的阶段，但已经在促进经济发展和完善金融服务方面发挥了不可替代的作用。

1. 证券市场金融机构成熟度较高，促进了证券市场迅速发展。2016 年，印度有两所证券交易所入选全球市场总市值前 20 名；印度债券市场为亚洲第四；印度衍生品市场相对繁荣。1997 年，印度政府恢复棉花、原黄麻及黄麻商品的期货交易；2000 年，孟买股票交易所和国家股票交易所推出上市指数期货；2003 年，解除对所有商品期货交易禁令并批准成立全国大宗商品交易所（NMCE）、印度大宗商品交易所（MCX）和全国商品和衍生品交易所（NCDEX）三家全国性商品交易所。印度衍生交易中股票和指数期货交易量占比 89% 左右，其中单只股票期货交易量在全球第一。

2. 金融改革有序进行，金融机构门类相对齐全，开放度高。印度由于受英美普通法系的影响，在司法保护和投资者保护方面是全世界最强的国家之一。同"金砖五国"和其他发展中国家相比，印度的金融市场更加完善，金融机构发展更加均衡。自 1991 年起，印度开启了三个阶段的金融制度改革：第一阶段，1991—1997 年，以拉奥政府"自由化、市场化、全球化和私有化"的"四化"经济改革为标志，印度拉开了金融体系市场化和开放性改革的序幕。该阶段金融改革的主要内容是银行体系市场化运作和金融体系开放度增加，减少政府干预。第二阶段，1997—2014 年，以瓦杰帕伊政府和辛格政府的继续深化金融改革为主要内容，印度政府进一步完善了资本市场，特别是衍生品市场的结构，健全监管机制，保护投资者的利益，改善银行综合服务水平，加强风险管理，进行保险和养老金体系改革。1999 年印度保险管理机构法案（IRDA）规定寿险与非寿险业务的分离，并向私有部门和外资部门开放，保险机构得到了发展。2003 年成立养老基金监管及发展局（PFRDA）监督养老金改革问题。第三阶段，2014 年至今，以莫迪政府的"铁腕"经济改革为标志，继续完善金融市场服务功能，扩大商业银行经营范围，健全养老保障体系，打击金融犯罪。2015 年允许商业银行成立保险合资公司并从事保险业务，提高保险业外资投资比例，由原来的最高 26% 提高到 49%。同年还出台《财政法令》，该法令涵盖一系列改革方案，包括成立养老福利基金等。在开放度方面，1996 年印度就允许外资通过自动途径（无须审批）对部分证券经营机构进行 100% 的投资。1992 年和 1995 年分别颁布了《外国机构投资准则》和《外国机构投资法》，启动外国机构投资者（FII）制度。FII 的投资范围包括印度一级和二级市场的上市证券（包括股票、债券、认股权证）、未上市的债券、印度国内的互惠基金及单位信托。2002 年 FII 获准进入衍生品市场交易。目前 FII 投资单一印度公司的股权比例上限分为 24%、49%、74% 三档。截至 2017 年 3 月，共有 8 778 家 FII 通过 SEBI 注册。

四、中国非银行金融机构的特征

中国自 1978 年起开始实行改革开放，40 多年间，非银行金融机构从恢复原有的机构（保险和信托）到新设立机构，从机构种类到机构数量再到资产规模都有了长足的发展，成为中国金融体系中不可或缺的组成部分，在中国经济与社会发展中发挥着重要的作用。

（一）中国的非银行金融机构

中国的非银行金融机构可以归纳为投资类非银行金融机构、保险类非银行金融机构和非投资保险类非银行金融机构。这些非银行金融机构的共同特征是：法律规定其在负债业务上不以吸收公众存款为主要资金来源，在资产业务上不以发放工商企业贷款为主要运用方式，在服务性业务上不提供支付结算业务，因此，它们的经营活动不直接参与存款货币的创造过程，对货币供求与均衡的直接影响较小。这些非银行金融机构各自的专业化程度高、业务差别大、承担的风险不同，因此其资金来源与运用各有不同。

1. 投资类非银行金融机构。指为社会企业等组织和个人在证券市场上提供投融资服务的非银行金融机构。在中国主要有证券公司（包括投资银行）、基金管理公司、期货公司、证券投资咨询机构、财务公司和信托公司等。

（1）证券公司。根据中国证券业协会统计，截至 2019 年 9 月 30 日，中国共有 131 家证券公司，总资产达到了 7.02 万亿元。中国的证券公司在内涵上与欧美的投资银行没有差别，既经营零售业务也经营批发业务。但是，在实际运作中与投资银行的差别还是较大，投资银行在中国一般作为证券公司的一个独立的部门存在。中国的证券公司虽然也提供一级市场融资服务，但与国际公认的投资银行标准仍有差距。目前中国的证券公司主营业务是二级市场证券经济业务，客户以散户为主。而投资银行更侧重自营业务和交易，且客户以机构为主。

（2）基金管理公司。根据中国证券投资基金业协会统计，截至 2019 年 9 月底，我国境内共有基金管理公司 126 家。其中，中外合资公司 44 家，内资公司 82 家；取得公募基金管理资格的证券公司或证券公司资产管理子公司共 13 家、保险资产管理公司 2 家。以上机构管理的公募基金资产合计 13.79 万亿元。根据《中国金融年鉴》（2018）统计数据，截至 2017 年底，基金管理公司子公司 79 家，私募基金管理公司 22 446 家。管理基金总数为：封闭式基金 479 只，开放式基金 4 369 只，私募证券投资基金 34 097 只。其中开放式基金中，股票型 792 只，混合型 2 097 只，债券型 990 只，货币市场型 348 只，QDII 142 只。公募基金资产规模达到 115 989.13 亿元。

（3）期货公司。根据《中国金融年鉴》（2018）统计数据，截至 2017 年底，中国境内期货公司有 149 家，其中中资公司 147 家，中外合资公司 2 家。期货营业部 1 725 家。商品与金融期货成交金额达到 1 878 925.88 亿元。

（4）证券投资咨询机构。根据《中国金融年鉴》（2018）统计数据，截至 2017 年底，中国共有证券投资咨询机构 84 家。

（5）财务公司。根据《中国金融年鉴》（2018）统计数据，截至 2017 年底，全国企业集团财务公司共有 246 家。与国外财务公司是以发售长期债券为主要资金来源，以开展短期借款和发放消费信贷为主要资产业务不同，中国的财务公司是由大型企业集团成员单位出资组建，主要为成员单位提供存款、放款、投资、结算、票据贴现、融资租赁服务。主要负责单位存款、向中央银行借款、同业存放款项、同业拆入、卖出回购款项、汇出汇款、应解汇款、存入保证金等。

（6）信托公司。根据《中国金融年鉴》（2018）统计数据，截至 2017 年底，全国信托公司共有 68 家，信托资产总额达到 262 452.95 亿元，其中，融资类资产占比为 16.87%，投资类资产占比为 23.51%，事务管理类资产占比为 59.62%。资金信托总额为 219 068.59 亿元。

2. 保险类非银行金融机构。中国的保险类非银行金融机构主要指各类商业性和非商业性保险再保险公司，包括财险、寿险（包括健康和意外险）保险公司以及政策性保险公司等。根据《中国金融年鉴》（2018）统计数据，截至 2017 年底，中国境内各类保险公司数量为 228 家，合计保费收入达到 36 581.01 亿元，赔款和给付支出 11 180.79 亿元。其中财险保费收入 9 834.66 亿元，赔款金额 5 087.45 亿元；寿险保费收入 21 455.57 亿元，给付金额 4 574.89 亿元；健康险保费收入 4 389.46 亿元，赔款和给付金额 1 294.77 亿元，意外险保费收入 901.32 亿元，赔款金额 22.23 亿元。

保险类非银行金融机构是契约储蓄型非银行金融机构，这类机构还包括养老基金。与国外发达国家发达的养老保险基金不同，中国的养老保险制度中，其资金保管与运作（社保基金和基金专户等）还在发展中。

3. 非投资保险类非银行金融机构。除了投资类和保险类金融机构之外，中国还有金融租赁公司、金融资产管理公司、汽车金融公司、金融担保公司以及证券交易所、期货交易所等。其中金融资产管理公司是 1999 年成立的 4 家政策性金融机构：中国华融资产管理股份有限公司、中国东方资产管理股份有限公司、中国信达资产管理股份有限公司、中国长城资产管理股份有限公司，分别处理中国工商银行、中国银行、中国建设银行、中国农业银行的不良资产。

（二） 中国非银行金融机构的特征

1. 非银行金融机构从种类到数量再到资产规模发展迅速。1979 年 10 月，中国国际信托投资公司在北京宣告成立，标志着中国信托业的正式恢复。1979 年 11 月 19 日，中国人民银行在北京召开了全国保险工作会议，自 1959 年以来停办了 20 年的国内保险业务开始复业，自此，中国的非银行金融机构伴随着改革开放以来中国经济金融的发展而迅速发展起来。目前，与国际接轨的投资类非银行金融机构、保险类非银行金融机构以及其他非银行金融机构种类比较齐全，数量众多。根据《中国金融年鉴》（2018）统计数据，截至 2017 年底，中国非银行金融机构总资产达到 119 424 亿元人民币。

2. 对非银行金融机构的监管日益增强。1984 年以后，中国人民银行专门行使中央银行的职能，以国家金融监管机关的姿态出现，至 20 世纪 90 年代，一直承担着银行业、证券业、保险业的统一监管职能。1998 年之前，中国人民银行内设银行司、非银行司、保险司、外资金融机构管理司和农村合作金融司五个大部门。1992 年 12 月，国务院为了规范证券市场发展，决定将证券监管职能从中央银行分离，成立了中国证监会。1998 年 6 月，中国人民银行将证券监管职能移交给中国证监会，实现了银行业与证券业的分业监管。随着我国保险业的飞速增长，在保险市场繁荣的同时规范保险市场，使其健康发展成为当务之急。1998 年11 月18 日，中国保监会成立，保险监管职能从中国人民银行分离。2003 年 4 月 28 日，中国银监会挂牌成立，我国银行业监管职能从中国人民银行分离。由此，形成了由中国人民银行、中国银监会、中国证监会、中国保监会共同构成的"一行三会"的分业监管格局。2018年 3 月，全国人大第十三届一次会议通过《国务院机构改革方案》，将中国银行业监督管理委员会、中国保险监督管理委员会合并为中国银行保险监督管理委员会，至此"一行三会"调整为"一行两会"。2008 年次贷危机后，伴随着银行业和非银行业金融风险的加大，特别是一些间接创造信用的"影子银行"风险的加大，为更好地规避系统性风险，2017 年 7 月在北京召开的全国金融工作会议上，宣布设立国务院金融稳定发展委员会，2017 年 11 月，经党中央、国务院批准，国务院金融稳定发展委员会正式成立。由此，形成了"一委一行两会"新的监管格局。新的监管格局旨在加强金融监管协调、补齐监管短板，强化人民银行宏观审慎管理和系统性风险防范职责，强化金融监管部门的监管职责，确保金融安全与稳定发展。

五、南非非银行金融机构的特征

作为非洲最大的经济体，南非的金融体系相对健全。南非加入"金砖国家"扩大了新兴国家合作机制在非洲大陆的代表性。其非银行金融机构也各有特色。

（一） 南非的非银行金融机构

南非非银行金融机构主要为保险公司、证券公司（在南非称为商人银行）、约翰内斯堡股票交易所、南非债券交易所、基金管理公司（人）等。

1. 保险公司。南非的保险公司分为主要通过风险评估办理短期保险的保险公司和办理长期保险的人寿保险公司。短期保险（非人寿保险）主要和风险评估有关，保险合同通常须每年签订，保险险种包括工程、担保、债务、交通事故、医疗、财产等。目前在南非有超过100家注册的短期保险公司。长期保险主要指寿险，其他险种还包括援助、偿债基金、健康、伤残等险种。目前，在南非有超过78家注册的长期保险公司。

2. 证券公司。南非的证券公司称为商人银行。南非历史上属于英联邦，1961年成立南非共和国。因此，南非的证券公司沿用了英联邦的惯用称谓。

3. 约翰内斯堡股票交易所。成立于1887年的南非约翰内斯堡股票交易所（JSE Limited），是非洲最早的证券交易所，是世界第17大交易所。约翰内斯堡股票交易所不仅仅是个交易所，同时还担当着股票市场监管者的角色。根据世界交易所联盟的统计，南非约翰内斯堡股票交易所的市值近年来排在世界前20名之内。据2010年的统计数据，交易所内进行交易的上市公司为407家，其中外国公司为47家，国内公司为360家，上市股票市值66 987亿兰特①。约翰内斯堡股票交易所目前为投资者提供四种市场选择：证券市场、利息率市场、金融衍生品市场和农产品市场。

4. 南非债券交易所。1996年正式注册的南非债券交易所（The Bond Exchange of South Africa）是以债券市场协会的名义进行交易，提供3天滚动结算和债券自动买卖结算系统。目前，南非债券交易所每年的流动性为市值的38倍，成为新兴债券市场中最具有流动性的市场之一。

5. 基金管理公司。南非公共投资公司是南非最大的基金管理公司，主要业务集中在投资开发性项目以及电力、公路和教育等。除此之外还有养老金等。

（二）南非非银行金融机构的特征

1. 非银行金融机构相对齐全。南非的非银行金融机构主要以证券业金融机构、保险业金融机构以及基金管理公司（人）为主要特色，相对齐全。

2. 比较完备的法律体系和平等、开放的竞争环境促进了南非非银行金融机构的发展。南非有非洲最发达的产权投资市场，其证券市场的资本约占整个非洲证券市场资本总额的85%。南非的非银行金融机构的建立与发展得益于南非比较完备的法律体系和平等、开放的竞争环境。比如南非的《金融咨询和中介服务法》（2002年）、《证券服务法》（2004年）等。南非政府主张开放资本市场，南非公民个人也可以在南非上市的外国公司投资。

3. 南非的证券市场相对发达。第一，南非的债务管理富有成效，促进了南非债券市场的发展。1994年南非新政府成立后，承诺继续偿还种族隔离时期的债务（债务约占国内生产总值的48.6%，包括10个"黑人家园"政府的债务），采取了可持续的财政与宏观经济政策，以及健全透明的债务管理制度，得到了国际投资者的认可，使南非发行的以兰特为货币单位的国内债和外债吸引了各类投资者，国际标准普尔、穆迪等知名的投资评级机构均提高了南非的债务等级，显示了国际金融界对南非经济的信心。在积极管理债务组合当中，财政部负责识别、控制和管理政府面临的风险。财政部下属的综合风险管理机构要对风险作出定量分析，以确定风险的类型，进行监督和管理。所有这些政策与措施，极大地推动了南非资本市场的发展。第二，南非证券业一枝独秀。在约翰内斯堡股票交易所上市的公司市值占据全

---

① JSE Market Profile, December 2010.

非洲上市公司总市值的75%，位居非洲第一。根据2012年的全球交易所排名，约翰内斯堡股票交易所位列第18位。

4. 南非的保险业相对发达。在南非政府主张开放资本市场的政策下，南非原有相对发达的保险业，国际评级机构惠誉也有"南非寿险业监管良好、具有高度的竞争力"的评价，但也指出了市场处于饱和状态。目前南非的寿险市场被国际四大主要保险公司占据，即OMSA保险公司、桑勒姆保险、利宝和MMI保险公司。

第四节　新兴工业化国家非银行金融机构的特征比较

一、韩国非银行金融机构的特征

韩国的非银行金融机构大部分成立于20世纪70年代，并在70—80年代的经济快速增长过程中发展起来。在1997年亚洲金融危机后，经过重组改革的韩国非银行金融机构实力进一步加强。

（一）　韩国的非银行金融机构

根据业务活动领域，韩国的非银行金融机构可以分为五种类型。

1. 开发机构，由韩国开发银行、韩国进出口银行以及韩国长期信贷银行组成。它们为关键部门的发展提供中长期贷款或信贷，例如出口业、重工业和化工业。资金来源于政府、由外资诱致的融资资金，或发行专项债券。

2. 投资机构，包括投资财务公司、证券投资信托公司、商人银行公司以及韩国证券融资公司，它们起到类似于货币市场和资本市场中金融中介的作用。

3. 储蓄机构，包括银行的信托账户、互助储蓄、财务公司、信贷协会、互惠信贷、社区信用合作社以及邮政储蓄，它们发放各种小额贷款，资金来自具有定期存款形式的专项吸收存款金。

4. 保险公司由国内人寿保险公司、合资人寿保险公司、外资公司分公司、外资附属公司和邮政人寿保险所组成。

5. 准金融中介机构，它们经营的业务与上述4种类型的金融机构相似或有密切联系，它们是全国投资基金会、国家住房基金会、租赁公司、投资资本公司、非人寿保险公司、韩国信用担保基金会、韩国科技信用担保基金会、住房融资信用担保基金会以及韩国非银行存款保险公司等。

（二）　韩国非银行金融机构的特征

1. 银行金融机构与非银行金融机构的相对地位发生了变化。韩国的非银行金融机构从其成立起就显示了强劲的增长，具体表现在：（1）从金融市场的贷款构成来看，20世纪70年代以来，银行一直在金融机构贷款中居于主导地位，但其重要性在下降，表现为银行贷款份额在下降，而非银行金融机构贷款份额在上升。（2）从金融机构存款市场份额来看，存款货币银行在全部存款货币中所占的份额也在下降，而非银行金融机构在全部存款货币中所占的份额在上升。（3）韩国非银行金融机构的发展速度超过了银行金融机构。1980年以来，非银行金融机构的存贷款平均增长速度大大高于同期银行金融机构的增长速度。

2. 企业来源于非银行金融机构的借款增加。银行借款是间接融资的主要来源。20 世纪 70 年代前期，银行借款占企业外源融资的 22%，此后开始缓慢下降，到 90 年代前期下降为 17%。与此同时，由于政府采取了一系列措施，把场外资金引向金融机构，并建立货币市场，从而极大地活跃了非银行金融部门。结果导致来自非银行金融机构的借款占企业外部融资总额的比例超过了银行借款所占的比例。非银行金融机构是证券市场上的主要机构投资者。80 年代后期，机构投资者对证券需求量的增加促进了证券市场和股票市场的飞速发展，企业部门直接融资的比例自 70 年代以来持续增加。以股票融资为主的直接融资占企业外部融资总额的比例持续上升。债券融资的比例自 80 年代以来亦持续上升。

3. 保险业的发展最为显著。韩国银行的保险制度分为人寿保险和非人寿保险，同时规定保险公司不能兼营两种保险业务。20 世纪 80 年代以前，只有 6 家人寿保险公司和邮局曾经经营寿险业务。随着市场开放和非管制化的发展，准入限制逐步降低，发展逐渐加速。2008 年，韩国保险业总保费收入为 906 亿美元，居世界第十位，在亚洲位于日本和中国之后。

4. 具有较大的经营自主权。韩国政府对非银行金融机构的管理相对较松，非银行金融机构具有较大的经营自主权，如被允许使用比银行更高的利率等。

5. 亚洲金融危机后，韩国非银行金融机构进行了重组和改革，大量经营不善的非银行金融机构被迫退出市场或接受重组，市场竞争和约束机制得到加强，通过政府注入资本和引入外资，非银行金融机构的整体实力得到了提高。

二、新加坡非银行金融机构的特征

（一）新加坡的非银行金融机构

1. 证券银行。新加坡的证券银行是主要从事证券发行、认购承销、公司合并或重组、组织大型银团贷款等投资银行业务的金融机构。它不经营具体的商业银行业务，主要从同业拆借市场上拆入资金。

2. 金融公司。新加坡的金融公司主要从事住房贷款、消费信贷、融资租赁和设备贷款等业务，资金来源多为股东投资、储蓄存款和定期存款。

3. 货币经纪人公司。新加坡的货币经纪人公司是在银行同业市场上充当中介，为银行间外汇、可转让存单及资金拆借提供服务的金融机构。

4. 代理融资公司。新加坡的代理融资公司是以购买贸易公司书面债权的形式，向贸易公司融通资金的金融机构。

此外，新加坡还有金融租赁公司、保险公司、单位信托有限公司以及作为政府金融机构的新加坡投资局和中央公积金局等。

（二）新加坡非银行金融机构的特征

与新加坡高度开放的金融市场相适应，新加坡非银行金融机构也相对发达，种类齐全。自 1965 年新加坡独立以来，新加坡政府致力于推进金融改革，打造国际金融中心。政府一方面通过税收等种种优惠政策，鼓励和引进外资金融机构进入新加坡金融市场。大量商业银行的先后进入和成立，也促进了新加坡非银行金融机构的发展。1965 年新加坡独立前就已经有 100 多家金融公司和保险公司，以及英国商人建立的场外交易所、新加坡和马来西亚联合建立的联合证券市场。1965年独立后，新加坡政府致力于将新加坡发展成为现代化的国际金融中心，以促进新加坡经济与贸易的迅速发展。在开展的一系列金融改革中，政府极力促进证券市场的发展，建立了贴现所，以推动有价证券和票据的流通，逐步培育完善资本市场；组建了独立的证券交易所，目前外国证券公司有54家，国内资本的金融公司有36家。经过20多年的货币市场、外汇市场和证券市场等的建设与发展，到了20世纪90年代，新加坡已经形成了比较健全与完善的金融体系和建立了比较完善的金融制度，成为了世界上重要的国际金融中心。

第五节　各国非银行金融机构的总体特征比较

一、各国金融信托业的总体特征

金融信托是指专门接受他人委托，代为保管、经营、运用和处理有关货币资金和其他金融资产的一种金融活动。金融信托以货币信用经济和一般信托为基础，以金融资产和其他资产为内容，以委托人取得最佳收益为主要目的。总体而言，金融信托是货币经济、信用经济和金融经济发展的产物，由于各国经济、金融和社会发展的不平衡，各国信托业的发展也呈现出一定的差异。

（一）各国金融信托业的主要特征

在金融信托业发展、演变的过程中，英国、美国和日本作出了重大贡献。信托源于英国，美国从英国舶来并使之发展，成为现代金融信托业的典型代表。日本从美国引进信托业之后，结合国情，迅速使之繁荣与创新，成为当今各国借鉴的模式之一。

1. 美国金融信托业的主要特征。美国金融信托业是从英国舶来的，后来居上，美国是当今世界上金融信托业最发达的国家。

（1）美国信托业在整个构造过程中，逐步形成了现在以银行信托部兼营金融信托业务为主，信托机构兼营银行业务为辅的组织模式。美国的信托业可以兼营银行业务，银行可以兼营信托业务。美国的银行中有1/3设有信托业务部，信托业务成为美国商业银行的主要业务之一。

（2）美国是信托业与银行业混业经营的典型代表，但二者的界限非常明确。虽然美国允许信托业务与银行业务混业经营，但对二者却有严格的规定：信托业务与银行业务独立核算，分业管理。同时，严禁银行工作人员担任受托人。

（3）证券信托业务是金融信托的主要业务之一。美国是世界上证券市场最发达的国家，也是世界上证券化程度最高的国家。1999年11月美国《金融服务现代化法》颁布以前，美国法律规定不允许商业银行经营有价证券，商业银行纷纷设立信托部来从事证券买卖，证券买卖成为金融信托的主要业务之一。据统计，20世纪80年代以来，美国信托资产业务中80%以上是证券信托业务。

（4）双线多头的金融信托监管体制。同美国的商业银行一样，美国对信托业实行的是双线多头的监管体制。美国的金融信托受联邦监管机构和州监管机构的双重管理。同时，信托业务又以联邦和州的双重法律为法律准则。联邦监理机构是通货监理署、联邦储备体系和存款保险公司，州监管机构是各州政府部门的金融管理部门。双重管理、双重法律是美国金融信托监管体制的特色，这与美国的法律制度和金融制度密切相关。

2. 英国金融信托业的主要特征。英国是世界上金融信托业的发源地，英国的信托业是世界上自然构造信托业务的典型。第二次世界大战后，英国经济实力受到了削弱，被后起之秀美国和日本等国家赶超。近年来，英国加快了金融体制改革，借鉴美国和日本等国的经验，形成了颇具特色的金融信托业。

（1）极端的宗教信仰构造出个人信托业。英国的个人信托业是随着宗教团体与封建君主的矛盾运动和经济发展规律的自然演变而形成的，是自然构造形成信托业务的典型。

英国信托业源于"尤斯"制。公元13世纪前后，英国宗教色彩浓厚，教徒常把身后留下的土地赠与教会，从而触犯了君王的利益。于是英王颁布《没收条例》，规定以土地赠与教会须经君主同意许可，否则没收土地。为规避这一限制，教徒们创立"尤斯"制度与君王巧妙周旋和抗争。具体做法是先将土地赠与有地位、信用好的教徒富豪、绅士，明确指出赠与目的，指令这些受托的富豪、绅士将经营土地所得转交教会。这一制度被民间接受，并广为运用，而且很快被应用到逃避一般土地没收和财产的继承上。

迫于教徒的压力和国民的需要，以及适应商品经济发展的需要和巩固私有制，英国政府以法律形式认可并保护"尤斯"制，使得这种带有宗教色彩的信托制得到迅速、普遍的发展，并且超越了宗教而扩张到社会公益、代人理财等领域。同时信托的标的物也从土地延伸到其他商品、物资或货币等方面。在这种背景下，逐渐出现了专门的受托人。但此时的受托关系仍以个人关系来确立，无论是委托人还是受托人，均以个人行为为主。

（2）英国法人信托机构的创立，是适应资本主义生产方式和商品经济迅速发展的客观需要，是典型的自然构造方式。英国的工业革命促进了法人信托的产生和发展。工业革命使英国资本主义生产关系、生产方式都发生了巨大变化。商品经济和社会化大生产的迅猛发展，客观上要求能有效管理和处理财产的专业性信托业即法人信托的出现。1886年伦敦第一家办理信托业务的信托机构——伦敦信托安全保险公司出现后，大量的信托机构应运而生，面对纷纷成立的法人信托机构，英国政府适应经济发展需要而颁布了一系列法规，以确立法人信托机构的地位和规范信托业务。

（3）英国信托业是借助于银行和保险公司高度的社会信用发展起来的，其组织体系是典型的自然构造方式。金融信托业务是各金融机构的兼营业务，即使专业的信托机构也主要以经营银行和保险业务为主。这一点与美国有很大的不同，美国银行兼营信托业务是为了规避法律约束。

（4）英国注重发展金融信托的基本功能，即受人之托、代人理财的基本功能。因此，它的业务种类划分标准定位在委托对象上，而法规主要约束的是受托者。实质上英国信托法律严格约束受托者，以委托人的意向来开办信托业务，影响了金融信托的创新。

3. 日本金融信托业的主要特征。日本金融信托业以美国模式为蓝本创立，并根据国情进行创新，赋予了金融信托业以新的含义。由于注重金融信托的综合服务功能和长期融资功能，注重不断开拓创新业务，日本金融信托业得到了飞速发展。

（1）日本的金融信托业是典型的人为构造。日本金融信托业的引进、建立和发展始终围绕着战时需要、战后恢复及发展经济来进行。依靠政府的直接干预整顿，人为地设计金融信托业的组织模式，并以严格的信托法规保障推行，获得了成功。近20多年来，日本金融信托业一直是高度集中垄断，专营信托业务的7家信托银行独占金融信托业。日本金融信托机构数量少，但高度集中，规模大，这是其组织体系的一个显著特点。

（2）注重发挥金融信托的专业功能。首先，发挥国民大众的储蓄功能。第二次世界大战后，日本经济进入复苏和发展阶段，资金缺乏。金钱信托吸引着众多的社会游资，筹集了大量的长期资金。随着日本经济的高速增长和国民收入的不断增加，日本信托业又以其灵活多样的信托业务聚集着更为广泛的闲散资金。据统计，信托银行的贷款信托和金钱信托中，个人资金已占总资金的70%~80%，充分反映了日本金钱信托业的储蓄功能。其次，发挥长期金融机构的功能。日本信托资金主要是为基础产业、公共部门、第三产业和个人住宅融通资金。最后，为社会福利和公益事业提供金融服务。主要体现在年金信托的推广，财产信托的创立，公益信托、特定赠与信托的举办，遗嘱的执行，对出国人员财产的管理以及各种名目繁多、形形色色的代办、咨询等方面。此外，日本金融信托还具有对公共部门投资和融通资金，为日本过剩资金寻找出路和为日本企业进入国际市场服务等功能。

（3）金钱类信托是日本信托业最主要的业务。日本把金融信托的标的物定位在金钱上，信托业务主要围绕金钱来开展。金钱类信托业务在日本信托业中居于主导地位。

（4）贷款信托是日本首创。受托者与多数委托者缔结信托契约，受托者把得到的款项用于贷款。

（5）金融信托实行的是高度集中且强而有力的监管模式。日本对金融信托业的监督管理权限高度集中于金融厅，并依法进行强有力的监管。这也是日本金融信托业健康、持续、高速发展的一个保障。

（二）各国金融信托组织机构比较

1. 各国金融信托的共同点。英国、美国和日本三国金融信托机构的共同点是都采取兼营制，但三者之间却存在一定的差异：英国是以银行和保险公司兼营信托业务为主；美国是以银行业和信托业的混业经营为特征；日本则以信托银行主营信托业务而兼营银行业务的单向兼营为特点。但无论各自兼营的具体特征如何，它们对银行业务和信托业务都有严格的界定，实行的都是分别核算，分业管理。

2. 各国金融信托机构的不同点。英国金融信托机构的组织体系是以银行和保险公司为主兼营金融信托业务，专营的金融信托机构比例很小。英国的金融信托机构与其他金融机构交织在一起，主要是商业银行和保险公司下设信托投资公司办理金融信托业务。

美国信托业与银行业相互混业兼营，且以银行信托为主导地位，这是美国金融信托业的最大特点。美国金融信托机构的组织体系是典型的信托业与银行业混业经营的模式。法律允许银行兼营信托业务，信托公司也可兼营银行业务，但二者有明确的界定，要求银行业务与信托业务分别核算，分业管理。

日本金融信托机构组织体系是信托银行独占金融信托阵地，并可兼营其他银行业务的单向兼营组织模式。在日本的金融体系中，信托银行与长期信用社一样，是专门从事长期金融业务的重要金融机构。它的设置特点是实行分支行制。全国仅设有 7 家信托银行，其分支机构比都市银行和地方银行少很多，而每一分支机构的职员人数却高于都市银行和地方银行，即信托业的单位机构规模比其他银行大。

（三）各国金融信托业务比较

金融信托是以财产管理、处理为主要内容的信托业务。

1. 信托业务分类标准比较。英国金融信托业务委托对象可分为个人信托和法人信托两大类。个人信托业务包括对个人财产的管理、运用、投资和纳税等方面，主要种类有：财务管理、执行遗嘱、管理遗产、财务咨询等；法人信托业务的主要种类有：股份注册和过户、年金基金的管理、公司债券的受托及公司的筹建、企业合并等。

美国的金融信托业务在信托财产的会计处理上分为受托业务和代理业务两大类：服务于个人的业务为个人信托业务和个人代理业务；服务于公司的业务为公司信托业务和公司代理业务；服务于社会公共利益的为公益信托业务；服务于公司雇员的为受益信托业务。

日本的金融信托业务是按标的物的性质进行分类，可分为金钱的信托、非金钱的信托和综合信托三类。信托设立时，信托银行受托的财产为金钱的业务，信托终了时，信托银行支付受益者的仍是金钱的业务为金钱的信托，支付给受益者的不是金钱的业务为金钱外信托；信托设立时，信托银行受托的是财产而不是金钱的业务为非金钱的信托；同时接受金钱和非金钱作为信托财产的业务为综合信托。

2. 信托业务设立动机比较。英国注重金融信托主体的"原动力"——委托意向。金钱信托主体是指完成金钱信托行为的行为主体，即委托方、受托方和受益者。将业务分类标准定位于委托者，最大的特点在于根据委托人的意向构筑宜被委托人接受，业务开展有可靠保证的金融信托业务体系。但这种方式却会使受托业务处于被动地位，不利于金融信托的业务创新和拓展。

美国金融信托业务的种类立足于信托机构提供服务的需求上，即它以市场需求为导向，有需要，就有服务，这种方式有利于金融信托业务的创新和提高金融信托业的地位，能较好地发挥金融信托的功能。

3. 信托业务的侧重点比较。英国金融信托业以个人信托为主。无论从委托人角度，还是从受托人角度，现代英国的信托业务都偏重于个人信托。在委托人方面，信托的内容多是民事信托和公益信托。信托的标的物以房屋、土地等不动产为主。在受托人方面，其承接的业务量80%以上属个人信托，这是英国金融信托业务较之美国和日本等其他国家不同的显著特点之一。

美国金融信托业务中，个人信托与法人信托并驾齐驱。美国的法人信托业务与个人信托业务都发展迅速，并随着经济形势的变化而出现交替不定的现象。如遇社会经济发展不景气的情况，个人信托业务量会迅速超过法人信托业务量。如遇经济回升，后者又会超过前者。因此，从个人信托与法人信托活动的起伏变化就可窥视美国经济变化的大体情况。

4. 信托主体业务比较。英国信托的主体业务主要是土地金融信托和证券投资信托。英国的土地金融信托很普遍。信托源于英国，民事信托制度产生于英国。民事信托如遗嘱信托、财产管理信托中的信托财产均以土地等不动产为主。证券投资信托是英国法人受托的主要业务。它分为投资信托和单位信托。所谓投资信托，是指法人信托公司受托买卖有价证券，并代为管理的一种信托业务。受托人都是以投资为目的而代表投资者持股的股份有限公司。

美国信托财产的运用以有价证券为主。美国是世界上证券交易最发达的国家，信托投资机构和兼营信托业务的商业银行几乎都办理证券信托业务。它们既为证券发行人服务，也为证券购买者或持有人服务，特别是通过商务管理信托，代表股东行使权利，并在董事会上占有席位。美国金融信托业务中，有价证券信托业务量占信托业务总量的80%以上，居于主导地位，这是美国信托业的一个显著特点。

日本金钱类信托是日本金融信托最重要的业务。为战争筹集资金促进了金钱信托的快速发展，金钱信托成为信托业务的主导，在整个金融信托业务中占绝对优势。

5. 信托业务的范围和创新比较。英国信托法律严格约束受托者，是以委托人的意向来开办信托业务，使得英国金融信托创新程度受到了极大的限制。但英国的海外金融信托投资发展迅速。英国是老牌资本主义国家，大量的资本输出使英国金融信托海外投资发展很快。

美国是当今世界上金融创新程度最高的国家，也是信托种类最全的国家。

日本的金融信托业务涉及方方面面。在日本，金融信托业被称为"金融百货公司"。也正因为其业务范围非常广泛，日本的金融信托创新才更具特色，更为繁荣。

二、各国投资基金的总体特征

投资基金是随着股票、债券市场的发展而产生和发展的，它始于19世纪的英国，繁荣于第一次世界大战后的美国。到20世纪90年代中期，投资基金种类已经达到1.7万种。目前正在以不可估量的速度向世界各地扩张，成为国际金融市场上最为流行的投资工具之一。

（一）投资基金的总体概述

投资基金，在美国被称为共同基金或互惠基金，在英国和中国香港地区被称为单位信托基金，在日本和中国被称为证券投资信托基金。它是指通过信托、契约或公司的形式，借助于基金券（如收益凭证、基金单位、基金股份等）的发行将投资者的资金汇集起来，形成一定规模的信托资产，交由专门机构，由专门人员按资产组合原理进行分散投资，获得收益后按投资比例进行分配的一种投资工具。投资基金是一种间接的投资工具，它存在于投资者与投资对象之间，把投资者的资金转换成金融资产，通过专门的机构在金融市场上再投资，从而使货币增值。投资者只按照投资比例分享投资收益，并承担投资风险，因此投资资金是一种再投资。投资基金的种类繁多，形式各异。

1. 根据法律或组织形态不同，投资基金分为公司型基金和契约型基金。公司型的投资基金是指具有共同投资目标的投资者依据公司法组成以盈利为目的、投资于有价证券的股份制公司。契约型投资基金又称为单位信托基金，是专门的投资机构（银行或企业）共同出资组建一家基金管理公司，基金管理公司作为委托人与作为受托者的基金保管公司，通过签订契约的形式发行收益凭证来募集资金。

2. 根据变现方式不同，投资基金分为开放式基金和封闭式基金。开放式投资基金是指投资基金发行在外的基金单位或收益凭证没有数额的限制，可以随时根据实际需要和经营策略而增加或减少。投资者可以随时根据市场的状况和自己的投资决策退回或增加基金单位份额。因此，开放式基金又称为追加型或不定额型的投资基金，即其份额是不固定的、不封闭的。封闭式投资基金与开放式投资基金相反，其发行的基金份额是固定的。与一般的股份公司一样，在发行之前已经确定了资本额度，发行结束后一般情况下不能再增加或减少。

3. 根据经营目标和投资目标不同，投资基金分为成长型基金与收入型基金。成长型基金是指投资于成长较好的股票，追求资产稳定增长的基金。它主要包括长期成长基金、新兴成长基金、特殊性基金等。收入型基金是指以能够带来现金定息的金融工具为投资对象的基金，其投资组合一般为债券、优先股和普通股，包括债券基金、货币市场基金和平衡基金等。

4. 根据所投资的金融工具及基金本身存在的方式不同，投资基金分为水平基金和垂直基金。水平基金是指以水平方式存在的投资基金，即该种基金与其他基金没有内在联系，各自以独立的方式存在，包括股票基金、货币基金、期货基金等。垂直基金是指以垂直方式存在的基金，该种基金内部往往兼容或包含若干分支基金，投资者可以在它们内部进行投资选择和转换，包括伞型基金、创业基金等。

5. 根据投资的国别和地域不同，投资基金分为国外型基金和国内型基金。国外型基金是指投资于基金公司所在国以外的市场的投资基金，包括环球基金、区域基金等。国内型基金是指由特定国家的金融机构设立，专供该国居民认购，并由基金管理公司对该国市场进行投资的投资基金，包括城市区基金、经济区基金和农村区基金等。

（二）各国投资基金的比较

1. 各国投资基金的总体比较。投资基金起源于英国，但是随着其自身"日不落帝国"地位的不断动摇，投资基金也日渐衰落。美国人的基金概念尽管来自英国人，起步要比英国晚，但在基金数量、投资者人数、基金资产总值方面都居世界第1位。

从创业基金的产生和发展来看，英美两国各有高低，最近几年又朝有利于亚洲的方向发展。美国创业基金起步晚，发展快。而英国由于税制改革刺激投资和欧洲货币联盟的建立，推动了欧洲创业基金的发展，英美两国势均力敌。不过欧洲创业基金多投资在普通适用技术，而美国创新基金多投资于高新技术公司。

日本投资基金起步晚、发展快。日本投资基金是从英国引进的，经过短短几十年的发展，不仅成为亚洲最大的基金管理中心，而且在国际基金市场上也占有重要位置。

目前，德国的共同基金市场无论是规模上还是作用上都无法和英美等国相比，其发育程度仅与意大利共同基金相当。这是由于政府对证券市场的态度所造成的。因为共同基金市场是以发达的证券业为前提的，而德国的证券市场却不尽如人意，而且政府长期以来对证券市场限制过多。欧元的启用使德国共同基金市场不得不向其他成员国看齐。德国为此修订了一系列的法规，使共同基金更具吸引力，更具货币市场的特点。

新加坡的投资基金是从英国输入的，但新加坡的发展使其自身确立了国际金融中心的地位，而且交通工具、交易方式及交易机构日益多样化、现代化和国际化。

2. 各国投资基金的类型比较。总体而言，美国的投资基金大多数属于公司型的，英国、日本、新加坡等国家的基金大都属于契约型的。

美国的投资基金以投资公司的形态出现。投资公司主要分为面额凭证公司、单位投资信托公司和管理型投资公司。

日本证券投资信托大多数分类细致而烦琐，依据投资对象可分为股票投资信托、企业债券投资信托和证券储蓄型国际投资信托等；依据募集证券的形态可分为封闭型投资信托和公开型投资信托两种；依据证券投资信托的结构可分为单位型投资信托和追加型投资信托两种；依据运用的方针，投资信托可分为稳定型、成长型、稳定成长型投资信托等。其他还包括如平衡基金、指数基金、外国股票基金、国内外自由型基金、家庭型基金、零存整取型基金等。

加拿大的投资基金可分为开放型和封闭型两种。加拿大的投资基金大多数是开放型投资基金，封闭型投资基金的数额只占加拿大投资基金总额的很少部分。依照投资目标区分，加拿大投资基金可以分为收入基金（或称债券基金）、平衡基金、普通股基金、伦理共同基金。此外，加拿大的投资基金还有投机基金、专门基金、股利基金和不动产基金等。

德国的投资基金从总体上可分为证券基金和不动产基金两大类。证券基金属于开放型，它是由纯股票投资基金、纯债券投资基金、混合型投资基金三类组成。不动产基金又可分为开放型和封闭型两种。

3. 各国投资基金运作方式比较。美国投资基金的实际操作中有4个当事人：管理公司、投资公司、承销公司和保管机构。其分工是：投资公司委托承销公司以发行股票的方式筹集资金，资金成为公司法人资本，投资者成为股东。基金成立后，投资公司与管理公司订立契约，管理公司管理并操作基金。保管机构（一般为银行）则负责基金资产的保管和处理。

加拿大投资基金作为一个经营机构是一个有机的整体，它一般由4个基本要素构成，即基金、基金经理、承销机构、托管人。在加拿大，大约有3/4的共同基金是以信托形式组织的。共同基金信托是指基金以信托形式组织，即依据一定的信托契约而组织起来，代理投资活动。基金经理、主承销商和托管人或者授权人与提供承销服务、托管服务等的机构签订合约，设定将要发行、出售的基金单位限额。基金经理负责基金投资组合的日常管理。

德国的共同基金在运作过程中由资本投资公司、银行和投资者三方组成。资本投资公司在发行共同基金时应向社会提供4种参考资料。银行办理共同基金的发行、储存及买卖。

日本的投资基金运作由5个当事人构成，即委托人、受托人、受益人、保管人、证券商。（1）委托人。在日本，投资信托委托公司最初由证券公司兼营，后来从证券公司中分离出来，负责发行受益证券和向受托人发出买卖证券的指示，其最重要的业务是管理和处理信托财产和计算信托财产。（2）受益人。以取得受益证券者为受益者，他拥有领取收益分配和偿还金的权利。受益人拥有请求买进权和请求解除一部分信托契约权，对资金如何运用没有发言权。（3）证券商（证券公司或投资信托销售公司）。日本的投资者无论是购买信托基金受益证券还是将受益证券兑换成资金，领取红利及领回本金，都直接与证券公司或投资信托销售公司联系。证券商的具体业务如下：办理募集销售受益证券和收购受益证券；办理受益分配和支付偿还金；受益证券的兑换代保管；向委托公司提出请求解除买进受益证券的一部分契约。（4）保管人，负责境外人士购买国内证券或国内人士购买境外证券的保管，通常是一家外国金融机构或该机构在国内的分支机构。

三、非银行金融机构的总体特征

通过对各国非银行金融机构的研究，可以清晰地看到，非银行金融机构作为一国金融体系的重要组成部分，是由各种不同机构和业务组成的综合体，各种不同机构之间功能的配套性、规范的运行以及职能的发挥，不仅使一国金融体系日趋完善，而且使其更为高效地运行与健康发展。其总体特征具体表现如下。

（一）　非银行金融机构数量众多、发展迅速

各国非银行金融机构主要包括储蓄贷款协会、互助储蓄银行、人寿保险公司、财产与灾害保险公司、养老基金、投资公司、货币市场互助基金、共同基金、对冲基金、资产管理公司、"金融超级市场"等。美国互助储蓄银行和储蓄贷款协会是吸收储蓄的主要渠道；人寿保险公司和养老基金是政府福利计划的重要金融机构；互助基金是投资者多样化投资的重要渠道。英国的住房互助协会发展非常快。

（二）　非银行金融机构的地位日趋重要

近年来，非银行金融机构在全球经济中的作用持续增加，金融稳定委员会（Financial Stability Board，FSB）数据显示，截至 2017 年底，全球非银行金融机构资产达到 180 万亿美元，约占全球金融业总资产的 48%，高于银行业机构 39% 的比重。由于各种非银行金融机构均有自己特定的筹资渠道和投资领域，因此，它们在业务范围和经营规模上一般小于商业银行，但在传统业务上，如抵押贷款、消费贷款和人寿保险领域占有重要地位。从 1980 年到 2013 年，美国银行金融机构和非银行金融机构的地位发生了显著的变化，非银行金融机构资产额已占美国金融机构资产总额的 75.6%（见表 7-2）。而近些年韩国的银行金融机构与非银行金融机构的相对地位也发生了变化，后者的地位日渐重要。这从前面所述的韩国金融市场的贷款构成、金融机构存款市场份额以及发展速度上都能清楚地看出。

（三）　非银行金融机构的业务渗透到传统银行业务领域，并逐步取得优势地位

（1）居民纷纷绕过银行，将资金存入其他机构，因为这些机构可以更好地分散风险，降低税负，并发挥规模经济的优势。结果导致这类代表居民利益的专业投资机构的规模在全球范围内迅速扩张。（2）非银行金融机构开始涉入辛迪加贷款和过桥贷款。保险公司、养老基金、资产管理机构以及共同基金已经通过过桥贷款、辛迪加贷款以及一些新出现的工具和信用衍生商品等进入了信贷市场。欧洲的一些保险公司也开始从事住房与汽车贷款业务，并经营一些直接与银行存款竞争的产品。（3）非银行金融机构通过为融资证券化提供便利来从事原仅由银行进行的金融服务。投资银行、证券公司、资产管理机构、共同基金、保险公司、专业贸易财务公司、对冲基金，甚至电信公司、电脑软件公司和食品公司都已开始从事金融服务。

（四）　金融并购与混业经营使非银行金融机构与商业银行的界限逐渐模糊

按照传统的解释，银行是依法向公众吸收支票（活期）存款并发放贷款，进而创造存款货币，影响货币供给量的金融机构。而非银行金融机构不接受活期存款，因而不具有创造货币供给的能力，它们的职能只是进行储蓄的转移，其活动不会影响货币供给。然而，在我们试图确认究竟什么是非银行金融机构时，我们很快就会发现，不仅非银行金融机构的功能和服务在随着全球金融系统的变化而变化，而且其竞争者——商业银行也在发生着同样的变化。许多非银行金融机构包括顶级证券经销商、经纪公司、信贷联盟、储蓄机构、共同基金和保险公司都试图尽可能提供和银行类似的服务。

比如，在美国，高盛和达孚公司（Dreyfus Corporation）以及保诚保险（Prudential Insurance），它们都拥有银行或者类似银行的公司。在 2008 年国际金融危机中，顶级投资银行高盛和摩根士丹利转变为拥有多家公司的商业银行，吸收公众存款。面对非银行金融机构的侵入和利润的萎缩，商业银行要求解除传统规则并积极游说当局，希望可以在全球范围内进入新的市场，从分业经营走向混业经营。比如在美国，在大银行的游说下，美国国会 1999 年通过了《金融服务现代化法》，允许美国的银行进入证券和保险业并允许非银行控股公司兼并和控制银行公司。而作为政府部门为监管的需要，必须首先界定什么是银行，什么是非银行。毕竟，如果想监管银行，就必须对它们的具体职能、业务范围等进行具体描述，否则，被监管的银行很容易逃脱监管，并宣称它们根本不是真正的银行。由美国政府界定的商业银行是吸收存款发放贷款的金融机构定义，直到今天许多国家都在使用。

但是，在 20 世纪 80 年代，当数百个金融机构和非金融机构都在提供银行这两项服务中的其中一项的时候，它们就无法被作为银行而受到监管，因此，美国国会决定对银行的定义进行重新界定。国会后来对银行的定义是：必须由联邦存款保险公司（FDIC）管理并参与保险的机构。在联邦法律下，美国的银行不再是根据其提供的服务而定义，而是根据政府机构是否对其存款进行保险来定义。正因为如此，联邦存款保险公司存款保险的重要性在美国次贷危机中显得尤为突出，投资者想获得联邦存款保险公司的担保，于是大量基金流入了银行和储贷协会的联邦存款保险公司的保险账户。以 1 个世纪前的美国为例，银行的资产和收入占所有金融机构资产和收入的 2/3 还要多，然而，到了 2007 年 6 月，银行市场份额已经减少至仅占美国金融市场的 1/5。对利润的追求和金融创新，以及法律的放松和金融并购使商业银行和非银行金融机构互相进入对方领地，银行和非银行金融机构的界限变得越发模糊。

（五）各国对非银行金融机构的监管正在由松变强

次贷危机前，在金融自由化浪潮冲击下，非银行金融机构面临巨大的利率风险和竞争压力，美国曾在不同时期对非银行金融机构给予了一定的优惠政策，使得非银行金融机构迅速发展并在金融工具创新方面发挥了重要作用。但是，由于存在监管的真空，随之而来的是风险加大，2007 年爆发的美国次贷危机并引发 2008 年国际金融危机就是沉痛的教训。韩国政府对非银行金融机构的管理也曾相对较松，非银行金融机构具有较大的经营自主权，如被允许使用比银行更高的利率等。而日本非银行金融机构却由于监管较为宽松以及其他一些原因，近年来频繁爆发经营危机。由于次贷危机的爆发和风险隐患的增加，目前，各国对非银行金融机构的监管正在由松变强。

【主要参考文献】

［1］白钦先. 比较银行学［M］. 郑州：河南人民出版社，1989.

［2］陈威，宋蔚蔚，罗平. 比较金融研究［M］. 北京：经济科学出版社，2004.

［3］魏华林，林宝清. 保险学［M］. 北京：高等教育出版社，2011.

［4］彼得 S. 罗斯（Peter S. Rose），西尔维娅 C. 赫金斯（Sylvia C. Hudgins）. 商业银行管理（原书第 8 版）［M］. 刘园，译. 北京：机械工业出版社，2011.

［5］李蕊. 美国保险业资金运用［J］. 银行家，2005（5）.

〔6〕张蕴岭，孙士海．亚太地区发展报告 No. 5（2004）：发展趋势预测热点问题分析〔M〕．北京：社会科学文献出版社，2005.

〔7〕路易吉·费代里科·西尼奥里尼．非银行金融的机遇与风险〔J〕．中国金融，2019（18）：25 - 27.

〔8〕程亦军．论俄罗斯证券市场〔J〕．俄罗斯中亚东欧研究，2006（4）：34 - 40.

〔9〕王博，刘忠瑞．中印金融体系改革、发展与功能比较研究〔J〕．金融监管研究，2017（12）：35.

〔10〕薛阳．影子银行体系信用创造机理与风险探析〔J〕．沈阳师范大学学报（社会科学版），2014（6）：52 - 54.

〔11〕艾伦·伯格．美国金融机构的分类与监管〔J〕．王宇，译．金融发展研究，2018（5）：41 - 43.

〔12〕中国证券投资基金业协会．http：//www. amac. org. cn/.

〔13〕Frederic S. Mishkin. *The Economics of Money*，*Banking and Financial markets* 9th ed. Copyright 2010 Pearson Education，Inc.

第八章
各国金融市场体制比较

学习提要

- 金融市场的分类、构成与交易工具。
- 货币市场、证券市场和金融衍生品市场的国别特征。
- 货币市场的总体特征；发达国家证券市场的总体特征；发展中国家证券市场的总体特征；各国金融衍生品市场总体特征比较。
- 美国、英国、日本和德国金融衍生品市场特征。
- 各国证券市场的发展趋势。

20世纪90年代以来，经济全球化、经济金融化、金融全球化、金融自由化的发展与货币市场、资本市场、外汇市场、金融衍生品市场以及黄金市场互相推动、互相促进。一方面，经济全球化、经济金融化、金融全球化、金融自由化的深入发展，推动了货币市场、资本市场、外汇市场、金融衍生品市场以及黄金市场的迅猛发展。货币市场、资本市场、外汇市场、金融衍生品市场以及黄金市场的交易规模急剧扩大，品种日益繁多，市场的国际化程度不断加深。另一方面，货币市场、资本市场、外汇市场、金融衍生品市场以及黄金市场的发展也在进一步推动着金融自由化、经济全球化、经济金融化和金融全球化的发展。这一趋势已经引起世界各国的广泛关注，比较研究各国金融市场体制具有重要的现实意义。广义的金融市场包括上述5个市场，本章仅从狭义的角度比较各国的货币市场、证券市场（狭义的资本市场）和金融衍生品市场。

第一节　各国货币市场的特征比较

由于各国所处的社会、经济、政治和金融环境不同，商品经济和信用制度的发展水平不同，从而各国金融市场的发达程度也不同，各种金融工具的运用及其作用的发挥亦不同，因此形成了各国货币市场与金融工具的不同特色。

一、各国货币市场的国别特征

货币市场中交易的不是现金，而是那些期限不超过一年的短期债权证券。这些短期证券风险低、流动性强，其具有的特点接近货币，在货币供应量层次划分上被置于现金货币和支

266

票（活期）存款货币之后，被称为"准货币"，所以将该市场称为货币市场。货币市场通常交易量巨大，违约风险较低，交易的金融工具到期期限为一年以内，因此是需要短期资金的企业、政府和金融中介机构融资的重要来源。

货币市场通常由几个子市场构成，主要包括拆借市场、回购市场、债券市场和票据市场等，其中交易的各种货币市场工具可以满足市场参与者的不同需求。

（一）拆借市场

拆借市场，也称银行间同业拆借市场，是指商业银行等金融机构之间的短期资金借贷市场。拆借市场的出现是由于实施了法定存款准备金制度，银行必须按照存款的一定比率向中央银行缴纳准备金，而银行日常收付额的变化总使得一些银行的准备金不足，另一些银行的准备金出现多余。准备金多余的银行需要把多余资金加以利用收取利息，同时准备金不足的银行为了免受中央银行的处罚而需要补足准备金，这样，双方自然形成了资金借贷的需求。

拆借市场的重要作用在于，一方面，使银行在遇到临时流动性需求时，能够在同业拆借市场中从其他金融机构借入短期资金，而不必出售那些高盈利性资产，满足了银行之间在日常经营活动中经常发生的头寸余缺调剂需要。这既避免了流动性不足的危机，也不会减少预期的资产收益，以便于银行实现其经营目标。另一方面，银行在遇到超储时，能够在同业拆借市场中向其他金融机构贷出短期资金，从而取得利息的收入，提高资金使用的效益。由于同业拆借期限短，风险小，许多银行愿意把闲置资金放到该市场上，以便及时调整资产负债结构，保证正常的流动性。

美国的联邦基金市场是同业拆借市场，该市场建于 1921 年。联邦基金是指商业银行在美联储保存的超过法定存款准备金比率的那部分准备金。拥有超额准备金的银行可以将这些资金通过联邦基金市场借给有需要的其他银行。联邦基金的主要目的就是为准备金短缺的银行提供可立即拆入的资金。而银行愿意在联邦基金市场贷出资金的原因在于，存入美联储的超额准备金是不能获得任何利息收入的。因此，即使联邦基金的利率很低（一般与美联储贴现贷款的利率水平接近），也能击败其他投资工具，成为许多银行的选择。联邦基金的低利率和高效率（当日资金和无须担保）使联邦基金的交易量相当大，每天大约有 2 500 亿美元的联邦基金被转手交易，可见这个市场的受欢迎程度。联邦基金的借贷以日拆为主，利率水平由市场资金供求决定，但受美联储公开市场操作的影响而发生变动。因此联邦基金利率成为美国金融市场上最重要的短期利率。分析人士将其视为美联储期望的美国经济走势指标。

英国的银行间拆借市场形成于 20 世纪 60 年代后。60 年代前，英国货币市场活动全部通过贴现行进行，货币市场也被称为贴现市场。60 年代后，由于英格兰银行紧缩信用而造成贴现市场的萎缩，许多银行避开贴现行而自行调剂资金，资金有剩余的银行直接将款项存入资金不足的银行，形成银行间直接的存贷往来。银行间交易从隔夜到 5 年定期不等，大多数是 3 个月内的短期交易尤其是隔夜信贷。该市场交易数额巨大，多为 25 万英镑以上，借贷无担保，完全凭借借款人的信誉，活期贷款利率通常高于贴现市场利率。银行间市场成为资金缺乏的银行在贴现市场以外寻求资金的重要补充渠道。该市场的伦敦同业拆借利率成为债券发行及欧洲货币市场重要的基础性利率。

在日本，作为金融机构之间相互调整支付准备金余额的拆借市场的是其最早的短期金融市场。目前，拆借市场有东京市场、大阪市场、名古屋市场，其中东京市场的交易量占全部交易量的90%。交易的种类有"无条件交易"、"半日交易"和"限期交易"（包括2~7天交易、2周交易等8种）。1985年起，拆借市场多采用无抵押交易的形式，拆借利率从1979年前的固定利率制转为1979年后的自由利率制。典型的拆借交易是以短期资金公司为中介进行的，极少数是由金融机构直接交易。日本中央银行通过日常的金融调节，影响金融机构的支付准备金，目的是使拆借市场的供求状况符合货币政策的走向。

德国的拆借市场称为中央银行货币市场，是指国内信贷机构将其在中央银行多余的存款转借给其他银行而形成的银行间市场。该市场可分为隔夜拆借、1个月交易、3个月交易及更长期限的交易。其中隔夜拆借起着关键作用，可以在银行内部实现短期资金的调整，弥补各银行每天流动性的变化，通常是银行调节最低准备金的重要手段。

韩国的银行间拆借市场形成于1975年，主要用来调剂银行等金融机构之间的临时资金余缺。1984年以来，拆借利率由市场供求决定。参与机构为银行和非银行金融机构。

中国在20世纪80年代初期就存在银行间的拆借，但期限混乱，资金用途缺乏规范。统一的银行同业拆借市场建于1996年1月。1998年后，部分证券公司和财务公司被批准成为银行间拆借市场的交易成员。2007年，中国人民银行授权全国银行间拆借中心计算、发布中国货币市场基准利率——上海银行间同业拆放利率（Shanghai Interbank Offered Rate, Shibor）。目前公布的Shibor品种包括隔夜、1周、2周、1个月、3个月、6个月、9个月及1年。在中国，由于多方面的原因，其中也包括准备金缴纳渠道的支付系统的原因，各家商业银行保有的超额准备金较多，而为了减少商业银行的财务负担，中国人民银行对超额准备金付息，构成了拆借利率的下限。较高的超额准备金利率支付又进一步使商业银行缺乏减少超额准备金的动机，对拆借需求较小。因此，在中国，发展拆借市场，提高资金的使用效率，还需进一步改革准备金制度和提高中央银行支付系统的效率。

（二）回购市场

回购市场又称回购协议市场，是指通过回购协议进行短期资金融通交易的市场。回购协议是证券持有人在卖出证券的同时，与买方约定在一定期限和价格下买回该笔证券而签订的协议。回购交易实际是一种抵押贷款，卖方以卖出证券作为抵押品，向买方短期借款，并在一定期限内购回证券归还借款。

在美国，政府债券的交易商经常参与回购协议的交易，进行流动性管理，并从预期利率变动中获得利润。美联储也使用回购协议来实施货币政策。货币政策的执行通常要求美联储临时性地调整银行准备金，为完成这种调整，美联储将会在回购协议市场上购入或售出国债。美联储回购协议的到期期限不会超过15天。其他回购协议也有交易1~3个月的情形。通常回购协议会使用政府债券作为抵押物，所以风险很小，因此利率较低。目前，美国的回购协议市场是世界上规模最大的回购协议市场。早在90年代初，隔夜回购协议的日交易量就已经远远超过了100亿美元。拥有数千亿美元短期资金的共同基金是这个市场上的最大投资者。对他们而言，一家投资基金的经理每天通过同一个经纪人进行几亿美元的回购协议交易，已是司空见惯。

日本的债券回购交易一般是通过有关证券公司和银行进行的。证券公司的债券卖出量为都市银行卖出量的 70% ~80%。债券回购市场的参与者有证券公司、非银行金融机构、事业法人、公营机构及非居民的海外投资者。事业法人在债券的购买数量上约占市场购买量的 30% ~40%。

德国从 1973 年 4 月开始到 1979 年 6 月之前，回购协议市场曾经是以汇票为基础的重购回协议市场，交易期限通常为 10 天，后调整为 20 天。1979 年 6 月开始，以有价证券为基础进行交易，有价证券回购协议一般以招标方式提供给信用机构。投标方式有固定利率和变动利率两种，此后对变化利率投标采用荷兰式拍卖方法，后又采用美国式拍卖方法。各种形式的回购协议的期限也有不同，比如有 2 天、10 天、14 天以及 1 个月和 2 个月等。在德国，回购协议下的公开市场操作在货币调控上比较重要。

在韩国，1977 年由证券融资公司首次使用回购协议，后来扩展到银行、证券公司和邮政局。证券融资公司和证券公司利用回购协议买卖证券，期限为 1 ~364 天，银行和邮政局通过回购协议从事政府债券和公司债券的销售，银行的回购协议期限为 91 ~362 天，邮政局的回购协议期限为 1 ~90 天。回购协议的利率在证券交易委员会确定的最高利率范围内，由交易双方自行决定。

中国 1988 年开办了国债回购业务，交易主体主要有商业银行、信托投资公司、证券公司等机构，回购交易品种主要是国库券、银行承兑汇票等，回购期限一般在一年以下。目前中国银行间回购、拆借市场交易活跃，成交量总体增加。据《中国金融行业分析报告》称，2011 年前三季度，银行间市场债券回购累计成交 71.8 万亿元，日均成交 3 842 亿元，日均成交同比增长 11.1%；同业拆借累计成交 23.9 万亿元，日均成交 1 276 亿元，日均成交同比增长 18.4%。从期限结构看，市场交易仍主要集中于隔夜品种，回购和拆借隔夜品种的成交量分别占各自总量的 75.5% 和 84.2%，占比同比分别下降 4.5 个百分点和 3.5 个百分点。交易所市场政府债券回购累计成交 13.6 万亿元，同比增长 202.2%。

（三）　短期国债市场

货币市场交易的短期国债即政府发行的期限不超过 1 年的国债——国库券，国库券交易的市场即短期国债市场。目前世界上很多政府都通过发行国库券或其他同类的债券募集短期资金为政府融资。

美国货币市场所有借款人中最大的借款人就是美国财政部，它每周都进入市场中出售世界上最受欢迎的金融工具——国库券。1929 年，美国财政部首次发行国库券，以弥补联邦政府经常性的短期资金赤字。美国国库券有几种不同的类别。其中定期国库券（Regular - series bills）每周通过竞争拍卖的方式定期发行。其原始期限有 1 个月、3 个月以及 6 个月，最长期限为 1 年。6 个月的国库券为美国财政部提供数额最大的收入。另一方面，当财政部临时急需资金时，就会发行非定期国库券（Irregular - series bills）。国库券采用贴现的方式折价发行。最小面值为 1 000 美元，而发行时会以 1 000 美元的数倍为面值。1976 年，美国财政部将所有可以交易的联邦债券转换为记账式债券，用来代替凭证式债券，降低了发行成本，也降低了债券在二级市场上的转让成本。由于国库券违约率基本为零，而且具有较高的流动性，因而在货币市场中利率最低。国库券的主要投资者为商业银行、非金融机构、州和地方政府以及联邦储备银行。商业银行和私人公司持有大量的国库券，作为流动性储备以备现金需要。联邦储备银行利用国库券进行公开市场操作（或以国库券为抵押签订回购协议），因为它们在市场中的深度和规模都很大。美联储通过买入和卖出国库券来影响其他货币市场利率，调节银行信贷的规模和增长，最终影响经济中投资支出的规模和借贷。1998 年，美国政府为个人提供了一种直接购买短期国债的方法，即投资者通过互联网就可以买到国库券，它表明了美国财政部为使国债更加广泛地被接受而作出的努力。

英国政府每周发行国库券用于弥补政府短期债务，也是英格兰银行用于调剂现金余缺"微调"货币供给量的重要工具。国库券最早问世于 1877 年，由英国财政部根据《1877 年财政部证券法》的规定发行。国库券是 1877 年由英国经济学家和作家沃尔特·巴佐特发明，并首次在英国发行。沃尔特认为，政府短期资金的筹措应采用与金融界早已熟悉的商业票据相似的工具。后来许多国家都依照英国的做法，以发行国库券的方式来满足政府对短期资金的需要。英国国库券的主要投资者是贴现行，它一方面参加国库券拍卖时的投标，另一方面也为国库券制造二级市场。贴现行投标购入的国库券很少持有至有效期结束，通常转卖给各家银行、非银行金融机构和其他投标者，并在后者需要变现时再买进。国库券的面额从 5 000 英镑到 100 万英镑不等，期限最长为 3 个月。

在西欧，英国发行的国库券最受欢迎。欧洲主要几家中央银行会定期在国库券市场中进行交易，把其利率作为借贷市场的晴雨表并实施监督。

加拿大银行作为政府的代理人，有选择性地授权那些能为自己及其客户投标的银行和交易商拍卖国库券。此外，加拿大各省可以通过发行面值通常是 1 000 000 加拿大元的票据来借入资金。

日本的国库券是相对较新的政府金融工具，于 1986 年首次面世，现在是定期出售。日本也发行短期融资证券（Financing Bill），以应对政府突如其来的资金需要。它以固定利率公募的方式发行，贴现率由原日本大藏省根据金融形势而决定，略低于再贴现率。由于贴现率低，一般投资者不愿意购买，几乎全部由日本银行承购，并将其卖给短资公司，由短资公司卖给金融机构，金融机构再卖给一般事业法人。发行期限原则上为 13 周，最小交易单位为 1 000 万日元。

与日本相类似，韩国政府也不定期地发行国库券，但这类货币市场的二级市场发展并不充分。

在任何一个国家，国库券市场都是运作有效和顺畅的金融系统发展中最重要的元素之一。它是政府实施经济政策的自然渠道，有助于促进中央银行和金融体系的发展与壮大。

中国自 1981 年开始，由财政部根据《中华人民共和国国库券条例》，每年定期发行国库券。中国的国库券偿还期限较长，包括 3 年至 10 年等不同期限，不属于政府短期证券。

（四）票据市场

票据市场是指各类票据发行、流通及转让的市场，主要包括商业票据的承兑市场和贴现市场，也包括其他融资性票据市场，如企业短期融资券票据市场和中央银行票据市场。

商业票据最初产生于商品交易的延期支付，是非银行企业为满足短期流动资金需求而开具的可流通转让的债券。商业票据的签发不需要担保，其流通完全依赖于签发人的信用，因此只有那些信誉良好的企业才能发行商业票据。与国库券相同，商业票据以贴现的方式售出。

商业票据经银行承兑便转化为银行承兑汇票。银行承兑汇票是指由在承兑银行开立存款账户的存款人签发，向开户银行申请并经银行审查同意承兑的，保证在指定日期无条件支付确定的金额给收款人或持票人的远期汇票。由于银行的介入，并承诺到期履行支付义务，因此信用风险较小。

美国的商业票据是货币市场工具中最古老的一种，可追溯到18世纪。1960年商业票据发行量是450亿美元，2006年，1 700多家公司已发行20 000亿美元商业票据。市场增长的很大原因在于金融公司和银行控股公司发行的金融票据。商业票据发展如此迅速的原因，一是商业票据的相对成本。对于知名的大公司而言，商业票据的成本往往比银行贷款和其他融资形式的成本更低，因此可成为其替代品。商业票据的利率要比银行贷款利率低，而且利率灵活。二是商业票据的优良品质。许多投资者将商业票据当作国库券和其他货币市场工具的准替代品。

美国商业票据的种类有两种：直接票据和交易商票据。直接票据的主要发行商是大型财务公司和银行控股公司，它们不通过证券交易商等中介而是直接与投资者协商发行事宜。交易商票据是由客户委托证券交易商发行，也称为工业票据。美国商业票据的期限从3天到9个月不等。绝大多数商业票据的原始期限为60天或更少，平均期限为20~45天，一般不超过270天。因为根据1933年的《证券法》，任何在美国市场出售的长期证券都必须在证券交易委员会注册。商业票据的最低面额为25 000美元。早期商业银行是最主要的买主，近年来，商业票据市场上最主要的投资者包括非金融公司、货币市场共同基金、银行信托部门、小银行、养老金、保险公司和州或地方政府。

20世纪80年代初期美国出现了一种新型票据——资产支持的商业票据（Asset–backed Commercial Paper），即把贷款或应收账款集中打包，并以这些款项的要求权为抵押发行票据，即把应收账款证券化。

在美国，银行承兑汇票的期限一般为30~270天，最常见的是90天。银行承兑汇票被视为优质的投资工具，可以和优质的可转换银行存单、美国国库券以及优质的商业票据相媲美，尽管其交易量要小得多。银行承兑汇票在银行、货币市场共同基金、工业企业、当地政府、联邦机构、保险公司和证券交易商之间进行交易，是高质量的现款和投资的来源。

英国的商业票据市场的交易对象主要是汇票，面额多在25万英镑到100万英镑，期限为1~6个月。经由英格兰银行认为合格的银行（大银行或承兑委员会的会员）承兑的票据是合格票据，它们能够在英格兰银行进行再贴现。合格票据的信用高、交易频繁、贴现率较低。商业银行办理票据承兑，并用自有资金进行票据买卖，英格兰银行办理商业票据的再贴现，或以之为担保品对贴现市场贷款，从而影响金融机构的流动性。

日本的票据市场创立于1971年，是进行1个月以上的较长期交易的市场，它是调节1~6个月中期支付准备金的市场。日本银行在票据市场上通过票据的买卖调节信用的数量和期限。在日本，票据市场买卖的票据有原始票据和汇兑票据两种。原始票据包括优良的工商业票据、贸易票据等。汇兑票据是金融机构以各种原始票据为抵押而开具的、以短资公司为接受人，以自己为承兑人的票据。现实交易中，多采用汇兑票据形式。1979年起，票据利率全部实行自由利率。票据交换的买方有各类银行和证券公司、保险公司等，卖方有都市银行、外国银行等。短资公司是重要的中介者。日本以日元计价的商业票据的发展是商业票据市场的一个奇迹。起初，金融监管当局在 1987 年只是允许日元计价的商业票据在日本国内发行。许多日本企业胁迫政府放松监管，否则要将短期资金转移到海外。1 年后，日本允许外国企业在其国内发行武士票据。

在德国，商业票据主要是大企业通过的作为中介信用机构发行的债券凭证书，并且一般由机构投资者认购。商业票据的利率同其相对短的期限（从几天到 2 年以内）相对应，适用于货币市场利率。从企业的角度看，商业票据的发行是满足短期资金需求既经济又灵活的方式。这种票据为主要的机构投资者提供了有吸引力的投资选择。

由于加拿大本国企业在美国可以找到货币融资渠道，美国的企业也在加拿大经营，加拿大复制了美国的商业票据市场模式。与美国商业票据一样，加拿大商业票据必须有银行的信用额度支持才能获得货币市场投资者的青睐。加拿大商业票据的期限类型（短至 24 小时，长至 1 年）比美国更多，而且面值也较大（通常是 10 万美元或更多）。

中国的商业票据市场起步于 20 世纪 80 年代。1982 年，中国在上海率先推出了银行汇票承兑业务。1986 年中国人民银行正式开办票据的再贴现业务。近年来，由于中国人民银行对票据市场的推动，以银行承兑汇票为主的商业票据业务发展较快。

（五） 可转让定期存单 （CD） 市场

货币市场中还流通着一种可转让定期存单（Negotiable Certificates of Deposit，CD）。存单是存放在商业银行等存款性机构一段时间的资金和获取额外利息收益的保证收据。商业银行和其他存款性机构发行了许多存单，但是，真正属于货币市场的存单是在到期日前可以无限次转让的，并且各国都规定了最小面额。一张大额可转让定期存单的利率是由发行机构和顾客之间协商决定的，并且通常反映了当前货币市场可贷资金的供给与需求情况。CD 是美国花旗银行于 1961 年创新的金融工具。

按照美元数量来衡量，美国的货币市场上最大的工具之一是可转让定期存单（CD）。根据联邦规定，CD 的最短到期期限为 7 天。但是，CD 的到期期限没有法定上限。与贴现发行的国库券不同，CD 必须以平价发行，并且以利率为基础进行交易。支付是在每一 CD 到期时进行。CD 是美国货币市场全部工具中最年轻的工具之一。自 1961 年开始，纽约的第一国民银行（后来的花旗银行）开始为其最大的公司客户提供这种工具。同时，一小部分交易商同意为 10 万美元或以上的存单建立一个二级市场（转售）。不久，其他货币中心银行也开始加入到公司资金的竞争中，并且开始提供它们自己的存单。在美国，货币市场上交易活跃的 CD 最小面额为 10 万美元，通常每批交易的数量是 100 万美元。CD 之所以出现，是因为在 CD 出现之前，许多银行发现它们的大客户开始减少存款，转而去购买国库券、回购协议以及其他货币市场工具。因为随着金融市场的发展，金融工具的增多，大公司的资金管理部门逐渐了解到许多可以盈利的短期资金投资方式。所以，CD 的产生就是为了把那些流失的存款重新吸引到银行系统中。尽管对银行来说，出售这一新的货币市场工具的决定是很痛苦的，因为存单往往会增加平均资金成本和银行资金的剧烈波动。但是，如果不这样做，就会使数十亿美元的利率敏感性存款遭受损失。

美国的 CD 对大多数银行来说是一个真正的成功传奇。在 2007 年，美国的银行和存款机构中未付清的大额（超过 10 万美元以上）定期存款总额超过 17 000 亿美元，而在大约 20 年前只有 1 000 亿美元左右的大额存单。在美国，CD 的收益率会稍高于国库券的收益率，因为有更大的违约风险、更狭小的二级市场以及从州和当地政府证券获得的收益是免税的。由于投资者很容易在各种短期市场之间套利，CD 利率不断地盘旋接近目前和投资者期望的将来联邦基金利率的平均值。在美国，CD 的主要购买者包括公司、州和地方政府、外国中央银行和政府、富有的个人投资者以及各种金融机构。金融机构中包括保险公司、养老基金、投资公司、储蓄银行、信用合作社以及货币市场基金。1975 年，在美国可变利率的创新型存单出现，深受货币市场共同基金的欢迎。之后，纽约的摩根保证信托公司（现在的 JP 摩根的一部分）发行了循环或滚动（Rollover or Roly–poly）的存单。近年来，存单创新仍然层出不穷，例如特大存单、扬基存单、经纪人存单、牛市和熊市存单、分期付款存单、利率上调存单以及外国指数存单。

英国从 1968 年开始发行可转让存单，同地方政府存款市场、金融行市场以及公司同业市场一起，形成了与贴现市场平行的货币市场，可转让存单成为平行市场中的最重要工具。可转让存单期限从 3 个月到 5 年，最小面额为 5 万英镑，存单无论到期兑现或在到期前转让，均不收税。它主要为银行持有，贴现行、企业、投资信托公司是存单的重要投资者。存单可以在投资者之间转让，也可以通过贴现行买卖。

日本的可转让存单市场创立于 1979 年，能够发行 CD 的是所有政府允许办理存款业务的金融机构，如都市银行、地方银行、信托银行、长期信用银行、第二地方银行协会加盟行、信用金库和在日本的外国银行等。其中都市银行的发行量最大，发行额占总发行额的 50%～60%，对购买者无任何限制，无论法人、居民个人、非居民均可购买。CD 的利率由发行者和购买者参照票据利率、现金利率等短期金融市场利率自由决定。CD 可自由转让流通，办理 CD 流通的机构主要是短资公司，还有其他金融机构如证券公司等。早期，金融当局对 CD 的发行额度、最低发行单位、期限、转让方式有严格规定，现已逐渐放松，这使 CD 市场迅速发展，成为短期金融市场中规模最大的一部分。

在韩国，早期的 CD 市场发展缓慢且陷入停顿。在 20 世纪 80 年代，为促进银行和非银行金融机构对短期存款市场的竞争，韩国重新引入 CD，其发行量和市场交易量大幅增加，二级市场活跃。

在中国，商业银行从 1986 年开始开展可转让定期存单业务，但发展得非常缓慢。投资者主要是个人，面额为 500 元及其整数倍，即可转让定期存单面额不得低于 500 元，以 500 元的倍数面额 1 000 元、1 500 元、2 000 元等发行。可转让存单的期限分为 1 个月、3 个月、6 个月、9 个月和 12 个月 5 个档次，利率水平通常是在同期定期储蓄存款的利率基础上再增加 1～2 个百分点。

二、各国货币市场的总体特征

货币市场在各国的金融市场的发展中均早于资本市场，而且在各国都有不同程度的发展。目前在世界货币市场的广度和深度都比较强，它能够迅速吸收大量的金融交易，同时对证券价格和利率的影响很小，是世界上最有效率的市场之一。它包含了由证券交易商、大银行和基金经纪人组成的巨大网络，它们不断地相互联系，并对任何交易保持敏感。一种证券被低估（即具有额外的高收益）的极微小的暗示，就会导致大量抢购，但是，货币市场交易者会迅速抛售或避免价格被高估的证券。这个市场由活跃的交易商控制，他们不断地在其显示器上搜索，寻找套利机会，或者说，他们把资金从相对收益较低的市场转移至可能会得到最高投资收益的地方。中央银行（例如欧洲中央银行、日本银行、中国人民银行以及联邦储备体系）监控整个货币市场，努力维持交易秩序和确保价格维持在合理的水平。

全球货币市场有几个共同特点：平衡了市场不同主体的资金余缺；降低了借贷资金的风险；传导了政府的经济政策，并且帮助政府为其赤字融资，使财政政策得以推进；帮助政府管理货币以及信贷的调控，使货币政策得以推行。

每个国家都有自己的货币市场，虽然发展中国家货币市场很不发达，但发达国家货币市场发达程度已超越了国界拓展到了全世界。国际货币市场早在 20 世纪 50 年代后期就已形成，这个市场的中心是欧洲货币市场。在这个市场中，大银行的存款在货币发行国以外进行交易，直至目前，没有哪个国家的国内货币市场不受国际货币市场利率和证券价格波动的影响。

目前世界各国认为：世界范围内的货币市场总体上分为两类：一种是以证券市场为主导，典型代表为美国和英国，这种类型的国家的大多数借贷是通过在公开市场上的交易金融工具进行的。另一种是以银行为主导，典型代表是日本和中国，银行的借贷是大多数交易的中心。但是，也有一种分析认为，由于全球对金融机构和工具的放松管制，将来的发展结果可能是货币市场更多地由证券市场主导，而很少的货币市场由少数大型金融机构主导。

在发展中国家，由于证券市场发展不足，货币市场通常是由大银行主导的。分析认为，银行主导的货币市场有一个潜在的缺点，正如 20 世纪 90 年代末亚洲金融危机所揭示的，它们可能会更容易屈服于政府的压力，导致大量的不良贷款，并且它们可能会减缓长期资本市场的发展，而长期资本市场能促进经济的稳定。中央银行（如联邦储备和欧洲中央银行）通常来说是货币市场上独一无二的最重要机构，无论它们是证券主导的还是银行主导的。

美国的货币市场是一个完全国际化、开放性的市场，也是金融创新最为活跃、市场体系发育最为完备、最为发达的市场。从 20 世纪初的商业票据市场开始，20 年代的联邦基金市场形成，30 年代国库券市场迅速发展，到 60 年代后创新型货币市场工具的层出不穷使货币市场不断发展与扩大，构成了完整的货币市场体系。其中国库券市场规模最大、交易最活跃，商业票据市场仅次于国库券市场，形成了以国库券市场、联邦基金市场、商业票据市场和可转让定期存单市场为主体，其他市场为辅助的货币市场体系。各个市场各司其职、功能完备，在一个完整的市场体系中有效地发挥作用。

英国的货币市场应该包括 20 世纪 60 年代前的贴现市场，同时包括 60 年代后为规避管制出现的与贴现市场平行的平行市场或平行货币市场（Parallel Money Market）。这也是英国金融制度特殊性的表现。在英国，商业银行不是直接与中央银行发生联系，而是通过贴现行来调整自己的储备头寸。20 世纪 60 年代前，英国货币市场的业务全部通过贴现行进行，货币市场也被称为贴现市场。商业银行将超额准备金贷给贴现行，贴现行用资金购买国库券、商业票据及短期金边债券。如果银行需要补充准备金或发放贷款时，向贴现行收回自己的贷款，贴现行则出售国库券、短期金边债券或用贴进的商业票据向英格兰银行办理再贴现来获得资金，偿还商业银行的贷款。60 年代后，在严格的信用管制下，各银行避开贴现行进行的相互拆借日趋频繁，地方政府存款市场、金融市场以及公司同业市场迅速发展。1969 年，英国开始发行可转让定期存单，这样，与贴现市场平行的货币市场最终形成。英国货币市场的特点是：一是贴现行的独特职能使其产生了贴现市场和平行市场的划分；二是英国货币市场几乎是一个纯粹的批发市场，它一般不对个人投资者开放，一方面是由于英国商业银行活动基本满足了个人短期投资的需求，另一方面是由于货币市场工具交易规模庞大，个人难以进入；三是伦敦是欧洲货币市场的发源地，当需要资金而本国货币市场银根偏紧时，英国银行可以很容易地从欧洲货币市场上借入资金，欧洲货币市场成为英国货币市场的蓄水池。

日本的货币市场是以拆借市场、票据市场等银行同业市场为中心，并与大额可转让存单、外汇存款、商业票据、债券回购、政府短期证券、短期贴现国债等市场有机联系的市场。日本的短期金融市场并不是以短期政府债券为核心的，它偏重于大额可转让定期存单等存款性金融商品的交易。20 世纪 80 年代中期以后，短期金融市场迅速扩大。其中公开市场增长速度极快，成为日本短期金融市场发展的一大特点。短期金融市场迅速扩大的原因是 20 世纪 80 年代中后期金融自由化和国际化浪潮的推动。在日本，以公开市场为中心，新设市场如雨后春笋般涌现，交易条件也逐步放松，交易多元化的趋势势不可当。为进一步发挥利率的运行机制，日本当局不断采取措施完善和充实现有的市场，使短期金融市场上的利率形成已经逐步反映出市场的供求状况。同时，完善结算制度以适应金融交易规模的急剧扩大。而且，为适应金融全球化和自由化的发展，短期金融市场中的交易方式、交易惯例至今仍在不断调整。

韩国的货币市场启动于 20 世纪 60 年代。1961 年第一次发行了货币稳定债券，1967 年第一次发行了国库券。货币市场真正开始活跃起来是在 20 世纪 70 年代，在政府的大力扶持下，1972 年出现了商业票据，1974 年出现了大额可转让定期存单，1975 年政府成立了对银行拆借进行统一管理的短期拆借业务署，1977 年由证券融资公司开办短期国债的回购交易。目前，韩国货币市场层次齐全。

中国真正意义上的货币市场发育于 20 世纪 80 年代，经过 30 多年的变迁，形成了一定的市场规模和市场机制。票据市场融资功能不断增强，在大中型企业中，商业票据已经成为主要结算方式和融资手段，再贴现操作也趋于规范。拆借市场交易也日益活跃，隔夜拆借正在成为金融机构之间调节短期头寸的重要方式。依托于银行间债券市场的发展，回购协议市场也得到迅速发展，与拆借市场相比，回购协议市场更为活跃。正是因为拆借和回购已成为商业银行等金融机构之间流动性管理的主要方式，银行间市场的同业拆借和回购协议利率开始成为货币市场的基准利率。

第二节　各国证券市场的特征比较

与货币市场相对应，期限在一年以上的各种资金借贷和证券交易的场所称为资本市场。

资本市场是居民个人、企业和政府借贷长期资金的市场。其中证券市场是股票、债券、投资基金等有价证券发行和交易的场所，是资本市场的主要部分和典型形态。由于在"第一章主要发达国家金融体制比较"中已经分别对各主要发达国家的证券市场演进与特征进行了阐述，在本节，仅对主要发达国家和发展中国家证券市场总体特征加以比较，并预测各国证券市场的发展趋势。

一、发达国家证券市场的特征

对发达国家证券市场的总体比较，主要从各国证券市场的发展进程、在国际证券市场中的地位两个方面具体展开。

（一）发达国家证券市场的发展进程快慢不一

英国的证券市场形成最早，1773 年成立的伦敦证券交易所是历史上最早的证券交易所之一。美国次之，纽约证券交易所成立于 1792 年。德国、日本和法国证券市场的形成时间较晚，大约在 19 世纪中后期。而大多数发展中国家的证券交易所成立于 20 世纪以后。造成这种状况的主要原因是各国资本积累、商品经济和社会化生产发展进程或迟或早而不一致。经过一个多世纪的发展，世界各国证券市场的发展进程发生了很大的变化。

（二）美国、日本和英国在国际证券市场中居于主导地位

多年来，美国一直保持了在国际证券市场中的主导地位，早在 1998 年，纽约证券市场中上市公司的数量已达到 2 669 家，交易总额达到 7.3 万亿美元，居世界第一位。日本则堪称"平步青云"，自 1949 年后以奇迹般的速度超过了德国、英国、法国，居世界第二位。英国证券市场的发展起步较早，曾经一度领先，但由于美国、日本的崛起，退居第三位。以股票市场规模为例，截至 2019 年 12 月 6 日，美国上市公司总数为 4 897 家，其中 NYSE 为 1 982 家，NASDAQ 为 2 703 家，AMEX 为 212 家。美国上市股票总数为 5 043 只，总市值 458 973.55 亿美元（见表 8-1）。

表 8-1　　　　　　　　　　　美国股票市场规模（2010—2019 年）

年份	上市公司家数（家）				上市股票只数（只）				总市值（亿美元）			
	NYSE	NASDAQ	AMEX	合计	NYSE	NASDAQ	AMEX	合计	NYSE	NASDAQ	AMEX	合计
2019	1 982	2 703	212	4 897	2 034	2 796	213	5 043	307 337.29	150 633.89	1 002.36	458 973.55
2018	1 993	2 592	219	4 804	2 036	2 671	219	4 926	257 284.84	118 880.34	953.57	377 118.75
2017	1 970	2 484	222	4 676	2 003	2 555	223	4 781	297 706.38	125 563.83	1 137.85	424 408.05
2016	1 974	2 443	214	4 631	2 003	2 506	214	4 723	252 696.42	97 780.43	1 044.48	351 521.32
2015	2 010	2 475	220	4 705	2 037	2 530	220	4 787	235 392.97	92 543.23	868.46	328 804.66
2014	2 006	2 408	218	4 632	2 033	2 453	218	4 704	271 025.32	88 824.17	1 165.67	361 015.16
2013	1 948	2 315	215	4 478	1 978	2 358	215	4 551	231 745.66	75 977.19	864.95	308 587.80
2012	1 932	2 291	218	4 441	1 969	2 340	218	4 527	196 228.35	51 944.08	790.07	248 962.49
2011	1 952	2 348	225	4 525	1 998	2 394	225	4 617	143 028.26	37 750.64	107.30	180 886.20
2010	1 988	2 461	242	4 691	2 042	2 524	244	4 810	138 687.05	34 953.06	36.04	173 676.15

数据来源：Wind。

截至 2019 年 12 月 6 日，英国上市公司总数为 2 005 家，其中主板市场为 1 133 家，AIM市场为 872 家。英国上市股票总数为 2 149 家，总市值 42 945.18 亿英镑（见表 8 - 2）。

表 8 - 2　　　　　　　　英国股票市场规模（2010—2019 年）

年份	上市公司家数（家）			上市股票数量（只）			总市值（亿英镑）		
	主板市场	AIM 市场	合计	主板市场	AIM 市场	合计	主板市场	AIM 市场	合计
2019	1 133	872	2 005	1 270	879	2 149	42 021.39	923.79	42 945.18
2018	1 140	925	2 065	1 275	931	2 206	123 691.33	2 079.40	125 770.73
2017	1 091	917	2 008	1 217	924	2 141	57 672.22	2 024.47	59 696.69
2016	1 021	870	1 891	1 142	878	2 020	49 034.07	1 283.54	50 317.61
2015	978	814	1 792	1 097	821	1 918	33 135.72	835.30	33 971.02
2014	906	775	1 681	1 013	782	1 795	20 404.43	16.14	20 420.57
2013	846	703	1 549	947	710	1 657	21 500.13	15.45	21 515.58
2012	802	656	1 458	900	663	1 563	21 638.78	10.17	21 648.95
2011	782	632	1 414	876	639	1 515	16 038.13	8.79	16 046.93
2010	756	605	1 361	840	611	1 451	14 240.26	11.15	14 251.41

数据来源：Wind。

总体而言，美国证券市场是当今世界上最大的证券市场，也是国际上国际化程度最高、管理最严格、流动性最强的证券市场。日本证券市场是发达国家中历史最短、竞争力极强、潜力极大的证券市场，也是管制最多、国内市场保护最强、国际化起步最晚的证券市场。英国证券市场是世界上发展最早的证券市场，同时也是现代最发达的国际股权市场。德国和法国的证券市场发展虽然相对缓慢，但进入 21 世纪后，两国证券市场也呈现出快速发展的态势。

二、发展中国家证券市场的特征

相对于发达国家而言，由于发展中国家经济和社会发展的多样性、差异性和不平衡性，这些国家的金融体制也呈现发展的差异性和不平衡性。就证券市场的发展而言，一部分国家有较发达的金融市场，更多的国家还没有金融市场，或者有金融市场但交易活动十分不活跃，对经济的影响力弱。与发达国家证券市场的发展水平、发展速度和在国际证券市场中的影响地位相比，发展中国家的证券市场表现出自己独有的特征。

（一）借力国际经济金融变革的浪潮，积极助推证券市场的发展

20 世纪 70 年代以来，发展中国家如拉美地区的墨西哥、智利、阿根廷、巴西等国，开始推行金融自由化，实行企业股权私有化并大量发行国际债券，加速了证券市场发展，也吸引了大量国外短期资本的流入。80 年代以来，东南亚国家经济持续稳定的高速增长，吸引了大量的外国投资，证券市场也迅速发展。以印度为例，截至 2007 年，印度 2 家主板股票市场——孟买证券交易所、印度国家证券交易所上市公司数量超过 10 000 家，股票可全流通，股票总市值占 GDP 比率在 85% 以上。

（二）发展中国家证券市场国际化进程也在加快

随着发达国家证券市场国际化的发展，发展中国家也在加快证券市场国际化的进程。

在发展中国家证券市场的演进中，泰国证券交易所自 1975 年 4 月成立起就实行了对外开放；1985 年起允许建立国家基金；1991 年放宽了外汇管制，使本金和盈利汇出更加容易，并取消了 25% 的资本税。印度自 1986 年 7 月起允许建立国家基金，外国人通过印度国家基金投资于印度证券市场。印度尼西亚实行货币自由兑换的政策，对资本及收益所得进出入国境不予控制，外国投资者的持股上限为 49%。巴西证券市场的开放始于 20 世纪 70 年代中期，1975 年 5 月起允许一些公司向非本国居民出售股票；1987 年 9 月起允许建立国际基金。1991 年 5 月巴西股市对外国机构投资者全部开放，取消了原来规定的本金汇回的限制。阿根廷从 1989 年 7 月开始，外国居民直接购买股票不需得到事前批准，1991 年 10 月起，允许建立国家基金，并取消了 36% 的资本利得税。

根据 2012 年的全球交易所排名，南非的约翰内斯堡股票交易所位列第 18 位。在发展中国家内部，2012 年 4 月，"金砖五国"的 7 家交易所推出期货衍生品交叉挂牌交易，7 家交易所包含总市值达 9 万亿美元的近万家上市公司。这不仅在很大程度上推动了 7 家交易所的发展和扩容，同时，引入交叉交易期货衍生品也可以填补各国市场对新金融产品的需求，并完成战略伙伴关系的构建。而以新加坡为首的一批新兴工业化国家已经率先进入了国际证券市场的行列。

（三） 证券的发行主体亦呈现出多元化和分散化

根据 IMF 调查和计算，发展中国家债券和股票发行主体也呈现出多样化和分散化的发展趋势。以债券市场为例，一些发展中国家（如马来西亚、墨西哥等）的非官方部门（如石油企业）成为国际债券的巨额发行者。在菲律宾销售的债券总额中，公用事业部门的债券占了很大比重。在智利、菲律宾发行的债券总额中，电信部门债券所占的比例也很可观。泰国的不动产部门向海外销售债券的活动也极为活跃。印度尼西亚和墨西哥的水泥业都积极发行债券。在墨西哥，企业的债券发行是以私营企业为主，公营部门则紧随其后。

在东亚债券市场上，最大的债券发行人是中央政府，其次是国营企业和中央企业。私营企业在东亚债券市场发展的初期并不活跃，这是由于金融体系的管制、投资保护不当和租税歧视等原因导致的。

（四） 机构投资者在证券市场中居于主导地位

东亚地区的债券大部分被三类投资者，即契约性储蓄部门、养老基金和金融机构持有，私人持有的债券很少。各类投资者在债券市场上的影响程度因国而异。在马来西亚、菲律宾和新加坡，契约性储蓄部门在证券市场中占有主导地位。在菲律宾和泰国，金融机构是最大的债券持有者。在泰国，互助基金也日益成为债券的主要投资者。随着各国金融市场不同程度的对外开放，外国机构投资者亦成为东亚地区债券的持有者之一。

（五） 中央银行利用证券市场实现货币政策的有效操作

在发展中国家证券市场的演进中，金融体制比较健全的发展中国家中，公开市场业务也成为中央银行重要的货币政策工具之一。比如巴西的公开市场业务始于 1967 年，这项业务的开展使巴西货币政策有了较大的灵活性和有效性，中央银行通过债券的拍卖与回购来调节市场银根的松紧。

（六）　发展中国家证券市场有待进一步完善

尽管一些较发达的发展中国家或地区的证券市场在交易规模、国际化程度、市场层次等方面有了一定的发展，但发展中国家的证券市场与发达国家的证券市场相比，总体上还是起步晚、发展不足，股权债权融资结构不尽合理，需要有序推进和大力完善。

以我国证券市场为例。20世纪70年代末期以来的中国改革开放推动了中国证券市场的萌生和发展。1990年12月19日深圳证券交易所（深交所）和1991年7月4日上海证券交易所（上交所）相继成立，标志着全国性证券市场的形成。1992年10月，中国证监会成立，标志着我国证券市场开始逐步纳入全国统一监管体制。在此后的40年时间里，中国证券市场迅速发展，市场规模不断扩大，制度不断完善，证券中介机构和投资者也不断成熟，逐步成长为一个在法律制度、交易规则、监管体系等各方面与国际普遍公认原则基本相符的证券市场。应该说我国股票市场在短短二十几年的时间里取得了举世瞩目的成就，在促进国有企业改革、推动我国经济结构调整和技术进步方面发挥了突出的作用。

目前，中国有两家证券交易所，即上交所和深交所；三家商品期货交易所，即大连商品交易所（大商所），上海期货交易所（上期所）和郑州商品交易所（郑商所）；一家金融期货交易所，即中国金融期货交易所（中金所）。建有主板市场、创业板市场、科创板市场和中小企业股份转让系统在内的多层次证券市场交易体系。

中国证券市场的有价证券品种包括股票、债券、证券投资基金、股指期货和商品期货等，其中，股票又分为人民币普通股（A股）、境内上市外资股（B股）和境外上市外资股（H股）等；债券又分为政府债券、金融债券、公司债券、企业债券、可转换债券、资产支持证券等，债券交易方式包括现券交易和回购交易。

以股票市场为例，截至2019年11月，沪深两市上市公司总数为3 751家，上市证券总数为9 204只，上市股票总数为3 831只，上市A股总数为2 187只，B股总数为47只，总股本为60 809.270亿股，总市值为546 886.760亿元，流通股本52 184.500亿股，流通市值为449 572.520亿元（见表8 - 3）。

表8 - 3　　　　　　　中国沪深两市股票规模（2010.12—2019.11）

日期	上市公司总数（家）	上市证券总数（只）	上市股票总数（只）	上市A股总数（只）	上市B股总数（只）	总股本（亿股）	总市值（亿元）	流通股本（亿股）	流通市值（亿元）
2019 - 11	3 751	9 204	3 831	2 187	47	60 809.270	546 886.760	52 184.500	449 572.520
2018 - 12	3 584	22 041	3 666	3 567	99	57 581.020	434 924.020	49 047.560	353 794.190
2017 - 12	3 485	17 857	3 567	3 467	100	53 746.674	567 086.077	45 044.871	449 298.142
2016 - 12	3 052	14 153	3 134	3 034	100	48 750.294	507 685.885	41 136.049	393 401.675
2015 - 12	2 827	9 354	2 909	2 808	101	43 014.819	531 304.196	37 044.006	417 925.403
2014 - 12	2 613	6 281	2 696	2 592	104	36 795.098	372 546.956	32 289.250	315 624.312
2013 - 12	2 489	5 114	2 574	2 468	106	33 822.044	239 077.194	29 997.123	199 579.541
2012 - 12	2 494	4 288	2 579	2 472	107	31 833.617	230 357.622	24 778.219	181 658.259
2011 - 12	2 342	3 629	2 428	2 320	108	29 745.113	214 758.092	22 499.856	164 921.301
2010 - 12	2 063	3 090	2 149	2 041	108	26 984.485	265 422.594	19 442.152	193 110.408

数据来源：Wind。

再以债券、基金、期货市场为例，截至2017年，债券市场债券发行额达到了408 256.35亿元；基金市场基金只数达到4 848只，基金资产规模达到115 989.13亿元，上市基金成交金额达到98 051.89亿元，基金账户数达到134 903.95万户。期货市场中，品种数量从2008年的19个增加到2017年的53个，期货持仓金额从2008年的740.90亿元增加到2017年的8 940.47亿元，期货成交金额从2008年的359 570.98亿元增加到2017年的1 878 925.88亿元，期货账户数从2008年的61.64万户增加到2017年的127.72万户（见表8-4）。

表8-4　　　　　　　中国债券、基金和期货市场规模（2008—2017年）

| 年份 | 债券 | 基金 | | | | 期货市场 | | | |
	债券发行额（亿元）	基金只数（只）	基金资产规模（亿元）	上市基金成交金额（亿元）	基金账户数（万户）	品种数量（个）	持仓金额（亿元）	成交金额（亿元）	账户数（万户）
2008	71 732.16	439	19 403.25	5 831.05	16 846.00	19	740.90	359 570.98	61.64
2009	87 286.22	547	26 024.80	10 340.02	17 480.00	23	2 775.49	625 553.80	91.63
2010	96 408.63	704	25 040.86	8 996.44	19 672.00	24	3 095.90	1 545 582.31	121.37
2011	77 275.52	914	21 918.55	6 365.81	22 987.00	27	2 972.73	1 375 134.23	141.14
2012	80 261.89	1 173	28 661.81	8 123.61	22 948.00	32	4 122.62	1 711 231.31	71.73
2013	89 127.69	1 551	30 011.54	14 785.47	28 773.46	40	6 744.94	2 674 739.52	77.24
2014	119 380.02	1 899	45 374.30	47 230.89	46 409.34	46	6 900.25	2 919 882.26	82.26
2015	234 604.73	2 723	83 971.83	152 684.59	67 917.87	51	6 200.88	5 542 311.75	107.52
2016	361 548.66	3 873	91 595.16	111 444.32	94 303.67	51	7 605.86	1 956 316.08	118.64
2017	408 256.35	4 848	115 989.13	98 051.89	134 903.95	53	8 940.47	1 878 925.88	127.72

数据来源：中国金融年鉴（2018）。

尽管以中国为代表的少数发展中国家证券市场在金融改革中得到了长足的发展，但是，对于大多数发展中国家来说，证券市场还存在市场规模小，证券种类不足，尤其是证券市场衍生品相比发达国家更显不足的问题；还存在证券市场制度不够健全，缺乏退出机制，国际化程度低，多层次市场体系或者没有建立，或者不够健全的问题；作为证券市场基石的上市公司存在结构性缺陷，并且由于上市公司内部治理机制还不够健全，上市公司质量不高；证券市场存在投机行为，中小股东的利益得不到很好的保护，监督体系之间缺乏整体有效协调。

三、各国证券市场的发展趋势

20世纪90年代以来，在高新技术快速发展和经济全球化的背景下，各国的证券市场发生了一系列深刻而重要的变化，并呈现出进一步发展的趋势。

（一）证券市场国际化、一体化发展趋势

在经济全球化的背景下，随着国际资本流动日益频繁且规模日益增大，导致全球证券市场竞争激烈且相互联系日趋紧密，证券市场呈现出明显的国际一体化趋势。

1. 证券发行国际化、一体化。从证券发行人或筹资者层面看，异地上市或海外上市以及多个市场同时上市的公司数量和发行规模日益扩大，海外发行主权债务工具的规模也非常大。

2. 证券投资国际化、一体化。从投资者层面看，随着资本管制的放松，全球资本配置成为流行趋势，个人投资者可以通过互联网轻松实现跨境投资。以全球基金、国际基金为代表的机构投资者大量投资境外证券，主权国家出于外汇管理的需要，也形成对外国证券的巨大需求。

3. 证券交易组织国际化、一体化。从市场组织结构层面看，交易所之间跨国合并和跨国合作的案例层出不穷，场外市场在跨国并购等交易活动的驱动下，也渐趋融合。典型的案例是：2005 年 4 月，纽约交易所宣布收购电子交易运营商 Archipelago 控股公司，合并后的新公司名为纽约证券交易所集团公司；2006 年 6 月 1 日，纽约证券交易所宣布与泛欧证券交易所合并组成纽约—泛欧证券交易所；2007 年 4 月 4 日，纽约—泛欧证券交易所正式成立，总部设在纽约，由来自 5 个国家的 6 家货币股权交易所以及 6 家衍生产品交易所共同组成，其上市公司总数约 4 000 家，总市值达 28.5 万亿美元（21.5 万亿欧元），日平均交易量接近 1 020 亿美元（770 亿欧元）。

4. 证券市场运作国际化、一体化。从证券市场运行层面看，全球资本市场之间的相关性显著增强，交易运作国际化、一体化需求和实际操作需要日益增强。此外，从产品设计与创新，投资理念、监管制度等角度看，全球化趋势也非常明显。

（二）机构投资者成为国际证券市场的主要投资力量

进入 21 世纪以来，国际证券市场发展的一个突出特点是各种类型的机构投资者快速成长，根据经济合作与发展组织（OECD）2008 年的统计，在 1995 年至 2005 年间，2005 年资产规模达到 40.3 万亿美元，为统计国家 GDP 总额的 162.6%，而 1995 年该比率为 111.2%（见表 8-5）。

表 8-5　　　　1995—2005 年 OECD 17 个国家机构投资者金融资产占 GDP 比重　　　单位：%

年份	1995	1996	1997	1998	1999	2000	2001	2002	2003	2004	2005
比重	111.2	116.8	129.4	139.0	152.8	146.8	141.5	132.9	145.8	152.2	162.6

（三）证券市场金融创新不断深化

创新是金融业永恒的主题。进入 21 世纪，在有组织的证券市场中，机构化票据、交易所交易基金、各类权证、证券化资产、混合型金融工具和新型衍生合约不断上市。随着融资主体需求的多样化，证券市场金融工具的创新会更进一步深入发展。

（四）金融机构混业化经营推动证券市场加速发展

1999 年 11 月 4 日，美国国会通过《金融服务现代化法》，废除了 1933 年经济危机时期制定的《格拉斯—斯蒂格尔法》，取消了银行、证券、保险公司业务相互渗透的障碍，标志着金融业分业制度的终结。在此背景下，金融机构之间开展了大规模的并购和跨国并购，从而形成了一些大型跨国金融控股公司。在大型的跨国金融控股公司旗下，各国投资银行、证券公司、各种基金等迅速发展，推动了各国证券市场进一步发展壮大，国际化程度进一步提高。

（五） 证券市场风险日益加大

从 20 世纪 90 年代以来，国际金融风险频繁发生，证券市场金融风险多发并日益复杂化。从 1992 年的英镑危机，到 1993 年日本泡沫经济破灭；从 1994 年墨西哥金融危机，到 1997 年亚洲金融危机，再到 2008 年国际金融危机，无不导致了国际证券市场的跌宕起伏、惊心动魄，大量的、老牌的证券机构破产倒闭。特别是 2008 年国际金融危机，导致了华尔街著名的 5 大投行全军覆灭，宣告了一个时代的结束。

因此，随着证券市场国际化、一体化的快速发展，各国金融机构混业经营趋势日益加速，证券机构重组与并购不断加强，证券市场金融创新层出不穷。证券交易高科技网络化不断推进，各国金融监管当局加强了对证券市场的监管。国际社会加强合作，强化对国际证券市场的金融监管与制度约束，成为最迫切的需要。

第三节　各国金融衍生商品市场体制的比较

随着经济全球化、经济金融化和金融全球化的不断深入，金融衍生商品市场获得了突飞猛进的发展，金融衍生商品市场在国际金融市场中的重要性日益提高。由于各国金融市场的发育程度、金融创新的效率、金融管制不同，各国金融衍生商品市场的发展具有鲜明的特性。

一、金融衍生商品及其种类

金融衍生商品是在传统金融商品的基础上衍生而来，以下首先阐述金融衍生商品的概念，然后，根据不同的标准对其进行具体的分类。

（一） 概念

金融衍生商品（Financial Derivative Instruments），在我国也被称为金融衍生产品、衍生金融产品、衍生金融商品、金融派生品等。金融衍生商品是 20 世纪 70 年代以来全球金融创新浪潮中的高科技产品，是金融创新工具的重要组成部分。它是在传统的金融商品（货币、外汇存贷款、股票、债券等）基础上衍生出来的，通过预测股价、利率、汇率等未来行情走势，以用少量保证金或权利金签订远期合约或互换不同金融商品等形式进行交易的新兴金融商品。能够产生衍生商品的传统金融商品被称为基础金融商品。

（二） 种类

金融衍生商品按照基础工具的种类、交易形式以及自身交易方法的不同而有不同的分类。

1. 按照基础工具种类划分，金融衍生商品可分为：（1）股权式衍生商品，是指以股票或股票指数为基础工具的金融衍生商品。主要包括股票期货、股票期权、股票指数期货、股票指数期权以及上述合约的混合交易合约。（2）货币衍生商品，是指以各种货币作为基础工具的金融衍生商品。主要包括远期外汇合约、货币期货、货币期权、货币互换以及上述合约的混合交易合约。（3）利率衍生商品，是指以利率或利率的载体为基础工具的金融衍生商品。主要包括远期利率协议、利率期货、利率期权、利率互换以及上述合约的混合交易合约。

2. 按照基础工具的交易形式划分，金融衍生商品可分为两类。一类是交易双方的风险收益对称，都负有将来某一日期按一定条件进行交易的义务。属于这一类的金融衍生商品包括远期合约（包括远期外汇合约、远期利率协议等）、期货合约（包括货币期货、利率期货、股票指数期货等）、互换合约（包括货币互换、利率互换等）。另一类是交易双方风险收益不对称，合约购买方有权选择是否履行合约。属于这一类的金融衍生商品包括期权合约（包括货币期权、利率期权、股票期权、股票指数期权等）、期权的变通形式——认股权证（包括非抵押认股权证和备兑认股权证）、可转换债券、利率上限、利率下限等。

3. 按照金融衍生商品自身的交易方法及特点，金融衍生商品可分为四个基本类型：（1）金融远期。指合约双方同意在未来某一时期内，按照事先约定的价格，交换一定数量的金融资产的合约。金融远期合约规定了将来交换的资产、交换的日期、交换的价格和数量，合约条款因合约双方的需求不同而不同。金融远期合约主要有远期利率协议、远期外汇合约、远期股票合约。（2）金融期货，是买卖双方在有组织的交易所内以公开竞价的形式达成的，在将来某一特定时间交换标准数量特定金融商品的协议。主要包括货币期货、利率期货和股票指数期货三种。（3）金融期权，是合约双方按照约定，期权的买方在合约规定的时间内买进或卖出一定数量的某种金融商品的权利，包括现货期权和期货期权两大类。（4）金融互换，是指两个或两个以上的当事人按照共同商定的条件，在约定的时间内，交换一定支付款项的金融交易，主要有货币互换和利率互换两类。

这四类衍生商品中，金融远期合约是其他三种衍生商品的始祖。其他衍生商品均可以认为是金融远期合约的延伸或变形。

4. 按照规避信用风险所使用衍生金融工具的类型划分，有一系列信用衍生产品，比如信用期权、信用违约互换和信用关联票据。

目前最流行的金融衍生品为信用违约互换。信用违约互换是在资产证券化中，在不出售原始信用合约的条件下将信用风险转移给另一方。运用这一衍生工具将信用风险暴露转移给信用保护出售方，它们的主要目的是对特定资产或发行的信用风险暴露进行套期保值。在信用违约互换中，保护购买方向保护出售方支付一笔费用，换取在参考债务或参考实体发生信用事件的条件下收到支付的权利。一旦信用事件发生，保护出售方必须进行支付。只有一个债务工具的发行者（称为参考实体）的信用违约互换称为单名信用违约互换；如果有多个参考实体（比如由10个不同的发行人发行的10个高收益债券），则称为篮子信用违约互换。此外还有信用互换违约指数，指一个标准化的参考实体的篮子信用风险在保护购买方和保护出售方之间转移。在2007年美国的次贷危机中暴露出来一个事实：次级住房抵押贷款的证券化过程中大量使用信用违约互换衍生工具。事实上，信用衍生品不仅用于公司信用风险，而且已被运用于转移主权信用风险和市政信用风险。信用违约互换是所有信用衍生品中最简单的信用风险转移形式，根据英国银行家协会的报告，它也是信用衍生品中最流行的形式。

信用期权是指信用期权的购买者在支付一笔费用后，可以享有从与标的证券相联系的价格变动或利率变动过程中获得收益的权利。信用关联票据是指它将债券和信用期权连接在一起。正如任何一种公司债券一样，信用关联票据也是定期支付利息，到期支付债券的票面价值。然而，如果该票据的一个关键金融变量发生变化，票据发行者则有权利（选择）降低票据的支付。根据 BBA 的调查，1996 年信用衍生品市场的估计规模为 1 800 亿美元。到 2006 年底，市场的估计规模为 20.2 万亿美元，到 2008 年底增长到 33.1 万亿美元。

二、各国金融衍生商品市场的主要特征

关于各国金融衍生商品市场的特征，将主要以美国、英国、日本和德国为例具体展开。

（一）美国金融衍生商品市场的主要特征

美国金融衍生商品市场是世界上最古老的金融衍生商品市场，也是目前世界上交易规模最大、市场最发达、开放程度最高、技术最先进的国际金融衍生商品市场。其主要特征包括以下几个方面。

1. 世界上最重要的国际金融衍生商品市场。美国的金融衍生商品市场是世界上最重要的国际金融衍生商品市场。它对全球金融衍生商品市场起着重要的作用，促进了世界金融衍生商品市场的形成和发展。

2. 居于垄断地位的国际金融衍生商品市场。美国金融衍生商品市场几乎垄断了世界上大多数的金融衍生商品。20 世纪 90 年代以来，全球金融衍生期货市场上交易量最大的 10 种合约中，美国期货市场占有 8 种。全球约有 60% 的金融衍生商品业务掌握在美国的大银行手中。

3. 不断创新的国际金融衍生商品市场。美国是世界金融衍生商品创新市场。世界金融衍生商品市场的创新工具如外汇期货、外汇期权、利率期货等都是率先在美国市场上问世的。

4. 日益发达的场外交易市场。场外交易手段已经越来越频繁地得到应用，金融衍生商品的场外市场逐渐成为国际金融市场上的主角之一。

5. 交易所数量最多的金融衍生商品市场。早在 1998 年美国就有 11 家金融衍生商品交易所。芝加哥期货交易所（CBOT）和芝加哥商品交易所（CME）是美国最主要的两大金融衍生商品交易所。而同期其他国家的金融衍生商品的交易所数量一般只有两三家，例如日本只有 3 家，英国有 1 家，德国有 2 家。

6. 自动化和全球化的金融衍生商品市场。来自市场竞争、法规限制以及新技术的成本这三个方面的压力，使芝加哥商品交易所与芝加哥期货交易所这两个传统的竞争者逐渐走向联合。为了顺应 24 小时营业和屏幕显示趋势的发展，这两个交易所都开始筹建自己的电子交易系统，芝加哥期货交易所的系统称为"奥诺"（Auroro），芝加哥商品交易所的系统称为"格比克斯"（Globex）。由于这两套系统是不相容的，1991 年 3 月，两个交易所的会员公司经过投标，决定与路透社共同建立一套自动交易系统，称为"格比克斯"，即全球电子交易系统。该系统把芝加哥期货交易所和芝加哥商品交易所的合约结合起来，包括了世界上 50% 的期货与期权交易。另外，其他交易所也将与"格比克斯"签订协议，允许它们在闭市之后通过该系统交易其流动性最好的合约。目前纽约已有 4 个交易所加入这个系统，该系统的网络可延伸到世界许多国家。

（二）英国金融衍生商品市场的特征

1. 以自律管理为主，道义劝告、君子协定为辅的监管体制。长期受到保守政策的影响，英国金融衍生商品市场的监督管理体制主要以自律管理为主，辅之以道义劝告、君子协定等

手段，因而立法管理发展较晚，而且不严格，整个期货市场的发展与美国期货市场的发展相比，是比较缓慢的。

2. 始终处于世界领先地位的伦敦国际金融期货期权交易所。在英国，目前有 11 家衍生商品交易所，其中伦敦国际金融期货期权交易所是唯一从事金融衍生商品交易的市场，1985年开始引入期权交易。该交易所自成立至今，在国际金融衍生商品市场中愈来愈引人注目。尽管有来自欧洲大陆国家交易所的竞争，但其在交易量和新产品的开发方面始终处于世界领先地位。

3. 迅速发展的金融衍生商品市场。20 世纪 90 年代经过并购后的伦敦国际金融期货期权交易所已发展成欧洲最大、世界第三的期货期权交易所。2002 年被泛欧交易所（EURONEXT）战略收购后，已经成为世界第二大衍生品市场，并购后的 Euronext. liffe 为全球 29 个国家的客户提供品种繁多的衍生产品实时电子交易平台，利用独到的 LIFFE CONNECT 系统可以进行 450 多种衍生产品的交易。

4. 从传统交易方式到自动化的交易系统。伦敦国际金融期货期权交易所在正常的营业时间内使用的是公开叫价系统，但随着 24 小时营业和交易屏幕化趋势的发展，该交易所也建立了自己的电脑屏幕系统，称为自动交易系统（APT）。

5. 适应市场，灵活多样。伦敦国家金融期货期权交易所采取灵活的政策，适应市场变化，推陈出新，不断淘汰那些过时的品种，引进许多新的品种，取得了成功。最典型的是欧洲大陆债券期货合约。1988 年，该交易所推出了 10 年期德国政府公债期货合约，引起很大反响，并取得了成功。

（三）日本金融衍生商品市场的主要特征

1. 起步较晚，发展迅速。日本金融衍生商品市场产生于 1985 年的债券期货。在发达国家中，日本金融衍生商品市场虽然起步相对较晚，但发展非常迅速。现在已与美国芝加哥期货交易所、英国的伦敦国际金融期货期权交易所并驾齐驱，特别是国债期货的发展尤为迅速。目前日本有 3 家交易所从事金融衍生商品交易，即东京证券交易所、大阪证券交易所和东京国际金融期货交易所。东京证券交易所是全球交易最活跃的金融衍生交易市场之一，其交易量仅次于美国芝加哥期货交易所和芝加哥商品交易所，列世界第三位。

2. 从分级监管发展到集中监管。2001 年 1 月之前，日本对金融衍生商品市场实行分级监管，不同的衍生商品类型分别由不同的政府机构管辖。1998 年 6 月，金融监督厅正式成立。2000 年 7 月，在金融监督厅的基础上又成立了金融厅。2001 年 1 月，日本的金融监管权进一步高度集中，金融厅升级为内阁府的外设局，独立地全面负责金融监管业务。由此，形成了一个以金融厅为核心、独立的中央银行和存款保险机构共同参与、地方财务局等受托监管的新的金融监管体制。

（四）德国金融衍生商品市场的主要特征

1. 产生较晚。德国期货交易所（DTB）于 1990 年 1 月开始营业，是目前欧洲成长最快的交易所，其期权交易量居德国首位，期货交易量居德国第三。

DTB 自成立之后交易量即迅速成长，1994 年 1 月 1 日与德国证券股份有限公司（Deutsch Borse AG，DBAG）合并，使得现货与期货市场更紧密地结合在一起，提高了交易速度与信用，加强了德国作为欧洲金融中心的地位。

2. 不断变革、走向国际合作的金融衍生商品市场。1996 年 12 月德国证券股份有限公司和瑞士交易所签署协议，成立欧洲期货交易所（EVREX）。欧洲期货交易所是一个电子交易平台。欧洲期货交易所的创立极大地促进了德国的金融衍生商品市场的发展，其交易量于 1998 年 1 月首次超过了伦敦国际金融期货期权交易所，给伦敦国际金融期货期权交易所带来了极大的竞争压力。

三、各国金融衍生商品市场的比较

对各国金融衍生商品市场的比较，首先是总体特征比较，然后再对其市场结构、市场分类和市场电子化进行具体的阐述。

（一）各国金融衍生商品市场总体特征比较

在金融自由化的推动下，金融衍生商品及其市场适应国际资本运动的要求，得到了迅速发展，由美洲、欧洲向亚洲乃至全球扩张。目前，全球国际金融市场上的金融衍生商品有 1 200 多种，全球各主要金融中心，从传统的芝加哥、纽约、伦敦、法兰克福、东京到新兴的新加坡均有发达的金融衍生商品市场。美国在当今金融衍生商品市场中仍然占据主导地位，但其发展速度开始减缓；欧洲一些国家特别是德国、英国发展迅速，其金融衍生商品交易的增长速度已经超过了美国；亚洲国家如日本、新加坡等金融衍生商品市场也非常活跃。

1. 全球衍生商品市场的规模快速增长，美国处于领先地位。1997 年，全球场内衍生品交易量为 19.3 亿张，2007 年，达到 151.86 亿张，较 1997 年增长 7.86 倍。据国际清算银行统计，2007 年全球外汇衍生品日交易额就达到了 2 万亿美元左右。作为金融衍生品的发源地，美国金融衍生品交易活跃，到 20 世纪末期，美国以其规模效应和创新思想引领了世界衍生品市场的发展趋势。美国期货业协会的统计数据显示，2004 年全球交易的衍生品总量超过 88 亿张，其中 1/3 的成交份额来自美国，而美国推出的股票指数期货与利率期货成为了期货业的主要贡献力量，占据了全球期货总量的 68%。

2. 与欧洲和日本相比，美国仍具有绝对优势，但地位相对下降。与欧洲和日本相比，美国市场虽然仍然有绝对的优势，但因欧洲和日本市场的迅速发展，其相对地位在下降。美国金融衍生品市场是沿着外汇期货、利率期货再到股指期货、期权的金融期货发展路径，为实现投资者避险和保值的需求自然演进的。与美国相比，英国的伦敦国际金融期货期权交易所（LIFFE）是人为设立的。美国期货市场的迅速发展，引起英国金融当局对伦敦作为世界金融中心未来前景的担忧，最终决定设立伦敦国际金融期货市场。LIFFE 在 1984 年 1 月推出了两种股指期货交易，即金融时报 100 指数期货（FTSE100）和金融时报欧洲股票价格指数；1985 年引入金融时报指数期权；1989 年到 1990 年，引入了 3 个月欧洲马克利率期货和期权交易。1992 年伦敦国际金融期权期货交易所与伦敦期权交易市场合并，1996 年收购伦敦商品交易所，形成了现在的伦敦国际金融期货期权交易所。该交易所虽然成立时间较晚，但到 1996 年已发展成欧洲最大、世界第三的期货期权交易所。2002 年泛欧交易所（EURONEXT）完成了对 LIFFE 的战略收购，其主要的衍生品交易仍集中在 Euronext.liffe。按交易额计算，目前 Euronext.liffe 已经成为世界第二大衍生品市场，成为了为全球 29 个国家的客户提供品种繁多的衍生产品的实时电子交易平台，利用独到的 LIFFE CONNECT 系统可以进行 450 多种衍生产品交易。

欧洲其他国家的金融衍生品主要集中在欧洲交易所（EUREX）进行交易，欧洲交易所主要也是以股指期货为主。其中，阿姆斯特丹金融交易所于 1988 年 10 月推出了阿姆斯特丹股指期货（EOET），德国交易所于 1990 年 9 月推出了德国股指期货（DAX），西班牙衍生品交易所于 1992 年 1 月推出了西班牙股指期货（IBEX35）等。可以看出，欧洲发达国家的衍生品市场发展思路与美国不同，它主要根据各国自身发展需要，建立在美国衍生品市场发展经验基础上，并有后来居上之势。

（二）各国金融衍生商品市场结构比较

金融衍生商品，按基础商品或资产的不同分为外汇衍生商品、利率衍生商品和股票指数衍生商品。按衍生商品自身的交易方法及特点，又可分为四类：远期合约、期货、期权和互换。其中，远期合约是其他三种工具的始祖，其他衍生商品可以看作是远期合约的延伸或变形。

1. 利率衍生商品市场。利率衍生商品市场的主要业务是利率互换、利率期货、利率期权及各种国债。

各国利率衍生商品市场产生和发展的共同特点表现在以下几个方面：（1）参与者在证券市场上拥有比较优势。贷方掌握着固定低利率资金，借方可获得浮动利率的银行贷款，但无法以便利条件取得固定利率贷款。通过利率互换，双方的资金成本均可下降。（2）由于存在着贷方和借方的比较优势，并且依赖于证券市场提供的原始贷款，各参与者都需要进行利率风险管理，这促使利率衍生商品市场迅速发展。（3）尽管参与者来源不同、动机各异，但是，他们都认识到衍生商品市场对其财务管理有着极端的重要性。从世界范围看，这些参与者几乎包括了所有主要的银行、金融公司、保险公司、主权国家机构和跨国机构。各参与者的活动构成了一个全球性市场，把他们现在和将来预期的收益与风险结合起来。（4）技术进步在市场的发展中居于重要地位。（5）供给方能够每天 24 小时在世界范围内保持交易不断创新。除利率互换以外还有其他创新工具，如利率封顶期权和利率保底期权、利率领子期权和互换权等。这使需求方可以获得更为恰当的风险管理方式。（6）该市场的供给方都是那些有能力管理复杂的金融创新工具的机构，也只有这些机构能够在国际上保持良好的信用等级，为客户提供最全面的服务。

2. 外汇衍生商品市场。外汇衍生商品市场的业务主要包括货币互换、货币期货、货币期权以及上述交易的混合交易。各主要国际货币如美元、日元、英镑共同构成了该市场的多样性和灵活性。欧元的产生使外汇衍生市场面临着新的变革。

2007 年国际清算银行公布的第五次调查结果显示，各国外汇商品市场的共同特点表现在以下几个方面：（1）外汇衍生品交易以场外交易为主。全部外汇衍生品交易中，场外衍生品交易占全部衍生品交易的 98% 左右，远高于交易所外汇衍生品的交易量。同时，交易所外汇衍生品交易量占交易所全部金融衍生品交易量的比例又很小，远低于股指类，利率类和个股类场内衍生品交易的比例。（2）场外交易以外汇远期和外汇掉期为主。外汇远期和外汇掉期交易量占场外外汇衍生品交易量的比重很大，货币期权占比最小。其中，外汇远期占比 14% 左右，外汇掉期占比 73% 左右，货币期权占比 8% 左右。（3）外汇衍生品交易以短期为主。

期限在一周至一年以内的外汇远期交易和外汇掉期交易分别占其全部期限交易量的 54% 和 77% 左右；而期限在一周之内的外汇远期交易和外汇掉期交易分别占全部期限交易量的 43% 和 22%。由此可见，外汇衍生品交易的短期化特征较为显著。（4）美元占外汇衍生品交易的主导地位。在所有币种的外汇衍生品交易中，美元外汇品交易占比为 86% 左右，欧元交易占比 37% 左右，日元和英镑占比分别为 16% 和 15% 左右。全球主要 8 种货币的外汇衍生品交易额占全球外汇衍生品交易额的 85% 左右。受套利交易影响（Carry Trade），澳大利亚元和新西兰元的外汇衍生品交易增速较快。目前，人民币外汇衍生品交易占比 0.25% 左右，港元占 1.4% 左右。（5）英国和美国是外汇衍生品交易的主要国家和地区。发生在英国和美国的外汇衍生品交易额分别占全球外汇衍生品交易总额的 35% 和 17% 左右，日本的外汇衍生品交易额占比在 7% 左右，后续依次是：瑞士占比 6% 左右，新加坡占 3% 左右。这表明，全球外汇衍生品交易主要集中在欧洲、北美洲和亚太地区。其中，欧洲以英国、瑞士和德国为主，北美洲以美国为主，亚太地区以日本、新加坡和中国香港为主。虽然澳大利亚元和新西兰元的外汇交易额在全球的占比较少，说明这两种货币的衍生品交易主要是在本国之外进行。新加坡虽为全球第五大外汇衍生品交易市场，但新加坡元的衍生品交易量却很小，这与新加坡实行的新加坡元非国际化政策有关。

3. 股票衍生商品市场。现代衍生商品市场应用于股票始于 1987 年。来自欧洲、日本、美国的实力雄厚的机构投资者占据了该市场的主导地位。

各国股票衍生商品市场的共同之处表现在：股票衍生商品市场的流动性和透明度都在逐步提高；股票、利率和外汇衍生商品已经得到混合运用；机构投资者的投资行为对衍生市场的影响越来越大。

（三）金融衍生商品场内市场与场外市场比较

场内交易即交易所交易，又称为有形市场；场外交易又称为无形市场。20 世纪 90 年代以来，国际金融衍生商品市场的一个重要特征就是，场外交易发展迅速，形成了场内交易与场外交易平行发展的势头。

各国的场内市场和场外市场有以下共同特征。

（1）场内市场进行的是标准合约的交易；场外市场的交易在品种、数量等方面都可由交易双方协商确定。（2）场内市场的价格由竞价产生；场外交易的价格完全是双方协商决定。（3）场内市场的交易时间是固定的；场外市场则没有固定的交易时间，一般是 24 小时运作。（4）场内市场都设有一个清算公司，交易双方都是与清算公司进行清算，信用风险相对较小；场外市场交易完全依赖于双方的信用，信用风险较大。（5）场内市场的交易一般需交印花税和交易手续费；场外市场则不用交印花税和交易手续费。（6）各国一般对交易所的监管较为严格，对场外市场交易的监管相对较松。因此，交易所市场也称为受监管的市场，场外市场也称为不受监管的市场。（7）目前，各国的场内市场与场外市场基本都实现了电子化。

（四）金融衍生商品市场电子化比较

电子交易系统能够提供更快捷的服务，降低费用，提高市场效率，使交易所在竞争中处于有利地位。于是越来越多的交易所采用电子化的交易系统。有的仍保留原来的交易大厅，同时采用电子交易系统。有的则完全放弃原来的交易大厅，全部采用电子交易系统。目前新成立的交易所全部采用电子交易系统。因此，在目前市场竞争日趋激烈的背景下，各个交易所的电子化程度成为竞争胜负的决定因素之一。

伦敦国际金融期货期权交易所曾是欧洲最大的衍生商品市场，但是它采用的是传统的场内竞叫方式。欧洲期货交易所（原德国期货交易所）采用了电子交易系统，技术含量高而且费用低，超过了伦敦国际金融期货期权交易所而成为欧洲最大的衍生商品交易所。巴黎期货交易所在同时使用传统场内交易和电子交易方式一段时间后，也将所有的合约交易都转移到了电子交易系统上。1998 年 11 月成立的肯特金融期货交易所和欧洲期货交易所采用互联网技术来设计交易系统，利用这条连接全球千家万户的网络通道，扩大投资者的覆盖面。澳大利亚证券交易所甚至利用互联网设立了"第二板市场"，供小公司筹集资金使用。

【主要参考文献】

［1］房汉廷. 现代证券业的理论与实证分析［M］. 北京：东方出版社，1995.

［2］霍学文. 英、美、日证券业效率比较研究［M］. 昆明：云南大学出版社，1996.

［3］郑振龙. 各国股票市场比较研究［M］. 北京：中国发展出版社，1996.

［4］张邦辉. 金融衍生品市场全书（上、下）［M］. 北京：中国物资出版社，1999.

［5］本刊编辑部. 海内外证券市场数据［J］. 证券市场导报，2013 – 04.

［6］Peter S. Rose，Milton H. Marquis. *Money and Capital Markets*，10th ed. The Mcgraw – hill Companies，Inc.，2008.

［7］Frederic S. Mishkin. *The Economics of Money*，*Banking and Financial Markets* 9th ed. Pearson Education，Inc.，2010.

［8］Frank J. Fabozzi，Fraco Modigliani，Frank J. Jones. *Foundations of Financial Markets and Institutions*，4th ed. Pearson Education，Inc.，2010.

第九章
各国金融监管体制比较

学习提要

- 世界各国金融监管发展的历史阶段与进一步改革趋势。
- 金融监管体制的类型，各自的优势与局限。
- 美国金融监管体制改革的历史演进与现行 2010 年后的金融监管体系。
- 2008 年国际金融危机前后英国金融监管体制的改革与 2016 年后的"双峰式"金融监管体系。
- 中国金融监管体制改革的历史演进与 2018 年后的银保监会合并的金融监管体系。
- 美国银行业双线多头监管体制形成的历史原因。
- 2008 年国际金融危机后，国际监管改革的趋势，《巴塞尔协议 III》的改革措施与资本充足率的要求。
- 证券市场监管体制的类型与各国监管体制的比较；注册制与核准制的优劣。
- 各国保险业监管体制比较；各国金融衍生品监管体制比较。

　　金融是影响经济的重要因素。它已从简单的资金媒介，发展为能够在一定程度上制约资源配置，并通过自身的扩张与收缩推动经济发展的"现代经济的核心"。但是金融运行本身存在着脆弱性，即金融运行是建立在信用链条上的，一旦某一环节发生断裂，往往会引发连锁反应，产生金融动荡乃至危机。特别是随着经济全球化、经济金融化、金融全球化、金融自由化的不断发展，金融动荡乃至危机频频发生，给世界各国的经济发展带来了很大的负面影响。在这种情况下，各国纷纷加快了本国金融监管体制建立与完善的步伐，以实现金融领域的稳定发展。

　　本章将在对金融监管体制进行综合比较的基础上，再分别对各国银行业、证券业、保险业和金融衍生商品的监管进行分类与国别比较。特别需要指出的是，金融监管的对象是商业性金融机构与市场，即通常所说的金融组织的内部控制、行业自律和国家外部强制性监管三个方面，而本章内容侧重于国家的外部监管，同时不包括对政策性金融机构的监管。

第一节　金融监管体制的综合比较

　　金融业是经营货币与信用的特殊产业，能够发挥巨大的正负效应，在一国（地区）经济中处于一种特殊而重要的地位，因此，对金融业进行监督与管理是一国经济金融健康、协调与可持续发展的重要保证。本节首先阐述金融监管的含义、原则、内容、目标和手段，然后，对金融监管理论和金融监管体制进行具体比较。

一、金融监管概述

（一）　金融监管的含义

金融监管是金融监督与金融管理的总称，它主要包括两方面的内容：（1）金融监督是金融当局或管理机构为了保证金融机构、金融市场的安全、可靠与健康发展，对其所实施的正面的、经常性的检查与督促；（2）金融管理是金融当局或管理机构依法对银行业、证券业和保险业等金融活动进行的领导、组织、协调与控制等一系列活动的总称。具体而言，金融监管是指金融当局或管理机构对整个金融业的监督与管理，有广义与狭义之分。广义的金融监管是指中央银行或其他金融监管当局依据国家相关法律，对金融业实施的监督管理，以及金融机构的内部控制与稽核、同业自律性组织的监管、社会中介组织的监督等的总和。而狭义的金融监管特指中央银行或其他金融监管当局依据国家相关法律对金融业所实施的监督与管理。总之，金融监管作为一国社会经济金融发展的产物，是由各国具体的国情和历史环境所决定的，金融监管的变迁与经济、金融业发生的某些新变化、新趋势是紧密相关的，金融高效稳健运行既是金融监管变革的动力，又是金融监管变革的目的。

综观世界各国金融监管的发展，大致经历了三个不同的历史发展阶段：（1）20世纪30年代之前的金融监管初创阶段；（2）20世纪30年代至70年代初的以限制性为特征的金融监管的完善阶段；（3）20世纪70年代至今的逐步统一化和国际化的金融监管的强化阶段。随着经济全球化、经济金融化、金融全球化和金融自由化的发展，各国金融的关联度大大增强，国际金融的竞争日趋激烈，金融风险也明显加大，国际金融领域的协调与合作也日益增强，国际金融监管出现了新的发展趋势，如由分业监管模式向混业监管模式的转变、强化市场约束机制与信息披露制度以及国际金融监管协调与合作的增强等。

（二）　金融监管的原则与内容

金融监管原则是指能够全面、充分反映金融法所调整的监管关系的客观要求，并对金融监管关系的各个方面和全过程都具有普遍意义的基本准则和指导思想，对金融监管活动具有根本性的指导意义和作用。1997年，巴塞尔委员会公布的《有效银行监管的核心原则》为各国和国际监管机构提供了一个基本的参考标准，成为各国金融监管当局对银行业进行监管的指导原则和一项重要的国际惯例。它渗透和贯穿于各国金融监督管理体系的各个环节和整个过程，已成为国际社会普遍认可的银行监管的国际标准。

各国金融监管的基本原则大致相同，主要包括监管主体独立性原则、依法监管原则、内控与外控相结合、监管与自律并重原则、稳健运行和风险预防原则、母国与东道国共同监管原则。中央银行或监管当局对金融业进行监管，主要包括对金融机构市场准入的管理、对业务经营活动的监督检查、对存在问题机构的处理以及化解风险的措施等具体内容的监督管理。

（三）　金融监管的目标与手段

一般而言，各国金融监管的总体目标是防范和控制金融风险，维护金融体系的安全、稳定，保证金融业有效、有序的运行和货币政策的有效实施；具体目标是经营的安全性、竞争的公平性和政策的一致性。

为了实现上述金融监管的目标，各国中央银行、金融监管当局主要依据法律法规、综合运用各种手段，对金融机构进行监督管理。其中，法律手段作为金融监管的基础和前提，是实施金融监管的重要保障；经济手段是核心的、最主要的监管手段。

1. 法律手段。金融业是高风险的行业，要维护金融市场公开、公平、有序的竞争秩序和稳定发展，防范和化解金融风险，保护存款人和金融消费者的合法权益，依法监管是中央银行、金融监管当局有效实施金融监管的基础和保证。世界各国的中央银行或金融监管当局多通过立法形式，运用强制力和约束性的法律手段，对金融机构进行依法监管和检查，对违反规定的金融机构依法进行处罚，促使金融机构合法、审慎经营，维护金融市场、金融体系的稳定与发展。各国的金融监管体制和监管风格也许不尽相同，但依法对金融机构及其经营活动实施外部监督、稽核、检查和对违法者进行处罚等的依法监管却是共同的。美国就是主要通过法律手段实施监管的代表性国家之一。

2. 行政手段。行政手段是中央银行或金融监管当局以制定的政策、方针为依据，对金融机构出现的违规行为、经营不良现象等给予必要的行政措施约束和处理。运用行政手段实施金融监管，具有见效快、针对性强的特点，特别是当金融机构或金融市场出现波动时，行政手段具有不可替代性。一般而言，行政管理手段主要分为直接监管手段和间接监管手段。直接监管手段是中央银行或金融监管当局通过行政审批、直接控制等手段约束金融机构的行为。而间接监管手段是中央银行或金融监管当局主要通过制定相关监管规则和市场监督，督促金融机构加强自律而实现金融监管目标。但是，由于行政手段与市场规律在一定程度上存在着抵触，具有震动大、缺乏持续性和稳定性等副作用，随着各国监管的非行政化发展，它越来越成为金融监管的一种辅助性手段。

3. 技术手段。在经济条件变幻莫测、国内外金融形势纷繁复杂、动荡不安的环境下，更新传统陈旧的监管手段，提高金融监管手段的现代化水平，已经成为各国金融监管发展的趋势。特别是在一些市场经济比较发达的国家，计算机技术被广泛地应用于中央银行或金融监管当局对金融机构所提供的常规统计资料的分析、处理方面，计算机技术在金融监管中的应用越来越广。如在美国，运用计算机监控系统对银行的统计资料进行分析，及时发现"有问题区域"，预测金融机构的发展趋势。现代信息技术在金融监管中的广泛应用，使中央银行或金融监管当局的金融监管工作更加全面、科学性更强、准确度更高，使金融监管的效用能够得到有效的发挥。

4. 经济手段。中央银行或金融监管当局进行金融监管时采用最多的监管手段是经济手段，在各种经济手段中，运用最多、最具特色的是融资手段和存款保险。融资手段是指中央银行作为金融机构的最后贷款人，对即将倒闭或者清偿发生困难或存在问题的金融机构，以提供贷款、担保和兼并等方式，对金融机构进行财务上的援助和实施抢救，保护存款者的利益，维持金融体系的稳定。存款保险是一种强制性的保护存款者利益的事后补救措施，将金融机构经营中的金融风险由银行、存款者和政府共同承担。一般而言，存款保险是以领土范围为基础的，对公众的存款由于金融机构破产而遭受的损失给予有限的补偿，稳定储户的心理，减少引起其他银行支付危机的可能性，避免出现挤兑行为，维护金融体系的稳定。

二、金融监管理论的比较

金融监管作为一种具有特定内涵和特征的金融当局的行为管制，是一般管制理论在金融领域的延伸和体现。很明显，不同的金融监管理论源于提出者不同的观察视角，以下将对三种代表性的金融监管理论进行简要比较。

（一）公共利益监管理论

公共利益监管理论，也称为社会利益理论或市场调节失败理论（Market Failure Theory），实际上是管制经济理论的分支之一，它认为政府管制是合理的。自从亚当·斯密提出"看不见的手"后，西方经济理论就秉承了这一思路，认为在严格的市场完全竞争的假设条件下，市场这只"看不见的手"能够实现资源配置效率最大化，同时社会福利达到最大化，即所谓的"帕累托最优状态"。但是，"看不见的手"完全发挥其作用需要一系列非常严格的前提条件，如完全竞争、没有公共物品、不存在规模经济、没有外部性和不存在交易成本等。如果这些前提假设条件不能得到满足，则会出现市场失灵的情况。

公共利益监管理论认为，市场机制存在失灵的情况，即"看不见的手"无法解决所有问题，而市场的失灵难以单纯依靠市场机制事先迅速调整，因此需要政府为了公众的利益，以第三者的身份在市场失灵的时候进行调节，即政府对金融实施监管主要是对市场过程不适合或低效率的一种反应，而且监管者是公正的、仁慈的和具有完备知识的法律与政府法规的忠实代言人。该理论基本上忽略了监管可能产生的成本，并隐含地认为监管成本一定小于市场失灵所引起的成本，因此，对金融实施监管必然是一种帕累托改进的情况。

总之，公共利益监管理论认为，对金融市场和金融机构进行监管的目的主要是维护金融体系的安全与资源的合理配置，并以此提高经济配置效率。公共利益监管理论实际上是管制经济学在金融领域的延伸，并结合了金融体系不同于一般行业的特点，即金融体系存在更多的市场不完全性。

（二）金融交易契约监管理论

金融交易契约监管理论（Financial Transaction Contract Regulation Theory）认为，与金融交易对应的就是金融交易契约，契约是交易的治理机制，而交易的治理机制（契约治理）就是为了保护交易主体免于遭受各种交易风险的侵害。古典契约理论是建立在完全竞争市场理论的基石之上的，古典契约具有以下特点：（1）契约是具有自由意志的当事人自主选择的结果，不受任何外来力量的干涉。（2）契约是个别的、不连续的，即没有持久的以契约为基础建立起来的合作关系。（3）契约是完全性的，即当事人各方没有重复博弈战略行动，彼此的责任、权利都在契约条款中做出完备的规定。

事实上，契约是不可能完备的。现代契约理论已舍弃了古典契约理论的理论假设，证明契约是不完备的，主要是基于以下原因：（1）有限理性的约束，即人是有限理性的。（2）信息不对称的约束，即交易双方很难都获得同样完备的信息。（3）语言条款描述的约束，即"词不达意"。（4）合作偏好的约束，即契约当事人不仅有机会主义倾向，有时也会表现出喜欢合作的倾向，这都会影响契约的完备性。

由于契约的不完备性，不可避免会导致契约的履行成为问题。于是，金融交易契约监管理论认为，从契约的自我履行到行业协会类组织，再到政府作为第三人介入的履约机制，都是作为契约治理机制的一个组成部分，这些治理方式之间存在一种彼此替代、彼此补充的关系，只不过由国家介入的履约机制呈现出越来越强的局面。而在金融领域，由于金融交易比一般商品交易更具复杂性，使得金融领域的契约不完全性更显突出，而契约的履行问题也就更显突出。因此，从金融交易、金融契约的角度看，促使金融交易履约的金融监管就成为理所当然了。与一般的契约机制相同，金融监管作为金融交易契约的履约机制，也存在三个层次，即契约自身、行业协会类组织和国家介入的金融监管。

（三）金融风险监管理论

金融风险监管理论（Financial Risk Regulation Theory）认为，金融业是一个高风险的特殊行业，存在着有可能对整个经济与社会产生重大影响的诸多风险，为了整个金融体系的安全与稳定，保证国民经济的健康发展，非常需要国家对金融业进行监督与管理。金融机构是以信用为基础来经营特殊商品——货币资金的，信用本身所包含的许多的不确定性风险，使金融机构的经营具有内在的风险性，面临诸如信用风险、收益风险、管理风险和利率风险等多种风险，一旦风险变为现实，将会使社会公众对金融机构的信任发生动摇，引发信用危机甚至金融危机。由于信用的连锁性，一个金融机构的危机会在整个金融体系中产生连锁反应，威胁到整个金融体系的安全，特别是随着经济全球化、经济金融化、金融全球化和金融自由化的发展，一个国家的金融风险、金融危机有可能波及其他国家，导致区域性的金融危机甚至世界性的金融危机，威胁到国际金融体系的安全。因此，为了整个金融业的安全与稳定，必须控制金融机构的经营风险，为了避免国内外金融风险、金融危机"多米诺骨牌效应"的发生，对金融业的监督管理就不可或缺。

三、金融监管体制的比较

金融监管体制是指金融监管的制度安排，包括金融监管的法律体系、金融监管主体的组织结构、金融监管主体的行为方式等。金融监管体制与一定时期的社会、政治、经济与金融发展等状况紧密相关，并随着经济与金融的发展而不断变化。

从金融监管主体的角度看，金融监管体制大致有三种类型：（1）单一的监管体制，主要特征是由单一的管理机构负责金融业的监督管理。（2）双线多头的监管体制，主要特征是在中央和地方两级设立多家管理机构，共同负责金融业的监督管理。（3）单线多头的监管体制，即只在中央一级设立几家管理机构，共同进行金融监管。对于各国金融监管体制，通常按金融监管机构的监管范围来划分，大致可以分为以下三种类型。

（一）集中统一型金融监管体制

集中统一型金融监管体制，又称混业型金融监管体制，具体是指将不同的金融行业、机构和业务作为一个相互联系的整体，由一个统一的金融监管机构负责进行监督管理。统一监管作为一种金融监管的组织结构，又称"单一监管"或"全能监管"，是与多边监管和双峰监管相对称的概念。统一的金融监管机构既可以是中央银行，又可以是其他机构，如英国在2012年金融监管改革前，成立于1997年10月的金融服务监管局（Financial Services Authority，FSA），是英国唯一拥有监管金融业全部法律权限的执法机构，也是当时世界上最强有力的金融监管机构。再如日本，1998年"大爆炸"改革后成立的独立于日本银行之外的金融监督厅，统一负责对各类金融机构进行监管等。

集中统一型金融监管体制的优势表现在：（1）成本相对较低。集中由同一个金融监管机构实施对整个金融业的监管，不仅节约技术和人力的投入，而且能够降低信息成本，改善信息质量，获得规模收益。（2）有利于改善金融监管环境。集中统一型监管制度，能避免监管水平、强度不同的多重监管者对被监管者所造成的不同监管约束。（3）对金融业的发展适应性强。金融创新日新月异，集中统一型监管体制不仅能较为迅速地适应新型金融业务，而且能减少多重监管对金融创新的阻碍，避免监管真空的出现。集中统一型金融监管体制的缺陷在于，金融监管主体的单一与集中，缺乏竞争，容易导致监管过程中的官僚主义。

2008年国际金融危机后，各国都在不同程度地调整和改革金融监管体制，很难具体概括哪些是真正意义上的集中统一型金融监管体制的国家。但是，历史上，真正实行过集中统一型监管体制的国家主要有瑞典、挪威、丹麦、冰岛、英国、日本、韩国、加拿大和意大利等国。

（二）分业型金融监管体制

分业型金融监管体制具体是指根据金融业不同的机构主体及其业务范围，在银行、证券和保险领域分设专门的监管机构，负责各行业的审慎监管。

分业型金融监管体制的优势在于：（1）分工明确，监管效率高。不同的专业监管机构负责不同金融领域的监管，具有专业化强的优势，职责明确，分工细致，有利于监管目标的实现与监管效率的提高。（2）具有竞争的优势。不同的专业性监管机构拥有不同的监管对象，不同的监管机构之间却存在着一定的竞争压力。分业型金融监管体制的缺陷在于：（1）机构协调难。多重的监管机构之间存在着难以协调的问题，有可能发生被监管对象有空可钻、逃避监管的"监管套利"行为。（2）监管成本高。从整体上看，分业监管体制下各个专业性监管机构数量多、机构庞大，监管成本高于单一监管体制，呈现规模不经济的现象。

历史上，曾经实行或仍在实行分业监管体制的国家，较为典型的主要有德国、美国和中国等。

德国金融业的典型特征之一就是全能银行制。进入21世纪之前，根据《德国银行法》、《保险监管法》和《德国证券交易法》，由银行监管局、证券监管局和保险监管局对金融业进行分业监管。但是，从20世纪90年代开始，德国金融业在内外竞争的压力之下，也在寻求改革之路。2002年4月，根据《金融监管一体化法》，德国成立了金融监管局，取代了原来的银行监管局、证券监管局和保险监管局，负责对德国境内包括银行、证券以及保险等所有金融机构的统一监督。2008年国际金融危机后，德国为了落实欧盟关于欧洲金融监管体系（ESFS）的监管思路，实现与国际宏观审慎监管框架的对接与兼容，于2012年底通过了《金融稳定法》，设立了金融稳定委员会（FSC），构建了完整统一的宏观审慎金融监管框架。该框架中，金融稳定委员会是宏观审慎监管的主体，财政部、联邦金融监管局和央行作为平行成员，联邦金融市场稳定局作为列席单位。德国的监管体系还包括联邦审计院和审计师事务所等审计机构。联邦审计院作为最高政府审计机关依据有关法律规定，对金融机构经营状况的合法性、经济性和效益性进行审计。审计师事务所是依据德国法律规定而存在的独立的第三方监管机构。受德国中央银行、德国金融监管局委托，或根据金融机构的要求，德国审计师事务所对金融机构的合规性和风险管理的有效性进行审计，审计结束后，不仅要将审计报告提交给被审计的金融机构，还要提交给德国金融监管局。

美国监管体制历史上曾是典型的分业监管体制。最早的金融监管制度产生于美国。以1864 年国民银行制度的确立为标志，美国建立了财政部通货监理署，设立了存款准备金制度，结束了以州为单位的单线监管状态，开始了联邦和州的二元监管历史。1913 年，美国总统托马斯·威尔逊（Thomas W. Wilson）签署《联邦储备银行法》，建立了联邦储备体系，终结了美国没有中央银行、货币供应混乱的历史，成为世界近代金融监管工作的开端。1929—1933 年的经济大萧条催生了《1933 年美国银行法》。该法律的基调是禁止金融业混业经营，使美国的金融业进入了分业经营时期。相应地，金融监管也采取了多头分业监管的体制。

20 世纪 70 年代末，美国开始进行金融监管改革，一度放松了金融管制。1991 年底，美国国会通过《1991 年联邦存款保险公司改进法》，据此强化了金融监管。1999 年，美国通过《金融服务现代化法》，该法确立了美国金融业混业经营的制度框架，它允许银行、证券公司和保险公司通过金融控股公司的方式相互渗透，实现混业经营。美国金融监管机构也进行了相应的调整：由美联储作为混业监管的上级机构，对混业经营的主要组织机构——金融控股公司实行统一监管；通货监理署（Office of Comptroller of the Currency，OCC）等监管机构对商业银行、证券公司和保险公司进行专业化监管。这样，美国形成了美联储综合监管和其他金融监管机构专业监管相结合的新体制（见图 9-1）。

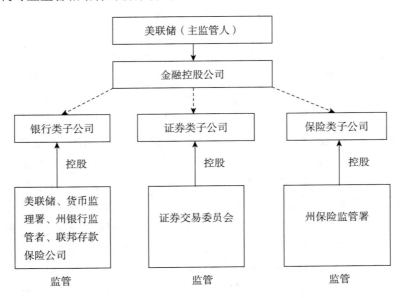

图 9-1　美国 1999 年通过《金融服务现代化法》后的金融监管体系

不过，2010 年出台《多德—弗兰克法》之前，美国还是由多重监管主体针对不同的金融机构实施监管，故仍称之为机构监管体制或"双线多头"的监管体制。"双线"，即联邦和州政府两级监管；"多头"，即一个金融中介机构往往接受多个监管机构的监管。

2008 年国际金融危机后，基于危机中直接暴露出的金融监管不足的问题，美国 2010 年出台《多德—弗兰克法》，调整了原有的金融监管制度，新设立了由财政部牵头的、跨部门的金融稳定监管委员会（FSOC），下设金融研究办公室。在美联储下设消费者金融保护局，增设了联邦保险办公室。撤销了储蓄监管局，将其职能合并到通货监理署。新的金融监管实际上是在"双重多头"基础上的完善，是"机构监管"与"功能监管"的结合（见图9–2）。

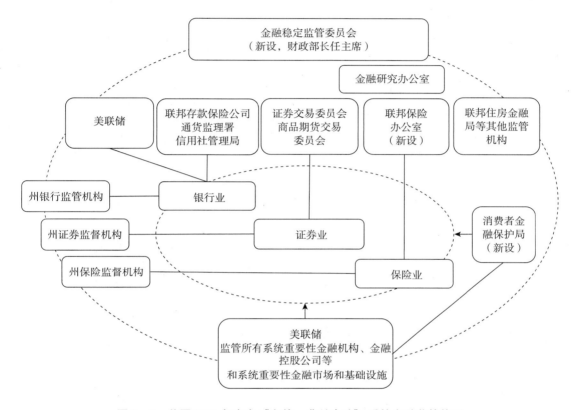

图9–2 美国2010年出台《多德—弗兰克法》后的金融监管体系

美国2010年调整后的金融监管制度，具有5个方面的突出特点：（1）设立了由财政部牵头的、跨部门的金融稳定监管委员会，通过联邦各监管机构以及设置在财政部下的金融研究办公室收集、分析来自金融机构的信息，识别、监测和认定金融体系内外部的风险，进而提出应对措施，同时也负责各部门的信息共享和监管协调；（2）扩大美联储监管范围和权力，由美联储作为系统重要性金融机构的监管主体，提高审慎监管标准，防范金融机构出现"大而不倒"的局面；（3）加强消费者和投资者保护，在美联储下设消费者金融保护局，统一原本分散的金融消费者保护职责，监管信用卡、按揭贷款等个人金融产品和服务，规范金融机构行为和产品；（4）扩大联邦存款保险公司的职能，涵盖系统重要性的非银行金融机构；（5）采用"沃克尔规则"，禁止银行利用参加联邦存款保险的存款进行自营交易、投资对冲基金或私募基金，同时加强对衍生品市场的监管。

中国的金融监管体制虽然历经改革，但仍然保留了典型的分业监管特征。1984年以后，中国人民银行专门行使中央银行的职能，以国家金融监管机关的姿态出现，至20世纪90年代，一直承担着银行业、证券业、保险业的统一监管职能。1998 年之前，中国人民银行内设银行司、非银行司、保险司、外资金融机构管理司和农村合作金融司五大部门。

伴随改革开放以来我国金融市场的快速发展，证券市场出现过度投机行为，市场风险有增无减，金融机构违规经营时有发生，特别是 1992 年 8 月 10 日，深圳发生了震惊全国的股票争购风波。1992 年 12 月，国务院为了规范证券市场发展，决定将证券监管职能从中央银行分离，成立了中国证监会。1998 年 6 月，中国人民银行将证券监管职能移交给中国证监会，实现了银行业与证券业的分业监管。随着我国保险业的飞速增长，在保险市场繁荣的同时，也出现了保险业务竞争混乱的现象，规范保险市场发展成为当务之急。1998 年 11 月 18 日，中国保监会成立，保险监管职能从中国人民银行分离。2003 年 4 月 28 日，中国银监会挂牌成立，我国银行业监管职能从中国人民银行分离。由此，我国形成了"一行三会"的金融分业监管体制：人民银行负责货币政策的制定和宏观层面的系统性风险防范，而证监会、银监会和保监会分别履行对证券业、银行业和保险业的监管。从金融监管体制分类来看，此时中国基本上属于一元多头式体制。

在分业监管的体系下，一方面，监管过程中缺乏良好的沟通协调，容易留下监管的空白地带，形成监管套利的温床。另一方面，很多金融创新涉及多个不同行业的金融机构，分业监管体系缺乏统一调配的部门，这就导致监管制度不能随着金融创新修补相应漏洞。为了适应金融机构业务范围上的拓展，"一行三会"分业监管也设立了联席会议制度。2013 年 8 月，国务院发布《国务院关于同意建立金融监管协调部际联席会议制度的批复》，文件表示："联席会议由人民银行牵头，成员单位包括银监会、证监会、保监会、外汇局，必要时可邀请发展改革委、财政部等有关部门参加。"从联席会议制度最终的运行效果看，并没有对金融监管起到有效协调的作用，而是仅仅发挥了信息沟通的作用。随着中国金融业的快速发展，金融业综合经营趋势日益明显，不仅对现行的分业监管体制带来重大挑战，联席会议制度在应对一些金融创新和国际化程度不断提高的问题时，也显得力不从心。因此，对于"超级监管者"的呼声越来越高。国际方面，2008 年国际金融危机之后，世界主要经济体大多进行了金融监管体制改革，中国金融监管体制改革的任务也日益紧迫。

2015 年党的十八届五中全会上作出了"加强金融宏观审慎管理制度建设，加强统筹协调，改革并完善适应现代金融市场发展的金融监管框架，健全符合我国国情和国际标准的监管规则，实现金融风险监管全覆盖"的重大部署，成为我国深化金融监管体制改革的指南。在金融创新和互联网金融发展背景下，综合监管、功能监管，成为我国适应现代金融市场发展的监管改革所应选择的方向。

2017 年全国金融工作会议后设立了国务院金融稳定发展委员会（简称金稳委），旨在统筹和协调原来"一行三会"监管框架下的金融改革发展与监管（见图 9-3）。

金稳委设立的主要目的在于统筹和协调金融改革发展与监管，职责包括落实金融工作的决策部署、审议金融业改革发展重大规划、统筹和协调金融改革发展与监管、分析研判国际国内金融形势、指导地方金融改革发展与监管。金稳委立足于"一行三会"之上，发挥协调"一行三会"监管的作用，是对分业监管弊端的一种修补。2017 年金稳委的设立，拉开了我国金融监管体制改革的序幕。

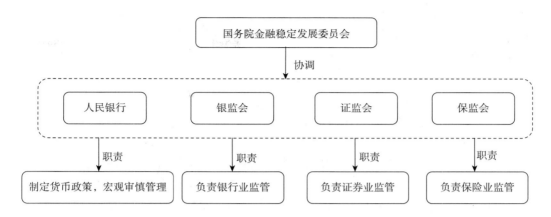

图 9 – 3　2017 年成立金稳委后的中国金融监管体系

继金稳委设立之后，我国金融监管改革出现了一个重大推进：2018 年 3 月，中国银监会和保监会合并，成立了中国银行保险监督管理委员会（简称银保监会），形成了国务院金融稳定发展委员会协调下的"一行两会"新的监管框架。银保监会专注于监管，人民银行站在更高的层面对各金融行业作出整体安排，制定法规，承担宏观审慎管理。这标志着中国金融监管开始从机构监管向功能监管转变（见图 9 – 4）。

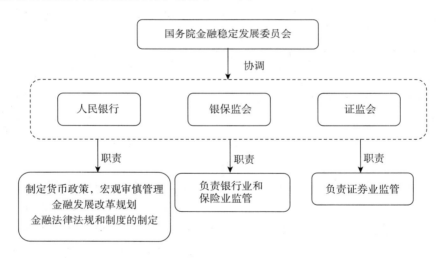

图 9 – 4　2018 年成立银保监会后的中国金融监管体系

银保监会合并后的具体职责分工是：新成立的银保监会主要承担统一监管银行业和保险业的职责，维护银行业和保险业的稳健运行。而原来银监会和保监会对银行业和保险业重要法律法规和监管制度的拟定职能划拨给人民银行。具体分析银保监会合并的考量是：一方面，当前许多金融集团的混业经营下，既做银行业务也做保险业务，且银行和保险之间的交易往来也日趋频繁，因此两个监管部门合并之后能够更加有效地进行监管。另一方面，银行和保险机构的部分产品的功能和属性相似，之前保险机构推出的万能险、寿险等产品就类似于银行表外理财，具有合并监管的基础，也能够事半功倍。合并之后将两个委员会原有的发展规划、法律法规制定职能划拨给央行，这一安排体现了法规制定和执行职能的分离。其背后的根源在于，将法律法规的制定和执行集于一体本身存在道德风险，不同委员会之间为了开拓本行业的空间，存在竞相放开监管的冲动。央行上收这一职能以后，合并后的银保监会能够专注于监管，而作为承担宏观审慎管理的央行，也能够站在更高的层面对各金融行业做出整体安排。

（三）不完全集中统一型金融监管体制

不完全集中统一金融监管体制具体是指在金融业综合经营体制下，对集中统一监管体制与分业监管体制的一种改进型体制。按照监管机构的不完全统一和监管目标的不完全统一，可分为"牵头式"监管体制与"双峰式"监管体制（Twin Peaks Regulation）。所谓"牵头式"监管体制，就是在多重监管主体之间建立一个及时磋商与协调机制，特别指定一个监管机构作为牵头监管机构，负责不同监管主体之间的协调工作。所谓"双峰式"监管体制，是根据监管目标设立两类金融监管机构，一类机构负责对所有金融机构进行审慎监管，控制金融体系的系统性风险；另一类机构负责对不同的金融业务活动进行监管[①]。

不完全集中统一型金融监管体制综合了集中统一型金融监管体制与分业监管体制的优点，具体表现在：（1）综合了两种体制的优势。不完全集中统一型金融监管体制与完全集中型金融监管体制相比，在一定程度上保持了分业监管体制所具有的不同监管机构之间的竞争与约束，各监管机构在其监管的领域内，既保持了监管规则的一致性，又能发挥各自的优势，并将多重机构的劣势最小化。不完全集中统一型金融监管体制与完全分业型金融监管体制相比，既降低了多重监管机构之间互相协调的成本和难度，又通过对审慎监管和业务监管的单独进行，避免了监管真空的出现以及交叉和重复的问题。（2）具有分业监管体制的优点。不完全集中统一型金融监管体制不是高度集中统一的监管体制，但在一定程度上又属于集中统一型不完全的监管模式，其最大的优势在于通过牵头监管机构的定期磋商与协调，各个监管机构之间相互交换信息和密切配合，能降低监管成本，提高监管效率。

目前，世界上实行不完全集中统一型金融监管体制的国家有巴西、澳大利亚和英国。巴西的金融监管体制是比较典型的"牵头式"监管体制，澳大利亚的金融监管体制是典型的"双峰式"监管体制。巴西国家货币委员会是牵头监管机构，负责协调中央银行、证券和外汇管理委员会、私营保险监理署分别对商业银行、证券公司和保险公司进行监督管理。澳大利亚历史上是由中央银行负责银行业的审慎监管，但1998年，澳大利亚也开始了不完全统一监管模式的改革，成立了澳大利亚审慎监管局，从而形成了由审慎监管局负责所有金融机构的审慎监管，证券投资委员会负责对银行、证券和保险业务活动进行监管的"双峰式"监管体制。

---

① "双峰式"监管一词最早出现在英国经济学家泰勒1995年发表的《双峰监管：新世纪的监管结构》一文中。泰勒认为，金融监管的目标可以概括为两个：确保系统稳定（审慎监管）和保障消费者权益（行为监管）。两者在监管理念、思路和专业方面的要求完全不同。因此，政府不应将两者合二为一地置于一个机构之下，而应相应地成立两个相互独立的审慎监管机构和行为监管机构才能更加专业地实现上述的两个目标，即让前者负责维护金融系统稳定和确保金融机构的稳健经营；后者负责保护金融消费者权益和防止市场欺诈行为的发生。详见 Michael Taylor. *Twin Peaks: A Regulatory Structure of the New Century*. Center for the Study of Financial Innovation, London, December 1995.

　　英国在 2008 年国际金融危机前原有的金融监管体系是 20 世纪 90 年代巴林银行倒闭等一系列问题爆发后建立起的以金融服务局为核心的集中统一型混业监管模式。金融服务局（FSA）负责金融监管和审慎监管，独立于中央银行，同时设立了金融稳定委员会（TSCFS）作为央行、财政部和金融服务局之间的协调机制。2008 年国际金融危机促使英国再度调整金融监管框架，在之前出台的《2000 年金融服务与市场法》的基础上，又先后出台了《2010 年金融服务法》、《2012 年金融服务法》和《2016 年英格兰银行与金融服务法》三部修正法，终以全新的"双峰监管"体制取代了之前以 FSA 为中心的统一监管体制。

　　根据 2013 年 4 月 1 日正式生效的英国《2012 年金融服务法》，英国金融监管改革的架构是：撤除了曾经作为英国银行业、证券业和保险业单一监管者的 FSA，代之以独立的审慎监管机关和行为监管机关，即新设立的审慎监管局（Prudential Regulation Authority，PRA）和金融行为监管局（Financial Conduct Authority，FCA）。其中，PRA 是英格兰银行的附属机构，负责对所有银行、证券经纪商、保险公司及其他投资公司的微观审慎监管。其首要目标是通过对金融机构的有效监管，促进金融系统的稳定与审慎运行，并将金融机构对金融体系的负面影响最小化。在实现此目标的过程中，PRA 需在英格兰银行或财政部的监督下，采取符合规定的行动；而 FCA 则完全独立于英格兰银行，对财政部和议会负责，主要负责包括银行、证券、保险在内的所有金融机构的行为监管，即对金融机构经营中出现的有损消费者保护、市场诚信和竞争的行为进行快速而果断的干预与制止。同时，在英格兰银行内部设立金融政策委员会（Financial Policy Committee，FPC），协助英格兰银行制定货币政策并实施宏观审慎监管。由于 FPC 拥有对政府宏观审慎政策工具的管控权，其可以通过识别和判断系统性风险来实现金融系统稳定性，从而弥补先前金融系统在整体稳定方面的监管疏漏。

　　可见，英国《2012 年金融服务法》在监管体制变革上采用的是一种类似"双峰式"监管模式。2016 年 5 月 4 日英国又推出《2016 年英格兰银行与金融服务法》，该法再度加强了央行的审慎监管职责，将审慎监管局（PRA）并入英格兰银行内部，并设审慎监管委员会（PRC）履行其职能。英格兰银行内部的组织架构由董事会、货币政策委员会、金融政策委员会（FPC）和审慎监管委员会（PRC）共同组成。相应地，英格兰银行除了作为中央银行固有的货币政策制定与实施职能和前述《2012 年金融服务法》赋予的宏观审慎监管职能之外，还承担了 PRA 的所有微观审慎监管职能，成为真正意义上集宏微观审慎监管于一体的审慎监管机关，确立了自身在英国整个金融服务体系中的核心地位。至此，英国的金融监管体制也由 2012 年后的英格兰银行、审慎监管局与金融行为监管局三足鼎立的形式变为现在的英格兰银行和金融行为监管局二元并立的格局，即以央行（金融政策委员会、审慎监管委员会）和金融行为监管局构成的"双峰"，分别服务于宏观审慎、微观审慎和保护消费者这三大监管目标。金融政策委员会是这一框架中最重要的角色，对审慎监管局和金融行为监管局均有指导、建议的权力，同时三个监管机构（FPC、PRC 和 FCA）通过建立协调机制，加强沟通合作。而作为存款保险的金融服务赔偿计划（FSCS）则是独立于监管机构之外（见图 9 - 5）。

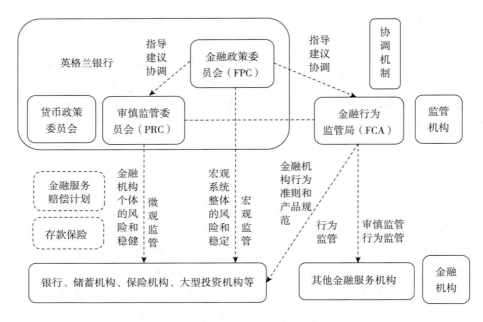

图 9 – 5 2016 年后的英国金融监管体系

第二节 各国银行业监管体制的比较

银行业是金融业的重要组成部分，为确保金融体系的安全、稳定、有效与有序运转，各国都加强了对其银行业的监管。同时，由于经济全球化、经济金融化、金融全球化和金融自由化浪潮的兴起，各国银行业监管也逐步加强了国际范围内的协调与合作。

一、各国商业性银行监管体制的比较

商业性银行监管是指一个国家（地区）的中央银行或其他金融机构监督管理当局依据国家有关法律法规的授权对商业银行、其他商业性银行机构和商业性非银行金融机构实施的监督管理。

（一）监管主体的比较

银行监管主体是指银行业实施监管的政府或准政府机构。目前，世界上主要国家和地区的商业性银行的监管主体主要有三种类型：一是财政部，二是中央银行，三是另设一个独立于财政部和中央银行的专门监管部门。具体可分为以下几种模式。

1. 双线多头监管体制。世界上实行双线多头监管体制的国家主要包括美国和加拿大，而以美国最为典型。美国联邦和各州都有权对银行发照注册和进行监督管理，从而形成双线管理体制。在联邦层面，主要有金融稳定监督委员会、联邦储备体系（内设消费者金融保护局）、通货监理署、联邦存款保险公司和国家信用社管理局等。在州层面，50 个州都有自己的商业性银行法规和自己的银行监督监理官及管理机构。

加拿大是由 10 个省、2 个地区组成的联邦制国家，联邦和省的立法机构对金融机构的管理分别立法，双线管理。具体来说，联邦财政部银行检查总监监督检查特许银行（商业银行和外国银行机构）；联邦和各省的保险总监监督信托公司；联邦保险部、加拿大保险局及省级机构负责保险业的监管；各省政府及省证券委员会监督管理证券公司。

2. 一线多头监管体制。所谓一线是相对美国等国的双线而言，多头是指管理权力集中于中央，但在中央一级又分别由两个或两个以上的机构负责银行体系的监督管理。通常，这种多头管理体制是以财政部和中央银行为主体开展工作的。

法国是由经济财政部、法兰西银行、国际信贷委员会和银行管理委员会共同负责银行体系的管理。意大利银行负责管理国内银行体系，但服从于部际信贷储蓄委员会的领导和命令。

日本金融监管体制经过了较大的改革和调整之后，金融厅成为日本金融行政监管的最高权力机构，全面负责对所有金融机构的监管工作。财务省（地方财务局）等作为金融监管的协作机构，根据金融厅授权或相关法律规定对相关金融机构实施监管。日本银行和存款保险机构只负责对其交易行为的金融机构进行财务检查。

3. 高度集中的单一管理体制。世界上大多数国家，包括一部分发达国家和大部分发展中国家的银行监管体制是高度集中的单一型管理体制。

英国商业性银行的发展历史尽管很长，但正规的银行监管制度却开始于 1979 年的《银行法》。1997 年之前，英国整个商业性银行体系的监督管理，名义上虽然归英国财政部负责，但在实际操作中则由英格兰银行与其他金融监管机构具体执行，其中，英格兰银行全权负责银行体系的监督管理工作。在荷兰，其中央银行——荷兰银行负责对一切金融机构进行监督管理，但法律要求荷兰银行在履行这一职责时，要征求注册信贷机构行业公会的意见，以便在尽可能自愿和自我约束的基础上完成这一任务。

大多数发展中国家的银行监督管理体系是集中的。例如，埃及、巴西、菲律宾、泰国和印度，都由中央银行负责监督管理银行体系。

4. 跨国的一线多头或多线多头监管体制。西非国家中央银行和中非国家银行分别是这一体制的典型。西非国家中央银行，一方面总行在制定和实施货币政策的实践中对各成员国政府保持较大的独立性，坚持统一的银行条例，统一的准备金率，统一管理金外汇储备，并统一各国商业银行的贴现总量；另一方面总行在每个成员国的代理机构又负责地区性业务，并监督当地金融体系，从而形成一线多头的监管体制。中非国家银行对各成员国金融体系的监督管理则要分散、松弛得多。在制定货币政策方面，很大程度上取决于各成员国的意见，银行立法也因国而异，由各国自己执行，并对本国的金融机构实施监督管理。

5. 统一金融监管体制。统一金融监管体制是指由统一的监管主体对从事银行、保险、证券不同类型业务的金融机构实施统一监管的一种制度。实行统一监管体制有很多方面的限制因素：一是金融机构的多元化发展程度。二是金融监管水平的高低。三是金融自由化和金融创新的发展程度。20 世纪 80 年代以来，随着信息技术的发展和竞争的加剧，传统业务不断受到侵蚀，银行开始突破货币市场的限制向证券市场和保险业渗透，一些实行分业经营的国家纷纷转向混业经营体制。如历史上，英国和日本分别于 1986 年和 1996 年通过相关法律，打破分业经营界限，实行混业经营。美国在 1999 年通过了《金融服务现代化法》，也开始了混业经营。1997 年，英国把银行监管职能从英格兰银行分离出来，成立了综合性的金融监管服务局，统一负责对银行、证券、保险以及其他非银行金融机构的监管。此后，澳大利亚、日本和韩国也实行了类似的改革。

（二）监管目标的比较

1. 监管的目标。商业性银行监管的目标可以分为基本目标和具体目标，详细说明如下：各国商业性银行监管最基本的目标是保证其国内金融体系乃至金融市场的健康与稳定，提高金融体系的效率，促进经济发展。商业银行监管的具体目标，各国不尽相同，但其基本内容包括经营的安全性、竞争的公平性和政策的一致性三个方面。经营的安全性，是指保护存款人的利益和保护银行信用体系的安全。竞争的公平性，是指通过对商业性银行经营活动的监督管理，创造一个平等的竞争环境，从而鼓励商业性银行在公平竞争的基础上提高效率。政策的一致性，则是指通过监督管理，使金融机构的经营活动与中央银行的货币政策目标保持一致，以保证金融体系的健康发展。

2. 监管目标的国际比较。如前所述，商业性银行监管最基本的目标是保证金融机构乃至金融市场的健康发展，从而推动经济的发展。但是由于各国历史、经济、文化背景和发展的情况不同，其商业性银行监管的具体目标有一定的差异。世界上大多数国家的商业性银行监管目标体现在中央银行法、银行法等法规上，其中也有一些国家的法规把中央银行的目标和其监管目标结合在一起作为一个整体目标。从这些法规中可以看出其各有侧重。总体可以概括为以下几类。

（1）侧重于保护消费者的利益及银行对经济发展的适应性。这一类以美国为代表。根据《联邦储备法》及有关法规，商业性银行监管的目标具体有四个：维持公众对一个安全、完善和稳定的银行系统的信心；为建立一个有效的和有竞争力的银行系统服务；保护消费者利益；允许银行体系适应经济的变化而变化。其中保护消费者利益及允许银行体系适应经济的变化而变化这一目标是其他国家所没有的。此外，相对于其他国家和地区而言，它的监管目标更具体、更符合商业性银行的特性和一个经济发达国家对监管的要求。

（2）侧重于维护商业性银行体系的正常运转，以促进国民经济的发展。这部分国家包括加拿大、德国、法国、日本、韩国和新加坡等。《加拿大银行法》认为，"在加拿大设立中央银行，是规范信用与货币，谋求国计民生的最大利益，及在货币政策的可能范围内，控制并保护本国货币对外价值，并缓和受其影响的生产、贸易、物价及就业等的波动，促进加拿大经济与金融发展。"为此，"要求金融机构监理官为特定目的，依金融机构监理局的法规检查金融机构"，以保证金融机构稳定发展。《德国银行法》在其第 6 条中授权"联邦金融管理局监管所有的信贷机构，以保证银行资产的安全、商业性银行业务的正常运营和国民经济运转的良好结果"。《法兰西银行法》开宗明义："法兰西银行是国家赋予权力在国家经济及金融政策体制下监控货币及信用供给的工作机构，为此，其应确保银行体系的正常运作。"《日本国普通银行法》第 1 条阐明了监管是以"商业性银行业务的公正性为前提，以维护信用，确保存款人的权益，谋求金融活动的顺利进行，并为商业性银行业务的健全而妥善地运营和有助于国民经济的健全发展为目的"。

（3）侧重于对放款人的保护和银行金融机构的有效经营。这一类以英国为代表，还包括新西兰和中国香港等国家和地区。《英国银行法》前言中指出："本法令用以管理在经营业务时接受存款。授权英格兰银行行使职权对接受存款的机构予以管制。对这些机构的存款人进一步予以保护，对接受存款的广告要制定条款……禁止使用欺骗性的经济手段接受存款……"。《新西兰储备银行法》要求"注意金融体系的效率及健全"，为此授予中央银行"银行注册及注册银行的谨慎监管"。中国香港 1986 年 27 号银行条例中表示，"关于管理商业性银行业务，接受存款业务和关于规定监督机构，是为保护存款人、增进全民稳定和商业性银行有效经营提供条件。"

（三）监管方式的比较

不同国家、不同民族的历史传统、经济与政治结构的不同特点和需要，形成了不同的金融监管风格。美国、日本和德国以及大多数发展中国家强调严格的依法监督管理，而英国和大多数西欧国家则强调君子协定和道义劝说，强调协商和自我约束。前者以严格管理，特别是现场检查为基础。后者则以诱导协商和银行公会正式和非正式参与银行管理为特征。协商如不能取得一致意见，当局仍有权作出决定，但这类情况很少发生。这一情况表明一种监督管理制度的着重点并不在于惩罚，而在于追求共同目标前提下的自我约束和合作。

（四）监管内容的比较

商业银行是各国金融体系中产生最早、历史悠久、多年来一直占有主导地位的金融机构。虽然近年来受到了非银行金融机构的挑战，但目前仍然是各国金融体系中重要的组成部分。因此，商业性银行监管是各国金融监管的主要内容。

1. 预防性管理。一般而言，各国对商业性银行的预防性管理主要包括以下七个方面：

（1）市场准入。市场准入是指一国的监管当局对拟设立的金融机构采取限制性的措施。监管当局在实施这方面管理时所遵循的一般原则为：是否符合经济发展的需要；是否符合规定的资本数量。第一条原则在各国基本相同。第二条在各国有所不同。如在韩国，设立一家全国性的商业银行，要求实收资本金的最低限度为 1 000 亿韩圆；设立一家区域性的商业银行，实收资本金的最低限度为 250 亿韩圆；而外国银行在韩国设立一家分行，实收资本金的最低限度为 30 亿韩圆。当国内的某一家银行要改变其实收资本金额时，必须经由银行监督院院长建议和货币委员会批准后方可实施。而当一家外国银行分行要改变其实收资本额，使其增加到 30 亿韩圆以上时，必须经由货币委员会批准。在日本，无论是国内金融机构的设立，还是外国银行在日本设立分支机构，都必须向原大藏大臣提出登记申请，经批准并发给执照后方可开业。并且新建立的金融机构必须有足够的资本金，如银行开业的实收资本金不得低于 10 亿日元，信托机构的开业资本金不得低于 300 万日元等，并且资本金的增加，也必须经过原大藏大臣批准。

（2）资本充足性。为了保证金融机构经营的安全性，各国金融监管当局对金融机构除有最低资本金要求外，一般还要求金融机构自有资金与资产总额、存款总额、负债总额以及风险投资之间保持适当的比例。各金融机构在开展业务时要受自有资本的制约，不能脱离自有资本而任意扩大业务，否则金融管理当局会出面干预。

近年来由于许多银行破产，以及大量有问题贷款的出现，使得银行资本金的多寡愈来愈受到重视。经历了 20 世纪 80 年代初期银行资本充足率持续下降之后，金融监管当局要求银行增加资本金，以便更有效地保护存款人利益。而银行家则希望减少资本金的数量，以增加盈利和资产。这种冲突造成了监管政策与银行经营战略之间的矛盾。面对资产质量下降，表内、表外业务风险的增加及国内外市场竞争的压力，许多国家的金融监管当局已开始采取措施，防止资本充足率进一步下降。随着银行资产负债管理的不断成熟，资本充足性的测量和评价方法也在逐步完善之中。为防止和解决各国不公平竞争的问题，监管领域内一致认为有必要采取统一的监督评价方法，巴塞尔委员会在此方面作出了很大贡献，先后出台了《巴塞尔协议Ⅰ》（1988 年）、《巴塞尔协议Ⅱ》（1999 年）、《巴塞尔协议Ⅲ》（2010 年）等一系列有关的协议。

（3）资产流动性。流动性与资本充足性一样，是一国对金融机构监管的主要内容之一，只是各国测算和管制的方法不同。有的国家不正式规定流动性的具体要求，但经常予以检查监督；有的国家对银行资产负债分别设置比例，来监督银行的清偿能力；有的国家对吸收短期存款而进行长期投资的银行单独进行管理，对长期性投资加以特殊限制。流动性管制既包括本币流动性，也包括外币流动性，有的国家实行分开管理，有的国家对两者实行集中管理，统一规定一个标准。目前，对金融机构流动性监管的总体趋势是以考核银行资产负债和利率结构搭配是否合理为基础，对流动性进行系统的评价。同时，也考虑到每个银行的实际情况和具体特点，提高针对性与灵活性。

（4）业务范围。各国对金融机构经营范围的限制也有很大的不同，如对于银行可经营哪种业务，不可经营哪种业务，以及经营规模的大小都有不同的规定。一些国家把商业银行业务与投资银行业务分开，并禁止商业银行认购股票；一些国家则限制银行对工商企业的直接投资；有的国家禁止银行把商业性银行业务与非商业性银行业务混合经营，但允许通过银行控股公司、附属机构等参与某些风险较大的非银行活动；有的国家允许银行经营非商业性银行业务，但限制其投资规模；有的国家允许受特殊管理的银行进行大范围的经营活动；还有的国家对银行经营的业务种类很少施加正式限制。

（5）贷款风险。追求利润最大化是商业银行经营的终极目标。商业银行总是把吸收的资金尽可能地用于贷款和投资，尽可能地集中投向高收益的项目。由于获利越多的资产风险越大，因而存在贷款的风险问题。大多数国家的中央银行都尽力限制该风险的集中，通常禁止一家银行对单个借款者提供过多的贷款，以分散风险。分散风险既是银行的经营战略，也是金融监督的重要内容。

（6）外汇风险。在外汇风险管理领域中，各国的管理制度有着显著的区别。美国、法国、加拿大外汇管制较松；而在荷兰、瑞士，则要求银行对持有未保险的外币款项增加资本数量；德国、英国对全部或部分外币实行管制。

（7）准备金。金融机构的资本充足性与其准备金政策之间有着内在的联系，因此，对资本充足性的监督必须考虑存款准备金的因素。金融监管当局的主要任务是确保各金融机构的准备金是在充分考虑、谨慎经营和真实评价业务质量的基础上提取的。如果认为准备金的提留不符合要求，监管当局应采取措施，督促有关金融机构达到要求。实践证明，只有采取有效措施，提高准备金水平，才能保持与增强金融机构的实力。各国金融监管当局普遍认识到准备金政策和方法的统一是增强国际金融体系稳健性的一个重要因素，也有助于金融业在国际范围内的公平竞争。因此，金融监管当局之间的协商与合作将会推动在准备金问题上达成共识。

2. 存款保险制度。存款保险制度是指国家货币主管部门为了维护存款者利益和金融业的稳健经营与安全，规定本国金融机构必须或自愿地按吸收存款的一定比率，向专门存款保险机构交纳保险金进行投保的制度。当金融机构出现信用危机时，由存款保险机构向金融机构提供财务支援，或由存款保险机构直接向存款者支付部分或全部存款，以维护正常的金融秩序。目前，许多国家已经建立了官方或行业性的存款保险制度。

3. 紧急救援。金融监管在维护公众信心和减少金融体系运行中的不稳定因素等方面起着重要的作用，但即便是在最有效的金融监管体制下，也无法消除金融动荡与危机出现的可能性。一旦出现较为严重的问题，不借助于紧急援助，这种动荡与危机是很难摆脱的。因此有必要建立一套有效的危机处理制度，以便将银行破产倒闭的发生率降到最低限度。

一般来说，各国中央银行对发生流动性困难的商业银行提供的紧急救援不同于日常官方贴现窗口的运用，而是由中央银行按惩罚性利率直接提供的，所以高于贴现窗口利率。有的国家是由管理当局和商业银行联合建立的特别机构提供救援；有的国家由一个银行和其他银行联合起来建立清算银行，担负救援任务；有些国家对无偿付能力的银行有广泛的干预权。对这种紧急救援，有些国家仅由中央银行提供本国货币，而不承担外币援助，因为提供外币援助受官方外汇储备的限制。一旦危机到了无法避免的地步，金融监管当局只有两种选择，或者促成当事银行与其他机构进行某种形式的合并，或者对其进行破产清算。一般情况下前者使用得较多。

二、银行监管体制的国际协调与合作

随着经济全球化、经济金融化、金融全球化和金融自由化浪潮的兴起，各国银行业监管都加强了在全球范围内的协调与合作。巴塞尔银行监管委员会和巴塞尔协议就是其中最重要的机构与协议。

（一）巴塞尔银行监管委员会

巴塞尔银行监管委员会全称是"国际清算银行关于银行管理和监管活动常设委员会"，简称巴塞尔委员会。1974 年，美国、英国、联邦德国和阿根廷的银行先后发生了"倒闭"事件和国际贷款"倒账"事件，形成第二次世界大战后西方银行的第一次重大危机，引起国际经济金融界的普遍关注与不安。有鉴于此，根据当时英格兰银行总裁理查森的建议，在国际清算银行的发起和主持下，于 1974 年 2 月由西方十国集团成员国比利时、英国、加拿大、法国、荷兰、意大利、日本、瑞典、联邦德国和美国，加上瑞士和卢森堡等 12 个国家的银行监督管理官员在巴塞尔召开会议，正式建立了巴塞尔委员会。由于英格兰银行的商业性银行业务监督处主任库克任该委员会的第一任主席，因此该委员会又称"库克委员会"。这是一个正式的常设机构，每年召开三次例会。

巴塞尔委员会本身并没有强制执行权力，它的建议和标准的实施依赖于成员在执行本国法令时的合作，以及其他国际性监管组织，如国际证券委员会组织、离岸银行监管者组织等的支持，但由于它是对国际银行联合监管的最重要形式，因此有着很强的约束力。

（二）巴塞尔协议体系

巴塞尔委员会从 1974 年成立以来，达成了一系列重要协议，称为巴塞尔协议体系。由于不同的国际金融发展背景，巴塞尔协议体系内容各有所侧重。

1. 1975 年巴塞尔协议的内容。1975 年，巴塞尔委员会各成员达成了一项管理国际银行的协议。这一协议首先得到了美国、加拿大、日本和 7 个主要欧洲国家监督当局的赞同，而后又得到世界大多数国家的认可。这一协定被认为是"国际监督合作最重要的基石"，是解决国际商业性银行业务管理问题的重要突破。

1975 年巴塞尔协议的原则是：（1）所有外国银行机构都必须接受监督。（2）由所在国当局和外国银行的总行协调判断应如何进行充分的监督。（3）关于流动资金的监督是所在国当局的责任，而对清偿能力的监督则是其总行的责任。

2.《巴塞尔协议 I》。1988 年 7 月，巴塞尔委员会又达成了一个有关资本标准的协议，称为"巴赛尔委员会关于统一国际银行的资本计量和资本标准的协议"，又称《巴塞尔协议 I》。该协议的主要内容是确定了以风险为基础的资本标准，要求核心资本与风险资产（按风险权重加权后的资产）总价值的比率保持在最低为 4% 的水平上，而总资本与风险资产总价值的比率应高于 8%。具体而言，该协议包括以下内容。

（1）对银行资本进行明确界定，以防止银行随意地扩大资本认可范围而可能导致的不审慎经营问题。根据该协议规定，银行资本包括核心资本与二级资本两部分。核心资本是价值相对稳定；在各国银行的账目上公开发表；同银行的盈利率和竞争能力密切相关；能作为衡量资本充足率基础的资本。核心资本由以下几个方面构成：①实收资本。它是已发行并完全缴足的普通股、永久性非累积优先股。②公开储备。包括通过保留盈余或其他盈余（如股票发行溢价、保留利润）、普通准备金和法定准备金的增值而创造和增加的储备资金。③不完全拥有的子银行公司中的少数股东权益。

二级资本，也称为辅助资本，包括以下几个方面：①未公开储备。这部分资本没有公开，但已反映在银行损益表上，并被银行监管机构所接受。②资产重估储备。③普通准备金与普通贷款呆账准备金。④债务性资本工具。它是具有股本资本与债务资本综合特征的工具。⑤初级长期债券。包括普通的、无担保的初级债券、到期年限在 5 年以上的次级债券资本工具、不允许购回的优先股。

（2）对资产按照风险程度给予不同的权重，这与传统的资本衡量指标大不相同，考虑到了不同风险程度的资产对资本数量的不同要求。根据各项资产风险程度的差别，该协议分别规定了 0、10%、20%、50%、100% 的风险权重。

（3）1988 年的《巴塞尔协议》对表外业务的风险也给予了相当的关注，将表外业务活动也纳入到银行统一的风险管理，从而使银行的资产负债管理进入了风险管理时期。

1988 年《巴塞尔协议》颁布后在国际上引起了很大反响，不仅各成员国相继修改了银行监管的有关法规，如欧共体就在 1989 年发布了一系列的指令予以执行，而且，越来越多的非成员国也逐步采纳了资本充足性这一标准。据国际清算银行最新研究显示，全球大约有

100 个国家采纳了巴塞尔协议。巴塞尔协议实施以来，各国商业性银行的资本重组水平普遍提高。

3. 《巴塞尔协议 II》。随着国际商业性银行风险的复杂化和金融创新的发展，《巴塞尔协议 I》的局限性日益明显，如偏重强调信贷风险而忽略了市场风险、资产组合的风险以及其他风险等。因此，为了适应国际商业性银行发展的趋势，巴塞尔委员会决定对该协议进行彻底的修改，并于 1999 年 6 月公布了《新的资本重组比率框架》征求意见稿，称为《巴塞尔协议 II》。2001 年 1 月，经过广泛吸收多方意见后，巴塞尔委员会公布了新资本协议（第二稿）。2004 年新巴塞尔协议最终定稿，并决定 2006 年底前所有成员国开始正式实施。

新协议仍维持《巴塞尔协议 I》原有资本要求不变，即总资本占风险总资产的比重仍然保持 8%。但新协议更加全面评估银行风险，即引入灵活的风险资产计算方式，包括借助外部信用评级机构和银行内部自测模型，使资本充足率的计算具有更高的风险敏感度，以保证银行资本充足性能够及时地反映商业性银行业务发展以及资产负债结构变化所引起的风险程度的变化。在新协议中，委员会提出"压倒一切的目标是促进国际金融体系的安全与稳定"，而充足的资本水平被认为是实现这一目标的核心因素，因此，资本充足率的最低要求仍然是新协议的基础，被称为第一大支柱。第二大支柱是监管当局的监督检查。尽管新资本协议鼓励银行建立内部自我评估机制，但必要的外部监督有利于防止银行内控流于形式，实际上是一种以他律和监督自律相结合的手段。第三大支柱是市场约束，即要求银行及时提供可靠的信息披露，以利于其他市场主体对银行风险进行全面评估，运用市场力量敦促银行审慎经营，这是旧资本协议所未涉及的全新领域。

4. 《巴塞尔协议 III》。2010 年 9 月 12 日，巴塞尔银行监管委员会管理层会议在瑞士巴塞尔举行，会议通过了加强银行体系资本要求的改革方案，即《巴塞尔协议 III》。《巴塞尔协议 III》是一套全面的改革措施，由巴塞尔银行监管委员会制定，核心内容在于提高全球银行业最低资本监管标准，主要变化如下。

（1）《巴塞尔协议 III》对资本充足性的要求进行了修订。根据巴塞尔银行监管委员会此次会议达成的协议，核心一级资本要求，即弥补资产损失的最终资本要求，将由 2% 调整到 4.5%；一级资本要求由 4% 调整到 6%。新一级资本调整在 2015 年 1 月 1 日结束，总资本充足率要求在 2016 年之前仍然是 8%。

（2）增设"资本防护缓冲资金"，即留存超额资本。巴塞尔银行监管委员会认为，解决系统性风险的根本方法是在市场繁荣时期保留一部分资本供银行在压力时期使用。留存超额资本全部由普通股构成，最低标准为 2.5%。这意味着银行在满足核心一级资本充足率 4.5%、一级资本充足率 6%、总资本充足率 8% 的最低要求基础上，还要再预留 2.5% 的普通股作为留存超额资本。留存超额资本在 2016 年 1 月至 2019 年 1 月分阶段执行。此后，核心一级资本、一级资本、总资本充足率分别提升至 7%、8.5% 和 10.5%。

（3）提出逆周期资本缓冲区间。逆周期资本缓冲是留存超额资本的延伸，是防止银行体系信贷过快增长所引起的系统性风险累积。各国监管机构将根据自身情况确定不同时期的逆周期资本缓冲，其范围在 0~2.5%。

表 9－1　　　　　《巴塞尔协议Ⅲ》关于资本充足率的要求　　　　　单位：%

项目	普通股（扣除扣减项后）	一级资本	总资本
最低资本要求	4.5	6.0	8.0
资本留存缓冲	2.5		
最低资本要求与资本缓冲要求之和	7.0	8.5	10.5
逆周期资本缓冲*	0～2.5		
*普通股或其他具有充分吸收损失能力的资本			

第三节　各国证券业监管体制的比较

证券业的监督管理是一国宏观经济金融监督管理体系中不可缺少而又意义重大的构成部分。由于各国的民族和社会历史不同，经济和政治结构及管理体制的差异，因而各国证券业监督管理体制显示出多样性的特征。但是，不管各国管理体制有怎样的不同，它们都同各国的经济金融监管体制相互协调适应，并构成这一相互协调配合体系的一部分。本节主要探讨证券业监管体制中的法规体系、机构设置、证券发行等内容。

一、证券法规体系的比较

由于历史传统习惯和各国国情不同，世界各国为证券监管所制定的法律和采取的监管方法都有一定的差异。这些差异主要体现在三个方面：第一，证券监管的宽松和严紧不同。有些国家主张加强立法监管，而有些国家则更注重自律管理；第二，证券监管存在集中立法与分散立法的差异。有些国家通过制定专门的证券法规来规范证券业行为，而另外一些国家则是在本国的公司法中附带说明，或者分类制定若干法律；第三，证券监管原则不同。有些国家对证券的发行与交易实行实质监管的原则，有些国家则实行实质监管与形式监管并用的原则。根据以上三个方面的差异，可将世界各国有关证券监管的法规制度划分为三种不同的体系。

（一）美国的法规体系

美国体系的特点是有一整套专门的证券监管法规，注重立法，强调公开的原则。除美国外，属于这种体系的国家和地区还有日本、菲律宾和中国台湾地区等。以美国为例，在立法上分为三级：（1）联邦政府立法。其中包括《1933 年证券法》、《1934 年证券交易法》、《1935 年公用事业控股公司法》、《1939 年信托契约法》、《1940 年投资公司法》、《1940 年投资咨询法》和《1970 年证券投资者保护法》等。（2）各州政府立法。各州政府的证券法规在美国通称为"蓝天法"。它大致可以分为四种类型：防止欺诈型、券商登记型、注重公开型及注重实质监管型。（3）各种自律组织，如各大交易所和行业协会制定的规章。这些规章对证券从业者具有不亚于法律的效力。这种联邦、州和自律组织所组成的既统一又相对独立的监管体系是美国体系的一大特色。

（二）英国的法规体系

历史上传统的英国体系的特点是以市场参与者自律监管为主，政府监管很少，没有专门的证券监管机构，也不制定独立的法律。证券监管的法律体系主要由公司法有关公开说明书的规定，有关证券商登记、防止欺诈的规定和有关资本管理的规定等法规组成。由于伦敦证券交易所成立后很长时间内，国家没有相应立法出台，完全依靠交易所的自律来规范市场。因此伦敦证券交易所对自己的业务规定有严格的交易规则，并且拥有较高水平的专业证券商、严格的注册制度和公开说明书制度。由此伦敦证券交易所形成了传统的完全自治、不受政府干预的特点。属于这一体系的基本上是英联邦一些成员国。

但进入 20 世纪 80 年代以来，随着金融市场自由化、国际化的发展，竞争的日益激烈，为保障投资人的信心，许多英联邦国家或地区在公开原则与证券商的监管方面也仿效了美国的一些做法，加强了立法和改革，典型的事件如 1986 年 12 月 27 日英国下议院通过的《金融服务法》（*Financial Services Act of* 1986），以及推出的各项改革措施，被英国证券界赋予一个统一的代号——Big Bang。英国经历了 1986 年的大改革之后，自 1997 年起，为建立更具效率的金融管理体系，预计将原本的金融体系九大管理机构整合为单一的管理机构。在整个过程中，首先将证券投资局（SIB）于 1997 年 10 月更名为金融服务管理局（FSA），整合后的 FSA 继续拥有 1986 年金融服务法所赋予的管理金融体系以及投资活动、监督交易所及结算机构等权限，同时承担监管银行、货币市场、外汇市场，以及管理其他组织的功能。为达成上述目标，在金融监管一元化的构想下，有必要重新制定一个能整合外汇、银行、保险、证券及期货的法律，以配合主管机构大一统的措施。除了于 1986 年 6 月 1 日立法通过将原属英国中央银行的职权转移到金融服务管理局外，还制定了《金融服务与市场法》（*Financial Services and Market Act*，*FSMA*），并于 2000 年 6 月 14 日通过，2001 年 12 月 1 日正式实行。新法取代 1986 年的《金融服务法》，成为规范英国证券市场的主要法规。以后又陆续出台了《2010 年金融服务法》、《2012 年金融服务法》和《2016 年英格兰银行与金融服务法》等，并依法确定了"双峰式"监管体制。

为配合英国证券法改革后的有效实施，公司法的变革亦成为了英国证券法制改革的核心。英国自 1998 年起成立了公司法改革小组，2005 年 11 月 3 日公布了公司法的改革方案。该法案于 2006 年获得通过，被誉为英国议会迄今为止通过的最宏大的单项立法。

（三）欧洲大陆的法规体系

欧洲大陆各国对证券监管多采用严格的实质性监管。与英国和美国体系相比，在新公司成立过程中对发起人的特殊利益有所限制，要求公司股东出资一律平等。但是，在公开原则的施行方面则做得不够，发行人通常只在认股书中对公司章程、证券内容稍做披露，而没有招股说明书之类的说明材料，缺乏充分公开的信息披露。此外，该体系中的部分国家还缺乏对证券领域进行全面性监管的专门机构。不过，目前"公开充分"原则已经引起欧洲大陆国家的重视，成为证券改革的主流。属于这一体系的除了欧洲大陆的许多国家外，还有拉美和亚洲的一些国家。

二、证券监管体制的比较

各国对证券业的监管体制可以从不同角度划分为不同的类型。从管理机构的范围来划分，可分为全国性的监管体制和区域性的监管体制；从管理机构的专设来分，可分为专门的监管体制和兼营的监管体制；从管理方式来分，可分为集中型管理体制、自律型管理体制和中间型管理体制。

（一）集中型管理体制

集中型管理体制也称集中立法型管理体制，是指政府通过制定专门的证券法规，并设立全国性的证券监督管理机构来统一管理全国证券业的体制。在这种体制下，政府积极参与证券业的管理，并在证券业管理中处于主导地位。而如证券业协会等自律组织，则只起到协助政府管理的作用。

美国是集中型管理体制的代表。从组织结构看，1934年美国政府成立了联邦证券管理委员会作为证券管理的专门机构。还成立了一些非营利机构，如证券投资保护公司，目的在于其成员证券公司发生倒闭时，保护各公司的客户不受损失；全国证券交易商协会，主要从事对全国场外证券商交易的管理。此外，在联邦政府管理下，各州还有权制定证券立法，并在州政府下设立委员会，对公司的证券交易进行管理。同时，各地的证券交易所可以自己制定规章，并有相应的机构设置，形成三级管理、高效有序的一套干预型管理体制。

集中型管理体制主要有两个特点：（1）具有一套相互配合的全国性的证券业管理法规。（2）设有全国性的管理机构负责监督、管理证券业，这类机构由于政府充分授权，通常具有足够的权威来维护证券业的正常运行。

集中型管理体制的优点在于：（1）具有专门的证券业管理法规，管理口径统一，使市场行为有法可依，并提高了证券业监管的权威性。（2）具有超脱地位的管理者，能够更好地体现和维护证券业管理的公开、公平和公正原则，更注重保护投资者的利益，并起到协调全国证券业的作用，防止政出多门，相互扯皮的现象。

集中型管理体制的缺点在于：（1）容易对证券业产生过多的行政干预。（2）在监管证券业的过程中，自律组织与政府主管部门的配合有时难以完全协调。（3）当市场行为发生变化时，有时不能迅速作出反应，采取有效措施。

（二）自律型管理体制

自律型管理体制是指除了一些必要的国家立法之外，政府很少干预证券业。对证券业的管理主要由证券交易所、证券商协会等自律组织进行，强调证券从业者自我约束、自我管理的作用，一般不设专门的证券管理机构。

长期以来，英国是自律型管理体制的典型代表。英国政府不设专门的证券业管理部门，英格兰银行只是根据金融政策的需要，对超过一定数额的证券发行拥有审批权，贸易部监管证券发行登记事务，并对非会员证券商拥有一定的管理权。实际上，股票市场管理的工作主要由证券交易所承担。此外，英国证券商交易协会、股权转让和合并专业小组以及证券业理事会等组织也对股票市场的协调管理发挥作用，英国至今也没有关于股票市场的专门法律，而是在公司法和其他法律中加以规定。

英国的证券交易所实行自我管理，且多为股份制，即以盈利为目的，以股份公司形式成立证券交易机构。由于英国证券交易历史悠久，经验丰富，专业人员素质高，至今虽没有一部统一的证券法律，但证券交易所有较严的规章制度，所以在证券管理上也有一定的成效。

自律型管理体制的特点主要有：（1）没有制定独立的证券业法规，而是靠一些相关的法规来制约证券业的行为。（2）一般不设立全国性的证券管理机构，而以市场参与者的自我管理为主。

自律型管理体制的优点在于：（1）它允许券商参与制定证券业管理条例，使市场管理更切合实际，并且有利于促进券商自觉遵守和维护这些条例。（2）由市场参与者制定和修订证券管理条例，比政府制定证券法规具有更大的灵活性、针对性。（3）自律组织能对市场违规行为迅速作出反应，并及时采取有效措施，保证市场的有效运转。

自律型管理体制的缺点在于：（1）自律组织通常把管理的重点放在市场的有效运转和保护会员的利益上，对投资者利益往往不能提供充分的保障。（2）管理者的非超脱地位，使证券业的公正原则难以得到充分体现。（3）缺少强有力的立法作后盾，管理手段软弱，导致券商违规行为时有发生。（4）没有专门的管理机构协调全国证券业的发展，区域市场之间很容易产生摩擦，导致混乱局面。

（三）　中间型管理体制

中间型管理体制是指既强调立法管理又强调自律管理，可以说是集中型管理体制和自律型管理体制互相协调、渗透的产物。中间型管理体制又称为分级管理型体制，它包括二级管理和三级管理两种模式。二级管理是指中央政府和自律机构相结合的管理；三级管理是指中央、地方两级政府和自律机构相结合的管理。实行中间型管理体制的国家有德国、泰国等。

由于集中型和自律型两种体制都存在着一定的缺陷，很多以前实行集中型或自律型管理体制的国家已逐渐向中间型过渡，取长补短，发挥各自的优势，使证券业管理更具效率。

三、证券监管机构的比较

各国证券业监管机构主要可以分为集中型证券监管体制下的证券监管机构和自律型监管体制下的证券监管机构两种。

（一）　集中型证券监管体制下的证券监管机构

1. 以独立的监管机构为主体。这种类型的特点是专门设立全国性的证券监管机构——证券交易委员会。该机构独立于其他部门，拥有较大的自主权和相当的权威性。其典型代表是美国。美国证券交易委员会（SEC）是根据《1934 年证券交易所法》成立的。它由总统任命、参议院批准的 5 名委员组成，对全国的证券发行、证券交易所、证券商、投资公司实施全面监督管理。这种做法的优点是监管者处于比较超脱的地位，能够较好地体现和维持"公开、公平、公正"原则，避免部门本位主义，而且可以协调部门与部门之间的目标和立场。但是，它要求监管者具有足够的权威性，否则难以使各部门之间相互配合，以保证证券业有效运行。

2. 以中央银行为主体。这种类型的代表是巴西和泰国。在 1976 年之前，巴西证券业的主管部门是巴西中央银行。虽然在 1979 年成立了证券监管委员会，但是该机构仍然是根据国家货币委员会的决定行使对证券业的监管权力，并必须在某些方面与中央银行的相关部门协调，共同监督管理证券业。这种做法使一国的宏观金融监管权高度集中于一个机构，便于决策的统一和协调，也有利于监管效率的提高。其不足之处是过分集权容易导致过多的行政干预和"一刀切"现象。同时，中央银行自己作为证券业的直接参与者，有时难以体现"三公"原则。

3. 以财政部为主体。这种类型的国家有日本、法国、意大利和韩国等。日本金融厅下设的监督局和证券监督交易委员会是日本的证券监管机构，负责制定证券业监管的政策法规，对证券业参与者进行监督和指导。法国也是以财政部作为证券业的监管主体，自律组织的作用很小。根据 1967 年 9 月 28 日命令设立的证券交易委员会是隶属于财政部的官方机构，负责对全国的证券业进行监管。意大利证券业的监管机构是意大利财政部于 1974 年成立的公司与证券交易委员会。韩国虽然有专门的证券交易委员会，并且在证券交易委员会下设立证券监督局，但是也受制于财政部，财政部对涉及证券业的有关事项有最后决定权。这种做法比较适合财政部在该国具有较高地位的国家，它有利于一个国家宏观经济政策的协调，但是，不适合于财政部和中央银行处于平等地位、相互独立的国家。

（二）自律型监管体制下的证券监管机构

采用这种类型的代表国家是英国。英国曾长期没有设立专门的证券监管机构，英格兰银行根据金融政策的需要，拥有对政策发行的审批权。1986 年以前，英国证券业的监管主要由三个自律组织进行。这三个自律组织是英国证券交易所协会、英国企业收购合并问题专门小组以及英国证券业理事会。这种体制有利于发挥市场参与者的积极性和创造性，便于监管者对市场违规行为迅速作出反应。但是，由于监管者缺乏足够的权威性（主要是没有法律作为后盾），因而会员经常发生违规行为，容易造成证券业不必要的混乱和波动。

1986 年 10 月 27 日，伦敦证券业开始进行全面的、根本性的改革。这场改革包括伦敦证券交易所自身的改革和英国政府对证券业务活动管理方式的改革两方面。根据 1986 年《金融服务法》中的规定，英国政府成立了证券投资委员会。国务大臣授权该委员会对从事证券和投资活动的自我管理组织以及从事各种金融服务的企业进行管理。该管理具有法律效力，从而把自我管理与法律管理融为一体，改变了传统的主要依靠"自律、自治"的管理模式。1997 年 10 月 28 日，原专门监管证券业的英国证券与投资委员会（SIB）正式更名为英国金融服务管理局（FSA），成为英国整个金融业的监管机构（包括对证券业的管理）。2013 年 4 月 1 日正式生效的英国《2012 年金融服务法》，对金融监管架构再度进行改革：撤除了 FSA，设立了审慎监管局（PRA）和金融行为监管局（FCA）。其中，PRA 是英格兰银行的附属机构，负责对所有银行、证券经纪商、保险公司及其他投资公司的微观审慎监管。而 FCA 则完全独立于英格兰银行，对财政部和议会负责，主要负责包括银行、证券、保险在内的所有金融机构的行为监管。同时，在英格兰银行内部设立金融政策委员会（FPC），协助英格兰银行制定货币政策并实施宏观审慎监管。2016 年 5 月 4 日英国又推出《2016 年英格兰银行与金融服务法》，将审慎监管局（PRA）并入英格兰银行内部，并设审慎监管委员会（PRC）履行其职能。至此，英国的金融监管体制也由 2012 年后的英格兰银行、审慎监管局与金融行为监管局三足鼎立的模式变为现在的英格兰银行和金融行为监管局二元并立的格局，即以央行（金融政策委员会、审慎监管委员会）和金融行为监管局构成的"双峰式"监管模式，分别服务于宏观审慎、微观审慎和保护消费者三大监管目标。其中，强化了自我管理与法律管理相融合的管理模式。

四、证券发行监管的比较

发行监管是指证券监管部门对证券发行的审查、核准和监控。由于证券发行监管是整个证券业监管的第一道闸门，对证券发行监管的好坏将直接影响到交易市场的发展和稳定。因而，世界上绝大多数国家对证券发行实施较严格的监管。按照审核制度划分，世界上各国证券发行监管可以分为核准制和注册制两种。

（一）注册制

注册制，即所谓的"公开原则"，是指证券发行人在公开募集和发行证券前，需要按照法定程序向证券监管部门申请注册登记，同时依法提供与发行证券有关的一切资料，并对所提供的资料的真实性、可靠性承担法律责任。在注册制下，监管部门的权力仅限于保证发行人所提供的资料无任何虚假的陈述或事实。如果发行者未违反上述原则，监管部门则应该准予注册。因而在注册制下，只要发行者提供正式、可靠、全面的资料，一些高风险、低质量的公司证券同样可以上市，证券监管机构无权干涉。

注册制一方面为投资者创造了一个高透明度的市场，另一方面又为投资者提供了一个公平竞争的场所，在竞争中实现优胜劣汰和资金的优化配置。但是，注册制也存在明显的缺陷。它发挥良好作用的前提是信息披露的充分性，投资者能够根据所获得的信息作出理性的投资决策。从这一点来看，注册制适合于证券业发展历史比较悠久、市场比较成熟的国家。

（二）核准制

核准制，即所谓的"实质管理原则"，是指证券发行者不仅必须公开所发行证券的真实情况，而且所发行的证券还必须符合公司法和证券法中规定的若干实质性条件，证券监管机构有权否决不符合实质条件的证券发行申请。

核准制在信息公开的基础上，又附加了一些规定，从而把一些低质量、高风险的公司排除在证券业门外，在一定程度上保护了投资者的利益，减少了投资的风险性，有助于新兴的证券业的发展与稳定。但是，它很容易导致投资者产生完全依赖的安全感，而且监管机构的意见也未必完全准确，尤其是它使一些高成长性、高技术性和高风险并存的对国民经济的高速发展具有巨大促进作用的公司的上市阻力加大。综上所述，核准制比较适合于证券业历史不长、经验不多、投资者素质不高的国家和地区，有助于新兴的证券业健康、有效、规范地发展。

五、国际证券委员会组织

国际证券委员会组织（IOSCO）创建于1984年，是一个国际性的私人非营利组织，其前身是创立于1974年的"国际证券委员会及类似机构国际协会"。1984年年会上，成员国一致同意将其转化为一个国际性的组织，即现在的国际证券委员会组织，其总部设在加拿大的蒙特利尔。

国际证券委员会组织的宗旨是：（1）通过合作确保在国内和国际层次上实现更好的管理，以维持公平和有效的市场。（2）就各自的经验交换信息，以促进各国国内市场的发展。（3）共同努力，建立国际证券交易的标准和有效监管。（4）提供相互援助，通过严格采用和执行相关标准确保市场的一体化。现在，该组织已成为国际证券业监管合作的重要机构。

国际证券委员会组织自成立以来，在抑制和惩治证券业欺诈活动的国际合作方面发挥了很大的作用。在它的倡议和鼓励帮助下，其成员委员会达成了双边和多边协议。此外，更重要的是它为各国（地区）证券业监管者提供了一个见面、交流、协商的场所，从而创造了宝贵的达成国际合作的机会。

第四节　各国保险业监管体制的比较

各国对保险业的监管主要包括组织机构设置、经营范围限制、财务监督检查、日常经营监督检查等内容。就保险组织机构设置而言，各国监管的重点都在于对资本金的限制。各国对资本金的要求相对悬殊，英国最少只需要 2 万英镑，而美国则需要 300 万美元；在经营范围限制上，各国普遍实行寿险和财险分业经营，规定保险公司除保险业务外不能过多兼营其他业务；对于财务监督检查，各国主要在赔付率和费用率、准备金提存、投资限制等方面加以规定。提存的准备金一般包括未满期责任准备金、赔偿准备金、人身保险准备金和总准备金。各国对保险公司的投资均有适当的限制，或限定投资范围，或限制投资的比例与数额。如德国寿险公司责任准备金的运用范围为抵押放款、一级公债、抵押公司和经主管部门特许后对公共团体放款；对于日常经营活动的监督检查，各国监管的重点是核定保险费率和保单内容，检查其营业情况，对其是否存在恶性竞争和歧视进行全面调查，并检查从业人员的资格。相对而言，发达国家的保险业起步较早，发展程度较高，并已建立起比较完善的保险业监管体制。因此，在此选择几个有代表性的国家，重点阐述其保险业监管体制并加以比较。

一、双重监管的美国模式

美国保险业实行的是联邦政府与州政府的双重监管模式，设有联邦保险办公室与州保险局双重监管机构，但二者并非是从属关系，而是平行关系，分别拥有各自独立的立法权和执法权。这种模式的一个鲜明特点是保险立法非常多，各州在保险执照的颁发、保险经营的方式、保险营业的范围、费率、险种、保险条款、保单种类以及保险企业清算破产等方面都有非常详尽的立法规定。

（一）监管机构

如上所述，美国的保险监管是联邦政府和州政府的双重监管机制，两者是平行关系，各司其职。州政府具有基本的监督权，各州制定自己的法律，并设立各自的保险管理局专门管辖区内的保险机构。州保险局的局长称为保险监督官。联邦政府也设有联邦保险办公室，负责洪水和重灾保险以及欺诈和反托拉斯等州一级监管未涉及的领域。

1871 年成立的全美保险监督官协会（NAIC）多年来扮演了相当重要的角色。它是一个非官方的、不以盈利为目的的组织，成员大多是各州保险局的局长，协会设在华盛顿。它的主要目的是使各州的监管机构互换信息、协调行动，同时为各州的保险局提供金融、再保险、精算和法律上的支持。全美保险监督官协会还积极制定示范法，作为各州保险法的参考。

1999 年出台的《金融服务现代化法》中的有关规定，使保险业的监管权有向联邦集中的趋势。该法除对保险业经营提出了一系列规范外，在保留各州对保险监管权力的基础上，还强化了全美保险监督官协会与全国保险代理商和经纪人协会的管理职能，正式发展了这两个相互制约的联邦一级的保险监管机构。全国保险代理商和经纪人协会理事由全美保险监督官协会命名，总统任命，对总统负责。理事会直接向总统和国会报告工作，主席由全美保险监督官协会成员出任，而且全美保险监督官协会对全国保险代理商和经纪人协会的决议和处罚有审查权。

（二）监管内容

1. 最低资本金要求。保险股份有限公司和相互保险公司在保险营业中必须维持资本的最低限度。例如，在纽约州，人寿保险股份有限公司必须经常维持的最低资本金为100万美元，其初期资本金则必须保持最低资本金的两倍或400万美元。相互人寿保险公司必须经常保有的最低资本是10万美元，初期资本需要15万美元的现金。

2. 保险公司的形式和地域限制。在美国，保险公司的形式主要是股份有限公司和相互保险公司，有些州也认可个人或合伙的形式。此外，非法人组织的相互保险人或组合型的友爱组织在历史上也曾作为州保险法调整的对象。

3. 业务范围的约束。有些州允许同一保险公司主体兼营寿险和非寿险业务，但财务上要分开。有些州允许母子公司分别兼营寿险与非寿险，持股公司可以同时持有人寿和财产保险公司的股份。有些州，如纽约州则允许保险公司设立子公司，经营除了银行、储蓄性机构以外的其他行业的业务，不过为了降低风险和防止利益上的冲突，对子公司股票的取得限度、母子公司的交易等作出了限制。

4. 对资本的监管。虽然保险监管机构要求保险公司在开业前和营业中必须满足最低资本要求，作为最低偿付能力的保证，但固定不变的资本金要求并不能满足不断变化的经营风险。

5. 对投资范围的约束。美国对保险公司的投资范围和投资比例的限制比较严格，一般允许的投资对象为联邦政府债券、抵押贷款、公司债券、优先股、普通股等。全美保险监督官协会将各类证券分为6级、级别越高风险越大。对后3级证券的持有量进行限制，对4级、5级、6级证券的持有量不超过全部证券持有量的7%、2%和1%。1983年，纽约州对人寿保险公司投资规定有大幅的放宽：放宽责任准备金对应资产的投资规定；认同对冲交易；把股权投资的总额限定在法定资产的40%以内。

6. 责任准备金。责任准备金的评估和累计对保险公司的财务稳定极为重要，是保险监管的重要内容。美国的州保险法依据全美保险监督官协会拟定的标准责任准备金评估法，配合本州的实际状况加以修正，确定本州最低水准的积存方式。另外，保险条例还要求按准备金的一定比例存放一笔现金存款或抵押。

二、高度自律的英国模式

长期以来，英国实行由贸工部根据议会立法全面监管，并与保险行业自律机构自我管理相结合的管理体制。贸工部是国家授权的保险监管机构，下属的保险局专门负责保险监管的日常工作。其监管实行"公开性自由原则"，通过立法规定保险人偿付能力的最低标准和计算方法，保险人必须公开接受监督。严格的偿付能力要求和公开信息义务下的自由经营模式，使英国保险人的自律性监管闻名于世，大量的保险行业自律组织协助贸工部对保险业进行监管。英国的监管模式对一些保险发达的英联邦国家和地区产生了重要影响，如新加坡和曾经被英国统治的中国香港地区。

（一）贸工部对保险业的监管内容

贸工部属下的保险局对保险业进行监管的主要内容包括：（1）批准经营保险业务的申请。（2）调查可能成为非法经营业务公司的情况。（3）对于新提名的公司董事长、主要负责人、经理及主要代理人进行审查。（4）审核授权公司提交的各种报表。（5）必要时根据法律行使干预权。（6）批准保险业务的转移。（7）撤销营业许可证。

（二）劳合社的自我管理

劳合社是英国保险业私人保险机构的行业组织，其自我管理机构是劳合社理事会。理事会对劳合社进行自我管理的主要内容有：（1）审核会员和入会资格。审核条件相当严格，规定了8个条件，不仅要有雄厚的实力，还必须有良好的信誉。（2）制定劳合社规章。（3）检验承保人财务状况。（4）设立中央基金。当某些成员无力偿还债务时，在基金项下给予保单持有人赔偿等。

（三）保险经纪人的自我管理组织

长期以来，保险经纪人在英国保险业中有着不可或缺的作用。1995年以前，劳合社的承保人不接受任何未经保险经纪人介绍的保险业务。随着保险业务的发展，有必要对保险经纪人进行统一管理。1977年英国政府颁布了《保险经纪人法》，设立了保险经纪人注册登记理事会，负责保险经纪人的注册。任何想在英国从事保险经纪的个人必须在保险经纪人注册登记理事会注册，同时还要符合其他一些条件，如申请人的品德、经验、财务状况等。1997年，英国成立了综合性的金融监管服务局（FSA），统一负责对银行、证券、保险以及其他非银行金融机构的监管。自此，英国的保险业监管走上了综合化的道路，2016年金融监管改革后，并入"双峰式"监管模式中。

三、行政色彩浓厚的日本模式

历史上，日本的保险监管部门是原大藏省（现财务省）。原大藏省（现财务省）对保险业的监管以行政手段为主，一方面表现在原大藏省（现财务省）对保险机构的流动资本比率、自由资产率等规定了具体的政策。另一方面表现在保险机构的设立、经营资格取得、名称变更、资本增加、合并、解散、机构增加与撤并、新险种开设等，均须获得原大藏省（现财务省）批准。原大藏省（现财务省）控制着各种行政审查权，使得保险业非常发达的日本市场始终是一个对外开放程度不高的市场。然而，20世纪90年代中期以来，以修改《保险业法》为标志，日本开始了大规模的保险业务制度改革，建立面向21世纪的新保险体制。

1996年4月1日，日本颁布实施新《保险业法》。新《保险业法》的修订主要集中在以下几个方面：（1）放宽限制，引进市场自由化和竞争，表现为打破产寿险界限，允许财产、寿险公司通过子公司的方式进入对方主要市场；调整市场主体的组织机构，允许相互保险公司发行公司债券以及转制为股份公司；改革保险营销制度，在不损害投保人利益的前提下，允许代理人实行多重注册制度。（2）撤销和放宽资金运用上限，损害保险的费率将逐步实现市场化等。（3）正视经营安全，强调防范和预测市场风险；引进最低偿付能力标准制度，对保险公司的财务状况实现预先警戒；扩大保险公司资本金规模，提高设立保险公司的最低资本金的限额，从3 000万日元提高到10亿日元，以提高经营稳定性；取消了保险公司只有在破产时才可主动削减保险金额的规定，各公司可根据实际情况及时主动削减保险金额，调整负债比率，改善公司的财务状况。（4）公正运作，切实维护投保人利益。开始设立投保人保护基金制度，对接受破产公司保险合同的救助公司提供资金援助。另外，为了提高企业管理和财务状况的透明度，逐步改善对保险公司资产负债和审议情况实行的不公开做法，加强投保人和社会各界的监督。

1998 年金融"大爆炸"后，日本对金融监管体制进行了改革，金融厅是日本金融行政监管的最高权力机构，全面负责对所有金融机构的监管工作，财务省（地方财务省）等作为金融监管的协作机构，根据金融厅授权或相关法律规定对相关金融机构实施监管。该体制下，监督局负责对保险业的直接监管。

四、逐步完善的中国保险监管体制

中华人民共和国成立前，中国的保险业曾长期被外国保险公司所控制。中华人民共和国成立后，民族保险业获得了发展的有利条件，但在计划经济体制中，保险业又一度停办。实行改革开放政策以后，保险业得到了恢复，成长迅速。

（一）　保险业监管法律体系的不断完善

1985 年，国务院颁布了《保险企业管理暂行条例》，对保险公司的设立、经营管理等做了具体规定。1995 年 6 月，《中华人民共和国保险法》的颁布，结束了我国保险业长期无法可依的状况。中国人民银行又与之配套制定了《保险管理暂行条例》（1996）、《保险代理人管理规定》（1998）等。1998 年 11 月，中国保险监督管理委员会成立，制定、修订了一系列的管理制度、办法，如《保险公司管理规定》（2000 年发布，2004 年修订）、《保险代理机构管理规定》（2001 年发布，2004 年修订）、《保险经纪机构管理规定》（2004）、《保险营销员管理规定》（2006）、《保险许可证管理规办法》（2007）等，修改了船舶保险、航空人身意外保险、财产保险等条款和费率，并核准了一批新的保险条款和费率等，从而建立了一套较为完备的对保险业全面实施监管的法律、法规、规章体系。在外资保险公司监管方面，国务院颁布了《中华人民共和国外资保险公司管理条例》（国务院令第 336 号，2001），中国保监会制定了《中华人民共和国外资保险公司管理条例实施细则》（2004），以及其他相关的管理制度和办法。

不论在法律、行政法规还是部门规章上，我国保险业法制建设取得了巨大成绩。首先，从法律层次上看，《中华人民共和国保险法》（2009 年修订）是保险法律体系的核心，其他重要法律如《中华人民共和国合同法》、《中华人民共和国公司法》和《中华人民共和国海商法》的相关部分构成保险法律的主要内容。其次，从行政法规层次上看，包括《机动车交通事故责任强制保险条例》（国务院令第 618 号，2012 年修订）、《中华人民共和国外资保险公司管理条例》等。再次，从部门规章层次上看，包括《保险代理机构管理规定》、《保险经纪机构管理规定》、《保险营销员管理规定》、《保险许可证管理办法》和《保险公司董事和高级管理人员任职资格管理规定》（2006）等。这些保险法律、法规和规章的出台，为我国保险业监管提供了可靠的依据，对降低保险交易成本，保障被保险人的利益起到了重要的作用。

（二）　保险业监管体制的发展

1985 年，国务院颁布了《保险企业管理暂行条例》，明确规定中国人民银行是中国保险业的监管机构。其职责是：拟定保险事业的方针、政策；批准保险企业的设立；指导、监督保险企业的会计账册和报表单据；对保险企业在经营业务中违反法律、法规、政策或者损害被保险方合法权益的行为，给予经济制裁，直到责令其停业。该条例还对保险公司的设立做了具体规定。此后，中国人民银行针对保险业务和机构的设立、保险企业资金收支计划与资金运用计划管理、保险代理机构等制定了一系列规范性文件，加强了对保险业的监管。

1995 年《中华人民共和国保险法》颁布以来，国家对保险业进行了一系列重大改革，取得了显著成效。保险业监管体制也初步建立。1998 年 11 月，成立中国保险监督管理委员会，统一监管职能，集中管理全国保险业。2004 年 2 月，中国保监会驻各地派出机构统一更名为保监局。2018 年 3 月，中国银监会和保监会合并，成立了中国银保监会。银保监会与证监会一同在国务院金融稳定发展委员会协调下与中央银行一起构成了"一行两会"新的监管框架。合并后的银保监会专注于监管，将发展规划、法律法规的制定等交由央行负责，更有利于在央行宏观审慎监管下实现保险业的微观有序发展。

第五节　各国金融衍生商品监管体制的比较

金融衍生商品是规避金融交易风险的有效工具，但它犹如一把"双刃剑"，如果使用不当，则容易伤及自身，因此，各国都非常重视对金融衍生商品的监管。本节主要阐述各国衍生商品监管的基本原则及具体规定，再以国别为单位对美国、英国和日本的金融衍生商品监管体制进行具体比较。

一、金融衍生商品监管的原则与规定

金融衍生商品作为一个金融创新工具，具有潜在的高风险性。因此，对金融衍生商品的监管必须遵循安全性、流动性、盈利性三个基本原则。安全性是指投资者使其资产免受损失的可靠性程度；流动性是指资产的变现能力；盈利性则要求市场参与者能够使其资产保值、增值。其中，安全性是金融机构进行金融衍生商品交易时实现盈利性和流动性的重要前提条件，是金融衍生商品宏观管理的重要目标之一。因此，安全性管理就成为对金融衍生商品的高度风险进行管理的重要措施和手段。它是通过金融衍生商品市场完备的市场外部条件和规范的市场内部规则来实现的。早在 1994 年 7 月，巴塞尔银行监管委员会和国际证券委员会组织就颁布了对金融衍生商品风险的监管规定。次贷危机后暴露出的对金融衍生品监管的漏洞，使各国和国际社会提高了对加强金融衍生品监管的认识。

1994 年国际证券委员会组织对金融衍生商品风险管理的规定包括：（1）各董事会或相当于董事会的部门制定风险管理政策、程序及风险防范监督时应包括的金融衍生商品，并明确建立执行责任机制，以便准确及时地掌握这一管理状况。（2）应设置独立的市场风险管理体系来处理、监控风险状况，并建立评估体系或模型。（3）应建立独立的信贷风险管理部门来确定信贷风险的标准、限度，并审查降低风险的具体办法。（4）鉴于金融衍生商品的快速深化及其复杂性，交易各方应运用诸如财会、监管等适当的方式予以规范。（5）交易商无论是一个实体还是集团均应每日进行一次风险评估。（6）交易商记账、信息体系应能保证前台和后台记录、确认、核批等。（7）交易商应不间断地监测其资金运行状况，其中包括现金流量等。

巴塞尔银行监管委员会对衍生工具风险管理的指导方针包括：（1）各交易风险管理办法应有书面说明及程序，并征得董事会的批准；（2）风险的监测、管理与防范应与上述既定的方针相一致；（3）风险的预算范围包括全部的交易与非交易业务；（4）市场风险应采用"风险价值"来测算，即潜在的盈亏应与特定时间的价格波动相联系；（5）对客户的信贷风险应通过模拟分析法或其他先进技术方法加以预防；（6）高层管理应确保由衍生工具而引发的所有风险是健康的和在受控范围之内的；（7）交易商应估算已完成的衍生商品合约产生的潜在的流动性风险；（8）应建立准确及时的处理机制以监控风险，同时应该将经营权力、风险汇报与风险监测相分离；（9）交易商在运用金融衍生商品时应对交易双方的相关规定有一定的了解。

二、金融衍生商品监管的国际比较

以下以美国、英国和日本为例，对其在金融衍生商品上的监管进行具体比较。

（一）美国对金融衍生商品的监管

美国是金融衍生商品的创始国之一，金融衍生商品市场的交易量大、交易品种多。因此，美国从一开始就十分注重监管措施的完善，建立了政府监管、行业协会的自律与交易所自我管理的三级监管体制。主要监管法规有1936年《期货交易法》、1974年《商品期货交易委员会法》、1978年《期货交易法》，并分别于1982年、1986年和1989年进行了三次修订，引进并加强了对金融期货如股票指数期货、外汇期货、期权的管理职能。其管理的基本目标是：统一金融衍生商品市场管理，建立一个监督、协调和操作三位一体的、完整有序的市场结构；统一交易法规，建立一整套合理、公正、完善、可行的交易规则；统一交易程序、上市商品、交易方式和结算手段等；统一控制衍生商品市场价格涨落幅度，提供价格信息；统一期货市场的风险管理，防止期货交易中的垄断、欺诈及不公平竞争。具体管理体系如下。

1. 最高权力机构——商品期货交易委员会。商品期货交易委员会作为期货市场的主管部门，是美国金融衍生商品市场统一监管的最高权力机构。商品期货交易委员会的任务是对所有商品期货交易所进行审核与监督，以保证衍生交易人员的合法性和交易程序的合法性，防止垄断、欺诈等行为的发生，增强竞争机制，以确保市场的正常运行。该委员会的主要管理内容有：（1）通过制定详细法规贯彻实施国会通过的商品交易法，审查批准期货交易所的行为准则和期货交易所准备用于上市的商品期货合约内容。派出代表在各期货交易所的交易场内检查有关规定的执行情况。（2）在宏观上拥有对市场参与者的管理权。（3）分析、检查市场交易秩序，处理纠纷和处罚违法行为等。

2. 期货行业协会的自律监管。美国期货行业协会的会员组成十分广泛，对期货市场的管理具有行业性、广泛性和自律性的特点。主要管理内容包括：（1）强化会员的职业道德和职业规范，实施客户保护条例。（2）负责对期货经纪商、中介经纪商、商品交易顾问和商品基金经理人进行注册。（3）审计、监督会员的财务和一般规则的执行情况。（4）对期货交易纠纷提供仲裁。（5）向其会员及公众普及遵纪守法和期货交易的基础知识。

3. 交易所自我监管。自我监管是美国市场管理体系的基础和核心，其主要监管内容有：（1）检查会员资格，监管会员的业务活动是否依照有关法规进行，以及会员是否从事超出其交易范围的交易活动。（2）监督场内一切交易活动。（3）制定交易所规章制度、业务惯例及具体细则。（4）对经纪公司会员的资本是否交足进行调查。（5）对违法活动进行处罚及仲裁纠纷。（6）维护交易准则的严肃性，监督法规的执行情况。

美国次贷危机后，2010 年推出《多德—弗兰克法》，2012 年 10 月 13 日正式生效。该法的主要内容包括以下几方面。（1）成立金融稳定监管委员会，负责监测和处理威胁国家金融稳定的系统性风险。该委员会共有 10 名成员，由财政部长牵头。委员会有权认定哪些金融机构可能对市场产生系统性冲击，从而在资本金和流动性方面对这些机构提出更加严格的监管要求。（2）在美国联邦储备委员会下设立新的消费者金融保护局，对提供信用卡、抵押贷款和其他贷款等消费者金融产品及服务的金融机构实施监管。（3）将之前缺乏监管的场外衍生品市场纳入监管视野。大部分衍生品须在交易所内通过第三方清算进行交易。（4）限制银行进行自营交易及高风险的衍生品交易。在自营交易方面，允许银行投资对冲基金和私募股权，但资金规模不得高于自身一级资本的 3% 和投资所在基金所有权益的 3%。在衍生品交易方面，要求金融机构将农产品掉期、能源掉期、多数金属掉期等风险最大的衍生品交易业务拆分到附属公司，但自身可保留利率掉期、外汇掉期以及金银掉期等业务。（5）建立新的破产清算机制，由联邦储蓄保险公司负责，责令大型金融机构提前作出自己的风险拨备，以防止金融机构倒闭再度拖累纳税人救助。（6）美联储被赋予更大的监管职责，但其自身也将受到更严格的监督。美国国会下属政府问责局将对美联储向银行发放的紧急贷款、低息贷款以及为执行利率政策进行的公开市场交易等行为进行审计和监督。（7）美联储将对企业高管薪酬进行监督，确保高管薪酬制度不会导致对风险的过度追求。美联储将提供纲领性指导而非制定具体规则，一旦发现薪酬制度导致企业过度追求高风险业务，美联储有权加以干预和阻止。（8）进一步加强对主要信用评级机构的监管。该法要求联邦政府设立信用评级征信委员会，专门负责以下几项业务：一是加强对金融市场上信用评级机构的监督管理；二是负责向发行金融衍生品的金融机构推荐资质良好、市场信誉高的信用评级机构；三是有权力取消不合格的信用评级机构；四是建议所有金融机构在自己内部设立信用评级部门；五是加强对信用评级机构的市场监管，鼓励中小投资者对不合格的信用评级机构进行举报。

《多德—弗兰克法》被认为是美国经济“大萧条”以来最全面、最严厉的金融改革法，成为与《格拉斯—斯蒂格尔法》（又称《1933 年银行法》）比肩的又一块金融监管基石，并为全球金融监管改革树立了新的标尺。

（二）英国对金融衍生商品的监管

英国对金融衍生商品的监管基本沿袭了美国的政府监管、行业自律、交易所自我管理的从上至下的三级监管制度，但更强调以行业自律组织、交易所、结算所以及衍生商品市场参与者的自我监管为主。在 1986 年以前，英国没有设立专门的政府机构来行使对衍生商品市场的监督管理职能，也没有制定专门的法律对衍生交易进行限制规定，只是在一些相关法律的某些条款中有所规定，如英国的《公司法》就对内幕交易作过限制规定。但随着 1986 年10 月进行的“大爆炸”改革，英国金融衍生商品市场的监督管理体系从根本上得到改变，

1986 年颁布的《金融服务法》也为英国金融衍生商品的监督管理提供了法律框架。从此，英国金融衍生商品的监督管理进入了一个新时代。

1. 政府对金融衍生商品市场的监管与调控。英国对金融衍生商品市场监管的主要机构是证券与投资委员会。主要监管内容有：（1）利用法律手段规范市场主体的行为。（2）利用行业组织监督与协调行业内部关系。（3）对衍生品交易进行调控和引导。（4）建立健全稳定的法律体系，保证期货市场管理的有效性和权威性。1995 年 9 月，证券与投资委员会新设立了金融风险部，以加强对英国各证券公司及海外分支机构风险管理的检查和监督。

2. 交易所自我管理。伦敦国际金融期货期权交易所是 1982 年成立的一个独立的交易所，现已成为全球第三大衍生商品交易所，也是欧洲最大的衍生商品交易所，它的会员及衍生商品皆已国际化。交易所对市场交易的管理由市场监视部负责，并通过对每日的市场监视、交易监视和财务监视来进行管理，主要内容包括：（1）市场监视，是根据交易所会员每天早上提供的前一日交易及目前选择权部位的报告，对实际支付与结算进行监督和检查。但交易所一直没有部位限制，仅要求各会员提出部位报告。（2）交易监视，是监视部门审查会员交易时是否遵守交易所各项规章，并负责调查客户申述案例及赔偿。（3）财务监视，是市场监视部门要求会员按季度报告净值，每年都要对部分会员或全部会员进行实地检查，从而保证其财务状况的真实性和合规性。

3. 行业自律组织。主要有证券与期货局、个人投资局、投资管理组织。它们对证券与投资委员会负责，监督管理下属会员所进行的交易活动，目标是促进、维持交易的公平、公正，从而有效地保护投资者的正当权益。这种行业自律监管的主要内容有：（1）对申请会员的资格进行审查。（2）对从业人员进行登记。（3）监视和调查各会员公司财务和其他情况。（4）对投资者申诉的案例进行处理。

作为全球性金融中心之一，2008 年国际金融危机也促使英国再度调整金融监管框架。英国从 2009 年 2 月开始，就大力推进本国金融监管体制的改革，并在《2000 年金融服务与市场法》的基础上接连出台了《2010 年金融服务法》、《2012 年金融服务法》和《2016 年英格兰银行与金融服务法》三部修正法，终以全新的双峰监管制度取代了先前以 FSA 为中心的统一监管体制。

以《2010 年金融服务法》为例，该法包括了如下最新规定与指导：金融服务管理局有权对违反卖空规则的行为征收罚款，并予以公开谴责；披露重要的净空头头寸；金融服务管理局有权禁止公司或个人开展部分或全部已经获准在某时间段内实施的交易活动；对于未获金融服务管理局批准而执行受约束职能的个人，金融服务管理局可以征收罚金；无论个人是否获得官方认可，金融服务管理局有权从个人手中搜集与金融稳定性相关的信息，以帮助辨别英国金融市场所面临的潜在风险等。英国金融服务管理局下设消费者关系协调部，从事消费者保护工作，成立专门服务机构处理消费者投诉。设置独立于金融服务局的消费者金融教育机构，专门从事金融消费者培训教育工作，对金融服务局进行监督并提出意见。

（三）　日本对金融衍生商品的监管

1. 政府对金融衍生商品的管理。同欧美国家相比，日本没有像美国那样设立全国统一的期货市场管理机构，而是根据不同的衍生商品类型分别由不同的政府机构进行管辖，即所谓"三省归口管理"的政府监管模式。这种模式有利于明确职责，对自己部门的期货市场实施有效管理，协调部门内的关系和采取有效的措施。但由于缺少一个具有权威性的统一管理机构，容易造成各自为政而影响整个经济政策。主管部门严格直接的管理也约束了交易所自我管理的机制。

2. 行业管理。日本的行业组织多为民间组织，如全国商品交易所联合会、全国谷物交易员联合会等。这些民间组织大多是各衍生交易的行业组织，协调各会员交易所之间的利益，维护交易员的权益。这些行业组织虽然没有如美国行业协会组织以"行业自治、协调和自我管理"的方式行使职权，但在一定程度上弥补了"归口管理"下各交易所之间协调的困难。虽为民间组织，但它在政府和交易所之间起到了桥梁的作用。近年来，随着日本金融管理体制的完善，政府统制性管理的放松，行业自我管理不断得到增强。

3. 交易所自我管理。日本期货交易所最高机构为会员总会，日常事务由执行理事会处理，下有常设委员会和特别委员会。常设委员会的职责包括：纠纷调停、上市品种运营、财务管理、资格审查、市场管理等。特别委员会的主要任务是防止价格操纵和进行交割审查。与欧美国家不同，日本没有独立的保证公司，取而代之的是经主管大臣制定而设的清偿机构，即作为法人的"交易受托债务赔偿基金会"，该基金会对加入的会员通过收取负担金的形式来监管会员的交易活动。日本也没有专门的期货交易结算所，对结算的控制和监督没有欧美那样严格有效。由于日本政府对期货交易所管理比较严格，交易所的法律制度往往被政府法令所取代，这一方面保证了期货市场的稳定，另一方面也带来交易所自我管理相对薄弱、内部经营自治性不足、缺乏活力等问题。

【主要参考文献】

［1］白钦先，张荔．发达国家金融监管比较研究［M］．北京：中国金融出版社，2003.

［2］白钦先，张荔．百年来的金融监管：理论演化、时间变迁及前景展望［J］．国际金融研究，2000（1）：74－77；2000（2）：77－79.

［3］白钦先．经济学家的良知及科学理论研究不容忽视的问题［M］//白钦先．传承与创新——学术文章暨讲演（第6卷）．北京：中国金融出版社，2012.

［4］白钦先，黄鑫．美国信用评级的国际垄断与霸权同中国的国家金融安全与主权［M］//白钦先．传承与创新——学术文章暨讲演（第6卷）．北京：中国金融出版社，2012.

［5］李豪明．英美银行监管制度比较与借鉴［M］．北京：中国金融出版社，1998.

［6］刘宇飞．国际金融监管的新发展［M］．北京：经济科学出版社，1999.

［7］周道许．现代金融监管体制研究［M］．北京：中国金融出版社，2000.

［8］苏新茗．全球金融危机与金融监管改革：解决之道［J］．国际金融研究，2010（1）：74－80.

［9］沈联涛．重审监管［J］．财经，2008（10）.

［10］王湘东．美日银行监管体制的比较及启示［J］．世界经济研究，2003（8）：

63 – 68.

［11］陈斌彬. 从统一监管到双峰监管：英国金融监管改革法案的演进及启示［J］. 华侨大学学报（哲学社会科学版），2019（2）：85 – 95.

［12］巴塞尔银行监管委员会. https：//www. bis. org/bcbs/.

［13］国际证监会组织. https：//www. iosco. org/.

［14］美国证券交易委员会. https：//www. sec. gov/.

［15］中国证券监督管理委员会. http：//www. csrc. gov. cn/pub/newsite/.

［16］Michael Taylor. *Twin Peaks：A Regulatory Structure of the New Century.* Center for the Study of Financial Innovation，London，December 1995.

［17］Calomiris，C. W. . Regulation，Industrial Structure，and Instability in U. S. Banking// Klausner & White，Structural Change if Banking，New York University Press，1993.

［18］Gowland，D. . *The Regulation of Financial Markets in the 1990s.* Edward Elgar，1990.

［19］Gart，Alan. *Regulation，Deregulation，Reregultion：The Future of the Banking，Insurance and Securities Industries.* John Wiley & Sons，Inc. ，1995.

［20］Hall，Maximilian J. B. . *Banking Regulation and Supervision：A Comparative Study of the UK，USA and Japan.* Edward Elgar Publishing Company，1993.

第十章
各国存款保险制度比较

学习提要

- 存款保险制度的产生、功能、类型与发展趋势。
- 美国作为世界上最早建立存款保险制度的国家，其存款保险制度的历史演进与主要业务特征。
- 日本和德国存款保险制度的历史演进与主要业务特征。
- 俄罗斯和印度存款保险制度的特征。
- 韩国存款保险制度的特征。

真正意义上的存款保险制度始于 20 世纪 30 年代的美国，当时为了挽救在经济危机的冲击下已濒临崩溃的银行体系，美国国会在 1933 年通过《格拉斯—斯蒂格尔法》，联邦存款保险公司（FDIC）作为一家为银行存款保险的政府机构于 1934 年成立并开始实行存款保险，以避免挤兑，保障银行体系的稳定。目前，运作历史最长、影响最大的是 1934 年 1 月 1 日正式实施的美国联邦存款保险制度。20 世纪 50 年代以来，随着经济形势和金融制度、金融创新等的不断变化和发展，美国存款保险制度不断完善，尤其是在金融监管检查与金融风险控制和预警方面，联邦存款保险公司做了大量成效显著的探索，取得了很好的成效，从而确立了联邦存款保险公司在美国金融监管中"三巨头"之一的地位，存款保险制度成为美国金融体系及金融管理的重要组成部分。20 世纪 90 年代以来，国际银行业频繁爆发经营危机，给许多国家经济、金融的稳定带来了严重的影响。为此，各国金融管理部门除了加强监管以外，普遍的做法是建立存款保险制度，以保护存款者利益，维持金融业健康稳定的发展。因此，研究比较各国存款保险制度对于构建中国显性存款保险制度具有重要的借鉴意义。

第一节　存款保险制度的概述

存款保险制度是指当吸收存款的金融机构无力偿还债务时，为保护债权人的合法利益、维持金融体系的稳定而借用保险组织形式制定的保护性制度安排。存款保险制度可分为隐性存款保险制度和公开存款保险制度。隐性存款保险制度通常是指国家虽然没有对存款保险做出制度安排，但是由于政府在以往银行倒闭时对存款人提供某种形式的保护，因而形成了公众对存款保护的预期。公开的存款保险制度是指有专门的制度和机构来从事存款保护性操作。存款保险制度一般应符合以下几个条件：一是制度本身由法律明确规定；二是有专门的存款保险机构；三是存款保险制度的承保对象、范围、保险费、赔偿形式、资金来源、资金运用均有确定的操作方式；四是建立了专项的救助基金。

一、存款保险制度的类型

无论是显性存款保险制度还是隐性存款保险制度，对提高一国银行体系稳定和金融业安全都有非常重要的作用，但是二者在以下两方面又有所不同。

1. 制度设计目的不同。从理论而言，显性存款保险制度建立的初衷是保护小额储户，防止因银行流动性不足而导致挤兑，进而波及整个银行体系，形成多米诺骨牌效应，危及金融安全。而隐性存款保险制度则是由政府出面，站在保护整个银行体系的高度，以不明示的方式为存款人形成对其损失进行赔付的预期，保证金融体系平稳运行。

2. 收益成本不同。两种存款保险制度具有各自的优势和不足。隐性存款保险制度的优点在于：（1）管理成本较低。由于不需设立专门的机构，因此从人员设置到运作成本都可以降低到最小。（2）管理方式灵活。由于没有具体的规定来限制和干预政府对银行的管理和问题银行的处理，因此，政府可以针对出现的不同问题采取具体不同的方案。（3）有利于加强市场约束。为保证存款安全，储户会高度关注银行的经营状况，以提取存款等方式，形成对银行等金融机构的软约束。

然而，隐性存款保险制度的缺陷也非常明显：（1）效率低下。由于没有法律程序和规定的约束，政府和相关部门在处理问题银行时往往会由于复杂的程序和官僚做法而变得效率低下。（2）资源配置失当。隐性存款保险制度虽然管理成本低，且管理相对灵活，但是却制造了银行行为和存款人行为的扭曲，导致资源的低效率配置。（3）道德风险增加。由于有政府的隐性保护，大而不倒（too big to fail）成为理所当然，整个银行道德风险水平较高。

显性存款保险制度给经济带来的最大收益在于以标准化的法律程序规定如何应对银行体系可能出现的危机，提高了政府处理非常问题的效率，可以减少对经济造成的波动和震荡。如通过明确银行倒闭时对存款人的赔付额度，稳定存款人的信心；通过专业化机构迅速有效地解决突发事件和问题金融机构，节约处理成本；增强银行体系的市场约束；明确金融机构倒闭时有关各方的责任。

这一制度的负面效应集中体现在：（1）道德风险。由于存款人对银行监督的放松，银行的市场约束被削弱，因而银行可能倾向于选择风险更大的资产组合。（2）逆向选择。经营不善的银行会更愿意留在存款保险体系内，"劣币驱逐良币"规律作用的最终结果是最有问题的银行使得存款保险体系变得十分脆弱。（3）代理问题。由于保险契约涉及政府部门、存款保险机构、投保银行、存款人以及纳税人各方的委托—代理关系，因而设计不当的合约极易发生损害存款人利益的结果。

从20世纪80年代后期开始，国际社会广泛关注显性存款保险制度的建立，从隐性存款保险制度到显性存款保险制度已经成为国际趋势，下面的分析主要以显性存款保险制度为背景来进行。

二、存款保险制度的演变

存款保险制度始于20世纪30年代。当时的经济大危机使美国商业银行受到极大冲击，因为无法收回贷款或从事更多的证券投机业务，许多商业银行资金周转不灵而被迫倒闭。由此引发了大规模的挤兑现象，使得本来可以正常经营的银行和储蓄存款机构大批破产，整个金融体系陷入危机，存款人蒙受了巨大损失。在这种情况下，迫切要求建立一种保护广大存款人利益，避免挤兑，维护银行体系稳定的制度。

（一）萌芽阶段

为了保护银行存款人的利益，稳定金融秩序，许多国家于20世纪30年代初期以前就进行了存款保险计划的尝试，这一阶段的主要特征为负债保险转向存款保险，但在美国仅限于州一级层次上的初步尝试。自1829年到1930年美国两次共计14个州进行了州范围的存款保险尝试，第一次强制所有银行加入，保险的对象主要是银行券。第二次则有3个州为自愿加入，主要对银行存款进行保险，部分州包含利息。虽然一些州的尝试在一定程度上取得了成功，但由于经济危机的爆发和新银行法案的通过最终均以失败告终，而深层次的原因则是这些存款保险尝试没有上升到联邦的层次上，抗拒风险的能力比较弱。尽管这些尝试均以失败告终，但是由"银行负债保险"过渡到"银行存款保险"本身就是一个质的飞跃。

（二）产生阶段

20世纪30年代中期到50年代末在美国经济"大萧条"的推动下，美国通过了《格拉斯—斯蒂格尔法》，正式建立存款保险制度，同时实现了"州存款保险计划"向"联邦存款保险制度"的飞跃。其中的典型事件包括：第一，1930年美国银行大量破产，众多存款人开始将存款从银行转向了由政府经营并享有政府担保的邮政储蓄。第二，1933年6月美国出台《格拉斯—斯蒂格尔法》提出建立存款保险制度。银行法规定设立联邦存款保险公司作为存款保险制度的运作机构。联邦存款保险制度对成员银行采取强制与自愿相结合的方式，并设立了两只保险基金，分别由联邦存款保险公司和联邦储蓄和信贷保险公司管理。存款保险制度采取限额保险，上限为2 500美元。联邦存款保险制度建立以后，公众对银行的信心得以恢复，美国银行业经营状况得到明显改善，银行存款开始回流，银行失败数目迅速减少，金融秩序相对稳定。

（三）扩散阶段

金融自由化的兴起使银行的经营风险加大，道德风险非常突出。20世纪80年代末以来美国储贷协会大批破产，银行危机经常发生。同时美国联邦存款保险制度的成功运作及其发挥的积极作用，对其他国家存款保险制度的建立起到了良好的示范效应。这一时期世界范围内存款保险制度发展趋势比较平缓，平均每年有1~2个国家建立存款保险制度，主要集中在欧洲、中亚、亚太以及拉美地区。新建立的存款保险制度以强制加入方式为主，大部分国家采取限额保护的方式。20世纪60年代到90年代初（1960—1993年）全世界有45个国家建立了显性的存款保险制度，存款保险制度在世界范围内迅速扩散开来。1961年印度出台《存款保险法》，1967年加拿大出台《存款保险公司法》，1971年日本出台《存款保险法》，越来越多的国家结合自身实际需要，陆续引入存款保险制度。

（四）　加速阶段

20 世纪 90 年代至今，全世界银行危机问题非常严重。西欧金融市场动荡、墨西哥金融危机、东南亚金融危机等一系列的金融危机加速了一些国家存款保险制度的建立，尤其是转型国家和新兴市场国家。自此存款保险制度呈现出加速发展之势，平均每年有 4～5 个国家建立此制度，主要集中在亚洲、欧洲和拉美及加勒比海地区。1994 年，欧洲议会和欧盟理事会出台《存款保障计划法令》，要求所有成员国建立存款保险制度。许多国家是在亚洲金融危机期间或之后建立存款保险制度的，同时伴随着存款保险机构单纯存款保险的功能在降低，金融监管的职能在上升。成员机构的加入方式绝大多数是强制加入。根据国际存款保险协会（IADI）的最新统计数据，截至 2017 年 9 月，全球共有 140 个国家和地区建立了存款保险制度，基本包括了所有西方发达国家和新兴市场国家。

（五）　发展趋势

1. 显性存款保险制度取代隐性存款保险制度占据主流。存款保险分布结构不平衡的状况正逐渐被打破，1997 年亚洲金融危机以来，很多亚洲、中东欧和非洲国家都建立或修订了本国的存款保险制度。未来显性存款保险制度也将主要在中低收入国家迅速普及。

2. 强制性存款保险占据绝对主导。1995 年全球实行强制性存款保险的国家和地区仅为 26 个，占所有实行存款保险制度国家的 5%；近年来新建存款保险制度的国家均采用强制性存款保险方式。

3. 限额保险普遍被接受，共同保险流行。目前，全球大多数国家的存款保险制度是限额保险。另一个明显的趋势就是共同保险近年来越来越流行，很多国家和地区开始要求存款人为他们的存款提供一定比例的共同保险。存款保险机构独立性不断加强。金融业越发达的国家，存款保险机构与监管机构、中央银行相分离的趋势就越强，各国存款保险机构独立性的趋势正在不断加强。

4. "风险最小化"型存款保险机构呈递增趋势。近年来许多国家的存款保险机构都正在从单纯的"付款箱"型向"风险最小化"型转变，"风险最小化"类型呈递增趋势，代表了未来存款保险机构的发展方向。如韩国存款保险公司 1996 年之初是典型的"付款箱"型，到 2001 年已基本转变为一个"风险最小化"型的机构。

5. 累积基金制与风险差别费率制为发展趋势。在 1995 年以后建立存款保险制度的国家中，大都采用了累积基金制的方式。累积基金制是存款保险制度资金设立的主要方式，同时风险调整的差别费率制普及速度非常迅速，并渐成发展之势。

6. 公开银行援助、购买与承接以及清算是当前处置破产银行的主要方式。目前正呈现出三个明显的趋势：（1）处置途径的选择由满足偿付需要为依据转变为以处置成本最小化为依据；（2）处置途径由重视对倒闭银行的事后处置转变为事后处置与事前监管及干预并重；（3）加大了对在处置倒闭银行业务中引发的保险基金损失的关注。

相对于世界存款保险制度的演变，中国存款保险制度改革之路比较稳健。长期以来，我国实际上实行的是隐性存款保险制度。在经营不善的金融机构退出市场的过程中，往往是由中央银行和地方政府承担个人债务清偿的责任。然而，随着经济的快速发展和金融体制改革的深化，由各级政府或中央银行"埋单"的缺陷和弊端也日益显现出来，这种模式不仅给各级财政带来沉重负担，而且导致中央银行货币政策目标的严重扭曲。鉴于各国特别是美国存款保险制度的成功经验，更是经过了多年的酝酿和准备，并在充分吸取国际金融危机正反两方面经验教训的基础上，中国《存款保险条例》于 2015 年 5 月 1 日正式施行。中国《存款保险条例》规定，存款保险的保险费由中国人民银行收取与管理，存款保险机构也设于中国人民银行内部（金融稳定局）。我国存款保险制度实施以来，各方面反应积极正面，制度运行平稳，功能不断拓展，存款保险制度在保障存款人权益、增强公众信心、强化风险约束、促进银行审慎经营和健康发展等方面的作用逐步显现。2019 年 6 月 1 日，中国人民银行设立的存款保险基金管理有限责任公司成立，该公司是存款保险基金的专门管理机构。

表 10-1　　　　　　　　　　　　世界主要国家存款保险机构

国家	成立年份	机构名称
美国	1934	联邦存款保险公司
日本	1971	日本存款保险公司
意大利	1987	银行业存款保险基金
法国	1979	法国存款保险基金
印度	1962	存款保险和信用担保公司
韩国	1996	韩国存款保险公司
中国	2019	存款保险基金管理有限责任公司

三、存款保险制度的特征

（一）　关系的有偿性和互助性

存款保险主体之间的关系，一方面是有偿的，即只有在投保银行按规定缴纳保险费后，才能得到保险人的资金援助，或倒闭时存款人才能得到赔偿；另一方面又是互助的。即存款保险是众多的投保银行互助共济实现的，如果只有少数银行投保，则保险基金规模小，难以承担银行破产时对存款人给予赔偿的责任。

（二）　时期的有限性

存款保险只对在保险有效期间倒闭的银行的存款给予赔偿，而未参加存款保险，或已终止保险关系的银行的存款一般不受保护。

（三）　结果的损益性

存款保险是保险机构向存款人提供的一种经济保障，一旦投保银行倒闭，存款人要向保险人索赔，其结果可能与该投保银行收取的保险费差距很大。因此，存款保险公司必须通过科学的精算法则较为准确地计算出合理的保障率，使得存款保险公司有能力担负存款赔付的责任。

（四）　机构的垄断性

无论是官方的、民间的，还是合办的存款保险机构，都不同于商业保障公司的服务，其经营的目的不在于盈利，而在于通过存款保护建立一种保障机制，提高存款人对银行业的信心。因此，存款保险机构一般具有垄断性。

四、存款保险制度的作用

存款保险制度的建立对保护存款人利益、维护银行体系稳定发挥着重要的作用。实践证明，存款保险制度的主要作用如下。

（一）保护存款人的利益，提高社会公众对银行体系的信心

如果建立了存款保险制度，当实行该制度的银行资金周转不灵或破产倒闭而不能支付存款人的存款时，按照保险合同条款，投保银行可从存款保险机构那里获取赔偿或取得资金援助，或被接收、兼并，存款人的存款损失就会降低到尽可能小的程度，有效保护了存款人的利益。存款保险制度虽然是一种事后补救措施，但它的作用却在事前也有体现，当公众知道银行已实行了该制度，即使银行真的出现问题时，也会得到相应的赔偿，这从心理上给了他们安全感，从而可有效降低极富传染性的恐慌感，进而减少了对银行体系的影响。

（二）可有效提高金融体系的稳定性，维持正常的金融秩序

由于存款保险机构负有对有问题银行承担保证支付的责任，它必然会对投保银行的日常经营活动进行一定的监督、管理，从中发现隐患所在，及时提出建议和警告，以确保各银行都会稳健经营，这实际上增加了一道金融安全网。同时由于这一制度对公众心理所产生的积极作用，也可有效防止银行挤兑风潮的发生和蔓延，从而促进了金融体系的稳定。同时，存款保险机构可通过对有问题银行提供担保、补贴或融资支持等方式对其进行挽救，或促使其被实力较强的银行兼并，减少社会震荡，有助于社会的安定。

（三）促进银行业适度竞争，为公众提供质优价廉的服务

大银行由于其规模和实力的原因，往往在吸收存款方面处于优势地位，而中小银行则处于劣势地位，这就容易形成大银行垄断经营的局面。而垄断是不利于消费者利益的，社会公众获得的利益就会小于完全竞争状态下的利益。存款保险制度是保护中小银行，促进公平竞争的有效方法之一。它可以使存款者形成一种共识：无论将存款存入大银行还是小银行，该制度对其保护程度都是相同的。因此提供服务的优劣，将成为客户选择存款银行的主要因素。

（四）存款保险制度是金融监管的补充手段

存款保险机构为了减少保险赔偿金的支出，必须对投保的金融机构的经营活动进行监督和检查，因而成为中央银行进行金融监管的补充手段和重要的信息来源。同时，在客观上能够促进这些金融机构提高经营管理水平，防止和减少破产倒闭现象的发生。

第二节　主要国家的存款保险制度

进入 21 世纪后，实行显性存款保险制度的国家（地区）越来越多，本节以发达国家（如美国、日本和德国）、金砖国家（如俄罗斯和印度）、新兴工业化国家（如韩国）等为例进行重点阐述。

一、美国的存款保险制度

美国是世界上最早建立银行存款保险制度的国家。尽管美国国家级的存款保险公司——联邦存款保险公司（FDIC）建立于 1933 年，比原捷克斯洛伐克晚了近 10 年（原捷克斯洛伐克于 1924 年建立了全国性的存款保险制度）。实际上早在 1829 年，美国纽约州的"纽约安

全基金制度"作为存款保险制度的雏形已开始形成，开创了世界存款保险制度的新纪元。

1930 年以前，美国一直是在州的范围内实施存款保险制度。1929—1933 年的经济大危机造成了 9 108 家银行倒闭，同时各州也被迫相继宣告停止运作原本规模很小的保险基金。为了挽救濒临瘫痪的美国银行业，罗斯福总统于 1933 年同意签署《格拉斯—斯蒂格尔法》，根据该法第八项的规定，成立了联邦存款保险公司（FDIC），它的成立标志着美国银行存款保险制度的正式建立。联邦存款保险公司的存款保险业务主要涉及保险对象、保险费、保险赔偿限额、保险基金四个方面。

（一）保险对象

联邦存款保险公司除向本国商业银行、储蓄银行、储蓄贷款协会及其他从事存款业务的金融机构提供存款保险服务外，还向外国银行在美国的分支机构提供存款保险服务。虽有联邦储备体系会员银行必须参加存款保险，其他银行或金融机构可自愿加入的规定，但美国大部分州都将参加存款保险作为州银行和其他金融机构申领执照的先决条件。外国银行在美国的分支机构根据 1978 年美国《国际银行法》可自愿选择是否参加存款保险，但该法又规定未参加保险的外国银行不能吸收 10 万美元以下存款，并须在存款凭证上注明该存款不受联邦存款保险公司保护。因此，事实上美国国内的绝大部分金融机构都参加了存款保险。

（二）保险费

联邦存款保险公司的保险费是按各家投保银行存款总额的一定比例来征收的，它不是一成不变的，它通常随着银行业风险程度的变化而调整。美国存款保险费率的变革经历了四个时期：固定费率时期、弹性费率时期、钉住法定目标费率时期和风险费率时期，逐步由固定费率时期过渡到浮动费率时期，由单一费率过渡到差别费率。存款保险公司开办之初，保险费比例为 0.5%，其中 0.25% 等待通知后才支付，后来保险费比例调整为 0.0833%。到 20 世纪末，保险费比例名义上仍为 0.0833%，但联邦存款保险公司的实收保费都低于这个比率。

（三）保险赔偿限额

联邦存款保险公司对每一个存款账户提供的最高赔偿限额在 1934 年定为 2 500 美元，到 1980 年已提高至 10 万美元，目前仍为 10 万美元。但如今的 10 万美元最高限额与 20 世纪 80 年代的 10 万美元限额是有区别的。80 年代如果某个存款人在一家银行以不同名义开立几个账户，或者以同一名义在不同的银行开立账户，则他的每个账户都可以得到 10 万美元的保障。而现在，联邦存款保险公司对存款人在同一家银行开立的多个账户或以同一名义在不同银行开立账户，都只给予存款人 10 万美元保险赔偿的最高限额。

（四）保险基金

联邦存款保险公司成立时，原始资本是 2.89 亿美元，其中，财政部拨款 1.5 亿美元，联邦储备银行拨款 1.39 亿美元，这笔款项（包括利息）已于 1952 年清偿完毕。目前联邦存款保险公司的主要收入来源是投保银行交纳的保险费和保险基金的投资收益，基金不足时还可以向联邦政府借款。1991 年《联邦存款保险公司改革法》授权存款保险基金可获得 700 亿美元的联邦政府贷款，其中从美国财政部获得的贷款为 300 亿美元，从联邦融资银行获得的流动资金贷款为 400 亿美元。联邦存款保险公司自成立以来一直到 20 世纪 80 年代中期，保险基金稳步增长，但 80 年代后期，特别是进入 90 年代后，由于商业银行倒闭数量迅速增加，保险基金大幅度减少，到 1991 年仅剩下 36 亿美元。1991 年末上述改进法实施后，局面有所好转，截至 2008 年第二季度末，美国存款保险基金总额约为 452 亿美元。

二、日本的存款保险制度

日本的存款保险机构有两个，一个是国家级的日本存款保险机构，另一个是专业性很强的农水产业协同组合储蓄存款保险机构，后者在整个存款保险体系中所占比例虽小，但二者在不同的领域都发挥着同等作用。

（一） 日本存款保险制度的演变

早在 1957 年，日本的金融当局就意识到了存款保险对维护金融稳定的作用，希望借鉴西方国家的经验，构建存款保险体系，防止挤兑风潮，避免银行倒闭给金融业带来的不稳定影响，因此，向国会提交了《存款保险制度基金法案》。1971 年，日本国会公布了《存款保险法》，设立日本存款保险公司。

自 20 世纪 80 年代中后期，日本泡沫经济崩溃后，金融机构的运营状况不断恶化，破产案件不断增加，公众对金融体系的信心有所下降。为了提高存款保险机构处置金融风险的能力，日本政府通过修改《存款保险法》，对日本存款保险制度进行了数次改革，日本存款保险公司不断被赋予新的职能与权力，目前，已成为稳定日本金融体系的重要机构之一。1986 年，存款保险公司被赋予对倒闭机构进行并购的职能，增加赔付额度，提高保险费率，从而充实了保险基金的基础。1996 年，政府颁布了《金融机构重组的特殊程序条例》和《存款保险法的补充条例》，对存款保险制度进行了一系列的改革，赋予存款保险机构一些新的权力，使之成为全新的日本存款保险公司。

1998 年 2 月，国会再次修改《存款保险法》，修改后主要内容如下：（1）将一般金融机构特别账户与信用合作社特别账户合并为特别业务账户，使存款保险机构能够处理除信用合作社之外的所有金融机构的破产案件。（2）为加强存款保险机构的财政基础，拨出 7 兆日元国债作为特别业务基金，破产所造成的损失可由国债偿还金弥补。（3）为顺利筹措特别业务账户资金，可从日本银行或金融机构借入资金，并赋予债券发行权，同时，将政府担保额度扩大到 10 兆日元。（4）整顿回收银行模式不仅适用于信用合作社，而且可适用于其他金融机构。（5）存款保险机构可向整顿回收银行提供收购转让所需的资金，扩大了其接收不良资产的功能。（6）存款保险机构在收购资产或提供资金援助时，可检查或处罚问题金融机构。

从 2002 年 4 月起，对于存款和其他请求取消全面保护，具体包括：（1）存款保险范围最高限额是 1 000 万日元本金加上存款利息，包括定期存款、零存整取储蓄、贷款信托和银行债券。（2）从 2003 年 4 月起，取消对流动性存款（包括普通储蓄、活期储蓄和特定储蓄）的全面保护。2002 年 11 月，存款保险法再次修订，规定对流动性存款的全面保护可以延长到 2005 年 3 月。

（二） 日本存款保险公司

日本存款保险公司成立于 1971 年 7 月，该机构作为存款保险制度运营中的特别法人，具有以下几个特征：（1）该机构以大部分民间金融机构为对象，并强制其参加保险。（2）该机构的业务被限制在收取保险费和支付保险金这一范围内。（3）该机构在运营中要吸收代表民间金融业界的人士参加，并且该机构的运营要反映民间金融业的自主性意向。

1. 组织机构。日本存款保险机构设置理事长 1 人，由日本银行副总裁担任，另设理事、监事若干名。该机构的最高决策部门是政策委员会，它由存款保险机构的理事长、理事以及具有专门金融知识和经验的人士（7 名以内）构成，委员长由理事长兼任。该委员会的工作范围是审议和决定有关存款保险机构业务运营的重要事项。

2. 保险对象。日本存款保险对象以民间金融机构为主，包括都市银行、地方银行、长期信用银行、信托银行、外汇银行（东京银行）、相互银行、信用金库、信用组合及劳动金库等 1 000 多家金融机构及其海外分支机构，而外国银行在日本的分支机构则排除在外。投保方式采用强制式。参加保险的存款种类有储蓄存款、定期零存整取存款、分期交存存款等，但不包括外币存款、政府金融机构存款及民间金融机构存款。

3. 保险责任。作为存款保险制度的主要执行机构，依照《存款保险法》，日本存款保险公司的主要职责包括两个方面。（1）存款保险。存款保险体系的成员机构是强制性参加的。保险费率由存款保险公司的政策委员会制定，由首相授权金融服务局批准。目前日本实行的是单一费率制度，尚未采纳风险差别费率制。按照存款类别的不同，将存款划分为特定存款和非存款。特定存款包括储蓄存款、活期存款和非指定存款。非存款是指包括定期存款在内的非类别存款。两种类别所适用的保险费率略有差别。目前特定存款的费率为 0.094%，而非存款的费率为 0.08%。（2）对问题机构的处置。存款保险公司对于问题机构的处置主要通过以下几种方式：①进行资金援助。②购买存款及非债权。③负责管理破产金融机构。④成立过桥银行。⑤通过调查追诉法律责任。

4. 保险基金。日本存款保险机构的保险金由资本金、保险费收入和其他收入构成，该机构的资本金为 4.5 亿日元，其中日本政府、日本银行和民间金融机构各出资 1.5 亿日元。1996 年日本政府出资 50 亿日元设立专项账户，专门处理由住房贷款管理局负责的住宅抵押不良贷款。目前日本政府持有存款保险公司 95% 的股份。

一般业务（特别业务以外的保险金支付以及清偿成本以外的资金援助业务）使用一般保险费。其收费标准为：以前一会计年度最后一天的存款金额为基础，参加存款保险的金融机构按比例在每个会计年度开始后 3 个月内缴纳保险费。从 1996 年度起采用分期缴纳制度：每年度应缴纳保险费的 1/2，在新会计年度开始后 3 个月以内缴纳；而余下的 1/2 在下半会计年度 3 个月以内缴纳。此外，根据 1996 年的修改法案，参加存款保险的金融机构在 2000 年度以前要缴纳特殊保险费。1998 年，一般金融机构特别账户与信用合作社特别账户合并为特别业务账户，作为实施特别资金援助的资本金。特别保险费的缴纳期限、计算方法和一般保险费一样，其保险费率为 0.036%。

5. 偿付。存款保险公司的偿付主要涉及以下两个方面。（1）偿付限额。1971 年，日本存款保险公司成立，根据当时的《存款保险法》，当金融机构发生倒闭时，存款保险公司的最高赔付额度为 100 万日元，1974 年上升至 300 万日元。目前，偿付金额为存款人在问题金融机构存入的被保险存款金额的合计（但不包括保险事故发生前未计入本金的利息），法令规定最多可向每个存款者支付 1 000 万日元保险金。（2）偿付程序。根据问题金融机构存款人的请求而支付保险金。日本存款保险机构仅对以下两种保险事故支付保险金。第一种是参加保险的金融机构被取消营业许可，宣告破产及解散。此种情况下，存款保险机构立即支付保险金。第二种是参加保险的金融机构对存款人停止支付存款。此种情况下，存款保险机构是否立即向存款人支付保险金，需由政策委员会根据具体情况在 1 个月内作出决定。

（三） 农水产业协同组合储蓄存款保险机构

由于农业协同组合及渔业协同组合与一般金融机构在性质上存在一些差别，因此，日本存款保险机构设立时未将其列为投保对象。但上述两个组合也强烈认识到建立存款保险制度的必要性，遂于 1973 年 9 月成立了农水产业协同组合储蓄存款保险机构（简称农水协储保险机构）。该机构的目标是：建立确保农水产业协同组合储蓄存款支付的保险制度，保护农水产业协同组合储蓄存款者，维持信用秩序。农水协储蓄存款保险机构的资本金为 3 亿日元。由于该机构是仿效日本存款保险机构而设立的，因此，在组织机构、保险责任、保险限额、业务范围等方面基本相似，只是保险费率比前者略低。

三、德国的存款保险制度

德国的存款保险体系主要由三大基金构成：私营银行业存款保险基金、储蓄银行业存款保险基金、信用合作社保险基金。

（一） 私营银行业的存款保险

1951 年巴伐利亚银行基金的设立标志着德国私营银行业存款保险制度的开始。1966 年，在德国私营银行公会的筹措下成立了跨区域性的私营银行业共同基金，即所谓的应急基金，由德国银行公会管理，以保障小额存户的安全。现行的私营银行业存款保险制度是 1976 年 5 月根据"德国联邦银行公会存款保险基金章程"在原基金基础上重组产生的。该基金的主要宗旨在于对发生临时性支付危机的金融机构提供援助，防止金融恐慌的发生，保护存款者的利益。

私营银行业存款保险基金的成员主要为各种民营（或私营）商业银行，同时，一些民营专业银行，诸如民营不动产抵押银行、船舶银行及其他民营专业银行也是该基金的会员。虽然没有法律强制所有民营商业银行都必须加入保险基金，但除少数几家在德国经营的外国银行分行外，几乎德国所有的民营商业银行都已加入该基金。德国新注册设立的银行，首先必须加入银行公会，而银行公会则鼓励其加入存款保险基金，这也是金融当局核发经营许可的最主要的参考条件之一。

基金的最高管理机构为存款保险委员会，该委员会由 9 名委员组成，它们分别由 3 家规模较大的私营商业银行德意志银行、德国商业银行和德累斯顿银行（Deutsche Bank、Commerz Bank、Dresdner Bank ）各选派 1 名，区域性商业银行推举 3 名、个体银行业推举 3 名。

从保险基金的筹集看，成员银行是在每年 6 月 30 日前按其上年度末对客户负债金额的 0.3% 向基金组织交纳保险费。但新加入保险基金的成员须缴纳特别保险，其金额相当于年度保险费的三倍。视不同情况，存款保险委员会还有权作出如下决定：（1） 当基金资产达到一定额度后，减免年度保险费。（2） 当基金资产不足以承担支付需要时，加倍提取年度保险费。（3）计收特别保险费，其额度甚至可以达到年度保险额。

（二） 储蓄银行业的存款保险

德国储蓄银行业的存款保险是以多层次保障为特点。从其保障体系看，包括：（1）区域性储蓄银行协会保障基金。（2）储蓄银行保障基金的跨区域性均衡调节。（3）地方银行和汇划中心的保险准备金。（4）储蓄银行保障基金和保险准备金执行委员会。

储蓄银行业的保障基金不是直接对银行的债权人进行保护，而是对银行进行扶持。成员银行每年按其对客户负债的0.3%交纳保障基金。各区域性保障基金间有相互调剂和均衡的义务。地方银行和汇划中心的保险准备金应达到非银行顾客的除住宅储蓄以外的负债额的0.1%。根据保险准备金章程，成员银行每年在以0.1%的比率计缴基础准备金时，若基金实缴额达到应缴额的50%，就可以停缴，其余50%仅在需要之时缴纳。并且，只要需要，成员银行就有义务随时缴纳其余应缴的部分。

德意志储蓄银行和汇划协会对保障基金和保险准备金总额的15%拥有特别支配权。经基金执行委员会19位委员的多数同意后，也可以对非储蓄银行金融机构进行扶持。

（三）信用合作社的存款保险

早在1930年，德国信用合作社就有了存款保险组织和机构。整个信用合作社现行的保险体系由大众银行和莱夫艾森银行联邦协会保证基金和基金执行委员会组成，于1976年建立。与储蓄银行业的存款保险机制类似，信用合作社存款保险机制也表现为对存款者进行间接性保护。保证基金组织的目的在于帮助成员银行渡过经济上的困难，以保证银行债权人的资产安全，并且，成员银行的经济困难应是由业务关系引起的，而不是信用业普遍存在的危机所致。

保证基金资产是属于大众银行和莱夫艾森银行联邦协会的资产，并且与该协会的其他资产分开进行管理和经营。保证基金涉及的成员银行有：（1）加入合作审计协会的信用合作社。（2）中心合作银行及其他法律形式的银行。（3）德意志合作银行。（4）施韦比希哈尔住房储蓄信贷银行。（5）符合大众银行和莱夫艾森银行联邦协会存款保险条件的其他金融机构。

信用合作社、中心合作银行所缴保费的20%存入大众银行和莱夫艾森银行联邦协会（BVR）的特别账户进行管理，其余80%由大众银行和莱夫艾森银行联邦协会委托当地合作审计协会代管。跨区域性合作金融机构所缴保费全部由BVR管理。当投保的合作银行经济上陷入困境时，可以根据不同情况从保险基金资产中获得现金资助、有息或无息贷款和信用担保等。

通过以上论述，可以发现德国存款保险制度有以下几个特点：（1）实行自愿保险的原则，即德国没有法律条文规定所有银行金融机构都必须参加保险。（2）德国政府不直接对银行业的存款保险活动进行干预，因而德国存款保险体系中的三大组成部分都是由各有关行业公会直接管理和经营的。（3）各类银行业存款保险组织均是通过对会员银行的扶持间接地对银行债权人的权益进行保护。（4）税务部门对保险基金所实现的收益，例如保险基金的投资收益等，只要是用于基金章程所规定的扶持银行和保护银行债权人权益的目的，就免征公司税、营业税和财产税。

四、俄罗斯的存款保险制度

俄罗斯是实行存款保险制度较晚的国家。20世纪90年代以来，俄罗斯发生了几次大的政治和金融动荡，最终都是老百姓自己"埋单"。2001年，俄罗斯政府制定《俄联邦银行保障归还公民存款》法律草案，规定政府将成立存款保险代理公司，在银行倒闭时，代理公司负责返还储户存款。用于此目的的储备基金由国家和各银行交纳的保险金构成，代理公司负责支配这些资金。2003 年，俄罗斯杜马审议通过了《俄罗斯联邦关于自然人在俄联邦银行存款保险法》，旨在保护储户的权益，增强人们对银行系统的信任感以及俄罗斯银行系统对居民储蓄的吸引力。

（一）组织机构

2002 年 11 月，俄罗斯政府出台《自然人银行储蓄保险》草案，法案规定，由国家先期投入 30 亿卢布设立保险基金，银行再按吸收存款的一定比例交纳保险金。俄罗斯信贷机构重组局（ARCO）负责实施居民存款保险制度，俄罗斯联邦政府与俄罗斯中央银行负责监管这一制度的运作。存款保险社的管理机构是存款保险社的经理理事会、董事会和总经理。联邦政权机关、以俄罗斯为主体的国家政权机关、地方自治机关和俄罗斯联邦中央银行都没有权力干涉存款保险社的工作。存款保险社和俄罗斯联邦中央银行各自协调工作并就所采取的存款保险措施问题互相交流。

（二）投保方式

俄罗斯实行强制性的存款保险制度。《存款保险法》规定：一切银行必须根据本联邦法规参加存款保险制度。在银行不能清偿债务时，减少存款人遭受不利后果的风险。

（三）保险基金

俄罗斯联邦存款保险基金采取设立存款保险基金的方式，资金来源主要有以下几个方面：（1）法规规定的联邦预算。（2）根据联邦法规支付的保险费。（3）不按时或不充分支付保险费的罚金。（4）存款保险社支付存款补偿并得到债权满足后得到的资金和其他财产。（5）配置或投资必需的存款保险基金的暂时闲置资金的收入。（6）缴纳初次财产的费款。（7）其他收入。

（四）保险范围

俄罗斯存款保险制度对投保人范围的确定实行属地主义原则，排除本国银行在境外的分支机构。同时，俄罗斯对存款人实行部分保险的方式。《存款保险法》规定：每个存款人的存款补偿金额按照发生保险事件的银行对该存款人存款债务总金额确定。按发生保险事件的银行存款债务总金额 100% 的存款补偿支付给存款人，但最高不超过 10 万卢布。

（五）费率

俄罗斯联邦采取单一保险费率的形式，费率为 0.15%。俄罗斯《存款保险法》规定：保险费率不能超过最后结算期内计算基础的 0.15%。在联邦法规规定的情况下，保险费率可以提高到计算基础的 0.3%，但使用该费率的时间不能超过 15 个月内的两个结算期。

五、印度的存款保险制度

印度是较早建立存款保险制度的国家，也是最早建立存款保险制度的发展中国家。1961 年，印度通过并颁布了《存款保险公司法》，并根据此法于 1962 年建立了印度存款保险公司，作为印度储备银行的附属机构，专门负责印度存款保险的实施。1978 年，印度存款保险公司兼并了印度信用担保股份有限公司（CGCI），并因此更名为存款保险与信用担保公司（Deposit Insurance and Credit Guarantee Corporation，DICGC）。

（一）组织机构

存款保险与信用担保公司的独立性较差，同银行监管部门一样附属于中央银行，由印度银行独资组建。存款保险与信用担保公司的最高权力机构是董事会，由5位成员组成，其中包括：中央银行行长（任董事会主席），1位中央银行副行长，1位由中央政府指定的中央政府官员，2位由政府与中央银行协商产生的董事。协商产生的2位董事的资格要求包括：既不是政府或中央银行或存款保险与信用担保公司的官员，又不是银行的官员、工作人员或与银行有密切关系的人士，同时还具备商业银行、金融和工商业方面的专门知识，其任期为4年。

（二）投保方式与资格

印度存款保险制度采取强制加入的投保方式，加入存款保险体系的资格最初被限定为国有商业银行、外国银行在印度的分支机构，而合作银行和农村地区的银行被排除在外，1966年《银行法律草案》将合作银行业纳入储备银行的管辖范围，1968年通过的《存款保险公司修正法》最终赋予了合作银行同等的投保资格，1976年《农村地区银行法》的通过和实施，使农村地区的银行也具备了参保资格。

（三）保险范围

在印度存款保险制度中，部分存款被排除在外，其中包括外国政府存款、中央政府或邦政府存款、同业存款、合作银行的邦土地开发银行存款、可转让大额存单、作为现钞抵押的存款、在银行倒闭前或公告至少6个月或更早以前由于附属债务转移所产生的存款以及在国外的存款。除此之外，其他类型的存款均可被存款保险与信用担保公司所保险。存款保险与信用担保公司对存款保险额度规定了最高限，对每个存款人的保险额度在1962年定为1 500卢比，其间经过5次调整，达到目前的10万卢比。

（四）保险基金

存款保险与信用担保公司由印度储备银行独资组建，最初注册资本为1 000万卢比，1975年增加到2 000万卢比，1978年再次提高到1亿卢比，所有权属于中央银行。为了保证存款保险运作的独立性，存款保险与信用担保公司设立了总基金和存款保险两只基金。总基金由资本金、各种储蓄和基金投资收入积累三部分构成，日常行政费用支出从中扣除。存款保险基金的来源主要有投保银行的保费、倒闭银行的残值、向中央银行借款、基金投资收益和从总基金中转移五个渠道。

（五）保费缴纳

印度存款保险制度一直实行的是单一固定的保险费率，目前的年保险费率为0.05%。为了降低大银行对单一保险费率的不满而采用了与美国联邦存款保险公司（FDIC）相同的保险费返还的方法。投保银行按季度分期缴纳保险费，若投保银行拖欠应缴纳的保费，则需要对拖欠部分按期收取利息，但利率不超过年利率的8%，应缴纳的存款保险费为在存款保险范围内的合格存款总额与规定的保险费率之积。

（六）保险理赔

《印度存款保险法》详细规定了成员机构倒闭或停业后被保险存款理赔的有关原则：一旦成员银行倒闭或要求其进行清算或结束营业，或者成员银行的重组和合并方案获得当局批准并且生效后，存款保险与信用担保公司将对每个存款人进行赔付，在进行赔付前，应该扣除存款人对该银行所欠的遗留债务，并要求在 5 个月内完成对所有合格存款的赔付。成员机构对存款人的赔付可以通过存款保险与信用担保公司直接支付，或者通过清算机构或其他机构两种方式进行支付，至于选择何种方式由存款保险与信用担保公司审议通过来审定。

六、韩国的存款保险制度

1995 年 12 月 29 日，韩国制定了《存款人保护法》，标志着建立存款保险制度的法律基础已经确立。1996 年 6 月 1 日，韩国成立了存款保险公司（KDIC），标志着韩国存款保险制度的建立。1997 年 1 月 1 日，开始受理存款保险业务，4 月 30 日开始收取第一笔保险费，标志着韩国存款保险公司开始正常运营业务。1998 年 1 月 3 日，第一次发行保险基金债券（3 兆韩圆），成为同年韩国政府提出的为处理不良债权和金融再建进行财政援助计划的一部分。2001 年 12 月 21 日，进行第一次金融机构破产财团的终结宣告，包括 9 家信用联合社。2002 年 5 月 6 日，作为创立会员加入国际存款保险机构协会（IADI），标志着韩国存款保险公司走向与存款保险及其他金融监管相关金融机构进行国际交流合作，共同维护世界金融体系稳定之路。

（一）保险对象

韩国存款保险公司（KDIC）的保险对象包括银行、保险公司（生命保险、损害保险公司）、投资买卖业者、投资中介业者、综合金融公司、相互储蓄银行。根据 2009 年 2 月 4 日实行的《关于资本市场和金融投资业的法律》规定，除证券公司以外，被投资买卖业、投资中介业认可的资产运营公司也被包含在内，但根据《关于资本市场和金融投资业的法律》第 78 条的规定，经营电子证券中介业务的投资中介公司除外。

（二）保险保护和不保护的金融商品

存款保险保护的行业分为银行、投资买卖业者/投资中介业者、保险公司、综合金融公司和相互储蓄银行五大类。

表 10 - 2　　　　　韩国各金融机构存款保险保护和不保护的金融商品

类别	受保护的金融商品	不在保护范围内的金融商品
银行	普通存款，企业自由存款，特别存款，抵押存款等活期存款；定期储蓄存款，住宅认购存款，签字汇票等储蓄性存款；定期公积，住宅认购分期付款，互助基金等分期式存款；外币存款；保全本金的货币信托；退休年金和个人退休账户公积金等	可转让存款证书（CD），回购债券（RP）；金融投资商品（收益证券，共同基金，资产管理基金等）；特定货币信托等按业绩分红型的信托；银行发行的债券等
投资买卖业者 投资中介业者	金融商品中证券等没有进行收购时，客户账户中的现金余额；自身信用借股担保金，信用交易账户设定的保证金，授信担保金等的现金余额；保全本金的货币信托；退休年金和个人退休账户公积金等	金融投资商品（收益证券，共同基金，资产管理基金等）；认股者预收金，期货、期权预收金，流通金融贷股担保金；回购债券（RP），证券公司发行的债券，综合资产管理账户（CMA），资产管理综合账户，股指关联证券（ELS），股票挂钩证券（ELW）等

续表

类别	受保护的金融商品	不在保护范围内的金融商品
保险公司	个人参加保险的保险契约；退休年金和个人退休账户公积金等；保全本金的货币信托等	保证保险契约，再保险契约；变额保险契约的主契约等
综合金融公司	发行票据，票据管理账户（CMA）	金融投资商品（收益证券，共同基金，资产管理基金等）；回购债券（RP），可转让存款证书（CD），企业票据（CP），综合金融公司发行的债券等
相互储蓄银行	普通存款，储蓄存款，定期存款，定期基金，分期付款信贷，签字汇票等；相互储蓄银行发行的本票等	储蓄银行发行的债券等

数据来源：韩国存款保险公司。

（三）保险限额与费率

韩国存款保险对小额存款者实行优先保护的原则，为经营不良的金融机构的存款人提供一部分的资金保障。韩国存款保险制度引进时为每人提供最高限额 2 000 万韩圆的保障（在保险公司类别中，为每人提供最高限额 5 000 万韩圆的保障）。但是，1997 年末国际货币基金组织事件以后，为了维护金融稳定，减少金融产业调整对社会带来的冲击，韩国限时在2000 年末，存款保险公司为存款人提供全额的存款保障。2001 年开始转换为存款部分保护制度。2001 年 1 月 1 日以后，投保的金融机构发生保险事故和破产时，存款保险公司给存款人提供每人最高 5 000 万韩圆的本金和规定利息的保障。其中，确定支付型的退休年金或者个人退休账户中开设的劳动者退休年金、公积金等，存款保险公司给予每人最高 5 000 万韩圆的存款保障。韩国的存款保险制度实行差别费率制，投保金融机构的类别不同，有不同的费率标准。

表 10 - 3　　　　　　　　　　韩国存款保险费率情况

投保的金融机构	保险费率	法定限度
银行	8/10 000	50/10 000
投资买卖业者、投资中介业者	15/10 000	50/10 000
保险公司	15/10 000	50/10 000
综合金融公司	15/10 000	50/10 000
相互储蓄银行	40/10 000	50/10 000

数据来源：韩国存款保险公司。

（四）保险基金

韩国存款保险公司的存款保险基金由金融机构提供的存款保险费构成。当金融机构发生资产问题或破产时，金融机构提供给存款人的存款由存款保险基金代为支付。金融系统中支付存款保险费的机构有银行、投资买卖业者和投资中介业者、保险公司、综合金融公司以及相互储蓄银行 5 类金融机构。从根据 2002 年制定的《政府资金偿还对策》而修订的《存款者保护法》来看，对金融机构进行救助调整时使用的"存款保险基金债券偿还基金"和"（新）存款保险基金"进行分离。其中，"（新）存款保险基金"与"存款保险基金债券偿还基金"存在差异。其主要差异点是自 2003 年开始，从投保金融机构收取的存款保险费，成为"（新）存款保险基金"的主要资金来源。

（五）主要业务

韩国存款保险公司有以下主要业务：第一，对投保金融机构收缴保险金；第二，对存款保险基金进行管理；第三，对停业和破产金融机构的存款人进行保险金支付；第四，对经营不良或破产金融机构进行管理与处置，包括对经营不良的机构进行规范化的管理、机构重组、财务援助等；第五，对经营不良的金融机构和财务企业进行造成经营不良的责任调查等。

第三节 各国存款保险制度的比较

尽管世界上许多国家和地区都建立了存款保险制度，但由于建立的时间不同、目的不同、各国国情不同，各国的存款保险制度有很大差别。本节将从不同角度对各国的存款保险制度进行横向比较，为中国存款保险制度的建立提供借鉴。

一、目的与职能的比较

世界各国建立存款保险制度的背景是不同的，如美国、加拿大、英国和德国，由于银行倒闭数量上升，为了应对银行业的危机、维护金融业的安定而建立了存款保险制度，而日本等国家则是未雨绸缪，为防患于未然而事先建立了存款保险制度。不管这种制度的建立是超前发展战略，还是被迫之举，各国建立存款保险制度的基本目的是完全一致的，即保护存款者的利益。各国存款保险制度的职能可分为单一职能和复合职能。

单一职能就是指筹备资金分散风险，这个职能是每个实施存款保险制度的国家都具备的职能。复合职能是指除了分散风险这一职能外，还要维持金融秩序的稳定，降低银行业的风险，以实现保护存款者利益的目的，这一职能即金融监管职能。一般而言，官办形式的存款保险机构均具备复合职能，而且权限很大，如美国无论是州注册银行还是国民银行，只要向联邦存款保险公司投保，即使是非联邦储备制度下的会员银行，也要接受联邦存款保险公司的监督检查。而民办形式的存款保险机构只具备单一职能，不具备复合职能。如法国和卢森堡等国的存款保险机构不是政府的组织机构，没有对各投保银行进行监管的权力。至于官民合办形式的存款保险机构，有的具备复合职能，而有的则不具备复合职能，如日本存款保险机构的业务范围很小，只开展承保与赔付业务。

二、组织形式的比较

综观世界各国的存款保险制度，其组织形式各不相同，有些是由国家直接建立存款保险机构，有些则是由银行业自发建立保险机构。归纳起来大致可分为官办、民办和官民合办三种形式。

（一）官办形式

官办形式是指存款保险机构由政府创办，并为其提供资本金的一种形式。这种形式由于有政府做其坚强后盾，因此在建立大规模的存款保险基金，对存款人提供很高程度的保护方面具有一定优势，如美国对每一个存款账户实行 10 万美元以下的全额保护。此外，官办形式的存款保险公司在协助政府对银行业实行金融监管方面有着很大的权限，发挥着重要的作用。目前，大多数国家的存款保险机构都采用官办形式。

（二）民办形式

民办形式是指金融机构同业组织组建存款保险机构，是一种非政府组织形式，但实际上这种形式的存款保险机构一般都会得到政府的重视和道义上的支持。采用此种方式，银行要负较重的责任，出现问题后，由银行同业间互助解决，因此从客观上抑制各会员银行从事过度的风险经营。但民办形式的存款保险机构的资金不够雄厚，难以应对大规模的挤兑风潮，因此对存款人提供保护的程度也较低。如德国的三个银行业组织，德国联邦银行协会、储蓄银行协会和信贷协会分别建立了民办形式的存款保险机构，以德国联邦银行协会为例，由于其存款保护基金有限，只能为各投保银行的存款人提供不超过该行股本资本30%的保护。即某一投保银行破产后，存款保护基金只提供相当于该银行自有资本30%的资金，并由遭受损失的存款人平均分享。此外，由于民办形式的存款保险机构不受法律约束，在收费比例、赔付额度等方面随意性较大，因此它们一般均在金融监管当局的严密监督下运作。目前，德国、法国、意大利、荷兰和卢森堡的存款保险机构均采用民办方式。

（三）官民合办形式

官民合办形式是指由政府和金融机构共同出资组建存款保险机构，这种形式吸收了上述两种方式的优点，不但保持了拥有雄厚资金，对存款人提供较高程度的保护这一优势，而且由于此种形式的存款保险机构吸收了金融机构参与，在实际操作中可以充分考虑金融机构方面的意见，在运作中比官办形式更切合实际。目前日本采用了这种方式。

三、机构设置的比较

从各国存款保险机构的设置情况来看，很多国家的存款保险机构在设置上是高度集中单一的，如卢森堡等一些国家只有一家存款保险机构，也有一些国家如美国，由于地域广阔、金融机构数量多而设置了几个分支机构，但亦属于单一体制的存款保险机构。而另外一些国家如日本、德国，其存款保险机构的设置是复合式的，即同时存在相互独立的两套或两套以上的存款保险机构。

单一存款保险体制将全国金融机构纳入其系统，保险基金相对集中，资金实力比较雄厚，而且可以在保险费率的制定、保险赔偿限额的确定、保险方式、保险种类、银行检查评定标准等各方面做到全国统一，从某种角度说，保证了银行业的公平竞争。而在复合存款保险体制下，保险基金相对分散，抵御风险的能力不高，且各存款保险机构的政策不统一，容易引起不必要的麻烦。尽管各国存款保险机构的体制有所不同，但有一点却是一致的，那就是各国的存款保险机构都是全国性的而非区域性的。

四、业务运作方式的比较

存款保险业务的运作方式主要包括保险对象、保障范围、保险实施方式、保险费、保险限额、保险资金来源等诸多方面，下面将逐一加以比较。

（一）保险对象

从各国对保险对象的确定来看，主要有以下两种方式：一种是"领土论"，即以实施存款保险制度的国家所属的地域为限来确定保险对象。这种方式下，存款保险对象包括该国全部银行及其国内各分支机构、外国银行在该国的分支机构和附属机构，但不包括该国银行在国外的分支机构。如美国、英国、卢森堡等国均采用此种方式。另一种是"身份论"，即以实施存款保险制度的国家所属的金融机构为限来确定保险对象，这种方式下，存款保险对象为该国的各银行及其国内外的分支机构，但将外国银行在该国的分支机构排除在外。如日本就采用此种方式。

事实上，两种方式的不同选择，反映了各国在外资银行存款应由东道国还是由母国承担保险责任这个问题上的不同看法。根据巴塞尔协议关于外资银行的管理应由东道国负责的规定，各国将逐渐把外资银行纳入本国存款保险体系，以加强对外资银行的监管。因此"身份论"方式将向"领土论"方式转化。

（二）保障范围

各国实施的存款保险制度的保障范围是不同的。从币种上看，有的国家如美国、德国、挪威、尼日利亚等国，将本币存款与外币存款都纳入保障范围之内，也有一些国家，如日本、比利时、印度和巴拉圭，只保障本币存款，不保障外币存款。从存款的种类来看，除个别国家（如英国）将5年期以上定期存款排除在外，其他各国都将活期存款、定期存款、储蓄存款引入保障范围之内。大多数国家都将银行同业存款、可转让大额定期存单、境外金融中心存款列在保障范围之外，这种做法是为了切实保护存款人（自然人）的利益，限制保险范围的扩大，并让大额存款户与银行共担风险，以促使其对银行进行必要的监督。

保障范围的大小与一国存款保险规模及该国的金融形势有关，当一国的存款保险机构规模很大，或该国银行业正处于安全期时，则该国存款保险的保障范围可能很大。反之，当一国的存款保险机构很小，或该国银行业正处于危机时期，则保障范围将受到限制。

（三）保险方式

从保险的分类来看，保险按实施方式可分为强制保险与自愿保险。强制保险是指一国通过立法程序公布保险条例来实施的保险。这种保险由政府指定承保机构，并规定保险标的范围，凡在规定范围内的保险标的必须投保，承保机构也必须承保，保险方与投保方都没有选择的余地。自愿保险是指保险方与投保方在平等互利、协议自愿的基础上签订保险合同的一种保险。

目前大多数国家实施的存款保险都属强制保险，如日本、英国、法国、肯尼亚等国，有的国家甚至以参加存款保险作为申请执照的先决条件。采用强制保险的优点在于有助于为所有的金融机构创造平等的竞争条件；其缺点是存在政府过度干预市场竞争之嫌。

不过，也有一些国家，如德国、意大利、比利时和阿根廷采用了自愿保险形式，这些国家的各种金融机构可以自愿参加存款保险。采用自愿保险方式的优点是可以降低存款保险机构的风险，促使问题银行自觉地改善自身条件。因为存款保险机构要对各投保银行进行严格审查，对于有问题的银行，存款保险机构有权拒保，这样就从事实上说明了投保银行为安全银行。这种方式的缺点是银行系统内部的存款会大规模转移，即在银行业经营顺利时，存款从参加保险的银行转移到未参加保险的银行，在银行业出现困难时，存款又从未参加保险银行转移到参加保险的银行。不仅如此，银行本身也可能在顺利时不参加保险，以降低成本，在困难时期参加保险，以获得保障。这样就会使银行参加保险的情况不稳定，不能达到保险的目的。综上所述，存款保险的两种实施方式各有利弊，需根据各国的具体情况来选择。

（四） 保险费收取方式

存款保险费的收取方式主要有以下两种：第一种是事先收取保险费建立保险金，发生保险事故（银行倒闭事件）后，由基金提供赔偿。目前，大多数国家都采用这一方式，但各国在收取保险费的标准上又不完全一致。有的国家如阿根廷、丹麦、菲律宾等国，是按照各投保机构的存款余额的一定比例征收保险费，有的国家如加拿大、土耳其等国，是按照各投保机构投保存款的一定比例征收保险费。这个比例的确定十分关键，太低不足以积累足够的保险基金以支付赔偿，太高又增加银行负担，它一般随各国银行业风险程度的变化而调整；第二种是不设立存款保险基金，即存款保险基金不向投保银行征收保险费，待发生保险事件后，再按比例向各投保机构征收。目前只有法国、意大利、卢森堡等少数几个国家采用这种方式。采用这种方式不但延误了收取保险费的时间，而且减少了道德风险的发生。其缺点是没有保险基金，不能取得存款者的信任，而且倒闭银行如何缴付保险费也是一个难题。

（五） 保险限额

保险限额是指保险事故发生后，存款保险机构对每一个账户的最高赔偿额度。目前有少数几个国家如挪威、委内瑞拉等国，实行无限额承保制度，即对存款提供100%的保障。实行这种制度有助于制止银行业的传染性挤兑，但由于银行倒闭后存款人没有任何损失，因此存款人对银行经营的安全性漠不关心，这就失去了市场力量对银行经营的监督作用。银行由于有保险的全面保障，会失去谨慎管理的责任心，经营一些高风险的资产业务，从而产生道德风险，因此绝大多数国家都实行有保险限额的存款保险制度。但由于各国经济发展水平、居民储蓄状况、保险制度完善程度、金融监管的力度的不同，保险限额也有很大差别。意大利的保险限额最高，达10亿里拉（合72万美元），菲律宾的保险限额最低，为1.5万比索（合680美元）。一般而言，发达国家的保险限额要远远高于发展中国家。

实行限额存款保险制度的优点在于，它既能向小储户提供全面保护，又可使大储户承担一定的风险，从而促使其关心、监督银行的经营，以降低银行的风险。为了达到上述两种目的，各国存款保险机构还在保险限额内规定了不同的赔偿比例。如美国、日本等一些国家，为了使小储户得到全部保障，规定在保险限额内给予100%的赔偿。而另一些国家，为达到促使存款者监督银行经营的目的，规定在保险限额内，存款者承担一定的风险，如英国规定在2万英镑内给予75%的赔偿；意大利规定在2亿里拉内给予100%的赔偿，2亿~10亿里拉内给予80%的赔偿；瑞士规定在2万瑞士法郎内按100%赔偿，2万~3万瑞士法郎按75%赔偿，3万~7.5万瑞士法郎按50%赔偿。各国对赔偿比例的不同反映了各国对市场力量的利用情况。

（六） 保险资金来源

在存款保险制度中，保险资金来源是一个关键问题，因为它不仅影响存款保险制度在银行系统中的信用，而且关系到该制度能否有效地正常运行。保险资金来源一般包括政府提供的资金、各投保银行定期缴纳的保险费、投资收益及紧急状态下向财政部或中央银行融资。

从政府提供的资金来看，很多国家都为存款保险制度提供资金，但提供的额度、方式却不相同。有的国家（如印度、尼日利亚、菲律宾等国）开始时就向存款保险机构提供资金，有的国家（如西班牙）却是定期向存款保险机构提供资本金。提供资本金的额度也相差悬殊，如美国投入的原始资本金（已归还）为 2.89 亿美元，而日本投入的原始资本金仅为 1.5 亿日元。

从保险费收入及投资收益来看，各国的情况也有所不同，有的国家保险费收入在资金来源中占据重要地位，如日本，通过保险费的积累，已形成实力雄厚的存款保险基金。而有的国家保险费收入在保险资金来源中占据的比例相对较小，如西班牙，政府向存款保险机构提供的资金数额与该机构的保险费收入额是相等的。

从财政部或中央银行的融资额来看，尽管各国的借款额度不同，甚至相差很多，但由于近年来银行倒闭数量的增多，赔偿额度的增高，各国的融资额度都有提高之势，如美国的联邦存款保险公司向政府借款的额度已从最初的 30 亿美元提高到 700 亿美元；日本存款保险机构向政府借款的额度已从最初的 1 000 亿日元提高到 5 000 亿日元。

【主要参考文献】

［1］白钦先，张荔．发达国家金融监管比较研究［M］．北京：中国金融出版社，2003.

［2］孟龙．市场经济国家金融监管比较［M］．北京：中国金融出版社，1995.

［3］杨胜刚．比较金融制度［M］．北京：北京大学出版社，2005.

［4］武翠芳，张正平．印度存款保险制度发展的经验及其启示［J］．金融理论与实践，2006（2）：76－78.

［5］刘仁龙，金香兰，翟舒毅．韩国存款保险制度概况及其启示［J］．吉林金融研究，2012（7）：14－18.

［6］常一鸣．存款保险制度采用与设计的影响因素分析［J］．管理评论，2019（11）：44－59.

［7］周学东．我国存款保险制度的实践与思考［J］．中国金融，2018（22）：21－23.

附记

　　本书的雏形《比较银行学》即本书的第一版出版于1989年，该书于1992年荣获第二届全国高校优秀教材国家一等奖。"中国金融体制改革的理论与实践"是该书的最后一章。该书的研究与写作经历了20世纪80年代初到末的漫长历程。改革开放之初，百废待兴，急需系统研究世界各国的金融体制，以服务推进经济与金融体制改革理论与实践的需要，同时也满足我国经济金融类专业建设与人才培养的迫切需要，对当时的中国金融体制改革发挥了应有作用。

　　笔者是该项目的申请者与主持人。迄今，在该书基础上演变而成的《各国金融体制比较》一书历经多次修订再版。时间过去了30多年，改革开放取得了巨大成就，经济、金融与社会环境也发生了历史性的变迁，笔者一直跟进研究，有关成果反映在再版修订中。30多年中国改革开放实践，证明"中国金融体制改革的理论与实践"中的理念整体上是有价值的、可取的，为此，本版修订特将该部分内容作为附录，一方面，实事求是，保持初心；另一方面也突出适度超前是理论研究的重要原则。时至今日，回顾此文，名词概念以及一些话语提法与今已大有不同，研究主题也发生了跃迁，但为还原历史原貌，此次收录保留原词原句，不作任何改动，读来虽有明显的时代感，但也有助于读者在思考中勾勒历史的原貌。

白钦先

2021年6月25日

附录

中国金融体制改革的理论与实践[①]

社会主义国家利用发达的银行体系对国民经济进行宏观控制调节，这在马克思主义传统经济理论和社会主义建设的长期实践中都是没有先例的。在改革的新形势下，我们在理论与实践方面都面临着一系列新情况和新问题，亟须进行探索性的研究。近年来，围绕中国金融体制改革，我们在理论研究和实际工作方面都进行了卓有成效的工作，但仍未能适应我国经济体制改革的需要，金融体制改革已成为顺利实现中国经济体制改革的关键。这需要我们从社会主义基本经济模式的战略高度，在更广阔的视野范围内对中国金融体制改革的理论与实践问题进行大胆的探索性研究。

第一节　金融理论的改革与金融体制改革的理论

在对内搞活、对外开放的新形势下，原有的金融体制正受到商品货币经济的猛烈冲击，传统的理论正面临严峻的挑战。改革的实践表明，局部的、个别的、零打碎敲的金融体制改革和权宜之计的分割性政策调节行动，不能从根本上解决问题。这表明，随着事业的开拓前进，亟须理论的完善、突破和创新。

一、金融理论的改革与创新

中国经济金融体制改革事业的开拓前进，亟须经济金融理论的完善、突破和创新。任何科学的理论体系都是一种开放性的体系，是一种不断完善和发展的体系，不应该是封闭和凝固僵化的体系。同样，马克思主义的社会主义经济金融理论体系也应是开放的、不断发展完善的理论体系。银行体系在社会主义经济金融理论模式和实践模式中的地位和作用问题至今仍未得到彻底的解决。所以，必须实事求是、解放思想，从根本上探索和解决银行体系在社

[①]　该文是本书第一版（1989 年出版）最后一章的原文，本版未作改动。该文虽然是作者 30 多年前的论述，但是，对现阶段我国金融体制改革的理论与实践仍然具有借鉴意义。与习近平新时代建设有中国特色社会主义理论体系，坚持"四个自信"高度契合。文中的思想虽然形成于改革开放初期，阐述的一些问题已经得到了解决和推进，但它透视出来的是中国理论工作者持之以恒地探索有中国特色的社会主义金融体制改革的思想的、理论的、逻辑的光辉。

会主义经济模式中的战略地位和作用问题，就像做出对内搞活、对外开放的战略决策那样，再来一次金融理论和实践的大突破。

（一）　社会主义比资本主义更加需要银行

银行体系是商品经济和货币信用制度的产物。在历史上，银行体制的发展同资本主义经济发展的客观历史进程相适应。商品经济发展的不同历史阶段有不同职能和性质的银行，它表明决定银行体制发展的根本原因是生产力发展水平和商品经济发展的进程。银行的数量和规模，银行体制的结构、性质和特点，在国民经济发展中的地位和作用都同当时经济发展的客观进程相适应。银行资本与产业资本的结合是当代资本主义的共同特征。国民经济神经中枢和"万能垄断者"的角色正是这一特征的集中表现。

资本主义经济是商品经济，但商品经济并不仅限于资本主义经济。中国的社会主义经济是有计划的商品经济，这在国际共产主义运动史上是一次理论与实践的重大突破。从现代资本主义经济发展中某种程度的"计划化"，通过国家垄断资本主义实行的"市场调节基础上的某种计划调节"，以及一些发展中国家和社会主义国家在有计划商品经济基础上实行的"计划调节基础上的市场调节"，可以看出世界上不同经济、不同社会制度的国家出现的某些共同发展趋势。这种共同趋势的社会经济根源就在于生产社会化和国际化发展的共同客观历史进程和商品经济及货币信用制度的普遍发展。所以，银行资本和产业资本的结合既是当代资本主义经济的特征，也是伴随商品生产和交换及生产的社会化、国际化而产生的各国的共同特征。更重要的问题还不在于结合本身，而在于结合的程度和具体的联系形式。

银行是储蓄与投资、资金集中与分散的结合部，是使社会生产正常运行的"精巧机器"，是宏观经济与微观经济、间接管理与直接管理结合的最佳交叉点和转换部，是国民经济神经中枢和社会经济的调节机构。这就是"万能垄断者"的经济机制的含义。但是，这种"万能"的机制作用，在资本主义条件下，生产资料的资本主义占有制使它受到种种限制和阻碍，变得脆弱而充满危机，并成为投机和剥削的工具。发达社会主义社会建筑在比资本主义社会更高的经济发展水平和社会发展层次上，比后者更加需要银行。社会主义市场经济为银行体系发挥作用创造了现实的可能性，并且开辟了更加广阔的发展前景，使它真正发挥国民经济神经中枢和社会经济调节机构的重大作用。尽管各社会主义国家仍处在不断发展和完善之中，但即使是初级发展阶段的社会主义也比资本主义更加需要银行。

值得指出的是，长期以来，由于极"左"思潮及一系列"左"的政策的影响和干扰，错误地将商品经济和货币信用制度同资本主义制度等同起来，又同社会主义完全对立起来；将银行、资本（资金）、股票、债券、利息、金融市场等同金融资本、金融寡头、"万能垄断者"、投机诈骗、剥削和危机等同起来。这就增加了人们对银行一类事物的神秘莫测与恐惧之感。这种情况在改革的新形势下，会成为我们前进的沉重包袱。邓小平同志说得好，贫穷不是社会主义。我们既然承认社会主义经济是商品经济，也应承认伴随商品经济和货币信用制度产生的银行制度、股票、债券、金融市场、利润、利息等适应商品经济要求的一切金融措施，这一切都涉及传统社会主义经济金融理论和思想观念的重大突破。

（二）　银行在社会主义经济模式中的战略地位和巨大作用

中国的社会主义经济是商品经济。在这一经济模式中，银行体系处在十分重要的战略地位，发挥着国民经济调节控制中心的巨大作用。这同在排斥商品生产和单一计划经济的旧模式中，银行体系被贬为计划部门资金管理处和财政部门附庸的状况完全不同。突破这一传统模式，确立银行体系在社会主义基本经济模式中的战略地位和巨大作用，这在社会主义经济金融理论和实践模式中都是前所未有的创新。

传统上，在我们的干部和群众中，真正懂得货币、信用和银行的人不是很多，对金融理论的学习和研究也较差。这在历史上长期处于自给自足的自然经济、商品货币关系不发达的国度里，在中华人民共和国成立后的 30 多年间长期排斥和否定商品生产和货币交换，在高度集中的计划经济体制的环境下，是不可避免的。

长期以来，人们固守"社会主义制度优越，币值就必然稳定"的传统观念，忽视对货币流通的控制和调节。在现实生活中，"金融盲"的表现很多。一些老年人和农村妇女由于怕"露财招祸"，又毫无资金周转生息之观念，宁愿将大捆的钱埋在地下、藏在夹壁墙内或天棚里也不肯存入银行；许多干部和群众分不清人民银行、中国银行、农业银行和建设银行；经济计划、统计、财政与金融部门，长期以来只将现金纳入货币概念而排除了银行存款；对于货币发行，长期囿于"农村投放，城市回笼"，以为"货币多，多在农村"，而实际上农村通货仅占全国通货的 20%；关于究竟是信贷扩张导致现金投放扩张，还是现金投放扩张导致信贷扩张这一中外银行界古老而简单的问题，也变成了争不完论不清的难题。在某些干部和厂矿企业领导人看来，银行就是"摇钱树、聚宝盆"，以为只要抓住银行，钱便源源而来，取之不尽，用之不竭。在改革的条件下，人们还将银行支持改革同给钱、给贷款等同起来，以为支持改革就是无限制地给钱、给贷款，就可放弃可行性论证和贷款审查条件而敞口供应信贷资金。岂不知信贷一旦扩张，社会货币资金必然膨胀；货币总资金一旦膨胀，每一元、每一分资金都含有膨胀的细胞或因素，于是就会产生通货膨胀的恶果。正是由于这种"金融盲"为本单位争钱、争物、追逐快速增长的数量冲动和投资饥渴症，才导致 1984 年的宏观失控。这一事实表明，无数个体目标明确的决策行为和行动也可能导致灾难性的总体结果，最终既危害全局，也危害每个个体。

1984 年的宏观失控表现在固定资产投资过快，消费资金增长过猛，货币发行和信贷双双扩张失控。这些从形式上看都同银行有关，仿佛是银行自身的错误判断和错误行动的结果，实际上，这是把复杂的问题简单化了。抛开我们的经济体制、过速增长的数量驱动、投资饥渴症和强烈的行政干预，抛开新旧体制转换的困难而把问题完全归咎于银行，既不实事求是，也不公平。除上述原因之外，在搞活条件下，新旧体系转换过程中货币流通速度的相对加快，国民收入的超价值分配，资金支付结算总额剧增和结算手段落后、结算速度缓慢而造成的银行对大量在途结算资金的垫付，需求的超前和货币政策的时间滞后，基本建设战线太长、周期太长形成在一定的时间内巨额资金的投入和长期无相对应的物资的产出，社会物资的高消费和社会账面资金的不实表现，产品的质次、积压及其价值的实际降低，设备的无形磨损和价格的人为调整，等等，这些都会形成既不是由信贷扩张也不是由现金投放扩张引起的相对性通货膨胀。无视这一切，而对突然的经济失调所采取的全国信贷的硬性全面紧缩，确实使相当多的人感到茫然而不知所措。"搞活经济靠银行，搞乱经济也靠银行。"此话着实有理，货币可以使一国经济持续稳定增长，也可以毁坏一座城市和一个国家，问题就在于如何控制和管理。宏观失控的事实应引起深刻的反思与回顾，从经济和金融体制、决策方式和管理方式等根本性的问题上，冷静而严肃地分析问题的根源，引导人们从社会主义基本经济模式的战略高度，从根本上认识和解决银行的地位和作用问题，进而提高它的独立性，强化它的手段和力量，赋予它同它承担的责任相对等的权力和权威。它启示我们，在商品经济条件下，必须下大决心，花大力气，就像在干部群众中普及政治经济学常识和法律常识那样，进行扫除"金融盲"、普及金融知识的持久教育，使干部和群众，首先是领导干部和经济工作者逐步掌握有关商品、货币、信用与银行的有关知识，逐步树立货币的时间价值观念、资金运动与周转观念、投资风险、利率调节、资金转换等金融观念。在干部和群众中，牢牢地树立"银行体系在社会主义经济模式中具有战略地位和巨大作用"这一观念，这将有助于创造有利于改革的心理环境、社会环境和经济环境，有利于社会经济效益的提高和经济金融的发展与稳定。

（三）金融渗透功能的深刻广泛性和它在行业形式上高度专业化的独立性

金融具有天然的渗透性，这一特性并非始于今日。20世纪80年代金融渗透功能的特征在于其渗透的深刻性和广泛性。金融信用关系已成为一种普遍性的独立存在，它渗透到社会生活，尤其是经济生活的一切领域、一切方面和一切过程。不仅如此，金融的渗透功能已超越国界，成为一种国际性的现象。随着商品经济、货币信用制度的高度发展和生产社会化、国际化程度的惊人提高，金融的作用也发生了质的变化。金融不仅在国别范围内成为国民经济神经中枢、社会经济调节机构和"万能垄断者"，而且在世界范围内也日益成为世界经济的神经中枢、调节机构和"万能垄断者"。80年代以来，随着国际贸易、国际经济金融活动的广泛发展，金融在世界范围的惊人扩张与渗透，引起人们的反思和再探索。如今，世界的国际贸易额，包括有形贸易和无形贸易已达到3万亿～4万亿美元的空前规模，然而资本的国际流动、世界金融市场的成交额要比这大几十倍。世界金融市场中的外汇市场每天的交易额为5 000亿美元，全年为一百多万亿美元，是世界贸易额的几十倍。这些从不同角度提供的统计数字表明一个基本的事实，即金融信用作为一种独立的领域和一种独立的力量，广泛渗透到世界生活的几乎一切领域。它不再简单的是交换的中介，或大体与真实的生产与交易活动相联系，而是形成一种大大超越或脱离这一切的独立力量。它的经济与社会含义应引起人们的广泛注意和深刻的研究。

社会的再生产不仅是使用价值的再生产，也是价值的再生产。如今，社会再生产不仅表现为国别社会再生产，也表现为世界性社会再生产。价值的运动和资金的运动，不仅表现为国别范围内的运动，更表现为世界性的、国际性的运动。资金积累、资金构成、资金来源、资金运用、资金的扩散吸收、资金的供求平衡、投资信托、金融租赁、资金市场、金融服务、金融商品和资金的国际流动等，都同金融信用紧密相连。是否可以概括地这样讲：货币经济是商品经济发展的必然，信用经济又是货币经济发展的必然，金融经济、市场经济又是信用经济发展和金融广泛渗透与扩散的必然？

尽管在现阶段，中国商品经济货币信用制度还不是很发达，国际经济活动和国际金融活动的规模也十分有限，难以作为研究金融经济、金融广泛渗透与扩张功能的理想环境，但对此必须有清醒的认识、足够的思想准备和对策。要站在金融经济、金融信用广泛渗透与扩张的战略高度，来考虑、勾画、制定中国的金融发展战略和中国金融体制改革的中远期规划。

金融渗透功能的深刻广泛性和它在行业形式上高度专业化的独立性，造成了金融内容（功能）与形式的不对称性和背离。这种功能与表现形式的不对称性越大，越能表明功能的强化和形式的更加独立化，越是在认识上易于给人们造成一种错觉，仿佛金融只是作为一个行业、一种专业、一个部门，如同其他许多行业、专业和部门一样。假如人们的认识仅仅停留在这一外在形式的阶段，并以此认识和估计金融的地位和作用，那就南辕北辙，大错特错了。事实上，金融在功能上越是"万能"，越是垄断一切、渗透一切，它在形式上就越是需要作为一个独立的行业和部门存在，它的业务与技术就越具有高度专业性，就越容易掩盖它的广泛渗透性，也就越不易引起人们的极度重视和研究。

同这种金融渗透功能的深刻广泛性和它在行业形式上高度专业化的独立性相适应的是它在理论上的深层化和独立化。货币学、信用学、银行学、金融学、金融经济学就是这种深层化和独立化的理论表现。

尽管现阶段社会主义国家的商品经济和货币信用制度不如西方资本主义国家的发达，但由于各级政府组织管理经济生活的功能和经济的计划性比西方国家要高，因此从逻辑上说社会主义比资本主义更加需要金融，需要把金融提升到国家基本战略的空前高度加以认识和发展，并通过金融广泛深刻的渗透功能，通过其连接宏观与微观、直接管理与间接管理、生产、分配、交换、消费、总供给与总需求的枢纽或交叉转换的作用，使金融成为国民经济和社会生活间接控制管理最主要的工具和手段。

二、金融体制改革的理论——若干思路

不仅金融理论本身需要改革、突破和创新，金融体制改革也需要理论的支持和指导。在具体的实践中需冷静地探讨可能的思路和确立一些最基本的指导原则。

（一）经济增长和货币稳定

在考虑和规划中国金融体制改革问题时，应同时考虑并协调经济增长和货币稳定这两个方面。中国金融体系自身有一个不断完善和改革的问题，经济发展和经济体制改革也对金融体系产生要求。既不能不顾经济发展及改革要求而一味强调银行自身的改革和完善，也不能无限制地不考虑银行体系承受力的限度而提出过于苛刻的资金要求。

（二）中国金融体制改革的艰巨性和复杂性

中国是一个正在发展中的社会主义大国。商品经济不发达，经济的货币化程度不高，经济的二重结构和资金物资的"两大缺口"，政府主导型经济和全国各地区经济与社会发展的严重不平衡，以上这些基本特点决定了中国经济和金融体制改革的艰巨性、复杂性和渐进性。这提醒我们注意三点：（1）中国形成总供给略大于总需求这一经济金融机制充分发挥作用的条件和较适宜的经济改革环境，将是一个困难和长期的转变过程；（2）经济调节体系中主要依靠直接管理向主要依靠间接管理的转变也将是一个长期的过程；（3）中国金融体制改革本身的推进也是一种不平衡发展的过程，各地发展成熟的时机和金融发育的程度也不尽相同。这决定了中国金融体制改革将是一个漫长的、渐进的历史过程，不可操之过急。

（三）中国金融体制改革的侧重点

在相当一段时间内，中国金融体制改革的侧重点是：（1）对现有国家银行体系改革的重点不放在机构的撤并上，而放在企业化经营和资金商品化上；（2）着力推进建立一批非国有的股份制金融机构，大力发展各类政策性金融机构；（3）逐步创造适度竞争的环境。

（四）　中国金融管理当局的注意重心

改革开放以来的改革实践表明，中国金融管理当局决策系统的注意重心常常放在机构撤并、设立和层层管理分配资金两个问题上，这两个问题的处理原则都未摆脱行政区划的原则。结果在某种意义上说，1978 年的改革转了一圈，又回到垂直、纵向、"大一统"银行模式中去。鉴于此，金融管理当局的注意重心应放在金融法规的研究制定和实施上；放在努力创造金融体制改革的社会环境、经济环境和金融环境上；放在制定中国金融总体发展战略和对外金融发展战略上；放在模式、方法和构造方式的选择上；放在总体规划和对策上；放在加强和改善中央银行宏观经济调控能力和金融监督管理能力上；放在改善金融服务、降低金融服务单位成本和提高金融体系总效益及竞争能力上；放在提高全体金融职工业务素质、工作效率，进行金融教育和培训上。

三、金融体制改革的理论——若干指导原则

理论的改革推动了改革的理论与实践的突破和创新。在当前金融体制改革的进程明显地落后于经济体制改革进程的条件下，金融体制改革已成为我国经济体制改革成败的关键问题之一。

金融体制改革需要改革的理论依据与指导。经济现象是多种因素交叉作用的复杂的复合体，任何单一的理论都不能囊括有关金融改革的一切理论与实践问题。改革中国金融体制，建立中国式社会主义金融新体制所应遵循的具体理论原则如下。

（一）　商品经济原则

银行制度是商品经济和货币信用制度发展的产物。银行是经营货币这一固定充当一般等价物的特殊商品的特殊经济组织，它不可能不受商品交换和价值规律的制约和影响。所以，首先经济体制和金融体制必须从总体上最大限度地满足和适应社会主义商品经济的要求，这是改革金融体制所应遵循的最基本的理论原则。这一原则应渗透和贯穿在金融体制改革的一切阶段、一切环节和一切领域。这是因为金融体制存在和发挥作用的最一般的经济环境是商品经济的环境，它发挥作用的经济机制是建立在商品经济基础上的价值规律的机制。其次，建立中央银行与商业银行关系的原理也是商品经济的原理。中央银行通过商业银行调节宏观经济的作用机制在于银行机构的企业化，以及货币政策工具和手段的经济杠杆化，在于中央银行调节宏观经济的自觉政策行动通过影响商业银行自身利益的内在冲动，外化为调节经济的社会行动。再次，金融市场之所以需要建立，原因在于商品经济本身要求广泛的横向经济金融联系。证券市场等金融市场活动和运行的原则也是商品经济原则。最后，中央银行内部组织机构的设置和外部分支机构的建立原则，也应当是商品经济原则。显然，按商品经济原则来建立中央银行的分支机构，不能是按行政区划而应按经济区划设置，并且布局合理，数量适当。1978 年以来，中国金融体制改革难有实质性进展，究其根源，是因为始终未彻底贯彻商品经济原则，未抓住银行企业化、资金商品化和利率市场化这一基本问题。按商品经济原则使资金商品化，意味着将财政、银行与企业之间的资金往来关系纳入商品经济关系之中，抓住财政与信贷资金所有权进而享有对企业利润的分割权；意味着将企业的资金使用量

与所创造的利润量及职工福利进行比较和调整；意味着资金所有权与使用权的分离；意味着通过股份经济彻底实现这种分离。

（二）　中国化原则

中国经济与社会要现代化，这种现代化是中国化的现代化，对一切国家来说，都有一个本国化或民族化的问题。中国是一个正在发展中的社会主义大国，中国有自己的国情，有自己的困难、优势与劣势，不能简单照抄照搬西方发达资本主义国家商品经济和货币信用制度中的一套制度和做法，必须使中国金融体制适应社会主义中国的特殊社会、经济和金融环境。中国金融体制改革的适应性原理指的就是商品经济原理、经济金融体制、政策机制的中国化原则。

（三）　替代和转换理论

资本（资金）所有权与使用权的适度分离，资金的适度集中和积聚是现代社会经济发展的必要条件。搞活经济必须大力发展横向经济联系，横向经济联系是社会主义商品经济存在和发展的基本条件之一。社会主义公有制应打破人为的"条块分割"和"封锁"，应更有利于形成统一的社会主义商品市场和资金市场。像中国这样幅员辽阔、人口众多和经济规模相当大的国家，宏观经济的稳定是一个十分重要而突出的问题。"投资饥渴症"和"消费饥渴症"的长期存在，使巨额居民储蓄这一消费资金引向投资资金问题的紧迫性变得更加突出。

在中国的金融体制中，必须建立宽广适度、通行无阻的资金转换机制和渠道；必须使国内和国外之间，国内各地区之间，各行业和各部门之间，财政和银行之间，中央与地方之间，直接金融和间接金融之间，短期资金和长期资金之间，国家、企业与个人资金之间，消费资金与投资资金之间有合理、相对稳定、相互渗透和相互制约的转换渠道及相互替代的机制。通过各种货币和非货币型金融商品的转换和替代，资金流动的空间范围扩大了，加速了资金流动的速度，缩短了资金流动的时间，促进资金按效益高低和能量大小进行重新调整和组合，使增量投资的边际效益提高、机会成本降低，便利投资风险的转移和分散，从而为社会各界提供不同时间配合、不同流动性、不同风险、不同成本、不同收益率、不同发放形式和不同收益形式的多样化的金融资产形式，从总体上加速资金在不同地区、不同部门和不同所有者之间的流动，提高社会资金的总效益，搞活金融，搞活经济。

（四）　规模经济原则

中国陆地面积有960万平方公里，人口有10多亿，经济的总规模相当大。这要求中国的金融体系要有巨大的吞吐能力和容纳量。因此，在考虑和设计中国金融体系的容量、规模和结构时，必须时时想到并充分贯彻规模经济原则。表面上看这一点似乎很简单，然而它的经济含义是不可忽视的。关于这一点，可以从三个层次来理解：一是金融体系的总体规模、吞吐量和总功能只有同中国国民经济的总规模、总需求相适应，才能发挥它应有的作用；二是金融体系本身及其结构只有达到一定规模时，才能发挥规模经济的效应；三是某一金融机构的规模、业务种类和业务量需要保持适度的规模（既不是越大越好，也不是越小越好），金融商品和金融服务的单位成本才是相对最低的。金融体系和金融机构的规模经济效益问题应成为我们研究和注意的一个重要问题。

（五） 综合配套的系统化原则

整个改革是一项伟大的系统化工程，经济和金融体制改革尤其如此。金融体制改革应适应于经济体制改革，并与之配套同步进行。金融体系的总体结构与层次，货币政策与财政政策的相互渗透、相互制约，货币政策、财政政策与其他经济政策的协调配合，直接管理与间接管理运用侧重点的转换和协调配合，中央银行行政手段、经济手段和法律手段间的协调配合，中央银行、商业银行、各类非银行金融机构间的协调配合、业务的分工与交叉的协调，各种非货币型金融资产以及不同信用工具、手段和形式间的相互转换与替代，中央银行地位、作用、政策工具、机构设置、人员素质与它的职能的适应与配合，银行国内业务与国际业务间的协调配合，本国银行与外国银行、合资银行有关政策、待遇的协调及公平竞争问题，等等，要求必须将整个金融体制改革作为一项系统工程从总体上加以勾画和协调。改苴的所有方面、上下左右、近期远期、轻重缓急、措施与反措施等，必须相互协调配套、综合平衡。不能没有系统规划和总体战略，不能头痛医头、脚痛医脚，走一步看一步。

（六） 适度竞争原则

金融机构是经营特殊性商品的特殊企业，不能等同于一般的工商企业。世界各国都认为无限制竞争的原则不适用于金融业，但又不能取消竞争而使金融业失去活力。事实上，在相当长的时间内，中国金融业的竞争，也只能是有限的竞争，所以，必须遵循金融业适度竞争的原则。不能简单地从金融机构的绝对或相对数量上判断竞争，而应从企业与公众获得各项金融服务的可选择性程度上判断竞争，以金融业务的再分配来打破目前四大国家银行的金融垄断。

为形成中国金融业的有限竞争，金融管理当局必须有意识地限制国有银行业务量及其比重的发展，积极鼓励非国有商业银行和非银行金融机构的发展。此外，非中央政府的金融机构在开展业务和分支机构的设置上，在行政区域上必须是开放的。中央银行应积极支持和鼓励这些金融机构跨地区设立分支机构，从而有效地防止出现新的金融区域垄断。

（七） 全新构造原则

中国金融体系的全新构造原则指的是在改革过程中新建立的一切金融机构，包括非中央政府的银行机构和所有非银行金融机构，必须是改革的产物，并反映改革的成果，绝不能人为地再建一批新的改革对象。具体来说可以掌握如下一些原则：（1）不从属或依附于任何行政领导机关，必须跨越行政区划吸股或提供服务；（2）必须是独立法人，坚持自主经营、自我发展、自负盈亏、自担风险、自行平衡的原则；（3）可采取股份制、合作互助制的形式；（4）商业化，特别是资金商品化；（5）对各类金融机构的最低资本额提出不同要求；（6）对业务性质、业务种类、负债与资产类型、结构进行适当限制；（7）一系列不同口径的资本资产比率要求；（8）内部财务关系硬化；（9）对各类金融机构高级管理人员的素质和经营管理水平进行严格审定，并提出具体要求。

第二节　改革的选择与对策

改革是一场巨大的历史性社会变革，是一个渐进的历史过程，是一项伟大而复杂的系统工程，是生产方式、生活方式和思想方式的转变和根本改革。改革需要胆略、勇气和信心。改革会形成新旧体制的转换困难和许多新的不协调，带来许多新问题，需要付出代价和牺牲。改革是权力和利益的再构造，利益是权力结构的调节器，利益是改革的动力，也是一切保守的原因。改革必须在社会、经济和公众的价值承受能力和心理承受能力的限度内稳步前进。

一、战略模式和方式的选择

中国金融体制改革经过一些年的积极准备，即将进入更为实质性改革的重大历史转折时期，这是一个更为艰难的时期。一系列涉及中国金融体系的框架结构、业务划分、机构分布、管理体制及涉外金融发展战略等重大问题，尖锐地摆在人们面前。对于这些问题，必须在总体上有明确的选择和决策，并制定科学的规划和对策加以实施。具体而言，这些问题是：（1）中国金融总体发展战略选择；（2）中国金融体系框架的总体结构；（3）关于全国性银行制度、地方性银行制度或全国性地方性混合银行制度的选择；（4）关于专业化银行业务制度或综合化银行业务制度的选择；（5）关于银行或非银行金融机构的总体勾画；（6）关于中国金融对外发展战略问题；（7）构造方式选择。从目前的情况来看，中国对上述问题尚无明确的选择和决策，在实践中难免混乱盲目乃至前后矛盾。有一些问题理论界与银行业务部门已有不少讨论和争论，有些意见基本一致，有些分歧很大；还有一些问题，如中国的银行到国外扩展业务和外国的银行来中国开设机构扩展业务问题，既未引起足够的重视，也未进行充分的讨论，更无科学的长远发展战略规划。

（一）金融"超前"与"滞后"的争论及战略选择

金融发展"超前"与"滞后"的争论，是在中国经济体制改革深入发展的历史条件下，如何处理经济体制改革和金融体制改革在社会总体发展战略中的地位和先后问题时产生的。一种意见认为，金融改革必须超前于经济改革，若无金融改革的超前，经济改革便不能成功；另一种意见认为，金融改革是经济改革的一部分，经济改革是金融改革的条件，没有经济改革作基础，金融改革就难以起步。争论的实质在于如何处理经济改革与金融改革的关系问题，即到底是经济改革超前、金融改革滞后，还是金融改革超前、经济改革滞后。

比这一争论更为重要的问题是：在中国经济与社会发展的较长一段历史时期内，在制定和选择社会总体发展战略时如何处理经济与金融的关系问题。就世界各国而论，经济与金融的关系大体可以分为常规型、超前型和滞后型三类。世界大多数国家，特别是资本主义发展较早的欧美国家，大都属于常规型一类，即伴随商品经济和货币信用制度的发展，金融体制也自然地逐渐形成和发展起来。这是一个自然的、缓慢的、逐渐的发展完善过程，没有出现谁前谁后人为选择的问题。滞后型金融发展战略是几乎所有社会主义国家长期执行的一种金融发展战略。这些国家由于排斥或抑制商品生产和货币信用制度的发展，执行高度集中的计划管理体制，银行体系退化为财政的账房、计委与物资部门相对应的资金的管理局，使金融体系的发展远远落后于经济的发展水平。这是自觉执行滞后型金融发展战略的典型。超前型是一种逆反的、超常的思路和发展战略，即以金融为社会经济发展的前导和启动器，人为地强力扶植金融发展，用金融体制促进商品经济和市场机制的发育，进而推进经济的发展。回顾历史，只有明治维新以后的日本选择了"反弹琵琶"的金融超前发展战略，并且获得了成功。从某种意义上说，1871年以后的德国也采取了与日本相类似的战略，但远不及日本那样典型。日本的金融超前发展战略确实获得了成功，但付出的代价相当大，后果也比较严重。这一模式的启发和借鉴可以归结为：（1）像中国这样正在发展中的社会主义大国，需要一种超常思路和战略，需要将金融问题提升到国家基本战略的空前高度加以重视和推进，并自觉地充分利用金融体系推动经济的发展。在第二次世界大战结束后，日本政府高度重视对金融体系的整顿和发展，充分地利用金融体系推动经济的高速发展，获得了成功。（2）采取金融适度超前发展的战略是可取和可行的。实行分阶段、分单元的金融有限超前发展战略，即在经济体制改革总体进程中，从实际出发，把金融体制改革和经济体制改革分为若干阶段或单元，然后区分不同阶段或单元，有些单元是金融改革单元超前，有些单元是经济改革单元超前，绕开一些矛盾和困难，灵活变通发展，在各个单元中寻找过渡形态，从而逐步深化金融改革的进程。

（二）　中国金融体系框架的总体结构选择

中国金融体系框架的结构到目前为止已大体勾画出来，即以中央银行为核心，以商业银行为主体，以政府政策性开发银行和各类非银行金融机构为两翼，以中外合资银行或外国独资银行为补充的现代金融体系。在这种现代金融体系结构中，仍有以下一些问题有待于解决或完善：（1）中央银行的内部与外部机构设置必须根据商品经济原则和自身职能的特点进行重大改革调整，中央银行各项货币政策工具和各种金融管理手段亟待加强、改革、完善及形成体系。（2）商业银行体系有待进一步调整和形成，工商银行、农业银行、外汇银行、交通银行等，这些全国性银行和区域性地区性银行都属于面向工商企业服务、以中短期贷款为主要业务的商业银行。原有的全国性银行面临"大一统"的垂直管理体系、"三级管理，一级经营"的头重脚轻的体制和企业化难以进展的问题；交通银行和已经或正在筹建的一系列区域性地方性商业银行面临地方行政干预和各项改革措施政策不配套等问题。（3）政府政策性开发性专业金融机构有待重建。在旧有金融体系中，政策性开发性金融机构和商业银行在机构与业务上都是混合的，在新形势下，商业银行和政策性开发性金融机构在机构设置和业务划分上都必须严格分开。（4）非银行金融机构有待于大规模发展。改革前期是种类少、规模小、结构不合理、政策不配套、控制多、扶助支持少，后期又出现数量过多、管理失控、乱而滥等问题。（5）涉外金融问题。

提出或规划中国金融体系框架的总体结构是重要的，也是比较容易的。困难的是如何逐步形成、发展、完善和协调中国金融体系各构成要素及其相互关系，使之成为一个协调的、开放的、充满活力的和富有效率的新金融体系。

（三）　全国性、地方性银行制度的模式选择

关于全国性银行制度、地方性银行制度或全国性地方性混合银行制度的选择问题。像中国这样一个地域广阔、人口众多和情况复杂的国家，显然需要选择全国性地方性混合银行制度，即一部分银行的分支机构的设立和服务的地理范围是全国性的，另一部分银行分支机构的设立和服务的地理范围是地区性或区域性的。需要说明的是，地方性或区域性银行并不是指在行政上隶属于地方或地区政府的银行，从各国金融体制机构设置模式类型及其优劣的对比性研究中也会得出如上的结论。在这一问题上已无太大争论，并已作出了正确的决策。全

国性银行和地方性银行应有适当的竞争环境，它们在机构设置、业务对象和服务范围等方面如何协调分工，金融服务的业务量如何重新分配调整，比例以多大为最优，这些问题都有待于进一步研究探讨，以便做出恰当的决策。

（四）专业化银行制度或综合化银行制度的选择

这是一个金融业务分工的重大选择和决策问题，目前争论较大，亟待解决。在正常情况下，世界大多数国家都是专业化银行制度，只有后起的、特殊发展形式的德国选择了综合化银行制度。前者是自然逐渐构造的结果，后者是人为选择构造的产物。从金融历史发展总的进程来看，专业化银行制度在前，综合化银行制度在后，这不仅仅是一个产生和发展的时间先后问题，更重要的是一个在空间上的发展层次问题。20世纪七八十年代，银行业务综合化趋势是人类金融体制发展演变的更高和更深层次，是商品经济、货币信用制度和银行制度高度发展的产物，不是人为主观臆造的结果，80年代以来发达资本主义国家金融自由化发展的特点和趋势证明了这一点。近年来在中国的报纸杂志上，主张中国实行综合化银行制度的人很多，这种主张忽略了综合化银行制度在人类金融发展史上有时间和空间的历史背景及层次特点。假如抛开具体的适用条件，抽象地比较专业化银行制度和综合化银行制度，当然是综合化银行制度更为优越。问题是哪一种选择更适合中国的具体情况。现代化必须中国化，简单模仿、照抄照搬苏联的东西已使我们吃了不少苦头，照抄照搬西方的东西也不会更妙，中国和各国的历史与实践都证明了这一点。中国生产力发展的较低水平及生产力、所有制形式的不同发展层次；中国经济社会发展的三级梯度结构形成的严重不平衡，二重的经济结构和不合理的产业结构；中国商品经济和货币信用制度、银行制度都欠发达，正在发展之中；中央银行宏观控制调节能力和对金融机构的监督管理能力也较有限。这一切都决定了我们还不能采用综合化银行制度，而必须采用专业化银行制度基础上的适度业务交叉体制，这种形式才更适合中国目前和今后相当长时间的情况。否则，若实行综合化银行制度，没有恰当的业务分工和业务侧重，什么业务都做，不仅金融机构自身力量有限，力不胜任，而且各类企业也不适应。要地方性的、集体性的中小企业同全国性的、国有的大企业在相同的利率和贷款条件下公平竞争，这本身就很不公平。这对调整我们的经济结构，促进落后地区和落后的经济与社会的发展肯定是不利的。但是，过于严格的专业分工会减少企业的选择自由度，限制金融机构间的合理竞争，降低整个金融系统的社会效率与效益。所以，保持相对专业化银行制度基础上的有限的、适度的业务交叉体制，对国家、企业和银行都是适宜的。

专业化银行制度基础上的适度业务交叉意味着：（1）长期金融业务与短期金融业务的基本分离和有限交叉；（2）间接金融业务与直接金融业务的基本分离和有限交叉，最主要的是银行业务与证券发行业务的分离；（3）商业性金融业务与政策性开发性金融业务分离而又适度有限的专项代理；（4）银行业务与非银行金融业务的适度分离及有限交叉；（5）间接金融与直接金融在正常情况下都是以前者为主，后者为辅，这一格局很难改变，是自然地保持二者的这种不均衡状态，还是像日本那样自觉地通过"倾斜金融发展方针"使前者更为优先发展，对后者加以抑制，中国也面临这一选择。交叉必须是有限的、适度的和必要的，必须既有利于适度竞争，又保持各类金融机构的特点、业务主体分工和优势。我们指的专业化银行制度，是指按金融业务分工形成的大多数国家通用的一种银行制度，而不是中国目前实行的那种专业银行制度。中国目前的专业银行制度，实际上是行业银行制度——工商银行负责城市工商企业，农业银行负责农业和乡镇企业，它们同属于商业银行之列，并不是各国通用的长短期金融、间接金融与直接金融、银行业务与非银行金融业务分离的那种专业化银行制度。在这种背景下，讲业务交叉就会变成"工商银行下乡"和"农业银行进城"。国际上正常的业务交叉是指长短期金融业务、直接金融业务与间接金融业务的交叉，不是机构设置的地理交叉。

这样，经过相当长时间的专业化银行制度基础上的适度业务交叉，将可能逐步创造条件向综合化银行制度过渡。

（五） 中国金融对外发展战略选择

中国金融对外发展战略问题，包括中国自己的银行如何打出去、外国的银行如何引进来、外资利用、外债管理、金融市场国际化及其他对外金融关系等几个方面的问题。中国的银行打出去和外国的银行引进来构成中国金融体系对外金融发展战略的主体，二者都必须遵循平等互利、公平竞争的对等原则。中国自己的银行如何适应中国经济发展、进出口贸易和国际经济活动发展的需要，有计划地打出去，在国外建立银行分支机构开展业务，这涉及发展战略、地理分布、业务种类和总体规模等问题。现在，问题比较多、比较复杂的是在中国的外国银行问题，包括在中国的外国银行分支机构、代表处及中外合资银行。中国的有关政策不配套、不协调，中国自己的金融体系远未最后形成和完善，银行的企业化问题迟迟难以进展，行政干预有增无减，非正常政策约束还非常多，竞争能力极其有限。在这种情况下，把大批银行引进来，外国银行凭借中国的各种优惠政策，有本国银行的强大后盾支持，凭借外汇及业务技术方面的优势和许多超经济竞争手段，会以侵略性的价格和条件与中国的银行争地盘、抢业务，形成严重的不公平竞争。由于中国对外国银行和中外合资银行缺乏明确而富有远见的战略政策，对它们开展业务的地理范围、种类、竞争条件和资金运用尚无严格的限制和规范，于是就造成了放开手脚的外国银行和捆住手脚的中国银行的不公平竞争局面。到1986年9月底，中国人民银行已批准23个国家和地区的101家金融机构，在中国11个城市开设了代表处、联络处、办事处共166个，批准17家外资、侨资、中资银行在深圳、厦门和珠海等地设立分行，批准一家中外合资银行——厦门国际银行。连外国舆论界也注意到"外国在中国的银行过多"这一问题。无论是发达资本主义国家、发展中国家，还是其他社会主义国家，对于外国的银行都采取极其慎重而严格的政策。除了美国和英国由于自己的大批银行要打出去，本着对等的原则对外国银行相对管理较松以外，日本和澳大利亚只是最近一两年才有限度地放开，发展中国家就更加慎重。闭关锁国一概排斥外国银行肯定不对，但条件不具备，大批引进来，让其开展侵略性竞争，改变中国利用外资的初衷，形成"外资利用中国"这一不正常局面也不可取。应该采取明确的、逐步的、分阶段的、有限的和严格谨慎的政策。当前，应对本国银行进行特别的保护，至少应当使中外银行处于公平竞争的经济和金融环境之下。

（六） 人为构造和自然构造方式的选择

各国金融体系构造方式基本可以分为自然间接构造方式和人为直接构造方式两种。构造方式可以分为初始构造和对既成体系的再构造两个层次，每一个层次又分为自然与人为两种不同构造和再构造方式。一般地说，任何国家金融体系的形成和发展都是该国经济与社会发展过程的一个平行的侧面。所以，一切国家都会面临金融体系的初始构造和再构造的方式选择问题。自然初始构造与自然再构造、人为初始构造与人为再构造常常是对应的，因此形成了自然构造和人为构造两种循环。实践中也有不少人为构造与自然再构造、自然构造与人为再构造交叉的事例。以初始构造和再构造的方式而论，英国和美国的金融体系是典型的自然初始构造方式，日本、大多数发展中国家和社会主义国家的金融体系是典型的人为构造方式；美国金融体系20世纪30年代的大改革和80年代关于国际银行业务设施的决定就是典型的人为再构造方式，80年代的大多数金融改革是顺应经济金融发展创新的自然再构造方式；日本明治维新以后现代金融体系的初始形成和第二次世界大战以后对金融体系的整顿改革选择了典型的人为构造方式，中华人民共和国成立后"大一统"银行体系的形成和改革开放以来的金融体制改革都使用了直接的人为构造方式。

在金融体制改革的深入发展中，研究金融体系构造方式选择问题的现实意义在于：（1）从思想上明确在各国金融体系的形成和改造过程中，客观上存在着两种构造方式的选择，而不是单一人为构造方式的不断运用。（2）在一切可能的条件下，尽力选择自然再构造方式加以运用，即在国家金融法规的总体约束下，顺应经济和金融自然发展的客观要求，主要依靠市场机制的自然调节作用，逐步实现金融体系和金融机构的重新构造和自我完善。中央银行应尽力少用直接的行政方式去人为地具体干预金融机构的建立、撤销或分并，而是通过金融法规和有关政策确定各类金融机构建立、存在、撤销、合并的一般原则和业务的大概范围，使各类金融机构在国家规定的法律环境下，主要依靠市场机制、最大利益原则和规模效益原则，在自主运营和市场竞争中逐步自然分化组合、紧缩扩张、优胜劣汰、自生自灭，实现中国金融体系的重新再构造。这样，就会自然形成与经济金融发展内在规律要求相吻合、符合区域构造原则和多层次金融服务需求的、较完善的新金融体系。（3）有选择、有针对性地自觉运用人为再构造方式。原有的"大一统"银行体系和整套运行方式都是直接的人为构造的产物，对此只能通过自觉的人为再构造方式加以消除、改造或弱化。

强调自然再构造方式的选择运用，并不否定或削弱金融监督管理部门的能动性，也不排斥人为再构造方式的选择运用，更不将人为再构造方式等同于违反客观发展规律的强行行政命令干预和瞎指挥。事实上，在中国的现实条件下，金融监督管理体系还应加以完善和强化，自觉地符合客观形势需要的行政手段和指令仍是不可缺少的。例如：（1）在金融体制改革过程中，阻碍改革顺利进展和市场机制充分发挥作用的种种行政壁垒，仍须以行政手段强行排除；（2）改革的进程和结果在很大程度上取决于金融管理当局设计形成的法律环境和政策环境的优劣松紧；（3）市场机制难以发挥作用的政策性开发性金融机构的调整、重新设立和发展运行仍然主要依靠政府和金融管理当局的规划、设置和管理；（4）中国金融体系的对外金融发展战略和政策，包括中国的银行走向世界、世界各国来中国建立银行分支机构、外资利用、外债管理、资本的国际流动，这些领域都需要更多的人为自觉规划管理和协调。

（七）中国金融体制改革的区域性构造问题

经济和金融结构中的区域性构造问题并不是对所有国家都同样重要、同样突出。国土小、人口少和经济规模十分有限的国家，虽存在这样的问题，但并不突出，而中等以上的国家就必须注意这个问题，大国应格外注意。

中国是拥有广阔国土和 10 多亿人口的大国。各地的自然地理状况、资源、人口、经济结构、发展水平、文化与技术的发展程度差别相当大，表现出不均衡性态势和复杂多样性。此外，客观的经济联系并不以人为的行政规划隶属关系为限而呈现区域性分布。以中心城市为依托的经济区域的存在是从古至今的一种基本事实，只不过在现代商品经济条件下更为突出鲜明而已。与某一经济区域中心城市相对应的金融中心的发展，也将是自然的和不可避免的。

中国地域辽阔，西高、东低、中中。西部多山丘高原，气候寒冷，人口密度小，交通不便，经济发展水平较低，发展速度较慢；东部地势平缓，多平原，气候温和多雨，人口密度大，经济发展水平较高，发展速度较快；中部居中，另有特色。三个地带在人均年产值、人均金融资产、人均储蓄率等方面呈现出东高西低的特征，差异很大，资金利税率东部在 25%以上，西部在 15% 以下，中部在 15% ~ 25%。这种自然地域"西高、东低、中中"的三级梯度性，恰同经济文化发展水平"东高、西低、中中"的三级梯度形成相反耦合态势。由此形成生产力各要素、资金、资源、信息和劳动力的聚散性逆向差。例如，东部资金量大、效率高、技术发达、信息多，但人口密度大，人均自然资源拥有量贫乏；西部恰相反，自然资源储量大、资金信息量小、技术落后、人口密度小，人均自然资源拥有量较丰富。以农村经济发展水平而论，在全国农村货币投放总量中，东部地区占 60%，中部地区占 30%，西部地区仅占 10%；全国农村贷款的 50% 在东部，35% 在中部，15% 在西部；全国农村存款的55% 来自东部，28% 来自中部，17% 来自西部。这种态势既表明三个不同梯度地带的重大差异性和特性，也表明彼此相互补充资源、资金、信息、技术以及劳动力的必要性。由此可见，"地带性梯度理论"可以作为我国金融体制改革中的区域性构造的依据之一。

在各梯度地带中，由于地理、资源、交通及种种历史原因，自然形成了以一些大经济金融中心城市为依托辐射的大经济区域。在这些大经济区域中，大经济金融中心城市周围又形成一系列中小型城市。据 1985 年的资料统计，约占全国 70% 的固定资产和 80% 的税收集中在全国 200 多个大中城市，这些城市大部分集中在东部和中部。这些特点构成中国金融体制改革区域性构造的基本出发点和理论依据。

在相当多国家里，区域性构造原则对其金融体制、机构设置、管理监督、金融政策等方面有广泛的渗透和影响。这些国家中，尤以美国、加拿大、联邦德国、日本、巴西和印度表现得最为突出和明显。

理论与实践都表明，市场经济客观上要求按经济区域组织经济活动。在中国国土辽阔和各地区发展严重不平衡的背景下，商品生产、物资流转、资源配置和资金运动都呈现出多样性和多层次性，这必然影响到金融结构的布局、金融深化的差异程度和金融构造方式的多样化，影响到金融政策的多样化和区域化。必须放弃制定和推行一个适用于全国统一的标准金融模式的想法，事实上，不能也不应有一个统一的模式去适应无限多样性的要求。

（八）产业结构和银行与企业、政府关系的模式选择

中国目前亟须制定科学的产业结构发展战略和产业管理政策，这是一项根本性的基础工作。

在世界各种不同类型的国家中，银行、工商企业及政府三者之间的关系，都毫无例外地构成各国经济体制的一个共同的基础性问题。这是一个原则性问题，也是一个多层次的综合性问题，其核心是银行同工商企业及政府间彼此联系的方式和依赖程度。在世界近现代历史中，这个问题的格局和演进曾经极大地影响了许多国家的经济、政治和历史的进程。它曾极大地推动和促进了美、英、日、德等西方资本主义国家的迅速发展，也曾导致震撼世界的1929年美国及世界性的金融经济大危机和德国、日本发动的两次世界性法西斯侵略战争，造成一系列国家银行、企业自主权的丧失、政府对二者的强而有力的干预及经济金融的低效率……所有这一切表明，产业结构和产业政策问题，银行与工商企业及政府的关系问题是一切国家无法回避的重大问题，因此必须妥善处理。

中国在经济体制改革、金融体制改革和政治体制改革中，必须注意研究并妥善处理以下一些问题：（1）在国家的基本产业结构和产业政策中，金融企业同工商企业的关系应采取何种形式，它们彼此依赖的程度应有怎样的适度控制。这一问题不仅涉及国家经济的总体效益和稳定性，也关系到国家监督管理的方式、程度和格局。（2）在具体的金融发展战略中，银行是否可以直接持有工商企业的股份，持有形式和持有量的比例限制如何；是否可以与企业有较紧密的人事渗透；企业是否可以持有银行的股份。（3）商业银行是否可以成为证券市场的直接成员或会员，银行能否从事公司证券的发行和交易活动。（4）银行能否同工商企业一起形成银工、银商或银工商企业集团，是否可以建立企业集团内部银行或行业银行。（5）银行同政府的关系应采取何种形式，是西方国家政企完全分离，或是南斯拉夫的银企完全自治，还是社会主义国家传统的银行对国家各级行政领导机关的直接从属关系。

以上这些关系是直接影响一国基本经济金融结构、管理方式、宏观经济金融风险和稳定性、宏观金融控制中的"阻抗"与效率等的重大战略问题。从所有制形式和管理体制的角度讲，它们还是直接涉及国家控制和行政干预乃至经济金融与政治的结合方式及密切程度的重大原则问题。这些重大问题必须从广阔的国内外视野范围内，站在战略的高度，深思熟虑地加以研究，从总体上作出基本战略选择。当前，中国正是缺乏这种基本的战略原则研究和决策，只是在个别的、局部的、就事论事的基础上作出决定和采取措施，并且常常受到新闻报道倾向性宣传的影响，从宏观和长远的角度看，其后果和影响将是严重的。近几年来，一些在全国很有影响的报刊或杂志，还有电台和电视台，以鲜明的倾向性大力宣传支持建立银企集团，认为这是金融改革中的新尝试、新创举和新探索。然而，国家宏观经济金融监督管理部门的看法和行动却是另一回事。这些原则性问题是构成一切国家金融证券法规、银行业务分工体制和监督管理原则及内容的根本性因素，不能不加以指导和约束，不能在临时和个别的基础上作出机会主义的决定。事实上，银行和企业的关系、银企集团问题，世界各国已探讨和实践了几百年，得失利弊和运转条件早已一清二楚，中国可以加以研究和分析，然后决定取舍。

建立银企集团，在世界各个国家中，很少有国家采用这种形式。许多国家的法令严禁这种形式，这其中的道理和奥妙本应引起人们的深切注意与反思。假如就事论事，可以举出成百上千的事例，证明建立银企集团和银行持有企业股份的种种好处，也不能说对"推行规模经济及谋求企业规模结构合理化"无裨益，这都是无可争辩的事实。但是，从更为宏观、更为长远和更为全面的战略总体上讲，这种形式很可能不可取，很可能利小于弊。对于建立银企集团，世界上大多数国家都认为弊大于利，基本不可取。假如这一模式在相当多发达国家和几乎一切发展中国家都不可取，那么在中国就更加不可取。中国是一个正在发展中的、仍处于初级发展阶段的社会主义大国，资金与物资的两大"供给缺口"是巨大的和长期持续的，银行基本上都是国家垄断的，工业中除国有企业外，有 278 万个集体型中小企业。在这种背景下若允许建立银企集团，允许银行持有某些企业的股票或债券，实行优先贷款、贷款免予抵押等一系列优惠措施，将会形成一些银企间的特殊利益集团或特殊利益关系，导致企业间竞争条件和竞争机会的不平等，使已经很短缺的资源更加短缺，使不合理的资源分配更加不合理，使中小企业对资金需求更为饥渴，使二重经济结构更加畸形。同时还会使宏观经济的稳定性、可控性减小，风险性和失控性变大。特别是当一国经济金融发展水平处在较低层次，间接控制机制不完善、间接控制手段不够强而有力时，就尤其如此。在这方面，不能抛开社会环境、经济环境和金融环境方面的巨大差异，机械地同世界 20 世纪 80 年代某些最发达的国家相类比或模仿它们。而且，由于我国银行基本上都是国有的巨型特殊企业，银企集团很可能成为国家干预和外部干预外的第二条新渠道，使企业回到改革前的从属地位而失去独立性，这与改革的基本目标模式相背离。

（九）间接金融与直接金融的自然倾斜与人为倾斜发展战略模式选择

世界各国近现代三四百年经济和金融的发展历史中，在处理间接金融和直接金融的发展战略模式方面，存在着两种类型，即自然倾斜型和人为倾斜型。绝大多数国家都属于自然倾斜型，极少数国家属于人为倾斜型。

就人类历史发展顺序而言，是先有间接金融形式，后有直接金融形式；先有短期金融，后有长期金融。在间接金融与短期金融之间、直接金融与长期金融之间，有一种大致的对应关系。这两组对应关系，不仅在产生、发展时间上明显地一个在前，另一个在后，不是平行的，而且在总的业务量或市场占有率方面，也远不是均衡的，间接金融所占的比重大大超过直接金融，即使在直接金融很发达的国家也是如此。间接金融与直接金融间的这种不平行发展和不均衡发展被称做金融倾斜。金融倾斜并不是任何人为设计和构造的结果，而是商品经济和货币信用、经济发展水平和积累量、国民收入分配结构和方式不断变化及自然发展的产物。

迄今为止，绝大多数国家都是顺应历史发展要求，自然地适应和维持这种倾斜局面，既不加以人为地推进，也不加以人为地抑制。间接金融与直接金融的这种发展模式称为自然倾斜型金融发展战略。金融倾斜既然是一种客观的事实，反映了经济和金融发展的某些内在的必然规律，那么任何国家或任何当局都不可能随心所欲地加以改变或消灭，但是可以通过自觉的能动性行动加速或抑制这一进程。

第二次世界大战以后的日本，就明显地采取了"以间接金融为主，自觉地抑制直接金融发展"的人为倾斜金融发展战略。日本政府考虑到战后百废待举、资金严重短缺的困难局面，为鼓励投资和稳定物价，通过人为地降低利率而同时实现上述两个目的。由于间接金融的成本相对较低，有利于维持低利率，间接金融风险性较小和可控性较大，所以确定以间接金融为主的战略是很自然的。此外，直接金融成本相对较高，这同基本经济战略需要相违背；直接金融的风险性较大和可控性较小，又同日本当局宏观间接控制机制不健全和管理体制不完善相矛盾。因此，自觉抑制直接金融的发展也就同样是必然的事情。自觉抑制直接金融发展而造成的企业对长期资金的需求，则通过商业银行"短贷长放"的"贷款滚动"方式得到了解决。第二次世界大战后40多年的实践表明，日本选择这一发展战略是成功的。当时过境迁，日本在经济金融高度发展，资金严重剩余，经济和金融体制迅速国际化，宏观经济金融调控机制和手段比较完善以后，就一反常态，采取了自觉促进、鼓励直接金融迅速发展的另一种形式的人为倾斜金融的发展战略。第二次世界大战以后，韩国也采取了以间接金融为主、积极促进直接金融发展的人为倾斜金融发展战略。

那么，中国采取哪种发展战略模式呢？中国不可能根本改变间接金融与直接金融不平行发展和不均衡发展这一倾斜金融的发展态势。是听其自然发展呢，还是通过自觉的政策行动促进或抑制直接金融的发展呢？在这方面，首先面临的选择是自然倾斜金融发展战略或人为倾斜金融发展战略的选择。从中国的历史、现实条件及需要来看，从世界20世纪80年代的发展潮流来看，从当前经济体制改革和金融体制改革的进程及总态势来看，选择人为倾斜金融发展战略是适当和难免的。因为中国当前面临的问题和所处的内外环境颇似第二次世界大战以后的日本及大多数发展中国家的情形。其次是在人为倾斜金融发展战略中，在以间接金融为主的前提下，是人为促进还是人为抑制直接金融的发展战略选择问题。人为促进还是人为抑制的问题实际是调节间接金融和直接金融原来的倾斜度问题：选择抑制直接金融发展战略会扩大原有的金融倾斜度，选择促进直接金融发展的战略会缩小原有的金融倾斜度。人为扩大还是人为缩小金融倾斜度的选择，比第一种选择更为困难，更应慎重。这是中国当前在宏观经济金融控制管理战略规划和选择中面临的重大决策问题。即使是已经选择了人为倾斜金融发展战略的中国，从一般可能的选择和目标来说，应像第二次世界大战后的日本那样，确立"以间接金融为主，自觉地抑制直接金融发展"的人为倾斜金融发展战略。但从这两年的发展态势和需要来看，采取的是"以间接金融为主，积极自觉地大力促进直接金融发展"的人为倾斜金融发展战略。采取了同80年代的日本和第二次世界大战后的韩国基本相同的战略选择。在两种完全不同的背景和环境下，选择了完全相同的战略，这是很少有先例的。中国虽然在许多方面与韩国有相同或相近之处，但在企业所有制模式及管理体制等方面的差别却极其明显。

中国之所以这样做，可能是出于对资金总供给短缺的深切感受，对信贷额度管理的失望和对绕过直接行政计划干预而对直接金融市场的热切期望，以及对投资主体多元化和消费基金向投资基金转化的渴望。这种紧迫的需要、深切的感受，都是可以理解的。然而，这种战略选择是否是实事求是的和效果最佳的呢？

二、金融体制改革的若干对策

中国金融体制改革将进入更艰难的实质性改革阶段，下面仅提出若干可供选择的对策，作为改革的参考。

（一）对中国金融体制改革的总体描述

随着中国中央银行宏观控制调节体系功能的不断完善和加强，一方面对现有国家银行体系进行适度的收缩、改造和加强，另一方面对现有国家银行以外的一切金融机构进行扶植和强化，以便逐步创造一种适度的合理竞争的环境。对现有国家银行的业务范围、业务量和机构设置应施加某种限制，通过这种适度性收缩措施，通过国家银行自身减少管理层次和基层银行的企业化来加强自己的功能。通过提高经济管理效率，通过企业化来增强活力，通过适当收缩来收紧拳头使自己成为名副其实的国家大银行，充分发挥国家银行在中国金融体系中的骨干作用和资金融通中的主渠道作用。这样，通过收缩、改造和强化，将会打破目前国家银行系统的金融垄断局面，大大促进中国新金融体系的形成。在此基础上，随着中国经济体制改革的深入发展，投资主体的多元化，各种经济信号、各类企业决策和投资行为的正常化，中央银行金融宏观监督控制管理能力的提高，将会使中国金融市场发展到一个新的高度，从而有效地促进经济的发展。

（二） 尽快制定实施金融法

银行制度改革工作最重要的是做好金融立法工作。中华人民共和国成立 30 多年来，中国至今没有一项银行法。必须在适当的时候尽快制定和实施银行法、货币法、票据法、证券发行交易法等一系列金融法规，从而使银行体制、组织结构、职能和作用具有坚实的法律保障和依据。有关银行法的准备工作必须抓紧进行，努力搞好调查研究，精心设计不同的方案，并对各种方案进行反复的比较研究，以便能选出既符合中国国情又能取得最佳经济效果的最优方案。

（三） 建立中国国家金融委员会

建立具有相对超然地位、具有相当权威和影响的国家金融委员会，将其作为中国金融体系的最高决策和领导机构，使它成为隶属于人大常委会或国务院总理的超级综合性委员会。这是因为货币政策是一种全国性的、综合性的、非部门性的、持续性的有时甚至是国际性的政策行动。"大财政、小银行"体制下软弱无力的中央银行，无法有效地完成宏观经济控制调节的职能，必须采取有力的措施从根本上改变这一点。一位很有影响的经济学老前辈主张中国中央银行获得超然地位，隶属于人大常委会而与政府平行，如能实现，非常好，然而尚需时日。隶属于政府的超级综合性委员会——国家金融委员会，是相对切实可行的现实方案。

（四） 中央银行作为金融委员会的执行机构应是强而有力的

中央银行作为国家金融委员会的执行机构和金融体系的最高行政管理当局，它应有相对超脱的独立地位和足够大的权威、足够强的力量及足够多的灵活而有效的货币政策管理工具。这不是出于某种个人意志的主观臆断，而是理论与实践证明了的一种经济的必然性要求。中央银行自身的结构必须合理化，内部信息、统计、调研和管理部门应大大强化，外部分支机构应尽力集中化。中央银行必须高度集中，分支机构不宜过多，这是世界各国的通例。中央银行分支机构成百上千，乃至二三千，这是世界上没有的。中央银行自身庞大的机构网，会产生人为的集中困难、机构臃肿、行动不灵和效率降低的新问题。一定要按客观经济区划建立数量有限和适度的分支机构网。在条件基本成熟时，首先在各大经济区的中心城市建立经济区中央银行分行，以便以此为核心形成大经济区金融中心，并从组织结构上造成各地方行政机构无法任意指挥和干预的格局。

关于中央银行的问题，应着重注意以下几点：

（1）中央银行各级机构职能的明确和科学化。中央银行总行和省分行应着重资金的分配与调度，宏观中观金融规划、金融信息和金融货币政策；二级分行则着重加强对金融机构的监督、管理和稽核，并提供货币发行和清算服务。

（2）中央银行的二重的或双向的货币政策体系。中国的特殊国情，决定了二重经济结构、资金与物资"两大缺口"的情况将是一种长期的现象，经济的货币化程度的提高和货币信用制度、银行制度的发展完善，将是一个长期的、逐步的发展过程。因此，发达国家运用的一系列货币政策工具在中国的使用受到很大的局限，执行二重的或双向的货币政策势不可免，即货币供应量和信贷规模的"双向调控目标"、综合信贷计划和全社会金融规划相结合的"双向计划体系"、中央银行各级机构和各国家银行本系统管理相结合的"双线金融管理体制"、中央银行总行宏观控制调节和分行宏观中观控制调节相结合的"双层控制调节体系"。

（3）建立全国性的电子划拨清算系统，以加速资金周转，提高资金使用效益。这既是中央银行的一项重要的服务业务，也是它获得经济金融信息的重要手段。

（4）在搞活经济和搞活金融以及对外开放的条件下，必须不断完善人民银行的各种职能，强化它的作用。世界上绝大多数国家的中央银行，无论是过去还是现在，都不是不从事任何银行业务的纯机关。目前，中国中央银行的"纯机关化"倾向必须尽快改变。它必须：①自己独立控制货币发行和管理发行库；②拥有发达的调查研究、信息收集分析和统计机构；③拥有现代化装备的资金调拨、资金清算和票据交换系统；④拥有一支训练有素的专业化的金融监督管理队伍，能对一切金融机构进行有效的以现场检查为基础的监督管理。只有牢牢掌握住以上四点，有效地提供各种金融服务，它自身才能不断地得到强化，才能真正发挥中央银行宏观经济控制调节的职能。各国的历史和实践表明，中央银行的宏观经济调节职能，不能离开服务性职能而孤立地存在和发挥作用。中央银行自己的事自己不做，委托代理的办法已被历史和国内外金融实践证明是不可取的。这种办法一方面导致中央银行自身权力的转移和功能的弱化；另一方面，在未来新的、比较复杂的、企业化了的金融体系中，又不符合对所有金融机构平等对待和合理竞争的原则。

（5）分阶段逐步建立大经济区中央银行分行。打破行政区划，在取得中央有关部门同意和配合的条件下，在主观和客观条件成熟的时候，尽快建立各大经济区中央银行，作为经济区宏观经济的控制调节机构。考虑到中国的某些特点和实际困难，鉴于旧体制的惯性行为一时还难以立刻消除，这一工作可以分阶段地进行。

（五）建立银行和财政相互渗透和相互制约的新体制

在中国，计划、银行和财政部门是主要的宏观经济调节部门。与商品经济相适应，金融体制集中表现在对信贷和货币发行量的总额计划控制和对定向性、选择性货币政策的重点使用。总结历史经验，为适应新经济体制的要求，必须建立银行和财政相互渗透、相互制约和相互影响的新体制。（1）银行代理国库，向政府贷款仅限于十分必要情况下的短期透支。但对透支的总额度和时间应有严格的法律限定。（2）银行代办国库券发行事宜，使用非货币手段为政府筹款。（3）大力发展财政性金融即政策性金融，这样通过银行营利投向引导与财政金融营利投向引导以及财政非营利投向引导，使银行与财政在相互协调、渗透、制约和默契的配合中实现对国民经济的总体控制调节。

（六） 中国金融体系的结构应是 "海绵体"

中国新金融体制的结构必须是能吞能吐、吞吐量具有相当规模，资金能上下左右、东西南北、纵横交错、流通自如、富于弹性的"海绵体"，不应再是单纯纵向性资金流动、排斥横向联系和流通的僵硬"胶着体"。

金融结构的"海绵体"是金融体制改革所遵循的商品经济原则、适应性原则、替代和转换原则以及规模经济原则的集中要求和集中体现。

应当建立宽广适度的、流通自如的、发达的货币市场和资本市场，但需要有一个逐步的长期发展过程。

（七） 相对独立的银行体系

相对独立的银行体系的含义是指在建立国家金融委员会和地位相对超然的中央银行以后，如何摆脱各级地方政府行政领导机关对中央银行地方机构和各个国家银行地方机构及其他各类金融机构的强烈干预，从领导体制和法律规则的双重角度解决强迫性命令贷款及中央银行地方机构"地方向心力"的问题。只有这样，商业银行的企业化问题才能得到事实上的承认和实现，中央银行的地位和作用才能得到进一步的集中和加强。

对企业特别是对银行强而有力的行政干预是苏联经济和金融模式的痼疾。所以，在中国现有行政体制和经济体制之下，银行体系的相对独立性问题，既是一时难以解决的困难问题，又是影响宏观经济稳定和效益而非解决不可的重大问题。

（八） 中央银行与各类金融机构的关系

中央银行与其他各类银行的关系问题，在中华人民共和国成立以来的金融发展史中始终未能得到很好解决。在旧的经济管理体制和金融管理体制下，这种关系不可能理顺。在当前经济和金融管理体制全面改革的条件下，理顺这种关系不仅必要，而且可能。随着中央银行地位的提高和权力的加强，各类银行的企业化，中央银行与各国家银行、地区性银行的关系应是宏观与中观、微观的控制调节的关系，是国家行政机关对金融企业的监督管理关系，是心脏与动脉间的最后贷款者关系和货币政策发动器与传导器的关系。

（九） 关于大力扶植发展非银行金融机构问题

在对现有国家银行体系的改革由于种种原因而难以迅速推进的条件下，非银行金融机构的建立和发展对于完善中国现代金融体系，扩大现有金融体系的功能，促进各银行的企业化管理，对在加强金融宏观控制前提下搞活金融、开放和组织中国金融市场都有重要意义和作用。

当前，中国非银行金融机构的发展面临如下一些问题：（1）中央银行在对四大国家银行及非银行金融机构的政策目标与政策方向上存在着明显的背离和矛盾；（2）非银行金融机构面临着行政机构的多种干预，缺乏应有的独立性；（3）业务技术和人员素质不高，对原国家四大专业银行的依赖性很大。

为大力发展中国非银行金融机构，中央银行必须进行观念和政策的某种转变：（1）金融管理当局对非银行金融机构发展可能造成的某些危害不必过分担心，应放手让其有一个较大的发展；（2）应积极扶植推进非银行金融机构的发展，并为其创造比较宽松的环境，不必告诉它们怎样做，而只告诉它们不能做什么就可以；（3）中央银行不应着眼于严格的控制管理，而应着力于引导和提供服务，当然并不排斥必要的监督控制和管理。

有必要建立专门从事证券发行和买卖的证券公司，以使这一工作专业化并由此而得到加强。

对于保险系统的改革完善应予以特别的注意。保险业的发展是中国经济体制改革的重要配套措施；是社会的重要安全稳定器；同时从金融体制改革的角度看，是形成有效的机构投资人，从而推进金融市场发展的重要措施。为此有必要：（1）建立专门的保险管理机构。国家保险事务管理局，这一机构与职能应从中国人民保险总公司分离出来，隶属于中国人民银行。（2）按专业建立保险公司。建立地方保险公司、合作保险公司和股份化保险公司；实行多元化保险体制，通过分保和再保险制度以打破目前中国人民保险总公司独家垄断的局面，有利于开展竞争。（3）扩大各种类型的社会保障保险制度，扩大保险基金的积累。（4）改变目前保费收入大部分上缴财政的做法，允许保险公司开展各种金融性投资活动，降低保险费率，扩大业务范围，使它成为真正的金融机构，成为金融市场的重要机构投资人。

（十） 建立各种类型的政府政策性开发性银行和非银行金融机构

在中国旧有金融体系之下，商业性金融业务和政府指令性政策性金融业务是混合进行的，这是"大锅饭"的必然产物。在经济体制改革和金融体制改革深入发展，搞活经济、搞活金融及金融机构企业化的条件下，必须使二者相互独立、分离开来。建立政府的政策性开发性专业金融机构是发展国民经济的需要，是稳定经济和社会的需要；也有利于现有四大国家银行的企业化改革和资金的商品化；是金融与财政相互协调渗透的有效方式；是世界各国，无论是发达国家还是发展中国家，金融体系中必不可缺少的重要组成部分。业务的政策性、开发性和资金运用的有偿性、非营利性是这类金融机构的基本特征。

这类政府开发性专业金融机构可以视需要和可能逐步建立，如农业开发银行、边远落后地区垦殖开发银行、进出口信贷银行、工业开发银行、技改银行、住宅储蓄贷款银行、国家风险投资银行、各种农业开发性保险公司等。建立的方式可以有如下几种选择，或者是几种选择齐头并进混合使用：（1）可以在现有国家银行内将商业性业务和政府政策性业务在人员、资金、管理体制上分开，各自独立进行管理与核算；（2）可以从现有国家银行中分离出一部分人力、物力和机构单独建立；（3）也可用财政拨款或者专项基金全新建立。

（十一） 金融风险和金融风险管理

金融的基本特征在于其天然、广泛、深刻的渗透性。如今，可以说金融广泛渗透于社会生活的一切方面，绝不仅仅是经济生活方面。正因为这种强烈深厚的渗透性，所以金融的稳定或波动问题就成为一切国家政府十分关注的重大问题。金融风险和金融波动会直接影响社会经济的稳定，并进而影响社会的安定。

在社会主义条件下，由于"大一统"的银行体系和国家对金融业的高度垄断，金融风险问题至少在实践上似乎从未发生。但是，在这种情况下，金融风险问题在一定程度上是被分散、转移或掩盖了，而不是被消灭了。这造成一种错觉和更大的风险，即绝大多数人，包括工商企业和金融企业的管理人员、国家宏观经济监督管理部门的工作人员缺乏风险观念。在对内搞活和对外开放的新形势下，在商品经济和货币信用制度不断发展的条件下，对工商企业的经营风险问题，特别是金融风险问题应给予特别的注意。

从宏观的角度讲，对金融风险实行的风险管理是多层次的和广泛的。首先是严格严密的金融法规，这是法定的最基本的安全线；其次是对金融业的日常监督管理，内部和外部审计，以防患于未然，这是第二道安全线；再次是实行全国金融业的强制性存款保险制度，以便在风险发生时得以妥善处理，不致诱发社会性金融风潮，这是第三道安全防线。以上是世界上大多数国家实行的金融风险多重管理。在搞活金融，金融体系多元化、多层次化和金融机构企业化以后，中国实行金融风险管理已势不可免。但在上述三道防线中，第一、第二道防线残缺不全，有的流于形式，第三道防线目前还根本没有，这种情况是危险的。所以，在金融体制改革的总体战略中，必须把金融风险管理问题专门列出，专门加以规划，并渗透到金融法规、政策方针和管理体制的各有关方面。

（十二）关于银行企业化的若干思考

几年来的改革实践表明，银行的企业化，内在动力、外在压力和活力问题是中国金融体制改革成败的关键，这一关键问题在进一步推进改革中实难回避。

在现存的中国金融体系结构范围内，在现行所有制关系、经济关系和行政关系范围内，要真正解决中国的银行企业化问题、资金的全面商品问题实在是太难了。几年来围绕银行企业化问题进行了大张旗鼓的宣传呼吁，然而很少有任何实质性的进展。

各地围绕银行企业化问题所做的大量文章，如行长任期责任制、储蓄网点承包制等，都未触及企业化问题的实质。

（十三）银行企业化的含义

在关于银行企业化问题的一系列构思建议中，比较一致的意见是实现银行的自主经营、自负盈亏、自担风险和自求平衡。这些主张都不错，但在若干关系中界限模糊不清。银行内部下级行对上级行以"大锅饭"为特征的种种隶属关系如何切断？在工商企业尚未真正实现企业化、贷款软约束的条件下，银行同企业如何真正形成平等的商品交换关系？银行、企业如何从政府行政机关的直接控制下解放出来？

（十四）银行企业化的 "切口"

假定关于银行企业化、自主经营、自负盈亏、自担风险和自求平衡的主张是切实可行的，那么，在庞大的国家银行垂直独立体系中，独立法人这一切口选在哪一级呢？一种意见主张选在市行一级（二级分行或中心支行），对上级行是大持股公司下的控制关系，对下是隶属承包责任制关系；另一种意见主张在区办一级（二级分行的区办或支行）。从资金量、业务范围、管理水平、风险承担能力等方面看，选在市行一级相对好。独立法人单位不宜过小，特别是银行这样的特种企业还是相对大一点为好；而且，"切口"选择问题是建立在承认目前自上而下按行政区划设行这一有争议原则基础上的；可否考虑按经济区划有一种新的调整组合。

（十五）通过股份化实现企业化

我国银行在改革中面临的困难与全国一切工商企业面临的困难是相同的。几十年来，中国、苏联和东欧国家各种形式的改革、精简、放权从未间断，然而也很少成功。原因何在？原因就是在于没有触及传统的单一国家所有制这一财产关系。由此给我们的积极启发是：离开财产关系、所有制关系适当调整变革的改革、精简、放权，是不包含经济意义的纯行政性的改革、精简和放权，这种形式的改革、放权其主体还是国家各级行政机关，它既可以依自己的意志"简政""放权"，也可以随意"扩展""收权"，全然不见企业的独立自主权。因而它既不彻底，也很难成功。历史的经验教训，七八年来改革实践的徘徊不前都集中指向了一点，即只有通过股份化道路来实现中国金融体系的重新再构造，才能最终彻底解决银行的企业化问题。股份制为中国公有制经济找到了适合商品经济要求的外部形式，以实现所有权与经营权的分离。

中国旧有传统经济管理体制是以宏观的指标化实物管理为内容和以微观的行政机关对企业的直接控制管理为其基本特征的。在这种僵化的体制下，企业成为行政机关的附属物而完全失去了内在动力和外在压力，从而失去了活力，更谈不上效益。股份制企业可以一举解决这一老大难问题。

股份制是商品经济的产物，是近现代资本主义经济的一种普遍的经济形式，是发展商品生产和货币交换不可缺少的一种经济形式。企业采取股份制的形式才最利于摆脱一切形式的、直接的行政附属和干预。因为它的形式和内容具有天然的独立自主性的特征，它的产生就是投资主体多元化、所有制形式多元化混合化的结果，从而一举冲破了单一公有制形式下国家机关理直气壮地控制干预企业的经济基础和理论依据，从根本上解决了企业最终彻底脱离行政机关羁绊的问题。

股份制企业的这种独特形式，成功地脱离了任何一个地区、部门、系统和行业行政管理当局的直接控制而获得了独立和自主——即自负盈亏、自主发展、自担风险、自主经营管理和自由平等竞争，从而真正形成内有动力、外有压力、充满活力的社会经济细胞。股份制企业铲除了国家行政机关直接控制干预企业的法律依据和立足点。在这种形式下，任何一个国家行政机关都无权直接控制企业内部事务。同样，任何一种形式的胡乱控制干涉应对股份制企业承担法律上的责任。

通过股份制银行实现中国金融体系的重新再构造，解决银行企业化问题和资金商品化问题，有利于中国金融体系宏观和微观效率与效益的提高，有利于强化各类金融机构企业经营行为的自控力和对盈利、风险的反应灵敏度，从而大大提高中央银行货币政策的效能。

（十六） 金融市场与机构投资人

金融市场是金融体制的有机构成部分。金融市场的建立、发展和完善是中国金融体制改革的重要内容。

随着经济体制改革和金融体制改革的深入发展，1986年中国开始出现初级形态的金融市场。中国开始发行买卖各种规格的债券，象征性地发行买卖股票，一时间在全国许多地方形成了一股金融市场热。尽管数量、品种、规模都相当有限，然而重要的是终于开始了这项工作，这是很可喜的。人们只要注意到以美国纽约证券交易所董事长兼首席执行官为首的华尔街金融巨头云集北京，参加中美金融市场的讨论会这一事实，就可知中国金融市场的开创对全球各国金融界的震动和重大的影响了。

在现阶段，中国金融市场的出现在理论上和政策上的突破性进展的意义远大于它的实际经济意义。对前阶段的金融市场热，应持有一种相当冷静和客观的态度，切不可操之过急，不可估计过高，不可期望过大。这是因为，金融市场是一国商品经济、货币信用和银行制度相对高度发展的自然产物，不是人为地任意建立起来的。在现阶段，中国商品经济和货币信用制度还很不发达；金融机构和金融资产商品的种类、档次、规模、吸引力和能量都相当有限；经济体制改革才刚刚开始，包括金融机构在内的全国工商企业的企业化问题，即内在动力，外在压力和活力问题，远未解决，它们的投资能力还缺乏有力的自我约束机制；各种经济信号，特别是价格信号和利率信号扭曲失真，难以有力地正确发挥投资资金导向性作用；集资人和投资人的行为都缺乏法律规范的约束和保障；中央银行宏观调控能力和金融监督管理能力还不够强；中国公众对于投资风险的心理承受力和投资方向的选择力太低，如此等等。鉴于此，中国在近期内还难以形成有效的长期资金市场，在现有资金管理体制和金融机构缺乏投资动力的条件下，短期货币市场也难以有更大的发展。除上述原因之外，更主要、更实质性的原因是缺乏实力雄厚的机构投资人有效地参与金融市场活动。因此，想要发展壮大金融市场，就要看能否培植、创造、形成一批强而有力的机构投资人。

金融市场作为一种市场，它只有达到一定的规模、一定的能量，才能有效地影响经济。日本债券的发行量和交易量的比是1:12，股票发行量和交易量的比是1:45，1986年沈阳的同一比率是1:0.001。1948年的天津，证券日交易量相当于全市日票据清算量的三分之一，1986年沈阳市的同一比率还不到十万分之一。在金融市场这一舞台上，有卖者、买者和众多的商品。卖者是集资人，买者是投资人；前者是资金的需求方，后者是资金的供给方。他们买卖什么呢？他们买卖各种金融资产商品，如不同金额、不同期限、不同收益率和不同风险程度的债券及股票。像中国这样一个正在发展中的社会主义大国，资金需求方对于资金的要求可以说如饥似渴、迫不及待，胃口很大。关键在于资金供给方。

资金供给方情况如何呢？随着中国经济改革的深入发展，已经或正在改变几十年来国家作为唯一投资主体的局面，逐步形成一种投资主体多元化的格局。在多元化的投资主体中，可以有国家、个人、工商企业、外国投资者以及各种专业性机构投资人。在中国，国家的投资应当是庞大的，但渠道主要不在金融而在财政，而且常常是目标明确的"龙头"投资。个人，在中国目前生产和生活水平的条件之下，居民手中一时还难以有很多钱用于投资。在城乡居民手中的两千几百亿元人民币储蓄中，绝大部分是为建房、结婚及购买耐用消费品而储，真正可以用来购买股票债券的比重不会很多。工商企业为了生产和运营是要进行投资的，但大多数是设备投资。虽不排斥金融投资，但从总体说它主要不是金融投资人而是筹资人。当然，为形成企业集团或其他种原因，也可能购买某一企业的证券。其他的资金供给方就是机构投资人。

所谓机构投资人，是指聚集相当数量资金而又可以随时参与金融市场交易的专业性金融性投资法人机构。从原则上说，银行可以是这样的机构投资人，但除日本、联邦德国以外，相当多国家的法律禁止银行持有或买卖企业股票和债券。一是中国对此持有何种政策；二是在中国现有资金管理体制下，银行事实上也无力购买企业股票债券。当然，除了股票债券市场以外，银行还是可以在各类金融市场中充当重要角色的。此外，我们只能把更大的希望寄托于如下一些非银行金融机构。

1. 各种类型的保险公司。如人寿保险公司、财产及意外灾害保险公司、国际业务保险公司、全国性或地方性保险公司、股份制或合作制保险公司。除应逐步扩大保险基金的积累外，保费收入除纳税外不再上缴财政，也不再一律以存款形式存入银行，而是进行中长期性投资。这一笔资金会形成数量相当可观的长期资金，使保险公司成为金融市场的重要机构投资人。

2. 各项社会福利保障保险基金。随着中国经济体制改革的深入进行，作为重要的改革配套措施，将会逐渐形成各种类型的社会劳动、医疗福利、就业、破产倒闭等风险基金。这些基金，在拥有 10 亿多人口的中国，不管叫什么名称，通过什么渠道管理，总之是各种巨额专项基金。这些基金组织可以作为金融市场的重要机构投资人。

3. 信托投资公司。在搞活和开放的条件下，随着商品经济的发展，中国允许城乡一部分人先富起来。经过一段时间的积累以后，定会出现一批万元户、十万元户甚至百万元户（如个人发明专利转让或专利出租收入）；工商企业也会不时出现一笔在确定时间内暂时不用的闲置备用资金；另外还有个人财产信托资金，等等。信托资金公司可以通过有吸引力的条件，将这些资金吸引过来，代为保管运用，积少成多，形成一笔长期稳定的资金，从而使信托投资公司作为机构投资人积极参与金融市场活动。

4. 财政金融公司。应逐步努力建立中国区域性、地方性财政金融相互渗透的新体制，建立财政金融公司。有必要形成类似日本那种财政投资贷款体制，通过购买某些特殊类型部门、行业、或企业的股票债券的方式来支持地方公共事业、重点行业、重点企业的发展。在这种情况下，地方财政金融公司也就成为了地方金融市场的机构投资人。

关于筹资人，可以预言，在股份经济中，股份企业和股份企业集团将是未来中国金融市场的有力筹资人。